Entscheidungen

des

Reichsgerichts.

Herausgegeben

von

den Mitgliedern des Gerichtshofes
und der Reichsanwaltschaft.

Entscheidungen in Zivilsachen.

Neue Folge.

Sechzehnter Band.

Der ganzen Reihe sechsundsechzigster Band.

Leipzig,
Verlag von Veit & Comp.
1907

Entscheidungen

des

Reichsgerichts

in

Zivilsachen.

Neue Folge.

Sechzehnter Band.

Der ganzen Reihe sechsundsechzigster Band.

Leipzig,
Verlag von Veit & Comp.
1907

Druck von Metzger & Wittig in Leipzig.

Inhalt.

I. Reichsrecht.

II Preußisches Recht.

III. Prozeßrecht.

1. Über den Begriff des Tierhalters. Ist eine Landwirtschaftskammer, die für Landwirte den direkten Absatz von Schlachtvieh an einen städtischen Schlachthof vermittelt, Tierhalter im Sinne des § 833 B.G.B.?

IV. Zivilsenat. Urt. v. 11. April 1907 i. S. Landwirtschaftskammer für die Provinz Schleswig-Holstein (Bekl.) w. S. (Kl.). Rep. IV. 440/06.

I. Landgericht Hamburg.
II. Oberlandesgericht daselbst.

Der Kläger hat am 16. September 1904 in der Verkehrshalle des Hamburger Schlachthofes dadurch einen Unfall erlitten, daß ein Schwein, das zur Wage getrieben werden sollte aber dem Treiber entlief, ihn umrannte. Er verlangt von der Landwirtschaftskammer für die Provinz Schleswig-Holstein Schadensersatz. Er behauptet, die Beklagte betreibe kommissionsweise den Absatz von Schlachtvieh an den Hamburger Schlachthof; sie habe den Verkauf des Tieres, das den Schaden angerichtet habe, übernommen, hafte deshalb als Tierhalter gemäß § 833 B.G.B.

Das Landgericht erklärte den Klaganspruch dem Grunde nach für gerechtfertigt. Das Oberlandesgericht wies die Berufung der Beklagten zurück.

Das Reichsgericht hat das Berufungsurteil aufgehoben.

Aus den Gründen:

„Die Entscheidung des Berufungsgerichts beruht auf folgenden Sätzen:

„Dadurch, daß Beklagte gemäß den Bestimmungen ihrer Geschäftsstelle die Vermittlung des direkten Absatzes übernommen, das Schwein sich hat zusenden und durch das Transportgeschäft M. & Cie. hat entgegennehmen lassen, hat Beklagte die Sorge für das Tier, die Verfügungsgewalt und den unmittelbaren Besitz, und zwar nicht nur zu einem vorübergehenden Zwecke (im Verhältnisse zum Eigentümer), auf sich genommen, während der Eigentümer sich zugleich aller dieser Befugnisse und Rechte endgültig entledigt hatte. Alles, was von seiten der Beklagten gegen ihre Eigenschaft als Tierhalter angeführt ist, hält nicht Stich. Wenn auch das Unternehmen der Beklagten einem gemeinnützigen Zwecke dient, und wenn sie auch keine Gewerbesteuer zahlen sollte, so läßt sich doch nicht bestreiten, daß Beklagte, die für ihre Tätigkeit Gebühren erhebt, das Unternehmen — und zwar berufsmäßig — in ihrem eigenen Interesse, bzw. im Interesse der von ihr vertretenen Landwirte führt."

Die Revision macht geltend, daß, wenn man die von der Beklagten vorgetragene Darstellung über ihren Geschäftsverkehr zugrunde lege, die Beklagte weder nach § 833 noch nach § 834 B.G.B. haftbar sei.

Eine Verurteilung nach § 834 hat das Berufungsgericht nicht ausgesprochen; soweit aber § 833 in Betracht kommt, ist der von der Revision erhobene Vorwurf gerechtfertigt.

Nach dem Tatbestande des Berufungsurteils und den Schriftsätzen vom 15. Januar und 8. Mai 1906, auf deren Inhalt in dem Berufungsurteile Bezug genommen ist, hatte die Beklagte vortragen lassen, sie vermittele durch ihre Geschäftsstelle den direkten Absatz von Schlachtvieh an den Hamburger Schlachtviehmarkt für die Schlachtviehbesitzer in der Provinz Schleswig-Holstein. Die Eigentümer übersendeten das Vieh mit der Bahn an die Adresse der Geschäftsstelle. Die Frachtbriefe erhalte die Speditionsfirma M. & Cie. Diese lasse die Tiere ausladen, tierärztlich besichtigen und von der Eisenbahnrampe in die Verkaufshalle verbringen. In den Verschlägen der Verkaufshalle erfolge die Sortierung der Tiere und der Verkauf durch den Kommissionär W. Nach dem Verkaufe würden die Schweine durch Leute des Speditionsgeschäfts zur Wage gebracht und von da, auf Kosten des Käufers, in den Schlachtviehhof getrieben. Die Firma M. & Cie. sei von der Beklagten als der Vertreterin der Einsender der Tiere beauftragt; ebenso sei der Kommissionär von der Beklagten im Namen und im Interesse der Einsender engagiert. Der Verkauf gehe im Namen und für Rechnung der Einsender vor sich, die sich häufig selbst beteiligten. Die Erhebung der Kaufpreise und die Auszahlung an die Einsender besorge der Kommissionär W.

Die gewöhnlichen Kosten für den Verkauf eines Schweines würden dem Einsender mit 2,50 *M* angesetzt. Davon erhalte der Kommissionär 1 *M*, die Geschäftsstelle 1,50 *M*. Von dem Betrage zu 1,50 *M* seien zu bestreiten das Treibgeld an M. & Cie. mit 10 *Pf*, die Abgabe an die Markthalle mit 20 *Pf*, das Wiegegeld mit 10 *Pf*, die Auslage für Streu rc 5 *Pf*, Versicherung gegen Transportgefahr auf der Bahn mit etwa 30 *Pf*, Schlachtviehversicherung etwa 60 *Pf*. Der Rest mit ungefähr 15 *Pf* diene zur teilweisen Deckung der Bureaukosten. An dem ganzen Betriebe habe die Beklagte kein eigenes Interesse; sie handele nur als Vertreterin der Einsender; ihre Tätigkeit sei eine gemeinnützige. Sie gewähre den Tieren auch nicht Obdach und Unterhalt; der Aufenthalt der Tiere in den Verkaufsräumlichkeiten dauere nur kurze Zeit; regelmäßig erfolge der Verkauf innerhalb 2 bis 3 Stunden, ausnahmsweise erst nach 12 bis 14 Stunden, ganz selten erst nach höchstens 24 Stunden. Wenn den Tieren Futter zu geben sei, so werde das durch die amtliche Marktverwaltung auf Kosten der Einsender besorgt. Die Abrechnung über den Verkauf stelle der Kommissionär W. für den Einsender auf; die Geschäftsstelle prüfe die Rechnung, unterzeichne sie ebenfalls und schicke sie an den Einsender ab.

Wenn das Vorbringen der Beklagten als richtig unterstellt wird, wie dies von seiten des Berufungsgerichts geschehen ist, so ist eine Haftung der Beklagten nach § 833 nicht begründet. Es fehlt — von den übrigen Erfordernissen (vgl. Entsch. des R.G.'s in Zivils. Bd. 52 S. 118, Bd. 55 S. 166, Bd. 62 S. 81) abgesehen — das Merkmal des eigenen Interesses. Die Tätigkeit, welche die Beklagte durch ihre Geschäftsstelle ausüben läßt, wird ausgeübt im Interesse der Einsender, d. h. der Eigentümer der Tiere. Die Beklagte bringt die Tiere nicht an sich, um sie ihren Zwecken dienstbar zu machen, irgendwelche Nutzungen aus ihnen zu ziehen. Die Tiere bleiben bis zur Übergabe an die Käufer in dem Wirtschaftsbetriebe der Eigentümer. Den Eigentümern soll durch die von der Beklagten getroffene Einrichtung der direkte Absatz des Schlachtviehs ermöglicht werden. Die Eigentümer sollen den Gewinn beziehen, den der Produzent erzielen kann, wenn er unter Vermeidung des Händlers an den Konsumenten veräußert. Spediteur und Kommissionär sind für die Eigentümer der Tiere, nicht für die Beklagte tätig.

Das Landgericht hatte die Annahme, die Beklagte habe die Sorge für die Tiere im eigenen Interesse übernommen, darauf gestützt, daß die Beklagte sich für die Vermittlung des Verkaufs eine keineswegs unerhebliche Vergütung zahlen lasse. Ebenso hat das Berufungsgericht angeführt, es lasse sich nicht bestreiten, daß Beklagte, die für ihre Tätigkeit Gebühren erhebe, das Unternehmen berufsmäßig in ihrem eigenen Interesse, bzw. im Interesse der von ihr vertretenen Landwirte führe. Daraus ergibt sich jedoch nicht, daß die Beklagte die Tiere „hält". Ein Interesse daran, daß die Landwirte ihr Schlachtvieh direkt an die Schlächter absetzen, hat die Beklagte allerdings; aber sie sorgt für die Tiere nicht der Tiere oder ihrer Nutzungen wegen. An den einzelnen Tieren und ihren Nutzungen hat sie kein Interesse. Die geringe Gebühr, die sie bei dem Verkauf erheben läßt, genügt nach ihren Angaben nicht zur Deckung der Aufwendungen, die sie im Interesse der Eigentümer der Tiere macht. Wenn die Beklagte den Eigentümern gegenüber die Verpflichtung übernommen hat, für ordnungsmäßige Verwahrung der Tiere Sorge zu tragen, so könnte das eine Haftung nach § 834 begründen, macht aber die Beklagte nicht zum Tierhalter.

Das Berufungsgericht hat noch darauf hingewiesen, daß die Verkaufsberechnungen für die Eigentümer im Namen der Beklagten ausgefertigt würden. Das ist ohne Bedeutung. Wenn die Geschäftsstelle der Beklagten im Namen und für Rechnung der Einsender den Verkauf besorgen läßt, so ist es selbstverständlich, daß sie den Einsendern Rechnung ablegt." ...

---

2. Unterliegen Ansprüche aus einem Bauentreprisevertrag der kurzen Verjährung des § 196 Nr. 1 B.G.B.? Wann kann der Bauunternehmer als Handwerker gelten?

VI. Zivilsenat. Urt. v. 11. April 1907 i. S. G. (Kl.) w. G. (Bekl.). Rep. VI. 291/06.

I. Landgericht Stargard.
II. Oberlandesgericht Stettin.

Gründe:

„Der Beklagte hat im Jahre 1898 dem Kläger die Arbeiten für den Bau eines Wohnhauses nebst Nebengebäude mit Ausnahme der Maler- und Töpferarbeiten für einen Gesamtpreis von 30000 *M* übertragen. Der Bau ist noch in demselben Jahre beendet und vom Beklagten in Benutzung genommen. Im Jahre 1904 ist die jetzige Klage erhoben, mit der der Kläger die Zahlung einer von ihm berechneten Restvergütung fordert. Der Beklagte hat, außer mehreren Gegenforderungen, die Einrede der Verjährung vorgeschützt, die von beiden Vorinstanzen für begründet erachtet ist, weil es sich hier um die Vergütung für Handwerkerarbeit handle, und darum die Verjährung des § 196 B.G.B. Platz greife, deren Frist abgelaufen sei. Die von der Revision erhobenen Einwendungen gegen diese Begründung konnten keinen Erfolg haben.

Für den Anspruch des Klägers hat, weil seine Leistung bereits 1898 abgeschlossen, und damit seine Forderung fällig geworden war, die Verjährung mit diesem Zeitpunkte begonnen. Nach dem damals geltenden Rechte war das die ordentliche 30jährige Verjährung des preuß. Allg. Landrechtes. Die kurze Verjährung des preußischen Gesetzes vom 31. März 1838 war ausgeschlossen, weil die Leistung des Klägers nach der bedenkenfreien Feststellung des Berufungsrichters für den Gewerbebetrieb des Empfängers erfolgt war. Aber mit dem Inkrafttreten des Bürgerlichen Gesetzbuchs ist gemäß Art. 169 des Einf.-Gesetzes die Vorschrift des § 196 anwendbar geworden, falls, was das Berufungsgericht angenommen hat, der Anspruch des Klägers sich als der Anspruch eines Handwerkers für die Ausführung von Arbeiten mit Einschluß der Auslagen darstellt.

Der Kläger hat das bestritten, weil der mit dem Beklagten geschlossene Vertrag ein Bauentreprisevertrag sei, aus dem ihm nicht Handwerks-, sondern Unternehmerlohn geschuldet werde. Mit diesem, von der Revision wieder aufgenommenen, Einwande lehnt er sich an die Rechtsprechung des preuß. Allg. Landrechtes an. Diese hat den Bauentreprisevertrag als einen eigenartigen, von der Werkverdingung zu sondernden Vertragsbegriff aufgestellt und ausgebildet, weil die landrechtlichen Vorschriften über Werkverdingung auf der Voraussetzung beruhten, daß es sich um ein von einem Werkverständigen auszuführendes Werk handle. Sie waren nicht anwendbar, wenn ein Handwerker ein Werk übernahm, das durch fremde Handwerksarbeit herzustellen war.

Vgl. Eccius, Preuß. Privatrecht 8. Aufl. Bd. 2 § 138 III.

Von dieser Rechtsauffassung aus gelangte man folgerichtig zu der Unterscheidung von Unternehmerlohn und Handwerkerlohn und ließ nur für den Anspruch auf letzteren die für die Ansprüche von Handwerkern für geleistete Arbeiten eingeführte kurze Verjährung zu. Inwieweit das Reichsgericht sich dieser Rechtsprechung des vorm. preuß. Obertribunals für das ältere Recht angeschlossen hat (vgl. Entsch. in Zivils. Bd. 28 S. 232), kann unerörtert bleiben. Denn dem Berufungsgericht ist darin beizutreten, daß nach dem Rechte des Bürgerlichen Gesetzbuchs der Vertrag über die Übernahme eines Baues als rechtlich eigenartiger Vertrag neben dem Werkvertrag nicht mehr besteht. Der letztere umfaßt nach § 631 alle Fälle, in denen die Leistung des Unternehmers die Herstellung eines versprochenen Werkes ist, ohne daß es darauf ankommt, von wem die dafür erforderlichen Arbeiten ausgeführt werden. In den Fällen, in denen Bauarbeiten Gegenstand eines Werkvertrages sind, kann es demnach rechtlich keinen Unterschied machen, ob die Arbeiten dem eigenen Handwerk des Unternehmers angehören, oder auf dessen Bestellung für ihn von anderen Handwerkern ausgeführt werden. Es kommt immer nur darauf an, ob die übernommene Leistung die eines Handwerkers ist. Die ältere Rechtsprechung hat für ihre Unterscheidung einen Anhalt in der Fassung des § 1 des Gesetzes vom 31. März 1838 finden wollen, indem sie annahm, von „Forderungen von Handwerkern für Arbeiten" könne nur gesprochen werden, wenn es sich um Arbeiten des eigenen Handwerks handle. Für die Auslegung des § 196 trifft diese Erwägung nicht zu, weil dort von „Forderungen der Handwerker für Ausführung von Arbeiten mit Einschluß der Auslagen" die Rede ist, und diese Ausdrücke die erwähnte einschränkende Auslegung nicht zulassen. Nach ihnen kommt es nicht darauf an, wer die Arbeiten ausgeführt hat, sondern ob der Unternehmer, der den Anspruch erworben hat, ein Handwerker ist.

Vgl. Entsch. des R.G.'s in Zivils. Bd. 60 S. 274; Gruchot, Beiträge Bd. 50 S. 99.

Ist er Handwerker, und hat er in Ausübung seines Gewerbes gehandelt, so unterliegt sein Anspruch auf die Vergütung der kurzen Verjährung.

Von dieser Auffassung weicht allerdings ein Urteil des IV. Zivilsenates des Reichsgerichts vom 2. Januar 1905 (Rep. IV. 463/04) ab, das auch für das jetzige Recht bei Ansprüchen aus einem Bauentreprisevertrage die kurze Verjährung des § 196 als ausgeschlossen ansieht. Darin liegt jedoch nicht ein Anlaß, die Entscheidung der vereinigten Zivilsenate einzuholen, weil die in dem Urteile abgegebene Entscheidung auf jener abweichenden Rechtsauffassung nicht beruht. Denn die auf Grund von § 196 vorgeschützte Einrede der Verjährung wurde dort aus dem Grunde zurückgewiesen, weil die Leistung für den Gewerbebetrieb des Schuldners erfolgt, und die vierjährige Verjährung des § 196 noch nicht abgelaufen war.

Das Berufungsgericht hat weiter die Frage erörtert, ob nach dem festgestellten Sachverhalte der Kläger die Bauarbeiten für den Beklagten als Handwerker übernommen und ausgeführt hat. Es hat die Frage bejaht, indem es Rücksicht nimmt auf den Umfang der Arbeiten, sowie darauf, daß der Kläger sich selbst als Zimmermeister bezeichnet hat und bei der Ausführung der Arbeiten persönlich mittätig gewesen ist. Diese Erwägungen sind nicht zu beanstanden. Nach ähnlichen Merkmalen ist stets die Grenze gezogen, wenn es darauf ankam, zwischen Handwerksarbeit und anderer gewerblicher Tätigkeit zu unterscheiden, wie z. B. bei Anwendung der §§ 1 und 4 H.G.B. Das entscheidende Gewicht ist dabei auf die heute geltenden wirtschaftlichen Anschauungen zu legen, und diese führen gerade bei den Bauhandwerkern dahin, den Kreis nicht zu eng zu ziehen. Der gesetzgeberische Grund für die Einführung der kurzen Verjährung trifft auch für ihre Unternehmungen zu, insofern kleinere Bauten zu den Geschäften des alltäglichen Verkehrs gehören, bei denen die Bezahlung, ähnlich wie bei Kaufleuten und Fabrikanten, alsbald nach der Beendigung der Arbeit gefordert zu werden pflegt." ...

---

3. Erfordernisse für die Bezeichnung des Remittenten bei einem gezogenen Wechsel, insbesondere bei einem Wechsel, der von zwei Personen ausgestellt ist. Grundsätze für die Auslegung der Wechselurkunde.

I. Zivilsenat. Urt. v. 13. April 1907 i. S. Emil R. (Kl.) w. Erna P. (Bekl.). Rep. I. 38/07.

I. Landgericht I Berlin, Kammer für Handelssachen.
II. Kammergericht daselbst.

Die Beklagte hatte einen Wechsel folgenden Wortlauts akzeptiert:

„Bad N., den 6. August 1906
für 6000 Mark.
Am 3. September 1906 zahlen Sie mir gegen diesen Prima-Wechsel Mk. sechstausend. Arthur P.
Fräulein Erna P. in Walter L.“
Bad N. i./H. Villa
Kurhaus.

Die Rückseite des Wechsels lautete:

„Walter L.
für mich in Höhe von 4810,30 ℳ an die Order des Herrn Emil R. in N.-B., Stahndorferstraße.“

Emil R. hatte den Wechsel am 5. September 1906 mangels Zahlung protestieren lassen und klagte unter Vorlage von Wechsel und Protest im Wechselprozesse gegen die Akzeptantin auf Verurteilung zur Zahlung von 4810,30 ℳ nebst Zinsen, Protestkosten und Provision.

Die Beklagte machte neben anderen Einwendungen Unbestimmtheit des Remittenten und mangelnde Legitimation des Klägers geltend.

Das Landgericht verurteilte die Beklagte durch Vorbehaltsurteil nach dem Klagantrage. Auf die Berufung der Beklagten aber erkannte das Kammergericht auf Abweisung der Klage. Die Revision des Klägers wurde zurückgewiesen.

Gründe:

„Nach Art. 4 Nr. 3 W.O. gehört zu den wesentlichen Erfordernissen eines gezogenen Wechsels:

„der Name der Person oder die Firma, an welche oder an deren Order gezahlt werden soll (des Remittenten)“.

Nach Art. 6 Abs. 1 kann sich der Aussteller selbst als Remittenten bezeichnen (Wechsel an eigene Order). Auch ist nach Art. 9 die Beifügung der Orderklausel nicht wesentlich, der Wechsel vielmehr selbst Orderpapier. Hiernach würde die im Klagewechsel gebrauchte Wendung „zahlen Sie mir“ nicht zu beanstanden sein, wenn der Wechsel einen bestimmten Aussteller hätte. Die Person des Remittenten wäre dann in genügender Weise bezeichnet. Der Klagewechsel aber trägt zwei

Ausstellerunterschriften, und damit ist durch den Ausdruck „zahlen Sie mir“, wie das Kammergericht mit Recht angenommen hat, die Person des Remittenten ins Ungewisse gerückt. Es kann sein, daß ausschließlich der erste Aussteller gemeint ist, oder ausschließlich der zweite. Es kann auch sein, daß gemeint war, die Zahlung solle wahlweise entweder an den einen, oder an den anderen geleistet werden. Und es kommt endlich die Möglichkeit in Betracht, daß beide Aussteller zusammen als Zahlungsempfänger bezeichnet werden sollten, sei es in der Weise, daß sie als Gesamtgläubiger im Sinne des § 428 B.G.B., sei es so, daß sie als gemeinschaftliche Gläubiger im Sinne des § 432 aufzufassen sein würden. Diese Ungewißheit macht den Wechsel ungültig. Wie im allgemeinen für die wesentlichen Erfordernisse des Wechsels (Art. 4), so ist auch für die Person des Remittenten eine klare und bestimmte Angabe zu fordern, ohne die der Wechselverkehr nicht bestehen kann. Mit vieldeutigen Wendungen wird diesem Erfordernisse nicht Genüge geleistet. Und wenn anzuerkennen ist, daß auch die Wechselurkunde der Auslegung zugänglich ist, so müssen doch die Hilfsmittel der Auslegung durch die Urkunde selbst dargeboten werden, ein Weg, der hier versagt, um zu einem sicheren Ergebnis zu gelangen. Umstände, die außerhalb der Urkunde liegen, z. B. mündliche Erklärungen der Beteiligten, können hierbei nicht in Betracht kommen. Mit Recht hat das Kammergericht daher abgelehnt, auf den Eid einzugehen, den der Kläger der Beklagten darüber zugeschoben hatte, daß bei Ausstellung und Annahme des Wechsels von sämtlichen Beteiligten vereinbart worden sei, der zweite Aussteller, Walter L., solle den Wechsel in Besitz nehmen und allein darüber verfügen. Die Zulassung dieser Beweisantretung würde nicht nur gegen § 592 Z.P.O., sondern auch gegen den materiellrechtlichen Satz verstoßen, daß die sämtlichen wesentlichen Erfordernisse des Wechsels aus der Urkunde selbst erhellen müssen.

Die Ungültigkeit des Wechsels rechtfertigt die Abweisung der Klage, ohne daß die Rechtsbeständigkeit der Übertragung auf den Kläger und dessen Legitimation geprüft zu werden braucht.

Denkbar ist allerdings noch eine andere Auffassung der Urkunde, die weder von den Parteien angeregt, noch von den Instanzgerichten erwogen worden ist. Es wäre möglich, die beiden untereinander stehenden Unterschriften Arthur P. und Walter L. nicht als Unterschriften zweier Aussteller, sondern jene Unterschrift als die des Ausstellers und diese als die Mitunterzeichnung eines Wechselbürgen (Art. 81 W.O.) zu verstehen. Bei dieser Auffassung würde der Mangel einer ungenügenden Bezeichnung des Remittenten wegfallen und der Wechsel selbst als gültig erscheinen. Es kann indes unerörtert bleiben, ob ein solches Verständnis der beiden Unterschriften angesichts des Umstandes, daß es der zweiten Unterschrift an jedem ein Avalverhältnis andeutenden Zusatze fehlt, zulässig sein würde. Denn der Klage kann hierdurch nicht aufgeholfen werden, weil der Kläger seine Legitimation auf das Indossament des zweiten Unterzeichners gründet, gegebenenfalls also des Avalisten. Der Avalist aber hat als solcher kein Wechselrecht und ist zur Indossierung des an die Order des Hauptausstellers gestellten Wechsels nicht befugt."

---

4. Ist ein Klaganspruch, der durch rechtskräftiges Zwischenurteil (§ 304 Z.P.O.) dem Grunde nach für gerechtfertigt erklärt worden ist, damit im Sinne von § 218 B.G.B. rechtskräftig festgestellt worden?

VI. Zivilsenat. Urt. v. 15. April 1907 i. S. Kr. Wwe. u. Gen. (Kl.) w. Elektrische Straßenbahn B.-E. (Bekl.). Rep. VI. 382/06.

I. Landgericht Elberfeld.
II. Oberlandesgericht Köln.

Der vom Kläger Kr. auf Grund des Haftpflichtgesetzes erhobene Entschädigungsanspruch wurde durch Zwischenurteil vom 20. April 1899 rechtskräftig dem Grunde nach für gerechtfertigt erklärt. Nach Abschluß der Beweiserhebung wurde zur Verhandlung über den Betrag ein Termin auf den 19. Mai 1901 anberaumt, in diesem aber das Verfahren auf Antrag der Beklagten ausgesetzt, weil der Kläger gestorben war. Die Witwe und die Tochter des letzteren erklärten durch Schriftsatz vom 25. September 1905, daß sie als seine Erben den Rechtsstreit aufnähmen, und luden die Beklagte zu einem auf den 5. Oktober 1905 anberaumten Termine. Nach wiederholten Vertagungen fand die Verhandlung am 20. Juni 1906 statt.

In ihr wurde das Urteil erlassen, daß die Klage auf Grund der von der Beklagten vorgeschützten Einrede der Verjährung abgewiesen werde. Die Revision der Klägerinnen wurde zurückgewiesen aus folgenden

Gründen:

„Die Verjährung des Anspruchs aus dem Hapftpflichtgesetz begann mit dem Tage des Unfalls, also am 9. März 1897; sie wurde aber durch die Klagerhebung unterbrochen, und diese Unterbrechung hat bis über den 1. Januar 1900 hinaus gedauert. Demnach kommen ausschließlich die Vorschriften des Bürgerlichen Gesetzbuchs über die Verjährung zur Anwendung. Auch nach ihnen hat der Prozeß den Lauf der Verjährung unterbrochen, und die Unterbrechung dauerte nach § 211 B.G.B. fort, bis der Prozeß rechtskräftig entschieden oder anderweit erledigt war. Geriet aber der Prozeß infolge einer Vereinbarung oder dadurch, daß er nicht betrieben wurde, in Stillstand, so endigte nach § 211 die Unterbrechung mit der letzten Prozeßhandlung der Parteien oder des Gerichts. Nach der Beendigung der Unterbrechung begann eine neue Verjährung, deren Dauer sich nach der rechtlichen Natur des Klaganspruchs bestimmt. Das Berufungsgericht hat diesen Fall als gegeben angesehen. Es geht davon aus, daß seit der am 19. Mai 1901 erfolgten Aussetzung des Verfahrens, jedenfalls aber seit der Erlassung des Beschlusses des Berufungsgerichts über die Festsetzung des Streitwertes vom 24. März 1902 der Prozeß in Stillstand geraten ist, und daß der Stillstand über zwei Jahre gedauert hat, nämlich bis zum 26. September 1905, an welchem frühestens der Schriftsatz der Klägerinnen vom 25. September 1905 zugestellt sein könne. Dieser Ausführung setzt die Revision die Behauptung entgegen, der Klaganspruch sei durch das Zwischenurteil vom 20. April 1899 rechtskräftig festgestellt worden; demnach komme die Vorschrift des § 218 B.G.B. zur Anwendung; der Anspruch verjähre also erst in dreißig Jahren. Dieser Angriff beruht auf einem Irrtum über die rechtliche Natur eines gemäß § 304 Z.P.O. erlassenen Zwischenurteils.

Es ist unrichtig, dieses dem auf eine Feststellungsklage ergehenden Endurteile gleichzustellen. Das letztere hat allerdings in den Fällen, wo nicht bereits der Betrag des Anspruchs festgestellt wird, eine äußere Ähnlichkeit mit einem Zwischenurteil nach § 304. Aber es beendet den Rechtsstreit völlig; eine Fortsetzung des Verfahrens findet nicht statt, während durch das Zwischenurteil nur über einen Teil des Streitstoffes entschieden, der Prozeß im übrigen aber fortgesetzt wird. Die in ihm abgegebene Entscheidung ist nicht ein Endurteil, sondern wird nur in betreff der Rechtsmittel, also nur in dieser einen Richtung, als Endurteil angesehen. Die Einheitlichkeit der beiden Teile des Verfahrens über den Grund und den Betrag des Anspruchs tritt auch darin zutage, daß die Wirkung der Rechtshängigkeit fortdauert, die Entscheidung über die Prozeßkosten in dem Zwischenurteile nicht erfolgen kann, vor allem aber darin, daß, wenn in dem Verfahren über den Betrag ein Versäumnisurteil gegen den Kläger zu erlassen ist, dieses nach § 347 Z.P.O. die Klage ganz abzuweisen hat, die Entscheidung des Zwischenurteils also mit beseitigt. Das Berufungsgericht hat endlich mit Recht auch auf § 219 B.G.B. verwiesen. Hätte die dreißigjährige Verjährung für die Ansprüche gelten sollen, die dem Grunde nach durch Zwischenurteil für gerechtfertigt erklärt worden sind, so wäre dort die Stelle für ihre Erwähnung gewesen." ...

---

5. 1. Ist für die Unterbrechung der Verjährung die Einschränkung eines früher gestellten Klagantrages nach § 211 Abs. 2, oder nach § 212 B.G.B. zu behandeln?

2. Zur Anwendung des § 638 B.G.B. beim Transportvertrage.

VI. Zivilsenat. Urt. v. 15. April 1907 i. S. O. (Kl.) w. Stadtgemeinde D. u. Gen. (Bekl.). Rep. VI. 331/06.

I. Landgericht Duisburg.
II. Oberlandesgericht Hamm.

Der Kläger erlitt am 26. Oktober 1898 als Fahrgast der von der Beklagten zu 2 betriebenen Straßenbahn zu D. infolge des Zusammenstoßes eines Motorwagens dieser Bahn mit einem Güterzuge der von der Beklagten zu 1 betriebenen D.'er Hafenbahn einen Unfall und nahm auf Ersatz des ihm hierdurch erwachsenen Schadens die beiden Beklagten in Anspruch. Nachdem über den zunächst erhobenen Schadensanspruch ein Zwischenurteil nach § 304 Z.P.O.

ergangen war, erweiterte er in dem Verfahren über den Betrag des Anspruches seine Forderungen; die Beklagten setzten den neu erhobenen Ansprüchen — Kurkosten und Sachschaden — den Einwand der Verjährung entgegen.

Aus den Gründen:

... „Der Kläger hat sowohl den Anspruch auf Ersatz des Sachschadens mit 228,75 ℳ wie den auf die Erstattung von ferner entstehenden Kurkosten, den letzteren in Gestalt eines Feststellungsantrags, erstmalig nach Maßgabe eines Schriftsatzes vom 7. März 1900 in der mündlichen Verhandlung vom 4. Juli 1900 erhoben. Auf Grund dieser Verhandlung erging ein Beweisbeschluß; in der nach dessen Erledigung stattgehabten mündlichen Verhandlung vom 23. Oktober 1901 verlas der Vertreter des Klägers diesen Antrag jedoch nicht mehr; er wandelte den Feststellungsantrag in einen erweiterten Leistungsantrag um, der die bis zur Ankündigung des neuen Antrages in dem Schriftsatze vom 23. März 1901 entstandenen Heilungskosten umfaßte, weiterhin in der Zukunft noch entstehende Kurkosten sowie den Sachschaden aber außer Betracht ließ. Wieder aufgenommen sind diese Ansprüche mit anderer Fassung der Anträge — Leistungsklage wegen der neu erwachsenen Kurkosten und wegen des Materialschadens, Feststellungsklage für die in der Zukunft noch erwachsenden Heilungskosten — erst in der mündlichen Verhandlung vom 27. November 1905. ...

Eine rechtswirksame Unterbrechung der Verjährung hat nach Art. 169 Einf.-Ges. zum B.G.B., § 209 B.G.B., § 281 Z.P.O., § 8 R.-Haft-Pfl.-Ges. stattgefunden durch Verlesung der in dem Schriftsatze vom 7. März 1900 angekündigten Anträge von seiten des Klägers in der mündlichen Verhandlung vom 4. Juli 1900. Der hier verlesene Feststellungsantrag hinsichtlich aller auch künftig erwachsenden Heilungskosten deckt sich inhaltlich mit dem in der Verhandlung vom 27. November 1905 verlesenen Leistungs- und Feststellungsantrage hinsichtlich dieses Schadens, und der in jener Verhandlung verlesene Leistungsantrag umfaßte nach den Anlagen des Schriftsatzes vom 7. März 1900 auch den jetzt verlangten Sachschaden. Die einmal wirksam erfolgte Unterbrechung der Verjährung dauert nach § 211 Abs. 1 B.G.B. fort, bis der Prozeß rechtskräftig entschieden oder anderweit erledigt ist; sie endigt aber nach § 211

Abs. 2 B.G.B., wenn der Prozeß nicht weiter betrieben wird, mit der letzten Prozeßhandlung; wird die Klage zurückgenommen, so gilt sie nach § 212 B.G.B. als überhaupt nicht erfolgt. Der Kläger hat nun die in der Verhandlung vom 4. Juli 1900 gestellten Anträge in der mündlichen Verhandlung vom 23. Oktober 1901 nicht wieder verlesen, sondern durch einen Leistungsantrag ersetzt, der nur Ersatz der bis dahin erwachsenen Kurkosten von den Beklagten verlangt, auch den Materialschaden nach Ausweis des Tatbestandes des Urteils vom 23. Oktober 1901 nicht mehr in sich begreift. Es fragt sich, welche Bedeutung dieser Einschränkung des Antrages (§ 268 Nr. 2 Z.P.O.) zukommt. Die Zurücknahme einer Klage ist, ebenso wie der Verzicht auf den eingeklagten Anspruch, eine Willenserklärung (§§ 271, 306 Z.P.O.); dieser Verzicht enthält eine Aufgabe des Rechtes selbst, jene Zurücknahme einen Verzicht auf die Entscheidung über den Anspruch in dem gegenwärtigen Rechtsstreit, ohne damit der späteren Geltendmachung des Klagebegehrens zu entsagen, eine Aufgabe also der Rechtsverfolgung durch den anhängigen Prozeß. Beiderlei Willenserklärungen können ausdrücklich oder durch schlüssige Handlungen erfolgen, und die Einschränkung eines bisher gestellten Klagantrages kann daher, wenn ein dahin gerichteter Wille des Klägers festzustellen ist, einen teilweisen Verzicht auf den Anspruch, sie kann auch eine teilweise Zurücknahme der Klage bedeuten; sie braucht aber keins von beiden bedeuten.

Vgl. Urteile des R.G.'s in Seuffert's Archiv Bd. 48 Nr. 215 S. 343; Gruchot's Beiträge Bd. 41 S. 699; Jurist. Wochenschr. 1899 S. 161 Nr. 5.

Tatsachen, die im gegebenen Falle zu der Annahme eines Verzichtes des Klägers auf den Anspruch oder auf dessen prozessuale Verfolgung als in seinem Willen gelegen zwängen, sind nicht vorgebracht, und die prozessuale Handlung des Klägers, die Umwandlung eines seiner Natur nach allgemeineren Feststellungsantrages in einen bestimmt begrenzten Leistungsantrag, wie er zurzeit gerade gestellt werden kann, gebietet von selbst einen Schluß auf einen, sei es materiellrechtlichen, sei es prozessualen, Verzichtswillen nicht (vgl. die zuletzt angeführte Entscheidung des Reichsgerichts); ohne diesen bedeutet das Fallenlassen, die Nichtverfolgung eines einmal gestellten Antrages nur einen Stillstand in der prozessualischen Verfolgung, ein Nichtbetreiben des

Rechtsstreits im Sinne des § 211 B.G.B. Was nach dieser Gesetzesbestimmung für das Ruhenlassen des ganzen Prozesses vorgeschrieben ist, muß auch für ein teilweises Ruhenlassen durch die Einschränkung von Anträgen gelten, sobald diese sich nicht als ein Verzicht auf den Anspruch, oder als eine teilweise Zurücknahme der Klage darstellt.

Hiernach hat nicht nach Maßgabe der Vorschrift des § 212 B.G.B. die Unterbrechung der Verjährung durch die Anträge der Verhandlung vom 4. Juli 1900 ihre Wirksamkeit überhaupt verloren; aber sie hat gemäß § 211 Abs. 2 mit dem Fallenlassen der Anträge ihr Ende erreicht; von da an beginnt mithin eine neue Verjährung zu laufen.

In den über den Grund des Anspruches des Klägers erlassenen Urteilen ist dieser überhaupt nur nach dem Reichs-Haftpflichtgesetze geprüft; eine weitere Prüfung erübrigte sich, da dieses Gesetz den damals erhobenen Anspruch allein schon als gerechtfertigt erscheinen ließ. Behauptet war ein für den Unfall ursächliches Verschulden beider Beklagten jedoch schon in der Klage, deren Vorbringen auch nach dem Tatbestande des ersten Urteils vom 8. März 1899 vorgetragen worden ist. Ebenso ist vorgetragen, daß der Kläger den Unfall als Fahrgast der Beklagten zu 2 erlitten hat, woraus sich ergibt, daß zwischen beiden ein Transportvertrag geschlossen war, der nach der feststehenden Rechtsprechung des Reichsgerichts (Entsch. in Zivils. Bd. 4 S. 192, Bd. 55 S. 335; Jurist. Wochenschr. 1904 S. 484 Nr. 6, 1905 S. 185 Nr. 36) den Transportunternehmer verpflichtet, für die körperliche Sicherheit der beförderten Person zu sorgen und einzustehen, sofern er nicht nachweist, daß der Schade auf ein Verschulden seinerseits nicht zurückzuführen ist.

Der erweiterte Klaganspruch ist mithin nach den drei rechtlichen Gesichtspunkten des Reichs-Haftpflichtgesetzes, der unerlaubten Handlung und des Vertrages zu würdigen, wobei die beiden ersten Gesichtspunkte für beide Beklagten, der letzte nur für die Beklagte zu 2 in Frage kommen. Nach diesen drei Richtungen ist danach auch die Verjährungseinrede der Beklagten zu prüfen. . . .

Die Verjährung des Vertragsanspruchs gegenüber der Beklagten zu 2 vollendete sich nach dem für die Zeit vor dem Inkrafttreten des Bürgerlichen Gesetzbuchs maßgebenden § 546 A.L.R. I. 9 in 30 Jahren. Eine Anwendung des § 343 A.L.R. I. 5 auf Schadensersatzansprüche der hier vorliegenden Art kam nicht in Frage. Auch nach § 195 B.G.B. ist die regelmäßige Verjährungsfrist eine dreißigjährige; nach Art. 169 Einf.-Ges. zum B.G.B. läuft die begonnene Verjährung in der Weise weiter, daß vom 1. Januar 1900 ab die Vorschriften des Bürgerlichen Gesetzbuchs auf sie Anwendung finden. Es erhebt sich jedoch die Frage, ob nicht die kurze — sechsmonatige — Verjährung des § 638 B.G.B. für die Ansprüche des Klägers Platz greift, die für die Ansprüche des Bestellers aus einem Werkvertrage wegen Mängel des Werkes gegeben ist und auch neben den eigentlichen Gewährleistungsansprüchen die Ansprüche auf Schadensersatz umfaßt. Der erkennende Senat hat in einer Entscheidung vom 19. Juni 1905 (Jurist. Wochenschr. 1905 S. 484 Nr. 1) auf Grund der Bestimmung des § 646 B.G.B. ausgesprochen, daß die kurze Verjährung des § 638 nicht nur für die Herstellung einer Sache, sondern auch für Leistungen nicht körperlicher Art, die Erzielung eines Erfolges Platz greift und alsdann mit der Vollendung der Leistung beginnt; er hat diesen Grundsatz alsdann auch auf einen Schadensersatzanspruch der vorliegenden Art aus einem Transportvertrage, da dieser als ein Werkvertrag sich darstellt, angewendet. Die erstere Aufstellung, die die Ausdehnung des Geltungsbereichs des § 638 auf Werkverträge jeder Art, auch auf unkörperliche Leistungen, zum Gegenstande hat, ist grundsätzlich aufrecht zu erhalten; an der konkreten Anwendung der kurzen Verjährung des § 638 auf Schadensersatzansprüche der vorliegenden Art hält dagegen der erkennende Senat nicht fest, schließt sich vielmehr den Entscheidungen des VII. Zivilsenats an (Entsch. in Zivils. Bd. 62 S. 119, Bd. 64 S. 41; vgl. auch das Urteil des I. Zivilsenats Entsch. Bd. 62 S. 210), worin § 638 B.G.B. für unanwendbar erklärt wird, wenn es sich nicht um einen Mangel des gelieferten Werkes handelt, sondern um eine „durch positives Zuwiderhandeln gegen die pflichtmäßige Sorgfalt bei der Herstellung des noch nicht vollendeten Werkes begangene Vertragsverletzung"; dieser Fall ist gerade gegeben, wenn ein Fahrgast während der Beförderung durch den Transportunternehmer infolge Außerachtlassung der vertragsmäßigen Sorgfalt von seiten des letzteren körperlich verletzt wird. Die Werkleistung des Transportunternehmers ist die Beförderung des Vertragsgegners von Ort zu Ort; Mängel dieser Leistung unterstehen der kurzen Verjährung des § 638; daß der Transportunternehmer die Person, der er zu jener Leistung sich verpflichtet hat, vor Gefahren sichere, die dieser auf dem Transport durch die Transporteinrichtungen und Maßnahmen begegnen können, ist eine daneben laufende Verpflichtung, die zwar auch auf dem Vertragsverhältnis beruht und zu den Vertragspflichten gehört, die aber mit der Transportleistung selbst nicht zusammenfällt; durch einen Mangel der vertragsmäßigen Sorgfalt in der Ausführung des Werkes wird hier dem Vertragsgegner ein positiver Schade rechtswidrig zugefügt, für dessen Geltendmachung die Bestimmung des § 638 B.G.B. nicht gegeben ist, die die kurze Verjährung für Gewährleistungsklagen (Wandelung und Minderung) aus den bisher geltenden Rechten übernommen und diesen nur die Schadensersatzklage wegen schuldhaft mangelhafter Leistung hinzugefügt hat; immer aber muß es sich um einen Mangel des Werkes oder der Leistung handeln, der, von dem Verschulden des Verpflichteten abgesehen, mit der Wandelungs- oder Minderungsklage zu verfolgen sein würde.

Nach diesen Grundsätzen ist der Schadensersatzanspruch des Klägers, soweit er aus dem Transportvertrage geltend gemacht werden kann, mithin in seiner Verfolgung gegen die Beklagte zu 2, noch nicht verjährt; die Vertragshaftung umfaßt aber sowohl den Körperschaden, wie den dem Kläger entstandenen Materialschaden. Die Klage ist deshalb gegen diese Beklagte hinsichtlich der noch im Streit befangenen Ansprüche auf Grund der von den Beklagten erhobenen Einrede der Verjährung zu Unrecht durch das Berufungsgericht abgewiesen worden." ...

---

6. Ist, wenn das Amtsgericht sich rechtskräftig für sachlich unzuständig erklärt hat, diese Entscheidung für das Landgericht, bei dem die Sache später anhängig wird, nach § 11 Z.P.O. bindend, obgleich die Zuständigkeit des Amtsgerichts auf Grund § 893 Abs. 2 Z.P.O. begründet war?

VII. Zivilsenat. Urt. v. 16. April 1907 i. S. M. (Kl.) w. A. (Bekl.). Rep. VII. 327/06.

I. Landgericht Flensburg.
II. Oberlandesgericht Kiel.

In einem Prozesse der Parteien war der Beklagte durch das Urteil des Amtsgerichts H. rechtskräftig verurteilt, dem Kläger eine Kuh herauszugeben. Bei der Zwangsvollstreckung wurde die Kuh nicht vorgefunden. Der Kläger erhob hierauf bei dem Amtsgericht H. Klage auf Leistung des Interesses und forderte die Zahlung von 380 *M*. Mit dieser Klage wurde er rechtskräftig abgewiesen; das Amtsgericht erklärte sich wegen des 300 *M* übersteigenden Streitwertes für sachlich unzuständig. Nunmehr forderte Kläger mit der jetzigen beim Landgerichte des Bezirks angestrengten Klage wiederum Zahlung der 380 *M*. Das Landgericht verneinte ebenfalls seine Zuständigkeit; die vom Kläger eingelegte Berufung wurde zurückgewiesen.

Auf die Revision des Klägers ist das Berufungsurteil aufgehoben, und die Einrede der Unzuständigkeit verworfen.

Gründe:

„Das Oberlandesgericht führt aus, daß § 11 Z.P.O. ebenso wie der vorangehende § 10 sich nur auf Entscheidungen über die sachliche Zuständigkeit beziehen; § 893 Abs. 2 dagegen begründe eine sog. funktionelle Kompetenz und setze die ausschließliche sachliche und örtliche Zuständigkeit eines bestimmten Gerichts fest. Hieraus ergäben sich für den vorliegenden Rechtsstreit zwei Folgerungen. Erstens sei deshalb das Landgericht an die vom Amtsgerichte H. rechtskräftig ausgesprochene Unzuständigkeitserklärung nicht gebunden. Zweitens sei das Landgericht weder an sich zuständig, noch habe es bei der Ausschließlichkeit des Gerichtsstandes des § 893 Z.P.O. durch Parteivereinbarung zuständig werden können. Die vom Landgerichte wegen Unzuständigkeit ausgesprochene Klagabweisung sei somit gerechtfertigt.

Die hiergegen eingelegte Revision ist nach § 547 Nr. 1 Z.P.O. zulässig; ihren Angriffen, welche eine Verletzung des § 11 a. a. O. rügen, war auch der Erfolg nicht zu versagen.

Die auch im Berufungsurteile erwähnte Entscheidung des V. Zivilsenates des Reichsgerichts vom 11. März 1885 — Bd. 13 S. 367 der Entsch. in Zivils. — läßt es dahingestellt, ob unter Prozeßgericht erster Instanz im Abs. 2 des § 893 — früher § 778 — dasjenige Gericht zu verstehen ist, welches innerhalb des vorgeschriebenen Bezirks nach den allgemeinen Vorschriften über die sachliche Zuständigkeit in erster Instanz zu entscheiden haben würde, oder dasjenige, welches im gegebenen Falle das frühere Urteil erlassen hat.

In der Literatur ist indessen, soweit ersichtlich, durchweg die Ansicht vertreten, daß nach der erwähnten Gesetzesstelle Ansprüche auf Leistung des Interesses ohne Rücksicht auf den Streitwert bei demjenigen erstinstanzlichen Gerichte zu erheben sind, bei welchem die frühere Klage anhängig war. Das mit der Klage schon befaßt gewesene Gericht soll auch über die Interesseforderung entscheiden. Der erkennende Senat schließt sich dieser Ansicht an. Dadurch wird aber die Folgerung des Berufungsgerichts noch nicht gerechtfertigt, daß deshalb auch § 11 Z.P.O. nicht anwendbar, und daher das Landgericht an die rechtskräftige Entscheidung des Amtsgerichts nicht gebunden sei. Diese Folgerung legt allein auf die Bestimmung des § 893 Gewicht, läßt aber dabei die Prüfung außer Betracht, welche Bedeutung trotzdem die rechtskräftige Entscheidung des Amtsgerichts hat.

Das Amtsgericht hat sich für unzuständig erklärt, weil bei ihm Klage wegen eines 300 *M* übersteigenden vermögensrechtlichen Anspruchs erhoben ist. Ob dies geschehen ist, weil angenommen ist, daß auch bei Klagen aus § 893 das Objekt über die Zuständigkeit entscheidet, oder ob diese Bestimmung der Prozeßordnung übersehen, und das Urteil nur auf § 23 Nr. 1 G.V.G. gestützt ist, ist nicht festgestellt. Es kann das auch dahingestellt bleiben; denn in beiden Fällen ist die Unzuständigkeit hergeleitet aus Bestimmungen über die sachliche Zuständigkeit. Damit ist, wie dies § 11 voraussetzt, die Unzuständigkeit eines Gerichts auf Grund der Bestimmungen über die sachliche Zuständigkeit der Gerichte rechtskräftig ausgesprochen. Eine solche Entscheidung ist, wie das Gesetz weiter bestimmt, für das Gericht, bei welchem die Sache später anhängig wird, bindend, und es ist den Vorinstanzen nicht beizutreten, wenn sie dennoch die Zuständigkeit des örtlich kompetenten Landgerichts mit Rücksicht auf die Vorschriften der § 802, 893 Abs. 2 Z.P.O. verneinen.

Durch die Bestimmung des § 11 soll im Interesse der Rechtsuchenden eine wiederholte Prüfung der sachlichen Zuständigkeit vermieden werden; das Gesetz will verhüten, daß sich mehrere Gerichte, von denen eines zuständig ist, für unzuständig erklären, und damit ein sog. negativer Kompetenzkonflikt eintritt, der erst durch Herbeiführung einer Anordnung über die Zuständigkeit seitens des höheren Gerichts gemäß § 36 Nr. 6 Z.P.O. zu beseitigen ist.

Vgl. Motive zur Z.P.O. bei Hahn Bd. 1 S. 148.

Auf demselben Standpunkte, Zuständigkeitsfragen möglichst im Interesse der materiellen Rechtsverfolgung einzuschränken, steht auch das Gewerbegerichtsgesetz vom $\frac{\text{29. Juli 1890}}{\text{29. September 1901}}$ (R.G.Bl. 1901 S. 353). Es dehnt die Bestimmung des § 11 weiter auch noch auf die örtliche Zuständigkeit aus (§§ 28, 86 des Gesetzes). Die erwähnte Absicht des Gesetzgebers hat auch in dem dem § 549 Z.P.O. durch die Novelle vom 5. Juni 1905 gegebenen Zusatze Ausdruck gefunden.

Diese Gründe sprechen für eine weite Auslegung des § 11. Gleichwohl braucht indessen zu der Streitfrage, ob die Unzuständigkeitserklärung eines Gerichts für das andere unter allen Umständen bindend ist, oder ob bei beiden Gerichten derselbe Zuständigkeitsgrund in Frage stehen muß, hier nicht Stellung genommen zu werden. Denn objektiv — und das ist entscheidend — lag beiden örtlich zuständigen Gerichten die gleiche Frage vor, ob für die angestrengte Klage der Streitwert die Kompetenz bestimmt. Diese Frage hat das Amtsgericht durch sein Urteil dahin beantwortet, daß die Zuständigkeit des Amtsgerichts nicht begründet ist. Damit ist zugleich die Zuständigkeit des Landgerichts ausgesprochen, und letzteres ist, auch wenn die Entscheidung des Amtsgerichts unrichtig ist, durch die Rechtskraft derselben gebunden; es ist nicht zulässig und widerspricht sowohl dem Wortlaute als auch dem Sinne des § 11, daß nun doch wieder der Kläger mit seinem Anspruche an das Amtsgericht als an das ausschließlich zuständige Gericht verwiesen werden soll.

Die gegenteilige Ansicht des Berufungsgerichts findet auch in den im angefochtenen Urteile angezogenen Entscheidungen des Reichsgerichts — Bd. 18 S. 361, 377, 378, Bd. 37 S. 369 der Entsch. in Zivils. — keine Stütze. Diese Urteile betreffen § 10 Z.P.O., und daraus, daß die Anwendbarkeit desselben gegenüber dem Gerichtsstande des § 924 verneint ist, rechtfertigt sich die Folgerung nicht, daß beim ausschließlichen Gerichtsstande auch die im § 11 vorausgesetzte rechtskräftige Unzuständigkeitserklärung ihre Bedeutung verliert.

Hiernach war, ohne daß es des Eingehens darauf bedarf, ob die Zuständigkeit des Landgerichts vereinbart werden konnte und vereinbart ist, das Berufungsurteil aufzuheben, und unter Abänderung des landgerichtlichen Urteils auf die Berufung des Klägers, wie geschehen zu erkennen." . . .

---

7. Wirksamkeit einer Auflassung, bei der nach dem übereinstimmenden, aber nicht erklärten Willen der Beteiligten bestimmte zu dem aufgelassenen Grundstücke gehörende Grundflächen von der Veräußerung ausgeschlossen bleiben sollten. Bedarf es, damit der letztere Erfolg eintritt, einer Anfechtung der Auflassungserklärung nach §§ 119, 121 B.G.B.?

V. Zivilsenat. Urt. v. 17. April 1907 i. S. M. (Bekl.) w. v. B. (Kl.). Rep. V. 374/06.

I. Landgericht Köslin.
II. Oberlandesgericht Stettin.

Der Landschaftsrat S. verkaufte durch Vertrag vom 3. Mai 1901 eine zu seinem Rittergute C. gehörende Moorparzelle unter deren gleichzeitiger Übergabe an den Kläger und ließ demnächst auf Grund des Vertrages vom 26. Juni 1903 das ganze Rittergut dem Beklagten auf. Kläger behauptete, der Beklagte sei durch S. von dem Abverkauf der Parzelle in Kenntnis gesetzt worden, und demgemäß sei der Wille dieser beiden beim Abschlusse des Vertrages vom 26. Juni 1903 und bei der Auflassung dahin gegangen, die Parzelle von der Mitveräußerung auszuschließen. Auf Grund einer Urkunde, in der ihm S. seinen Anspruch gegen den Beklagten auf „Rückauflassung" der Parzelle abgetreten hatte, klagte er auf Verurteilung des letzteren zu der Bewilligung, daß S. als Eigentümer der Parzelle im Grundbuche (wieder-)eingetragen werde. Beide Vorinstanzen erkannten zu seinen Gunsten. Die Revision des Beklagten wurde zurückgewiesen aus folgenden

Gründen:

„Der Berufungsrichter stellt tatsächlich fest, daß der Verkäufer S. dem Beklagten sowohl bei der Besichtigung des Gutes wie unmittelbar vor Abschluß des notariellen Kaufvertrages den bereits anderweit erfolgten Abverkauf einer Moorparzelle mit dem Hinzufügen, daß letztere danach nicht mitverkauft werde, mitgeteilt hat, und daß infolgedessen diese Parzelle von dem Verkaufe, und, da die Auflassung nach Maßgabe des Kaufvertrages stattgefunden hat, auch von der Auflassung nach dem Willen der Beteiligten hat ausgeschlossen sein sollen. Weiterhin folgert der Berufungsrichter in rechtlicher Beziehung hieraus, daß S. gemäß § 894 B.G.B. vom Beklagten die Zustimmung dazu verlangen könne, daß er, S., im Wege der Grundbuchberichtigung wieder als Eigentümer der Moorparzelle im Grundbuche eingetragen werde. Dieser Berichtigungsanspruch sei durch die Zession vom 28. März 1904 auf den Kläger mit der Wirkung übergegangen, daß letzterer zwar nicht seine eigene Eintragung als Eigentümer verlangen könne, wohl aber legitimiert sei, den Wiedereintragungsanspruch des S. in eigenem Namen geltend zu machen.

Die letztere Annahme steht in Einklang mit den Grundsätzen, die der erkennende Senat in dem zur Aufnahme in die amtliche Sammlung bestimmten Urteile vom 10 Oktober 1906, Rep. V. 562/05[1], entwickelt hat, und wird mit Rücksicht hierauf auch von der Revision nicht weiter bemängelt. Dagegen bekämpft die Revision im übrigen die Ausführungen des Berufungsrichters als rechtsirrig, indem sie die Meinung vertritt, daß es sich, soweit trotz der unbeschränkt lautenden Kaufvertrags- und Auflassungserklärung der Beteiligten die streitige Moorparzelle von der Veräußerung habe ausgeschlossen werden sollen, um einen Irrtum über den Inhalt der Erklärung handle, der die Mitveräußerung der erwähnten Parzelle nicht ohne weiteres unwirksam mache, sondern nur den Vertragschließenden ein Anfechtungsrecht nach Maßgabe der §§ 119, 121 B.G.B. gewähre. Erst wenn die rechtzeitige Anfechtung und die dadurch nach § 142 B.G.B. herbeigeführte Nichtigkeit der in bezug auf die Parzelle abgegebenen Veräußerungserklärung feststehe, sei Raum für die Geltendmachung des Berichtigungsanspruchs aus § 894 B.G.B. Dem konnte nicht beigetreten werden.

Für das frühere preußische Liegenschaftsrecht hat das Reichsgericht in ständiger Rechtsprechung angenommen, daß, wenn der Erwerber eines Grundstückes auf Grund einer ihm vom eingetragenen Eigentümer in bezug auf das ganze Grundstück erteilten Auflassung als Eigentümer des ganzen Grundstückes eingetragen worden war,

---

[1] Inzwischen zum Abdruck gelangt Bd. 64 Nr. 40 S. 165 flg. D. R.

obwohl nach der Willensmeinung beider Beteiligten nicht das ganze Grundstück, sondern nur ein bestimmter Teil davon aufgelassen werden sollte, es bezüglich des von der Veräußerung nicht betroffenen Teiles überhaupt an einem Eigentumserwerb fehle da die erklärte Auflassung insoweit dem Willen des Auflassenden und des Auflassungsempfängers nicht entspreche, also nichtig sei, und durch die bloße Eintragung des Erwerbers als Eigentümers auch des nicht veräußerten Teiles das Eigentum an letzterem auf jenen nicht übergehe. Demgemäß unterlägen die Angaben des Grundbuchs, soweit sie mit der von den Beteiligten gewollten Rechtsänderung nicht übereinstimmten, der Berichtigung. Im übrigen bestehe die Auflassung und die ihr entsprechende Eintragung des Erwerbers zu Recht, da diese Akte in ihrem bleibenden Umfange nicht allein dem Willen der Beteiligten auf Eigentumsübertragung und Eigentumserwerb entsprächen, sondern ihn auch erschöpften.

Vgl. die Urteile vom 19. November 1887, Entsch. des R.G.'s in Zivils. Bd. 20 S. 225, vom 17. Oktober 1891, ebenda Bd. 28 S. 307, vom 19. März 1890, Gruchot's Beitr. Bd. 34 S. 707, vom 9. November 1892, ebenda Bd. 37 S. 1096, vom 16. September 1899, ebenda Bd. 44 S. 993; Turnau u. Förster, Liegenschaftsr. 3. Aufl. 1906 Bd. 1 S. 292.

Mit diesen Grundsätzen des früheren preußischen Rechtes stimmt das jetzige Reichsrecht jedenfalls insofern überein, als auch nach ihm sich der Eigentumsübergang bei Grundstücken durch den rechtsgeschäftlichen Auflassungsakt und den Hinzutritt der Eintragung vollzieht, mithin eine nach den allgemeinen Vorschriften über Rechtsgeschäfte wirksame Auflassung voraussetzt. Fraglich ist nur, ob eine Änderung der Rechtslage durch den Umstand herbeigeführt worden ist, daß der sog. wesentliche Irrtum die von ihm betroffene Willenserklärung nicht mehr, wie dies nach §§ 75 flg. A.L.R. I. 4 der Fall war, nichtig macht, sondern nur ihre Anfechtbarkeit begründet. Dies ist indessen, entgegen der in der Literatur mehrfach hervorgetretenen Ansicht,

vgl. Turnau u. Förster, a. a. O.; v. Staudinger, Kommentar zum B.G.B. 2. Aufl. 1903 Bem. A III 2 zu § 925,

zu verneinen. Das Wesen der Anfechtung wegen Irrtums besteht darin, daß derjenige, der eine Willenserklärung abgegeben hat, bei dessen Inhalt ihn ein anderer, insbesondere sein Vertragsgegner, festhalten will, sich hiergegen mit der Behauptung wehrt, das von ihm Erklärte entspreche nicht seinem wirklichen Willen. Es wird also dabei vorausgesetzt, daß der andere, dem gegenüber die Willenserklärung abgegeben ist, diese Nichtübereinstimmung von Wille und Erklärung nicht kannte, und Zweck und Bedeutung der Anfechtung bestehen eben darin, diesen die Wirksamkeit der abgegebenen Erklärung hemmenden Umstand zur Kenntnis des anderen Teiles zu bringen. Davon kann in Fällen der vorliegenden Art nicht die Rede sein. Die Beteiligten sind hier nicht bloß einig in dem Willen, einen bestimmten Grundstücksteil von der Mitveräußerung und Mitauflassung auszuschließen, sondern sie haben auch das Bewußtsein dieser Willenseinigung, und ihr Irrtum besteht lediglich darin, daß sie das übereinstimmend Gewollte durch die von ihnen — ebenfalls übereinstimmend — abgegebenen Willenserklärungen ausgedrückt zu haben glauben, während in Wirklichkeit das übereinstimmend Erklärte über das übereinstimmend Gewollte hinausgeht. Diese Divergenz zwischen Wille und Erklärung hindert das Zustandekommen eines rechtsgültigen Vertrages in betreff desjenigen Gegenstandes, der nur in der Erklärung erwähnt ist, nicht auch durch ein entsprechendes Wollen gedeckt wird; aber um diese aus dem Willensmangel sich ergebende Nichtigkeit des bezüglichen Teiles des Vertrages geltend zu machen, bedarf es ebensowenig einer vorgängigen Anfechtung, wie in dem anderen Falle, daß jeder der Vertragschließenden das von ihm Erklärte will, der Inhalt der beiderseitigen Erklärungen jedoch auseinandergeht.

Vgl. Entsch. des R.G.'s in Zivils. Bd. 58 S. 233.

Hiernach haben die Vorinstanzen mit Recht angenommen, daß die Grundsätze des früheren preußischen Rechtes über Hemmung des Eigentumsüberganges durch übereinstimmenden Mangel des Auflassungswillens auch unter der Herrschaft des jetzigen Reichsrechts ihre unveränderte Geltung behalten haben." ...

---

8. Kann ein dingliches oder ein persönliches Zurückbehaltungsrecht an einem Hypothekenbrief durch Vertrag rechtswirksam begründet sein, wenn

a) die Voraussetzungen des gesetzlichen Zurückbehaltungsrechts nicht sämtlich vorliegen,

b) der Wille der Vertragschließenden auf die Bestellung eines Pfandrechts gerichtet war, der Vertrag aber als Pfandvertrag nichtig ist?

B.G.B. §§ 273, 140.

V. Zivilsenat. Urt. v. 17. April 1907 i. S. St. u. Gen. (Kl.) w. O. (Bekl.). Rep. V. 505/06.

I. Landgericht Schweidnitz.
II. Oberlandesgericht Breslau.

Die Kläger zu 1 bis 6 und R. St. sind die Erben des im Jahre 1897 verstorbenen K. St. Für letzteren stand auf dem Grundstücke S. Bl. 2 eine Briefhypothek von 20400 ℳ eingetragen. Der Beklagte O. gelangte Anfang 1902 in den Besitz des Hypothekenbriefes und verweigerte dann die Rückgabe. Die Kläger und R. St. klagten auf Herausgabe des Briefes zu Händen der Klägerin zu 1. Beklagter wandte ein, R. St., der Eigentümer des belasteten Grundstückes, habe am 3. Januar 1902 für sich selbst und zugleich im Auftrage der anderen Miterben die Hypothek für ein Darlehn von 6000 ℳ, das er von ihm, dem Beklagten, erhalten habe, verpfändet, darüber ein Schriftstück des Inhalts ausgestellt: „Erhielt von O. für eine verpfändete Hypothek 6000 ℳ" und den Hypothekenbrief übergeben. Der erste Richter erkannte auf zugeschobene Eide für die Kläger und machte davon abhängig, ob die Verurteilung des Beklagten zur Herausgabe des Briefes schlechthin oder Zug um Zug gegen Zahlung von 6000 ℳ auszusprechen sei.

Der Berufungsrichter unterschied auf die Berufung des Beklagten zwischen der Klage der Kläger 1, 3, 4 und der Klage der Kläger 2, 5, 6. Auf die erstere Klage verurteilte er zwar den Beklagten zur Herausgabe, aber nur gegen Zahlung von 6000 ℳ, und wies die Kläger 1, 3, 4 mit ihren weitergehenden Anträgen ab. Er gründete diese Entscheidung darauf, daß Klägerin zu 1 unstreitig, die Kläger 3, 4 erwiesenermaßen Auftrag bzw. Genehmigung zur Hingabe des Hypothekenbriefes zu dem in Rede stehenden Zwecke erteilt hätten. Auf die Klage der Kläger 2, 5, 6, deren Auftrag oder Genehmigung er nicht für erwiesen ansah, erkannte er auf den hierüber vom Beklagten zugeschobenen Eid für diese Kläger und machte davon die Verurteilung des Beklagten zur Herausgabe schlechthin, oder gegen Zahlung von 6000 *M* abhängig.

Auf die Revision lediglich der Kläger 1, 3, 4 wurde das Urteil aufgehoben, und die Sache an das Berufungsgericht zurückverwiesen.

Aus den Gründen:

... „Der Berufungsrichter erachtet eine Verpfändung der in Rede stehenden Briefhypothek seitens der Erben des eingetragenen Gläubigers nicht als rechtswirksam erfolgt, weil die Verpfändung gemäß §§ 1274, 1154 B.G.B. schriftlich hätte geschehen müssen, die Urkunde vom 3. Januar 1902 aber eine Verpfändungserklärung bezüglich der Hypothek nicht enthalte. Er erklärt ferner, daß ein Pfandrecht an dem Hypothekenbriefe nicht gültig bestellt sei, weil die Verpfändung eines Hypothekenbriefes für sich allein nicht angängig sei. Weiter verneint er, daß dem Beklagten ein Recht an dem Hypothekenbriefe in Gestalt eines Zurückbehaltungsrechts zustehe, da das Bürgerliche Gesetzbuch ein dingliches Zurückbehaltungsrecht nicht kenne. Dagegen erachtet er die Eingehung eines Schuldvertrages, durch den der eine Teil sich verpflichtet, dem andern Teile einen Hypothekenbrief so lange zu belassen, bis dieser wegen einer Forderung befriedigt ist, für rechtlich zulässig, und er nimmt an, daß zwischen dem Beklagten und R. St. ein solcher Zurückbehaltungsvertrag geschlossen sei, und die drei Revisionskläger zufolge Beauftragung des R. St., bzw. wegen erteilter Genehmigung ebenfalls an diesen Vertrag gebunden seien.

Die Revision leugnet die Rechtswirksamkeit eines solchen Zurückbehaltungsvertrages und sucht auszuführen, es sei, weil ein dingliches Retentionsrecht dem Bürgerlichen Gesetzbuche fremd sei, auch das vom Berufungsrichter konstruierte Zurückbehaltungsrecht nicht anzuerkennen. Dies ist jedoch nicht zutreffend. Der Kreis der dinglichen Rechte ist nach dem Bürgerlichen Gesetzbuche allerdings ein bestimmt begrenzter; er kann durch Vereinbarung der Beteiligten nicht erweitert werden. Da das Bürgerliche Gesetzbuch ein dingliches Zurückbehaltungsrecht nicht kennt, kann ein solches auch nicht durch Vertrag begründet werden (Jurist. Wochenschr. 1902 Beil. S. 223). Anders verhält es sich jedoch mit einem persönlichen Zurückbehaltungsrecht. Zwar ist im Bürgerlichen Gesetzbuch (§§ 273, 274) ausdrücklich nur das kraft Gesetzes zustehende persönliche Zurückbehaltungsrecht geregelt. Nach dem das Gebiet der Schuldverhältnisse beherrschenden Grundsatze der

Vertragsfreiheit ist es aber für zulässig zu erachten, daß durch Vertrag ein hinsichtlich seiner Wirkung auf die Vertragschließenden beschränktes Zurückbehaltungsrecht, soweit nicht besondere Vorschriften entgegenstehen, auch dann begründet wird, wenn die Voraussetzungen für ein gesetzliches Zurückbehaltungsrecht nicht vorliegen. Es war daher auch ein Vertrag, durch den die Kläger als Erben des Gläubigers der fraglichen Briefhypothek sich dem Beklagten gegenüber verpflichteten, diesem den Hypothekenbrief so lange zu belassen, bis die Forderung des Beklagten gegen R. St. bezahlt sein würde, rechtlich möglich und für die Kläger verbindlich. Dem steht auch nicht entgegen, daß, wie der Berufungsrichter zutreffend annimmt, ein Hypothekenbrief für sich allein nicht Gegenstand eines die Berechtigung zur Zurückbehaltung der hingegebenen Sache ebenfalls in sich schließenden Pfandrechts sein kann. Ein Hypothekenbrief ist als Legitimations- und Beweisurkunde für die Hypothekenforderung mit dieser verbunden und von ihrem rechtlichen Schicksal abhängig; er kann daher nicht losgelöst von der Hypothekenforderung selbständig Gegenstand eines dinglichen Rechtes sein.

Vgl. Gruchot, Beiträge Bd. 47 S. 957, Bd. 49 S. 366; Motive zu § 1109 Entw. I Bd. 3 S. 744; Prot. Bd. 3 S. 645.

Aber dadurch, daß der Inhaber einer Hypothek einem anderen den Hypothekenbrief mit der Verpflichtung hingibt, den Brief nicht eher zurückzuverlangen, als bis eine bestimmte Voraussetzung erfolgt sei, gewährt er dem Empfänger nicht ein auch gegenüber Dritten wirkendes Recht an dem Hypothekenbriefe als an einer selbständigen Sache, sondern schließt nur das ihm als Eigentümer des Hypothekenbriefs an sich zustehende Recht auf Herausgabe für seine Person zeitweise und bedingt aus. Ein solches, durch obligatorischen Vertrag begründetes, nur zwischen den Vertragschließenden persönlich wirkendes Zurückbehaltungsrecht an einem Hypothekenbriefe ist daher für rechtsgültig zu erachten.

Vgl. Entsch. des R.G.'s in Zivils. Bd. 51 S. 87, 88, Turnau u. Förster, Liegenschaftsr. Bd. 1 S. 502, 1098; v. Staudinger, Bem. I 1e zu § 1204 B.G.B.

Der in dieser Richtung erhobene Revisionsangriff ist sonach unbegründet. Zu beanstanden ist auch nicht die weitere Ausführung des Berufungsrichters, daß, wiewohl der Wille der Kontrahenten auf

Schaffung eines dinglichen Pfandrechts gerichtet gewesen sei, doch an Stelle der wegen Formmangels nichtigen Verpfändung ein persönliches Zurückbehaltungsrecht an dem Hypothekenbriefe gemäß § 140 B.G.B. als vertragsmäßig bestellt zu gelten habe. Der Berufungsrichter erwägt mit Recht, daß der von den Kontrahenten verfolgte wirtschaftliche Zweck der Beschaffung einer Sicherheit auch, wennschon in geringerem Maße, durch das persönliche Zurückbehaltungsrecht erreicht werde, und folgert daraus bedenkenfrei, daß, wenn die Kontrahenten die Nichtigkeit der Verpfändung gekannt hätten, sie die Geltung des einer Form nicht bedürfenden Vertrages über die Bestellung des persönlichen Zurückbehaltungsrechts gewollt haben würden (Prot. Bd. 1 S. 127).

Rechtsirrtümlich aber ist die Ansicht des Berufungsrichters, daß der Beklagte jedem der den Auftrag oder die Zustimmung zu der Verpfändungserklärung des R. St. erteilenden Kläger für sich allein und ohne Rücksicht darauf, ob eine gleiche Willensäußerung der anderen Kläger vorliege, ein Recht auf Zurückbehaltung entgegensetzen könne."

(Es wird dies auf Grund von Vorschriften des preußischen Allgemeinen Landrechts näher dargelegt, und dann die Zurückverweisung an das Berufungsgericht ausgesprochen.)

---

9. Kann nach dem Inkrafttreten des Bürgerlichen Gesetzbuchs die Eintragung einer zu dieser Zeit ohne Eintragung bestehenden persönlichen Dienstbarkeit gegenüber einem dritten Erwerber des belasteten Grundstückes verlangt werden?

Einf.-Ges. zum B.G.B. Art. 184.
Preuß. Eig.-Erw.-Ges. vom 5. Mai 1872 § 12.

V. Zivilsenat. Urt. v. 17. April 1907 i. S. E. (Bekl.) w. J. (Kl.). Rep. V. 289/06.

I. Landgericht Lüneburg.
II. Oberlandesgericht Celle.

Am 13. Mai 1898 wurde zwischen dem Bergwerksunternehmer K. und fünf Grundbesitzern aus Südwinsen bei Celle — worunter der Vater und Vorbesitzer des Beklagten — ein notariell beglaubigter „Kalisalz-Vertrag" geschlossen. In diesem Vertrage räumten die

Grundbesitzer dem K. „das ausschließliche dingliche, auf Verlangen eines der Kontrahenten in das Grundbuch einzutragende Recht ein, auf den vorbezeichneten Grundstücken zu bohren oder zu schürfen und die hierbei etwa aufgeschlossen werdenden Lager von Petroleum, bituminösen Stoffen, Kali-, Stein- und beibrechenden Salzen und sonstigen dem Verfügungsrechte der Grundeigentümer unterliegenden und zur bergmännischen Ausbeutung geeigneten Stoffen zu gewinnen und sich anzueignen und in seinem Interesse beliebig auszunützen und zu verwerten".

K. hat alsbald — durch Zession vom 18. Mai 1898 — seine Rechte und Pflichten aus dem Vertrage auf den Kläger übertragen.

Der Beklagte hat im Jahre 1902 den Grundbesitz seines Vaters mittels Auflassung erworben. Er verweigerte die Anerkennung der vom Kläger als Rechtsnachfolger von K. auf Grund des Kalisalzvertrages beanspruchten Rechte, und es trug deshalb Kläger mit der Klage darauf an, den Beklagten zur Abgabe der für die Eintragung der vertragsmäßigen Gerechtsame erforderlichen Erklärung zu verurteilen.

Der erste Richter erkannte diesem Antrage gemäß. Die Berufung des Beklagten wurde zurückgewiesen. Der Berufungsrichter nahm in Übereinstimmung mit dem ersten Richter an, daß durch den Vertrag vom 13. Mai 1898, also unter der Herrschaft des gemeinen Rechtes, das von den Vertragschließenden gewollte dinglich vererbliche und veräußerliche Recht mit dem aus dem Vertrage sich ergebenden Inhalte wirksam begründet und durch Zession vom 18. Mai 1898 wirksam auf den Kläger übertragen worden sei. Als Eigentümer des belasteten Grundstückes müsse der Beklagte das nicht eingetragene Recht gelten lassen und dem dieserhalb erhobenen Anspruche auf Berichtigung des Grundbuchs Folge leisten, weil er bei dem rechtsgeschäftlichen Erwerbe des Grundstückes im Jahre 1902 das Bestehen des Rechtes und damit die Unrichtigkeit des Grundbuchs gekannt habe.

Die Revision wurde für begründet erachtet.

Aus den Gründen:

... „Das wirksam begründete und rechtswirksam an den Kläger übergegangene[1] dingliche Recht ist nach Art. 184 Einf.-Ges. z. B.G.B.

---

[1] Vgl. hierüber das Bd. 59 S. 289 flg. abgedruckte Urteil des R.G.'s. D. E.

bei dem Inkrafttreten des Bürgerlichen Gesetzbuchs unverändert bestehen geblieben. Der Umstand, daß das Recht nicht eingetragen war, steht der Anwendung des Art. 184 nicht entgegen. Es war in dieser Beziehung der neueren Judikatur des Reichsgerichts (Entsch. Bd. 55 S. 315, Bd. 56 S. 13) beizutreten.

Blieb aber das dingliche Recht des Klägers bei dem Inkrafttreten des Bürgerlichen Gesetzbuches als solches bestehen, so blieb es doch nur mit demjenigen Inhalte bestehen, den es nach dem bisherigen Rechte hatte, also auch mit dem Mangel, der ihm infolge der unterbliebenen Eintragung nach § 12 preuß. Eig.-Erw.-Ges. anhaftet. Durch diese Vorschrift, welche die Wirksamkeit dinglicher Rechte an Grundstücken Dritten gegenüber von ihrer Eintragung abhängig macht, wurde das dingliche Recht einer seiner markantesten Eigenschaften entkleidet, indem ihm die absolute Wirkung, d. h. die Wirkung gegen jedermann, bis zur Eintragung versagt blieb. Solange blieb das dingliche Recht des Klägers ein unvollkommenes Recht und konnte also nach Art. 184 Einf.-Ges. nur in diesem Zustande der Unvollkommenheit bestehen bleiben, so daß, wie vor dem Inkrafttreten des Bürgerlichen Gesetzbuches, so auch nach diesem Zeitpunkte es der Wirkung gegen Dritte entbehrte, gleichviel ob der dritte Erwerber des belasteten Grundstückes das nicht eingetragene Recht kannte oder nicht. Der vom Berufungsrichter angewendete § 892 B.G.B. kommt hiernach für die Entscheidung nicht in Betracht. Der Berufungsrichter verletzt daher den § 892, sowie den § 894 durch unrichtige Anwendung, den § 12 preuß. Eig.-Erw.-Ges. in Verbindung mit dem Art. 184 Einf.-Ges. z. B.G.B. durch Nichtanwendung." ...

---

10. Beginnt die Verjährung des Pflichtteilsanspruchs schlechthin mit erlangter Kenntnis von der beeinträchtigenden Verfügung oder erst mit deren amtlicher Verkündung?

B.G.B. §§ 2332, 1944 Abs. 2.

IV. Zivilsenat. Urt. v. 18. April 1907 i. S. L. (Bekl.) w. K. (Kl.). Rep. IV. 442/06.

I. Landgericht Stendal.
II. Oberlandesgericht Naumburg a. S.

Aus den Gründen:

„Der Berufungsrichter weist die vom Beklagten geltend gemachte Verjährungseinrede um deswillen zurück, weil mangels einer Verkündung des den Kläger beeinträchtigenden Erbvertrages die in § 2332 B.G.B. geordnete dreijährige Verjährung seines Pflichtteilsanspruchs überhaupt noch nicht zu laufen begonnen habe. Denn unter „Kenntnis erlangen" im Sinne dieser Gesetzesstelle könne in entsprechender Anwendung des § 1944 Abs. 2 nur eine durch amtliche Verkündung der betreffenden Verfügung gemäß §§ 2260, 2300 vermittelte Kenntnisnahme verstanden werden. Daß der Wortlaut des § 2332 dieser Gesetzesauslegung nicht zur Seite steht, wird auch vom Berufungsrichter nicht verkannt. Die in der Literatur vereinzelt aufgestellte Meinung, der Gesetzgeber habe in § 1944 Abs. 2 für das Gebiet des Erbrechts einen allgemeinen, auch auf andere Fälle des gesetzlichen Fristenlaufes anwendbaren Grundsatz aufstellen wollen, läßt sich weder aus den gesetzgeberischen Vorarbeiten noch aus Zweck und Inhalt des Gesetzes genügend begründen. Es ist zuzugeben, daß damit ein objektiver, leicht und sicher zu bestimmender Anfangstermin für die kurze Verjährung des Pflichtteilsanspruchs gewonnen wäre, ein Gesichtspunkt, dem der Gesetzgeber sonst in zahlreichen, den Beginn der Verjährungsfrist regelnden Einzelbestimmungen Rechnung getragen hat. Es mag ferner sein, daß der die Verjährung vorschützende Erbe sich in der Mehrzahl der Fälle damit begnügen kann, dem klagenden Pflichtteilsberechtigten den Tag der amtlichen Verkündung der Verfügung nachzuweisen. Diesen Regelfall hat ersichtlich die Begründung des I. Entwurfs zu § 1999 Bd. 5 S. 426 im Auge, wenn es dort heißt, daß nicht auf die Verkündung der verletzenden Verfügung allein gesehen werden dürfe, da es immerhin möglich bleibe, daß auch von der verkündeten Verfügung der Pflichtteilsberechtigte Kenntnis nicht erlangt habe. Allein es ist zu erwägen, daß das Bürgerliche Gesetzbuch auch auf dem Gebiete des Erbrechts Ausschlußfristen kennt, die von dem Zeitpunkte der erlangten Kenntnis ab laufen, ohne daß zwischen der Art der Kenntnisnahme unterschieden wird (z. B. §§ 1954, 2082, 2340). Auch eigentliche Verjährungsfristen sind schlechthin auf den Zeitpunkt der erlangten Kenntnis abgestellt (§ 852). Nach der äußeren Anlage des Gesetzes muß es ferner bedenklich erscheinen, in einer singulären, dem Abschnitte über Annahme und Ausschlagung der

Erbschaft angehörigen, dem § 1944 nur in Form eines Zwischensatzes einverleibten Vorschrift den Ausspruch eines auch nur auf erbrechtlichem Gebiete allgemeine Geltung beanspruchenden Grundsatzes zu erblicken. Schon hiernach können die obigen Bedenken nicht als durchschlagend erachtet werden, um im Streitfalle eine ausdehnende Auslegung der formalen Vorschrift des § 1944 zu rechtfertigen. Hierzu kommt, daß diese Vorschrift ihre gute Bedeutung hat, wenn es sich um die auch für Beziehungen zu den Nachlaßgläubigern wichtige Frage des Erbewerdens handelt, daß aber kein Grund ersichtlich ist, den pflichtteilsberechtigten nahen Familienangehörigen des Erblassers die Berufung auf eine Formvorschrift auch dann zu gestatten, wenn sie bereits zur Zeit des Erbfalles von der Sachlage voll unterrichtet, sogar — wie im Streitfalle behauptet ist — im Besitze einer Ausfertigung der sie beeinträchtigenden Verfügung gewesen sind.

Das Berufungsurteil mußte deshalb aufgehoben, und die Sache zur Prüfung derjenigen Behauptungen an die Vorinstanz zurückverwiesen werden, die der Beklagte bezüglich der Kenntnis des Klägers von dem streitigen Erbvertrage aufgestellt hat."

---

11. Welche Person ist zur Entrichtung der im § 22 und in der Tarifnr. 5 des Reichsstempelgesetzes vom 14. Juni 1900 bestimmten Stempelabgabe verpflichtet, wenn eine Gesellschaft mit beschränkter Haftung als Veranstalterin einer öffentlichen Ausspielung durch ihren Geschäftsführer die reichsstempelpflichtigen Gutscheine zu dieser Ausspielung ausgibt?

Reichsstempelgesetz vom 14. Juni 1900 §§ 22, 27, 45.

VII. Zivilsenat. Urt. v. 19. April 1907 i. S. Fr. (Kl.) w. preuß. Fiskus (Bekl.). Rep. VII. 256/06.

I. Landgericht I Berlin.
II. Kammergericht daselbst.

Der Kläger war Geschäftsführer der E.-Fahrrad-Gesellschaft mit beschränkter Haftung. Diese setzte im Jahre 1901 Fahrräder im Wege des sogenannten Hydrasystems um, bei dem das Verfahren folgendes war: in Anpreisungen, die in großer Anzahl in das Publikum gebracht wurden, wurde jedem für nur 7 M die Lieferung eines erstklassigen E.-Fahrrades versprochen, wenn

1. er sich von einem der Geschäftsführer einen Gutschein kaufte,
2. dann unter Rückgabe dieses Gutscheines und Zuzahlung von 28 M einen Berechtigungsschein mit vier daran hängenden weiteren Gutscheinen erwarb,
3. diese vier Gutscheine wieder an andere Personen absetzte, und
4. jeder Ersteher eines dieser Gutscheine wiederum einen Berechtigungsschein für 28 M von einem der Geschäftsführer erwarb.

Da der Kläger, ebenso wie die anderen Geschäftsführer der Gesellschaft, die Gutscheine ausgegeben hatte, ohne die hierfür nach §§ 22 flg. des Reichsstempelgesetzes vom 14. Juni 1900 erforderliche Stempelabgabe zu entrichten, wurde er wegen Vergehens gegen § 286 des Reichsstrafgesetzbuchs und gegen das Reichsstempelgesetz bestraft. Der Fiskus forderte vom Kläger für die von ihm ausgegebenen Gutscheine eine Reichsstempelabgabe in Höhe von 5000 M. Der Kläger bestritt seine Verpflichtung zur Stempelentrichtung und hat im Wege der Klage beantragt, den Beklagten zu verurteilen, anzuerkennen, daß ihm ein Anspruch auf Zahlung von 5000 M Reichsstempelabgabe nicht zusteht. Der Beklagte ist vom Landgerichte nach dem Klagantrage verurteilt worden. Auf seine Berufung wurde diese Entscheidung abgeändert und festgestellt, daß der Anspruch des Beklagten auf Entrichtung der Stempelabgabe dem Grunde nach gerechtfertigt sei.

Auf die Revision des Klägers wurde der Stempelanspruch dem Kläger gegenüber für unbegründet erklärt aus folgenden

Gründen:

.... „Daß der Umsatz von Waren, der, wie im vorliegenden Falle, im Wege des sogenannten Hydrasystems erfolgt ist, sich als „öffentlich veranstaltete Ausspielung von Gewinnen" im Sinne der Tarifst. 5 des Reichsstempelgesetzes vom 14. Juni 1900 darstellt, und die zum Zwecke dieses Umsatzes vertriebenen Gutscheine die Ausweise über diese Ausspielung sind, auf denen die Reichsstempelabgabe ruht, hat der jetzt erkennende Senat wiederholt unter eingehender Begründung dargelegt. Auf diese Entscheidungen (Entsch. in Zivils. Bd. 60 S. 379 und Rep. VII. 121/05) kann hier verwiesen werden. Die Parteien streiten aber darum, welche Person zur Entrichtung der

Stempelabgabe verpflichtet ist. Hierüber bestimmt der § 22 des Reichsstempelgesetzes: „Wer im Bundesgebiete Lotterien und Ausspielungen veranstalten will, hat die Stempelabgabe für die gesamte planmäßige Anzahl der Lose oder Ausweise über Spieleinlagen im voraus zu entrichten.“ Die Entrichtung des Stempels liegt also dem Veranstalter der Ausspielung ob, selbstverständlich nicht nur dann, wenn er die Ausspielung veranstalten will, sondern auch dann, wenn er sie, wie hier, ohne Stempelentrichtung schon veranstaltet hat. Als „Veranstalter“ ist derjenige anzusehen, der die planmäßige Ausführung des gesamten Unternehmens selbst oder durch andere ins Werk setzt. Dabei macht es keinen Unterschied, ob bei der Ausspielung das Geschäft auf persönliche Rechnung des Veranstalters, oder auf diejenige anderer Personen geht, ob also der durch die Ausspielung zu erzielende Gewinn dem Veranstalter zufließen, oder anderen, z. B. gemeinnützigen oder wohltätigen Zwecken dienen soll. Mit dem sprachgebräuchlichen Sinne des Wortes „veranstalten“ würde es aber nicht vereinbar sein, wenn man als Veranstalter auch die anderen Personen ansehen wollte, die im Namen und Auftrage des Leiters bei der Inswerksetzung der Ausspielung hilfsweise tätig sind, oder sogar alle Personen, welche durch ihre Mitwirkung anderen die Beteiligung an der Ausspielung ermöglichen, ohne an der Inswerksetzung des Unternehmens selbst irgendwie beteiligt zu sein. Im vorliegenden Falle ist nach der Feststellung des Berufungsrichters die E.-Fahrrad Gesellschaft mit beschränkter Haftung die Person gewesen, welche die Fahrräder im Wege des Hydrasystems umgesetzt hat. Diese war hiernach die Veranstalterin der Ausspielung, und sie, nicht aber der Kläger, war und ist zur Entrichtung der Abgabe verpflichtet. Daß nicht nur physische, sondern auch juristische Personen Träger der Stempelpflicht sind, sobald auf sie die gesetzlichen Voraussetzungen dieser Verpflichtung zutreffen, ist unter den Parteien nicht streitig und ebensowenig für den Bereich des Reichsstempelrechts wie für den des preußischen Stempelrechts zu bezweifeln. Ein Unterschied in dieser Beziehung ist im Gesetze nicht gemacht, ebensowenig bei der Stempelpflicht des Erwerbers ausländischer Wertpapiere (§ 2 des Reichsstempelgesetzes) und des Emittenten inländischer Wertpapiere (§ 3), wie bei derjenigen des Veräußerers bei Anschaffungsgeschäften (§ 8 Nr. 5), des Veranstalters von Lotterien und Ausspielungen

(§ 22) und des Abladers und Empfängers bei Schiffsfrachturkunden (§ 32). Besondere Bestimmungen sind nur hinsichtlich der Bestrafung wegen Zuwiderhandlungen gegen die Vorschriften, betreffend die Stempelentrichtung, getroffen, weil nach allgemeinen Grundsätzen des Strafrechts nur physische Personen mit Strafe belegt werden können. Deshalb ist durch die Reichstagskommission für den Gesetzentwurf, betreffend die Abänderung des Reichsstempelgesetzes vom 1. Juli 1881, in das Reichsstempelgesetz vom 29. Mai 1885 unter § 23a die mit dem § 45 des Reichsstempelgesetzes vom 14. Juni 1900 übereinstimmende Vorschrift aufgenommen worden, die später unverändert in das Reichsstempelgesetz vom 27. April 1894 und vom 14. Juni 1900 übernommen worden ist. Diese neue Vorschrift lautet im Abs. 1:

„Die auf Grund dieses Gesetzes zu verhängenden Strafen sind bei Genossenschaften und Aktiengesellschaften gegen die Vorstandsmitglieder, bei Kommanditgesellschaften gegen die persönlich haftenden Gesellschafter, bei offenen Handelsgesellschaften gegen die Gesellschafter nur im einmaligen Betrage, jedoch unter Haftbarkeit jedes einzelnen als Gesamtschuldner festzusetzen. Ebenso ist in anderen Fällen zu verfahren, in denen bei einem Geschäft mehrere Personen als Vertreter desselben Kontrahenten oder als gemeinschaftliche Kontrahenten beteiligt sind."

Die Einführung der neuen Vorschrift wurde von der Reichstagskommission damit begründet, daß es „rechtlich als absolut unzulässig angesehen werden müsse, eine Firma als eines Steuervergehens schuldig zu sprechen und mit Strafe zu belegen" (Reichstagsverhandlungen 1884/85 Nr. 286 S. 39, 48; ferner 93. Sitzung S. 2650 und 2653 sowie Nr. 387 S. 5). Wenn in der Vorschrift, abweichend von der Bestimmung des § 17 Abs. 6 des erst im Jahre 1895 erlassenen preußischen Stempelsteuergesetzes, die Gesellschaften mit beschränkter Haftung nicht besonders aufgeführt sind, so erklärt sich das daraus, daß dieses Rechtsgebilde erst nach 1885, nämlich durch das Reichsgesetz vom 20. April 1892, neu eingeführt worden ist. Bei der Übernahme der reichsgesetzlichen Vorschrift in das Reichsstempelgesetz vom 14. Juni 1900 ist die Hinzufügung der Gesellschaften mit beschränkter Haftung unterlassen worden, anscheinend deshalb, weil sie schon nach der allgemeinen Fassung des zweiten Satzes des Abs. 1 der Vorschrift vor der Heranziehung zur Strafe geschützt waren. Hiernach ist die Vorschrift des § 27 des Reichsstempelgesetzes vom 14. Juni 1900, wonach die Nichterfüllung der im § 22 bezeichneten Verpflichtung mit Geldstrafe geahndet wird, mit Rücksicht auf die Bestimmung des § 45 daselbst, dahin zu verstehen, daß, wenn der Veranstalter der Ausspielung eine physische Person ist, diese zu bestrafen ist, daß aber bei der durch eine juristische Person, insbesondere eine Gesellschaft mit beschränkter Haftung, bewirkten Veranstaltung einer Ausspielung deren beteiligte Vertreter mit Strafe zu verfolgen sind. Aus dem Umstande, daß im vorliegenden Falle der Kläger wegen Zuwiderhandlung gegen § 22 daselbst bestraft ist, folgt hiernach nichts dafür, daß er auch zur Entrichtung der Stempelabgabe verpflichtet sei. Er hat nach der Feststellung des Berufungsrichters zur Durchführung der Ausspielung, ebenso wie die anderen Geschäftsführer der Gesellschaft, die bei dem Hydrasystem üblichen Gutscheine ausgegeben, ohne dafür Sorge zu tragen, daß die erforderliche Stempelabgabe entrichtet wurde, und er war deshalb als beteiligter Vertreter des Veranstalters der Ausspielung (§ 36 des Reichsgesetzes vom $\frac{\text{20. April 1892}}{\text{20. Mai 1898}}$, R.G.Bl. 1898 S. 846) nach § 45 des Reichsstempelgesetzes zu bestrafen. Die Pflicht zur Stempelentrichtung trifft aber lediglich die E.-Fahrrad-Gesellschaft als den Veranstalter.

Soweit die vorstehend vertretene Auffassung von den Ausführungen des II. und III. Strafsenates des Reichsgerichts in den Urteilen vom 27. Februar 1903 und 18. November 1901 (Entsch. in Strafs. Bd. 36 S. 124 und Bd. 34 S. 447) abweicht, ist dadurch ein Anlaß zur Anrufung des Plenums des Reichsgerichts gemäß § 137 Abs. 2 G.V.G. nicht gegeben; denn bei diesen Entscheidungen handelte es sich lediglich um die Frage, ob die Angeklagten wegen Zuwiderhandlung gegen die Vorschriften des Reichsstempelgesetzes über die Versteuerung bei Ausspielungen zu bestrafen waren; die Entscheidungen sind aber nicht auf einen Rechtsgrundsatz dahin gegründet, daß die wegen der Zuwiderhandlung mit Strafe bedrohten Personen zugleich stets diejenigen seien, welche zur Entrichtung des hinterzogenen Stempelbetrages verpflichtet waren."

12. 1. Ist die Vertretung der Kommanditgesellschaft auf Aktien in Anfechtungsprozessen durch den persönlich haftenden Gesellschafter und den Aufsichtsrat als Gesamtvertretung aufzufassen?

2. Wer trägt die Kosten, wenn ein Rechtsmittel als unzulässig verworfen wird, weil es unerachtet einer notwendigen Gesamtvertretung nur von einem Vertreter eingelegt worden ist?

I. Zivilsenat. Urt. v. 20. April 1907 i. S. B. Kommanditges. auf Aktien (Bekl.) w. G. (Kl.). Rep. I. 416/06.

I. Landgericht I Berlin, Kammer für Handelssachen.
II. Kammergericht daselbst.

In einem Rechtsstreite wegen Anfechtung eines Generalversammlungsbeschlusses der verklagten Kommanditgesellschaft auf Aktien wurde namens des Aufsichtsrates gegen das Urteil des Berufungsgerichts Revision eingelegt. Das Reichsgericht verwarf die Revision als unzulässig und legte die Kosten des Rechtsmittels den Mitgliedern des Aufsichtsrates auf.

Gründe:

„Die Klage bezweckt die Anfechtung eines Beschlusses der Generalversammlung der verklagten Gesellschaft. Diese muß in dem Rechtsstreite gemäß §§ 272 Abs. 1, 325 Nr. 4 H.G.B. durch ihren persönlich haftenden Gesellschafter und ihren Aufsichtsrat vertreten werden. Die gemeinsame Vertretung durch beide Organe der Gesellschaft ist als Gesamtvertretung aufzufassen.[1] Hierfür spricht, außer der allgemeinen Erwägung, daß auf dem Gebiete des Privat-, wie des öffentlichen Rechtes die an mehrere erteilte Vollmacht, wenn sich aus ihr nicht das Gegenteil ergibt, dahin zu verstehen ist, daß die mehreren Bevollmächtigten zusammenwirken müssen, um ihren Machtgeber zu verpflichten,

vgl. Jurist. Wochenschr. 1904 S. 370 Nr. 4, Reichsgericht V. Zivilsenat, Urteil vom 23. April 1904,

[1] Vgl. Ring, Reichsgesetz, betr. die Kommanditgesellschaften auf Aktien (2. Aufl.), Art. 222 Bem. 6; Lehmann u. Ring, H.G.B. § 272 Bem. 1; Pinner, Deutsches Aktienrecht § 272 N. I, 1; Goldmann, H.G.B. § 272 Bem. 7; Staub, H.G.B. (8. Aufl.) § 272 Anm. 6; a. A. Alexander, in der Zeitschrift für das gesamte Handelsrecht Bd. 40 S. 108; Makower, H.G.B. (13. Aufl.) § 272 N. I, 2. D. E.

sowohl der Wortlaut des § 272 Abs. 1 H.G.B., wie der Zweck dieser Vorschrift. Sie enthält kein neues Recht, sondern gibt das alte (Art. 190a A.D.H.G.B.) deutlicher wieder. Der Art. 190a wurde durch das Reichsgesetz, betr. die Kommanditgesellschaften auf Aktien und die Aktiengesellschaften, vom 18. Juli 1884 eingeführt. Aus der Begründung des Entwurfs zu diesem Gesetze geht hervor, daß die Zuziehung des Aufsichtsrates im Interesse aller Aktionäre erfolgen, und durch die angeordnete gemeinsame Vertretung, wie durch die vorgeschriebene unverzügliche Bekanntmachung der Erhebung der Klage und des Termins zur mündlichen Verhandlung etwaigen Kollusionen zwischen dem Anfechtungskläger und den Vertretern der Gesellschaft im Rechtsstreite vorgebeugt werden sollte.

Vgl. Verhandlungen des Reichstags IV. Session 1884 Aktenst. Nr. 21 S. 83.

Die für den Anfechtungsprozeß vorgesehene besondere gesetzliche Vertretung der Gesellschaft bezweckt die Überwachung des einen Organs durch das andere. Beide zu gesetzlichen Vertretern bestellte Organe müssen daher die Gesellschaft einheitlich vertreten. Hätte einem jeden Einzelvertretungsmacht eingeräumt werden sollen, so würde das Gegenteil jenes Zweckes erreicht werden, nämlich das eine Organ durch seine Handlungen die des anderen wirksam durchkreuzen, beispielsweise die vom Aufsichtsrate eingelegte Revision vom persönlich haftenden Gesellschafter ohne Einwilligung des Aufsichtsrates zurückgenommen werden können (§§ 566, 515 Z.P.O.).

Das Urteil des erkennenden Senats vom 25. Februar 1885 (Entsch. des R.G.'s in Zivils. Bd. 14 S. 142) nimmt zu der vorstehend erörterten Frage keine grundsätzliche Stellung, sondern verneint nur die Erstattungspflicht des Gegners für die Kosten eines zweiten Prozeßbevollmächtigten.

Aus der Notwendigkeit des Zusammenwirkens beider Organe der Gesellschaft folgt, daß sie auch nur gemeinsam einen Prozeßbevollmächtigten bestellen, und Rechtsmittel nur von dem gemeinsam bestellten Prozeßbevollmächtigten eingelegt werden können. Die im vorliegenden Falle von dem Rechtsanwalte J. auf Grund einer ihm vom Aufsichtsrate der Beklagten allein erteilten Vollmacht eingelegte Revision ist somit nicht rechtswirksam. Die Einlegung eines Rechtsmittels steht nur der Partei oder namens der Partei ihrem (gesetzlichen oder bevollmächtigten) Vertreter zu. Ein Rechtsmittel, das zwar namens der Partei, aber im Auftrage eines dazu nicht berechtigten Vertreters eingelegt wird, ist mangels einer Prozeßvoraussetzung unstatthaft. Die eingelegte Revision war daher gemäß § 554a Z.P.O. als unzulässig zu verwerfen.

Die Entscheidung des Kostenpunktes beruht auf der Erwägung, daß jemand, der als gesetzlicher Vertreter eines anderen auftritt, ohne hierzu berechtigt zu sein, diesen durch seine Handlungen nicht verpflichten kann. Die Beklagte hat daher nicht die Kosten des Rechtsmittels zu tragen, das ihr Aufsichtsrat ohne Vertretungsmacht für sie eingelegt hat. Dagegen ist dieser selbst, da ihn die Wirkungen seiner Handlung treffen, hinsichtlich der Kostenpflicht als Partei zu behandeln und gemäß § 97 Z.P.O. in die Kosten des von ihm ohne Erfolg eingelegten Rechtsmittels zu verurteilen (vgl. Gruchot's Beiträge Bd. 46 S. 1171, Reichsgericht, IV. Zivilsenat, Urteil vom 3. Juli 1899)."

---

13. 1. Macht der Umstand, daß der eine Kontrahent weiß, der andere pflege in der Regel auf Grund seiner allgemeinen Geschäftsbedingungen abzuschließen, diese Geschäftsbedingungen auch dann zum Vertragsinhalte, wenn tatsächlich ohne jede Bezugnahme darauf abgeschlossen ist, und die Geschäftsbedingungen auch früher dem Kontrahenten weder mitgeteilt noch sonst bekannt gegeben wurden?

2. Umfang der Beweislast des Frachtführers oder Verfrachters, der die Verantwortlichkeit für die Beschädigung des übernommenen Gutes ablehnt.

H.G.B. §§ 429, 606.

B.Sch.G. § 58.

I. Zivilsenat. Urt. v. 20. April 1907 i. S. Rheinschiffahrts-A.-G. (Bekl.) w. Pfälz. Malzfabrik (Kl.). Rep. I. 420/06.

I. Landgericht Mannheim, Kammer für Handelssachen.
II. Oberlandesgericht Karlsruhe.

Die Klägerin hatte mit der verklagten Gesellschaft anfangs Januar 1905 einen Vertrag über die Beförderung von 667 Säcken

Malz zu Schiff von Ludwigshafen nach Hamburg abgeschlossen. Bei der Ankunft des Gutes in Hamburg stellte sich heraus, daß das Malz mit einem widerlichen Geruch behaftet war, weshalb die Empfängerin, Firma A. J. Ww. in Hamburg, die Annahme verweigerte. Unter der Behauptung, daß die Ware von der Beklagten in völlig geruchfreiem Zustande zum Transport übernommen worden, und daß durch den bezeichneten Mangel des Gutes ein Schade entstanden sei den die Klägerin ursprünglich auf 11817 ℳ, später nach Verkauf eines Teiles des Gutes auf 7500 ℳ berechnete, beantragte sie, die Beklagte zur Zahlung der letztgenannten Summe nebst Zinsen zu verurteilen. Die Beklagte lehnte unter Berufung auf das Konnossement ihre Haftung für jeden durch Berührung mit, oder Ausdünstung von anderen Gütern an dem Frachtgute verursachten Schaden ab und machte geltend, daß sie nicht verantwortlich sei, weil sie die Sorgfalt eines ordentlichen Frachtführers angewendet und das Frachtgut weder mit übelriechenden Gütern zusammen gelagert, noch in ungereinigtem Schiffsraume untergebracht habe.

Beide Vorinstanzen hatten den Klaganspruch dem Grunde nach für berechtigt erklärt. Die von der Beklagten eingelegte Revision wurde zurückgewiesen.

Aus den Gründen:

... „Das Oberlandesgericht hat auf Grund des Beweisergebnisses festgestellt, daß der Frachtvertrag zwischen den Parteien lediglich auf Grund der gesetzlichen Bestimmungen abgeschlossen wurde. Hiernach sind die allgemeinen Konnossementsbedingungen der Beklagten für das Vertragsverhältnis nicht maßgebend. Der Umstand allein, daß die Klägerin, wie wohl jeder größere Kaufmann am Rhein, davon Kenntnis hat, daß die großen Transportunternehmungen ihren Frachtverträgen und Speditionen in der Regel ihre allgemeinen Geschäftsbedingungen zugrunde zu legen pflegen, machte diese im vorliegenden Falle nicht zur lex contractus, weil ausnahmsweise hier der Vertrag ohne jede Bezugnahme auf solche Geschäftsbedingungen abgeschlossen wurde, diese auch früher der Klägerin nicht besonders mitgeteilt oder sonst bekannt gegeben waren. Die nach Abschluß des Frachtvertrages erfolgte Übersendung des Konnossements konnte die für diesen maßgebenden gesetzlichen Bedingungen nicht mehr ändern. Die Klägerin konnte das Konnossement annehmen und an die Empfängerin der Ware weitergeben, ohne dadurch ihre erworbenen Rechte aus dem Frachtvertrage zu beeinträchtigen.

Die Rüge, es sei mit Unrecht der Beweisantrag übergangen, daß das Malz weder im Rheinschiffe noch in dem Schiffe „Lahn" zusammen mit riechenden Waren oder in einem riechenden Raume verladen worden sei, ist nicht begründet. Die Haftung des Frachtführers für Verlust und Beschädigung des Frachtgutes ist seit dem Handelsgesetzbuche vom 10. Mai 1897 für den gewöhnlichen Landtransport, die Binnenschiffahrt und den Seetransport (vgl. § 429 H.G.B., § 58 Binn.-Schiff.-Ges., § 606 H.G.B.) einheitlich in dem Sinne geregelt, daß der Frachtführer oder Verfrachter für den durch Verlust oder Beschädigung von der Annahme bis zur Ablieferung entstehenden Schaden haftet, sofern er nicht beweist, daß der Verlust oder die Beschädigung auf Umständen beruht, welche durch die Sorgfalt eines ordentlichen Frachtführers oder Verfrachters nicht abgewendet werden konnten. Nur für den Eisenbahnfrachtvertrag ist durch § 456 H.G.B. in Übereinstimmung mit den Grundsätzen des Internationalen Übereinkommens (sog. Berner Vertrages) eine strengere Haftung des Frachtführers insofern durchgeführt, als der Entlastungsbeweis der Eisenbahn hier auf bestimmte Befreiungsumstände beschränkt ist. Über den Umfang der hiernach in allen übrigen Fällen unbeschränkt zugelassenen Entschuldigung des Frachtführers bestehen in der juristischen Literatur Meinungsverschiedenheiten. Zwar ist man darüber einig, daß es Sache des Frachtführers (Verfrachters) ist, die Umstände darzulegen, auf die der Verlust oder die Beschädigung zurückzuführen ist, und aus denen sich zugleich ergeben soll, daß sie durch die Sorgfalt eines ordentlichen Frachtführers (Verfrachters) nicht abzuwenden waren.

Vgl. Denkschrift zum Entwurfe eines Handelsgesetzbuchs 1897 S. 276; Makower, H.G.B. (13. Aufl.) § 429 Bem. IIc; Düringer u. Hachenburg, H.G.B. Bd. 3 § 429 Note V; Goldmann, H.G.B. Bd. 3 § 429 II.

Bleibt jedoch die Ursache des Schadens hiernach unaufgeklärt, so nehmen Staub, Kommentar (6. u. 7. Aufl.) § 429 Anm. 17, und Mittelstein, Binnenschifffahrtsgesetz Bd. 1 § 58 Bem. 3b, an, daß es genügt, wenn der Frachtführer im allgemeinen eine sorgsame Behandlung des Frachtgutes dargetan, oder wenn er die Umstände so weit aufgeklärt hat, daß eine hohe Wahrscheinlichkeit dafür spricht, daß ein von ihm oder seinen Leuten zu vertretendes ursächliches Verschulden nicht vorliegt. Diese Auffassung entspricht nicht dem Standpunkte des Gesetzgebers, wie er sich aus § 429 Abs. 1 ergibt. Vielmehr ist grundsätzlich davon auszugehen, daß ein „non liquet" hinsichtlich der Schadensursache zu Lasten des Frachtführers (Verfrachters) geht, der sich für den während der Übernahme des Frachtgutes entstandenen Schaden zu verantworten hat. Nur ausnahmsweise wird bei unaufgeklärter Schadensursache der Frachtführer (Verfrachter) dann als befreit angesehen werden können, wenn ihn hinsichtlich aller möglicherweise in Betracht kommenden Ursachen ein Verschulden offenbar nicht trifft.

Vgl. hierzu Sievers, Deutsche Juristenztg. 1897 S. 200; Boyens, Seerecht Bd. 2 S. 224 § 606 Bem. 7; Schaps, Seerecht § 606 Anm. 22 u. 23; Düringer u. Hachenburg, H.G.B. Bd. 3 S. 559 lit. b. Auf diesem Standpunkte stehen auch die in der Hans. Ger.-Zeit. Hauptbl. 1897 Nr. 65 S. 156 und in der Jurist. Wochenschr. 1898 S. 576 Nr. 22 mitgeteilten reichsgerichtlichen Entscheidungen.

Im vorliegenden Falle hat das Oberlandesgericht mit Recht angenommen, daß der Beklagten der Nachweis nicht gelungen ist, daß sie ein Verschulden hinsichtlich der Beschädigung des Frachtgutes offenbar nicht trifft. Auch der von der Beklagten weiter angetretene Beweis, daß die Ware nicht mit übelriechenden Gütern zusammen geladen und nicht in einem schlecht gereinigten, riechenden Schiffsraume untergebracht war, würde hierzu nicht ausreichen. Es bleibt die Möglichkeit, daß die Ware eben doch beim Transport oder bei der Umladung mit übelriechenden Gütern in Berührung gekommen ist, wenn sie auch nicht mit ihnen zusammengeladen war, oder daß sie sonst während des Transportes eine vorsätzliche oder fahrlässige Behandlung erfuhr, durch die sie den „ölschmierigen Geruch" angenommen hat, wenn auch die Lagerräume diesen Geruch nicht gerade hatten." ...

---

14. Sind Kinder unter dreizehn Jahren, die gegen das Verbot in den §§ 135 und 154a der Reichsgewerbeordnung in Fabriken 2c beschäftigt werden, von der Gewerbe-Unfallversicherung ausgeschlossen?

Gew.U.V.G. vom $\frac{30.\text{ Juni}}{5.\text{ Juli}}$ 1900 § 1.

R.Gew.O. vom $\frac{30.\text{ Juni}}{26.\text{ Juli}}$ 1900 §§ 135, 154a.

III. Zivilsenat. Urt. v. 23. April 1907 i. S. R. (Kl.) w. H. (Bekl.). Rep. III. 412/06.

I. Landgericht Leipzig.
II. Oberlandesgericht Dresden.

Der am 8. Februar 1892 geborene Kläger hatte im Sommer 1903 vom Beklagten den Auftrag erhalten, das Holzgerüst der Beladestation einer — für das vom Beklagten betriebene Braunkohlenwerk erbauten und für den Transport der Kohlen bestimmten — Drahtseilbahn mit einem von der Bergbehörde angeordneten feuersicheren Anstrich zu versehen. Mit dieser Arbeit war er im Mai und Juni 1903 beschäftigt. Als er am 4. oder 5. Juni 1903 dem Maschinenwärter des Beklagten eine ihm aufgetragene Meldung nach der Maschinenstube überbracht hatte und sich an seine oberhalb des Drahtseils und Laufrades befindliche Arbeitsstelle zurückbegab, erlitt er dadurch eine Quetschung mehrerer Finger der linken Hand, daß er beim Hinaufklettern ausglitt, das im Gange befindliche Drahtseil ergriff und mit der Hand unter eine damals — vor der behördlichen Abnahme — noch nicht verwahrte Laufrolle geriet. Die Steinbruchsberufsgenossenschaft, welcher der Bergwerksbetrieb des Beklagten überwiesen ist, lehnte es ab, Entschädigung zu gewähren, weil der Kläger unerlaubter Weise gegen das Verbot in den §§ 135 und 154a Gew.O. beschäftigt worden sei. Der Kläger hat gegen diesen Bescheid Berufung nicht eingelegt. Unter der Behauptung, daß er infolge des Unfalls 33⅓ Prozent seiner Arbeitsfähigkeit verloren habe, und daß der Beklagte an dem Unfalle schuld sei, beantragte er, den Beklagten zu verurteilen, ihm auf die Dauer seines Lebens eine jährliche Rente von mindestens 350 ℳ zu zahlen. Der Beklagte hat Abweisung der Klage beantragt. Diesem Antrage wurde vom Landgerichte entsprochen. Die Berufung des Klägers ist zurückgewiesen worden. Das Berufungsgericht führt aus, daß ein Betriebsunfall vorliege, daß der Kläger, auch wenn er gegen das Verbot in den §§ 135 und 154a Gew.O. beschäftigt wurde, als ein nach § 1 des Gewerbe-Unfallversicherungsgesetzes vom 30. Juni 1900 versicherter Arbeiter zu gelten habe, und demnach ein Anspruch gegen den Beklagten nicht begründet sei, weil es an den Voraussetzungen des § 135 des Gewerbe-Unfallversicherungsgesetzes fehle.

Die Revision des Klägers wurde zurückgewiesen aus folgenden Gründen:

„Das Berufungsgericht nimmt unter eingehender und rechtlich einwandfreier Begründung an, daß der Kläger bei Ausführung des feuersicheren Anstrichs in dem nach § 1 Nr. 1 des Gewerbe-Unfallversicherungsgesetzes vom 30. Juni 1900 versicherungspflichtigen Bergwerksbetriebe des Beklagten beschäftigt war, und daß der Unfall durch die seine Betriebsstätte umgebenden Gefahren verursacht worden ist, mithin als Betriebsunfall sich darstellt. Diese Annahme wird von der Revision beanstandet, weil die Drahtseilbahn zur Zeit des Unfalls noch nicht von der Bergbehörde genehmigt gewesen sei, der Betrieb deshalb nicht habe erfolgen dürfen; rechtsirrtümlich sei die Ausführung, daß die Beschaffenheit der Betriebsstätte den Unfall verursacht habe, auch wenn die äußere Veranlassung zur Verletzung von dem Probelaufen der Drahtseilbahn, und danach von den Leuten der Erbauerin der Bahn, und nicht vom Beklagten ausging, wenn vielmehr die Bahn bis dahin, wo sie organisch arbeitete, dem Betriebe des Beklagten noch nicht eingefügt war. Die Einwendungen sind unbegründet. Daß die Drahtseilbahn dem bestimmungsgemäßen Betriebe noch nicht übergeben, sondern nur probeweise in Gang gesetzt worden war, ist schon deshalb unerheblich, weil nach den Feststellungen des Berufungsgerichts nicht der Betrieb der Drahtseilbahn, sondern der Bergwerksbetrieb des Beklagten als der Betrieb anzusehen ist, in dem der Kläger beschäftigt war, und der Unfall sich ereignet hat. Das Berufungsgericht nimmt ohne Rechtsirrtum an, daß der feuersichere Anstrich des Balkenwerks der Beladestation dem Betriebe des Braunkohlenbergwerks um deswillen diente, weil die zuständige Bergbehörde das Anbringen dieses Anstriches zur Verhütung, daß ein Brand von der Beladestation auf das Kohlenwerk übergreife, angeordnet hatte. Rechtlich zutreffend ist auch die weitere Annahme, daß der Unfall durch die Beschaffenheit der Betriebsstätte verursacht worden ist und mit dem Betriebe in ursächlichem Zusammenhange steht. Wenngleich der Kläger seine durch die Meldung beim Maschinenwärter unterbrochene Tätigkeit noch nicht wieder aufgenommen hatte, so befand er sich doch zur Zeit des Unfalls bereits in dem Balkenwerk, welches er anzustreichen hatte, also innerhalb der Betriebsstätte, und er war infolge des ihm erteilten Auftrags den durch den Probebetrieb der

Drahtseilbahn hervorgerufenen, die Betriebsstätte umgebenden Gefahren ausgesetzt. Unerheblich ist hierbei, ob dieser Probebetrieb von dem Beklagten, oder von der Erbauerin der Drahtseilbahn angeordnet wurde.

Die Revision findet ferner eine Rechtsverletzung darin, daß das Berufungsgericht den Kläger als einen nach dem Gewerbe-Unfallversicherungsgesetz versicherten Arbeiter ansehe, obwohl er nach den Vorschriften der Gewerbeordnung in dem Bergwerksbetriebe nicht habe beschäftigt werden dürfen. Dieser Angriff ist nicht gerechtfertigt. Der § 135 Gew.O. vom $\frac{30.\ \text{Juni}}{26.\ \text{Juli}}$ 1900 (R.G.Bl. S. 871) bestimmt, daß Kinder unter dreizehn Jahren in Fabriken nicht beschäftigt werden dürfen, und nach § 154a findet diese Bestimmung auf die Besitzer und Arbeiter von Bergwerken, Salinen, Aufbereitungsanstalten und unterirdisch betriebenen Brüchen oder Gruben entsprechende Anwendung. Das Verbot hat aber nicht zur Folge, daß das dem Verbote zuwider in der Fabrik oder in einem der gleichgestellten Betriebe beschäftigte Kind von der Unfallversicherung ausgeschlossen sei. Auf die Bestimmung des § 134 B.G.B., daß ein Rechtsgeschäft, das gegen ein gesetzliches Verbot verstößt, nichtig ist, wenn sich nicht aus dem Gesetze ein anderes ergibt, kann man sich hierfür nicht berufen. Nach dem Gewerbe-Unfallversicherungsgesetze vom $\frac{30.\ \text{Juni}}{5.\ \text{Juli}}$ 1900 (R.G.Bl. S. 585 flg.) ist ein mit dem Willen des Arbeitgebers begründetes, tatsächlich zustande gekommenes Arbeitsverhältnis zur Entstehung der Unfallversicherung ausreichend; einen zivilrechtlich gültigen Dienstvertrag setzt das Gesetz nicht voraus. Wenn daher auch der gegen das Verbot des § 135 Gew.O. abgeschlossene Dienstvertrag nichtig ist und weder dem Arbeitgeber noch dem Arbeiter einen erzwingbaren Anspruch auf die Leistung aus dem Vertrage gibt, so ist doch die Versicherung in Kraft getreten, sobald nur — wie im vorliegenden Falle — das Arbeitsverhältnis mit dem Willen des Unternehmers begründet worden ist und tatsächlich bestanden hat. Das Reichsgesetz, betreffend Abänderung der Gewerbeordnung, vom 1. Juni 1891 (R.G.Bl. S. 261), welchem der § 135 Gew.O. entnommen ist, hat hieran nichts geändert. Es verfolgt den Zweck, einen erhöhten gesetzlichen Schutz der Arbeiter herbeizuführen, namentlich die Vorschriften zum Schutze der Arbeiter gegen Gefahren für Leben, Gesundheit und Sittlichkeit weiter auszubilden. Für das Verbot im § 135 war die Rücksicht auf die körperliche und auf die geistige und sittliche Entwickelung der Kinder maßgebend. Zur Verhütung der verbotenen Beschäftigung ist im § 146 Gew.O. gegen die Gewerbetreibenden, die dem § 135 zuwiderhandeln, eine Strafbestimmung aufgestellt. Daß aber beabsichtigt worden sei, den § 1 des Gewerbe-Unfallversicherungsgesetzes einzuschränken, und die gegen das Verbot beschäftigten Kinder unter dreizehn Jahren von der Unfallversicherung auszuschließen, ist weder aus dem Inhalte des Gesetzes noch aus den Gesetzesmaterialien zu entnehmen. Einer solchen Annahme steht auch der Umstand entgegen, daß die Gewerbeordnung nicht jede gewerbliche Beschäftigung der Kinder unter dreizehn Jahren verbietet, vielmehr nur die Beschäftigung in Fabriken und den im § 154a gleichgestellten Betrieben untersagt. Kinder unter dreizehn Jahren sind also fähig, in ein Arbeitsverhältnis einzutreten. Das Verbot des § 135 der Gew.O. betrifft nur die Art der Beschäftigung und unterliegt der gleichen Beurteilung wie die im Gesetze vom 1. Juni 1891 zum Schutze der jugendlichen Arbeiter und der Arbeiterinnen erlassenen Vorschriften. Sowenig aber ein Unfall, den eine Arbeiterin bei einer durch § 137 des Gesetzes vom 1. Juni 1891 untersagten Beschäftigung erleidet, der Anwendung des Unfallversicherungsgesetzes entzogen ist, ebensowenig trifft dies bei einem dem Verbote des § 135 zuwider beschäftigten Kinde unter dreizehn Jahren zu. Der abweichenden, in dem Bescheide der Steinbruchsberufsgenossenschaft ausgesprochenen und von Hahn, das Krankenversicherungsgesetz (2. Aufl.) S. 16 zu § 1 Bem. 1b, Piloty, die Unfallversicherungsgesetze S. 62 zu § 1 des Gewerbe-Unfallversicherungsgesetzes unter III 4, und Weyl, Lehrbuch des Reichsversicherungsrechts S. 936, S. 106, 107 und Anmerkung, vertretenen Ansicht kann hiernach nicht beigetreten werden."

---

15. Ist die sofortige Beschwerde gegen einen Beschluß, durch den die Ablehnung eines Richters wegen Besorgnis der Befangenheit zurückgewiesen worden ist, ohne Wirkung, wenn inzwischen das Gericht unter Mitwirkung des abgelehnten Richters in der Sache selbst das Urteil erlassen hat?

Z.P.O. §§ 43, 46 Abs. 2, 551 Nr. 3, 572, 579 Nr. 3.

VII. Zivilsenat. Beschl. v. 23. April 1907 i. S. G. (Bekl.) w. Sch. u. Gen. (Kl.). Beschw.-Rep. VII. 49/07.

I. Oberlandesgericht München.

Das Reichsgericht hat die Frage bejaht aus folgenden

Gründen:

„In der mündlichen Verhandlung vor dem Oberlandesgerichte in München vom 14. März 1907 hatte der Beklagte die beiden mitwirkenden Oberlandesgerichtsräte E. u. B. wegen Besorgnis der Befangenheit abgelehnt. Das Oberlandesgericht hat dieses Ablehnungsgesuch zurückgewiesen, weil es die genannten beiden Richter nicht als befangen erachtete, überdies aber die Ablehnung als unzulässig ansah, da die Vertreter der Parteien schon vorher zur Hauptsache Anträge gestellt hätten (§ 43 Z.P.O.). In der Verhandlung vom 21. März 1907 hat dann das Oberlandesgericht den Rechtsstreit durch Urteil entschieden. Am 26./27. März 1907 hat der Beklagte gegen den Beschluß vom 14. März die nach § 46 Abs. 2 Z.P.O. zulässige sofortige Beschwerde rechtzeitig eingelegt. Die Beschwerde ist unbegründet. Sie ist durch das inzwischen ergangene Urteil zwecklos und gegenstandslos geworden. Selbst wenn die Beschwerde noch vor oder in dem Schlußtermine vom 21. März 1907 eingelegt worden wäre, hätte dies den Berufungsrichter an der Fällung des Urteils nicht zu hindern brauchen; denn nach § 572 Z.P.O. hat die Beschwerde nur dann aufschiebende Wirkung, wenn sie gegen eine der in den §§ 109, 380, 390, 409, 619, 656, 678 Z.P.O. erwähnten Entscheidungen gerichtet ist. Hierunter fällt der Beschluß vom 14. März 1907 nicht. Der Berufungsrichter konnte daher im vorliegenden Falle das Urteil vor Ablauf der Beschwerdefrist erlassen (Beschluß des Reichsgerichts vom 30. Oktober 1895, Jurist. Wochenschr. 1895 S. 539 Nr. 11). Auch wenn der angefochtene Beschluß nicht zu billigen wäre, so würde doch nach den §§ 551 Nr. 3 und 579 Nr. 3 Z.P.O. auf diesen Umstand weder die Revision, falls sie an sich zulässig wäre, noch die Nichtigkeitsklage gestützt werden können, da bei der Entscheidung vom 21. März 1907 zwar Richter mitgewirkt haben, die wegen Besorgnis der Befangenheit abgelehnt waren, das Ablehnungsgesuch aber zur Zeit der Entscheidung nicht »für begründet erklärt war«."

16. 1. Zur Anwendung der kurzen Verjährung auf Forderungen der Kaufleute für Ausführung von Arbeiten. Werkvertrag. Unternehmervertrag.

2. Kann gegenüber Erben, die ein ererbtes Gelände durch Aufschüttung und andere Arbeiten umgestalten lassen, um es vorteilhafter in Parzellen zur Anlage von Fabriken veräußern zu können, angenommen werden, daß ein „Gewerbebetrieb des Schuldners" vorliege, für den die Arbeiten geleistet seien?

B.G.B. § 196 Abs. 1 Nr. 1.

VII. Zivilsenat. Urt. v. 23. April 1907 i. S. B. (Kl.) w. L. (Bekl.). Rep. VII. 261/06.

I. Landgericht Hamburg.
II. Oberlandesgericht daselbst.

Die Beklagten sind, als Erben ihres Vaters, Eigentümer eines zu dessen Nachlaß gehörigen, in der Gemeinde W. belegenen Geländes. Um eine Verwertung als Fabrikgebäude zu ermöglichen, ließen sie eine Reihe von Aufschließungsarbeiten an dem Gelände vornehmen. Insbesondere wurden eine Straße, ein Stichkanal und eine Gleisverbindung mit der Staatseisenbahn angelegt. Auch fand zur erforderlichen Erhöhung des Geländes eine Aufschüttung von Erdmassen statt. Diese Aufschüttungsarbeit einschließlich der Lieferung der dazu notwendigen Erdmassen hatten die Beklagten im Juli 1901 der Klägerin, einer im Handelsregister eingetragenen offenen Handelsgesellschaft, übertragen, die vorher auch andere der gedachten Arbeiten übernommen hatte. Im Jahre 1902 wurde die Aufschüttungsarbeit fertiggestellt. Die Klägerin ließ den Beklagten die Rechnungen vom 11. August 1902 zugehen, worin das aufgeschüttete Erdreich auf zusammen 27688 cbm angegeben war, und für die Aufschüttung einschließlich der dazu gelieferten Erdmassen, nach dem vereinbarten Satze von 75 ₰ für das cbm, insgesamt 20766 ℳ gefordert werden. Davon bezahlten die Beklagten im November 1902 nur 14350,50 ℳ. Der Unterschiedsbetrag von 6415,50 ℳ nebst 5 % Zinsen seit dem 8. November 1904 wird mit der gegenwärtigen, im April 1905 erhobenen Klage gefordert. Die Beklagten stellten der Klage auch die Einrede der Verjährung entgegen. Das Landgericht gab dieser

Einrede statt und wies die Klage ab. In der Berufungsinstanz wurde die Verhandlung auf diese Einrede beschränkt. Die von der Klägerin eingelegte Berufung wurde zurückgewiesen, ebenso die Revision aus folgenden

Gründen:

„Daß die Forderung, deren bestrittener Restbetrag den Gegenstand der Klage bildet, zu denjenigen Ansprüchen gehört, auf welche nach § 196 Abs. 1 Nr. 1 B.G.B. die dort vorgeschriebene kurze Verjährung an sich Anwendung findet, ist von der Klägerin nicht bestritten und unterliegt auch keinem Bedenken. Die Klägerin ist und war zu der hier in Betracht kommenden Zeit unstreitig eine im Handelsregister eingetragene offene Handelsgesellschaft. Sie gehörte zu den „Kaufleuten", deren Ansprüche „für Lieferung von Waren" oder „Ausführung von Arbeiten" in § 196 erwähnt sind. Die streitige Forderung ist ferner eine solche „für Ausführung von Arbeiten". Daran ändert der Umstand nichts, daß die Klägerin auch das zur Ausführung der Aufschüttungsarbeit erforderliche Erdreich geliefert hat; denn die Hauptsache, das den Charakter des Geschäfts Bestimmende, war die Arbeit, das Heranschaffen, Aufschütten, Verteilen und Ausgleichen der Bodenmassen. Es kann deshalb auf sich beruhen, ob die Lieferung des Erdreichs, für sich allein betrachtet, ebenfalls unter § 196 („Lieferung von Waren") fallen würde. Die Lieferung des Erdreichs bildete nach dem Vertrage nicht eine selbständige Leistung, sondern ging als Teil der übernommenen Erhöhungsarbeit in dieser auf. Das ergibt sich deutlich aus dem Umstande, daß nicht gesondert ein Kaufpreis für das gelieferte Erdreich und eine Vergütung für die Arbeit, sondern eine einheitliche Vergütung für die Gesamtleistung vereinbart war.

Bei der kurzen Verjährung handelt es sich nun allerdings gewöhnlich um Forderungen verhältnismäßig geringeren Betrages, und es mag deshalb auf den ersten Blick befremden, daß eine Forderung von über 20000 ℳ, wie es die hier eingeklagte ursprünglich war, der kurzen Verjährung ausgesetzt sein soll. Das Gesetz macht aber die Anwendung des § 196 von dem Betrage des Anspruchs nicht abhängig. Das preußische Gesetz vom 31. März 1838 (G.S. S. 249), dem die §§ 196 flg. B.G.B. nachgebildet sind, spricht in seinem Eingange aus, daß es auf der Erwägung beruhe, daß bei Forderungen, die entweder sogleich oder in kurzer Frist berichtigt zu werden pflegen, aus der langen Dauer der gewöhnlichen Verjährungsfristen eine Unsicherheit des Rechtes entstehen würde. Forderungen aus Geschäften der vorliegenden Art pflegen aber, auch wenn sie bedeutenden Betrages sind, nicht weniger als sonst die Forderungen im kaufmännischen Verkehre, in verhältnismäßig kurzer Frist berichtigt zu werden. In diesem Sinne ist eine Forderung der hier in Rede stehenden Art auch zu den „Ansprüchen aus Geschäften des täglichen Verkehrs" zu rechnen, mit welcher Bezeichnung die Denkschrift zu dem Entwurfe des Bürgerlichen Gesetzbuchs (S. 32 der bei J. Guttentag erschienenen Ausgabe) die im § 196 aufgeführten Ansprüche zusammenfaßt. Eine bedeutende Höhe kann die Forderung auch in solchen Fällen erreichen, in denen die Anwendbarkeit des § 196 von vornherein nicht dem geringsten Zweifel unterliegen kann: man denke an die Lieferung einer kostspieligen Wohnungseinrichtung durch den Möbelhändler. Aus dem Betrage der Klageforderung ist sonach ein Bedenken gegen die Anwendung des § 196 nicht herzuleiten.

Ob es sich bei der Aufschüttungsarbeit um Herstellung eines „Werkes" (§ 631 B.G.B.) handelte, bedarf der Erörterung nicht, weil nach feststehender Rechtsprechung der Werkvertrag eine Ausnahme von der kurzen Verjährung nicht begründet.

Vgl. Urteil des Preußischen Obertribunals vom 14. März 1872, Striethorst, Arch. Bd. 84 S. 275; Urteile des Reichsgerichts vom 21. Mai 1885, Jurist. Wochenschr. 1885 S. 247 Nr. 26, und vom 1. März 1900, Jurist. Wochenschr. 1900 S. 306 Nr. 32, auch vom 2. Januar 1905, Rep. IV. 463/04.

Dagegen fällt der sog. „Entreprisevertrag" allerdings nicht unter die kurze Verjährung (vgl. außer dem angezogenen Urteile des Obertribunals auch Urteil des Reichsgerichts vom 29. Juni 1891, Entsch. in Zivils. Bd. 28 S. 232).[1] Daß aber ein Vertrag dieser Art vorliege, behauptet die Klägerin selbst nicht. Die Aufschüttung gehörte nicht zu einem umfassenderen Vertrage, durch den die Klägerin etwa, als Generalunternehmer, die baureife Zurichtung und Herstellung des Geländes dergestalt übernommen hätte, daß sie zu diesem Behufe eine

[1] Vgl. jedoch die unter Nr. 2 S. 4 flg. dieses Bandes abgedruckte Entsch. des VI. Zivilsenats. D. R.

Reihe von Arbeiten und Lieferungen an andere, von ihr gedungene Gewerbetreibende zu vergeben gehabt hätte, diese verschiedenen, ihr zu gewährenden Leistungen aber durch ihre Tätigkeit in ihrer Person zu einer Gesamtleistung verbunden worden und als solche von ihr den Beklagten geschuldet gewesen wären. Die Aufschüttung war vielmehr durch einen besonderen Vertrag als selbständige Einzelleistung von der Klägerin übernommen worden, wenngleich ihr, durch andere Verträge, noch andere Arbeiten an demselben Gelände übertragen worden waren. Unter solchen Umständen kann von einem „Entreprisevertrage“ nicht die Rede sein.

Zu prüfen bleibt die Frage, ob die Forderung der Klägerin sich auf eine Leistung gründet, die „für den Gewerbebetrieb des Schuldners erfolgt“ ist; denn in diesem Falle würde nach § 196 Abs. 1 Nr. 1 und Abs. 2 nicht die zweijährige, sondern die (im Zeitpunkte der Klageerhebung noch nicht abgelaufene) vierjährige Verjährung Platz greifen. Die Instanzgerichte haben jene Frage verneint, weil ein Gewerbebetrieb der Beklagten überhaupt nicht vorhanden sei. Nur hiergegen ist der Revisionsangriff gerichtet, der jedoch fehlgeht. Die Revision meint, das Unternehmen der Beklagten, das sich dahin gerichtet habe, das ererbte Gelände aufzuschließen, um es demnächst parzellenweise mit Vorteil zu veräußern, trage alle Merkmale des Gewerbebetriebes an sich; die gegenteilige Annahme beruhe auf einer Verkennung des Wesens der sog. Terraingesellschaften, deren Tätigkeit auch keine andere sei, und bei denen doch das Vorhandensein des Gewerbebetriebes nicht bezweifelt werde. Der Auffassung der Revision kann nicht zugestimmt werden. Der Begriff des Gewerbebetriebes setzt, wie sich schon aus dem darin aufgenommenen Merkmale des „Betreibens“ ergibt, bei der betreffenden Tätigkeit das Dauernde, Berufsmäßige voraus (Grimm, Deutsches Wörterbuch S. 5482 unter b, Entsch. des R.G.'s in Zivils. Bd. 27 S. 260). Die Absicht muß nicht auf ein einzelnes oder mehrere einzelne Geschäfte gerichtet sein, sondern auf einen für die Dauer unternommenen Kreis von Geschäften als Ganzes, das als eine dauernde und berufsmäßig fließende Einnahmequelle dienen soll (vgl. Entsch. des R.G.'s in Zivils. Bd. 38 S. 18). Freilich ist die „Dauer“ selbst nicht ein in sich fest Bestimmtes (Absolutes), sondern etwas nur Verhältnismäßiges, durch Beziehung auf andere Verhältnisse oder Umstände Bestimmbares (Relatives). Keinesfalls aber kann von Miterben, die, um ihre Auseinandersetzung zu einem den Beteiligten möglichst günstigen Ergebnisse zu führen, eine zum Verkaufe bestimmte Sache aus der Erbschaft behufs Erzielung eines möglichst hohen Kaufpreises in zweckentsprechender Weise „instand setzen", wie der Berufungsrichter es ausdrückt, oder, wie im vorliegenden Falle vielleicht richtiger zu sagen ist, umgestalten lassen, ohne weiteres angenommen werden, daß sie sich damit eine berufsmäßige Einnahmequelle zu erschließen beabsichtigen. Auch den Anschauungen des Verkehrs würde eine solche Annahme nicht entsprechen. Ob der Verkauf der Sache im ganzen, oder in Teilen beabsichtigt wird, macht dabei keinen Unterschied. Die Absicht erschöpft sich in der Herbeiführung der Versilberung und Teilung des Nachlasses oder des betreffenden Nachlaßteiles. Von einem berufsmäßigen Betriebe ist dabei nicht die Rede. Möglich ist selbstverständlich, daß im einzelnen Falle die Absicht der Erben nicht die hier dargelegte, für den vorliegenden Fall von den Instanzgerichten einwandsfrei festgestellte Richtung hat, sondern dahin geht, eine ererbte Sache zur Grundlage und zum Gegenstande eines gemeinschaftlichen Gewerbebetriebes in dem vorhin angegebenen Sinne zu machen. Um solches anzunehmen, bedarf es aber besonderer Umstände, die hier nicht vorliegen. Die Klägerin hat nichts angeführt, was eine solche Annahme begründen würde. Insbesondere hätte es keine Bedeutung, wenn die in der Berufungsinstanz vorgebrachte Behauptung der Klägerin richtig wäre, daß der Erblasser der Beklagten das Gelände zu Spekulationszwecken gekauft habe; denn auch ein einzelner Spekulationskauf zwingt an sich noch nicht zur Feststellung des Gewerbebetriebes, und es ist somit die Grundlage nicht vorhanden, auf der etwa eine Fortsetzung eines Gewerbebetriebes des Erblassers durch die Erben angenommen werden könnte. Auch der Vergleich mit den sog. „Terraingesellschaften" ist verfehlt. Die Terraingesellschaft wird, gleichviel in welcher Rechtsform, von vornherein zu Erwerbszwecken gegründet. Sie erwirbt ein Gelände zu dem von vornherein satzungsmäßig bestimmten Zwecke, es durch Weiterverkauf im ganzen oder in Parzellen mit Gewinn zu verwerten. Auch pflegt sie erfahrungsmäßig durch ihre Satzungen sich nicht auf ein oder mehrere bestimmte, bei der Gesellschaftsgründung in Aussicht genommene und bezeichnete Grundstücke zu beschränken, sondern sich Erwerb und Verwertung weiteren Grundbesitzes offen zu halten. Jedenfalls ist Wesen und Beruf der Terraingesellschaft und Zweck, wozu sie gegründet wird, der Grundstückshandel. Von alledem ist bei den Beklagten nicht die Rede. Sie bilden nicht eine zu Erwerbszwecken, insbesondere zum Grundstückshandel, gegründete Gesellschaft, sondern eine durch Erbfall eingetretene Gemeinschaft, deren Gegenstand nicht das hier in Rede stehende Gelände bildet, sondern die den Nachlaß als Ganzes ergreift. Auch ein Vergleich mit der Terraingesellschaft kann sonach das von der Revision behauptete Ergebnis nicht haben." ...

---

17. Kann in dem Prozesse gegen eine Stadtgemeinde im Geltungsbereiche der Städteordnung für die sechs östlichen Provinzen der preußischen Monarchie vom 30. Mai 1853 ein Sachverständiger deshalb mit Erfolg abgelehnt werden, weil er Mitglied der Stadtverordnetenversammlung der verklagten Stadtgemeinde ist?

Z.P.O. §§ 406, 42.

VII. Zivilsenat. Beschl. v. 23. April 1907 i. S. S. (Kl.) w. Stadtgemeinde N. (Bekl.). Beschw.-Rep. VII. 56/07.

I. Kammergericht Berlin.

Die Frage wurde bejaht aus folgenden

Gründen:

„Der Kläger hat gegen den Landesbauinspektor F. zu N., welcher in der Berufungsinstanz als Sachverständiger vernommen werden soll, ein Ablehnungsgesuch angebracht, weil der Sachverständige, wie unstreitig, Mitglied der Stadtverordnetenversammlung der verklagten Stadtgemeinde ist. Das Kammergericht hat die Ablehnung für unbegründet erklärt. Gegen diesen Beschluß hat der Kläger rechtzeitig die sofortige Beschwerde eingelegt, die auch Erfolg haben mußte. Im Geltungsbereiche der Städteordnung für die sechs östlichen Provinzen der preußischen Monarchie vom 30. Mai 1853 ist zwar die Stadtverordnetenversammlung zur Vertretung der Stadtgemeinde nicht berufen; aber sie hat über alle Gemeindeangelegenheiten zu beschließen, soweit sie nicht ausschließlich dem Magistrat überwiesen sind, und sie kontrolliert die Verwaltung (§§ 35, 37). Insbesondere unterliegt ihrer Beschlußfassung die Frage, ob eine Klage für die Stadtgemeinde anzustellen, und ob die Einlassung auf eine solche geboten sei (vgl. Oertel, Die Städteordnung vom 30. Mai 1853 4. Aufl. S. 155). Es steht ihr also eine Einwirkung auf die von der Stadt zu führenden Prozesse zu, vermöge deren sie als beteiligt bei dieser Prozeßführung gelten muß. Wenn unter solchen Umständen die Gegenpartei der Stadtgemeinde ein zum Gutachter bestelltes Mitglied der Stadtverordnetenversammlung ablehnt, weil von ihm ein völlig unbefangenes Urteil in der die Stadt angehenden Rechtssache nicht zu erwarten sei, so erscheint diese Meinung nicht bloß subjektiv, sondern auch objektiv durch die Beziehungen der Versammlung und folgeweise ihrer Mitglieder zu dem Rechtsstreite begründet, und es sind die Voraussetzungen gegeben, unter denen ein Sachverständiger wegen Besorgnis der Befangenheit abgelehnt werden darf (§§ 406, 42 Z.P.O.)." ...

---

18. Wird durch eine vorgängige Vereinbarung der Parteien über die Anrechnung der künftigen Zahlung auf eine bestimmte Schuld das einseitige Bestimmungsrecht des Schuldners beseitigt?
B.G.B. § 366 Abs. 1.

VI. Zivilsenat. Urt. v. 25. April 1907 i. S. Sch. (Bekl.) w. J. (Kl.). Rep. VI. 395/06.

I. Landgericht Kassel.
II. Oberlandesgericht daselbst.

Der Kläger hatte der späterhin in Konkurs geratenen Handelsgesellschaft V. W. zwei Darlehne gegeben, eins von 25000 ℳ, das andere von 16000 ℳ. Für das letztere Darlehn, das im April 1904 bis auf 5450 ℳ abgetragen war, hatte der Beklagte im Dezember 1903 Bürgschaft geleistet; für dieselbe Forderung hatte die Schuldnerin dem Kläger Wechselakzepte gegeben. Mit Urkunde vom 19. Januar 1904 hatte die Firma V. W. die Anteile der beiden Teilhaber W. und R. an der Mechanischen Schäftefabrik in L., G. m. b. H., mit zusammen 32000 ℳ an den Kläger „zu dessen freiem Eigentum" abgetreten, wobei bestimmt war, daß der Kläger die bei der Liquidation der Schäftefabrik auf diese Stammanteile entfallenden Beträge auf seine Darlehensforderung von 25000 ℳ in Anrechnung bringen werde. Kurz vor dem 16. April 1904 war auf die dem Kläger abgetretenen Stammanteile bei der Firma B. W. ein Betrag von 7159,38 ℳ eingegangen. Der Teilhaber W. hatte dies dem Kläger angezeigt, worauf dieser verlangte, daß W. das Geld für ihn bei der Bankfirma A. & H. einzahle. Nun ließ W. am 16. April 1904 durch den Buchhalter K. v. R. bei der genannten Bank für Rechnung des Klägers die Summe von 7000 ℳ einzahlen. Der Buchhalter war von W. angewiesen, bei der Zahlung die „Wechselproteste" zu verlangen, und äußerte auch auf der Bank ein entsprechendes Verlangen, erhielt aber den Bescheid, die Wechselproteste seien nicht im Besitze der Bank. Der Beklagte, aus der Bürgschaft auf Zahlung der Schuld von 5450 ℳ in Anspruch genommen, wandte ein, daß diese Schuld durch die Zahlung der 7000 ℳ getilgt sei. Das Berufungsgericht verwarf, abweichend vom ersten Richter, diese Einrede. Die Revision des Beklagten wurde zurückgewiesen.

Aus den Gründen:

... „Das Berufungsgericht nimmt an, es ließe sich in dem Zahlungsvorgange vom 16. April 1904 eine Zahlung des W. an den Kläger finden, wobei W. bestimmt hätte, daß sie zur Tilgung der Wechselschuld geleistet werde, nämlich in der Erklärung des W.'schen Vertreters, er zahle die 7000 ℳ und wolle die Wechselproteste haben. Da A. & H. ermächtigt gewesen sei, Zahlungen für den Kläger in Empfang zu nehmen, und H., der Vertreter des Klägers, die mit jener Bestimmung angebotene Zahlung nicht abgelehnt, sondern angenommen habe, so hätte er sich mit der Bestimmung einverstanden erklärt. Allein gleichwohl kann nach Ansicht des Berufungsgerichts von einer Zahlung, welche die Wechselschuld getilgt hätte, keine Rede sein. Mit den in der Urkunde vom 19. Januar 1904 getroffenen Bestimmungen sei ausgesprochen gewesen, daß die Forderungen aus den Stammanteilen der beiden Teilhaber der Firma B. W. nicht mehr als zum Vermögen dieser Firma, sondern als Vermögensbestandteil des Klägers in Betracht kommen sollten, an welchem allein dem Kläger das Verfügungsrecht zugestanden habe. Nach Eingang des auf jene Anteile entfallenden Betrages von 7000 ℳ sei die Firma, obwohl die Überlieferung an sie erfolgt war, verpflichtet gewesen, das Geld als dem Kläger gehörig zu betrachten und wie ein Treuhänder damit zu verfahren. Sie habe deshalb das Geld nur den Anordnungen des Klägers gemäß verwenden dürfen, und da diese Anordnung bereits im voraus und ein für allemal dahin getroffen gewesen sei, daß das Geld zur Tilgung der Darlehnsforderung von 25000 ℳ zu verwenden sei, so habe die Firma und deren Inhaber die Zahlung bei A. & H. nur in dieser Weise vornehmen dürfen. Wenn W. bei der Zahlung des Geldes dem Empfangsbevollmächtigten des Klägers, der von jenem Rechtsverhältnisse des Klägers und der Firma nichts wußte, bemerken ließ, die Zahlung sei für die Wechselschuld bestimmt, so wäre dies rechtswidrig und für den Kläger unverbindlich; für ihn habe die Zahlung nur als die vertragsmäßig bestimmte in Betracht kommen können, und nur dann wäre ein anderer Erfolg eingetreten, wenn W. dem Kläger selbst zum Bewußtsein gebracht hätte, daß er nicht auf die Darlehnsforderung, sondern auf die Wechselforderung zahlen wolle, und Kläger damit einverstanden gewesen wäre. Aber auch schon die bloße Vereinbarung zwischen W. und dem Kläger, daß demnächst die 7000 ℳ auf die Darlehnsforderung gezahlt werden sollten, reiche zu der Feststellung hin, daß die erfolgte Zahlung auf diese Forderung anzurechnen war, trotz des von W. gemachten Zusatzes in Ansehung der Wechsel. Das Oberlandesgericht schließt sich der Rechtsauffassung an, daß eine derartige Vereinbarung nicht bloß eine obligatorische Verpflichtung des Schuldners, in bestimmter Weise zu zahlen, begründe, sondern einen wirksamen Verzicht auf das dem Schuldner zustehende Bestimmungsrecht (§ 366 B.G.B.) enthalte....

Anlangend die rechtliche Bedeutung der Vereinbarung vom 19. Januar 1904, so bezweifelt die Revision, ob der Zession der Stammanteile die vom Berufungsgerichte unterstellte Rechtswirkung beigelegt werden könne. Da eine Mitteilung der Abtretung an den Drittschuldner, die in Liquidation befindliche Schäftefabrik, wie anzunehmen, nicht erfolgt sei, lasse sich nicht sagen, daß das Geld, welches die Schuldnerin den bisherigen Gläubigern ausbezahlt habe, ein Vermögensstück des Klägers gewesen sei. Im übrigen beruhe die angefochtene Entscheidung auf einer Verletzung des § 366 B.G.B. Durch diese Gesetzesvorschrift werde es ausschließlich der bei der Zahlung gemachten Bestimmung des Schuldners anheimgestellt, welche von mehreren Schulden getilgt werden solle. Es sei daher die von Planck aufgestellte Ansicht richtig, daß frühere Vereinbarungen den Schuldner nicht hindern, bei Leistung der Zahlung von ihnen abzuweichen.

Das von der Revision aus dem Mangel einer Benachrichtigung des Drittschuldners entnommene Bedenken ist nicht begründet." (Wird näher ausgeführt.)

„Es kann aber auch darin der Revision nicht Recht gegeben werden, daß eine Verletzung des § 366 B.G.B. vorliege. So viel steht zunächst außer Zweifel, daß eine vorgängige Vereinbarung des Gläubigers und des Schuldners, wonach künftige Zahlungen auf eine bestimmte Forderung anzurechnen sind, gesetzlich durchaus zulässig ist, und daß eine solche Abmachung auch den Schuldner rechtswirksam verpflichtet. Denn der § 366 B.G.B. enthält, wie wohl allgemein anerkannt wird, an sich nur dispositives Recht. Fraglich ist aber, wieweit die Verpflichtung des Schuldners aus einer derartigen Vereinbarung wirkt, und ob dadurch die in § 366 Abs. 1 B.G.B. für maßgebend erklärte Tilgungsbestimmung des Schuldners ausgeschaltet, einer in Abweichung von der Vereinbarung vom Schuldner bei der Leistung getroffenen Bestimmung die Rechtswirksamkeit benommen wird. Bestritten ist insbesondere, ob der Gläubiger, wenn der Schuldner der Abrede zuwider bei der Leistung eine andere als die festgesetzte Schuld tilgen zu wollen erklärt, gleichwohl unter Annahme der Leistung diese auf die vertragsmäßig bestimmte Schuld anzurechnen berechtigt sei. Das wird von mehreren Schriftstellern verneint, weil das Zahlungsangebot und dessen Bedeutung ausschließlich vom Schuldner abhänge, die Erfüllungshandlung sich nur auf die von ihm bestimmte Schuld beziehe und durch die vom Schuldner eingegangene vertragliche Verpflichtung in ihrem Wesen nicht verändert werde. Danach soll, unbeschadet der Berechtigung des Gläubigers, die Leistung abzulehnen, der vertragswidrig bestimmende Schuldner sich nur schadensersatzpflichtig machen.

Vgl. Planck, B.G.B. Bd. 2 zu § 366 Bem. 2 3. Aufl. S. 219; v. Staudinger (Kuhlenbeck), Kommentar Bd. 2 Abt. 1 zu § 366 Bem. 2 2. Aufl. S. 228; Enneccerus, Lehrbuch des Bürg.R. 3. Aufl. § 285 S. 717.

Von anderen Rechtslehrern aber wird der vorgängigen Vereinbarung der Parteien eine weitergehende Rechtswirkung zugeschrieben. Die einen erblicken darin einen nicht bloß obligatorisch wirkenden Verzicht beider Teile auf den Anrechnungsmodus des § 366, namentlich also einen Verzicht des Schuldners auf das Bestimmungsrecht nach § 366 Abs. 1; oder es wird angenommen, daß gegenüber einer vertragsmäßigen Regelung die gesetzliche Vorschrift des § 366 gar nicht Platz greife, daß diesfalls die abweichende Bestimmung des Schuldners bei der Leistung nicht Ausübung seines Rechtes aus § 366 Abs. 1, sondern eine Vertragsverletzung wäre, wodurch der Gläubiger sein Recht auf die vertragsmäßige Anrechnung nicht verlieren könnte. Auch der Gesichtspunkt ist verwertet worden, daß der Schuldner in der vorgängigen Vereinbarung sein Bestimmungsrecht schon ausgeübt (konsumiert) habe.

Vgl. Dernburg, Das Bürgerliche Recht Bd. 2 Abt. 1 3. Aufl. § 117 S. 297 flg.; Crome, System des Bürgerl. Rechts Bd. 2 § 182 Nr. 4 S. 237 flg. und Anm. 50; Schollmeyer (Kommentar von Hölder) zu § 366 Bem. 1 S. 286 flg.; Rehbein, B.G.B. Bd. 2 Bem. 15 zu §§ 362—371 S. 279 flg.; Kisch, in Grünhut's Zeitschrift Bd. 29 S. 352. Oertmann, Recht der Schuldverhältnisse § 366 Bem. 1 2. Aufl. S. 223, geht davon aus, daß die Parteien durch die vorgängige Vereinbarung den Anrechnungsmodus des § 366 durch den vertragsmäßig vereinbarten ersetzen, versagt jedoch dem Gläubiger das Recht, die unter der abweichenden Bestimmung angebotene Leistung auf die vertragsmäßig bestimmte Schuld einseitig anzurechnen.

Die Ansicht, welche den Gläubiger bei vertragswidriger Bestimmung durch den Schuldner lediglich auf einen Schadensersatzanspruch verweisen will, kann in Einzelfällen zu Ergebnissen führen, welche mit den Grundsätzen von Treu und Glauben im Rechtsverkehre nicht im Einklange stehen und in unbilliger Weise den Gläubiger benachteiligen würden. Sieht man nicht bloß auf den Wortlaut der Vorschriften des § 366 B.G.B., sondern auch auf deren Bedeutung und Zweck, bezüglich der Anrechnungsweise den fehlenden oder unvollständig gebliebenen Vertragswillen der Parteien zu ergänzen, so wird man eher zu der Auffassung kommen, daß, wenn Gläubiger und

Schuldner zum voraus eine Vereinbarung über die Anrechnung der Leistung auf eine bestimmte Forderung getroffen haben, hierdurch eine nachherige einseitige Bestimmung des Schuldners ausgeschlossen werde.

Vgl. auch Motive zum Entwurfe B.G.B. Bd. 2 zu §§ 267 flg. S. 86. Bei dem Fehlen jedes öffentlichen Interesses ist nicht anzunehmen, daß das Gesetz mit der Vorschrift in § 366 Abs. 1 B.G.B. in etwa anderweit begründete Vertragsrechte eingreifen, der unmittelbar bei der Leistung vom Schuldner getroffenen Tilgungsbestimmung eine absolut maßgebliche Bedeutung ohne Rücksicht auf vorangegangene Vertragsabreden verleihen wollte. Das Bedenken aber, daß das Zahlungsgeschäft vom Schuldner ausgehe, und daß es, wenn dieser auf eine andere Schuld zahlen will, hinsichtlich der vertragsmäßig festgesetzten Schuld an einem Angebote fehle, würde der Erwägung weichen müssen, daß eben durch die vertragliche Vereinbarung zum voraus der fraglichen Leistung die Richtung bestimmt angewiesen ist, in welcher sich das Zahlungsgeschäft alsdann durch den Leistungsakt vollzieht.

Indes für den vorliegenden Fall kommt es lediglich darauf an, ob durch die Zahlung der 7000 *M* die von dem Beklagten verbürgte Wechselschuld getilgt worden ist, und dies trifft nach dem festgestellten Sachverhalt unter keinen Umständen zu. Ungeachtet eines mit dem Gläubiger getroffenen Übereinkommens bleibt es dem Schuldner selbstverständlich nicht verwehrt, dem Gläubiger die Tilgung einer anderen Schuld, als der vertragsmäßig bestimmten, vorzuschlagen, und in diesem Sinne wird seine der Abrede zuwiderlaufende Bezeichnung der zu tilgenden Schuld gewöhnlich aufzufassen sein. Aber die Wirksamkeit eines solchen einseitigen Vorschlages des Schuldners setzt dessen mindestens stillschweigende Annahme durch den Gläubiger voraus. Damit hat alsdann der Schuldner nicht das einseitige Bestimmungsrecht — welches vielmehr durch die Abrede beseitigt ist — ausgeübt; sondern es ist durch beiderseitigen Parteiwillen (mutuo consensu) die frühere Abrede beseitigt, und an deren Stelle etwas anderes vereinbart (vgl. auch Oertmann, a. a. O.). Wenn nun der Schuldner dem Gläubiger selbst die Zahlung mit dem Bemerken leistet, daß auf die andere Schuld geleistet werde, und der Gläubiger, ohne dem zu widersprechen, das Geleistete annimmt, so wird darin in der Regel eine stillschweigende Annahme jenes Angebotes liegen. Im gegenwärtigen Falle ist jedoch nicht an den Gläubiger persönlich gezahlt worden, sondern an einen zur Empfangnahme von Zahlungen ermächtigten Dritten, entweder Inkassobevollmächtigten, oder solutionis causa adjectus. Gegenüber einem solchen Dritten als dem Vertreter des Gläubigers hätte eine vom Schuldner befugterweise gemäß § 366 Abs. 1 B.G.B. vorgenommene Bestimmung, die eine einseitige empfangsbedürftige Willenserklärung ist, rechtswirksam erfolgen können (vgl. Schollmeyer, a. a. O. S. 268). Dagegen würde eine Zustimmung des Gläubigers zu der von dem Schuldner vertragswidrig vorgeschlagenen Anrechnung auf eine andere Schuld hier nur dann anzunehmen sein, wenn der Dritte von der früher getroffenen Übereinkunft der Parteien Kenntnis hatte, und weiter seine Vollmacht sich auch darauf erstreckte, von jener Vereinbarung abzugehen, mit dem Schuldner ein anderes zu bereden. Weder das eine noch das andere trifft vorliegend, soweit ersichtlich, bei der Bankfirma A. & H. zu. Aus der Tatsache, daß H. die von dem Angestellten der Schuldnerin unter dem Hinweis auf die Wechselschuld einbezahlten 7000 M angenommen hat, könnte also nicht gefolgert werden, daß er irgend eine über den Zahlungsempfang hinausgehende Erklärung für den Kläger hätte abgeben wollen, welche der früheren Abrede der Parteien zuwiderlief. Den ihm übrigens gar nicht bekannten vertraglichen Rechten des Klägers hätte H. durch ein, sei es ausdrücklich, oder stillschweigend erklärtes, Einverständnis mit der Anrechnung der Zahlung auf die Wechselschuld nichts vergeben können. Daß aber der Kläger selbst nachher sein Einverständnis mit diesem Anrechnungsmodus bekundet hätte, ist nicht behauptet; er hat im Gegenteil in seinem Schreiben an A. & H. vom 19. April 1904 die gezahlte Summe als eine Ratenzahlung a conto der Darlehnsschuld von 25000 M gekennzeichnet. Unter diesen Umständen braucht nicht weiter erörtert zu werden, ob damit, daß bei dem Zahlungsakte vom 16. April 1904 der Buchhalter der Firma B. W. „eine Bemerkung in dem Sinne hinzugefügt hat“, er solle sich die Wechsel (Proteste) geben lassen, wirklich, wie das Berufungsgericht unterstellt, eine Tilgungsbestimmung der Schuldnerin bezüglich der Wechselschuld deutlich zum Ausdrucke gebracht worden sei. Für eine Bestimmung im Sinne von § 366 Abs. 1 B.G.B. war hier gegenüber der durch den Vertrag vom 19. Januar 1904 über die Verrechnung der Geldbeträge aus den Geschäftsanteilen auf die Darlehnsforderung zum voraus und endgültig getroffenen Verfügung kein Raum mehr." ...

---

19. 1. Besteht der Anspruch auf Schadensersatz wegen Nichterfüllung, wenn der Käufer dem Verkäufer auf Grund eines rechtskräftigen Wandelungsurteils eine angemessene Frist mit der Erklärung bestimmte, daß er nach dem Ablaufe der Frist die Annahme der Leistung ablehne, und er nach dem Ablaufe der Frist Schadensersatz wegen Nichterfüllung verlangt, in der Interesseforderung bei Verfolgung des urteilsmäßigen Anspruchs, oder lediglich in dem Anspruche auf Schadensersatz wegen Nichterfüllung wie bei gegenseitigen Verträgen?

2. Kann der Anspruch des Käufers auf Schadensersatz wegen Nichterfüllung in diesem Falle auch darin bestehen, daß der Verkäufer den Käufer von einer Hypothek befreien muß, die der Käufer dem Verkäufer für dessen Kaufpreisforderung auf das gekaufte Grundstück bestellt hat? Wie gestaltet sich die Rechtslage des Käufers, wenn der Verkäufer diese Hypothek Dritten abgetreten hat, gegenüber den Gläubigern des Verkäufers, welche die Ansprüche ihres Schuldners gegen dessen Zessionare gepfändet haben?

B.G.B. §§ 283 Abs. 1, 325 Abs. 2, 467.

II. Zivilsenat. Urt. v. 26. April 1907 i. S. H. W. (Kl.) w. F. W. u. Gen. (Bekl.) Rep. II. 464/06.

I. Landgericht Hannover.
II. Oberlandesgericht Celle.

Am 12. Oktober 1900 hat Kläger von E. M. in Hannover dessen am Raschplatz Nr. 11 und 12 belegenes Bürgerwesen sowie das gesamte zum Betrieb des Hotels Kronprinz gehörige Hotel- und Wirtschaftsinventar um 440000 ℳ gekauft. Der Kläger hat auf diesen Kaufpreis 85112,65 ℳ bar bezahlt. Wegen Zahlung des Restes war ausgemacht, daß der Kläger bereits eingetragene Hypotheken übernehmen, und dem M. auf das gekaufte Anwesen eine Hypothek in Höhe von 216000 ℳ bestellen solle. Die Auflassung des Grundstückes und die Bestellung der Hypothek ist erfolgt.

Durch rechtskräftiges Urteil des Landgerichts Hannover vom 12. Januar 1904 wurde M. verurteilt, auf die Wandelungsklage des Klägers in Aufhebung des Kaufvertrages vom 12. Oktober 1900 zu willigen, den Kläger von seiner persönlichen Verpflichtung aus Übernahme der Hypotheken zu befreien, dem Kläger den Hypothekenbrief über obengedachte Hypothek von 216000 ℳ herauszugeben und die Anzahlung von 85000 ℳ zurückzuerstatten.

In der Folge hat Kläger dem M. gemäß § 283 B.G.B. eine Frist von sechs Wochen zur Erfüllung dieser urteilsmäßigen Verpflichtungen unter der Androhung gesetzt, daß er nach deren Ablaufe die Annahme der Leistung ablehnen und Schadensersatz wegen Nichterfüllung begehren werde. Bereits vor dem Wandelungsurteile vom 12. Januar 1904 hatte M. die obenerwähnte Hypothek von 216000 ℳ an Bankier S. in Hannover gegen Empfang von 80000 ℳ abgetreten und zwar, wie Kläger behauptet, zur Sicherheit. S. hat die Hypothek weiter verpfändet an die Kreditbank zu H., wie Kläger ebenfalls behauptet.

Die jetzt noch in Betracht kommenden Beklagten sind Gläubiger des M. In erster Instanz war noch eine Firma Gebr. S. mitverklagt. Sie ist weggefallen. Die Beklagten haben in dieser Eigenschaft eine Reihe von Pfändungen vorgenommen, die sich aus dem Klagantrage ergeben.

Der Kläger hat Klagantrag gestellt, es solle festgestellt werden, daß die Beklagten nicht berechtigt seien, in ihrer Eigenschaft als Rechtsnachfolger des M. auf Grund der von ihnen erwirkten Pfändungsbeschlüsse folgende Ansprüche geltend zu machen:

I a) sämtliche Beklagte: den von ihnen gepfändeten Anspruch des M. gegen S. auf Rückabtretung der mehrgedachten Hypothek von 216000 ℳ und den gleichfalls gepfändeten Anspruch des M. gegen S. auf Zahlung der von diesem aus der Abtretung oder Verpfändung der Hypothek von 216000 ℳ noch schuldigen „Valuta“ und auf Herausgabe des Hypothekenbriefes,

b) sämtliche Beklagte: den von ihnen gepfändeten Anspruch des M. gegen den Kläger auf Zahlung des aus dem Kaufe vom 12. Oktober 1900 noch ausstehenden Kaufpreisrestes;

II. die Beklagten zu 1 und 2: den von ihnen gepfändeten Anspruch des M. gegen die Kreditbank zu H. auf Rückabtretung der Hypothek von 216000 ℳ, die diese von S. erworben hatte, sowie den Anspruch des M. gegen diese Bank auf Zahlung der von dieser für die Abtretung noch schuldigen Valuta und auf Herausgabe des Hypothekenbriefs;

III. die Beklagten zu 2 bis 5:

a) den Anspruch des M. auf Rückübertragung der durch Vertrag vom 12. Oktober 1900 an den Kläger veräußerten zwei Grundstücke,

b) den Anspruch des M. auf Rückübertragung des mitverkauften Hotelinventars,

c) den Anspruch des M. gegen den Kläger auf Grundbuchberichtigung infolge des Wandelungsurteils vom 12. Januar 1904.

Dieser Klagantrag wurde darauf gestützt, daß die Hypothek von 216000 ℳ sich zufolge der Wandelung in eine Eigentümerhypothek umgewandelt habe. Deshalb könne M. aus dieser Hypothek keine Ansprüche gegen den Kläger erheben; was für M. gelte, gelte auch für dessen Rechtsnachfolger, als welche die Beklagten wie auch S. und die Kreditbank H. anzusehen seien. Zufolge des Rechtsbehelfs aus § 283 B.G.B. habe sich das ganze Rechtsverhältnis in einen Schadensersatzanspruch wegen Nichterfüllung umgeändert; deshalb brauche der Kläger die Kaufsache nicht herauszugeben und könne, soweit er dann noch nicht befriedigt sei, auch sein weitergehendes Interesse geltend machen.

Die Beklagten behaupteten dagegen, die gesamte Hypothek von 216000 ℳ sei nicht zur Sicherheit, sondern zu unbedingtem Eigentume, sowohl von M. an S., wie von diesem an die Kreditbank in H. abgetreten worden. Rechtlich vertreten sie den Standpunkt, die vom Kläger gemäß § 283 B.G.B. getroffene Wahl habe den Kaufvertrag vom 12. Oktober 1900 wieder aufleben lassen; M. und dessen Rechtsnachfolger könnten daher Anspruch auf Zahlung des Restkaufpreises erheben; dem Kläger stehe nur ein Anspruch auf Schadensersatz dafür zu, daß M. dem Wandelungsurteile nicht nachgekommen sei.

Das Landgericht hat durch Urteil vom 26. Juni 1905 erkannt:

I. Der Anspruch der Beklagten auf Zahlung des Restkaufpreises sei nicht berechtigt. Es werde deshalb dem Klagantrage I b) auf entsprechende Feststellung stattgegeben.

II. Der Anspruch der Beklagten zu 2 bis 5 auf Grundbuchberichtigung sei nicht berechtigt. Es werde deshalb dem Klagantrage III c) auf entsprechende Feststellung stattgegeben.

III. Im übrigen sei die Klage abzuweisen.

IV. Von den Kosten seien dem Kläger $^2/_3$, dem Beklagten zu 1 $^4/_{120}$, den Beklagten 2, 3, 4 und 5 je $^9/_{120}$ aufzuerlegen.

Gegen dieses Urteil ist von beiden Teilen Berufung eingelegt worden.

Der Kläger hat beantragt, in Abänderung des angefochtenen Urteils

1. dem Klagantrage vollständig stattzugeben,
2. eventuell auszusprechen, daß die Rückgewähr des Hotels und Inventars seitens der Beklagten nur beansprucht werden kann gegen Erfüllung aller aus dem Wandelungsurteile sich ergebenden Pflichten (Liberierung von den übernommenen bzw. bestellten Hypotheken, Rückzahlung von 85112,65 *M* nebst Zinsen ꝛc und Schadensersatz),
3. eventuell auszusprechen, daß der Frage, in welcher Höhe die gepfändete Restvaluta noch zu zahlen ist, durch das Urteil nicht präjudiziert wird, und ebensowenig der Frage, in welcher Höhe die Hypothek von 216000 *M* zu Recht besteht,
4. oder auszusprechen, daß Kläger von der Restvaluta allen Schaden absetzen kann.

Die Beklagten schützten gegen diese Eventualanträge die Einrede der Klagänderung, und außerdem weiter vor, es sei von ihnen niemals bestritten worden, daß Kläger zur Rückauflassung der Grundstücke und Rückgabe des Hotelinventars nur gegen Erfüllung der aus dem Wandelungsurteile sich für ihn ergebenden Ansprüche, bzw. des Schadensersatzanspruchs verpflichtet sei, der nach fruchtlosem Ablaufe der gemäß § 283 Z.P.O. gesetzten Frist an die Stelle jener Ansprüche getreten sei.

Der Berufungsantrag der Beklagten ging auf Aufhebung des ersten Urteils und völlige Klagabweisung.

Das Oberlandesgericht Celle hat mit Urteil vom 23. April 1906 die beiderseitigen Berufungen zurückgewiesen und sämtlichen Beteiligten die Kosten nach verschiedenen Quoten zur Last gelegt.

Der Revision der Kläger wurde stattgegeben aus folgenden

Gründen:

„Der Berufungsrichter geht von folgenden Grundsätzen aus:

Durch das rechtskräftige Urteil vom 12. Januar 1904 sei die Wandelung des Kaufvertrages vom 12. Oktober 1900 endgültig mit der Wirkung vollzogen worden, daß der Kläger als Käufer und M. als Verkäufer verpflichtet seien, einander das zurückzugewähren, was sie nach dem Kaufvertrage erhalten hatten, während die noch nicht erfüllten Verpflichtungen aus dem Kaufvertrage erloschen seien (§§ 467, 346 B.G.B.). Hieraus folge einerseits, daß ein Anspruch des M. auf Zahlung des Restkaufpreises nicht mehr bestehe, weshalb der Kläger mit Recht die Feststellung begehre, daß die Beklagten zu 1 bis 5, welche diesen Anspruch des Verkäufers M. gegen den Kläger gepfändet haben, aus dieser Pfändung keine Rechte gegen den Kläger ableiten dürfen. Da die Wandelung nur obligatorische Rechte erzeuge, sei der Kläger ungeachtet des Wandelungsurteils noch Eigentümer des Hotels und Inventars; es liege somit keine Unrichtigkeit des Grundbuchs vor. Hieraus folge andererseits, daß der Kläger mit Recht die Feststellung begehre, es stehe den Beklagten zu 2 bis 5, welche als Gläubiger des M. dessen Anspruch auf Grundbuchberichtigung gepfändet haben, aus dieser Pfändung kein Recht gegen den Kläger zu.

Insoweit gibt das Berufungsurteil der Klage statt. Im übrigen jedoch weist der Berufungsrichter die Klage ab. In dieser Beziehung nimmt der Berufungsrichter an, zufolge des Wandelungsurteils bestehe der Anspruch des Verkäufers M. auf Rückauflassung der Grundstücke mit Inventar gegen den Kläger als den Käufer auch jetzt noch. An dieser Sachlage habe die Anwendung des § 283 B.G.B. seitens des Klägers nichts geändert. Der Kläger habe durch Anwendung des § 283 B.G.B. lediglich bewirkt, daß er den Anspruch auf Rückgewähr gegenüber dem säumigen Vertragsgegner M. verloren habe; seinerseits bleibe der Kläger dagegen gebunden an das Wandelungsurteil, müsse also das Hotel und Inventar zurückgeben; nur sein Schadensersatzanspruch gegen M. würde sich danach erhöhen. Der Kläger — so erwägt der Berufungsrichter weiter — brauche, weil er infolge der Anwendung des § 283 B.G.B. an Stelle seines Erfüllungsanspruchs einen Schadensersatzanspruch erlangt habe, das Hotel nebst Inventar nur Zug um Zug gegen Befriedigung dieses Schadensersatzanspruchs zurückzugeben. Diese Frage gehöre aber nicht in diesen Rechtsstreit, weil die Beklagten einen Schadensersatzanspruch des Klägers nie bestritten hätten. Hieraus folgert der Berufungsrichter einmal, daß die Beklagten zu 2 bis 5 den Anspruch des M. auf Rückgabe des Hotels mit Inventar mit Recht gepfändet hätten, und zum anderen, daß es dem Kläger für sein Feststellungsbegehren an dem von § 256 Z.P.O. geforderten rechtlichen Interesse alsbaldiger richterlicher Feststellung fehle.

Die Befreiung von der dem M. gegenüber übernommenen hypothekarischen Verbindlichkeit von 216000 ℳ könne der Kläger auf dem von ihm eingeschlagenen Wege nicht erreichen. Denn es handele sich hier um Ansprüche, die dem M. nicht gegen den Kläger, sondern gegen Dritte, nämlich gegen Bankier S. und die Kreditbank, zuständen. Es fehle der Feststellungsklage, soweit sie sich gegen die Pfändung dieser Ansprüche durch Beklagte richte, an jedem rechtlichen Interesse, die komplizierte Rechtslage in ihrer eventuellen zukünftigen Gestaltung schon jetzt durch Richterspruch festgestellt zu sehen. Fürsorglich nimmt der Berufungsrichter an, die Beklagten seien berechtigt, ihre Pfändungsansprüche geltend zu machen.

Diesen Ausführungen kann nicht beigetreten werden.

Die Rechtsprechung vor Inkrafttreten des Bürgerlichen Gesetzbuchs ging davon aus, daß der vertragstreue Teil, sobald er die rechtskräftige Verurteilung seines säumigen Gegners erlangt hatte, endgültig an diese Wahl gebunden war und nicht mehr statt Erfüllung Schadensersatz verlangen oder zurücktreten könne; er durfte nur das Interesse wegen des nicht befolgten Urteils begehren.

Vgl. Entsch. des R.G.'s Bd. 36 S. 376 und die weiteren Zitate bei Staub, Kommentar z. H.G.B. 6./7. Aufl., Exkurs zu § 374 Anm. 131.

Die Zivilprozeßordnung hat in § 893 hinsichtlich der Frage, ob nach Erwirkung eines rechtskräftigen Urteils ein Übergang zu einer

Forderung auf Schadensersatz möglich sei, auf das Bürgerliche Recht verwiesen. Das Bürgerliche Recht hat diese Frage durch die §§ 283, 325 Abs. 2 B.G.B. gelöst.

In § 283 wird bestimmt, daß der Gläubiger dem rechtskräftig verurteilten Schuldner, unter Umgehung der Zwangsvollstreckung, eine angemessene Frist mit der Erklärung bestimmen kann, daß er die Annahme der Leistung nach Ablauf der Frist ablehne. Nach vergeblichem Ablaufe der Frist wird unterstellt, die Leistung sei aus einem vom Schuldner zu vertretenden Umstande unmöglich geworden. Der Gläubiger kann Erfüllung nicht mehr verlangen. Sein Anspruch hat sich in einen Anspruch auf Schadensersatz wegen Nichterfüllung umgewandelt. Diese Vorschrift gilt für alle Schuldverhältnisse, insbesondere aber für solche, die auf Rückgewähr eines Gegenstandes gerichtet sind. In den Motiven Bd. 2 S. 54 wird dies ausdrücklich hervorgehoben. Es war somit eine absichtliche Abweichung von der seitherigen Rechtsprechung gewollt. Für diese Abweichung ist in den Motiven namentlich geltend gemacht, daß die gedachte Wirkung des Fristablaufs beiden Teilen gegenüber gleichmäßig gerecht und billig erscheine. Die Folgerung aus diesem Grundsatze zieht für gegenseitige Verträge der Abs. 2 des § 325 B.G.B. Dort wird unter Bezugnahme auf die Grundsätze des § 283 vorgeschrieben, daß die Nichterfüllung vor Ablauf der vom Gläubiger dem Schuldner gesetzten Frist der vom Schuldner zu vertretenden Unmöglichkeit im Sinne des § 325 Abs. 1 B.G.B. gleichstehen soll. Nach dieser letzteren in Abs. 2 des § 325 B.G.B. enthaltenen Gesetzesbestimmung hat aber der Gläubiger einen Anspruch auf Schadensersatz wegen Nichterfüllung.

Nun ist es in der Rechtsprechung feststehender Grundsatz, daß bei gegenseitigen Verträgen der vertragstreue Teil, der beim Leistungsverzug des Gegners Schadensersatz wegen Nichterfüllung gewählt hat, nicht Schadensersatz wegen Nichterfüllung an Stelle der geschuldeten Leistung, sondern nur Schadensersatz wegen Nichterfüllung an Stelle von Leistung und Gegenleistung zu verlangen hat. Das Wesen des Schadensersatzes wegen Nichterfüllung besteht in einer Umwandlung des beiderseitigen Vertragsverhältnisses, und nicht nur des Bestandteils, der vom Schuldnerverzug betroffen ist. Denn die Ansprüche beider Teile bedingen sich gegenseitig. Wird durch den Schuldnerverzug, wie § 326 Abs. 1 B.G.B. ausdrücklich bestimmt, der Anspruch des Nichtsäumigen auf Erfüllung ausgeschlossen, so hat dies auch den Ausschluß des Erfüllungsanspruchs des Säumigen zur notwendigen Folge, weil der Nichtsäumige nur zu erfüllen braucht, wenn der Gegner seinerseits erfüllt; vgl. Entsch. des R.G.'s in Zivils. Bd. 50 S. 263, Bd. 57 S. 106, Bd. 58 S. 177.

Daß der Ausdruck „Schadensersatz wegen Nichterfüllung" in §§ 283, 325 und § 326 Abs. 1 B.G.B. in demselben Sinne gebraucht worden ist, und den Inhalt hat, wie soeben dargelegt wurde, ist bereits in Entsch. des R.G.'s Bd. 53 S. 91 anerkannt; vgl. auch Bd. 52 S. 355 und Bd. 50 S. 265. Die Übereinstimmung zwischen Abs. 1 des § 283, Abs. 2 des § 325 und Abs. 1 des § 326 ist augenfällig. Nach allen diesen Gesetzesbestimmungen erfolgt eine Androhung gleichen Inhalts mit der gleichen Wirkung, daß die Erfüllung ausgeschlossen ist, wenn nicht vor Ablauf der Frist geleistet wird, und daß Schadensersatz wegen Nichterfüllung an die Stelle des Erfüllungsanspruchs tritt. Auch die inneren Gründe, welche dem Schadensersatze wegen Nichterfüllung seine eigentümliche Bedeutung verleihen, sind vorhanden, wenn es sich bei § 283 B.G.B. um ein synallagmatisches Verhältnis handelt, bei welchem Leistung und Gegenleistung in der Weise voneinander abhängig sind, daß der Verzug mit der einen Leistung auch auf die andere einwirkt.

Ein solches, einem gegenseitigen Vertrage hier gleich zu behandelndes, Verhältnis wird aber durch das Wandelungsurteil hergestellt. Das entscheidende Gewicht für diese Annahme ruht zwar nicht allein auf §§ 348, 467 B.G.B., wonach die aus der Wandelung sich ergebenden Verpflichtungen Zug um Zug zu erfüllen sind. Denn solche Leistung Zug um Zug ist auch sonst vorgeschrieben, ohne daß dadurch allein schon der Schluß auf das Vorhandensein eines gegenseitigen Vertrages oder eines ähnlichen Verhältnisses gerechtfertigt wäre; vgl. z. B. § 274 B.G.B. Von größerer Bedeutung ist es aber, daß die §§ 348, 467 B.G.B. aus dem Titel „gegenseitiger Vertrag" die §§ 320, 322 B.G.B. auf die Wandelung Anwendung finden lassen, also gerade die Bestimmungen, welche das Wesen des gegenseitigen Vertrages besonders kennzeichnen. Daraus, daß die §§ 467, 348 B.G.B. nur diese zwei Paragraphen aus dem zweiten Titel des zweiten Abschnittes des zweiten Buches und nicht den ganzen zweiten Titel für anwendbar erklären, ist nichts Gegenteiliges zu entnehmen; denn an die Stelle der übrigen Bestimmungen des zweiten Titels treten hier die §§ 325 und 283.

Entscheidend für die Annahme eines einem gegenseitigen Vertrage gleichzustellenden Verhältnisses ist aber der Umstand, daß gegenseitige Zug um Zug zu erfüllende, aus demselben Rechtsverhältnis entspringende Verbindlichkeiten in Frage stehen. Der Kläger hat infolge des rechtskräftigen Wandelungsurteils das Recht, von M. die Rückgewähr des diesem Gegebenen zu verlangen, gegen seine Verpflichtung, das Erhaltene an M. zurückzugeben. Das eine bedingt das andere. Die Sachlage ist daher im wesentlichen keine andere als im Falle des § 326 Abs. 1 B.G.B. Allerdings entspringen diese gegenseitigen Verbindlichkeiten nicht aus einem Vertrage, sondern aus dem Wandelungsurteile. Diese Verschiedenheit des Entstehungsgrundes der beiderseitigen Verpflichtungen kann aber eine verschiedene rechtliche Beurteilung hinsichtlich des § 283 B.G.G. nicht begründen. Der Kläger kann, nachdem M. ungeachtet der dem § 283 Abs. 1 entsprechenden Androhung die ihm obliegende Leistung nicht bewirkt hat, von diesem Rückgewähr nicht mehr verlangen. Damit ist aber die Verpflichtung des Klägers, seinerseits zu erfüllen, gleichfalls weggefallen; denn er braucht nur zu erfüllen, wenn der Gegner erfüllt. Der Gegner kann aber nicht mehr erfüllen, wie § 283 gleich dem § 326 Abs. 1 ausdrücklich vorschreibt, und der Kläger hat nur noch einen Schadensersatzanspruch wegen Nichterfüllung. Die durch Urteil ausgesprochene Wandelung kommt daher nicht mehr in Betracht. Der Kläger braucht das Hotel und das Inventar nicht zurückzugeben. Es hat eine Schadensabrechnung stattzufinden. Was der Kläger aus dem Vertrage besitzt, kommt als Rechnungsfaktor bei der Schadensbemessung ebenso in Betracht, wie die vom Kläger geleistete Kaufpreisanzahlung von 85112,65 *M*. Es sind dies die Grundsätze, welche in den Entscheidungen des R.G.'s in Bd. 50 S. 263 und Bd. 61 S. 352 für die Berechnung des Schadensersatzes wegen Nichterfüllung aufgestellt sind.

So würde sich die Sachlage gestalten, wenn der Kläger seinem ursprünglichen Vertragsgegner M. gegenüberstände. Der Kläger steht hier den Gläubigern des M. gegenüber, welche die Ansprüche ihres Schuldners gepfändet haben. Dadurch ändert sich die Sachlage jedoch nicht. Die Gläubiger des M. müssen sich, wie dieser selbst, die Einwendung gefallen lassen, daß der Kläger das Hotel und das Inventar nicht herauszugeben braucht, daß also an die Stelle der Wandelung der Schadensersatzanspruch wegen Nichterfüllung getreten ist. Gegen diese Lösung läßt sich kein Argument aus § 354 B.G.B. entnehmen. Denn dort ist lediglich bestimmt, daß der Wandelungsberechtigte seinen Wandelungsanspruch verliert, wenn er mit der Rückgewähr in Verzug gerät, und der Gegner unter Fristbestimmung erklärt hat, daß er die Annahme des Zurückzugewährenden ablehnen werde (§ 467 B.G.B.). Um eine Ablehnung der Erfüllung und um Schadensersatz wegen Nichterfüllung handelt es sich bei § 354 B.G.B. nicht.

Hat sich also das ganze beiderseitige Schuldverhältnis in einen durch Abrechnung zu erledigenden Schadensersatzanspruch wegen Nichterfüllung aufgelöst, und darf der Kläger das Hotel nebst Inventar auch den Beklagten gegenüber behalten, die diesen Anspruch gepfändet haben, so sind die Vorderurteile in diesem Punkte aufzuheben, und ist gemäß § 565 Abs. 3 Nr. 1 Z.P.O. dem Feststellungsbegehren insoweit stattzugeben. Betroffen sind hiervon die Beklagten 2 bis 5. Das Interesse an alsbaldiger Feststellung im Sinne des § 256 Z.P.O. ergibt sich ohne weiteres aus den Pfändungen dieser Beklagten.

Der Kläger hat gar keine andere Möglichkeit, die Entwirrung der komplizierten Rechtslage herbeizuführen, als durch die Feststellungsklage.

Was nun die Pfändung der Ansprüche des M. gegen Bankier S. und die Kreditbank in H. auf Rückzession und auf den Zessionspreis angeht, so ist folgendes zu erwägen. Der Kläger hat, davon ausgehend, daß das ganze Rechtsverhältnis sich in einen Schadensersatzanspruch wegen Nichterfüllung aufgelöst habe, und daß hiernach von ihm die Aufstellung einer Schadensrechnung zu fordern sei, unter Beweis gestellt, daß bei völliger Berechnung der beiderseitigen Leistungen und Ansprüche M. nicht nur keine Forderung gegen ihn erheben könne, sondern daß M. umgekehrt aus der Abrechnung als sein Schuldner hervorgehen werde. Ist diese vom Berufungsrichter nicht erörterte Behauptung, daß die Abrechnung noch mit einem Guthaben des Klägers an M. abschließe, richtig, so muß der Verkäufer M. in diesem Umfange den Kläger von denjenigen Verpflichtungen befreien, die der Kläger als Käufer für Zahlung des Kaufpreises dem M. gegenüber auf sich genommen hat. Zu diesen Verpflichtungen gehört die Hypothek, welche der Kläger seinem Verkäufer M. an dem gekauften Anwesen für den Kaufpreis in Höhe von 216000 ℳ bestellt hat. Der Schadensersatzanspruch wegen Nichterfüllung geht allerdings regelmäßig auf Geld (Entsch. des R.G.'s in Zivils. Bd. 61 S. 353). Allein in einem Falle wie dem vorliegenden, in dem der Käufer dem Verkäufer in der Kaufsache eine Hypothek für den Kaufpreis bestellt hat, besteht die Abrechnung beim Schadensersatz wegen Nichterfüllung darin, daß der Verkäufer seinen Anspruch aus der Hypothek in Höhe des dem Käufer zustehenden Guthabens nicht geltend macht. Der Verkäufer kann in einem solchen Falle nicht von dem Käufer eine Zahlung begehren, die er demselben wieder zurückerstatten müßte. Ein entgegengesetztes Verhalten würde als ein arglistiges anzusehen sein.

Darf M. hiernach von seiner Hypothek keinen Gebrauch machen, so muß er sich auch, soweit das Guthaben des Klägers reicht, dazu verstehen, dem Kläger den Anspruch abzutreten, den er gegen Bankier S. und die Kreditbank in H. auf Rückabtretung der Sicherheitshypothek besitzt. Daß M. einen solchen Anspruch auf Rückzession besitze, hat der Kläger mit der Behauptung unter Beweis gestellt, M. habe an S., und dieser an die Kreditbank nur eine fiduziarische Abtretung vorgenommen, S. sei auch zur Rückzession bereit, sobald die Pfändungen der Beklagten beseitigt seien.

Die Beklagten haben dagegen eingewendet, es sei eine Rückabtretung der Hypothek von S. und von der Kreditbank an M. unmöglich, weil M. an diese Zessionare die Hypothek nicht fiduziarisch abgetreten, sondern die Hypothek verkauft habe. M. habe daher nur einen Anspruch auf den Zessionspreis, den die Beklagten, wie im Tatbestande des ersten Urteils dargelegt, gepfändet haben. Sollte sich diese Behauptung, deren Richtigkeit der Berufungsrichter dahingestellt läßt, bewahrheiten, so hat M. die Zession zu Unrecht vorgenommen. Deshalb muß er seine Ansprüche aus der Zession, da er die Hypothek gegen den Kläger nicht geltend machen durfte, soweit dessen Guthaben geht, also seine Ansprüche auf den Zessionspreis, dem Kläger insoweit überlassen. Auch hier würde M. auf die Einrede der Arglist stoßen, wenn er den Zessionspreis für sich einziehen und den Kläger darauf verweisen wollte, daß dieser ihn auf Ersatz dessen belangen möge, was Kläger an die Zessionare zahlen müsse. Es bedarf deshalb der Heranziehung des § 281 B.G.B., auf welchen in den Motiven zu § 283 B.G.B. (Bd. 2 S. 55 oben) verwiesen wird, nicht. Alle diese Einwendungen müssen sich auch die Pfändungsgläubiger entgegenhalten lassen, da diese nur die Rechte des M. geltend machen können.

Auf die verschiedenen rechtlichen Möglichkeiten, welche sich bei dieser Schadensabrechnung weiter ergeben können, vermag das Revisionsgericht nicht einzugehen, weil der Berufungsrichter sämtliche in Frage kommende Verhältnisse, von der Ansicht ausgehend, daß der Kläger dadurch nicht berührt werde, tatsächlich nicht aufgeklärt hat.

Das Revisionsgericht mußte es sich an der rechtlichen Möglichkeit genügen lassen, daß der Kläger auch mit seinen übrigen, auf die Rückzession und auf den Zessionspreis abzielenden Feststellungsanträgen Erfolg haben kann.

Dies führt zur Aufhebung des Berufungsurteils, soweit dasselbe die Berufung des Klägers im übrigen zurückgewiesen hat; doch war hier eine Zurückverweisung in die Instanz nötig, weil es wie bereits dargelegt, an den tatsächlichen Feststellungen fehlt.

Daß sich der Feststellungsklage das rechtliche Interesse an Beseitigung der Pfändungen nicht absprechen läßt, bedarf keiner weiteren Begründung. Das Berufungsurteil war im Kostenpunkte ganz aufzuheben; es konnte auch, soweit das Revisionsurteil in der Sache selbst erkannte, über die Kosten nicht entschieden werden, weil an den verschiedenen Streitpunkten verschiedene Beklagte beteiligt sind, und nach dem nicht beanstandeten Beschlusse des Berufungsgerichts vom 23. April 1905 der Streitwert für die verschiedenen Beklagten sowie für den Kläger mit Rücksicht auf die Pfändungen verschieden festgesetzt worden ist. Diese Umstände können eine ganz andere Kostenverteilung auch insoweit herbeiführen, als die Beklagten sich bei dem Berufungsurteile und der Belastung mit Kosten beruhigt haben."

20. Welches Recht kommt zur Anwendung, wenn der inländische Käufer gegen den ausländischen Verkäufer auf Kaufpreisminderung, und zwar in der Weise klagt, daß er in Höhe des Minderwertes von Zahlung des noch ausstehenden Kaufpreisrestes befreit, und ihm ein Teil des im voraus entrichteten Kaufpreises zurückerstattet werden soll?

II. Zivilsenat. Urt. v. 26. April 1907 i. S. G. H. in Bari (Bekl.) w. offene Handelsgesellschaft S. St. (Kl.). Rep. II. $\frac{13}{6}$/07.

I. Landgericht I München.
II. Oberlandesgericht daselbst.

Nach dem Klagevortrag kam durch Vermittelung des Agenten B. in München am 23. November 1904 unter den Parteien ein Kaufvertrag zustande, nach welchem der Beklagte der Klägerin nach Muster 16540 Schaffelle zum Gesamtpreis von 35057,40 *M* zu liefern hatte. Die Schaffelle kamen am 30. Dezember 1903 und am 12. Januar 1904 in zwei Sendungen in München an. Beide Sendungen enthielten nach Behauptung der Klage sehr viele Stücke allerschlechtester Qualität, während die zwei Muster erster Qualität gewesen seien. Die Klägerin will beide Sendungen unverzüglich nach ihrem Eintreffen deshalb als nicht mustermäßig gerügt haben. Die Klägerin hatte vertragsmäßig am Kaufpreise im voraus 31557,40 *M* bezahlt; sie will den ausstehenden Kaufpreisrest von 3500 *M* nicht nur nicht bezahlen, sondern verlangt vom Beklagten außerdem noch Rückerstattung eines Betrages von 3511,40 *M* gemäß § 462 B.G.B., weil der Minderwert der gelieferten Ware 20 Proz. (3500 *M* + 3511,40 *M* =) 7011,40 *M* betrage. München ist nach der Klagebehauptung als Erfüllungsort vereinbart. Aus dieser Vereinbarung, aber auch schon aus dem Gesetze ohnehin, ergebe sich die Zuständigkeit des Landgerichts München und die Anwendung deutschen Rechtes.

Gestützt auf diesen Vertrag hat Klägerin beim Landgericht München Klage erhoben mit dem Antrag: der Kaufpreis wird um 7011,40 *M* gemindert und der Beklagte hat demgemäß an Klägerin 3511,40 *M* nebst 5 % Zinsen hieraus vom 27. November 1903 zu bezahlen.

Der Beklagte wendete unter anderem ein, es sei nicht nur das Landgericht München unzuständig, sondern es komme überhaupt das

Recht des Erfüllungsortes des Beklagten, d. i. Bari in Italien, in Anwendung; danach müsse zur Untersuchung der Ware der Verkäufer zugezogen werden; da dies nicht geschehen, sei die etwa zu erweisende Mängelrüge unwirksam.

Beide Instanzen haben der Klage stattgegeben. Auch die Revision war erfolglos.

Aus den Gründen:

„Der Berufungsrichter hat das ganze Rechtsverhältnis nach deutschem Recht beurteilt. Der Beklagte beanstandet diese Auffassung. Er will italienisches Recht angewendet wissen. Denn bei dem Anspruch auf Preisminderung, wie er hier geltend gemacht werde, sei nicht der Käufer, sondern der Verkäufer, also hier der in Bari in Italien wohnende Beklagte, der Schuldner. Gegen diesen werde der Anspruch erhoben. Nach den Grundsätzen des internationalen Privatrechts sei daher das am Wohnort des Beklagten geltende Recht maßgebend.

Diese Ansicht ist nicht zutreffend. Der Berufungsrichter hat unbeanstandet dargelegt, daß der Klagantrag nicht ein Antrag auf Feststellung, sondern ein Antrag auf Zusprechung des Minderungsanspruchs sei. Es ist daher mit dem Berufungsrichter davon auszugehen, daß nicht eine Feststellungsklage, sondern die Leistungsklage erhoben worden ist, die auf Anerkennung geht, daß die Klägerin als Käuferin am Kaufpreise nichts mehr schulde, und zugleich Rückgewähr des zuviel Bezahlten verlangt. Gegenstand dieses Preisminderungsanspruches, der sich auf § 462 B.G.B. stützt, ist nun nicht die Einwilligung des Verkäufers in einen Preisminderungsvertrag.

Es wird zwar in der Literatur die Auffassung vertreten, das Recht auf Preisminderung und ebenso das Recht auf Wandelung sei das Recht auf Abschluß eines Preisminderungsvertrages oder eines Wandelungsvertrages. Der Klagantrag müsse auf Abschluß eines solchen Vertrages gerichtet werden. Erst aus dem die Einwilligung ersetzenden rechtskräftigen Wandelungs- oder Preisminderungsurteil ergebe sich ein aufs neue geltend zu machender Anspruch auf Rückgewähr bei der Wandelung und auf Herabsetzung des Kaufpreises und Rückerstattung des zuviel Bezahlten bei der Preisminderung. Zugunsten dieser sog. Vertragstheorie, deren Anwendung dem Beklagten hier die Stellung des Schuldners verschaffen könnte, ist schon die Entscheidung des R.G.'s in Bd. 59 S. 97 angerufen worden. In dieser ist jedoch lediglich auf Grund des § 465 B.G.B. ausgesprochen, daß die Wandelung nicht schon durch einseitige Erklärung des Wandelungsberechtigten, sondern erst mit Zustandekommen einer Willenseinigung des Käufers und des Verkäufers über die Wandelung vollzogen ist. Auf diesen Zeitpunkt des Vollzugs kam es in dem soeben besprochenen Urteil an. Zu der sog. Vertragstheorie sollte keine Stellung genommen werden.

Daher steht diese Entscheidung auch nicht in Widerspruch mit der Entscheidung des R.G.'s in Bd. 58 S. 423 flg. Dort ist, ebenfalls ohne Stellungnahme zur Vertragstheorie, der Satz aufgestellt, daß die Wandelungsklage ohne vorhergehenden Antrag auf Verurteilung zur Einwilligung in die Wandelung sofort und unmittelbar auf Rücknahme der Sache, Rückzahlung des Preises ꝛc gerichtet werden kann. Besteht dieses Recht bei der Wandelung, so muß auch bei der Preisminderung dem Käufer das Recht zustehen, wie dies hier auch geltend gemacht ist, unmittelbar auf Preisminderung und deren Ausführung zu klagen, und liegt in einem solchen Begehren nicht der Antrag auf Abschließung eines Preisminderungsvertrages.

Ist dies aber richtig, so ergibt sich aus einem solchen unmittelbaren Klagerecht, daß der Beklagte sich nicht auf die sog. Vertragstheorie berufen kann, um die Schuldnerrolle zu übernehmen. Denn es handelt sich dann nicht um eine vom Beklagten zu gebende Einwilligungserklärung, also nicht um eine Verpflichtung des Beklagten.

Bis zum Inkrafttreten des Bürgerlichen Gesetzbuchs war in Rechtsprechung und Literatur überwiegend die Ansicht vertreten, daß das Recht des Erfüllungsortes im Zweifel, d. h. wenn die Vertragschließenden nichts Gegenteiliges verabredet hatten, maßgebend sei. Begründet wurde diese Ansicht damit, daß am Erfüllungsort die ganze Abwickelung des Geschäfts in seinen wesentlichen Beziehungen vor sich gehe, daß daher am Erfüllungsort der Sitz der Obligation sei. Der erkennende Senat hat diesen Grundsatz für das internationale Privatrecht auch nach Inkrafttreten des Bürgerlichen Gesetzbuchs als forthin ebenfalls geltend angesehen und diese Auffassung der Entscheidung in Bd. 55 S. 106 flg. zugrunde gelegt. Der VI. Zivilsenat hat sich dagegen in zwei Entscheidungen (Entsch. in Zivils. Bd. 61 S. 343 und Bd. 62 S. 379) zu der Ansicht bekannt, daß

Vertragsobligationen im Zweifel nicht nach dem Rechte des Erfüllungsortes, sondern nach dem Personalstatut des Schuldners zur Zeit des Vertragsschlusses, sei es das Recht des Wohnortes, oder des Heimatsstaates, zu beurteilen seien. Diese Ansicht ist nicht ohne Widerspruch geblieben; vergleiche hierüber die Ausführungen bei Staub, Kommentar z. H.G.B. 8. Aufl., Exkurs zu § 372 Anm. 7. In der Vorinstanz hat der Beklagte die Meinung vertreten, daß diese Streitfrage hier zu entscheiden sei. Auch die Begründung der Revision vertritt diesen Standpunkt.

Es bedarf jedoch einer Entscheidung dieser Streitfrage aus folgenden Gründen nicht. Der Anspruch auf Minderung des Kaufpreises ist seinem Wesen nach ein Anspruch auf Gewährleistung wegen mangelhafter Vertragserfüllung. Hat der Käufer den Kaufvertrag seinerseits erfüllt, und verlangt er mit der Preisminderung einen Teil des bezahlten Kaufpreises zurück, so könnte man aus dem Charakter der Preisminderung herleiten, der Verkäufer müsse, weil er mangelhaft, also noch nicht gehörig erfüllt habe, nacherfüllen; diese Nacherfüllung leiste er in Geld, indem er einen Teil des zuviel Empfangenen zurückerstatte. Hieraus würde sich für eine Preisminderung, welche durch Rückzahlung eines Teiles des Kaufpreises zu erfüllen ist, als Erfüllungsort der Wohnort des Verkäufers nach § 269 Abs. 1 B.G.B. ergeben. Der Verkäufer wäre alsdann als Schuldner anzusehen. Ob diese Konstruktion richtig ist, bedarf der Entscheidung jedoch nicht, weil die Sachlage hier eine andere ist.

In dem hier zu entscheidenden Falle will die Käuferin von ihrer Verpflichtung zur Zahlung des restlichen Kaufpreises in Höhe von 3500 ℳ befreit sein, und sie verlangt von dem bezahlten Kaufpreise noch 3511,40 ℳ zurück. Für den Kaufpreisrest von 3500 ℳ ist die in München wohnende Klägerin Schuldnerin; dieser Verpflichtung hätte sie nach § 269 Abs. 1 B.G.B. in München zu genügen. Es würde also, soweit die Befreiung von der Kaufpreiszahlung, für sich allein betrachtet, in Frage kommt, deutsches Recht anzuwenden sein, mag man die Theorie des Erfüllungsortes, oder die Theorie vom Personalstatut für zutreffend ansehen. Nun läßt sich aber der Anspruch auf Befreiung von der Verpflichtung zur Kaufpreiszahlung nicht von dem Anspruch auf Rückerstattung des zuviel Bezahlten trennen. Beide Ansprüche können nur einer einheitlichen Beurteilung unterliegen, und zwar gibt für die Beurteilung derjenige Anspruch den Ausschlag, welcher als der wesentlichste und Hauptanspruch zu betrachten ist. Hauptanspruch in diesem Sinne ist aber der Anspruch auf Befreinng von der Kaufpreiszahlung. Der Rückerstattungsanspruch ist nur eine Folgerung, die sich notwendigerweise aus der Zuerkennung des Hauptanspruchs ergibt. Diese Erwägungen führen zur Anwendung deutschen Rechtes auf den ganzen einheitlichen Preisminderungsanspruch und zur Zurückweisung des auf Anwendung italienischen Rechtes abzielenden Angriffs." ...

---

21. 1. **Zulässigkeit des ordentlichen Rechtsweges bei Rückforderung zu Unrecht erhobener Krankenversicherungsbeiträge.**

2. **Steht der Rückforderungsanspruch in Höhe der gesetzlich auf den Versicherungspflichtigen entfallenden zwei Drittel der Beiträge ohne weiteres diesem zu?**

Krankenversicherungsgesetz §§ 5, 29, 51, 52, 52a, 53, 56, 58, 65.
B.G.B. §§ 812, 816, 822.

VII. Zivilsenat. Urt. v. 26. April 1907 i. S. Städt. Betriebskrankenkasse in K. (Bekl.) w. St. u. Gen. (Kl.). Rep. VII. 292/06.

I. Landgericht Kassel.
II. Oberlandesgericht daselbst.

Die Kläger stehen sämtlich als Büreauassistenten im Dienste der städtischen Verwaltung in K. Die Stadtgemeinde hatte die Beschäftigung der Kläger als eine die Versicherungspflicht nach dem Krankenversicherungsgesetz in Verbindung mit dem für K. erlassenen Ortsstatute vom $\frac{\text{28. Oktober 1896}}{\text{17. März 1897}}$ begründende angesehen. Die Kläger waren deshalb bei der verklagten Krankenkasse angemeldet worden, und es sind ihnen die auf sie fallenden zwei Drittel der Versicherungsbeiträge bis Ende Oktober 1904 von ihrem Diensteinkommen gekürzt worden. Durch Beschluß des Magistrats und der Stadtverordnetenversammlung vom $\frac{\text{22. Juni}}{\text{25. November}}$ 1904 wurde erklärt, daß die Kläger fortan als auf Lebenszeit angestellte Gemeindebeamte gelten sollten. Die Kläger bestritten, daß sie überhaupt versicherungspflichtig gewesen seien, und forderten deshalb von der Beklagten Zurückzahlung näher bezeichneter Beträge. Nachdem die zunächst angerufene Aufsichtsbehörde diesen Anspruch verworfen hatte, erhoben sie in der durch §§ 58, 65 des Krankenversicherungsgesetzes bestimmten Frist die gegenwärtige Klage auf Herauszahlung jener Beträge. Das Landgericht erkannte auf Abweisung der Klage. Auf Berufung der Kläger verurteilte das Oberlandesgericht die Beklagte zur Zahlung nach dem im einzelnen teilweise ermäßigten Begehren der Kläger.

Die Beklagte hat Revision eingelegt. Das Berufungsurteil wurde aufgehoben, und zugleich in der Sache selbst die Berufung gegen das landgerichtliche Urteil zurückgewiesen.

Gründe:

„Der Revision konnte der Erfolg nicht versagt werden.

Zwar ist die von ihr aufrecht erhaltene Einrede der Unzulässigkeit des Rechtsweges von dem Berufungsgerichte mit Recht verworfen worden. Nach § 58 Abs. 1 des Krankenversicherungsgesetzes werden

> „Streitigkeiten, welche zwischen den auf Grund dieses Gesetzes zu versichernden Personen ... einerseits und der Gemeinde-Krankenversicherung oder der Orts-Krankenkasse andererseits über das Versicherungsverhältnis oder über die Verpflichtung zur Leistung ... von ... Beiträgen ... entstehen ..., von der Aufsichtsbehörde entschieden ... Die Entscheidung kann binnen vier Wochen nach der Zustellung derselben mittels Klage im ordentlichen Rechtswege, soweit aber landesgesetzlich solche Streitigkeiten dem Verwaltungsstreitverfahren überwiesen sind, im Wege des letzteren angefochten werden."

Die Voraussetzungen dieser nach § 65 Abs. 3 auch auf die Betriebs-Krankenkassen anzuwendenden Bestimmung sind hier gegeben. Mit der Klage wird gegen die verklagte Betriebskrankenkasse der Anspruch auf Zurückzahlung von Beiträgen geltend gemacht, die von den Klägern als „auf Grund dieses Gesetzes zu versichernden Personen" erhoben seien, obwohl die Versicherungs- und damit die Beitragspflicht in Wahrheit nicht bestanden habe; der Streit betrifft also „das Versicherungsverhältnis" und „die Verpflichtung zur Leistung von Beiträgen". Die preußische Landesgesetzgebung hat Streitigkeiten dieser Art nicht zum Verwaltungsstreitverfahren verwiesen. Hieraus folgt die Zulässigkeit der, in der vorgeschriebenen Frist nach Zustellung der Entscheidung der Aufsichtsbehörde, vor dem ordentlichen Gericht erhobenen Klage.

In der Sache selbst aber hat das Berufungsgericht durch Anwendung des § 812 B.G.B. auf den vorliegenden Tatbestand das Gesetz verletzt. Die Beiträge, deren Zurückzahlung die Kläger fordern, sind (gemäß § 52 des Krankenversicherungsgesetzes) in der Weise erhoben worden, daß die Stadtgemeinde K., als Arbeitgeberin der Kläger, die Zahlung an die Beklagte bewirkte; die Stadtgemeinde hat die gezahlten Beträge (in Höhe der in Betracht kommenden zwei Drittel) den Klägern an deren Diensteinkommen gekürzt (§ 53 a. a. O.). Gerade wenn man nun von dem Standpunkte der Kläger ausgeht, daß bezüglich ihrer die Versicherungspflicht nicht bestanden habe, Einzahlung und Kürzung also ohne Rechtsgrund erfolgt seien, ergibt sich mit zwingender Notwendigkeit der Schluß, daß eine Vermögensverschiebung zuungunsten der Kläger, ohne die ein Anspruch aus § 812 B.G.B. ohne weiteres ausgeschlossen erscheint, gar nicht stattgefunden hat. Der Anspruch auf Zahlung des Diensteinkommens, der das hier in Betracht kommende Vermögen der Kläger bildete, konnte von der Stadtgemeinde durch eine ohne Rechtsgrund erfolgende Zahlung an die Beklagte nicht getilgt werden. Er bestand also nach dieser Zahlung und der auf Grund der letzteren erfolgten Kürzung in Höhe des gekürzten Betrages fort. Die Zahlung an die Beklagte brachte einen Vermögensverlust für die Kläger nicht mit sich. Insoweit etwa der Anspruch gegen die Stadtgemeinde inzwischen auf andere Weise (etwa durch Verjährung) untergegangen sein sollte, würde dies selbstverständlich einen Ersatzanspruch gegen die Beklagte nicht begründen können. Auch den Umstand, daß die Kläger sich die Abzüge haben gefallen lassen, könnten sie zu ihren Gunsten nicht geltend machen. Wäre auf Grund dieser Tatsache der Anspruch gegen die Stadtgemeinde als erloschen anzusehen, so könnte dies nur darauf beruhen, daß in fortgesetzter Duldung der Abzüge die stillschweigende Zustimmung zu finden wäre; die Zustimmung zu den Abzügen würde aber zugleich die Zustimmung zu der Anmeldung bei der Beklagten bedeuten, also den freiwilligen Beitritt zu der verklagten Krankenkasse (§ 63 Abs. 2 des Krankenversicherungsgesetzes) in sich schließen, womit dem Klaganspruche erst recht der Boden entzogen wäre.

Wollte man aber auch in den nun einmal tatsächlich erfolgten Abzügen eine Vermögensverschiebung zuungunsten der Kläger erblicken, so könnte diese Auffassung zu einem ihnen günstigeren Ergebnisse doch nicht führen.

Der Anspruch aus der ungerechtfertigten Bereicherung steht nach dem allgemeinen Grundsatze des § 812 B.G.B. demjenigen zu, „auf dessen Kosten" der andere etwas ohne rechtlichen Grund erlangt hat. Hieraus ergibt sich, daß die Vermögensverschiebung, zu deren Ausgleichung jener Anspruch bestimmt ist, sich unmittelbar zwischen den Parteien vollzogen haben muß. Bestätigt wird diese Regel durch die Ausnahme, die das Gesetz (§ 822, vgl. auch § 816 Abs. 1 Satz 2) davon macht, die aber hier nicht in Betracht kommt. Der IV. Senat des Reichsgerichts hat bereits in seinem Urteile vom 15. Dezember 1904 (Jurist. Wochenschr. 1905 S. 80 Nr. 19) jenen Grundsatz aufgestellt; hieran ist festzuhalten. Von einer unmittelbar zwischen den Klägern und der Beklagten eingetretenen Vermögensverschiebung aber könnte nur dann die Rede sein, wenn anzunehmen wäre, daß die Stadtgemeinde die mit der Klage zurückgeforderten Beträge als Vertreterin der Kläger aus deren Vermögen an die Beklagte gezahlt habe. Diese Auffassung erscheint indes ausgeschlossen. Das Berufungsgericht selbst führt auf S. 8 seines Urteils aus:

> Die Stadtgemeinde habe nicht als Stellvertreter der Kläger gehandelt; denn das Rechtsverhältnis sei im Krankenversicherungsgesetze so geregelt, daß der Arbeitgeber der Kasse gegenüber für die vollen Beiträge aus eigener Pflicht verhaftet sei. Er habe den Arbeitern gegenüber wegen der für sie geleisteten Zahlungen einen Ersatzanspruch; die Arbeiter selbst seien nicht Schuldner der Kasse, auch nicht subsidiär.

Im Widerspruche hiermit wird auf S. 10 des Berufungsurteils die Vertretung doch angenommen. Der Widerspruch wird nicht dadurch beseitigt, daß an der ersten Stelle von einer Vertretung „im Sinne des Bürgerlichen Gesetzbuchs", an der zweiten von einer Vertretung „im Sinne des Krankenversicherungsgesetzes" gesprochen wird. Zu einer derartigen Unterscheidung geben die Gesetze selbst keinen Anhalt. Auch ist füglich nicht einzusehen, wieso mit Bezug auf die Beitragszahlung von einer Vertretung der Kläger, sei es auch nur „im Sinne des Krankenversicherungsgesetzes", soll geredet werden können, wenn sie doch im Sinne dieses Gesetzes „nicht Schuldner der Kasse, auch nicht subsidiär" waren, die Stadtgemeinde vielmehr „der Kasse gegenüber für die vollen Beiträge aus eigener Pflicht verhaftet" war.

Diese letztere Auffassung ist in der Tat die richtige und dem Krankenversicherungsgesetz entsprechende, wie in folgendem dargelegt werden soll.

Aus der Begründung des Entwurfes zum Krankenversicherungsgesetz in dessen ursprünglicher Fassung vom 15. Juni 1883 (R.G.Bl. S. 73) läßt sich eine sichere Grundlage für die Entscheidung dieser Frage nicht gewinnen. Wenn dort (S. 141, 144) von einer dem Arbeitgeber aufzuerlegenden Verpflichtung, die Einzahlung der Beiträge für die Versicherungspflichtigen „zu vermitteln", die Rede ist, und ferner (S. 148 zu §§ 44—49 des Entwurfes) von seiner Verpflichtung zur „vorschüssigen" Einzahlung der Beiträge für die Versicherungspflichtigen (ähnlich auch in der Begründung der Novelle vom 10. April 1892 [R.G.Bl. S. 379] S. 62 zu § 53 des Entwurfs), so müssen diese Ausdrücke keineswegs notwendig als Hinweis auf ein rechtliches Vertretungsverhältnis der obenerwähnten Art, sondern können auch als Hinweis auf die, wie noch zu erwähnen, dem Versicherungspflichtigen in einer eigenartigen Gestaltung auferlegte, nicht aus einem vermeintlichen Vertretungsverhältnisse, sondern unmittelbar aus dem Gesetze fließende Ersatzpflicht gegenüber dem Arbeitgeber verstanden werden (vgl. ähnlich Rosin, Das Recht der Arbeiterversicherung Bd. 1 S. 601 Anm. 8 a. E.).

Es muß ferner zugegeben werden, daß die Wortfassung des Krankenversicherungsgesetzes selbst an verschiedenen Stellen Zweifel erregen kann, die die Verschiedenheit der in der Literatur hervorgetretenen (hier nicht speziell anzuführenden) Meinungen über die in Rede stehende Frage erklärlich erscheinen lassen. Nach § 5 Abs. 2 in Verbindung mit Abs. 1 soll bei der Gemeinde-Krankenversicherung die Gemeinde von „denjenigen Personen, für welche die Gemeinde-Krankenversicherung eintritt", Versicherungsbeiträge „erheben". Daß hier nur eine Ungenauigkeit in dem Gesetzesausdrucke vorliegt, ergibt sich aus der noch zu erwähnenden Vorschrift des § 52, wonach die Beiträge gerade nicht von den Versicherungspflichtigen, sondern von den Arbeitgebern zu erheben sind. Eine ähnliche Ungenauigkeit im Ausdrucke enthält auch der § 29 Abs. 1, wonach „die Mitglieder ...

der Kasse gegenüber lediglich zu den auf Grund dieses Gesetzes und des Kassenstatuts festgestellten Beiträgen verpflichtet" sind; diese Bestimmung hat nur den Zweck, die Beitragspflicht an sich zu begrenzen, nicht die Person des Zahlungspflichtigen zu bestimmen.

Vgl. Hahn in der „Arbeiterversorgung" Bd. 10 S. 395; Rosin, a. a. O.; Reger-Henle, Handausgabe des Krankenversicherungsgesetzes 7. Aufl. Bem. 1 zu § 29.

Endlich bestimmt der § 51 des Krankenversicherungsgesetzes in Abs. 1:

Die Beiträge zur Krankenversicherung entfallen bei versicherungspflichtigen Personen zu zwei Dritteln auf diese, zu einem Drittel auf ihre Arbeitgeber.

Auch hierdurch soll aber nicht ein rechtliches Schuldverhältnis des Versicherten gegenüber der Krankenkasse begründet, sondern nur die schließliche wirtschaftliche Wirkung ausgesprochen werden, in demselben Sinne, in dem nach Abs. 1 Satz 2 des § 51 die Eintrittsgelder nur die Versicherten „belasten". Dies muß aus den weiteren Bestimmungen der §§ 52, 53 geschlossen werden. Der rechtliche Inhalt der angeführten Gesetzesworte betrifft, wie ebenfalls aus den §§ 52, 53 hervorgeht, nur das Verhältnis zwischen dem Versicherten und dem Arbeitgeber. Nach § 52 sind

die Arbeitgeber ... verpflichtet, die Beiträge und Eintrittsgelder, welche für die von ihnen beschäftigten Personen ... zu entrichten sind, einzuzahlen,

und nach § 53 sind

die Versicherten ... verpflichtet, die Eintrittsgelder und Beiträge, letztere nach Abzug des auf den Arbeitgeber entfallenden Drittels (§ 51), bei den Lohnzahlungen sich einbehalten zu lassen.

Der Versicherte hat hiernach eine Verpflichtung nur gegenüber dem Arbeitgeber, die Verpflichtung nämlich, sich den Abzug der auf ihn entfallenden zwei Drittel (§ 51) der Beiträge (und des Eintrittsgeldes in voller Höhe) gefallen zu lassen. Er ist in diesem Sinne Schuldner des Arbeitgebers, aber nur dessen, nicht der Krankenkasse Schuldner. Die Zahlungspflicht gegenüber der Kasse hat allein der Arbeitgeber. Auch hier wird die Regel bestätigt durch die Ausnahme, die das Gesetz in § 52a macht: dort wird unter gewissen, hier nicht in Betracht kommenden Voraussetzungen der Versicherte selbst zum Zahlungspflichtigen, also zum Schuldner der Krankenkasse gemacht.

Die oben wiedergegebenen Worte des § 51 sind es namentlich, die Zweifel der früher gedachten Art hervorrufen können. Sie waren in dem Gesetze in dessen zuerst in Geltung getretener Fassung von 1883 nicht enthalten. Der damalige § 51 schrieb die Einzahlungspflicht des Arbeitgebers vor; in § 52 war bestimmt, daß der Arbeitgeber ein Drittel der Beiträge „aus eigenen Mitteln zu leisten" habe, und durch § 53 war ihm das Recht verliehen, die anderen zwei Drittel der gezahlten Beiträge bei jeder regelmäßigen Lohnzahlung in Abzug zu bringen, soweit sie auf diese Lohnzahlungsperiode anteilweise entfallen. Auch der Entwurf zu der Novelle von 1892 enthielt jene Worte des jetzigen § 51 noch nicht. Erst in der Reichstagskommission wurde (damals zu § 52) die Fassung, die der § 51 jetzt hat, mit geringem Unterschiede im Wortlaute, beantragt. Der Kommissionsbericht äußert sich hierüber wie folgt (S. 34):

> „Bei Beratung dieses Paragraphen wird darauf hingewiesen, daß im Gesetze die Verpflichtungen der Arbeiter und Arbeitgeber gegen die Kassen nicht hinlänglich klargestellt seien; § 52 enthalte die Verpflichtung für den Arbeitgeber, ein Drittel der Beiträge zu zahlen; der § 53 aber gebe ihm nur die „Berechtigung", die weiteren von ihm einzuzahlenden zwei Drittel den Arbeitern am Lohne zu kürzen. Darin scheine eine Mahnung für den Arbeitgeber zu liegen, die Beiträge ganz aus seinen Mitteln zu entrichten, was weder beabsichtigt noch erwünscht sein könne... Es wurde deshalb ein Antrag eingebracht, den Abs. 1 des § 52 wie folgt zu fassen (hier folgt der oben erwähnte Antrag)."

Auch hieraus ist zu entnehmen, daß die neue Wortfassung des jetzigen § 51 keineswegs die Bedeutung haben sollte, ein Schuldverhältnis des Versicherten gegen die Krankenkasse festzustellen, sondern nur die Bedeutung, daß die schließliche wirtschaftliche Belastung mit einem Teile, und sogar dem größeren Teile, der Beiträge den Versicherten treffen solle, was offenbar mit dem Gedanken zusammenhängt, daß die Krankenfürsorge nicht ein Akt der Armenpflege sein, sondern auf einem wohlerworbenen Rechte des Arbeitnehmers beruhen soll. Übrigens ist auch die gedachte wirtschaftliche Belastung des Arbeitnehmers noch insofern eingeschränkt, als dem Arbeitgeber nicht schlechthin ein Erstattungsanspruch in Höhe der erwähnten zwei Drittel, sondern nur

6*

das Recht auf Einbehaltung vom Lohne auf dem durch § 53 geordneten Wege eingeräumt ist (Abs. 1 S. 2 und 5 des § 53).

Schließlich mag noch auf den Abs. 2 des § 56 in der Fassung der Novelle von 1892 hingewiesen werden, wonach die dem Unterstützungsberechtigten an die Krankenkasse zustehenden Forderungen nur auf geschuldete Eintrittsgelder und Beiträge, welche von dem Unterstützungsberechtigten selbst einzuzahlen waren, aufgerechnet werden dürfen. Wenn die Kasse gegenüber der Forderung des Versicherten mit den Beiträgen, die der Arbeitgeber einzuzahlen hatte, aber nicht eingezahlt hat, selbst in Höhe der zwei Drittel, die nach § 51 auf den Versicherten „entfallen", nicht aufrechnen darf, so ist daraus mit Sicherheit zu schließen, daß das Gesetz eben auch in Höhe dieser zwei Drittel den Versicherten (immer von der Ausnahme des § 52a abgesehen) nicht als Schuldner der Krankenkasse betrachtet. Bestätigt wird dieser Schluß durch die in der Begründung des Entwurfes zur Novelle von 1892 (S. 65) enthaltene Bemerkung folgenden Wortlautes:

„Bei der Bestimmung des § 56" (nämlich in der ursprünglichen Fassung von 1883), „daß die Unterstützungsforderungen auf geschuldete Beiträge aufgerechnet werden können, ist nicht berücksichtigt worden, daß zur Einzahlung der Beiträge in der Regel nicht die Versicherten, sondern deren Arbeitgeber verpflichtet sind, und daß die von den letzteren geschuldeten Beiträge nicht wohl den ersteren auf ihre Unterstützungsforderungen angerechnet werden können. Der Entwurf beschränkt daher die Aufrechnung auf diejenigen Beiträge, welche von den Unterstützungsberechtigten einzuzahlen waren."

Bei der jetzt geltenden, auf dem Gesetze vom 25. Mai 1903 (R.G.Bl. S. 233) beruhenden Fassung des Gesetzes sind zwar im § 56 (jetzt Abs. 3) an der die Zulässigkeit der Aufrechnung mit geschuldeten Beiträgen regelnden Stelle die Worte: „welche von den Unterstützungsberechtigten selbst einzuzahlen waren", nicht wieder aufgenommen worden. Diese Streichung ist aber ohne sachliche Bedeutung. Die Begründung des Entwurfes zu der Novelle von 1903 sagt darüber folgendes (S. 13):

„Eine materielle Änderung enthält ... der Fortfall dieses Zusatzes nicht. Die Streichung erfolgt vielmehr um deswillen, weil nach der ausdrücklichen Vorschrift des § 387 B.G.B. nur solche gleichartige Leistungen aufrechenbar sind, welche zwei Personen einander schulden. Für die Aufrechnung können daher nur die vom Unterstützungsberechtigten geschuldeten Beiträge, d. h. nur die Beiträge, welche von dem Unterstützungsberechtigten selbst einzuzahlen waren, in Betracht kommen. Es erscheint überflüssig, diese sich aus der Sache ergebende Beschränkung noch besonders auszusprechen."

Hier ist klar ersichtlich, daß auch der (in den späteren Abschnitten der Gesetzesberatung hierin unbemängelt und unverändert gebliebene) Entwurf zu der Novelle von 1903 von der oben dargelegten Auffassung ausgeht, daß als Schuldner der Krankenkasse der Versicherungspflichtige bezüglich der Beiträge nur dann anzusehen ist, wenn er sie (auf Grund einer gemäß § 52a erlassenen Anordnung) selbst einzuzahlen hatte, sonst nicht.

Muß nach alledem davon ausgegangen werden, daß die Stadtgemeinde K. durch die auf der Grundlage einer angenommenen Versicherungspflicht der Kläger bewirkte Entrichtung der Beiträge an die Beklagte nicht eine Schuld der Kläger, sondern eine (angenommene) eigene Schuld bezahlt hat, so fehlt es an jedem Anhalte für die Auffassung, daß die Stadtgemeinde in Höhe von zwei Dritteln der entrichteten Beiträge in Vertretung der Kläger, oder in einem vertretungsähnlichen Verhältnis aus deren Vermögen gezahlt habe. Da hiernach die erforderliche unmittelbare Vermögensverschiebung zwischen den Klägern und der Beklagten keinesfalls vorliegt, so fehlt es an der Grundlage für den erhobenen Anspruch aus der ungerechtfertigten Bereicherung (§ 812 B.G.B.).

Nicht unerwähnt soll schließlich bleiben, daß in dem (durch das Gesetz vom 13./19. Juli 1899, R.G.Bl. S. 463, neu hinzugefügten § 160 des Invaliditäts-Versicherungsgesetzes ausdrücklich angeordnet ist, daß in entsprechenden Fällen des dortigen Versicherungsgebiets die zu Unrecht erhobenen Beiträge „den Beteiligten" auf Antrag zurückgezahlt werden sollen. Ob unter den „Beteiligten" der Arbeitgeber, bezüglich dessen genau genommen nur von einer Zurückzahlung gesprochen werden kann, oder der Versicherte zu verstehen ist, ergibt der Wortlaut des Gesetzes nicht. Die Begründung zu § 160 (§ 125b des Entwurfs der Novelle) sagt allerdings:

„Es wäre unbillig, denjenigen Personen, für welche wegen irrtümlicher Annahme einer Versicherungspflicht Beiträge entrichtet worden sind, die Erstattung ... zu versagen."

Genau ist diese Bemerkung keinesfalls; denn der unmittelbare Erstattungsanspruch des Versicherten müßte doch immer zur Voraussetzung haben, daß ihm der betreffende Betrag bei der Lohnzahlung gekürzt worden ist, was bekanntlich nicht immer geschieht. Bestände hierüber zwischen Arbeitnehmer und Arbeitgeber Streit, so könnte dieser Streit nicht wohl in dem Verfahren zwischen dem Versicherten und der Versicherungsanstalt über den von jenem erhobenen Zurückzahlungsanspruch entschieden werden.

Wie aber auch die erwähnte Bestimmung des Invaliditäts-Versicherungsgesetzes aufzufassen sein mag, keinesfalls kann ihr maßgebende Bedeutung für das Gebiet der Krankenversicherung beigelegt werden." ...

---

22. Unterliegt der in § 463 B.G.B. geregelte Anspruch auf Schadensersatz wegen Nichterfüllung aus arglistigem Verschweigen eines Fehlers der Kaufsache der dreißigjährigen Verjährung nach § 195 B.G.B., oder der dreijährigen Verjährung nach § 852 B.G.B.?

B.G.B. §§ 195, 463, 477, 852 und 826.

II. Zivilsenat. Urt. v. 26. April 1907 i. S. M. (Bekl.) w. G. (Kl.). Rep. II. 25/07.

I. Landgericht Braunschweig.
II. Oberlandesgericht daselbst.

Durch notariellen Kaufvertrag vom 24. März 1900 hatte der Beklagte ein Wohnhaus mit Zubehör an den Kläger verkauft. Die Auflassung und Übergabe ist am 1. Oktober 1900 erfolgt. Im § 5 der Kaufbestimmungen war vereinbart, daß der Verkäufer für die Abwesenheit heimlicher Mängel nicht einstehe.

Die im Januar 1904 zugestellte Klage des Käufers gegen den Verkäufer auf Zahlung einer Schadenssumme wurde damit begründet, daß das Haus bereits zur Zeit des Vertragsschlusses mit Hausschwamm behaftet gewesen sei, der Beklagte diesen Mangel arglistig verschwiegen habe, und danach, da die vertragsmäßige Ausschließung der Haftung nach § 476 B.G.B. nichtig, aus § 463 zum Schadensersatze wegen Nichterfüllung verpflichtet sei. In der Berufungsinstanz schützte der Beklagte auch die Einrede der Verjährung aus § 852 B.G.B. vor.

Die Revision des Beklagten gegen das Berufungsurteil, das die erwähnte Einrede als rechtlich unbegründet erachtet hatte, wurde zurückgewiesen aus folgenden

Gründen:

... „Das Berufungsgericht hat mit dem ersten Richter als bewiesen angenommen, daß der Beklagte den ihm bekannten Mangel, das Vorhandensein von Hausschwamm, bei dem Kaufabschlusse dem Kläger arglistig verschwiegen hat. Daraus leitet es ab, der Beklagte könne sich auf den vertragsmäßigen Ausschluß der Haftung für diesen Mangel, da eine solche Vereinbarung nach § 476 B.G.B. nichtig sei, nicht berufen und hafte aus § 463 B.G.B. für den verlangten Schadensersatz wegen Nichterfüllung. Weiter wird im Berufungsurteile ausgeführt, diese Haftung aus § 463 sei eine vertragliche und verjähre, da die kurze Verjährung des § 477 B.G.B. nach der ausdrücklichen Bestimmung im Abs. 1 Satz 1 des § 477 nicht in Betracht komme, sofern der Verkäufer den Mangel arglistig verschwiegen habe, nach der allgemeinen Regel des § 195 B.G.B. in 30 Jahren; die für die Haftung aus außervertraglichen unerlaubten Handlungen gegebene Bestimmung in § 852 B.G.B., wonach der Anspruch auf Ersatz des durch eine außervertragliche Handlung entstandenen Schadens in 3 Jahren verjähre, komme hier nicht zur Anwendung.

Die Revision bekämpft letztere Ausführung; sie vertritt die rechtliche Auffassung, daß auf den Schadensersatz aus arglistigem Verschweigen eines Fehlers nach § 463 B.G.B. gleichfalls die kurze Verjährung des § 852 anzuwenden sei. Diese Auffassung ist indes rechtsirrig.

Der in § 463 anerkannte Anspruch auf Schadensersatz wegen Nichterfüllung aus arglistigem Verschweigen eines Fehlers der Kaufsache bei dem Kaufabschlusse ist in seinem vollen Umfange ein vertraglicher. Der Arglist bei dem Vertragsabschlusse — dolus in contrahendo — sind unter den dort geregelten Voraussetzungen die gleichen *vertraglichen* Wirkungen beigelegt, die der Arglist in Erfüllung des Vertrages — dolus in contractu — allgemein zuerkannt sind. Im übrigen kann dahingestellt bleiben, ob neben diesem vertraglichen Anspruche aus den in dem arglistigen Verschweigen zugleich enthaltenen vorsätzlichen Schadenszufügungen in einer gegen die guten Sitten verstoßenden Weise ein selbständiger außervertraglicher Schadensersatzanspruch aus unerlaubter Handlung — § 826 B.G.B. — besteht, der an sich der kurzen Verjährung des § 852 unterliegt. Selbst wenn eine solche Anspruchskonkurrenz angenommen werden könnte, so hat sie jedenfalls nicht die Folge, und darum handelt es sich hier allein, daß auch der vertragliche Schadensersatzanspruch der kurzen Verjährung des § 852 unterliegt, oder daß der Wegfall des konkurrierenden Anspruchs aus der außervertraglichen unerlaubten Handlung durch Verjährung nach § 852 zugleich den Wegfall des vertraglichen Schadensanspruchs nach sich zieht. Für die Verjährung folgt jeder dieser Ansprüche seinen besonderen Bestimmungen. Das entspricht der allgemeinen Anschauung in Rechtslehre und Rechtsanwendung." ...

---

23. Bilden die Bestände in Baumschulen wesentliche Bestandteile des Baumschulgrundstückes, oder sind sie selbständige bewegliche Sachen? B.G.B. § 95.

V. Zivilsenat. Urt. v. 27. April 1907 i. S. T. u. Gen. (Bekl.) w. R. u. Gen. (Kl.). Rep. V. 459/06.

I. Landgericht Dresden.
II. Oberlandesgericht daselbst.

Die Parteien sind Eigentümer eines Grundstückes, auf dem sich eine Baumschule befindet. Die beiden Beklagten haben ihre Miteigentumsanteile von je $^1/_6$ im Jahre 1893 in der Zwangsversteigerung erstanden. Hierbei waren indessen die Bestände der Baumschule insoweit von dem Verfahren ausgeschlossen worden, als sie von den Klägern als ihnen gehörig beansprucht wurden, und als sie zu den wesentlichen Bestandteilen des Grundstückes zählten. Demnächst beantragten die Beklagten zum Zwecke der Aufhebung der Gemeinschaft die Zwangsversteigerung des ganzen Grundstückes, und nunmehr erhoben die Kläger Klage mit dem Antrage, die Beklagten zu verurteilen, einzuwilligen, daß das Zwangsversteigerungsverfahren in Ansehung der Baumschulbestände aufgehoben werde.

Die Beklagten beantragten dagegen widerklagend: festzustellen, daß ihnen das Eigentum an den Beständen zu je $^1/_6$ zustehe.

Die Klage wurde zurückgenommen; die Widerklage, der das Landgericht stattgegeben hatte, wurde vom Oberlandesgericht abgewiesen. Die Revision der Beklagten ist zurückgewiesen worden.

Gründe:

„Die Baumschulbestände waren, wenn und soweit sie wesentliche Bestandteile des Baumschulgrundstückes bildeten, von der Zwangsversteigerung ausgeschlossen, und insoweit daher nach §§ 90, 21 Zw.V.G. auch nicht Gegenstand des Zuschlagsurteils. Um wesentliche Bestandteile des Grundstückes aber handelt es sich bei den Beständen an Pflanzen, Sträuchern und Bäumen nicht. Dies würde dann, aber auch nur dann angenommen werden können, wenn die Verbindung mit dem Grund und Boden im Sinne des § 95 B.G.B. nicht „einem nur vorübergehenden Zwecke" gedient hätte.

Über den Begriff der bloß vorübergehenden, im Gegensatze zu der dauernden, Verbindung hat sich der jetzt erkennende Senat in dem Urteile in Entsch. Bd. 61 S. 188 flg., 191, 192 dahin ausgesprochen, daß

„der Zweck der Verbindung nicht nur dann ein vorübergehender sei, wenn er sich in kurzer Zeit erreichen lasse, sondern in allen Fällen, in denen ihm eine zeitliche Begrenzung innewohne, möge auch das Ende erst nach Jahren oder Jahrzehnten eintreten. Dauernd sei der Zweck, für dessen Fortwirken, wenn nicht durch das Dazwischentreten unberechenbarer zufälliger Ereignisse Änderungen herbeigeführt werden, ein Endpunkt begrifflich nicht feststehe."

Das Berufungsgericht hat nun einwandfrei festgestellt, daß die streitigen Baumschulbestände von vornherein für den Verkauf bestimmt waren, und daß sie im Grund und Boden nur für eine gewisse Zeit, nämlich so lange bleiben sollten, bis sie verkaufsfähig geworden waren. Daß dies, wie die Revision geltend macht, je nach der Art der Gewächse drei oder selbst acht Jahre währen konnte, ist belanglos. Nicht ersichtlich ist auch, inwiefern aus der Art der Verbindung der Gewächse mit dem Grund und Boden Bedenken gegen die Feststellungen des Berufungsgerichts sich ergeben sollten; die zu jenem nur vorübergehenden Zwecke eingepflanzten Gewächse bedürfen der festen Verbindung mit dem Grund und Boden nicht minder als die sog. Standgewächse, wenn anders sie aus dem Boden die erforderliche Nahrung ziehen sollen. Der bloß vorübergehende Zweck der Einpflanzung ergibt sich bei Baumschulen auch schon äußerlich aus dem Zwecke der ganzen Anlage. Die Baumschulbestände bilden regelmäßig den Gegenstand eines Handelsbetriebes, und hiermit würde ihre Unterstellung unter die Grundsätze des Immobiliarsachenrechts kaum vereinbar sein. Daß die Vorschrift in § 95 Satz 1, im Gegensatze zu Satz 2, auf Pflanzungen (Baumschulen) Anwendung findet, ist auch bei der Beratung des Bürgerlichen Gesetzbuchs (Mugdan, Materialien S. 490, 491) anerkannt worden, und es ist dies auch in der Literatur nicht streitig.

Vgl. Planck, 2. Aufl. Bd. 1 S. 132; v. Staudinger, 2. Aufl. Bd. 1 S. 275; Turnau u. Förster, 3. Aufl. Bd. 1 S. 131; Enneccerus-Lehmann, 2. Aufl. Bd. 1 S. 242.

Können hiernach die Baumschulbestände nicht zu den wesentlichen Bestandteilen des Grundstückes gezählt werden, so können sie ebensowenig als Zubehörstücke gelten. Auch dem steht entgegen, daß das räumliche Verhältnis zur Hauptsache (§ 97 Abs. 2 B.G.B.) nur vorübergehend ist; überdies aber handelt es sich um Sachen, die lediglich Ergebnisse, Erzeugnisse des Betriebes (vgl. Turnau u. Förster, Bd. 1 S. 31 Ziff. 2) sind, und auch als solche nicht die Zubehöreigenschaft haben. Eine Ausnahme macht hier das Bürgerliche Gesetzbuch in § 78 nur für landwirtschaftliche Erzeugnisse insoweit, als diese zur Fortführung der Wirtschaft erforderlich sind.

Nach dem allem handelte es sich bei den streitigen Baumschulbeständen um selbständige bewegliche Sachen, deren Eigentumsverhältnisse von dem dinglichen Rechtsgeschäfte über das Grundstück unberührt blieben. Die Beklagten mußten daher, um mit dem allein noch streitigen Widerklagantrage durchzudringen, den Nachweis führen, daß sie außer dem Miteigentume am Grund und Boden auch noch das Miteigentum an den Pflanzungen erworben haben. An diesem Nachweise fehlt es." ...

24. 1. Börsengeschäfte „mit Aufgabe".
2. Rechtliche Natur der sog. Kontogeschäfte an der Berliner Effektenbörse.

I. Zivilsenat. Urt. v. 27. April 1907 i. S. H. & P. (Bekl.) w. T. (Kl.). Rep. I. 374/06.

I. Landgericht I Berlin, Kammer für Handelssachen.
II. Kammergericht daselbst.

Der Kläger hatte mit der Beklagten in Geschäftsverbindung gestanden und durch ihre Vermittlung Spekulationsgeschäfte an der Berliner Effektenbörse geschlossen. Weder der Kläger noch die Beklagte waren ins Börsenregister eingetragen. Der Kläger klagte eine hier nicht weiter interessierende Forderung ein, indem er den Saldo der letzten von ihm anerkannten monatlichen Abrechnung der Beklagten von Ende Januar 1904 von dieser Forderung kürzte. Die Beklagte erhob Aufrechnungseinreden aus den im Februar 1904 vorgenommenen Geschäften.

Aus den Gründen:

... „In zweiter Linie kommt in Betracht, ob die Beklagte ... mit den Forderungen, die sie sich aus der Abwicklung der im Februar 1904 noch schwebenden spekulativen Engagements des Klägers zuschreibt, ... aufrechnen kann.

In dieser Beziehung ist zu unterscheiden zwischen drei Gruppen von Geschäften.

Die erste Gruppe bilden folgende auf Ende Februar vom Kläger gekaufte Wertpapiere:

ℳ 500000 3% Deutsche Reichsanleihe,
„ 60000 Diskontokommandit-Anteile,
$ 20000 St. Louis & St. Franzisco Bonds.

Bei diesen Geschäften handelt es sich unstreitig um Börsentermingeschäfte im Sinne des § 49 des Börsengesetzes. Es greift demnach die Regel des § 66 Platz, wonach bei fehlendem Registereintrag durch solche Geschäfte ein Schuldverhältnis nicht begründet wird, und von der Erteilung und der Übernahme von Aufträgen zu solchen Geschäften das gleiche gilt.

Diese ihren Gegenanspruch vernichtende Rechtsfolge glaubt die Beklagte mit Berufung darauf abwehren zu können, daß der Kläger die fraglichen Geschäfte selbst an der Börse geschlossen und sie dabei nur als „Aufgabe“ benutzt habe. Wie nicht streitig ist, besuchte der Kläger in der in Betracht kommenden Zeit selbst die Effektenbörse und hat die hier in Rede stehenden Geschäfte persönlich mit Fondsmaklern abgeschlossen. Da diese aber den Kläger als Gegenkontrahenten nicht akzeptieren wollten, benutzte der Kläger die Firma der Beklagten als „Aufgabe“ im Sinne des § 10 der Bedingungen für die Geschäfte an der Berliner Fondsbörse, wozu ihm die Beklagte die Erlaubnis erteilt hatte. Die Schlußnoten wurden unmittelbar zwischen dem Fondsmakler und der Beklagten ausgetauscht, und alsdann jedesmal eine zweite entsprechende Schlußnote zwischen der Beklagten und dem Kläger.

Rechtlich will die Beklagte diesen Vorgang so beurteilt wissen, daß der Kläger dem dritten Kontrahenten gegenüber durch den mit ihm getätigten Abschluß bereits vertragsmäßig verpflichtet worden sei, und daß sie ihrerseits nur die Erfüllung dieses vom Beklagten abgeschlossenen Geschäfts dem dritten Kontrahenten gegenüber übernommen habe. Wenn daher auch das Geschäft des Klägers mit dem Dritten ungültig sein sollte, so komme für sie doch nur in Betracht, daß der Kläger ihr Auftrag zur Erfüllung des unwirksamen Geschäfts erteilt habe. Aus der Ausführung eines solchen Auftrages könne sie — wie auch das Reichsgericht Entsch. in Zivils. Bd. 52 S. 362 anerkannt habe — Ersatz ihrer Aufwendungen fordern, zumal die Verweigerung der Erfüllung für sie unmöglich gewesen sei, weil dies ihren sofortigen Ausschluß von der Börse und damit den Untergang ihres ganzen Geschäfts zur Folge gehabt haben würde.

Das Berufungsgericht ist dieser Darlegung nicht gefolgt, hat vielmehr angenommen, daß die Geschäfte stets unmittelbar zwischen der Beklagten und dem dritten Kontrahenten perfekt geworden seien, so daß von einer bloßen Erfüllungsübernahme nicht die Rede sein könne.

Dieser von der Revision bekämpften Auffassung ist unbedenklich beizutreten. Schon die Schlußnoten, die ausschließlich die Beklagte als den Gegenkontrahenten des Dritten bezeichnen, reden ihr das Wort. Es kann nichts darauf ankommen, ob und welche Rechte der Dritte gegen den Kläger haben würde, wenn er die Beklagte etwa unberechtigterweise als seine „Aufgabe“ bezeichnet hätte. Der Kläger war kraft der im voraus erteilten Ermächtigung der Beklagten, wie nicht streitig ist, befugt, deren Firma als „Aufgabe" zu benutzen. Und die Gegenkontrahenten wollten gerade nicht mit ihm, sondern nur mit der ihnen allein genehmen Beklagten abschließen, die auch durch Entgegennahme der Schlußnoten jeden Abschluß genehmigt hat. Die „Aufgabe" hat daher hier keine andere Bedeutung, als daß der Kläger die Geschäfte im Namen der Beklagten als deren Vertreter abschloß, sei es kraft der Vertretungsmacht, die die Beklagte ihm im voraus durch die Erlaubnis, ihre Firma als „Aufgabe" zu benutzen, erteilt hatte, sei es selbst ohne solche Vertretungsmacht, aber mit nachträglicher Genehmigung der Beklagten. Nach §§ 164 Abs. 1, 177 Abs. 1, 184 Abs. 1 B.G.B. wurde daher nicht er, sondern nur die Beklagte aus den Geschäften dem Dritten gegenüber berechtigt und verpflichtet.

Im Verhältnis zwischen den Parteien hatten die Geschäfte, die im Namen der Beklagten abgeschlossen waren, freilich als Geschäfte des Klägers zu gelten, weil er die Beklagte zu ihrer Vornahme beauftragt hatte. Insoweit liegt, wie das Berufungsgericht zutreffend darlegt, das Verhältnis des Kommittenten zum Kommissionär vor, das rechtlich dadurch keine hier einschlagende Änderung erfährt, daß es der Kommittent ist, der im Namen und als Vertreter des Kommissionärs das Geschäft, auf dessen Tätigung die Kommission gerichtet ist, persönlich zum Abschlusse bringt.

Die Voraussetzung, von der die Verteidigung der Beklagten ausgeht, liegt demnach nicht vor, und es kann daher unerörtert bleiben, ob der Standpunkt der Beklagten als berechtigt anzuerkennen wäre, wenn wirklich ihrerseits nur die Erfüllung des Börsentermingeschäfts eines anderen übernommen wäre.

Die zweite Gruppe von Geschäften bezieht sich auf folgende Wertpapiere:

ℳ 45000 Konsolidation Bergwerksaktien,
„ 30000 Bochumer Gußstahlaktien,
„ 30000 Harpener Bergwerksaktien,

mithin auf Anteile von Bergwerks- und Fabrikunternehmungen, in denen nach § 50 Abs. 2 des Börsengesetzes der Börsenterminhandel untersagt ist, ein Verbot, das nach der feststehenden Rechtsprechung des Reichsgerichts (Entsch. in Zivils. Bd. 47 S. 104, Bd. 52 S. 178) die Nichtigkeit gleichwohl abgeschlossener börsenmäßiger Termingeschäfte in diesen Papieren zur Folge hat.

In den genannten Effekten waren im Jahre 1903 sog. Kontogeschäfte zwischen den Parteien getätigt worden. Der Kläger hatte die Papiere „im freien Verkehre zum Großkassakurse“ gekauft und war mit dem ausmachenden Betrage zuzüglich Stückzinsen belastet worden. Eine Abnahme der Effekten, für die der Kläger erkannt wurde, fand nicht statt; vielmehr wurde der Kläger alsbald auch mit den Zinsen des Kaufpreises bis zum letzten des betreffenden Monats belastet. Diese Engagements sind dann von Monat zu Monat prolongiert worden, nicht etwa so, daß dem Kläger für den folgenden Monat nur Zinsen auf den Kaufpreis belastet worden wären, was vielleicht bloß auf eine weitere Stundung des Kaufpreises schließen ließe, sondern so, daß am Monatsende ein neues Doppelgeschäft auf den folgenden Ultimo geschlossen wurde. Unter Zugrundelegung des Liquidationskurses verkaufte der Kläger die gehandelten Papiere an die Beklagte und kaufte sie zum nächsten Ultimo unter Zugrundelegung desselben Liquidationskurses zuzüglich Zinsen, Provision und Stempel zurück. Die Beklagte „nahm“ — nach den in den Briefen gewählten Ausdrücken — die Effekten „herein“, erkannte den Kläger mit dem Liquidationskurse und belastete ihn für die am nächsten Ultimo von ihm „zu beziehenden“ gleichen Effekten mit dem gleichen Liquidationskurse zuzüglich Zinsen, Provision und Stempel. Abgesehen von dieser fortlaufenden Belastung mit Zinsen, Provision und Stempel lief dieses Rechnungsverfahren mithin darauf hinaus, daß der Kläger auf seinem Konto beim Steigen der Kurse den Mehrbetrag des ersten Liquidationskurses über den Kaufpreis und später den Mehrbetrag des folgenden Liquidationskurses über den vorhergegangenen gewann, beim Fallen der Kurse aber die entsprechenden Differenzen einbüßte.

Soweit diese Geschäfte vor Januar 1904 liegen, kommen sie für die Entscheidung nicht mehr in Betracht. Was der Kläger bis Ende Januar aus diesen Geschäften der Beklagten schuldig geworden war, ist ihm, soviel erhellt, in der Rechnung von Ende Januar belastet und dadurch getilgt, daß der Kläger den Schuldsaldo dieser Rechnung anerkannt und von der Klageforderung abgesetzt hat.

In Betracht kommen hier nur die abermaligen Prolongationen auf Ende Februar.

Mit Recht aber hat das Kammergericht angenommen, daß sich diese Prolongationen als börsenmäßige Termingeschäfte darstellen, die von dem Verbote des Gesetzes betroffen werden. Es sind zweifellos Termingeschäfte; denn die Effekten wurden vom Kläger zum nächsten Monatsende zurückgekauft, und sie sind auch im Sinne der angeführten Entscheidungen des Reichsgerichts börsenmäßig, weil sie zu dem Liquidations- oder Kompensationskurse geschlossen wurden, der an der Berliner Börse — wenn auch im sog. freien Verkehre — zwei Tage vor Monatsschluß vom Maklervereine festgesetzt wird.

Ob die Prolongationen dem Reportgeschäfte gleichstehen, wie das Berufungsgericht annimmt, bedarf keiner Erörterung. Auch ist es für die hier in Rede stehende Gruppe von Ansprüchen ohne Bedeutung, welche rechtliche Natur den sog. Kontogeschäften selbst, d. h. den ersten, die Spekulation einleitenden Abschlüssen, beizulegen ist. Das Reichsgericht vermag der Auffassung des Berufungsgerichts, daß sich auch diese Urgeschäfte schon als börsenmäßige Termingeschäfte darstellten, wie sogleich noch zu erörtern sein wird, nicht beizutreten. Aber auch wenn diese Geschäfte als Kassageschäfte mit Stundung des Kaufpreises anzusehen sind, so bleibt es doch dabei, daß die Prolongationen börsenmäßige Termingeschäfte sind. Zur weiteren Schiebung nicht abgewickelter Kassageschäfte haben die Parteien miteinander börsenmäßige Termingeschäfte abgeschlossen, und allein aus diesen werden — was die vorliegende Gruppe anlangt — jetzt noch Ansprüche geltend gemacht. Rechtlich unerheblich aber ist es, daß vom Standpunkte des Spekulanten aus die verschiedenen zeitlich aufeinander folgenden Geschäfte wirtschaftlich in gewissem Sinne eine Einheit bilden (Entsch. des R.G.'s in Zivils. Bd. 44 S. 54).

Die dritte Gruppe wird gebildet von einem sog. Kontogeschäfte über:

M 15000 Harpener Bergwerksaktien.

Der Kläger hat diese Papiere Ende Januar unter den bei der zweiten Gruppe bereits erörterten Formen gekauft. Die Schlußnote trägt den Vermerk: Per Kasse. Der Kaufpreis ist ihm am Tage des Kaufabschlusses in der Rechnung belastet worden, und zwar zuzüglich Stückzinsen bis zu diesem Tage und mit dem Vermerke „val. pr. 29. Febr. a. c.". Die Stücke sind ihm auf seinem Effektenkonto kreditiert. Anfang Februar ist er dann noch weiter mit 3 Prozent Zinsen auf den Kaufpreis — berechnet vom Abschlußtage bis zum 29. Februar — belastet worden. Seiner äußeren Form nach stellt sich dies Geschäft mithin als ein Kassageschäft dar, das nur die Eigentümlichkeit bietet, daß der Verkäufer dem Käufer den Kaufpreis bis zum nächsten Monatsende stundet, nicht aber als Kaufgeschäft auf eine festbestimmte Lieferungszeit oder mit einer festbestimmten Lieferungsfrist, d. h. nicht als Termingeschäft. Und damit ist es auch dem Verbote des § 50 Abs. 2 des Börsengesetzes entrückt.

Wie sich aus den Erörterungen zur zweiten Gruppe ergibt, kann diese Geschäftsform, wenn es zu Prolongationen kommt, allerdings auch zum Abschlusse börsenmäßiger Termingeschäfte führen, die dann dem Verbote unterliegen. Darin kann aber ein Grund nicht erblickt werden, auch das Urgeschäft selbst dem Verbote zu unterwerfen. Das Kammergericht legt dar, daß die Kontogeschäfte als Ersatz für das durch § 50 Abs. 2 verbotene börsenmäßige Termingeschäft aufgekommen seien, und daß mit ihnen nur eine neue Form für solche Börsenspekulationen gewonnen werden sollte, die das Gesetz wegen ihrer schädlichen wirtschaftlichen Folgen habe untersagen wollen (vgl. auch Entsch. des R.G.'s in Zivils. Bd. 59 S. 323). Das ist völlig zutreffend, wenn man die Urgeschäfte mit den Prolongationen als eine wirtschaftliche Einheit betrachtet. Da aber für die rechtliche Beurteilung eine Trennung der einzelnen, unter verschiedenen Formen erfolgenden Abschlüsse notwendig ist, und die zur Fortsetzung der Spekulation bestimmten Abschlüsse ohnehin schon ihrer Form nach dem Verbote unterliegen, so versagt diese Argumentation, wenn es sich um das Urgeschäft allein handelt. Der besondere Umstand, der in der soeben erwähnten Entscheidung des Reichsgerichts Berücksichtigung forderte, daß die Kontrahenten ihre Geschäfte selbst als Ultimogeschäfte bezeichnet hatten, liegt hier nicht vor.

Der hier in Rede stehende Abschluß hat zu Prolongationen nicht geführt, sondern ist dadurch abgewickelt worden, daß die Parteien noch im Februar ein Gegengeschäft abgeschlossen haben, durch das der Kläger der Beklagten dieselben Effekten per Kasse verkaufte.

Hiernach kann es nicht gebilligt werden, wenn das Berufungsgericht der Beklagten auch die Ansprüche versagt, die sie auf dieses Geschäft einschließlich des Gegengeschäftes gestützt hat.

Das angefochtene Urteil führt nun freilich noch einen weiteren Grund an, aus dem es den Ansprüchen, die die Beklagte aus allen drei Gruppen von Geschäften herleitet, die Aufrechnungsfähigkeit versagen will. Es erklärt nämlich sämtliche Geschäfte der Parteien nach § 764 B.G.B. als Spiel. Ob dies für die erste und zweite Gruppe als richtig anzuerkennen ist, bedarf keiner Entscheidung, da insoweit die Bestimmungen des Börsengesetzes ausreichen, um die Gegenansprüche der Beklagten zurückzuweisen. Nicht durchgreifend aber ist der Gesichtspunkt bei dem zuletzt erörterten Geschäfte der dritten Gruppe. Da es sich hier um ein Kassageschäft handelt, und zwar — wie unterstellt werden muß — um ein ernstlich gemeintes Kassageschäft, so kann von einem Börsen- oder Marktpreise der Lieferungszeit nicht die Rede sein, und es ist daher nicht einzusehen, inwiefern der Vertrag in der Absicht geschlossen sein könnte, daß der Unterschied zwischen diesem und dem vereinbarten Preise vom Verlierenden an den Gewinnenden gezahlt werden sollte (vgl. Entsch. des R.G.'s in Zivils. Bd. 52 S. 251)." . . .

---

25. 1. Wird durch die Vereinbarung zwischen dem Verkäufer und dem Käufer eines Grundstückes, daß der Brief über eine vom Käufer zugunsten eines Dritten zu bestellende Hypothek dem Dritten vom Grundbuchamt übersandt werden soll, die Übergabe des Briefes gemäß § 1117 Abs. 2 B.G.B. ersetzt?

2. Steht dem Käufer solchenfalls wegen Schadensersatzforderungen gegen den Verkäufer ein Zurückbehaltungsrecht am Briefe zu?

B.G.B. §§ 1117, 328, 334, 273, 274.

G.B.O. § 60.

V. Zivilsenat. Urt. v. 27. April 1907 i. S. S. (Bekl.) w. B. (Kl.). Rep. V. 434/06.

I. Landgericht Lyck.
II. Oberlandesgericht Königsberg.

Durch notariellen Vertrag vom 4. April 1905 tauschte der Beklagte von dem Gutsbesitzer Karl B., dem Ehemanne der Klägerin, und dem Gutsbesitzer J. das Gut P. ein. In Anrechnung auf den in Höhe von 270000 *M* festgesetzten Tauschwert des Gutes übernahm der Beklagte eingetragene Hypotheken von zusammen 212700 *M*. Ferner wurde bestimmt, daß Beklagter „auch eine erst in das Grundbuch einzutragende, zu $4^1/_2$ Prozent verzinsliche Hypothek von 27000 *M* für die Klägerin übernehme". Bei der Auflassung des Gutes an den Beklagten seitens des V. und des J. am 8. April bewilligte und beantragte der Beklagte die Eintragung der Hypothek für die Klägerin gemäß dem Vertrage, und „die Erschienenen beantragten, über die für die Klägerin einzutragende Hypothek einen Hypothekenbrief zu bilden und denselben der Klägerin zu übersenden". Die Hypothek wurde dann für die Klägerin eingetragen, und ein Hypothekenbrief gebildet. Bevor dieser an die Klägerin ausgehändigt werden konnte, ging beim Grundbuchamte am 15. April ein notariell beglaubigter Antrag des Beklagten ein, den Brief nicht der Klägerin, sondern ihm zuzustellen, oder den Brief bei den Akten zurückzubehalten. Hierauf verfügte der Grundbuchrichter die Asservierung des Briefes. Klägerin erhob daher Klage auf Verurteilung des Beklagten, darin zu willigen, daß das Grundbuchamt den Brief an sie zu Händen ihres Ehemannes herausgebe. Der Beklagte bestritt die Aktivlegitimation der Klägerin. Der erste Richter verurteilte nach dem Klagantrage. In der Berufungsinstanz wendete Beklagter weiter ein, ihm stehe ein Zurückbehaltungsrecht zu wegen Schadensersatzansprüche von mindestens 6000 *M*, die ihm gegen V. und J. wegen arglistigen Verschweigens, daß ein großer Teil des Pferdebestandes des Gutes P. an Räude erkrankt gewesen, entstanden seien. Die Berufung des Beklagten wurde zurückgewiesen. Auf die Revision des Beklagten wurde, unter Aufhebung des Berufungsurteils, die Sache an das Berufungsgericht zurückverwiesen aus folgenden

Gründen:

„Der Berufungsrichter läßt dahingestellt, ob die Klägerin, wie sie behauptet, beim Abschlusse des notariellen Vertrages vom 4. April 1905 durch ihren Ehemann als Bevollmächtigten vertreten gewesen ist. Er gelangt auf Grund der Bestimmung in dem Vertrage, daß Beklagter eine „erst in das Grundbuch einzutragende" Hypothek von 27000 *M* für die Klägerin übernehme, und mit Rücksicht darauf, daß bei der Auflassung des Gutes P. der Beklagte die Eintragung der

Hypothek für die Klägerin bewilligt und beantragt hat, während alle Vertragschließenden beantragt haben, den Hypothekenbrief der Klägerin zu übersenden, zu der Feststellung, daß nicht die Verkäufer B. und J. die Hypothek für die Klägerin hätten bestellen, und Beklagter diese habe übernehmen, sondern daß Beklagter sich selbst zur Bestellung der Hypothek habe verpflichten wollen und verpflichtet habe, sowie daß nach dem zum Ausdruck gelangten übereinstimmenden Willen aller Vertragschließenden die Klägerin den Hypothekenbrief sich unmittelbar vom Grundbuchamte aushändigen lassen sollte. Diese auf tatsächlicher Würdigung beruhende, ohne ersichtliche Gesetzesverletzung getroffene Feststellung ist für die Revisionsinstanz bindend. Unter ihrer Zugrundelegung nimmt der Berufungsrichter an, die Klägerin habe nach Eintragung der Hypothek und Herstellung des Hypothekenbriefes zwar nicht Eigentum an diesem erworben, wohl aber ein unmittelbares obligatorisches Recht auf Aushändigung des Briefes. Ein Rechtsirrtum ist hierin nicht zu erkennen. Der Gläubiger erwirbt eine Briefhypothek und damit zugleich das Eigentum an dem hergestellten Hypothekenbriefe gemäß §§ 1117, 952 B.G.B. erst, wenn ihm der Brief von dem Grundstückseigentümer übergeben wird, oder wenn Eigentümer und Gläubiger die Vereinbarung treffen, daß letzterer berechtigt sein solle, sich den Brief von dem Grundbuchamte aushändigen zu lassen. Eine solche Vereinbarung ist vorliegend nicht, wie die Revisionsbeklagte auszuführen sucht, getroffen worden. Durch die Vereinbarung soll, um den Erwerb der Hypothek zu beschleunigen, die Übergabe des Hypothekenbriefes an den Gläubiger ersetzt, und der mittelbare Besitz des Briefes (§ 868 B.G.B.) im voraus auf den Gläubiger übertragen werden (Prot. Bd. 3 S. 729). Wie daher die Übergabe an den Gläubiger zu erfolgen hat, so ist auch für die Vereinbarung zu erfordern, daß sie mit dem Gläubiger getroffen wird; die Vereinbarung mit einem Dritten über Aushändigung des Briefes an den Gläubiger kann nur dann die Übergabe ersetzen, wenn der Dritte Vertreter des Gläubigers ist. Die §§ 328 flg. B.G.B., betreffend Verträge zugunsten Dritter mit der Wirkung unmittelbaren Rechtserwerbs dieser sind auf die Vereinbarung unanwendbar, da die Einigung auf dem Gebiete des Sachenrechts, der dingliche Vertrag, zwar den Vorschriften des Allgemeinen Teiles über Rechtsgeschäfte (§§ 104—185 B.G.B.), nicht aber den Vorschriften über Verträge auf dem Gebiete des Rechtes der Schuldverhältnisse unterliegt, soweit nicht im dritten Buche des Bürgerlichen Gesetzbuchs besonders auf sie Bezug genommen ist. — Auch eine einseitige Bestimmung des Eigentümers gemäß § 60 Abs. 2 G.B.O., daß der Gläubiger berechtigt sein soll, Aushändigung des Hypothekenbriefes vom Grundbuchamte zu verlangen, oder daß, wie vorliegend, der Brief vom Grundbuchamte dem Gläubiger übersandt werden soll, hat nicht die Wirkung der Übertragung des Eigentums in dem Augenblicke der Herstellung des Briefes; vielmehr geht in diesem Falle das Eigentum auf den Gläubiger erst dann über, wenn dem Gläubiger vom Grundbuchamte der Brief wirklich ausgehändigt worden ist.

Hat sonach auch vorliegend die Klägerin, wenn sie bei dem Vertragsschlusse nicht durch ihren Ehemann vertreten gewesen ist, an dem ihr noch nicht ausgehändigten Hypothekenbriefe Eigentum nicht erworben, so folgert doch der Berufungsrichter aus der von ihm festgestellten Bedeutung der vorgenannten Erklärungen der Vertragschließenden mit Recht, daß die Klägerin unmittelbar die obligatorische Berechtigung gegenüber dem Beklagten erlangt hat, Aushändigung des hergestellten Hypothekenbriefes zu fordern. Denn danach hat der Beklagte als Gegenleistung für die Übereignung des Gutes P. die Verpflichtung übernommen, für die der Klägerin gegen die Verkäufer B. und J. zustehende Forderung Hypothek mit dem Gute zu bestellen, und ist also die Bestellung der Hypothek für die Klägerin, und damit die zum Erwerbe der Hypothek erforderliche Aushändigung des Hypothekenbriefes, welcher der Klägerin auch vom Grundbuchamte unmittelbar übersandt werden sollte, als eine Leistung zugunsten eines Dritten im Sinne des § 328 B.G.B. ausbedungen worden.

Danach ist mit dem Berufungsrichter die Berechtigung der Klägerin, die Aushändigung des Hypothekenbriefes im Klagewege zu verfolgen, für gegeben zu erachten....

Begründet dagegen ist der Angriff der Revision gegen die Zurückweisung der in der Berufungsinstanz geltend gemachten Einrede des Zurückbehaltungsrechts. Nach dem Berufungsurteile ist, da der Berufungsrichter dahingestellt gelassen hat, ob bei der Vereinbarung über die Hypothekbestellung und die Befugnis der Klägerin, sich den Hypothekenbrief aushändigen zu lassen, der Verkäufer B. zugleich als Bevollmächtigter der Klägerin aufgetreten ist, die Berechtigung der

Klägerin zur Geltendmachung des Klaganspruchs lediglich darauf gestützt, daß die Klägerin auf Grund des zwischen dem Beklagten und den Verkäufern V. und J. geschlossenen Vertrages die Aushändigung des Hypothekenbriefes fordern kann. Gemäß § 334 B.G.B. kann daher der Beklagte Einwendungen, die ihm aus dem Vertrage gegenüber seinen Vertragsgegnern zustehen, auch gegenüber der Klägerin geltend machen. Eine solche Einwendung ist die Einrede der Mangelhaftigkeit der Vertragserfüllung, die der Beklagte durch die Behauptung erhebt, die Verkäufer hätten ihm arglistig verschwiegen, daß ein großer Teil des Pferdebestandes des Gutes P. an Räude erkrankt gewesen sei, und es sei ihm hierdurch ein Schaden von mindestens 6000 *M* entstanden. Wäre diese Behauptung richtig, so könnte Beklagter von seinen Vertragsgegnern gemäß § 463 B.G.B. Ersatz des durch den Mangel des Kaufgegenstandes ihm entstandenen Schadens verlangen (vgl. Entsch. des R.G.'s in Zivils. Bd. 53 S. 92), und er würde, wenn die Vertragsgegner gegen ihn einen Anspruch aus dem Vertrage geltend machten, wegen dieser aus demselben rechtlichen Verhältnis entstandenen, fälligen Schadensersatzforderung die von ihm beanspruchte Leistung gemäß §§ 273, 274 B.G.B. verweigern dürfen. Mit derselben Wirkung kann daher der Beklagte die Schadensersatzforderung gegenüber dem von der Klägerin erhobenen Vertragsanspruche geltend machen. Klägerin ist allerdings zur Leistung des Schadensersatzes nicht persönlich verpflichtet; eine solche Verpflichtung soll aber auch im Urteil nicht ausgesprochen werden; vielmehr hat die Einrede, wenn sie begründet ist, nur die Wirkung, daß die Erfüllung des von der Klägerin erhobenen Anspruchs im Urteil von der Leistung des Schadensersatzes Zug um Zug abhängig zu machen ist (vgl. Planck, Bem. 2 zu § 334 B.G.B.). Der Berufungsrichter erkennt auch an, daß der Beklagte berechtigt sein würde, die ihm gegenüber der Klägerin obliegende Vertragsleistung bis zur Befriedigung seines Schadensersatzanspruchs gegen die Veräußerer zu verweigern. Trotzdem weist er die Einrede des Beklagten zurück, weil die von der Klägerin verlangte Leistung, nämlich die Einwilligung des Beklagten in die Aushändigung des Hypothekenbriefes, bereits erfüllt sei. Tatsächlich jedoch liegt die Sache so, daß Beklagter zwar in der Auflassungsverhandlung vom 8. April 1905, ebenso wie die Verkäufer V. und J., die Übersendung des zu bildenden Hypothekenbriefes an die Klägerin beantragt, dann aber die Ausführung der beantragten Übersendung durch den widersprechenden Antrag vom 10. April 1905 selbst verhindert hat. Die zufolge dieses vertragswidrigen Verhaltens dem Beklagten noch obliegende Leistung auf Grund des Vertrages ist die von der Klägerin im Rechtsstreit verfolgte Einwilligung in die Herausgabe des Hypothekenbriefes, durch welche das der Erlangung des Briefes und damit dem Erwerb der Hypothek entgegenstehende Hindernis beseitigt wird. Der Widerruf der ursprünglichen Einwilligung hatte allerdings keine Wirkung gegenüber der Klägerin; das aus dieser Einwilligung in Verbindung mit den anderen Erklärungen der Vertragschließenden sich ergebende unmittelbare Recht der Klägerin, die Herausgabe des Briefes zu fordern, blieb trotz des einseitigen Widerrufs des Beklagten bestehen. Aber ebenso, wie Klägerin, wenn der Grundbuchrichter etwa den Brief dem Beklagten trotz dessen ursprünglichen Antrages ausgehändigt hätte, die Herausgabe des Briefes als eine Leistung aus dem Vertrage vom Beklagten fordern könnte, ist vorliegend die Klägerin berechtigt, die zur Ermöglichung der Erlangung des Briefes erforderliche Einwilligung in die Aushändigung seitens des Grundbuchamts vom Beklagten als Vertragsleistung zu verlangen; und an dieser Vertragsleistung kann Beklagter ein Zurückbehaltungsrecht mit der vorbezeichneten Wirkung ausüben, wenn ihm ein Schadensersatzanspruch gegen die Verkäufer zusteht.

Anders wäre die Rechtslage, wenn der Ehemann der Klägerin beim Vertragsschluß und in der Auflassungsverhandlung zugleich als Vertreter der Klägerin aufgetreten wäre und die Bestellung der Hypothek seitens des Beklagten sowie die Erklärung, daß der Hypothekenbrief der Klägerin übersandt werden solle, im Namen der Klägerin angenommen hätte. Dann würde die Klägerin bereits mit der Herstellung des Briefes an diesem das Eigentum erlangt und damit die Hypothek erworben haben, und würde zwischen der Klägerin, vertreten durch ihren Ehemann, einerseits und dem Beklagten andererseits ein besonderer Vertrag auf Hypothekbestellung geschlossen sein, aus dem die Klägerin selbständig, und unabhängig von dem zwischen dem Beklagten und den Verkäufern V. und J. geschlossenen Vertrag, die Einwilligung des Beklagten in die Aushändigung des Briefes verfolgen könnte. In diesem Falle würde Beklagter nicht berechtigt sein, der Klägerin wegen der Schadensersatzforderung aus dem letzteren Vertrag ein Zurückbehaltungsrecht entgegenzustellen. Der Berufungsrichter ist aber in eine Erörterung darüber, ob der Ehemann der Klägerin Vertreter dieser gewesen ist, nicht eingetreten." ...

---

26. Kann der Erblasser den Testamentsvollstrecker ermächtigen, die letztwillige Verfügung maßgebend auszulegen?

B.G.B. § 2065.

IV. Zivilsenat. Urt. v. 29. April 1907 i. S. L. u. Gen. (Bekl.) w. W. (Kl.). Rep. IV. 506/06.

I. Landgericht Hamburg.
II. Oberlandesgericht daselbst.

Das Reichsgericht hat die Frage verneint.

Aus den Gründen:

... „Die Revisionskläger bestreiten sowohl die Richtigkeit als auch die Maßgeblichkeit dieser richterlichen Testamentsauslegung ...

Für unmaßgeblich aber halten die Revisionskläger die richterliche Testamentsauslegung aus dem Grunde, weil sie selbst als Testamentsvollstrecker die Vermächtnisanordnung entgegengesetzt auszulegen sich veranlaßt fänden. Sie verweisen in dieser Beziehung, wie in den Vorinstanzen, darauf, daß im § 3 Abs. 3 des Testaments ihnen die Befugnis beigelegt worden ist: „in allen Fällen, in denen der Wortlaut oder der Sinn der letztwilligen Bestimmungen etwa unklar oder zweifelhaft sein möchte", das Testament „authentisch zu interpretieren". Beide Vorinstanzen haben es für zweifelhaft erklärt, ob nach dem im Streitfall maßgebenden Recht des Bürgerlichen Gesetzbuchs eine derartige letztwillige Anordnung überhaupt für rechtswirksam gehalten werden kann. Sie haben indessen den Einwand der Beklagten verworfen, weil einmal das Testament in dem streitigen Punkte überhaupt nicht unklar sei, weil ferner der eine der drei Testamentsvollstrecker, nämlich A. L., wegen Befangenheit als Schiedsrichter abgelehnt werden könnte, und weil endlich die in einem Schreiben der Testamentsvollstrecker vom 19. April 1905 enthaltene

Auslegung dem Klaganspruch nicht entgegenstehe. In diesem Schreiben haben die Testamentsvollstrecker unter Berufung auf die ihnen beigelegte Interpretationsbefugnis die Erklärung abgegeben, sie stellten fest, daß Frau H. (die Erblasserin) im § 1 des Testaments keine Verfügung getroffen habe, wonach ein Teil der aus dem S.'schen Nachlasse gezahlten Summen als ein Legat an Frau W. (Klägerin) zur Auszahlung zu gelangen hätte.

Nun wird allerdings der Einwand des Beklagten durch keinen dieser drei Gründe beseitigt. Unterstellt man nämlich die rechtliche Wirksamkeit einer Anordnung, durch die, wenn der Sinn einer letztwilligen Verfügung zweifelhaft ist, der Richter an die von einem oder von mehreren Testamentsvollstreckern für richtig erklärte Auslegung gebunden sein soll, so haben derartige Zweifel auch hier bestanden. Der Berufungsrichter hat sie durch formell und sachlich unanfechtbare Erwägungen beseitigt. Mit der Annahme dagegen, daß sie von vornherein nicht vorhanden gewesen seien, sind seine Darlegungen unvereinbar.

Auch die Gesetzesvorschriften über Ablehnung von Schiedsrichtern greifen nicht durch. Es ist nicht der ordentliche Richter, an dessen Stelle die Testamentsvollstrecker eintreten sollten, um über Rechtsstreitigkeiten der Erbbeteiligten untereinander zu entscheiden, sondern vermöge der Aufgabe, das Testament mit Verbindlichkeit für die Beteiligten auszulegen und damit zugleich dem Richter die Testamentsauslegung vorzuschreiben, hat die Erblasserin sie an ihre eigene Stelle setzen wollen. Wäre das grundsätzlich zulässig, so würde hinterher aus Gründen, die in der Person der Testamentsvollstrecker entstehen, eine letztwillige Verordnung solchen Inhalts nur dann hinfällig werden, wenn sich feststellen ließe, daß sie unter den Voraussetzungen des eingetretenen Falles nach dem Willen der Erblasserin nicht mehr als fortbestehend zu gelten hätte. Überdies haben die Testamentsvollstrecker einen Schiedsspruch weder dem Inhalt noch auch der Form nach erlassen. Auf die Frage, inwieweit ein Testamentsvollstrecker überhaupt letztwillig zum Schiedsrichter bestellt werden kann, kommt es gegenwärtig nicht an.

Endlich versagt auch der aus der schriftlichen Kundgebung vom 19. April 1905 hergenommene Entscheidungsgrund, weil bei unterstellter Rechtswirksamkeit der Ermächtigung die Testamentsvollstrecker nicht behindert waren, der früheren Auslegung eine Ergänzung hinzuzufügen, und weil nicht abzusehen ist, weshalb sie die für die richterliche Entscheidung maßgebende Erklärung dem Richter gegenüber nicht unmittelbar sollten abgeben dürfen, zumal wenn sie sich dabei, wie geschehen, auf ihre Auslegungsbefugnis beriefen.

Allein im Ergebnisse mußte dem Berufungsrichter gleichwohl beigetreten werden, und zwar aus dem Grunde, weil eine Vertretung des Erblassers im Willen rechtsgrundsätzlich ausgeschlossen ist. Um eine solche Vertretung im Willen handelt es sich, wenn der Erblasser einen anderen ermächtigt, sein Testament authentisch zu interpretieren, also an seiner Stelle und mit der Wirkung, wie wenn er hinterher in eigener Person deswegen verfügt hätte, Bestimmung darüber zu treffen, in welcher Bedeutung der erklärte letzte Wille Geltung haben soll. Zwar versagt § 2065 Abs. 1 B.G.B. dem Erblasser wörtlich genommen nur die Fähigkeit, eine letztwillige Verfügung in der Weise zu treffen, daß ein anderer zu bestimmen hat, ob sie gelten soll oder nicht gelten soll. Allein die Ermächtigung, der Verfügung ihre maßgebende Bedeutung beizulegen, unterscheidet sich in der hier wesentlichen Beziehung um nichts von der einem anderen übertragenen Bestimmung über ihre völlige Aufrechterhaltung oder Beseitigung. Sie entfernt sich sogar, wenn man die Möglichkeit berücksichtigt, daß auf solche Weise an die Stelle des vom Erblasser wirklich Gewollten etwas anderes gesetzt werden könnte, nach der positiven Seite hin von dem Grundsatze der Selbständigkeit des letzten Willens noch weiter, als dies im § 2065 Abs. 1 zum Ausdruck kommt. Mag immerhin mit der Aufgabe, das Testament maßgeblich „auszulegen", das Verlangen ausgedrückt sein, den wahren Willen des Erblassers festzustellen, so wird doch selbst durch das redliche Vornehmen des anderen, den Absichten des Erblassers gerecht zu werden, die Gefahr der Abweichung von dem wahren Willen nicht ausgeschlossen. Sie besteht überdies in um so größerem Maße, je weniger deutlich der Erblasser sich selbst erklärt hat. Die Unterscheidung zwischen Fällen der Unklarheit des letzten Willens, in denen die Berufung eines anderen zur authentischen Auslegung wirksam, und Fällen der Klarheit, in denen sie unwirksam sein soll, leidet noch dazu an einer Unzulänglichkeit des Unterscheidungsmerkmals.

Der erkennende Richter kann somit eine letztwillige Verfügung immer nur in der Bedeutung gelten lassen, von der er unter eigener freier Sachprüfung festzustellen vermag, daß sie dem wahren Willen des Erblassers tatsächlich entspricht. Das hindert ihn jedoch in keiner Weise, der Meinung eines von dem Erblasser selbst für die Zwecke der Auslegung bezeichneten Vertrauensmannes, sofern er in dessen Vertrautheit mit den Absichten des Erblassers und in seine persönliche Zuverlässigkeit keinen Zweifel setzt, einen erheblichen Wert beizumessen. So insbesondere, wenn es der ernannte Testamentsvollstrecker ist, auf den in dieser Weise hingewiesen wird. Zwingend ist jedoch die ihm unterbreitete Testamentsauslegung für den Richter in keinem Falle, auch nicht bis zu dem früher durch § 561 A.L.R. I. 12 vorgesehenen Maße, daß er im Zweifel der Meinung des Testamentsvollstreckers vor anderen Meinungen den Vorzug zu geben hätte. Gegen die Wirksamkeit einer Ermächtigung des Testamentsvollstreckers zur authentischen Auslegung spricht überdies der Umstand, daß bei den Vorarbeiten für das Bürgerliche Gesetzbuch in beiden Lesungen des Entwurfs es abgelehnt wurde, eine Erweiterung der Befugnisse des Testamentsvollstreckers über den im Gesetze bestimmten Machtkreis hinaus zuzulassen (vgl. Motive zu § 1905 des I. Entwurfs Bd. 5 S. 241, Protokolle der II. Lesung Bd. 5 S. 308 flg. unter III). Zugunsten ihrer Wirksamkeit läßt sich andererseits weder, wie das von einzelnen Schriftstellern geschieht, auf die Möglichkeit hinweisen, den Testamentsvollstrecker letztwillig zum Schiedsrichter zu bestellen, noch auch sprechen dafür die besonderen Gesetzesvorschriften der §§ 2048, 2151, 2153 bis 2156, 2192, 2193 B.G.B. Der Wesensunterschied zwischen einem Schiedsspruche und einer authentischen Auslegung wurde vorhin bereits gekennzeichnet. In jenen besonderen Fällen aber handelt es sich nicht um die Feststellung der Bedeutung einer vom Erblasser beabsichtigten, aber nicht mit voller Deutlichkeit erklärten letztwilligen Verordnung, sondern um eine Regelung offen gebliebener Fragen, über die der Erblasser eine eigene Bestimmung mit Absicht nicht getroffen hat. Soweit man darin eine Abweichung von dem Grundsatze der Selbständigkeit des letzten Willens zu erblicken hat, läßt sich diese weder verallgemeinern noch prinzipwidrig auf andere Fälle ausdehnen." ...

27. Haftung des Staats für Amtspflichtverletzungen eines Grundbuchbeamten nach § 12 G.B.O. Zum Begriff dieser „Amtspflicht" und der entschädigungsberechtigten „Beteiligten".

V. Zivilsenat. Urt. v. 1. Mai 1907 i. S. M.-Bank in Schw. (Kl.) w. Großherzogl. Justizministerium zu Schw. (Bekl.). Rep. V. 537/06.

I. Landgericht Schwerin.
II. Oberlandesgericht Rostock.

Die M.-Bank in Schw. klagte gegen den landesherrlichen Fiskus von Mecklenburg-Schwerin auf Schadensersatz im Betrage von 1700 ℳ mit 5 Prozent Zinsen seit dem 17. Oktober 1905. Die Klägerin war dadurch zu Schaden gekommen, daß sie dem früheren Amtsrichter P. in St. am 17. April und 17. Juli 1905 zwei Wechseldarlehen von zusammen 1700 ℳ gegen Verpfändung eines von ihm gefälschten Grundschuldbriefs über 1800 ℳ gegeben hatte, die P. nicht zurückzahlen konnte. Die Klägerin fand eine vorsätzliche Verletzung der Amtspflicht des Grundbuchbeamten darin, daß P., der alleiniger Amtsrichter in St. war, das Formular zu dem gefälschten Grundschuldbrief aus dem amtlichen Gewahrsam des Amtsgerichts entnommen, es mit dem Siegel des Amtsgerichts versehen, den Vordruck mit den Angaben über eine angeblich für ihn auf einem bestimmten Grundstück seines Amtsgerichtsbezirks eingetragene, aber in Wirklichkeit nicht eingetragene Grundschuld ausgefüllt und das Formular mit dem Namen des ihn vertretenden Amtsrichters und eines Gerichtsschreibergehilfen unterzeichnet hatte. Für den aus dieser Pflichtverletzung entstandenen Schaden war nach Ansicht der Klägerin der Staat auf Grund des § 12 G.B.O. verantwortlich.

Der Beklagte bestritt nicht die Höhe des geltend gemachten Schadensanspruchs, wohl aber seine Haftung für den Schaden und machte insbesondere geltend, daß es sich nicht um eine Verletzung von Amtspflichten handle, die dem P. als Grundbuchbeamten obgelegen hätten.

Im Gegensatze zu den beiden ersten Instanzen, die die Klage abgewiesen hatten, gelangte das Reichsgericht zur Verurteilung, aus folgenden

Gründen:

„Die Zulässigkeit der Revision trotz Fehlens der Revisionssumme unterliegt nach § 547 Nr. 2 Z.P.O., § 70 Abs. 3 G.V.G. und § 20 der Mecklenburgischen Ausführ.-Verordn. zum G.V.G. vom 17. Mai 1879 keinem Bedenken....

Den auf § 12 G.B.O. gestützten Klagegrund hat der Berufungsrichter mit dem ersten Richter zurückgewiesen, ohne dabei seinerseits zu der Frage Stellung zu nehmen, ob überhaupt eine Verletzung der Amtspflicht im Sinne des § 12 vorliege, was vom Beklagten bestritten worden war. Er hat, ebenso wie der erste Richter, die Abweisung lediglich damit begründet, daß jedenfalls die Klägerin nicht zu den „Beteiligten" gehöre, denen in § 12 ein Schadensersatzanspruch gegen den Staat eingeräumt worden ist. Der Berufungsrichter bezieht sich dabei im wesentlichen auf die Entscheidungsgründe des ersten Richters, und diese gehen dahin, daß unter „Beteiligten" im Sinne des § 12 nur solche Personen zu verstehen seien, deren Rechtskreis **unmittelbar** durch die Nichterfüllung der Amtspflicht des Grundbuchbeamten betroffen werde, daß aber der Rechtskreis der Klägerin durch die Herstellung des falschen Grundschuldbriefs durch P. nicht berührt worden, sondern ihre Schädigung erst herbeigeführt worden sei durch die Begebung des falschen Grundschuldbriefs, also durch eine selbständige Handlung, die P. nicht als Grundbuchbeamter, sondern als Privatperson vorgenommen habe.

Es ist nicht zu verkennen, daß das Wort „Beteiligte" an sich einer verschiedenen Auslegung fähig ist; deshalb hat der Gesetzgeber diesen Ausdruck in anderen Gesetzen zuweilen erläutert (vgl. § 9 Zw.V.G., § 168 F.G.G.). Das ist hier nicht geschehen; aber es ergibt sich doch aus den Motiven zum § 4 des 1. Entw. der G.B.O. (Amtl. Ausg. S. 30) und ebenso aus der Denkschrift zur Reichstagsvorlage (zu § 11 der Vorlage), daß damit der Kreis der entschädigungsberechtigten Personen eingeschränkt werden sollte. Die Motive a. a. O. sagen: nicht jeder solle einen Entschädigungsanspruch haben, der ohne das Versehen des Grundbuchbeamten in einer besseren Lage sein würde, z. B. nicht, wer dadurch um einen besseren, ihm an sich nicht zustehenden, Rang komme, daß ein Recht voreingetragen stehe, dessen Eintragung hätte abgelehnt werden sollen. Und in der Denkschrift heißt es, daß die Verantwortlichkeit des Staats nicht von demjenigen geltend gemacht werden könne, der, ohne beteiligt zu sein, nur mittelbar einen Schaden erlitten habe. Diese einschränkende Bedeutung des Ausdrucks wird denn auch allgemein anerkannt und meistens dahin umschrieben, daß nur solche Personen als Beteiligte in Betracht kommen, die durch die Pflichtverletzung des Grundbuchbeamten unmittelbar einen Vermögensschaden erlitten haben. Das nimmt auch der Berufungsrichter an. Es fragt sich aber, was unter solcher unmittelbarer Schädigung zu verstehen ist, und darüber gehen die Ansichten auseinander.

Eine Ansicht, der sich die Vorinstanzen im wesentlichen angeschlossen haben, verlangt, daß durch die Amtspflichtverletzung selbst, ohne Hinzutritt anderer Umstände, ein Schaden entstanden sein müsse. Diese Ansicht will also die Unterscheidung auf dem Gebiet des ursächlichen Zusammenhangs machen: dieser soll ein unmittelbarer, die Amtspflichtverletzung soll die einzige Schadensursache gewesen sein. Das stände jedoch in Widerspruch mit dem Begriff des ursächlichen Zusammenhangs, der nicht dadurch aufgehoben wird, daß mehrere Ursachen zu einem Erfolg zusammenwirken. Auch wird der Fall selten vorkommen, daß schon ohne weiteres aus der Pflichtverletzung eines Grundbuchbeamten ein Schaden entsteht; selbst eine falsche Eintragung oder Löschung im Grundbuch begründet zunächst bloß die Gefahr, daß durch ihre Ausnutzung erst eine Schädigung herbeigeführt werden kann. Im Gesetz selbst findet diese Ansicht keine Stütze; der gewählte Ausdruck „Beteiligte" läßt nicht erkennen, daß besondere Anforderungen an den Grad des ursächlichen Zusammenhangs gestellt werden sollten.

Den Vorzug verdient daher eine andere Ansicht, die das unterscheidende Merkmal in den Rechtskreis verlegt, der verletzt wird, nämlich unter den Beteiligten diejenigen Personen versteht, in deren Rechtskreis durch die Pflichtverletzung des Grundbuchbeamten unmittelbar eingegriffen wird. Schon nach der natürlichen Wortbedeutung sind beteiligt bei der pflichtwidrigen Handlung oder Unterlassung eines Grundbuchbeamten diejenigen, deren Rechte dadurch berührt werden. Es brauchen dies nicht immer solche Personen zu sein, die auch ein Recht zur Beschwerde gegen die pflichtwidrige Handlung oder Unterlassung gehabt haben würden — wie dies wohl behauptet worden ist und auch vom ersten Richter angenommen zu werden scheint —; denn abgesehen von der Beschränkung, der die Beschwerde in Grundbuchsachen unterworfen ist (§ 71 Abs. 2 G.B.O.), können die Fälle auch so liegen, daß jemand erst durch die eintretende Verletzung seiner Rechte zum Beteiligten wird, oder daß eine eingetretene Verletzung durch Beschwerde überhaupt nicht mehr beseitigt werden könnte. In der erwähnten Denkschrift a. a. O. ist zur Begründung der Haftung des Staats für Versehen der Grundbuchbeamten hervorgehoben worden, daß die aus der Regelung des Liegenschaftsrechts, wie sie im Bürgerlichen Gesetzbuche vorgenommen sei, namentlich aus dem öffentlichen Glauben des Grundbuchs, für die Beteiligten entspringenden Gefahren ein Eintreten des Staats für die daraus erwachsenden Nachteile als billig erscheinen ließen. Diesen Gefahren unterliegt aber jeder, der in die Lage kommt, sich auf die richtige Handhabung der Grundbucheinrichtungen verlassen zu müssen; für beteiligt im Sinne des § 12 G.B.O. muß daher auch jeder gelten, der durch eine Täuschung in diesem Vertrauen durch Schuld des Grundbuchbeamten unmittelbar einen Schaden erleidet. Den Gegensatz dazu bilden Nachteile, die erst wieder infolge oder durch Vermittlung des durch die Pflichtverletzung geschaffenen Zustandes auf einem Rechtsgebiete in die Erscheinung treten, das an sich durch die Pflichtverletzung nicht berührt wird, wofür auf das oben angeführte Beispiel in den Motiven zu § 4 des 1. Entw. der G.B.O. Bezug genommen werden kann.

Hiernach muß die Klägerin als eine Beteiligte im Sinne des § 12 G.B.O. gelten; denn sie hat im Vertrauen auf den öffentlichen Glauben des Grundschuldbriefs diesen in Pfand genommen und beliehen und ist durch die Wertlosigkeit des Pfandes, also, wenn diese auf eine Amtspflichtverletzung des Grundbuchbeamten zurückzuführen ist, durch diese Pflichtverletzung unmittelbar in einen Vermögensverlust geraten. Diese unmittelbare Wirkung der Beleihung einer wertlosen Pfandsache wurde nicht etwa dadurch unterbrochen, daß es der selbstverständlichen Mitwirkung eines Schuldners bedurfte, der ihr das Pfand anbot. Wie schon hervorgehoben bedarf es vielmehr der Regel nach noch einer weiteren Tätigkeit, einer geschäftlichen Ausbeutung der geschaffenen Lage, um einen schädigenden Erfolg der Amtspflichtverletzung herbeizuführen. So ist denn auch bereits das Reichsgericht in einem Fall, der insofern ähnlich lag, als es sich auch dort um eine Vermögensbeschädigung durch Annahme (Ankauf) ungültiger Grundschuldbriefe handelte, wenn auch ohne diese Frage besonders zu erörtern, davon ausgegangen, daß darauf an sich der § 12 G.B.O., aus dem geklagt war, Anwendung finden müßte (vgl. Entsch. in Zivils. Bd. 59 S. 381 flg.).

Die in Anspruch genommene Haftung des Staates hängt nun aber in erster Linie davon ab, ob der Schaden dadurch entstanden ist, daß ein Grundbuchbeamter vorsätzlich oder fahrlässig seine Amtspflicht verletzt hat (§ 12 G.B.O.). Daß das Berufungsgericht diese Frage unentschieden gelassen hat, hindert das Revisionsgericht nicht, die in dieser Beziehung in Betracht kommenden Tatsachen, da sie unstreitig sind, auf ihre rechtliche Bedeutung zu prüfen. Der erste Richter hatte sie einer eingehenden Erörterung unterzogen und war dabei zu ungünstigen Ergebnissen für den Beklagten gelangt, die im wesentlichen für zutreffend erachtet werden müssen. Es ist davon auszugehen, daß eine Amtspflicht verletzt sein muß, die dem P. als Grundbuchbeamten, nicht bloß in seiner Eigenschaft als Amtsrichter, oblag. P. war Grundbuchrichter für St. Zu den ihm in dieser Eigenschaft obliegenden amtlichen Pflichten gehörte nun aber zweifellos die Verwahrung der amtlichen Grundbuchformulare und die Obhut über das Gerichtssiegel, soweit dieses zur Herstellung von Grundschuldbriefen in Verwendung kommen mußte. Wenngleich die Ausfertigung und Siegelung der Grundschuldbriefe nach der Geschäftsordnung zu den Aufgaben des Grundbuchführers gehörte, wurde doch unbedenklich der Grundbuchrichter in dieser seiner Eigenschaft tätig, wenn er, ohne die Hilfeleistung jenes Beamten in Anspruch zu nehmen, selber das Formular aus dem Gewahrsam an sich nahm und es mit dem Amtssiegel versah. Dies wäre auch dann der Fall gewesen, wenn er nicht das zu der vorliegenden Fälschung benutzte Formular unmittelbar vor der Fälschung, sondern, wie der Beklagte behauptet, im voraus mehrere Exemplare, um sie gelegentlich zu unredlichem Zweck zu verwenden, an sich genommen haben sollte. Da die Aneignung und Siegelung des Formulars geschah, um einen falschen Grundschuldbrief herzustellen und in Verkehr zu bringen, lag darin eine vorsätzliche Verletzung der amtlichen Pflicht des Grundbuchrichters, die ordnungsmäßige Verwendung der Formulare und des Siegels zu überwachen. Ob auch in der Ausfüllung des Formulars mit den zur näheren Bezeichnung der Grundschuld erforderlichen Angaben und in der Unterzeichnung mit den gefälschten Namen des stellvertretenden Grundbuchrichters und eines Registraturbeamten eine mißbräuchliche Ausübung oder eine Verletzung von Amtspflichten zu finden seien, die dem P. als Grundbuchrichter oblagen, hat der erste Richter dahingestellt gelassen. Er erkennt zwar an, daß ein Richter durch Vornahme amtlicher Handlungen auf einem Gebiet, für das er unzuständig ist, wie es P. war für die Ausfertigung eines Grundschuldbriefs auf seinen eigenen Namen, seine Amtspflicht verletzt, würde wohl auch schon in der absichtlichen Nichtverhinderung der Herstellung eines falschen Grundschuldbriefs eine Amtspflichtverletzung des Grundrichters finden, weist ferner darauf hin, daß eine Amtspflichtverletzung schwerlich verneint werden würde, wenn es sich um eine Fälschung der Namensunterschriften durch P. unter einer falschen Grundbucheintragung zu seinen Gunsten handelte. Gleichwohl findet er ein Bedenken darin, daß die Namenfälschungen auf dem Grundschuldbrief und die dadurch erst zur Vollendung gebrachte falsche Ausfüllung des Formulars für Handlungen erachtet werden müßten, die außerhalb des Amtsbereichs des Grundbuchrichters lagen. Es mag auch hier auf sich beruhen, ob in diesen Handlungen eine Amtspflichtverletzung des P. als Grundbuchrichters gefunden werden kann; denn darin ist dem ersten Richter beizutreten, daß schon die oben festgestellten Amtspflichtverletzungen geeignet waren, die Entstehung eines Schadens zu verursachen. Der erste Richter führt zutreffend aus, daß ein Grundschuldbrief, der nicht unter Benutzung des amtlichen Formulars mit dem Landeswappen oder nicht mit dem Siegel der zuständigen Behörde hergestellt wäre, ganz gewiß von der Klägerin, einer geschäftskundigen Bank, nicht in Pfand genommen worden sein würde. Jene Pflichtverletzungen lagen auch gerade auf dem Gebiet der den Grundbuchämtern durch die Grundbuchgesetzgebung zugewiesenen Aufgaben, zu denen die Ausfertigung und Aushändigung der Grundschuldbriefe gehört (§§ 70, 56 flg. G.B.O.), und dadurch wird wieder die hier verletzte Überwachungspflicht des Grundbuchrichters hervorgerufen.

Da die Wechseldarlehen dem P. nach dem in der Berufungsinstanz nicht bemängelten Tatbestand der ersten Instanz mit Rücksicht auf das für völlig sicher erachtete Pfand gewährt worden sind, dieses aber wertlos, und P. selbst mittellos ist, unterlag es keinem

Bedenken, die vom Berufungsgericht unentschieden gelassene Frage, ob die Amtspflichtverletzungen des P. den Schaden der Klägerin in der Tat verursacht hätten, zu bejahen. Die Höhe des von der Klägerin geforderten Schadensersatzes von 1700 ℳ nebst 5 Prozent jährlicher Zinsen seit dem 17. Oktober 1905 ist von dem Beklagten nicht beanstandet worden. Es war daher unter Aufhebung des Berufungsurteils in Abänderung des ersten Urteils nach dem Klagantrage zu erkennen."

---

28. Findet die Befreiungsvorschrift Nr. 2 zur Tarifst. 32 des preuß. Stempelsteuergesetzes vom 31. Juli 1895 auf Kaufverträge des Konkursverwalters mit einem Abkömmling des Gemeinschuldners Anwendung?

VII. Zivilsenat. Urt. v. 3. Mai 1907 i. S. W. (Kl.) w. preuß. Fiskus (Bekl.). Rep. VII. 508/06.

I. Landgericht Danzig.
II. Oberlandesgericht Marienwerder.

In Übereinstimmung mit den Vorinstanzen wurde die vorstehende Frage verneint aus folgenden

Gründen:

„Nach der Befreiungsvorschrift Nr. 2 zur Tarifstelle 32 des preußischen Stempelsteuergesetzes sind vom Kaufstempel befreit: Verträge, durch welche unbewegliche Sachen ... von Aszendenten an Deszendenten übertragen werden. Der Versuch der Anwendung dieser Vorschrift auf einen Vertrag, durch welchen der Konkursverwalter als solcher ein zur Konkursmasse gehöriges Grundstück des Gemeinschuldners an einen Abkömmling desselben verkauft, kann in doppelter Weise begründet werden. Einmal damit, daß man den Konkursverwalter bei den von ihm vorgenommenen Veräußerungen von zur Konkursmasse gehörigen Gegenständen als gesetzlichen Vertreter des Gemeinschuldners anzusehen habe. Dieser in der Literatur von angesehener Seite — z. B. von Jaeger, Konkursordnung — vertretene Standpunkt wird indessen von der seit langer Zeit feststehenden Rechtsprechung des Reichsgerichts mißbilligt. Der Konkursverwalter handelt bei Verwaltung und Verwertung der Masse weder als Vertreter des Gemeinschuldners, noch als Vertreter der Gläubigerschaft, sondern in Ausübung eines ihm gesetzlich übertragenen selbständigen Amtes und der daraus fließenden selbständigen Verfügungsbefugnis.

Vgl. Entsch. d. R.G.'s in Zivils. Bd. 29 S. 29 flg., Bd. 55 S. 266. Diese Rechtsstellung des Konkursverwalters verbietet es, einen Vertrag zwischen ihm und einem Abkömmling des Gemeinschuldners als Vertrag zwischen Aszendenten und Deszendenten zu behandeln. Nun wird allerdings vom Kläger geltend gemacht — und dies ist der zweite in Betracht kommende Gesichtspunkt —, es komme nicht sowohl auf die Personen der Vertragschließenden, als vielmehr auf die Wirkung des Vertrages an. Auch der hier fragliche Vertrag habe den unmittelbaren Übergang des Eigentums vom Vater auf den Sohn bewirkt, enthalte also eine Übertragung des Eigentums vom Vater auf den Sohn in dem vom Stempelgesetze gemeinten Sinne, in welchem unter Übertragungsverträgen auch obligatorische, die Verpflichtung zur Übereignung begründende Verträge zu verstehen sind. Allein auch diese Auslegung der Befreiungsvorschrift, nach welcher z. B. auch der freihändige Verkauf des Pfandes durch den Pfandgläubiger — §§ 1235 Abs. 2, 1221 B.G.B. — darunter fallen würde, ist abzulehnen. Sie liegt schon nach der Wortfassung der Vorschrift recht fern. Hätte man dieser den vom Kläger behaupteten Sinn beilegen wollen, so würde es heißen müssen: Verträge, auf Grund deren das Eigentum von Aszendenten auf Deszendenten übergeht, oder: Verträge, die den Eigentumsübergang . . . zur Folge haben oder ähnlich. Die gewählte Fassung dagegen läßt deutlich ersehen, daß sie sich auf Verträge bezieht, bei deren Abschlusse der Aszendent nicht nur die passive Rolle des Eigentümers, sondern auch die aktive Rolle der veräußernden Vertragspartei bekleidet, auf Verträge zwischen Verwandten in auf- und absteigender Linie. Jeder Zweifel hieran muß schwinden, wenn man den Zweck der Vorschrift ins Auge faßt. Es sollen Verträge begünstigt werden, bei denen die enge verwandtschaftliche Beziehung der Vertragschließenden in der Regel den Anlaß zum Vertragsschluß bietet und ebenso für den Inhalt des Vertrages von maßgebendem Einfluß ist. Davon kann bei Veräußerungen des Konkursverwalters keine Rede sein. Er ist verpflichtet, die Sache im Interesse der

Gläubiger möglichst günstig zu verwerten; er würde geradezu pflichtwidrig handeln, wenn er zugunsten eines Abkömmlings des Gemeinschuldners eine bessere Verkaufsmöglichkeit außer acht ließe. Die Veräußerung an einen Abkömmling des Gemeinschuldners darf ihren Grund nur in dem zufälligen Umstand haben, daß dieser zugleich der annehmbarste Käufer ist, der aber dem Konkursverwalter nicht anders gegenübersteht, als jeder dritte Käufer.

Hiernach ist für den in Rede stehenden Vertrag mit Recht der volle Kaufstempel erfordert worden."

---

29. Inwiefern kann dem Anspruch auf Minderung wegen eines vom Verkäufer zu vertretenden Mangels (§ 462 B.G.B.) der Umstand, daß der Käufer die gekaufte Sache lange Zeit gebraucht und durch den Gebrauch wesentlich verschlechtert hat, sowie ferner die Aufstellung, daß er durch jenen Gebrauch die Feststellung des Minderwertes wegen des vorhandenen Mangels unmöglich gemacht habe, mit Erfolg entgegengesetzt werden?

II. Zivilsenat. Urt. v. 3. Mai 1907 i. S. S. (Kl.) w. B. & Cie (Bekl.). Rep. II. 16/07.

I. Landgericht Mannheim.
II. Oberlandesgericht Karlsruhe.

Aus den Gründen:

... „Bezüglich der Begründung, betreffend den in zweiter Linie einwandweise geltend gemachten Minderungsanspruch des Beklagten, bestehen Bedenken, die zur Aufhebung des Urteils führen müssen. Was in dieser Hinsicht zunächst die Annahme einer diesem Ausspruch entgegenstehenden Genehmigung durch langjährigen Gebrauch anlangt, so ist rechtlich davon auszugehen, daß der Gebrauch und selbst der Verbrauch der verkauften Sache oder die sonstige anderweitige Verfügung über dieselbe durch den Käufer dem Anspruch auf Minderung des Kaufpreises nicht entgegensteht.

Vgl. Mot. zum 1. Entw. des Bürgerlichen Gesetzbuchs Bd. 2 S. 231; Staub, Kom. zum H.G.B. 6. und 7. Aufl. zu § 377 Anm. 75, 77; Entsch. des R.G.'s in Zivils. Bd. 43 S. 67.

Aus der Tatsache des Gebrauchs, auch eines solchen Gebrauchs, durch den die Kaufsache wesentlich verschlechtert wird, allein kann daher eine Genehmigung in dem Sinne, daß der Käufer auch mit dem Kaufpreis einverstanden wäre, nicht gefolgert werden. Es würde allerdings rechtlich nicht ausgeschlossen sein, aus besonderen Umständen im einzelnen Falle eine solche Schlußfolgerung herzuleiten. Das ist aber vom Oberlandesgericht nicht geschehen; es ist auch nicht ersichtlich, daß Umstände vorliegen, denen für eine solche Annahme wesentliche Bedeutung beigelegt werden könnte, zumal da die Geltendmachung der Mängel durch den Beklagten sowohl vor dem Prozeß als während desselben unzweideutig gegen eine solche Genehmigung spricht.

Die fernere Ausführung des Oberlandesgerichts aber, daß der Beklagte die Feststellung des von ihm beanspruchten Minderwertes zur Zeit der Ablieferung durch die Art des Gebrauchs des Motors unmöglich gemacht habe, wäre zwar rechtlich nicht zu beanstanden, entbehrt aber der genügenden Begründung. Es ist nicht abzusehen, jedenfalls nicht vom Oberlandesgericht dargetan, weshalb die Feststellung, ob und in welchem Maße der Motor zur Zeit der Ablieferung in Wirklichkeit mangelhaft war und den Vertragsabmachungen nicht entsprach, sowie ob und in welcher Höhe danach ein Minderwert gegenüber dem Vertragspreis anzunehmen sei, durch den Gebrauch des Motors unmöglich geworden sei." ...

---

30. Erfordernisse für die Gültigkeit eines Vorvertrages nach Form und Inhalt, insbesondere eines Vorvertrages, durch den sich mehrere Personen untereinander zur Abschließung eines Gesellschaftsvertrages im Sinne des Gesetzes, betreffend die Gesellschaften mit beschränkter Haftung, verpflichten.

I. Zivilsenat. Urt. v. 8. Mai 1907 i. S. B. (Bekl.) w. B.'sche Testamentsvollstrecker u. Gen. (Kl.). Rep. I. 237/06.

I. Landgericht Eisenach.
II. Oberlandesgericht Jena.

Im August 1904 verstarb der Inhaber der Firma „B... Eisenwerke W. B.", Kommerzienrat W. B., mit Hinterlassung eines am 26. März 1903 notariell errichteten Testaments, in dem er seine sieben Kinder, darunter die Mitklägerin Frau M. und den Beklagten, zu Erben eingesetzt, sonstige Verfügungen getroffen, und die drei zuerst genannten Kläger zu Testamentsvollstreckern ernannt hatte.

Am 12. Februar 1905 schlossen die drei Testamentsvollstrecker und die sieben Testamentserben in notarieller Form einen Vertrag, dessen sechs Paragraphen wie folgt lauteten:

„§ 1.

Die Exekutoren, welche das bis zum Tode des Herrn W. B. von diesem allein unter der Firma „B. . . . Eisenwerk W. B." geführte Geschäft seit dem Todestage für Rechnung des Nachlasses fortgeführt, haben dem Geschäft bereits 120000 ℳ behufs Zahlung von Vermächtnissen entnommen; sie werden dem Geschäft noch ca. ℳ 220000 entnehmen, um die testamentarisch angeordneten Zahlungen an die Testamentsvollstrecker zu leisten, noch einige Vermächtnisse zu zahlen, sowie die der Witwe des Erblassers zukommenden ℳ 100000 zu belegen, und Hypothekenschulden zum Betrage von ca. ℳ 50000 zu tilgen. Frau B. J. erklärt sich bereit, die ihr vermachten ℳ 100000 gegen 5 Prozent Zinsen p. a. für die Dauer von vier Jahren als Darlehn der Gesellschaft mit beschränkter Haftung zu belassen.

§ 2.

Sobald die per 31. Dezember 1904 durch die Prokuristen der Firma zu errichtende Bilanz — in welche sämtliche Aktiva ohne Rücksichten auf ihren bisherigen Buchwert zu einem angemessenen Werte einzustellen sind — fertiggestellt ist, wird das Geschäft in eine Gesellschaft mit beschränkter Haftung verwandelt. Die Übernahme des Geschäfts soll per 1. Januar 1905 auf Grund der oben erwähnten Bilanz erfolgen, so daß das Geschäft vom 1. Januar 1905 für Rechnung der zu gründenden Gesellschaft geführt wird.

§ 3.

Der nach Maßgabe der im § 2 erwähnten Bilanz für die Einbringung des Geschäfts zu zahlende Kaufpreis wird von der neuen Gesellschaft in der Weise berichtigt, daß den Exekutoren in dieser ihrer Eigenschaft ein Geschäftsanteil, welcher 40 Prozent des Kaufpreises entspricht, zugeteilt, und der Rest des Kaufpreises unter die sieben Erben verteilt wird, jedoch mit der Maßgabe, daß von dem Betrage, den Herr G. B. zur Ausgleichung zu bringen hat, demselben *M* 57500, von dem Betrage, den Herr H. B. zur Ausgleichung zu bringen hat, demselben *M* 30000, und von dem Betrage, den Frau E. M. zu konferieren hat, *M* 25000 angerechnet werden. Die Exekutoren sind berechtigt, den auf den einzelnen Gesellschafter entfallenden Anteil abzurunden.

§ 4.

Zwecks Gewinnung der *M* 350000, welche die Exekutoren nach der Vorschrift des § 14 des Testaments des Herrn W. B. für die sieben Erben in Hypotheken anzulegen haben, und zwecks Gewinnung der *M* 50000, welche für die Testamentsvollstrecker hypothekarisch zu belegen sind, sollen die Gewinne, welche den Exekutoren als Gesellschaftern der Gesellschaft mit beschränkter Haftung zufallen, und die Zinsen der jeweilig a conto der *M* 400000 angelegten Beträge, insoweit diese Beträge nicht benutzt werden müssen, um noch andere Verpflichtungen des Nachlasses zu erfüllen, verwandt werden. Wenn bis zum 31. Dezember 1909 auf diese Weise die erforderlichen *M* 400000 noch nicht vollständig angelegt sind, sind die Exekutoren berechtigt, zwecks Gewinnung des noch fehlenden Betrages einen Teil ihres Geschäftsanteils zu verkaufen; sie sind jedoch verpflichtet, jedem der dann noch am Leben befindlichen Kinder des Herrn W. B. einen entsprechenden Teil dieses Teiles zum Kauf al pari anzubieten, und erst nach Ablehnung der Kaufofferte zu anderweitiger Verfügung berechtigt.

§ 5.

Wenn für die Erben und für die Testamentsvollstrecker zusammen je 50000 *M* belegt sind, soll der dann noch auf Namen der Exekutoren stehende Geschäftsanteil an die Erben abgetreten werden. Die Verteilung des Geschäftsanteils der Exekutoren unter die Erben hat unter Berücksichtigung derjenigen Beträge zu erfolgen, welche einzelne Erben noch (vgl. § 3) nach Maßgabe der Erbschaftsrechnung bei Verteilung des Nachlasses zur Ausgleichung zu bringen haben, soweit nicht diese Ausgleichung inzwischen schon bei Verteilung des außergeschäftlichen Nachlasses oder durch Bareinzahlung geregelt ist.

§ 6.

Die Kontrahenten genehmigen nachstehenden Entwurf — in den nach Fertigstellung der per 31. Dezember 1904 zu errichtenden

Bilanz die nach Maßgabe der Bestimmungen dieses Vertrages festzustellenden Beträge einzufügen sind — als zukünftigen Gesellschaftsvertrag und verpflichten sich, denselben demnächst zu vollziehen, auch alles dasjenige zu tun, was zur Ausführung des am heutigen Tage geschlossenen Kontraktes erforderlich ist."

Nachgefügt war ein dreiundzwanzig Paragraphen umfassender Entwurf eines Vertrages über die Errichtung der Gesellschaft mit beschränkter Haftung.

Nach der von den Prokuristen der Firma für den 31. Dezember 1904 aufgestellten Bilanz betrug der Wert des Geschäfts 2450000 ℳ. Die Testamentsvollstrecker setzten danach den Betrag des Stammkapitals der Gesellschaft und die Beträge der Stammeinlagen der Gesellschafter fest, übersandten jedem der sieben Erben eine Aufstellung darüber und unterbreiteten den vorerwähnten Gesellschaftsvertragsentwurf, nachdem er durch Einfügung der jener Aufstellung entsprechenden Beträge vervollständigt worden war, dem Registerrichter, auf dessen Veranlassung einige Änderungen vorgenommen wurden.

Demgemäß vollzogen dann die Testamentsvollstrecker, und nach der Behauptung der Kläger, auch alle sechs Miterben des Beklagten den Gesellschaftsvertrag zu notariellem Protokoll. Der Beklagte verweigerte die Vollziehung. Deshalb wurde gegen ihn Klage erhoben mit dem Antrage,

ihn zu verurteilen, den nach dem Vertrage vom 12. Februar 1905 in Aussicht genommenen Gesellschaftsvertrag in notarieller Form zu vollziehen.

Der Beklagte stützte seine Weigerung auf eine Reihe von Einwendungen, insbesondere darauf, es könne durch einen, wenn auch unter Beobachtung der Formvorschrift des § 2 des Gesetzes, betr. die Gesellsch. m. b. H., abgeschlossenen Vorvertrag, eine klagbare Verpflichtung zur Gründung oder Mitbegründung einer Gesellschaft mit beschränkter Haftung nicht übernommen werden, und der abgeschlossene Vorvertrag sei auch um deswillen nicht bindend, weil in ihm der Betrag des Stammkapitals und der von jedem einzelnen Gesellschafter zu leistenden Einlage nicht angegeben sei.

Vom Landgericht wurde der Klage gemäß erkannt, und vom Oberlandesgericht die Berufung des Beklagten zurückgewiesen. Auch die Revision des Beklagten hatte keinen Erfolg.

Aus den Gründen:

... „Es kommt ... darauf an, ob der Vertrag vom 12. Februar 1905 rechtsverbindliche Kraft hat. Vom erkennenden Senat ist wiederholt, so noch in einem Urteil vom 24. Juni 1905, Rep. I. 51/05, (abgedruckt in Holdheims Monatsschr. 1905 S. 291 flg.) entschieden worden, daß ein Vorvertrag über Abschließung eines Gesellschaftsvertrags, durch den eine Gesellschaft mit beschränkter Haftung errichtet werden soll, nur in der Form des § 2 des Gesetzes, betr. d. Gesellsch. m. b. H., gültig geschlossen werden könne. Damit ist zweierlei ausgesprochen: es wird verneint, daß ein formloser Vorvertrag des bezeichneten Inhalts gültig sei, andererseits aber anerkannt, daß unter Beobachtung der Form ein solcher Vorvertrag geschlossen werden könne.

Gegen den verneinenden Ausspruch richten sich die Ausführungen bei Staub-Hachenburg, Kommentar zum Gesetz, betr. d. Gesellsch. m. b. H. (2. Aufl.), Anm. 48 zu § 2, die indes nicht überzeugend sind. Zugegeben wird dort, daß es in den Fällen, in denen ein obligatorischer Vertrag an eine Form gebunden sei, auch keine formlose Verpflichtung zur Eingehung dieses Vertrages gebe. Wenn nun auch, wie vorher betont wird, der vom Gesetz geforderte Gesellschaftsvertrag ein Vertrag ist, durch den in Verbindung mit hinzutretender Eintragung ins Handelsregister die Gesellschaft mit beschränkter Haftung ins Leben gerufen wird, so ist er doch deshalb nicht weniger ein obligatorischer Vertrag, da durch ihn jeder Gesellschafter sich zur Leistung einer Einlage auf das Stammkapital verpflichtet (§ 3 Abs. 1 Nr. 4) und möglicherweise noch andere Verpflichtungen übernimmt (§ 3 Abs. 2 des Ges.).

Gegen die Annahme, daß unter Beobachtung der Form ein Vorvertrag der in Rede stehenden Art gültig geschlossen werden könne, läßt sich nichts Triftiges vorbringen. Das Bürgerliche Gesetzbuch enthält zwar keine allgemeinen Bestimmungen über den Vorvertrag. Aber es steht auf dem Boden der Vertragsfreiheit, und daraus folgt, daß ein Vorvertrag möglich ist, soweit nicht besondere Gründe entgegenstehen.

Vgl. Windscheid-Kipp, Lehrb. des Pandektenrechts Bd. 2 S. 252.

Das Gesetz, betr. die Gesellsch. m. b. H., schließt die Möglichkeit eines Vorvertrages, durch den die Verpflichtung zur Abschließung eines Gesellschaftsvertrages übernommen wird, nicht aus. Im vorliegenden Falle ist ein derartiger Vorvertrag in der Form des § 2 des Gesetzes geschlossen; es fragt sich daher, ob auch sein Inhalt genügt.

An sich stehen Vorverträge, was die an ihren Inhalt zu stellenden Anforderungen betrifft, unter den allgemeinen Vertragsgrundsätzen, und diese erfordern für den Inhalt nicht mehr, als ein solches Maß von Bestimmtheit, daß im Streitfalle der Inhalt des versprochenen Vertrages richterlich festgesetzt werden kann.

Vgl. Regelsberger, Zivilrechtl. Erört. Heft 1 S. 129; ders. in Endemann's Handb. Bd. 2 S. 418; Göppert, in der Krit. Vierteljahrsschr. Bd. 14 S. 417; Dernburg, Pandekten Bd. 2 § 10.

Dieses Maß von Bestimmtheit hat ohne Zweifel der hier vorliegende Vorvertrag, und die Formvorschrift im § 2 des Gesetzes, betr. die Gesellsch. m. b. H., zwingt nicht dazu, darüber hinaus diejenige Genauigkeit des Inhalts, die nach § 3 des Gesetzes der Gesellschaftsvertrag selbst haben muß, schon für den Vorvertrag über die Abschließung eines solchen zu verlangen. Diese vorgeschriebene Form hat einen doppelten Zweck. Sie soll einmal den Beteiligten die Bedeutsamkeit der von ihnen abzugebenden Willenserklärungen zum Bewußtsein bringen (vgl. Entsch. des R.G. in Zivils. B. 54 S. 419), und sie soll ferner die Grundlage des Gesellschaftsverhältnisses für Dritte erkennbar machen (vgl. Begründung des Gesetzentwurfs S. 38). Weil die Grundlage des Gesellschaftsverhältnisses für Dritte erkennbar sein muß, war es außerdem notwendig, für den Inhalt des Gesellschaftsvertrages selbst das Erfordernis ziffermäßiger Feststellung der Höhe des Stammkapitals und der auf das Stammkapital zu leistenden Einlagen aufzustellen. Den Zweck, den Beteiligten die Bedeutsamkeit ihrer Willenserklärungen zum Bewußtsein zu bringen, würde die vorgeschriebene Form auch schon bei einer solchen Genauigkeit des Vertragsinhalts hinsichtlich des Stammkapitals und der Einlagen erreichen, die zur Bildung eines Urteils über die Tragweite der einzugehenden Verpflichtung genügt. Eine größere Genauigkeit als diese braucht daher der Inhalt des Vorvertrages, für den der zweite Zweck der Form nicht in Betracht kommt, nicht zu haben, und es läßt sich nicht bestreiten, daß auch den hiernach an den Vorvertragsinhalt zu stellenden Anforderungen der Vorvertrag vom 12. Februar 1905 entspricht. Das von der Revision herangezogene

Urteil des Reichsgerichts (Entsch. in Zivils. Bd. 30 S. 95) bezog sich auf einen Fall, wo jemand durch Erklärung zu Protokoll den Beitritt zu einer zu gründenden Genossenschaft versprochen und sich verpflichtet hatte, sich den Statuten zu unterwerfen, die von gleichzeitig gewählten Mitgliedern des Aufsichtsrats und des Vorstands entworfen werden würden. Es ist nur zu billigen, daß dieser Inhalt des Beitrittversprechens für zu unbestimmt zur Annahme einer rechtsverbindlichen schriftlichen Beitrittserklärung erachtet wurde. Die Ausführungen, mit denen die Entscheidung gerechtfertigt wird, können für einen Fall, wie den vorliegenden, nicht verwertet werden, und dasselbe gilt von den Sätzen, denen man in Urteilen des vormaligen Reichsoberhandelsgerichts (Entsch. Bd. 14 S. 38, Bd. 7 S. 271, Bd. 11 S. 378, Bd. 18 S. 362, betreffend Vorvertrag auf Eingehen einer offenen Handelsgesellschaft, Gründung einer Aktiengesellschaft, Aktienzeichnung) begegnet." . . .

---

31. Kann bei einem Vertrage Nichtübereinstimmung des Willens auch dann angenommen werden, wenn die beiderseitigen Erklärungen denselben Wortlaut haben, oder ist in einem solchen Falle nur Anfechtung wegen Irrtums möglich?

B.G.B. §§ 119. 154 flg.

V. Zivilsenat. Urt. v. 8. Mai 1907 i. S. L. (Kl.) w. G. (Bekl.). Rep. V. 340/06.

I. Landgericht I Berlin.
II. Kammergericht daselbst.

Der Kläger hat durch notariellen Vertrag vom 21. Juni 1904 von dem Beklagten dessen bei B. gelegenes Bauland in der Größe von 2021,33 Quadratruten unter Zugrundelegung eines Einheitspreises von 975 ℳ für die Quadratrute, insgesamt für 1970796,75 ℳ gekauft und am 1. November 1904 aufgelassen erhalten.

Dem Kaufabschluß waren längere Unterhandlungen vorangegangen, bei denen der Agent B. als Vermittler tätig war. Am

18. Juni 1904 hatte der Beklagte schriftlich sein letztes Angebot (Ultimatum) mit Annahmefrist bis zum 20. desselben Monats und der Preisbestimmung von 975 ℳ unter folgenden Bedingungen gemacht:

1. der Preis versteht sich brutto für Bau-, Vorgarten- und Straßenland,
2. ich lasse das Terrain ... vermessen, das Mehr oder Weniger gegen 2021,33 Quadratruten wird zu 975 ℳ die Quadratrute verrechnet.

Der Kläger hatte mit einem Vertragsentwurf geantwortet, der als Verkaufsgegenstand 1947,33 Quadratruten Bau- und Vorgartenland und 74 Quadratruten Straßenland zu je 975 ℳ bezeichnete und bei der Bestimmung über die Berechnung des Mehr oder Weniger den Zusatz enthielt:

„Es wird dabei aber erwähnt, daß ein etwaiges Plus für das mit 74 Quadratruten in Anrechnung gebrachte Straßenland nicht zur Berechnung gelangt, sofern es sich etwa auf mehr als 2 Quadratruten erstrecken sollte."

Dem Agenten B. hatte der Kläger mitgeteilt, daß er mehr als 74 Quadratruten Straßenland keinesfalls bezahlen wolle, B. aber hatte dies, um den Vertragschluß nicht zu gefährden, dem Beklagten verschwiegen und ihm erklärt, daß der Kläger sein Angebot annehme. Bei dem Abschluß des notariellen Vertrages war dann auf Verlangen des Beklagten, möglicherweise in Abwesenheit des Klägers, im Eingange die Unterscheidung des Bau- und Vorgartenlandes von dem Straßenlande in Wegfall gebracht, die Bestimmung über die Berechnung eines etwaigen Größenunterschiedes (§ 4) jedoch mit dem von dem Kläger entworfenen Zusatz aufgenommen worden.

Bei der neuen Vermessung stellte sich, abgesehen von einem Gesamtmindermaß von 3,06 Quadratruten, das innerhalb der zulässigen Fehlergrenze liegt, heraus, daß das Straßenland nicht 74 Quadratruten, sondern 121,89 Quadratruten umfaßte. Es lag dies daran, daß in der Prinzregentenstraße das Vorgartenland zugunsten der Straße um 1 Meter verringert worden war. Im übrigen mußte auch das Vorgartenland unentgeltlich der Gemeinde überlassen werden, durfte aber als solches vorläufig gegen einen jährlichen Zins noch benutzt werden.

Der Kläger zahlte auf Verlangen des Beklagten das ganze Kaufgeld unter Vorbehalt und verlangte mit der Klage Rückzahlung des Preises für das Mindermaß von 3,06 und 121,89 — 76 Quadratruten im Betrage von 47726,25 ℳ nebst 5 Prozent Zinsen seit dem 1. November 1904. Der Beklagte wollte den Zusatz des § 4 im Anschluß an den Abs. 1 dieser Bestimmung so verstanden haben, daß nur in dem Falle, daß das Übermaß des Straßenlandes zugleich ein Gesamtübermaß ergebe, das Mehr über 76 Quadratruten nicht zu vergüten sei. Der Beklagte wollte dies bei Abschluß des notariellen Vertrages zum Ausdruck gebracht und von dem Notar eine bestätigende Antwort erhalten haben.

Das Landgericht sprach dem Kläger nur ein Prozent Zinsen ab und erkannte im übrigen nach dem Klagantrag; das Kammergericht dagegen wies die Klage ab.

Die Revision wurde zurückgewiesen aus folgenden

Gründen:

„Das Berufungsgericht hat, ebenso wie das Landgericht, angenommen, daß die Parteien in betreff der Bedeutung des § 4 Abs. 2 des Vertrages verschiedener Meinung gewesen seien. Während aber das Landgericht die Ansicht vertrat, daß die Auslegung, die der Kläger dieser Vertragsbestimmung gab, objektiv allein richtig, und daß deshalb ein Vertrag mit dem von dem Kläger gewollten Inhalt zustande gekommen sei, den der Beklagte wegen Irrtums hätte anfechten können, den er aber nicht angefochten habe, geht der Berufungsrichter von der Annahme aus, daß die Vertragsbestimmung objektiv, nach ihrem Wortlaut und nach den begleitenden Umständen, keineswegs eindeutig, daß sie vielmehr zweideutig sei und sowohl die von dem Kläger, als auch die von dem Beklagten gewollte Auslegung zulasse. Man könne in dem Abs. 2 des § 4 ebensogut eine selbständige, für die Berechnung des Straßenlandes im allgemeinen gegebene Vorschrift im Sinne ihres Urhebers, des Klägers, als auch eine besondere Vorschrift für die Berechnung des nach Abs. 1 der Bestimmung sich etwa ergebenden Gesamtübermaßes im Sinne des Beklagten finden. Beide Auslegungen seien gleichberechtigt und dem anderen Teil auch erkennbar gewesen. Unter diesen Umständen sei eine Willenseinigung in diesem Punkte nicht zustande gekommen, und da beide Parteien den Punkt für wesentlich erachtet und bei Annahme der gegenteiligen Auffassung den Vertrag nicht geschlossen hätten, so sei überhaupt kein Vertrag zustande gekommen. Bei der Nichtigkeit des Vertrages sei auch die Klage hinfällig, da diese auf den Vertrag sich gründe, und dessen Bestand zur Voraussetzung habe.

Diese Ausführungen lassen einen Rechtsirrtum nicht erkennen und werden von der Revision vergeblich angefochten. Der Revisionskläger will zwar eine Verletzung der §§ 119, 154, 155, 157 B.G.B. und der von dem Reichsgericht in dem Urteil Entsch. in Zivils. Bd. 58 S. 233 aufgestellten Rechtsgrundsätze daraus herleiten, daß der Berufungsrichter die Willenseinigung verneint habe, obwohl beide Parteien dieselbe Erklärung abgegeben hätten. Nach Ansicht des Revisionsklägers kann die Erklärung in einem solchen Falle nur einen Sinn haben, der nach objektiven Merkmalen ermittelt werden müsse. Dem war indessen nicht beizustimmen. Wenn zwei Personen dasselbe erklären, so kann die Erklärung sehr wohl einen ganz verschiedenen Sinn haben, und es kann daher der formelle Gleichlaut der Erklärungen nicht allein maßgebend sein. Etwas Gegenteiliges ist auch aus dem Urteil Bd. 58 S. 235, 236 nicht zu entnehmen. Es ist dort nicht auf den gleichen Wortlaut, sondern auf den gleichen Inhalt der Erklärungen entscheidendes Gewicht gelegt, und wenn dabei bemerkt ist, daß der Inhalt sich aus dem Wortlaut ohne weiteres ergeben könne, so ist das zweifellos richtig, aber gerade in jenem Falle nicht maßgebend gewesen; denn es ist dort von dem Berufungsgericht mit Billigung des Reichsgerichts der gleiche Inhalt nicht bloß aus dem Wortlaut, sondern auch aus den begleitenden Umständen gefolgert worden. Im vorliegenden Falle ist der Berufungsrichter bei erschöpfender Würdigung des Vertrages und seiner Vorgeschichte zu dem entgegengesetzten Ergebnis gelangt und hat im vollen Einklang mit der Rechtsprechung des Reichsgerichts (vgl. auch Gruchot's Beitr. Bd. 50 S. 897 und das Urteil vom 22. November 1906, Rep. V. 80/06) ein wechselseitiges Mißverständnis beider Parteien und damit Nichtigkeit des Vertrages angenommen." ...

32. Kann der Verkäufer eines Teiles seines Grundbesitzes gegen den Käufer oder dessen Rechtsnachfolger wegen Beeinträchtigungen klagen, die durch voraussehbare und unvermeidliche Zuführungen aus einem auf dem Trennstück errichteten Betriebe seinem Restgrundstück erwachsen?

V. Zivilsenat. Urt. v. 11. Mai 1907 i. S. v. B.-B. (Kl.) w. K. (Bekl.). Rep. V. 483/06.

I. Landgericht Guben.
II. Kammergericht Berlin.

Auf dem Rittergut St. des Klägers betrieb früher eine von diesem mitgegründete Gewerkschaft „Der Berggeist" den Braunkohlenbergbau nebst einer Brikettfabrik, die der Kläger mit Grund und Boden an die Gewerkschaft im Jahre 1900 verkauft hatte. Die Gewerkschaft geriet in Konkurs, und aus diesem kaufte der Beklagte deren Grund- und Bergwerkseigentum. Er betrieb insbesondere auch die Brikettfabrik weiter. Die Klage verlangte nun von ihm wegen schädlicher Gas- und Kohlenstaubzuführungen aus jener Fabrik auf das Rittergut St. für das Jahr 1903 Schadensersatz von 3401 *M* nebst 4 Prozent Zinsen seit der Klagezustellung. Der Beklagte widersprach, und das Landgericht wies die Klage kostenpflichtig ab. Vom Kammergericht wurde die Berufung des Klägers zurückgewiesen. Beide Vorderrichter waren, gestützt auf die Entsch. des R.G.'s in Zivils. Bd. 29 S. 268 u. Seuffert, Arch. 58 Nr. 142, der Meinung, daß der Kläger durch bewußte und gewollte Veräußerung der Grundfläche zum Betriebe der Brikettfabrik auf seine Rechte aus § 906 B.G.B. verzichtet habe. Sie erachteten seine Behauptung, daß er sich Schadensersatzansprüche wegen Zuführungen vorbehalten habe, für widerlegt und erklärten für bewiesen, daß die Entstaubungsvorrichtungen in der Brikettfabrik genügend und den Anforderungen entsprechend seien. Auch die Revision des Klägers wurde zurückgewiesen.

Aus den Gründen:

... „Die oben angezogenen Entscheidungen des erkennenden Senats, die zunächst über das Verhältnis zwischen dem Verkäufer und seinem Käufer selbst sich aussprechen, und von denen das Urteil in den Entsch. Bd. 29 S. 268 nur nebenbei und ohne besondere

Begründung die gleichen Grundsätze auch zugunsten des Besitznachfolgers des Käufers anwendet, fußen zwar auf dem preuß. Allgemeinen Landrecht; es besteht aber kein Grund, unter der Herrschaft des Bürgerlichen Gesetzbuchs von ihrem Inhalt abzuweichen. Dieses Gesetz wird in besonderem Maße von dem Gebote, Treu und Glauben im Rechtsverkehr walten zu lassen, beherrscht, wie sich dies deutlich z. B. aus den §§ 133, 157, 242, 826 ergibt.

Wenn nun der Grundeigentümer einen Teil seiner Liegenschaften zu dem ihm bekannten Zwecke der Errichtung eines Betriebs verkauft, von dem er Beeinträchtigung seines Restbesitzes durch lästige Zuführungen voraussieht oder vernünftigerweise voraussehen muß, wenn er sich deswegen entsprechend bezahlen läßt und keinerlei Vorbehalt beim Vertragsabschlusse macht, so würde es geradezu wider Treu und Glauben verstoßen, wenn er, sei es gegen seinen unmittelbaren Abkäufer, oder sei es gegen dessen Besitznachfolger, den von ihm beim Verkauf gebilligten Zweck nachträglich durch Eigentumsstörungs- oder Schadensklagen nach §§ 1004, 906, 823 B.G.B. ganz oder teilweise vereiteln wollte. Bei einem solchen Versuch kann ihm vom Beklagten mit Recht die Einrede der Arglist entgegengesetzt werden. Dies muß trotz der jetzigen Revisionsausführungen dagegen nicht bloß zugunsten des ersten Käufers und seiner Universalrechtsnachfolger, sondern auch zum Vorteile des Einzelrechtsnachfolgers des ersten Käufers gelten; denn auch in diesem hat der ursprüngliche Verkäufer durch sein Verhalten den berechtigten Glauben an die Möglichkeit ungestörter Fortsetzung des Betriebes erweckt, ihn zum Kauf dadurch veranlaßt, und er würde ihn also durch Klagen in unzulässiger Weise schädigen, ebenso wie dessen Verkäufer, der dann Gewährleistungsansprüche und dergl. zu erwarten hätte.

Indem der Verkäufer einen Teil seines Grundbesitzes zu dem voraussehbarerweise seinem Restbesitze nachteiligen Betrieb veräußert, ohne sich in dieser Richtung ausdrücklich Ansprüche vorzubehalten, verzichtet er stillschweigend dem Käufer und denen, die den gleichartigen Betrieb in Zukunft fortsetzen werden, gegenüber auf künftige Geltendmachung der ihm etwa an sich aus § 906 B.G.B. erwachsenden Ansprüche auf Betriebseinstellung, Betriebsänderung und Schadensersatz. Ein derartiger Verzicht zugunsten noch unbekannter, aber eben durch die künftige Betriebsfortsetzung bestimmter Dritter ist nach §§ 328 flg. B.G.B. zulässig; man kann ihn auch umgekehrt als Einräumung des Rechtes zu den bei ordnungsmäßigem, bestmöglichem Betrieb unvermeidlichen Zuführungen auffassen, und aus den Umständen und dem Zwecke des Vertrages kann und muß im Sinne des § 328 Abs. 2 daselbst gefolgert werden, daß der Dritte das Recht auf den Klageverzicht oder auf jene unvermeidlichen Zuführungen im Augenblick seines Besitzantritts sofort unmittelbar erwerben soll, sofern die ursprünglichen Vertragsteile zuvor sich nicht etwa anderweitig geeinigt haben.

Eine derartige Vertragsschließung kann und soll die ihr jedenfalls vorzuziehende Bestellung einer Dienstbarkeit keineswegs ersetzen. Wenn der Verkäufer z. B. auch seinen Restgrundbesitz veräußert, kann eine Pflicht seines Einzelnachfolgers, jene unvermeidlichen Zuführungen des Nachbargrundstückes zu dulden, nicht ohne weiteres anerkannt werden; auch kann die persönliche Duldungspflicht des ersten Verkäufers — was hier aber nicht näher erörtert zu werden braucht — vielleicht auch durch stillschweigende Vereinbarung, freiwillige Einstellung des Betriebs 2c unter Umständen dauernd beseitigt werden.

In vorliegender Sache haben die Vorderrichter das Vorliegen aller tatsächlichen Voraussetzungen für Anwendung obiger Rechtssätze, insbesondere den bewußten und gewollten Grundverkauf zum Zwecke des Betriebs einer Brikettfabrik, die Voraussehbarkeit unvermeidlicher, wesentlich beeinträchtigender Zuführungen aus ihr und die Unterlassung geeigneten Vorbehalts durch den Kläger einwandfrei festgestellt, und dies rechtfertigt ihre Entscheidungen und namentlich das Berufungsurteil. Auch die weiteren, mehr nebensächlichen Einzelangriffe gegen dieses sind unhaltbar." (Wird näher ausgeführt.) . . .

---

33. Läuft die einmonatige Frist des § 51 Abs. 1 des Gesetzes, betr. die Erwerbs- und Wirtschaftsgenossenschaften, auch für den nicht erscheinenden Genossen vom Tage der Generalversammlung an?

I. Zivilsenat. Urt. v. 13. Mai 1907 i. S. D. als Testamentsvollstrecker des Nachlasses der St.'schen Eheleute (Kl.) w. Molkerei A., e. G. m. u. H. in Liq., (Bekl.). Rep. I. 432/06.

I. Landgericht Elbing.
II. Oberlandesgericht Marienwerder.

Aus den Gründen:

„Es handelt sich lediglich um die Rechtsfrage, ob die einmonatige Frist des § 51 Abs. 1 des Genossenschaftsgesetzes auch für den in der Versammlung nicht erschienenen Genossen gilt, d. h. ob sie auch für ihn vom Tage der Versammlung an läuft. Nach Birkenbihl, Kommentar zum Gen.-Ges. § 51 Bem. 5, soll die Frist für den nicht erschienenen Genossen erst durch die Kenntnis des Beschlusses eröffnet werden, und ihm höchstens der Nachweis obliegen, daß er diese Kenntnis erst innerhalb eines Monates vor der Klagerhebung erlangt habe. Parisius u. Crüger vertraten früher denselben Standpunkt. Crüger hat ihn jedoch in der neuesten (5.) Auflage des Kommentars in Bem. 4 zu § 51 aufgegeben und sich der entgegengesetzten, auch von Joel, Gen.-Ges. S. 547, geteilten Ansicht angeschlossen. Darüber, daß der gleichlautende § 271 H.G.B. (Art. 190a des Gesetzes vom 18. Juli 1884), der dem Genossenschaftsgesetze als Vorbild gedient hat, in dem letzteren Sinne auszulegen ist, besteht unter den Kommentatoren keine Meinungsverschiedenheit. Nach Wortlaut und Entstehungsgeschichte des Gesetzes kann die Richtigkeit der strengeren Auslegung nicht bezweifelt werden.

In Abs. 1 des § 51 wird die Präklusivfrist für die Anfechtungsklage allgemein auf einen Monat festgesetzt. Ein Anfangstermin ist nicht ausdrücklich bestimmt. Danach kann nur angenommen werden, daß der Beginn der Frist durch den anzufechtenden Beschluß selbst bestimmt wird. Wie schon das Oberlandesgericht zutreffend bemerkt, gibt es keine allgemeine Rechtsnorm, wonach eine Präklusivfrist gegen den nicht läuft, der von dem mit der Verwirkung bedrohten Rechte keine Kenntnis hat. In Abs. 2 wird sodann dem in der Generalversammlung erschienenen Genossen die Anfechtungsklage unbeschränkt für alle Fälle einer Verletzung des Gesetzes oder des Statuts unter der Voraussetzung zugestanden, daß er gegen den Beschluß Widerspruch zu Protokoll erklärt hat, wogegen dem nicht erschienenen Genossen die Anfechtung nur aus dem Grunde zugebilligt wird, daß er entweder unberechtigterweise nicht zugelassen worden ist, oder daß die Berufung der Versammlung oder die Ankündigung des Gegenstandes der Beschlußfassung nicht gehörig erfolgt ist. Hier hätte gesagt werden müssen, daß die Anfechtungsfrist gegen den nicht erschienenen Genossen erst vom Tage seiner Kenntnisnahme an läuft, wenn das Gesetz einen solchen Unterschied hätte machen wollen. Da dies nicht geschehen ist, bestimmt sich die Frist überall nach Abs. 1. Daß dies auch die Absicht des Gesetzgebers war, läßt die Begründung des Gesetzentwurfs, der in diesem Punkte dem Gesetze entspricht, deutlich erkennen.

Zu §§ 47, 48 des Entwurfes ist gesagt:

„Die Befugnis der einzelnen Genossen, Beschlüsse der Generalversammlung wegen Verstoßes gegen die Bestimmungen des Gesetzes oder Statuts durch Klage als ungültig anzufechten, ist schon nach dem geltenden Rechte als begründet anzusehen, wenngleich das Genossenschaftsgesetz selbst keine besondere Bestimmung darüber enthält. Der Schwerpunkt der in den §§ 47 und 48 enthaltenen Vorschriften liegt deshalb in den Voraussetzungen und Beschränkungen, welche für die Geltendmachung des Anfechtungsrechts aufgestellt werden. Sie haben den Zweck, tunlichste Sicherheit zu gewähren, daß nicht ein Zustand längerer Ungewißheit über die Gültigkeit von Generalversammlungsbeschlüssen eintreten kann. Die Vorschriften entsprechen im einzelnen den Bestimmungen in den Artt. 190a, b und 222 des Aktiengesetzes." (Begründung S. 84, 85.)

Noch deutlicher tritt dieser Standpunkt des Gesetzgebers in der Begründung zum Aktiengesetzentwurfe (Gesetz vom 18. Juli 1884) hervor. Es wird zunächst die bisherige Unbeschränktheit des Anfechtungsrechts als höchst bedenklich bezeichnet. Es sei die Aufgabe des Entwurfes, dasselbe auf einen festen Boden zu stellen und in einer dem allgemeinen Interesse entsprechenden Weise zu beschränken. Es werde daher davon ausgegangen, daß das Schweigen eines anwesenden Aktionärs als eine Billigung des Beschlusses gelten müsse, und ebenso anzunehmen sei, daß ein nicht erschienener Aktionär sich im voraus den Beschlüssen der Generalversammlung unterworfen und damit auf ein Anfechtungsrecht verzichtet habe. Nur ausnahmsweise sei einem nicht erschienenen Aktionär die Anfechtung insoweit zu gestatten, als die Berufung nicht ordnungsmäßig bewirkt sei, oder die Ankündigung des Gegenstandes nicht gehörig stattgefunden habe. Sodann heißt es wörtlich:

„Der Entwurf bestimmt ferner: . . . .

c) daß die Anfechtung des Beschlusses innerhalb einmonatiger Frist seit dem Tage der Generalversammlung durch Erhebung der Klage oder Widerklage erfolgen muß. Die kurze Befristung ist unabweislich geboten, um die Ungewißheit über die Gültigkeit oder Anfechtbarkeit des Beschlusses zu beseitigen, und den Vorstand in die Lage zu setzen, den Umständen entsprechend über die Ausführung oder die Sistierung des Beschlusses zu befinden;

. . .

e) das Protokoll und die Frist geben Sicherheit darüber, ob und von wem der Beschluß angefochten werden kann. . . .“

Hieraus ergibt sich klar, daß der Gesetzgeber das größte Gewicht darauf gelegt hat, die Gültigkeit der binnen bestimmter Frist nicht angefochtenen Beschlüsse zu gewährleisten, und daß er nicht geneigt war, das Interesse von Beteiligten, die nicht in der Lage waren, innerhalb der Frist anzufechten, dem allgemeinen Interesse an der Sicherheit des Geschäftsganges voranzustellen.

Allerdings kann, wenn ein an sich zur Anfechtung berechtigter, nicht erschienener Genosse die Anfechtungsfrist aus Unkenntnis versäumt hat, unter Umständen in Frage kommen, ob mit Rücksicht auf die vorgekommene Verletzung des Gesetzes oder Statuts überhaupt der Beschluß einer Generalversammlung, die diesen Namen verdient, für vorliegend zu erachten ist. Indessen bietet der vorliegende Fall keinen Anlaß, die Voraussetzungen, unter denen die erwähnte Frage zu verneinen wäre, näher zu erörtern. Denn der Kläger hat nur behauptet, daß seine Einladung versehentlich unterblieben sei, weil man die St.'schen Erben aus Rechtsirrtum als nicht mehr bei der Genossenschaft beteiligt angesehen habe. Daß aber ein einzelner auf Versehen beruhender Mangel der Berufung die Wirksamkeit der Generalversammlung und der gefaßten Beschlüsse nicht ohne weiteres ausschließt, ergibt sich daraus, daß das Gesetz wegen derartiger Mängel eine an bestimmte Voraussetzungen geknüpfte Anfechtung der Beschlüsse zuläßt.

Kann somit der Versammlung vom 19. September 1905 der Charakter als Generalversammlung nicht abgesprochen werden, so lief die Anfechtungsfrist allgemein mit dem 19. Oktober 1905 ab; die erst am 14. Januar 1906 erhobene Klage ist also mit Recht als verspätet zurückgewiesen worden.“ . . .

34. 1. Ist es von Bedeutung für den rechtlichen Bestand eines Vertrages, daß die Kontrahenten bei dessen Abschluß von der, jedoch zu einer Bedingung im Sinne der §§ 158 flg. B.G.B. nicht erhobenen, Voraussetzung des Vorhandenseins oder des bevorstehenden Eintritts einer Tatsache ausgegangen sind, diese Voraussetzung sich aber als nicht zutreffend erweist?

2. Liegt der Vorschrift des § 812 B.G.B., sofern danach die Verpflichtung zur Herausgabe von etwas durch die Leistung eines anderen Erlangtem auch dann besteht, wenn der mit der Leistung nach dem Inhalte des Rechtsgeschäfts bezweckte Erfolg nicht eintritt, der Gesichtspunkt der Nichterfüllung einer Voraussetzung in einer für die Auslegung des Gesetzes maßgebenden Weise zugrunde?

VII. Zivilsenat. Urt. v. 5. April 1907 i. S. K. (Bekl.) w. St. (Kl.). Rep. VII. 313/06.

I. Landgericht Straubing.
II. Oberlandesgericht München.

Aus den Gründen:

... „Das Urteil mußte daher aufgehoben werden, weil die Feststellung einer Bedingung einer ausreichenden Grundlage ermangelte, jedoch bleibt der Möglichkeit Rechnung zu tragen, daß nach einer erneuten Verhandlung der Berufungsrichter mit anderer Begründung doch wiederum zur Annahme einer Bedingung gelangt. Tritt dies nicht ein, so kann die Entscheidung darin, daß die Kontrahenten, und zwar beide, von der Annahme des Vorhandenseins oder des Eintritts einer Tatsache ausgegangen sind, die nicht vorliegt oder sich nicht verwirklicht, einen Halt nicht finden. Bloße Annahmen von Tatsachen sind für den Bestand eines Geschäftes nur dann von Bedeutung, wenn ihnen durch spezielle Gesetzesvorschrift eine solche beigelegt ist, andernfalls muß hinzutreten, daß der geeinte Wille der Kontrahenten, der rechtsgeschäftliche Wille, das Rechtsverhältnis in irgend eine Art der Abhängigkeit von ihnen gesetzt hat, sei es in Gestalt einer aufschiebenden oder auflösenden Bedingung, sei es durch Festsetzung bloß obligatorischer Rechtsfolgen. Daß ein solcher Wille den Parteien etwa nahe liegen konnte, aber doch unentwickelt geblieben ist, steht dem nicht gleich. Schon für das ältere gemeine Recht ist die Kategorie der Voraussetzung in der Rechtsprechung des Reichsgerichts abgelehnt (Entsch. in Zivils. Bd. 24 S. 169). Auch in das Bürgerliche Gesetzbuch hat sie Eingang nicht gefunden. Zwar weisen die Motive zu § 742 des Entwurfs auf sie hin, namentlich insofern, als sie nicht lediglich ausführen (Bd. 2 S. 842, 843), auch die ausdrücklich abgegebene Erklärung (der Voraussetzung) müsse dem Empfänger der Leistung gegenüber erkennbar oder vernehmbar abgegeben sein, sondern weiter hinzufügen, wenn dies geschehen sei, so müsse es aber gleichgültig sein, wenn der Empfänger vielleicht aus zufälligen Gründen von der Erklärung keine Kenntnis genommen habe. Von der Kommission für die zweite Lesung des Entwurfs ist dieser Standpunkt aber nicht geteilt. Nach den Protokollen (Bd. 2 S. 690) ist für die Beibehaltung der Windscheid'schen Lehre von der Voraussetzung, worauf § 742 beruhe, niemand in der Kommission eingetreten, weil man sich überzeugt hatte, daß diese Lehre die Sicherheit des Verkehrs gefährden würde und deshalb als Grundlage für das Gesetzbuch sich nicht eigne. Man nahm an, daß mit der Voraussetzung, obwohl sich das Leben nicht selten ihrer bediene, als Rechtsbegriff nicht operiert werden könne.

Vgl. Entsch. des R.G.'s in Zivils. Bd. 62 S. 267.

Dementsprechend hat das Gesetzbuch keine die Wirksamkeit der Voraussetzung allgemein anerkennende Vorschrift aufgenommen.

Der Berufungsrichter beschäftigt sich . . . speziell mit dem § 812 B.G.B., und zwar insofern, als danach eine Herausgabepflicht auch dann besteht, wenn der mit einer Leistung nach dem Inhalte des Rechtsgeschäfts bezweckte Erfolg nicht eintritt. Es ist indessen nicht geboten, in dieser Bestimmung eine Anwendung der Kategorie der Voraussetzung auf den gegebenen Fall zu erblicken, und nicht veranlaßt, danach ihren Inhalt zu bestimmen, sondern sie enthält ihre Erklärung in sich selbst; das Ausbleiben des Erfolges, der nach dem Inhalte des Rechtsgeschäfts bezweckt war, soll die durch die Leistung entstehende Bereicherung als eine ohne rechtlichen Grund erfolgende erscheinen lassen. Für die Anwendung dieser Bestimmung, zu deren Abgrenzung im übrigen hier kein Anlaß vorliegt, ist aber bei Gegenseitigkeitsgeschäften nur in sehr beschränktem Umfange Raum gegeben. Sie greift nicht schon lediglich deshalb Platz, weil die Gegenleistung nicht gewährt wird; denn die Schaffung eines Rechtsanspruchs auf diese läßt schon den Empfang und das Behalten der Leistung als gerechtfertigt erscheinen. Nur wenn ein über den Anspruch auf die Gegenleistung hinausgehender Erfolg, wie es geschehen kann, Vertragsinhalt geworden ist, greift § 812 Platz. Im vorliegenden Falle ist der Vertrag rechtsgültig, und der N. N. hat einen Anspruch erlangt, den jederzeit geltend zu machen er nicht verhindert war." ...

---

35. Verliert ein Genosse, der die Anfechtungsklage aus § 51 des Gesetzes, betr. die Erwerbs- und Wirtschaftsgenossenschaften, erhoben hat, dadurch, daß er später aus der Genossenschaft ausscheidet, die Legitimation zur Durchführung des Prozesses?

I. Zivilsenat. Urt. v. 13. Mai 1907 i. S. Klosterfelder Milchverwertungsgen. (Kl.) w. Zentrale für Milchverwertung (Bekl.). Rep. I. 35/06.

I. Landgericht I Berlin.
II. Kammergericht daselbst.

Die klagende Genossenschaft war bis zum 30. September 1904, an welchem Tage sie auf Grund der Kündigung ausgeschieden ist, Mitglied der verklagten Genossenschaft. Am 7. Juni 1904 hat eine Generalversammlung der Beklagten stattgefunden, deren Beschlüsse die Klägerin nach § 51 Gen.Ges. angefochten hat. Die Anfechtungsklage ist dem Vorstande der Beklagten am 5., dem Aufsichtsrate am 6. Juli 1904 zugestellt worden.

Beide Vorinstanzen haben die Klage abgewiesen, weil die Klägerin nach ihrem Ausscheiden aus der verklagten Genossenschaft die Aktivlegitimation für die Anfechtung verloren habe.

Dies ist vom Reichsgericht mißbilligt worden aus folgenden

Gründen:

... „Das Kammergericht glaubt, wie schon das Landgericht getan hat, seine Ansicht auf § 73 Gen.Ges. stützen zu können. Weil sich hiernach durch das Ausscheiden eines Genossen sein Rechtsverhältnis zur Genossenschaft auflöse in einen ihm gegen die Genossenschaft, oder dieser gegen ihn zustehenden Anspruch auf Zahlung einer Geldsumme, und dieser eventuelle Anspruch der Klägerin inzwischen fällig geworden sei, so wäre, meint es, die Klägerin, wenn sie ein Guthaben behaupte, auf die Leistungsklage angewiesen gewesen, sonst auf die Feststellungsklage, daß die Beklagte von ihr nichts oder nicht mehr als einen bestimmten Betrag zu fordern habe. Den der eingetretenen Änderung der tatsächlichen und rechtlichen Verhältnisse entsprechenden Übergang von der ursprünglich zulässig angestellten Anfechtungsklage zu diesen anderen Klagen habe sie jedoch nicht vorgenommen, sondern sei bei der Anfechtungsklage des § 51 verblieben, und für diese Klage habe sie mit ihrer Mitgliedschaft auch ihre Aktivlegitimation verloren. Diese Begründung beruht auf Rechtsirrtum.

Eine Bestimmung, daß der anfechtende Genosse während der ganzen Dauer des Anfechtungsprozesses Mitglied der Genossenschaft sein müsse, enthält das Genossenschaftsgesetz nicht. Für die Aktiengesellschaft allerdings besteht der Grundsatz, daß die Legitimation des Aktionärs für die Anfechtungsklage des § 271 H.G.B. durch den fortdauernden Besitz wenigstens einer Aktie bedingt ist, auf Grund deren er dem angefochtenen Beschlusse der Generalversammlung widersprochen hat. Zwischen Aktiengesellschaft und Genossenschaft ist aber die Verschiedenheit in der rechtlichen Konstruktion so groß und wesentlich, daß sich eine entsprechende Übertragung des Satzes auf die genossenschaftlichen Anfechtungen von selbst verbietet.

Auch der § 73 Gen.Ges. rechtfertigt nicht die Ansicht des Kammergerichts. Es folgt daraus keineswegs, daß die Tatsache des Ausscheidens aus der Genossenschaft im Laufe des anhängigen Anfechtungsprozesses dem anfechtenden Genossen die Aktivlegitimation für die Fortsetzung des Verfahrens entziehe. Man kann sehr wohl mit Parisius-Crüger, Das Reichsgesetz, betr. die Erwerbs- und Wirtsch.-Genossensch., zu § 51 unter 3 (S. 366 der 5. Aufl.), das Anfechtungsrecht als ein Individualrecht des Genossen bezeichnen, das dieser nicht habe „zur Geltendmachung von vermögensrechtlichen Ansprüchen zu eigenem Vorteile, sondern namens und im Interesse der Genossenschaft“ (wobei nur das „namens“ nicht wörtlich verstanden werden darf). Dennoch bleibt es wahr, daß, wenn er auf diese Weise im Interesse der Genossenschaft, d. h. zum Schutze der Minderheitsrechte, sein Individualrecht der Anfechtung betätigt, er damit zugleich auch seine eigene Rechtsposition der Genossenschaft gegenüber sicherstellt, und, wenn er auch freilich nicht eigene vermögensrechtliche Ansprüche gegen sie geltend macht, doch sich damit die notwendige Unterlage für deren künftige Geltendmachung erkämpft. Bei dieser materiellen Tragweite der Anfechtung bleibt die Durchführung der Klage für den Genossen auch dann noch von Bedeutung, wenn er infolge seines Ausscheidens kein Interesse mehr hat, für die Wahrung der Minderheitsrechte an sich einzutreten. Der Inhalt des § 73 steht der Durchführung des Anfechtungsprozesses nicht entgegen. Freilich löst sich danach infolge des Ausscheidens des klagenden Genossen sein bisheriges Rechtsverhältnis zur Genossenschaft auf und wird durch Zahlungsansprüche des einen oder anderen Teiles ersetzt, wie das Kammergericht zutreffend angenommen hat. Damit sind auch seine Individualrechte als Genossenschafter untergegangen, und er ist grundsätzlich nicht mehr in der Lage, sie weiter zu betätigen. Wenn aber das Gesetz ihn jetzt für seine Ansprüche an die Genossenschaft auf die Ergebnisse der Auseinandersetzung verweist und dafür die Bilanz nach der Vermögenslage zur Zeit des Ausscheidens für maßgebend erklärt, so denkt es dabei selbstverständlich nicht an eine Auseinandersetzung, deren Unterlagen nur tatsächliche Geltung haben, sondern die auf rechtsbeständigen Faktoren beruht. Es kann nicht die Absicht des Gesetzes sein, dem ausgeschiedenen Genossen die Mittel abzuschneiden, um sein Recht auf richtige Auseinandersetzung zur Geltung zu bringen. Da die Zusprechung der Anfechtungsklage von erheblichem Einfluß auf die Unterlagen der Auseinandersetzung sein kann, wie noch zu erörtern sein wird, so würde der vom Kammergericht allgemein aufgestellte Satz, daß der anfechtende Genosse mit seinem Ausscheiden aus der Genossenschaft die Aktivlegitimation zur Fortführung des in zulässiger Weise erhobenen Prozesses verliere, unter Umständen von nachteiligstem Einfluß auf seine vermögensrechtlichen Ansprüche gegen die Genossenschaft sein. Ein solcher Satz würde als Inhalt des Gesetzes nur anzuerkennen sein, wenn er sich, da er nicht ausdrücklich ausgesprochen ist, aus anderweiten Gesetzesbestimmungen mit Notwendigkeit ergäbe. Dies ist nicht der Fall. Bei Anstellung der Anfechtungsklage muß zwar die Mitgliedschaft bestanden haben, weil der, wenn auch gesetz- oder statutenwidrig, ergangene Beschluß, wenn er nicht von einem Genossen nach § 51 Gen.Ges. angefochten wird, rechtlichen Bestand gewinnt. Für den Fall aber, daß der Genosse die Anfechtungsklage wirksam erhoben hatte, steht nichts Entscheidendes der durch das praktische Bedürfnis geforderten Annahme entgegen, daß das in der Klagerhebung betätigte Individualrecht auch nach dem Verlust der Mitgliedschaft noch soweit fortwirke, um die Durchführung des Anfechtungsprozesses zu ermöglichen.

Die Frage des praktischen Interesses hat auch das Kammergericht erwogen; seine Ausführungen sind aber nicht befriedigend. Es spricht aus, nicht unter Begründung aus dem konkreten Inhalte der angefochtenen Beschlüsse, sondern allgemein, daß durch den Verlust der Aktivlegitimation die Klägerin in ihrem Rechte nicht gekürzt werde; denn auf Berichtigung der der Auseinandersetzung zugrunde zu legenden letzten Bilanz habe sie ein von der Anfechtung unabhängiges Recht, und dabei könne sie auch die Ungültigkeit aller der Beschlüsse der verklagten Genossenschaft geltend machen, von denen sie dartue, daß sie die maßgebende Bilanz unrichtig gemacht hätten. Diese Begründung ist verfehlt. Es ist zwar zutreffend, daß der ausgeschiedene Genosse die Richtigkeit der Auseinandersetzungsbilanz beanstanden kann, und daß er dazu nicht der Anfechtungsklage nach § 51 bedarf, die ihm auch gar nicht zustehen würde, da er zur Zeit des Bilanzgenehmigungsbeschlusses nicht mehr Genossenschafter war. Auch ist zuzugeben, daß er dabei auf frühere Bilanzverstöße zurückgreifen darf; indessen doch nur auf solche Verstöße, deren Unwirksamkeit er auch während seiner Mitgliedschaft außerhalb der Formen der Anfechtungsklage hätte geltend machen können. Dafür, daß der Austritt des Genossen seine Rechte in dieser Beziehung erweitern könnte, bietet das Gesetz keinen Anhalt.

Das Entscheidende liegt aber in folgendem. Auch wenn die Bilanz an sich richtig ist, schließt dies nicht aus, daß die Auseinandersetzungsansprüche des ausgeschiedenen Genossen verletzt sind. Die Unterlagen für die Bilanz können auf Generalversammlungsbeschlüssen aus der Zeit seiner Mitgliedschaft beruhen, die nach Gesetz oder Statut nicht gefaßt werden durften, deren Ungültigkeit aber nur auf dem Wege der formellen Anfechtung geltend zu machen ist. Daß solche Beschlüsse auch für den später ausgeschiedenen Genossen noch von höchster Bedeutung sein können, liegt auf der Hand. Man braucht z. B. nur an den Fall zu denken, wo eine Genossenschaft m. b. H., wie die Beklagte eine ist, einen noch in der Zeit der Mitgliedschaft in Wirksamkeit tretenden Beschluß über die Erhöhung der Haftsumme (§ 132 Gen.Ges.), oder des Geschäftsanteils mit Einzahlungspflicht (§ 16 Abs. 2) faßt. Dadurch kann das nach § 73 zu ermittelnde Ausscheidungsguthaben erheblich herabgedrückt werden, und eine gefährliche Erstreckung der Konkurshaftung eintreten (§§ 141, 75, 101). Zahlreiche Beschlüsse anderen Inhalts können ihm ebenso nachteilig sein. Für die grundsätzliche Prüfung der Frage darf auch nicht außer acht gelassen werden, daß der Austritt des Genossen, der in der vorliegenden Sache sehr bald erfolgt ist, auch erst spät im Verlaufe eines lang dauernden Anfechtungsprozesses geschehen kann. Die ihn schädigenden Folgen solcher Beschlüsse kann der Genosse nur abwehren, wenn es ihm gelingt, die erhobene Anfechtungsklage zu siegreichem Austrage zu bringen. Wird ihm durch sein Ausscheiden aus der Genossenschaft die Aktivlegitimation zur Fortführung des Prozesses entzogen, so bleibt ihm kein anderes Mittel zur Wahrung seines Rechts, und er muß die Wirksamkeit der angefochtenen Beschlüsse bei der Auseinandersetzung nach § 73 Gen.Ges. anerkennen.

Die Fortdauer der Aktivlegitimation, die hiernach grundsätzlich anzunehmen ist, braucht deshalb doch nicht in allen Fällen zu gelten. Die Erwägungen, worauf die Annahme dieser Fortdauer gestützt ist, rechtfertigen andererseits auch die Ausnahme, daß mit dem Ausscheiden, genauer mit dem Zeitpunkt, wo dieses Ausscheiden endgültig wird (§ 75 Gen.Ges.), die Aktivlegitimation des Anfechtungsklägers dann und insoweit aufhört, als die Anfechtung gegen Beschlüsse gerichtet ist, an deren Vernichtung der ausgeschiedene Genosse kein Interesse mehr hat. Der Mangel des Interesses ist dann anzunehmen, wenn der Erfolg der Anfechtung keinen dem Anfechtungskläger günstigen Einfluß auf das Ergebnis der Auseinandersetzung haben und auch seine, trotz dem Ausscheiden noch mögliche genossenschaftliche, Haftung nicht herabsetzen würde. Es ist aber nicht von dem Anfechtungskläger der Nachweis seines Interesses zu verlangen; vielmehr liegt es dem Anfechtungsgegner ob, das Fehlen dieses Interesses und damit den Wegfall der Aktivlegitimation darzutun." ...

36. Inwieweit verstößt der Verkauf einer ärztlichen Praxis gegen die guten Sitten?

B.G.B. § 138.

II. Zivilsenat. Urt. v. 17. Mai 1907 i. S. B. (Bekl.) w. K. (Kl.). Rep. II. 22/07.

I. Landgericht Dresden.
II. Oberlandesgericht daselbst.

Aus den, den Sachverhalt ergebenden

Gründen:

... „Der Beklagte, der praktischer Arzt ist und in Dresden in dem Hause Waisenhausstraße Nr. 4 eine Praxis für Zahn- und Mundkrankheiten betrieb, hat mit dem Kläger, ebenfalls einem praktischen Arzt, einen Vertrag vom 1. Dezember 1902 über den weiteren Betrieb der Praxis in jenem Hause durch den Kläger geschlossen. Der Kläger, der die Praxis am 1. April 1903 von dem Beklagten übernommen hat, und über dessen Vermögen im November 1903 auf Antrag des Beklagten das (inzwischen beendete) Konkursverfahren eröffnet ist, hat jenen Vertrag als nichtig angefochten, und zwar einmal, weil er gegen § 134 B.G.B. in Verbindung mit der Standesordnung für die ärztlichen Bezirksvereine im Königreich Sachsen vom 14. März 1899 verstoße, die den Kauf und Verkauf der ärztlichen Praxis verbiete, und sodann, weil der Vertrag die guten Sitten verletze und somit unter § 138 B.G.B. falle. Das Landgericht hat den ersten Grund für durchgreifend erachtet; auf die Berufung des Beklagten hat das Oberlandesgericht in seinem jetzt mit der Revision angegriffenen Urteil die Berechtigung des Klägers zur Anfechtung des Vertrages aus § 134 B.G.B. unentschieden gelassen, die Anfechtung aber aus § 138 für begründet erachtet. Hiergegen richtet sich die Revision.

In dem Vertrage sind seinem Wortlaute nach nur Inventarstücke und Gebrauchsgegenstände als verkauft bezeichnet, und zwar für einen Preis in Höhe des Vierfachen der Bruttoeinnahmen des Beklagten aus seiner Praxis im letzten Quartale seines Betriebes (1. Januar bis 31. März 1903), zum Höchstbetrage von 70000 *M*, auf welche Summe der Preis demnächst zwischen den Parteien bestimmt ist. Der Berufungsrichter hat in Übereinstimmung mit dem ersten Richter und mit einem in dieser Angelegenheit ergangenen Urteil des ärztlichen Ehrengerichtshofs für den Regierungsbezirk Dresden vom 20. Mai 1904 unangefochten festgestellt, daß trotz jenes Wortlautes des Vertrages die Absicht der Parteien dahin gegangen sei, dem Kläger die ärztliche Praxis des Beklagten gegen Entgelt zu übertragen, und in dem Abschluß des Vertrages ein Verkauf der bis dahin von dem Beklagten betriebenen Praxis für Zahn- und Mundkrankheiten liege. Der Berufungsrichter nimmt zu der Frage, ob der sog. Verkauf einer ärztlichen Praxis gegen die guten Sitten verstoße (und deshalb nichtig sei), nicht grundsätzlich Stellung, sieht aber, wenigstens im vorliegenden Falle, den Vertrag als gegen die guten Sitten verstoßend an, indem er in betreff desselben und seines weiteren Inhalts — außer der Übertragung der Praxis zum Preise von 70000 ℳ — noch folgendes, ebenfalls unangefochten, feststellt: der Kaufpreis (beziffert auf das Vierfache der vom Beklagten in einem Quartale erzielten Bruttoeinnahme und demnächst bestimmt auf 70000 ℳ) habe zu dem Werte der als verkauft bezeichneten Gegenstände in keinem Verhältnis gestanden. Der Preis habe in Monatsraten von 1500 ℳ getilgt werden sollen, die unter allen Umständen wenigstens sechsmal zu entrichten gewesen seien. Wenngleich der Käufer sich dann von dem Vertrage habe lossagen können, so habe er in solchem Falle doch die geleisteten Zahlungen verloren und habe, um den Erlaß des (von den 70000 ℳ) noch rückständigen Kaufgeldbetrages erreichen zu können, die verkauften Gegenstände sämtlich zurückgeben müssen. Auch sei ihm solchenfalls jede Ausübung weiterer ärztlicher Tätigkeit in der Kreishauptmannschaft Dresden bei einer Vertragsstrafe von 25000 ℳ untersagt gewesen.

In der Begründung seines Urteils hat der Berufungsrichter zunächst im allgemeinen ausgeführt, der Arzt betreibe seine Praxis nicht als eine reine Erwerbstätigkeit; er solle sie nicht nur um des Vermögensgewinns willen ausüben, sondern zugleich auch zur Förderung des allgemeinen Wohles und als eine Tätigkeit, die für dieses von großer Bedeutung sei. Wie hierdurch der ärztliche Beruf aus dem Rahmen des gewöhnlichen Erwerbslebens herausgehoben werde, so erwachse dem Arzte auch zugleich die Pflicht, insbesondere bei seinem mit der Ausübung seiner beruflichen Tätigkeit zusammenhängenden Verhalten, Rücksichten zu beobachten, die dem ihm vom Publikum entgegengebrachten Vertrauen entsprechen, und die Nichteinhaltung der ihm hiernach gezogenen Grenzen könne, bei einem Handeln auf rechtsgeschäftlichem Gebiete, den Charakter eines Verstoßes gegen die guten Sitten annehmen.

Der Berufungsrichter sieht einen solchen Verstoß insbesondere auch dann für gegeben an, wenn ein Arzt das ihm entgegengebrachte Vertrauen dadurch täuscht, daß er seine Praxis an eine andere Person unter Umständen überträgt, die eine Verwertung dieses Vertrauens zum Zwecke reinen Vermögensgewinnes dartun. Dieses aber erachtet der Berufungsrichter hier für vorliegend, und er stützt diese seine Annahme auf die oben mitgeteilten Tatsachen sowie das Folgende: bei den Schwierigkeiten, die aus den Bestimmungen des Vertrages für den Kläger in bezug auf sein wirtschaftliches Fortkommen erwuchsen, habe es auf der Hand gelegen, daß der Weiterbetrieb der Praxis bei ihm von der Notwendigkeit, hierbei unter allen Umständen möglichst hohe Einnahmen zu erreichen, in einem für die Hilfesuchenden sehr nachteiligen Grade beeinflußt sein mußte, ganz abgesehen davon, daß auch sonst einem unter so drückenden Verhältnissen arbeitenden Arzte die Arbeitsfreudigkeit und die Geneigtheit, bei seiner Tätigkeit zugleich dem Allgemeinwohl zu dienen, in erheblichem Maße abgehen werde. Die hieraus sich ergebenden Umstände träten im vorliegenden Falle noch hinzu zu dem an sich bei jedem Verkaufe der ärztlichen Praxis gegebenen Nachteil, daß der Verkäufer weniger auf die wissenschaftliche und sittliche Befähigung seines Nachfolgers als auf die Höhe des Kaufpreises Rücksicht nehme, und trotzdem zu einer Empfehlung seines Nachfolgers, den der alte Kundenkreis aus Gewöhnung und Bequemlichkeit aufsuche, durch sein pekuniäres Interesse geradezu genötigt sei.

Endlich hat der Berufungsrichter noch ausgeführt, daß ein Verhalten, wie es in dem Abschluß des angefochtenen Vertrages liege, nicht nur die Standessitte, sondern auch die dem Arzte der Allgemeinheit gegenüber obliegenden Pflichten, nicht nur das Standesbewußtsein und ein bloß gesteigertes Standesgefühl der Ärzte, sondern auch die sittliche Empfindung der Gesamtheit verletze.

Die gesamten Ausführungen des Berufungsrichters lassen einen Rechtsirrtum nirgends erkennen; sie werden vielmehr durch die getroffenen Feststellungen getragen und sind jedenfalls in bezug auf den vorliegenden Fall zutreffend und billigenswert. Es hat sich bei dem Vertrage der Parteien um eine rein vermögensrechtliche Transaktion, um die rein geschäftsmäßige Übertragung der Praxis gehandelt; die ärztliche Praxis ist der Kaufgegenstand gewesen; der Einfluß, den der Beklagte als Arzt auf das Publikum gewonnen hatte, und das Vertrauen, das ihm vom Publikum entgegengebracht wurde, sind zum Gegenstande eines Gewinns gemacht und in gewinnsüchtiger Absicht ausgenutzt worden. Dieses ist unter Bedingungen geschehen, die den übernehmenden Arzt nötigten — oder doch zum mindesten die Gefahr in sich bargen, daß der übernehmende Arzt unter dem Einflusse eines starken wirtschaftlichen Drucks dazu geführt werden würde —, daß er bei Ausübung seines Berufes sein Augenmerk vor allem und unter Außerachtlassung voller Berücksichtigung der Interessen der seine Hilfe nachsuchenden Personen auf die Erzielung möglichst hoher Einnahmen richtete. Ein Vertrag unter derartigen Bedingungen verletzt, wie von dem Berufungsrichter ebenfalls ausdrücklich hervorgehoben ist, nicht nur das Standesbewußtsein und das Standesinteresse der Ärzte, sondern das allgemeine Volksbewußtsein, die Anschauungen der Gesamtheit der billig und gerecht Denkenden und verstößt somit gegen die guten Sitten.

Es ist von dem Revisionskläger gegenüber den Ausführungen und Feststellungen des Berufungsrichters zwar gerügt worden: 1. dieser habe übersehen, daß nach der Behauptung des Beklagten der Reinertrag der Praxis des Klägers vom 1. April bis zum 31. Dezember 1903 sich auf 30000 *M* belaufen habe; bei einer solchen Praxis habe der Kläger nicht zum Nachteile seiner Patienten die Einnahmen behufs Abzahlung von monatlich 1500 *M* zu steigern brauchen; 2. es sei nicht behauptet und nicht festgestellt, daß der Beklagte bei Auswahl des Klägers zum Nachteile seiner ehemaligen Patienten weder auf wissenschaftliche noch auf sittliche Befähigung gesehen habe.

Diese Rügen konnten Beachtung nicht finden. Wenn der Kläger in den neun Monaten der Ausübung der Praxis durch ihn in der Tat die von dem Beklagten behaupteten Einnahmen gehabt hat, so steht dieses den tatsächlichen Annahmen des Berufungsrichters nicht entgegen, es habe eine Verwertung des dem Arzte entgegengebrachten Vertrauens zum Zwecke reinen Vermögensgewinns stattgehabt, und es sei der Weiterbetrieb der Praxis von der Notwendigkeit, unter allen Umständen möglichst hohe Einnahmen zu erzielen, beeinflußt gewesen. Eine Feststellung, daß der Beklagte bei dem Verkauf seiner Praxis an Kläger nicht auf dessen wissenschaftliche und sittliche Befähigung gesehen habe, ist von dem Berufungsrichter allerdings nicht getroffen; es bedurfte einer solchen Feststellung nach dem Vorhergesagten aber auch nicht, und der Berufungsrichter weist in der hierbei in Frage kommenden Beziehung auch nur im allgemeinen darauf hin, daß bei jedem derartigen Verkaufe der Nachteil schon durch die Gefahr gegeben ist, daß der Verkäufer weniger auf die wissenschaftliche und sittliche Befähigung seines Nachfolgers als auf die Höhe des Kaufpreises Rücksicht nimmt.

Der Revisionskläger hat ferner noch ausgeführt: wie schon der Verkauf einer ärztlichen Praxis an sich nicht unter § 138 B.G.B. falle, so gelte dieses noch mehr von dem Verkauf einer zahnärztlichen, hier in Frage stehenden Praxis. Der Verkauf einer solchen werde nicht einmal von den Standesgenossen mißbilligt; die zahnärztliche Praxis stehe auch durch Ankauf, Bearbeitung und Lieferung von Materialien dem gewerblichen Berufe noch näher als die eigentliche ärztliche Praxis. Es bedarf keiner Erörterung darüber, ob es in der Tat für die Anwendbarkeit des § 138 B.G.B. einen rechtlichen Unterschied zu bilden vermöchte, wenn der hier vorliegende Vertrag zwischen zwei Zahnärzten über den Verkauf einer zahnärztlichen Praxis geschlossen wäre. Denn der Berufungsrichter hat festgestellt, daß es sich bei dem zwischen den Parteien (zwei Ärzten) abgeschlossenen Vertrage, wenn auch in beschränkterem Maße, so doch immerhin um die Ausübung der Heilkunde des Arztes gehandelt habe." ...

---

37. Verstößt eine Konkurrenzklausel unter Vertragsstrafe zwischen approbierten Ärzten und zwischen approbierten Zahnärzten gegen die guten Sitten?

B.G.B. § 138.[1]

[1] Vgl. die vorstehend unter Nr. 36 abgedruckte Entscheidung. D. R.

III. Zivilsenat. Urt. v. 11. Juni 1907 i. S. W. (Bekl.) w. B. (Kl.). Rep. III. 21/07.

I. Landgericht Nürnberg.
II. Oberlandesgericht daselbst.

Auf Grund der Erklärung vom 2. Januar 1899 und der diese Erklärung aufrecht erhaltenden Vereinbarung vom 31. Januar 1904 war der Beklagte vom 2. Januar 1899 bis zum 4. November 1905 „Assistent, respektive Vertreter" des Klägers. Die Vereinbarung vom 31. Januar 1904 bestimmte ein Verbleiben des Beklagten in seiner Stellung auf weitere fünf Jahre bei einem Jahresgehalt von 6000 *M* mit Aufbesserung von 30 *M* monatlich nach Ablauf von drei Jahren, sowie eine einjährige gegenseitige Kündigungsfrist, bzw. ein stillschweigendes Fortlaufen des Vertrages. In der Erklärung vom 2. Januar 1899 verpflichtete sich der Beklagte, vom Tage seines Austrittes beim Kläger innerhalb dreier Jahre weder in N. noch im Umkreise von zwölf Kilometern eine ähnliche Stellung zu übernehmen oder sich da niederzulassen, und erklärte sich im Falle einer Zuwiderhandlung gegen diese Verpflichtung zur Zahlung einer Entschädigungssumme von 10000 *M* an den Kläger oder dessen rechtmäßige Erben bereit. Am 3. November 1905 genehmigte der Kläger die vom Beklagten wegen seines schlechten Gesundheitszustandes gestellte Bitte um sofortige Entlassung. Seit Dezember 1905 betrieb der Beklagte in N. zahnärztliche Praxis. Die Klage forderte die in der Erklärung vom 2. Januar 1899 festgesetzte Entschädigungssumme von 10000 *M* als Vertragsstrafe. Die erste Instanz hat den Beklagten zu dem gemäß § 343 B.G.B. ermäßigten Betrage von 7000 *M* verurteilt. Die Berufung des Beklagten wurde durch das nunmehr mittels der Revision angefochtene Urteil zurückgewiesen.

Der Revision des Beklagten ist stattgegeben worden aus folgenden

Gründen:

„Der Beklagte hat in erster Linie eingewendet, das ihm vom Kläger unter einer Strafe von 10000 *M* auferlegte Konkurrenzverbot verstoße gegen die guten Sitten und sei deshalb nach § 138 B.G.B. nichtig. Die diesen Einwand zurückweisenden kurzen Erwägungen des angefochtenen Urteils sind rechtsirrtümlich. Der Berufungsrichter wendet nämlich offensichtlich die vom Reichsgericht in den Entsch. in

Zivils. Bd. 53 S. 155 für Konkurrenzklauseln zwischen selbständigen Kaufleuten aufgestellten Grundsätze an, wonach solche Klauseln zulässig sind bei berechtigtem Interesse auf der einen, bei nicht unangemessener Beschränkung der Bewegungsfreiheit auf der anderen Seite. Sogar von diesem rechtlichen Gesichtspunkt aus bestehen Bedenken, ob, wie der Berufungsrichter annimmt, die sechs vom Kläger vorgelegten, Konkurrenzklauseln enthaltenden Verträge von Zahnärzten geeignet sind, solche Klauseln als der guten Sitte unter Zahnärzten entsprechend und nicht als eine nur tatsächlich aufgekommene, eine Unsitte darstellende Geschäftspraktik (Entsch. des R.G.'s in Zivils. Bd. 48 S. 128) erscheinen zu lassen, zumal in dreien dieser Verträge derselbe Zahnarzt B., und in zwei weiteren derselbe Zahnarzt F. Kontrahent ist. Diese Bedenken können jedoch dahin stehen. Denn schon der rechtliche Ausgangspunkt des Berufungsrichters ist verfehlt. Die Ausübung der Heilkunde auf Grund staatlicher Approbation ist, wenngleich sie meist im Wege des privatrechtlichen Vertrages geleistet und honoriert wird, ihrem inneren und eigentlichen Wesen nach (abgesehen von gewerblich betriebenen Privatkrankenanstalten) kein gewerbliches Unternehmen. Zunächst nicht im Sinne der Gewerbeordnung. Denn die Gewerbeordnung hat einen bestimmten Begriff des Gewerbes nicht aufgestellt und nicht aufstellen wollen, wie vom Reichsgericht in den Entsch. in Zivils. Bd. 1 S. 265, 267, Bd. 22 S. 5 bereits dargelegt ist. Die Motive zum I. Entwurf vom 7. April 1868 sagen ausdrücklich: „Eine Definition des Begriffes Gewerbe zu geben mußte vermieden werden", und die Motive zum II. Entwurf vom 4. März 1869 fügen hinzu: „es ist in dem vorliegenden Entwurf darauf verzichtet, den Begriff des Gewerbes abzugrenzen, weil die Vielgestaltigkeit der gewerblichen Entwickelung eine scharfe Begriffsbestimmung nicht gestattet". Es ist also der in der steuerrechtlichen Entsch. des R.G.'s in Zivils. Bd. 39 S. 138 als völlig entscheidend bezeichnete Umstand, daß die Abss. 3 und 5 des § 29 Gew.O. vom „Gewerbebetrieb" der approbierten Ärzte sprechen, für die Frage nach der inneren Natur des ärztlichen Berufes ohne Belang. Die ebenfalls steuerrechtliche Entsch. des R.G.'s in Zivils. Bd. 55 S. 170 hat denn auch schon betont, daß § 2 des Gesetzes, betreffend den Betrieb der stehenden Gewerbe, vom 8. Juli 1868 auch die Tätigkeit der Advokaten als „Gewerbebetrieb" bezeichnet, und daß § 6 Gew.O.

die advokatorische und Notariatspraxis ausdrücklich von den Bestimmungen des Gesetzes ausnimmt, also an sich auch sie als einem weiten, unbestimmt gelassenen Begriff „Gewerbe" unterstehend erachtet. Die Einbeziehung der Medizinalpersonen in die Gewerbeordnung hatte nach den Motiven zu § 29 den Zweck, denselben die Freizügigkeit innerhalb des Bundesgebietes zu ermöglichen und zu gewährleisten; deshalb sind die Prüfungen und Approbationen der Medizinalpersonen von Reichs wegen geordnet. Satz 2 des Abs. 1 des § 6 Gew.O. besagt demgemäß, daß das Gesetz auf die Ausübung der Heilkunde nur insoweit Anwendung findet, als dasselbe ausdrückliche Bestimmungen darüber enthält.

Vgl. Jurist. Wochenschr. 1902 Beilage 6 S. 228 Spalte 2.

Aus der Gewerbeordnung ist hiernach für die Natur des ärztlichen Berufes positiv nichts zu gewinnen. Eine positive Bekundung über das Wesen des ärztlichen Berufes ist dagegen gegeben in den Standesanschauungen, welche in den den praktischen Ärzten (nicht auch den Zahnärzten) staatlich erteilten Organisationen unter staatlicher Autorität durchgeführt werden. Der für Preußen auf Grund des Gesetzes, betreffend die ärztlichen Ehrengerichte, das Umlagerecht und die Kassen der Ärztekammern, vom 25. November 1899 seit dem 1. April 1900 bestehende ärztliche Ehrengerichtshof hat in einer Reihe von Entscheidungen Reklamen, Angriffe auf den Besitzstand eines Berufsgenossen, Verbindungen mit Kurpfuschern als standesunwürdig geahndet.

Vgl. Ministerialblatt für Medizinal- und medizinische Unterrichtsangelegenheiten 1901 S. 249; 1902 S. 134/135, 293, 295, 311, 313; 1903 S. 103, 219, 221, 340, 356; 1904 S. 45, 381, 382.

Alle diese Sprüche laufen entsprechenden Entscheidungen des Ehrengerichtshofs für deutsche Rechtsanwälte völlig parallel.

Vgl. diese Entsch. Bd. 1 S. 192 flg., Bd. 3 S. 89, 112, 116/117, 299, Bd. 5 S. 131, 164, 169, Bd. 11 S. 97, 125.

Beide Ehrengerichtshöfe finden einen Verstoß gegen die Standesehre auch in dem Kauf und Verkauf der Praxis, weil hierdurch der ideelle Wert des persönlichen Vertrauens in Geld umgesetzt werde.

Urteil des Ehrengerichtshofs für Anwälte vom 29. Januar 1886 in Bd. 2 S. 7 flg. und Urteil des Ehrengerichtshofs für die preuß. Ärzte vom 12. Januar 1904 im Ministerialblatt 1904 S. 379;

vgl. die Urteile der Oberlandesgerichte Stuttgart vom 22. Juni 1892 in den Jahrbüchern der württembergischen Rechtspflege Bd. 6 S. 169; Zweibrücken vom 28. November 1900 in der Zeitschrift für Französisches Zivilrecht Bd. 32 S. 166; Posen vom 26. September 1902 in der Rechtsprechung der Oberlandesgerichte Bd. 6 S. 33 und Braunschweig vom 19. Juni 1902 daselbst Bd. 5 S. 107 und in Seuffert's Archiv Bd. 58 S. 1.

Beide Ehrengerichtshöfe rügen also Maßnahmen, welche erlaubte und gewöhnliche Geschäfte eines gewerblichen Unternehmens sind, beim Arzt und Rechtsanwalt als Berufspflichtverletzung. Beide Gerichtshöfe weisen die öftere Berufung der Verteidigung auf die Gewerbeordnung, nämlich darauf, daß der Beruf des Rechtsanwalts bzw. des Arztes ein freies Gewerbe sei, zurück, weil beide Berufe nach anderweiten Gesetzen eben nicht als freie, dem Geldverdienen gewidmete Gewerbe ausgeübt werden dürfen; für Rechtsanwälte Bd. 1 S. 204, Bd. 2 S. 8, Bd. 3 S. 116, 300, Bd. 5 S. 172; für Ärzte Ministerialblatt 1903 S. 103, 220; 1904 S. 383. (Entsprechend hatte die Begründung des Entwurfs des Gesetzes vom 25. November 1899, Sammlung der Drucksachen des Hauses der Abgeordneten 19. Legislaturperiode I. Session Nr. 29 S. 19, bemerkt: „Rechtliche Bedenken etwa dahin, daß landesgesetzliche Vorschriften über Festsetzung ehrengerichtlicher Strafen gegen Ärzte mit den Vorschriften der Reichsgewerbeordnung nicht vereinbar seien, können mit Grund nicht geltend gemacht werden.") Und die beiderseitigen Entscheidungen stützen sich lediglich auf die gleichlautende Bestimmung des § 28 der Rechtsanwaltsordnung und des § 3 Abs. 1 des Gesetzes vom 25. November 1899: „Der Rechtsanwalt (der Arzt) ist verpflichtet, seine Berufstätigkeit gewissenhaft auszuüben und durch sein Verhalten in Ausübung des Berufes sowie außerhalb desselben sich der Achtung würdig zu zeigen, die sein Beruf erfordert." Eben diese Anschauungen sind als für die praktischen Ärzte verbindlich ausgeprägt in außerpreußischen ärztlichen Standesordnungen: Standesordnung der Karlsruher Ärzte §§ 1—3; Entwurf einer Standesordnung für die Ärzte Bayerns, welcher nach den Motiven zum Entwurf eines Gesetzes die ärztliche Standes- und Ehrengerichtsordnung betreffend (Verhandlungen der Kammer der Abgeordneten des bayerischen Landtags 1899/1900 Beilageband I S. 356) der einmütigen Überzeugung der Ärztekammern und der zuständigen staatlichen Organe entspricht, §§ 1—24; Ärztliche Standesordnung für das Königreich Sachsen, Anlage zur Ärzteordnung vom 15. August 1904, §§ 1—15; Standesordnung für die Ärzte des Herzogtums Braunschweig. Die sich unter staatlicher Autorität durchsetzende sittliche Überzeugung und die tatsächliche Sitte der deutschen Ärzte gehen dahin, daß der ärztliche Beruf, wie der Rechtsanwaltsberuf, als „Gewerbe", d. h. als eine Einnahmequelle, als ein auf Geldverdienen gerichtetes Unternehmen nicht ausgeübt wird und nicht ausgeübt werden darf. Die Überzeugung von dem höheren sittlichen Zweck beider Berufe greift über die Standeskreise hinaus; sie ist eine allgemeine. Sie tritt hervor in den Entscheidungen des Preußischen Oberverwaltungsgerichts Bd. 15 S. 41/50, Bd. 23 S. 39/45, Bd. 24 S. 322 und des Kammergerichts vom 12. November 1894 (Jahrbuch der Entscheidungen des Kammergerichts von Johow, Bd. 16 S. 316), vom 14. Januar 1901 und vom 9. November 1903 (Rechtsprechung der Oberlandesgerichte Bd. 2 S. 277, Bd. 8 S. 89). Sie kommt zum Ausdruck in den Motiven zu § 2 des neuen Handelsgesetzbuchs: „Der Ausdruck gewerbliches Unternehmen braucht im Gesetz nicht näher erläutert zu werden; schon vermöge der Bedeutung, welche ihm nach dem allgemeinen Sprachgebrauche zukommt, genügt er, um die Ausübung der Kunst, der Rechtsanwaltschaft, des ärztlichen Berufs usw. auszuschließen."

Nach den Sittenanschauungen nicht nur der Ärzte und Rechtsanwälte selbst, und nicht nur der sonst höher gebildeten Volkskreise, sondern des gesamten deutschen Volkes stehen die allgemeinen Interessen dienenden Berufe des Arztes und des Rechtsanwalts über dem Niveau einer Gelderwerbstätigkeit und dürfen auf die Stufe eines gewerblichen Unternehmens nicht herabgezogen werden. Dem „durchschnittlichen Maßstab", „dem Anstandsgefühl aller billig und gerecht Denkenden" (Entsch. des R.G.'s in Zivils. Bd. 58 S. 217, Bd. 48 S. 124) ist es anstößig, wenn der Beruf des Arztes und des Rechtsanwalts lediglich zum Zweck des Geldverdienens und nach den Antrieben dieses Zweckes ausgeübt wird. Das eigentümliche und entscheidende Gepräge beider Berufe liegt darin, daß sie fundamentale, allgemeine, öffentliche Zwecke, nämlich die der Gesundheitspflege und der Rechtspflege, auf Grund staatsseitig geforderter und gewährleisteter wissenschaftlicher Vorbildung unter besonderer Verantwortung zu erfüllen haben. So bemerken die Motive zum I. Entwurf der Gewerbeordnung: durch Verzicht auf den ärztlichen Befähigungsnachweis würde die Gesetzgebung in tiefen Widerspruch treten mit dem öffentlichen Bewußtsein und mit den berechtigten Anforderungen, welche an die Staatsgewalt im Interesse der Sorge für Leben und Gesundheit der Staatsangehörigen gestellt werden. Und darum haben § 28 der Rechtsanwaltsordnung und § 3 Abs. 1 des Gesetzes vom 25. November 1899 einen sich dem § 10 des Reichsbeamtengesetzes vom 31. März 1873 anschließenden Wortlaut. Die Honorierung der Berufstätigkeit des Arztes und des Rechtsanwalts tut diesem inneren Kern derselben keinen Abbruch, zumal die römische Anschauung, welche z. B. den professores juris civilis einen Honoraranspruch versagte, quia juris civilis sapientia est res sanctissima, quae pretio nummario non sit aestimanda nec dehonestanda (l. 1 § 5 D. de extraordinariis cognitionibus 50, 13), längst dem Axiom gewichen ist, daß auch die höchste geistige Arbeit ohne Abbruch ihrer Würde ihren materiellen Lohn finden darf und soll; vgl. Ihering, Der Zweck im Recht, Bd. 1 S. 106/115 und 186/192. Mit Recht bemerkt die Entscheidung des ärztlichen Ehrengerichtshofs Ministerialblatt 1903 S. 219: „Die zu starke Betonung und Hervorhebung des gewerblichen Moments ist geeignet, den Stand in den Augen der Bevölkerung herabzusetzen", und mit Recht findet der Ehrengerichtshof für Anwälte Bd. 2 S. 9, daß die öffentliche anonyme Ankündigung der Bereitschaft zum Verkauf einer Anwaltspraxis den gesamten Anwaltsstand kompromittiert. Es ist eine Tatsache, daß das sittliche Bewußtsein aller Volkskreise gegen eine Ausnutzung des ärztlichen und anwaltlichen Berufs wie einer Gelderwerbsquelle feinfühlig und lebhaft reagiert als gegen einen Mißbrauch einer öffentlichen mit Pflichten verbundenen Stellung. Insbesondere ist auch die Stellung des nicht beamteten Arztes durch eine Reihe öffentlichrechtlicher Rechte und Pflichten gekennzeichnet. Als die für Medizinalpersonen bestehenden landesgesetzlichen Bestimmungen, welche ihnen einen Zwang zu ärztlicher Hilfe unter Androhung von Strafen auferlegten, durch § 144 Abs. 2 Gew.O. aufgehoben wurden, hat der Antragsteller, der Abgeordnete Dr. Löwe, ohne Widerspruch bemerkt: „Staat und Gemeinde wissen sehr wohl, daß die Gesetze der Ethik für den Stand der Ärzte so verpflichtend sind, daß sie ihn zu viel weiteren Leistungen führen, als die Strafgesetze durch Androhung irgend führen können". Entsprechend hat der preußische Ehrengerichtshof für Ärzte im Beschluß vom 1. Dezember 1902, Ministerialblatt 1903 S. 217, ausgesprochen: „Die Verweigerung ärztlicher Hilfeleistung in Fällen dringender Lebensgefahr, mag diese durch eine plötzliche schwere Erkrankung, oder durch die plötzliche Verschlimmerung einer bereits bestehenden Krankheit herbeigeführt sein, enthält einen Verstoß gegen die ärztlichen Standespflichten". Zahlreiche gesetzliche Bestimmungen (Strafgesetzbuch §§ 209, 278, 300, Gerichtsverfassungsgesetz §§ 35, 85, Strafprozeßordnung §§ 52 Abs. 1 Nr. 3, 87, Zivilprozeßordnung § 383 Nr. 5, Konkursordnung § 61 Nr. 4, Personenstandsgesetz §§ 18 Nr. 3, 58, Reichsgesetz, betreffend die Bekämpfung gemeingefährlicher Krankheiten vom 30. Juni 1900 § 2, preußisches Gesetz, betreffend die Bekämpfung übertragbarer Krankheiten vom 28. August 1905 § 2, Reichsimpfgesetz vom 28. April 1874 § 8, preußische Städteordnung für die östlichen Provinzen vom 30. Mai 1853 § 74 Abs. 2 Nr. 6) lassen die Erklärung in dem Erlaß des preußischen Ministers der Medizinalangelegenheiten vom 31. August 1901, daß auch die nichtbeamteten Ärzte nicht mehr als Privatpersonen (im Sinne des gerade in Frage kommenden Stempelsteuergesetzes) anzusehen sind, sondern auf dem Gebiet der Gesundheitspflege, wie die Rechtsanwälte auf dem der Rechtspflege, eine eigenartige Stellung öffentlichrechtlichen Charakters bekleiden, als wohlbegründet erscheinen.

Ist hiernach der Arztberuf nicht nur und nicht entscheidend die Betätigung einer *wirtschaftlichen* Kraft, sind vielmehr Ärzte, wie Rechtsanwälte, Träger geistiger Kräfte im Dienste des Gemeinwohls, so erscheinen Konkurrenzklauseln zwischen Ärzten, wie zwischen Rechtsanwälten, in besonderem Maße anstößig. Es ziemt nach allgemeiner Anschauung den Vertretern dieser wissenschaftlichen, staatlich geordneten, den wichtigsten Gemeininteressen dienenden Berufe nicht, der Berufsausübung irgend eine Beschränkung (nach Ort, nach Zeit oder gegenständlich) aufzuerlegen oder auferlegen zu lassen. Diese Berufe müssen frei sein kraft der ihnen innewohnenden sittlichen Würde im öffentlichen Interesse. Es verletzt das öffentliche Interesse unmittelbar, wenn für die Ausübung dieser Berufe private Monopole irgend welcher Art geschaffen, und diese der Allgemeinheit gewidmeten Funktionen in privatem Interesse und zu privatem Nutzen irgend gehemmt und gebunden werden. Dies hat in treffenden Sätzen[1] bereits betont die Kassationsbeschwerde, unter deren Zurückweisung das für deutsche Verhältnisse und Anschauungen abzulehnende Urteil des Pariser Kassationshofs vom 13. Mai 1861 die vertragsmäßige Untersagung ärztlicher Praxis innerhalb eines bestimmten Rayons für erlaubt und durch kein Gesetz verboten erklärte, vgl. Sirey, Recueil général des lois et des arrêts, 1861 S. 640/641. Solche Konkurrenzklauseln trifft der Satz, daß Verträge gegen die guten Sitten verstoßen, welche eine ökonomische Leistung in Kausalbeziehung zu einer Unterlassung setzen, die von Moralwegen in Kausalbeziehung zu Geld oder Geldeswert nicht stehen soll.

Lotmar, Der unmoralische Vertrag S. 73; vgl. Kohler, im Archiv für bürgerliches Recht Bd. 5 S. 218, 255 und im Lehrbuch des bürgerlichen Rechts Bd. 2 Abt. 1 S. 101/102.

Der Fall einer Konkurrenzklausel zwischen Rechtsanwälten ist denn auch dem Ehrengerichtshof für Rechtsanwälte niemals unterbreitet worden. Die Entscheidung Bd. 3 S. 117 hatte es nur mit dem Falle zu tun, daß ein Rechtsanwalt seinem Schreiber eine fünfjährige Konkurrenzklausel sich an einem bestimmten Orte weder als Rechtskonsulent niederzulassen, noch dort bei einem solchen oder bei einem Rechtsanwalt tätig zu sein) auferlegt hatte: der Gerichtshof erklärte diese Stipulation an sich für standesunwürdig. Dem preußischen Ehrengerichtshof für Ärzte hat der Fall einer Konkurrenzklausel zwischen Ärzten nur einmal vorgelegen, in der bereits angezogenen Entscheidung vom 12. Januar 1904, Ministerialblatt 1904 S. 379, welche den Verkauf der ärztlichen Praxis als standesunwürdig ahndete: die dem Verkäufer im

[1] Diese Sätze lauten: „C'est surtout en ce qui concerne les médecins, que l'ordre public et l'humanité s'opposent à ce qu'une pareille convention puisse être maintenue. Le médecin n'a pas seulement des droits, il a aussi des devoirs. Moralement, sinon légalement, il ne peut refuser ses soins au malade qui l'appelle; il ne peut d'avance se lier les mains, se fermer la bouche, vendre son inaction au premier venu pour un sac d'argent. L'ordre public ne saurait permettre à un praticien inhabile ou insuffisant de s'assurer à deniers comptants le monopole de l'art de guérir et l'exploitation exclusive de tous les malades d'une ville ou d'une contrée. On comprend à quelles conséquences pourraient conduire, dans des temps de désastre et d'épidémie, de pareilles interdictions frappant les hommes de science et de dévouement, toujours trop rares, dont les populations attendraient leur salut." D. E.

Kaufvertrage auferlegte Konkurrenzklausel ist hier (Seite 381) gewürdigt nicht für sich allein, sondern nur als Beweismittel dafür, daß der Kaufpreis ein Äquivalent gerade der übertragenen Praxis sein sollte. Nach dem zu ehrengerichtlicher Untersuchung gekommenen Tatsachenmaterial muß angenommen werden, daß die tatsächliche gute Sitte der Ärzte und Rechtsanwälte es durchaus verwirft und ablehnt, ein Konkurrenzverbot aufzuerlegen und auf sich zu nehmen. Fehl geht der Hinweis des Revisionsbeklagten darauf, daß nach den Entsch. des R.G.'s in Zivils. Bd. 53 S. 156, Bd. 48 S. 129 die Frage des Verstoßes gegen die guten Sitten nur nach der konkreten Sachlage, nach den individuellen Verhältnissen beantwortet werden könne. Dieser Grundsatz greift erst ein, wenn die Vereinbarung eines Konkurrenzverbots an sich, nach der persönlichen Stellung der Kontrahenten, nicht zu beanstanden ist. Er scheidet als nicht mehr in Betracht kommend aus, wenn diese Vorfrage sich anders beantwortet: für Ärzte und Rechtsanwälte ist ein vertragsmäßiges Konkurrenzverbot kraft ihrer Berufsstellung an sich schlechthin gegen die guten Sitten.

Die bisherige Darlegung betraf die approbierten praktischen Ärzte. Sie umfaßt aber auch die staatlich geprüften und approbierten Zahnärzte, also die gegenwärtigen Parteien. Die Zahnheilkunde ist ein spezieller Zweig der Heilkunde, der an sich jedem anderen ärztlichen Spezialfach gleichsteht. Es sind nur technische und historische Umstände, die veranlaßt haben, daß die Zahnärzte als Spezialärzte auf Grund einer besonderen und zwar geringeren Vorbildung staatlich zugelassen werden (vgl. Motive zu § 29 Gew.O.), und daß dieselben nicht organisiert sind. Diese zufälligen Momente können nicht dazu führen, die den praktischen Ärzten in einer Reihe gesetzlicher Rechte und Pflichten gleichstehenden approbierten Zahnärzte als außerhalb, und zwar unterhalb, der ärztlichen Standes- und Sittenanschauungen stehend zu erachten. Eine solche Unterscheidung wird denn auch von dem allgemeinen Volksbewußtsein nicht gemacht. Nicht wenige praktische Ärzte üben ausschließlich die Zahnheilkunde aus. § 3 der Ärzteordnung für das Königreich Sachsen vom 15. August 1904 bestimmt: „Approbierte Zahnärzte können auf ihren Antrag durch Beschluß eines Bezirksvereins als Mitglieder aufgenommen werden", hält also die approbierten Zahnärzte an sich für fähig der Rechte und Pflichten, welche den Mitgliedern der ärztlichen Bezirksvereine zustehen bzw. obliegen.

Das angefochtene Urteil ist hiernach wegen Nichtanwendung des § 138 B.G.B. aufzuheben, und auf die Berufung des Beklagten die Klage abzuweisen."

38. Ist eine Anfechtung nach § 143 B.G.B. unwirksam, wenn sie unter einer echten Bedingung erklärt wird?

B.G.B. § 143.

II. Zivilsenat. Urt. v. 17. Mai 1907 i. S. Ehel. F. (Bekl.) w. Ehel. B. (Kl.). Rep. II. 45/07.

I. Landgericht Heidelberg.
II. Oberlandesgericht Karlsruhe.

Aus den Gründen:

... „Die Revision hat ... ausgeführt, darin, daß mit der Klage, die nach Entdeckung der arglistigen Täuschung erhoben worden war, in erster Reihe die Ansprüche aus der Wandelung geltend gemacht waren, und nur fürsorglich Anfechtung wegen arglistiger Täuschung erklärt wurde, sei eine Bestätigung zu finden. Dieses Vorbringen ist nicht gerechtfertigt. Durch die Verbindung einer, wenn auch nur fürsorglichen, Anfechtungserklärung mit dem Verlangen der Wandelung ist wenigstens bei der Sachlage, wie sie hier gegeben war, ein Bestätigungswille ausgeschlossen.

Das gedachte Vorbringen der Revision könnte sich auch dahin deuten lassen, in der Klage sei nur eine bedingte Anfechtungserklärung enthalten, bedingt von dem Unterliegen mit dem Wandelungsbegehren, eine solche bedingte Anfechtungserklärung sei unwirksam. ... Aber auch so aufgefaßt, kann es keinen Erfolg haben.

Grundsätzlich ist zwar eine Anfechtung unwirksam, wenn sie unter einer echten[1] Bedingung erklärt wird. Eine in solcher

[1] Eine Rechtsbedingung — condicio juris —, keine echte Bedingung kam in Frage in der Sache Rep. V. 268/05, Urteil vom 10. Januar 1906, wo ausgeführt wird: „Ein im Prozesse gestellter Eventualantrag auf Nichtigerklärung eines Vertrages wegen Irrtums über den Inhalt der Willenserklärung enthält eine Anfechtungserklärung. Diese ist rechtzeitig, wenn der Irrtum über den Inhalt der Willenserklärung erst durch die Auslegung der urkundlichen Vertragsbestimmung im Berufungsurteil endgültig festgestellt, und wenn sonach die Anfechtungserklärung schon vor Aufdeckung des Irrtums für den Fall, daß ein solcher festgestellt werden sollte, abgegeben worden ist." D. E.

Weise bedingte Anfechtung hat demnach grundsätzlich die Wirkung der Aufhebung des Rechtsgeschäfts nicht, und im Regelfall bedarf es zur Aufhebung des Rechtsgeschäfts einer erneuten unbedingten Anfechtung innerhalb der gesetzlich bestimmten Anfechtungsfrist. Das ist zwar im Bürgerlichen Gesetzbuch nicht ausdrücklich ausgesprochen, ergibt sich aber aus dem Wesen der Anfechtung als einseitiger empfangsbedürftiger Willenserklärung; sie muß einen sofort bestimmten Rechtszustand schaffen; der Vertragsgegner braucht sich nicht auf einen, insbesondere von seinem Willen unabhängigen Schwebezustand einzulassen. Die Anfechtung wäre daher unwirksam, wenn sie nur unter der aufschiebenden Bedingung des Unterliegens mit der Wandelung erklärt worden wäre. So liegt indes im gegebenen Falle die Sache nicht. Der Aufbau der Klage, mag sie auch wenig geschickt gefaßt sein und ein scharfes Auffassen der rechtlichen Gesichtspunkte recht sehr vermissen lassen, ist dahin auszulegen, daß die Anfechtung unbedingt sowie vorbehaltlos erklärt ist, und durch die Wandelungsanspüche den Beklagten, wenn sie darauf eingehen wollten, nur die Möglichkeit eingeräumt werden sollte, das Vertragsverhältnis in der durch § 467 B.G.B. geregelten Weise mit den Klägern auseinanderzusetzen. So aufgefaßt, liegt eine bedingte Anfechtung nicht vor, und zerfällt die daraus abgeleitete Einwendung." . . .

---

39. Wie sind in § 469 Satz 2 B.G.B. die Worte „Sind jedoch die Sachen als zusammengehörend verkauft" zu verstehen, und unter welcher Voraussetzung kann daher von dem Beklagten, der auf Wandelung eines Teiles der verkauften Sachen verklagt wurde, die Einwendung erhoben werden, daß die Wandelung auf alle von ihm verkauften Sachen hätte erstreckt werden müssen?

II. Zivilsenat. Urt. v. 17. Mai 1907 i. S. K. (Kl.) w. G. (Bekl.). Rep. II. 26/07.

I. Landgericht Thorn.
II. Oberlandesgericht Marienwerder.

Aus den Gründen:

... „Die Parteien hatten einen Kaufvertrag über 78 Stiere zum Preise von 310 ℳ für das Stück abgeschlossen. Der Kläger begehrt mit der gegenwärtigen Klage die Wandelung dieses Vertrages bezüglich 58 Stiere; er behauptet zur Begründung dieses Anspruchs, der Beklagte habe bei Abschluß des Vertrages zugesichert, daß jeder der verkauften Stiere ein Gewicht von 8—10 Zentnern habe; das treffe, wie sich beim Wiegen der Tiere einige Tage nach der Ablieferung ergeben habe, bezüglich der 58 Stiere, wegen deren der Wandelungsanspruch erhoben sei, nicht zu. Während nun das Landgericht auf Grund der stattgehabten Beweisaufnahme und der sonstigen Verhandlungen in die Prüfung der Frage eingetreten ist, ob der Beklagte dem Bevollmächtigten des Klägers gegenüber die behauptete Zusicherung über das Mindestgewicht der Stiere erklärt hat, und von einem hierüber dem Beklagten auferlegten Eide die Entscheidung über den erhobenen Wandelungsanspruch abhängig gemacht hat, erachtet das Oberlandesgericht diesen Anspruch auf Grund des § 469 Satz 2 B.G.B. für unbegründet, weil die Stiere als zusammengehörend verkauft worden seien, und daher die Wandelung nicht auf einen Teil hätte beschränkt werden dürfen, sondern auf alle 78 Stiere zu erstrecken gewesen wäre. Von diesem Standpunkt aus hat das Oberlandesgericht nur auf Zurückweisung der Berufung, und nicht direkt auf Klagabweisung erkannt, weil der Beklagte Anschlußberufung nicht erhoben habe.

Diese Begründung beruht auf unrichtiger Auslegung des § 469 Satz 2 B.G.B.

Für den Fall, daß von mehreren verkauften Sachen nur einzelne mangelhaft sind, gilt nach § 469 Satz 1 B.G.B. als Regel, daß nur in Ansehung dieser die Wandelung gefordert werden kann, auch wenn ein Gesamtpreis für alle Sachen festgesetzt ist. Das entspricht auch durchgängig in solchen Fällen naturgemäß der gegebenen Sach- und Rechtslage. Eine Ausnahme ist gerechtfertigt und in § 469 Satz 2 für den Fall vorgesehen, daß „die Sachen als zusammengehörend verkauft worden sind“, indem dann jeder Teil verlangen kann, daß die Wandelung auf das Ganze erstreckt wird, wenn die mangelhaften Sachen nicht ohne Nachteil für ihn von den übrigen getrennt werden können. Hiernach, insbesondere nach den

Schlußworten des ersten Satzes ergibt sich, daß aus der Art der Bestimmung des Preises ein entscheidendes Moment dafür, daß ein Ausnahmefall des zweiten Satzes gegeben sei, nicht hergeleitet werden kann; und es ist daher schon rechtsirrig, wenn das Oberlandesgericht gerade auf dieses Moment wesentliches Gewicht gelegt hat. Im übrigen müssen, um Satz 2 zur Anwendung zu bringen, zwei Voraussetzungen vorliegen. Zunächst müssen die mehreren Sachen als zusammengehörend, d. h. als dazu bestimmt, zusammen zu bleiben, verkauft sein; die objektive Zusammengehörigkeit ist also allein nicht entscheidend; der Gesetzgeber hat es absichtlich vermieden, die Vorschrift darauf zu stellen, daß eine sog. Gesamtsache (Sachgesamtheit, Inbegriff) den Gegenstand des Vertrages bildet (vgl. Mot. zu §§ 389—391 Bd. 2 S. 235). Es kommt vielmehr darauf an, daß die Absicht beider Vertragschließenden, sowohl des Verkäufers als des Käufers, dahin ging, über die mehreren Sachen lediglich in ihrer durch einen gewissen Zweck bestimmten Zusammengehörigkeit zu kontrahieren. Als charakteristische Beispiele für solche Fälle werden im Anschluß an das römische Recht (l. 34 Dig. de aed. edicto 21, 1) von den Kommentaren aufgeführt, wenn ein aus mehreren Teilen bestehender Schmuck, ein aus mehreren Bänden bestehendes Werk, ein Viergespann gleichartiger Pferde, ein Farbensortiment als solche verkauft werden, so daß die Annahme begründet ist, daß die mehreren Sachen in dieser Zusammengehörigkeit, die ihren besonderen Wert bedingt, nicht nur vom Käufer erworben, sondern auch im Falle der Wandelung vom Verkäufer zurückerworben werden sollen.

Vgl. Mot. zu § 389—391 des I. Entwurfs; Seuffert, Archiv Bd. 59 Nr. 152 S. 269; Rechtsprechung der Oberlandesgerichte Bd. 8 S. 71; Oertmann, zu § 469 Bem. 2; v. Staudinger, 2. Aufl. zu §§ 469—471 Bem. I 1, b; Staub, Handelsgesetzbuch, 6. u. 7. Aufl. zu § 377 Anm. 143, 144; Fick, in Siebenhaar's Archiv Bd. 8 S. 129 flg.

Damit ist aber auch die Bedeutung des weiteren, gleichfalls vom Oberlandesgericht verkannten Erfordernisses für die Anwendbarkeit des § 469 Satz 2, daß die mangelhaften Sachen für den Teil, der die Erstreckung der Wandelung verlangt, nicht ohne Nachteil von den übrigen getrennt werden können, dahin gegeben, daß durch die Trennung als solche wegen des durch die Zusammengehörigkeit bedingten höheren Wertes ein wirtschaftlicher Nachteil entstehen muß, wobei allerdings nicht ausgeschlossen ist, daß auch subjektive Interessen der Beteiligten von Bedeutung sein können. Daraus ergibt sich aber, daß es weiterhin rechtsirrig ist, wenn das Oberlandesgericht angenommen hat, durch die infolge der nur teilweisen Wandelung bedingte Trennung ergebe sich ein Nachteil für den Beklagten gemäß § 469 Satz 2 B.G.B. um deswillen, weil Kläger die guten Stiere behalten, dagegen bezüglich der mangelhaften den Vertrag rückgängig machen wolle. Sofern durch den vorliegenden Kaufvertrag ein Gesamtpreis als vereinbart anzunehmen wäre — eine Frage, die vom Landgericht hätte erörtert werden müssen —, würde die Ausgleichung der Interessen wegen der Verschiedenheit des Wertes der behaltenen und der zurückzugebenden Stiere durch Anwendung des § 471 B.G.B. erfolgen müssen. Aber auch wenn ein Gesamtpreis nicht in Frage stände, könnte von einem Nachteil, wie ihn § 469 Satz 2 im Auge hat, nicht die Rede sein. Für diesen Fall hat nämlich der Kläger, soweit er die den Vertragsbedingungen entsprechenden Stiere zu dem bedungenen Preise von je 310 ℳ behält, das behalten, was er nach dem Vertrage zu beanspruchen hatte; lediglich durch die Erfüllung des Vertrages kann aber dem Beklagten ein Nachteil nicht erwachsen sein. Soweit dagegen ein Teil der Stiere nicht dem Vertrage entspricht, und daher dem Wandelungsanspruch stattzugeben sein sollte, würde Beklagter die vertragswidrigen Stiere um deswillen zurückerhalten, weil er wegen seiner mangelhaften Lieferung einen Anspruch auf Vertragserfüllung, insbesondere auf Zahlung des Kaufpreises, nicht haben würde. Ein Nachteil im Sinne des § 469 Satz 2 kann aber nicht darin liegen, daß der Beklagte außerstand gesetzt wird, einen unberechtigten Anspruch geltend zu machen.

Hiernach ist die Annahme des Oberlandesgerichts, daß der Wandelungsanspruch des Klägers bezüglich derjenigen 58 Stiere, welche ein Gewicht von 8—10 Zentnern nicht hatten, auch dann unbegründet sei, wenn nachgewiesen werden sollte, daß der Beklagte die Gewährleistung dafür übernommen hatte, daß jeder der von ihm an den Bevollmächtigten des Klägers verkauften Stiere ein Gewicht von 8 Zentnern hatte, rechtlich unzutreffend. Das auf diesem Rechtsirrtum beruhende angefochtene Urteil unterliegt daher der Aufhebung." . . .

40. 1. Gehört das „Bezugsrecht" auf die nach dem Tode des Versicherungsnehmers zahlbare Lebensversicherungssumme aus einem vom Versicherungsnehmer ohne Benennung eines Bezugsberechtigten geschlossenen Vertrage zum Vermögen des Versicherungsnehmers?
2. Welchen Einfluß hat die Klausel „zahlbar an den Inhaber" auf das Bezugsrecht?

VII. Zivilsenat. Urt. v. 24. Mai 1907 i. S. K. Nachl.-Konk. (Kl.) w. K. (Bekl.). Rep. VII. 412/06.

I. Landgericht Gießen.
II. Oberlandesgericht Darmstadt.

Aus den Gründen:

... „Zutreffend und im Anschluß an die Rechtsprechung des Reichsgerichts führt das Berufungsgericht zunächst aus, daß die unentgeltliche Zuwendung der Lebensversicherungssumme an einen Dritten zwar stets anfechtbar sei, die Rückgewährpflicht des Begünstigten dagegen sich verschieden gestalte, je nachdem der Versicherungsnehmer den Vertrag von Anfang an zugunsten des Dritten geschlossen, oder das Bezugsrecht auf die Versicherungssumme aus einer ursprünglich zu eigenen Gunsten (oder zugunsten seines Nachlasses oder seiner Erben als solcher) genommenen Versicherung nachträglich dem Dritten zugewendet hat. Im ersten Falle seien nur die während des letzten Jahres oder der letzten zwei Jahre (§ 32 Nr. 1, 2 K.O., § 3 Nr. 3, 4 Anfechtungsgesetzes) bezahlten Prämien, im letzteren Falle die vom Begünstigten bezogene Versicherungssumme zurückzugewähren. Dem ist beizutreten. Der erkennende Senat hat sich in diesem Sinne auch bereits früher ausgesprochen — Urteil vom 10. November 1905, Entsch. in Zivils. Bd. 62 S. 46 — und findet keine Veranlassung, hiervon abzugehen. Rechtlich verfehlt sind dagegen die Ausführungen des Berufungsgerichts, die sich auf die Bedeutung der hier fraglichen Zuwendung beziehen, und zum großen Teile einem Urteile des bayerischen obersten Landesgerichts — Seuffert's Archiv Bd. 41 Nr. 138 —, zum Teil aber auch nicht hierher passenden oder vom Berufungsgerichte mißverstandenen Entscheidungen des Reichsgerichts entnommen sind. Die Beweisführung des Berufungsgerichts läßt sich kurz dahin zusammenfassen: Auch bei Ausstellung einer an den Inhaber zahlbaren Police sei es übereinstimmender Wille des Versicherers und des Versicherungsnehmers, daß nicht der Versicherungsnehmer, sondern der von ihm erst noch zu bestimmende Dritte den Anspruch auf die Versicherungssumme als eigenes, ursprüngliches und selbständiges Recht erwerben solle. Übergebe der Versicherte die Police demnächst einem Dritten mit der Erklärung, daß sie ihm gehöre, und er nach Ableben des Versicherten die Versicherungssumme für sich erheben könne, so liege hierin nicht eine „Zession“ des Anspruchs, sondern die im Vertrage vorbehaltene Bestimmung des Dritten, dem der Anspruch als ursprüngliches, selbständiges Recht zustehen solle. Zum Vermögen des Versicherten habe der Anspruch von Anfang an nicht gehört, könne daher auch keinen Bestandteil seines Nachlasses bilden. Vorliegend müsse dies um so mehr angenommen werden, als der Versicherte in den Vertragsanträgen als Zweck der Versicherung die Sorge für seine Familie angegeben, und die Gesellschaft die Anträge in diesem Sinne angenommen habe. Für den Versicherten habe von vornherein festgestanden, daß er selbst nie bezugsberechtigt sein, nie bezugsberechtigter Präsentant der Police im Sinne des § 33 der Versicherungsbedingungen werden könne. Habe er also, ohne selbst einen Anspruch auf die Versicherungssumme erworben zu haben, von dem Rechte der Namhaftmachtung eines bezugsberechtigten Dritten Gebrauch gemacht, so habe er damit keinerlei Recht aus seinem Vermögen auf die Beklagte übertragen. Diese Ausführungen sind in mehrfacher Richtung rechtsirrig; der Grundirrtum liegt in der Annahme eines „nie zum Vermögen des Versicherten gehörig gewesenen Bezugsrechts.“ Eine Unterscheidung zwischen dem sofort aus dem Vertragsschlusse entstehenden Rechte des Versicherten und dem demnächstigen Rechte auf den Bezug der Versicherungssumme ist am Platze, wenn der Vertrag zugunsten eines Dritten geschlossen ist; hat dagegen der Versicherte die Versicherung für sich (oder seinen Nachlaß oder seine Erben als solche) genommen, so entbehrt die Unterscheidung der inneren Berechtigung; sie ist irreführend und hat in Wissenschaft und Rechtsprechung schon häufig Verwirrung gestiftet. Der Lebensversicherungsvertrag weist regelmäßig zwei Besonderheiten auf, die Abhängigkeit des Anspruchs auf die Versicherungssumme von der Zahlung fortlaufender Prämien und vom Tode des Versicherten. Beide sind aber dem Vertrage nicht wesentlich, und für die Beurteilung der „sofort aus dem Vertragsschlusse entstehenden Rechte des Versicherten“ ist es von Vorteil, wenn man von diesen Besonderheiten absieht. Ist, statt fortlaufender Prämien, vom Versicherten nur eine einmalige Zahlung einer entsprechend höheren Summe gleich beim Vertragsschluß zu leisten, so erwirbt er damit den unbedingten Anspruch auf die Versicherungssumme, deren Fälligkeit stets weit hinaus geschoben sein wird, aber sofort festgesetzt werden kann. Steht der Fälligkeitstag fest, so wird schwerlich jemand auf den Gedanken kommen, daß das Bezugsrecht, das Recht, die Forderung bei Verfall für sich einzuziehen, nicht schon jetzt zum Vermögen des Versicherten gehöre, sondern erst künftig, am Fälligkeitstage, als ein von der Forderung losgelöstes selbständiges Recht zur Entstehung gelange. Es ist vielmehr selbstverständlich, daß das „Bezugsrecht“ von Anfang an als unmittelbarer Ausfluß und hauptsächlichster Wesensbestandteil der Forderung selbst mit dieser für den Gläubiger begründet ist. Was am Fälligkeitstage neu hinzukommt, ist lediglich die Fälligkeit der Forderung mit dem in ihr inbegriffenen Bezugsrecht; an dem Inhalt der Forderung ändert sich nichts. Dasselbe gilt aber auch, wenn statt eines bestimmten Kalendertages der Todestag des Versicherten als Fälligkeitstermin vereinbart worden ist. Freilich kann in diesem Falle der Versicherte die Forderung nicht selbst einziehen; er muß dies von vornherein seinem Rechtsnachfolger überlassen. Aber das hat die Forderung schließlich mit jeder anderen Forderung gemein, deren Fälligkeit der Gläubiger nicht erlebt. Auch wenn ein Darlehen mit der Abrede gegeben ist, daß es bei Lebzeiten des Gläubigers unkündbar, an seinem Todestage (oder gewisse Zeit nachher) fällig sein soll, können nur die Erben des Gläubigers die Forderung einziehen; es ist aber wohl noch nie die Meinung aufgestellt worden, dieses „Bezugsrecht“ habe nie zum Vermögen des Erblassers gehört. Es ist vielmehr selbstverständlich, daß es den Erben nur als Wesensbestandteil der Forderung, als deren unmittelbarer Ausfluß, nur deshalb zusteht, weil eben die Forderung selbst auf sie übergegangen ist. Ganz schlagend erweist sich die Wesensgleichheit des Bezugsrechts mit der Forderung selbst, wenn der Gläubiger die Forderung bei Lebzeiten einem Dritten abgetreten hat. Der Übergang des Einzugsrechtes auf den neuen Gläubiger, der doch sicher nicht in Zweifel zu ziehen ist, wäre nicht möglich, wenn nicht schon der Abtretende dasselbe besessen hätte, da niemand mehr Rechte übertragen kann, als er selbst hat. Erlangt aber der Zessionar das Bezugsrecht aus dem Vermögen des ersten Gläubigers bzw. seines Vormannes, so kann für die Gesamtrechtsnachfolger nichts anderes gelten. Allerdings hat gelegentlich auch das Reichsgericht — vgl. Urteil vom 18. Mai 1887, Rep. VI. 129/87, Jurist. Wochenschr. S. 293 Nr. 25 — die hier beanstandete Unterscheidung machen zu sollen geglaubt. Allein jenes Urteil schließt gleichzeitig die Möglichkeit irriger Folgerungen selbst aus, indem es sofort hinzufügt, das Bezugsrecht gehöre zum Nachlaß, weil es lediglich als unmittelbare Wirkung und als Ausfluß der durch den Vertrag begründeten Forderung sich darstelle. Das heißt mit anderen Worten, die Erben können die Forderung einziehen, weil eben die Forderung durch Erbgang auf sie übergegangen ist.

Der Versicherungsnehmer, der den Anspruch auf die Versicherungssumme einem Dritten zuwenden will, kann dieses Ziel nun nicht nur auf dem Wege der Abtretung, sondern noch auf anderem Wege erreichen: dadurch, daß er die Zahlung an den Dritten als Selbstberechtigten mit dem Versicherer vereinbart. Er kann dies beim Abschluß des Vertrages, er kann es durch spätere Vertragsänderung. Der erstere Fall scheidet hier aus; er liegt nicht vor, und über seine Beurteilung besteht auch keine Meinungsverschiedenheit zwischen dem erkennenden Senate und dem Berufungsgerichte. Was den zweiten Fall betrifft, so kann es nicht zweifelhaft sein, daß die nachträgliche Benennung eines Bezugsberechtigten stets eine Zuwendung aus dem Vermögen des Versicherungsnehmers enthält. Das ergibt sich ohne weiteres aus den bisherigen Darlegungen. Das hierdurch entstehende Rechtsverhältnis unterscheidet sich allerdings in einigen Beziehungen von der Abtretung der Forderung. Einmal kommt es nicht, wie die letztere, durch Vertrag zwischen dem Versicherungsnehmer und dem Dritten, sondern durch Vertrag zwischen Versicherungsnehmer und Versicherer zustande. Sodann pflegt es zunächst nur beliebig widerruflich eingeräumt zu werden. Und endlich erhält der „Bezugsberechtigte" nicht, wie der Zessionar, die volle Gläubigerstellung, sondern nur gewissermaßen einen Ausschnitt aus derselben. Denn auch nachdem das Bezugsrecht des Dritten unwiderruflich geworden, behält der Versicherungsnehmer ein Forderungsrecht gegen den Versicherer auf Leistung an den Dritten (§ 335 B.G.B.). Der Dritte hat also eine ähnliche Rechtsstellung wie der Pfändungsgläubiger, dem die gepfändete Forderung zur Einziehung überwiesen ist. Dieses Einziehungsrecht ist, seine Unwiderruflichkeit vorausgesetzt, in der Person des Dritten ein selbständiges; er erhält dasselbe nicht aus dem Nachlaß des Versicherten, sondern erwirbt es kraft des Vertrages zwischen Versichertem und Versicherer, in unmittelbarer Folge dieses Vertrages, aber selbstverständlich nicht infolge des ursprünglichen Vertrages, sondern infolge der nachträglichen Vertragsänderung. Da vor dieser Änderung das „Bezugsrecht" als unselbständiger Wesensteil der ursprünglichen Forderung dem Versicherten zustand und ohne die Vertragsänderung auch fernerhin in dessen Vermögen geblieben wäre, so ist klar, daß der Dritte das Bezugsrecht aus dem Vermögen des Versicherten erhält, geradeso wie der Nießbraucher oder der Hypothekengläubiger sein Recht aus dem Vermögen des Bestellers, obgleich auch diese Rechte vorher nicht als selbständige Rechte, nicht in dieser rechtlichen Gestalt im Vermögen des Bestellers enthalten waren. — Das Berufungsgericht scheint nun aber der Meinung zu sein, daß der Fall ursprünglicher Bestellung eines Bezugsberechtigten vorliege, wenn sich der Versicherte beim Vertragsabschlusse die Bestellung eines solchen vorbehalten habe und später von dem Vorbehalt Gebrauch mache. Auch das ist rechtsirrig. Da die nachträgliche Benennung eines Begünstigten, wie erwähnt, eine Änderung des ursprünglichen Vertrages enthält, so erfordert sie die Zustimmung des anderen Vertragsteils, des Versicherers. Diese Zustimmung entbehrlich zu machen, die Änderung an die einseitige Erklärung des Versicherungsnehmers zu knüpfen, ist Zweck und Wirkung des Vorbehalts. Wie es aber möglich sein sollte, durch den Vorbehalt die Tatsache zu beseitigen, daß bis zur Vornahme der Vertragsänderung das volle, durch ein Bezugsrecht Dritter nicht beschränkte Gläubigerrecht beim Versicherungsnehmer war, und daß dieser erst durch die Benennung des Begünstigten den wesentlichsten Teil seiner Rechtsbefugnisse dem Begünstigten einräumt, ist nicht zu verstehen. Hieraus ergibt sich, daß hinsichtlich der Frage, ob eine Zuwendung aus dem Vermögen des Versicherten vorliegt, zwischen der Abtretung der Forderung und der nachträglichen Umwandlung des Vertrages in einen solchen auf Leistung an Dritte kein Unterschied zu machen ist.

Es ist noch zu untersuchen, ob hieran etwa die Bestimmung

„zahlbar an den Inhaber der Police“ etwas ändert. Auch dies ist zu verneinen. Die Inhaberklausel macht den Versicherungsschein nicht zum Wertpapier im engeren Sinne; die Forderung ist nicht in ihm derart verkörpert, daß die Übereignung des Papiers von selbst den Übergang der Forderung bewirkte. Die Klausel ist vielmehr im wesentlichen eine zugunsten des Versicherers getroffene Legitimationsbestimmung; der Versicherer kann an den Inhaber des Scheins zahlen, muß dies aber nicht, sondern ist berechtigt, von ihm den Nachweis rechtmäßigen Erwerbs der Forderung zu verlangen. Die Forderung aber wird auch hier wie sonst durch Abtretung übertragen. Wenn der Versicherte den Schein einem Dritten mit der Erklärung übergibt, er solle ihm gehören, der Anspruch auf die Versicherungssumme solle ihm zustehen, so liegt hierin nicht, wie das Berufungsgericht meint, „Tradition, wohl zu unterscheiden von der Zession“, sondern in Wahrheit begreift der Vorgang beides in sich, die Abtretung der Forderung und die Übereignung des Papiers. Das Maßgebende aber ist die Abtretung, die gemäß § 952 B.G.B. das Eigentum am Versicherungsschein auch ohne dessen Übergabe nach sich ziehen würde. Welche Wirkungen sonst noch der Inhaberklausel zukommen, richtet sich nach dem Vertrage. Näher braucht hierauf nicht eingegangen zu werden; denn selbst wenn man Verkörperung der Forderung im Versicherungsschein unterstellt, ergibt dies keine Stütze für den Standpunkt des Berufungsgerichts. Der Schuldner, der — beispielsweise — ein Darlehen gegen Aushändigung einer Schuldverschreibung auf den Inhaber erhält, will sich allerdings nicht dem Darlehensgeber als solchem, sondern dem Inhaber der Verschreibung zur Rückzahlung verpflichten. Wenn aber der Darlehensgeber sich selbst die Verschreibung aushändigen läßt, so wird selbstverständlich er, und nur er, Gläubiger, und er bleibt es, solange er Eigentümer der Schuldverschreibung bleibt. Warum dies beim Lebensversicherungsvertrag anders sein sollte, ist nicht abzusehen. Ganz unverständlich ist die Annahme, daß die Inhaberklausel den Vertrag zu einem Vertrag zugunsten eines Dritten mache, und daß die „Tradition“ der Police sich als die Benennung des Dritten darstelle. Das ist schon deshalb ausgeschlossen, weil Tradition wie Zession ein Geschäft des Versicherten mit dem begünstigten Dritten, die Umwandelung des Vertrages in einen solchen auf Leistung an Dritte dagegen ein Geschäft des

Versicherten mit dem Versicherer ist. Da nun vorliegendenfalls der Versicherte die beiden Policen bis zu seinem Tode in Besitz hatte, so war er auch Gläubiger der Forderungen geworden und geblieben. Und daß ihn auch der Versicherer als Gläubiger angesehen hat, dafür ist der sicherste Beweis die Tatsache der Verpfändung der Policen an den Versicherer für ein Darlehen. Erst durch den Antrag auf Umschreibung der Policen auf die Beklagte hat der Versicherte die Zuwendung der Forderungen an die Beklagte eingeleitet, und erst mit dem Wirksamwerden dieses Antrages sind die Forderungen, genauer das Recht, sie einzuziehen, aus dem Vermögen des Versicherten ausgeschieden und in das der Beklagten übergegangen. Die Anfechtung dieser Zuwendung kann daher nicht mit der Begründung abgewiesen werden, daß das Bezugsrecht nicht zum Vermögen des Versicherten gehört habe." ...

---

41. Zum Begriffe „gewerbsmäßig" in § 4 des Patentgesetzes vom 7. April 1891. Ist die Benutzung einer patentierten Läutevorrichtung für die Glocken einer Kirche seitens der Kirchengemeinde eine gewerbsmäßige?

I. Zivilsenat. Urt. v. 29. Mai 1907 i. S. B.-Verein für Bergbau u. Gußstahlfabrikation (Kl.) w. evangel.-luther. Stadtsynodalverband in F. (Bekl.). Rep. I. 367/06.

I. Landgericht Frankfurt a. M.
II. Oberlandesgericht daselbst.

Die klagende Aktiengesellschaft war Inhaberin des Patentes Nr. 94966 auf eine Läutevorrichtung für Glocken, die bestimmt ist, die hierbei erforderliche Arbeit durch einen Maschinenantrieb leisten zu lassen. Sie behauptete, daß eine an der Glocke der Matthäuspfarrkirche in F. angebrachte maschinelle Vorrichtung in ihren Patentschutz eingreife, und beantragte Verurteilung der verklagten Kirchengemeinde, bei Vermeidung einer Strafe für jeden Fall der Zuwiderhandlung jene Läutemaschine nicht mehr zu benutzen. Der Synodalvorstand der Beklagten beantragte Abweisung der Klage, indem er außer anderen Einwendungen geltend machte, daß die in Frage stehende Benutzung keine gewerbsmäßige sei, und der auf § 4 des Patentgesetzes gestützte Anspruch schon aus diesem Grunde versage.

Beide Vorinstanzen billigten die Auffassung der Beklagten. Auf die Revision der Klägerin wurde das Urteil des Oberlandesgerichts aufgehoben, und die Sache zurückverwiesen.

Aus den Gründen:

„Das Oberlandesgericht geht mit Recht davon aus, daß der Begriff „gewerbsmäßig" in § 4 des Patentgesetzes, als eines sich mit dem Erfinderrechte befassenden Sondergesetzes, selbständig an der Hand dieses Gesetzes zu ermitteln und festzustellen sei, und daß er sich nicht mit dem Begriff der Gewerbsmäßigkeit im Sinne des Handelsrechts, der Gewerbeordnung und anderer Gesetze decke. Es erwägt auch zutreffend, daß die Vorschrift des § 5 Abs. 2 des Gesetzes „überflüssig, ja sinnwidrig wäre", wenn zum Begriff der Gewerbsmäßigkeit in § 4 die auf dem Gebiete des Handels- und Gewerberechts und auch im gewöhnlichen Sprachgebrauch mit ihm verbundene Vorstellung einer auf Erwerb und Gewinn gerichteten Tätigkeit erforderlich wäre. Gleichwohl glaubt das Oberlandesgericht die Anwendbarkeit des § 4 im vorliegenden Falle verneinen zu müssen, weil das Gesetz den Ausdruck „gewerbsmäßig gebrauchen" gewählt habe, ein Gebrauch für Zwecke des kirchlichen Gottesdienstes aber niemals als ein gewerbsmäßiger aufgefaßt werden könne. Der Standpunkt des Oberlandesgerichts ist nicht konsequent. Nötigt der in den Motiven und im Gesetz selbst klar zum Ausdruck gekommene Wille des Gesetzgebers anzuerkennen, daß der von ihm in § 4 gebrauchte Ausdruck „gewerbsmäßig" ein ungenauer ist, daß er insbesondere abweichend vom regelmäßigen Sprachgebrauch und von der Ausdrucksweise anderer Reichsgesetze nicht ausschließlich im Sinne einer auf Erwerb oder Gewinn gerichteten Tätigkeit verstanden werden darf, so muß man ihn folgerichtig in dem Sinne verstehen, wie ihn der Gesetzgeber gemeint hat. Man darf ihm nicht eine Auslegung geben, die weder dem Sprachgebrauch und der Ausdrucksweise anderer Gesetze, noch dem anderweit erklärten Willen des Gesetzgebers entspricht. Dies geschieht aber, wenn man mit dem Oberlandesgerichte (vgl. auch Kent, Patentgesetz Bd. 1 S. 396 Bem. 183) einerseits von dem Erfordernis, daß der Gebrauch auf dauernden Erwerb gerichtet sei, absieht, andererseits aber doch den Gebrauch in einem Gewerbebetriebe, oder im Zusammenhang mit einem Gewerbebetrieb, oder wenigstens mit einer „nach Art eines Gewerbes betriebenen Unternehmung" verlangt. Solche künstlichen Unterscheidungen sind dem Gesetze fremd.

Der § 4 des Patentgesetzes vom 25. Mai 1877 lautete:

„Das Patent hat die Wirkung, daß niemand befugt ist, ohne Erlaubnis des Patentinhabers den Gegenstand der Erfindung gewerbsmäßig herzustellen, in Verkehr zu bringen oder feilzuhalten.

Bildet ein Verfahren, eine Maschine oder eine sonstige Betriebsvorrichtung, ein Werkzeug oder ein sonstiges Arbeitsgerät den Gegenstand der Erfindung, so hat das Patent außerdem die Wirkung, daß niemand befugt ist, ohne Erlaubnis des Patentinhabers das Verfahren anzuwenden oder den Gegenstand der Erfindung zu gebrauchen."

Das neue Patentgesetz vom 7. April 1891 hat die Unterscheidung, die hier zwischen Maschinen, Betriebsvorrichtungen und Arbeitsgeräten einerseits und den übrigen Gebrauchsgegenständen andererseits gemacht ist, als innerlich unberechtigt beseitigt. Es gewährt auch hinsichtlich des Gebrauchs den Patentschutz ohne jede Einschränkung in gegenständlicher Hinsicht. Es macht diesen Schutz nur davon abhängig, daß der Gebrauch ein „gewerbsmäßiger" sei. Dabei wird in den Motiven erklärt, daß gewerbliche Benutzung im weitesten Sinne zu verstehen sei, daß es aber unzulässig sei, den Patentschutz auch auf das Gebiet des häuslichen Gebrauchs zu erstrecken (vgl. Reichstagsdrucksachen 8. Legislaturperiode I. Session 1890 Nr. 152 S. 15).

Darüber, was der Gesetzgeber gewollt hat, kann nach dieser Stelle der Motive kaum ein Zweifel bestehen. Es sollte der häusliche Gebrauch, der rein persönliche und private, insbesondere auch der Gebrauch zu Studienzwecken, ausgenommen werden, in allen übrigen Beziehungen aber der Schutz des Gesetzes wirksam sein. Und eine ausdrückliche Konsequenz aus dieser seiner Auffassung hat der Gesetzgeber durch die Bestimmung des § 5 Abs. 2 gezogen, mit der er eine Benutzung, die keine gewerbsmäßige im Sinne des gemeinen Sprachgebrauchs, sondern eine solche „im Interesse der gemeinen Wohlfahrt" ist, der Wirkung des Patentes entzieht, obwohl sie gar nicht unter den Patentschutz fallen würde, wenn jede Benutzung, die nicht in einem Gewerbe erfolgt, auch keine gewerbsmäßige im Sinne des § 4 wäre. Den Gegensatz zu dem „häuslichen Gebrauche" bildet nicht nur der Gebrauch in einem eigentlichen Gewerbebetriebe, sondern jede nicht rein private Benutzung, wenn sie auch nicht für Zwecke eines Gewerbes erfolgt. Der Ausdruck „gewerbsmäßig" in § 4 muß, wie das Oberlandesgericht selbst zugibt, interpretiert, er muß auch richtig interpretiert werden.

Für die hier gebilligte Auffassung sind die ersten wissenschaftlichen Autoritäten auf dem Gebiete des Patentrechts literarisch eingetreten; so insbesondere

Kohler, in Grünhut's Zeitschrift Bd. 25 S. 209, 217 flg., und in seinem Handbuch des Deutschen Patentrechts S. 433; Bolze, im „Recht" 1907 S. 5 flg.; Seligsohn, Patentgesetz (3. Aufl.) § 4 Bem. 5; vgl. auch Isay, Patentgesetz S. 140 Anm. 82.

Hiernach kann es keinem Zweifel unterliegen, daß die Benutzung einer Vorrichtung durch eine Kirchengemeinde für die Zwecke eines regelmäßigen öffentlichen Gottesdienstes, weil sie nicht bloß einen häuslichen, privaten Gebrauch darstellt, unter die Bestimmung des § 4 des Gesetzes fällt. Die Benutzung ist eine gewerbsmäßige, zwar nicht im Sinne des gewöhnlichen Sprachgebrauchs, wohl aber im Sinne des Patentgesetzes, das den Ausdruck „gewerbsmäßig" „im weitesten Sinne" verstanden wissen und damit den Gegensatz zur häuslichen Benutzung treffen will." ...

---

42. Zur Feststellung des Begriffs des unverhältnismäßigen Aufwandes im Sinne des § 633 Abs. 2 und des Mangels im Sinne des § 634 Abs. 3 B.G.B.

III. Zivilsenat. Urt. v. 31. Mai 1907 i. S. Gemeinde W. (Kl.) w. Gebr. R. (Bekl.). Rep. III. 483/06.

I. Landgericht Saargemünd.
II. Oberlandesgericht Colmar.

Durch Vertrag mit der Gemeinde W. hatten die Beklagten für den Neubau der Kirche zu W. neben den Abbruch-, Erd- und Pflasterarbeiten die Mauer- und Steinhauerarbeit gegen bestimmte Vergütung übernommen. Zur Herstellung des Mauerwerks verwandten sie Kocherner Steine anstatt der ausbedungenen Mackweilerer Steine. Als dasselbe drei Meter hoch gebracht war, erhob die Bestellerin Klage auf Beseitigung des Mangels, in zweiter Reihe auf Rückgängigmachung des Vertrages und in letzter Reihe auf Herabsetzung der Vergütung. Das Landgericht gab dem ersten Antrage statt. Auf eingelegte Berufung erkannte das Oberlandesgericht, nachdem die Beklagten die Beseitigung wegen unverhältnismäßigen Aufwandes verweigert hatten, in Abänderung des angefochtenen Urteils und unter Zurückweisung des Anspruchs auf Wandelung auf Preisminderung. Die von der Klägerin eingelegte Revision hatte den Erfolg, daß, unter Ablehnung des Prinzipalantrags, dem in zweiter Reihe gestellten Antrag gemäß erkannt, und die Beklagten verurteilt wurden, in die Wandelung des Bauvertrages einzuwilligen, aus nachstehenden

Gründen:

„Das Berufungsgericht hat den Beklagten die Berechtigung, die Beseitigung des in der Aufführung des Mauerwerks mit Kocherner Steinen anstatt Mackweilerer Steinen, deren Verwendung bei dem Kirchenbau ausbedungen war, beruhenden Mangels zu verweigern, ohne Rechtsirrtum zugestanden. Unverhältnismäßig im Sinne des § 633 Abs. 2 Satz 2 B.G.B. ist der vom Unternehmer zu leistende Aufwand unter der Voraussetzung, daß der Vorteil, den die Beseitigung des Mangels dem Besteller gewährt, gegen den für die Beseitigung erforderlichen Aufwand an Kosten und Arbeit so geringwertig ist, daß Vorteil und Aufwand in offensichtlichem Mißverhältnis stehen, die Beseitigung solchergestalt sich nicht lohnt. Diese Voraussetzung ist nach den tatsächlichen Feststellungen des angefochtenen Urteils im vorliegenden Falle gegeben. Der Umbau des Mauerwerks, der erforderlich ist, um die Kocherner Steine durch Mackweilerer Steine zu ersetzen, bedingt einen Kostenaufwand von mehr als 20000 ℳ, während der Vorteil, den die Einbauung von Mackweilerer Steinen bietet, sich nur auf 8000 ℳ beziffert. Der Angriff, den die Revision gegen die Zulassung der Einrede des erforderlichen unverhältnismäßigen Aufwandes erhebt, erweist sich daher als unbegründet.

Zutreffend dagegen ist die Rüge der Abweisung des eventuell gestellten Antrages auf Verurteilung der Beklagten zur Einwilligung in die Wandelung des abgeschlossenen Bauvertrages. Das Berufungsgericht versagt den Wandelungsanspruch mit der Ausführung, daß der durch die Verwendung der Kocherner Steine gegebene Mangel den Wert und die Tauglichkeit des Werkes nur unerheblich mindere, und daher die Wandelung nach § 634 Abs. 3 B.G.B., unbeschadet des Umstandes, daß der Mangel in dem Nichtvorhandensein einer zugesicherten Eigenschaft bestehe, ausgeschlossen sei. In diesem letzten Teile kann der Ausführung nicht beigetreten werden. Wird zunächst der Wortlaut des § 634 Abs. 3 B.G.B. in Betracht gezogen, so kann nicht zugegeben werden, daß dieser der Auslegung des Berufungsgerichts mehr entspricht, als der gegenteiligen Ansicht, nach welcher der Ausschluß der Wandelung auf das Nichtvorhandensein zugesicherter Eigenschaften sich nicht bezieht. Der Mangel des Werkes, den der Unternehmer nach § 633 B.G.B. zu vertreten hat, besteht entweder in dessen Behaftetsein mit Fehlern, die den Wert oder die Tauglichkeit zu dem gewöhnlichen oder dem nach dem Vertrage vorausgesetzten Gebrauch aufheben bzw. mindern, oder in dem Nichtvorhandensein der zugesicherten Eigenschaften ohne Rücksicht auf dadurch bewirkte Minderung des Wertes oder der Tauglichkeit des Werkes. Das Gesetz macht nach § 634 Abs. 3 B.G.B. den Ausschluß abhängig von der Wirkung des Mangels auf den Wert oder die Tauglichkeit des Werkes dem Grade nach; die Annahme, daß der Ausschluß sich lediglich bezieht auf die erstgenannte Art der Mängel, die in der Minderung des Wertes oder der Tauglichkeit ihren Grund haben, im Gegensatze zu der zweitgenannten Art, die ohne Rücksicht auf Minderung des Wertes oder der Tauglichkeit vorhanden sind, liegt danach, unbeschadet des Umstandes, daß beide Arten, wie in § 633, so auch in § 634 Abss. 1 und 2 mit dem Ausdruck „Mangel" bezeichnet werden, mindestens ebenso nahe als die im angefochtenen Urteil vertretene Annahme. Es kann daher jedenfalls nur Zweideutigkeit des Ausdrucks zugegeben werden; ist das aber der Fall, dann bleibt entscheidend, daß innere Gründe dagegen sprechen, die Wirkung des in dem Nichtvorhandensein der zugesicherten Eigenschaften bestehenden Mangels des Werkes auf den Wandelungsanspruch ausschließlich nach der Minderung des Wertes oder der Tauglichkeit zu bestimmen, und den Wandelungsanspruch trotz Nichtvorhandenseins der zugesicherten Eigenschaften bloß deshalb zu versagen, weil die Vertragswidrigkeit der

Leistung auf den objektiven Wert oder die Tauglichkeit keinen oder nur unerheblichen Einfluß hat. Es erscheint nicht gerechtfertigt, dem Besteller die Rechtsbefugnis zu versagen gegen den Unternehmer, der seine Vertragspflicht durch Nichtachtung der bezüglich der Eigenschaften des Werkes getroffenen Vereinbarungen absichtlich oder unabsichtlich verletzt, die ihm gegen den Unternehmer zusteht, der ein Werk liefert, das mit Fehlern behaftet ist, die den Wert oder die Tauglichkeit nicht unerheblich mindern. Die Gesetzesmaterialien führen zu solcher Versagung so wenig, daß sie im Gegenteil für die Annahme sprechen, daß der Gesetzgeber im § 634 Abs. 3 B.G.B. die Wandelung allein da ausgeschlossen hat, wo ein positiver Fehler dem Werke anhaftet, und nicht auch da, wo mangels zugesicherter Eigenschaft das Werk als vertragswidrig sich erweist. Einerseits verweisen die Motive, indem sie die Nichteinräumung des Rücktrittsrechts regeln, auf § 382 Abs. 2 Satz 2 des Entwurfs, jetzt § 459 Satz 2, und damit auf eine Vorschrift, welche der Sache anhaftende positive Fehler im Gegensatz zu zugesicherten Eigenschaften zum Gegenstande hat. Andererseits rechtfertigt auch die vorausgehende, vom Berufungsgericht den Motiven entnommene Ausführung, daß die Unterstellung eines Garantieversprechens zwar bei dem Kaufe einer individuell bestimmten Sache, nicht aber bei der Übernahme der Herstellung eines erst noch zu beschaffenden Werkes begründet sei, und daß der Unternehmer, der hierfür bestimmte Eigenschaften zusichere, dabei regelmäßig nur eine gewöhnliche Leistungspflicht übernehme, die nach den allgemeinen Regeln über die Folgen der Nichtleistung zu beurteilen sei, nicht die Folgerung, daß das Nichtvorhandensein zugesicherter Eigenschaften ohne Hinzutritt erheblicher Wertminderung zum Wandelungsanspruch nicht hat berechtigen sollen. Um so weniger ist dies anzunehmen, als dieselbe sich lediglich gegen den Standpunkt richtet, der die Vorschriften über die Haftung des Veräußerers in Veräußerungsfällen allgemein zum Vorbilde und zur Richtschnur nimmt, und als sie zu dem Schluß gelangt, daß es sich empfiehlt, die an die Vertragspflicht des Unternehmers sich knüpfenden Rechtsfolgen nach Rücksichten praktischer Zweckmäßigkeit durch spezielle Vorschriften zu regeln. Somit erscheint die Auslegung geboten, daß durch § 634 Abs. 3 B.G.B. die Wandelung allein unter der Voraussetzung ausgeschlossen ist, daß das Werk mit einem positiven Fehler behaftet ist, der den Wert oder die Tauglichkeit des

Werkes nur unerheblich mindert.[1] Die Vertragswidrigkeit der Leistung durch Verwendung der Kocherner Steine anstatt der ausbedungenen Mackweilerer Steine ist ohne Rechtsverstoß festgestellt. In Abänderung des angefochtenen Urteils ist daher dem eventuellen Antrage auf Wandelung stattzugeben." ...

---

43. Zur Frage, ob im Sinne des § 1 des Wettbewerbsgesetzes eine unrichtige Angabe tatsächlicher Art geeignet sei, den Anschein eines besonders günstigen Angebots hervorzurufen. Kann insbesondere dieses Erfordernis schon dann als gegeben erachtet werden, wenn dem Publikum das von ihm in der unrichtigen Angabe gefundene Angebot günstiger zu sein scheint, als es bei Berücksichtigung der Unrichtigkeit der Angabe in Wirklichkeit ist? Liegt ferner dieses Erfordernis nur dann vor, wenn die von dem Täter ausgehende, in seiner Mitteilung an einen größeren Personenkreis enthaltene unrichtige Angabe für sich allein schon und ohne das Hinzutreten anderer Umstände geeignet ist, den Anschein eines besonders günstigen Angebots hervorzurufen; oder darf bei Prüfung dieses Erfordernisses außer der unrichtigen Angabe des Täters auch eine bei dem Publikum bereits vorhandene, von dem Täter nicht verursachte Kenntnis gewisser Umstände berücksichtigt werden?

II. Zivilsenat. Urt. v. 31. Mai 1907 i. S. M. (Kl.) w. W. (Bekl.). Rep. II. 34/07.

I. Landgericht Hannover.
II. Oberlandesgericht Celle.

Die Klägerin, welche die Fabrikation von Getreide- und Malzkaffee betreibt und die letztere Ware im Kleinhandel zu 0,35 *M* für das Pfund vertreiben läßt, erhob gegen den Beklagten, der in Tüten, welche mit dem Aufdruck „feinster Malzkaffee" versehen sind, ein Kaffeesurrogat zum Preise von 0,30 *M* für das Pfund in den Ver-

[1] Übereinstimmend: Oertmann, Recht der Schuldverh. 2. Aufl. Bem. zu § 634; Planck, 3. Aufl. Bem. zu § 634; v. Staudinger, 2. Aufl. Bem. zu § 634 B.G.B.; Urt. des Kammergerichts vom 19. November 1903 (Rechtspr. d. O.L.G. Bd. 7 S. 477). D. E.

kehr bringt, Klage auf Grund folgender Behauptungen: Während das von ihr in den Handel gebrachte Surrogat tatsächlich aus gemalzter Gerste hergestellt werde, habe die von dem Beklagten als Malzkaffee vertriebene Ware einen Mälzungsprozeß nicht durchgemacht. Die von dem Beklagten für seine Ware gewählte Bezeichnung entspreche daher nicht den Tatsachen. Auch sei der von ihm geforderte Preis von 0,30 ℳ für das Pfundpaket geeignet, den Anschein eines besonders günstigen Angebots hervorzurufen, da durch die gewählte Bezeichnung der Anschein erweckt werde, daß die Ware das kostspielige Mälzungsverfahren durchgemacht habe. Der auf Grund des § 1 des Wettbewerbsgesetzes gestellte Klagantrag ging daher dahin, dem Beklagten die Bezeichnung des von ihm in den Handel gebrachten oder überhaupt eines Getreidekaffees mit dem Namen „Malzkaffee“ zu untersagen. Der Beklagte machte dagegen geltend, die von ihm gebrauchte Bezeichnung seiner Ware sei zutreffend. Diese sei in der Tat gemälzte Gerste. Er habe dieselbe auch nicht zu einem zu billigen Preise vertrieben. Der Anschein eines besonders billigen Angebots seinerseits liege nicht vor.

Die Klage wurde in erster Instanz zugesprochen, in zweiter Instanz abgewiesen. Auf die von der Klägerin eingelegte Revision wurde das Berufungsurteil aufgehoben, und die Sache zur anderweiten Verhandlung und Entscheidung an das Berufungsgericht zurückverwiesen aus folgenden

Gründen:

... „Das Berufungsgericht hat zunächst die Klägerin als zur Erhebung der Klage gemäß § 1 Abs. 1 S. 2 des Wettbewerbsgesetzes legitimiert angesehen. Es hat ferner angenommen, daß der Ausdruck „feinster Malzkaffee“, mit dem der Beklagte die von ihm in seinem Laden feilgehaltenen und sonst in den Verkehr gebrachten, den angeblichen Malzkaffee enthaltenden Pakete hat versehen lassen, als eine für einen größeren Kreis von Personen bestimmte Mitteilung im Sinne des § 1 a. a. O. anzusehen sei, und daß der Beklagte mittels dieses Ausdrucks über die Beschaffenheit und die Herstellungsart derjenigen Ware, die in den vom Sachverständigen untersuchten drei Paketen enthalten gewesen sei, unrichtige Angaben tatsächlicher Art gemacht habe, indem diese als „feinster Malzkaffee“ bezeichnete Ware überhaupt keine gemälzte Ware, also auch kein Malzkaffee sei. Das

Berufungsgericht hat jedoch das weitere Erfordernis des § 1 a.a.O., daß die von dem Beklagten gemachte unrichtige Angabe auch geeignet sei, den Anschein eines besonders günstigen Angebots hervorzurufen, für nicht gegeben erachtet und diese Ansicht folgendermaßen begründet: der Aufdruck „feinster Malzkaffee" allein auf den Tüten sei zur Hervorrufung eines solchen Anscheins nicht geeignet. Zwar sei dieser Anschein nicht notwendig mit der Preisbemessung der Ware verknüpft, sondern er könne in Fällen, in denen die Preisbemessung keinen Anlaß dazu biete, in anderen Umständen, insbesondere in der Anpreisung der Beschaffenheit der Ware gefunden werden. Immer aber müsse die unrichtige Angabe geeignet sein, bei dem Publikum, für das sie bestimmt sei, den Glauben zu erwecken, das ihm Angebotene sei (entweder mit Bezug auf die Billigkeit des Preises, oder — was hier in Betracht komme — an Güte) mehr wert als die gleichartigen Angebote der Konkurrenten; bei dem Publikum müsse die Auffassung hervorgerufen werden, daß es bei Annahme des ihm vorliegenden Angebots in irgend einer Hinsicht besondere wirtschaftliche Vorteile gegenüber dem Gebrauche der sonstigen gleichartigen Angebote haben werde. Hierzu sei aber der erwähnte Aufdruck allein nicht geeignet.... Die Hinzufügung des Wortes „feinster" vor „Malzkaffee" sei nichts als eine für jeden als solche auch erkennbare marktschreierische Anpreisung. Im übrigen aber lasse das Wort „Malzkaffee" allein nicht erkennen, inwiefern sich das Publikum beim Ankaufe der Ware des Beklagten besser stehen solle als beim Kaufe gleichartiger Ware der Konkurrenten. Unzutreffend sei die Ansicht der Klägerin, daß wenigstens bei denjenigen Kunden des Beklagten, denen entweder von früheren Käufen her, oder von dritter Seite der durch den Beklagten geforderte Preis von 30 ₰ pro Paket bekannt gewesen sei, der Anschein eines besonders günstigen Angebots durch den Aufdruck „feinster Malzkaffee" insofern hervorgerufen werde, als sie nun des Glaubens seien, ein Pfund wirklichen Malzkaffee zu dem besonders billigen Preise von 30 ₰ zu erwerben; denn wenn auch die bezeichneten Kunden dieses Glaubens sein möchten, so sei doch dieser ihr Glaube nicht lediglich durch den Aufdruck auf den Paketen des Beklagten, sondern durch diesen Aufdruck in Verbindung mit ihrer auf andere Weise erlangten Kenntnis von dem Preise der Ware hervorgerufen worden. § 1 des Wettbewerbsgesetzes erfordere aber, daß die vom Beklagten ausgehende und in seiner Mitteilung an einen größeren Personenkreis enthaltene unrichtige Angabe für sich allein schon und ohne das Hinzukommen anderer Umstände geeignet sei, den Anschein eines besonders günstigen Angebots hervorzurufen.

Diese das zuletzt erwähnte Erfordernis betreffenden Ausführungen, welche von der Revisionsklägerin beanstandet worden sind, können nicht in allen Punkten für rechtlich zutreffend erachtet werden. Zwar stehen dieselben mit der Rechtsprechung des erkennenden Senats insoweit im Einklang, als dargelegt ist, daß der Anschein eines besonders günstigen Angebots nicht notwendig mit der Preisbemessung der Ware verknüpft sei, sondern daß er auch in anderen Umständen, insbesondere in der Anpreisung der Beschaffenheit der Ware, gefunden werden könne, und daß in dieser Hinsicht die Auffassung des Publikums, für das die Ware bestimmt ist, maßgebend sei (vgl. die Urteile des erkennenden Senats vom 7. Dezember 1900, Jurist. Wochenschr. 1901 S. 13, vom 14. Juni 1904, II. 480/03, vom 17. Juni 1904, Entsch. des R.G.'s in Zivils. Bd. 58 S. 281 flg.). Dagegen sind die weiteren Ausführungen des Berufungsgerichts, daß der hier in Rede stehende Ausdruck „feinster Malzkaffee" nicht geeignet gewesen sei, den Anschein eines besonders günstigen Angebots hervorzurufen, als durch Rechtsirrtum beeinflußt anzusehen.

Vor allem ist es nicht zu billigen, daß das Berufungsgericht hierbei (vermutlich um bezüglich der in den fraglichen Worten enthaltenen Beschaffenheitsangabe das hier in Rede stehende Tatbestandsmerkmal zu verneinen), die Worte „feinster Malzkaffee" nicht als eine zusammenhängende, einheitliche Gesamtbezeichnung der Ware des Beklagten geprüft, sondern daß es jedes dieser Worte einer getrennten Beurteilung unterzogen hat; denn der Beklagte hat diese beiden Worte zusammen gebraucht, und die Klägerin hat auf den Gebrauch dieser zusammengehörigen Bezeichnung ihre Klage gestützt. Hiernach kommt es für die Frage, ob das hier in Rede stehende Begriffsmerkmal des § 1 a. a. O. vorliegt, darauf an, wie das Publikum die erwähnte Gesamtbezeichnung bezüglich des darin liegenden Angebots versteht. In dieser Hinsicht genügen daher die Erwägungen des Berufungsgerichts nicht, daß das Wort „feinster" nichts als eine für jeden als solche auch erkennbare marktschreierische Anpreisung sei, das Wort „Malzkaffee" allein aber nicht ersehen lasse, inwiefern sich das Publikum beim Ankauf der Ware besser stehen solle als beim Kauf gleichwertiger Ware der Konkurrenten. Was insbesondere den ersten Grund betrifft, so ist daraus, daß das Wort „feinster", für sich allein betrachtet, oder selbst in Verbindung mit dem Worte „Malzkaffee", für das Begriffsmerkmal der unrichtigen Angabe tatsächlicher Art ohne Bedeutung sein mag, weil das Gesetz solche lobenden Beurteilungen der eigenen Waren hauptsächlich wegen der Schwierigkeit, die tatsächliche Unrichtigkeit derselben festzustellen, nicht unter die fragliche Bestimmung bringen wollte (vgl. die Motive zu § 1 a. a. O.), nicht zu folgern, daß das Wort „feinster" in Verbindung mit dem Worte „Malzkaffee" auch für das hier in Rede stehende Erfordernis des § 1 („geeignet, den Anschein eines besonders günstigen Angebots hervorzurufen"), bedeutungslos sei; denn der oben erwähnte Grund, aus dem derartige lobende Beurteilungen nicht als unrichtige Angaben tatsächlicher Art anzusehen sind, kommt für dieses zweite Erfordernis nicht in Betracht, da es sich hierbei nicht um die Feststellung der tatsächlichen Unrichtigkeit der lobenden Beurteilung, sondern lediglich um die Würdigung des Sinnes und der Wirksamkeit der unrichtigen Angabe „Malzkaffee" handelt, in dieser Hinsicht aber der Berücksichtigung des gesamten Inhalts der dem Publikum gemachten Mitteilung kein rechtliches Bedenken entgegensteht.

Überdies erscheint auch die im Berufungsurteile enthaltene, nicht näher begründete Würdigung des Wortes „Malzkaffee" allein bezüglich des hier in Rede stehenden Erfordernisses als widerspruchsvoll und ungenügend. Dies gilt zunächst von der Ausführung des Berufungsgerichts, das Wort „Malzkaffee" allein lasse nicht ersehen, inwiefern sich das Publikum beim Ankauf der Ware des Beklagten besser stehen solle als beim Kauf gleichartiger Ware der Konkurrenten; denn nach der Feststellung des Berufungsgerichts hat der Beklagte durch den Aufdruck auf den Paketen die Ware als „feinsten Malzkaffee" bezeichnet, während sie überhaupt keine gemälzte Ware, also auch kein Malzkaffee war. Die hiernach naheliegende Annahme, daß das Publikum auch in der Bezeichnung „Malzkaffee" allein die Angabe einer von ihm besonders hochgeschätzten Sorte von

Getreidekaffee finde, hat das Berufungsgericht überhaupt nicht berücksichtigt. Im Hinblick auf diese mögliche Auffassung des Publikums kann aber die Ankündigung eines Getreidekaffees, der wegen fehlender oder schlechter Mälzung in Wirklichkeit kein Malzkaffee ist, als „Malzkaffee" für sich allein schon geeignet sein, den Anschein eines besonders günstigen Angebots hervorzurufen. Rechtsgrundsätzlich ist es nicht ausgeschlossen, daß die unrichtige Angabe schon deshalb allein geeignet ist, den Anschein eines besonders günstigen Angebots hervorzurufen, weil das vom Publikum in der unrichtigen Angabe gefundene Angebot ihm günstiger zu sein scheint, als es bei Berücksichtigung der Unrichtigkeit der Angabe in Wirklichkeit ist. Weder der Wortlaut noch der Zweck des § 1 des Wettbewerbsgesetzes steht einer solchen Auffassung entgegen.

Auf einer zu engen Auffassung des hier in Rede stehenden Tatbestandsmerkmals scheint auch, soweit sich dies bei der ungenügenden Begründung der Ablehnung des bezüglichen Beweiserbietens der Klägerin erkennen läßt, die von dieser besonders gerügte Nichtwürdigung der von ihr aufgestellten Behauptung zu beruhen, daß das Publikum es auch als eine besondere Garantie ansehe, wenn es den Getreidekaffee in Paketen mit dem Aufdruck „Malzkaffee" kaufe; denn — wie in dem angeführten Urteile Entsch. des R.G.'s in Zivils. Bd. 58 S. 285 bereits ausgeführt ist — bei Beurteilung der hier in Rede stehenden Frage sind alle durch Gewöhnung und Herkommen, vielfach auch durch Vorurteile bedingten Momente in Betracht zu ziehen, welche die Auffassung der beteiligten Käuferkreise über die Vorzüge des Angebots zu bestimmen und hierdurch Käufer anzulocken geeignet sind. Von diesem Gesichtspunkte aus erscheint aber die erwähnte Behauptung der Klägerin als erheblich. Dieselbe bedurfte daher einer näheren Prüfung.

Endlich ist auch die Ansicht des Berufungsgerichts rechtsirrtümlich, § 1 des Wettbewerbsgesetzes erfordere, daß die vom Beklagten ausgehende und in seiner Mitteilung an einen größeren Personenkreis enthaltene unrichtige Angabe für sich allein schon und ohne das Hinzukommen anderer Umstände geeignet sei, den Anschein eines besonders günstigen Angebots hervorzurufen; denn für eine solche Auffassung bietet weder der Wortlaut noch die Entstehungsgeschichte des Gesetzes einen Anhalt. Dagegen spricht aber der ganze Zweck desselben; denn eine folgerichtige Durchführung dieser Rechtsansicht würde eine Nichtanwendung der Bestimmung des § 1 in allen solchen Fällen bedingen, in denen derjenige, der in der daselbst bestimmten Weise unrichtige Angaben tatsächlicher Art über geschäftliche Verhältnisse macht, dabei nicht zugleich alle diejenigen Umstände selbst mitteilt, die für die Beurteilung der Frage, ob der Anschein eines besonders günstigen Angebots vorliegt, erheblich sind. Die Umstände, der letzteren Art pflegen aber in den in Frage stehenden Bekanntmachungen und Mitteilungen selbst in der Regel und jedenfalls insoweit nicht vollständig angegeben zu werden, als sie dem Publikum vermöge der von ihm bereits gemachten anderweiten Erfahrungen schon bekannt sind, und somit deren besondere Bekanntgabe in den fraglichen Mitteilungen und Bekanntmachungen selbst zur Erreichung des Zwecks, das Angebot als ein besonders günstiges erscheinen zu lassen, nicht erforderlich ist. Wollte man daher annehmen, daß in derartigen Fällen das Gericht bei Prüfung des fraglichen Erfordernisses die bei dem Publikum bereits vorhandene Kenntnis solcher Umstände lediglich deshalb nicht berücksichtigen dürfe, weil diese nicht von dem Täter selbst dem Publikum mitgeteilt worden seien, so würde dies zu einer durch keinen inneren Grund zu rechtfertigenden Nichtanwendung des § 1 a. a. O. in den meisten Fällen führen, in welchen der Zweck des Gesetzes dessen Anwendung als geboten erscheinen läßt; denn ob der Täter selbst solche für die Beurteilung eines Angebots dienliche Umstände dem Publikum mitteilt, oder ob er die bei diesem schon vorhandene Kenntnis derselben für seinen Zweck benutzt, kann den hier in Rede stehenden durchgreifenden Unterschied nicht begründen. Überdies spricht gerade die von dem Gesetzgeber für die Bestimmung des fraglichen Erfordernisses gewählte, dem richterlichen Ermessen den größten Spielraum lassende Ausdrucksweise („geeignet, den Anschein eines besonders günstigen Angebots hervorzurufen") dafür, daß derselbe eine möglichst freie, sich auf die ganze Sachlage erstreckende Beurteilung des Vorhandenseins dieser Voraussetzung im einzelnen Falle gewollt hat. Es muß daher bezüglich des fraglichen Erfordernisses genügen, wenn die von dem Täter gemachte unrichtige Angabe geeignet ist, das Publikum zur Vergleichung des Warenangebots, auf das sie sich bezieht, mit anderen Angeboten zu veranlassen, und wenn die Möglichkeit besteht, daß das Publikum auf Grund solcher Vergleichung jenes Angebot wegen der unrichtigen Angabe für ein besonders günstiges halte, sollte es auch zu diesem Ergebnis erst mittels anderweit erlangter Kenntnisse kommen, eine Rechtsansicht, von welcher der erkennende Senat auch in seinen Urteilen vom 1. März 1901, Rep. II. 353/00, und 12. Juni 1906, Rep. II. 560/05, ausgegangen ist.

Hiernach erscheint es aber nicht als gerechtfertigt, daß das Berufungsgericht bei seiner Prüfung des Vorliegens der betreffenden Voraussetzung die nicht auf einer entsprechenden Mitteilung des Beklagten beruhende Kenntnis des Publikums von dem gewöhnlichen Preise der betreffenden Ware des Beklagten unberücksichtigt gelassen hat." . . .

---

44. Umfang des Begründungszwanges für Revisionsangriffe, wenn in dem angefochtenen Urteile ungeachtet einheitlichen Klagantrages getrennte Entscheidungen über mehrere selbständige Streitpunkte enthalten sind.

Z.P.O. § 554.

VI. Zivilsenat. Urt. v. 3. Juni 1907 i. S. Sch. (Bekl.) w. Th. (Kl.). Rep. VI. 418/06.

I. Landgericht Leipzig.
II. Oberlandesgericht Dresden.

Die Parteien, die je zur Hälfte Erben ihres Vaters geworden waren, stritten über die Höhe des Nachlasses. Die Klägerin verlangte vom Beklagten, der den Nachlaß an sich genommen hatte, Zahlung einer Geldsumme, die ihr nach ihrer Meinung noch zukomme.

Sie behauptete, der Beklagte schulde dem Nachlasse aus Rechtsgeschäften, die er mit dem Erblasser geschlossen, 1. 2350 ℳ, 2. 4500 ℳ, 3. 1300 ℳ; der Beklagte behauptete zu 1 und 2, daß seine Verpflichtungen schon bei Lebzeiten des Erblassers erloschen seien (Erlaß, bzw. Bezahlung); zu 3 bestritt er die Entstehung der Schuld. Auf der anderen Seite behauptete er 4. die Klägerin müsse sich aus Vorempfängen noch 1300 ℳ anrechnen lassen, und 5. er habe aus einem dem Erblasser gewährten Darlehn noch 400 ℳ aus dem Nachlasse zu fordern. Die Klägerin bestritt, die 1300 M erhalten zu haben, und behauptete zu 5, daß der Erblasser das Darlehn zurückgezahlt habe.

Das Berufungsgericht erachtete zu 1 die Einrede des Beklagten für widerlegt und stellte daher die 2350 M als Aktivpost in die zu verteilende Nachlaßmasse ein, sah zu 4 das Vorbringen des Beklagten als widerlegt, bzw. unerwiesen an, und machte die Entscheidung zu 2 von einem Eide der Klägerin, zu 3 und 4 von solchen des Beklagten abhängig.

In der schriftlichen Revisionsbegründung wurden Angriffe nur zum Streitpunkt 1 geltend gemacht. Das Reichsgericht verwarf die Revision als unzulässig.

Aus den Gründen:

... „Der auf Wiederherstellung des erstinstanzlichen Urteils gerichtete Revisionsantrag des Beklagten hat einen Gesamtbetrag von mehr als 2500 M zum Gegenstande. In der schriftlichen Revisionsbegründung sind aber Angriffe nur gegen den Teil des Berufungsurteils erhoben worden, welcher sich auf die zu 1 aufgeführte Aktivpost bezieht. Insoweit handelt es sich, da, wenn die 2350 M als Bestandteil des Nachlasses anzusehen sind, hiervon beiden Parteien je die Hälfte zufällt, um ein Streitobjekt von 1175 M. Die Revision wäre daher nur dann zulässig (Z.P.O. § 546), wenn anzunehmen wäre, daß von den übrigen streitig gebliebenen Posten Beträge von mehr als 1325 M in Berücksichtigung zu ziehen seien, obwohl in der Revisionsbegründung Angriffe gegen den diese Posten betreffenden Teil der zweitinstanzlichen Entscheidung nicht erhoben worden sind. Das erscheint aber nicht statthaft.

Der II. Zivilsenat des Reichsgerichts hat in einem Beschluß vom 7. November 1905 (Entsch. in Zivils. Bd. 62 S. 15 flg.) ausgesprochen, daß bei einem Urteile, in dem über mehrere selbständige Ansprüche erkannt sei, die Revision bezüglich jedes der von dem Revisionsantrage betroffenen Ansprüche dem Begründungszwange unterliege, das Rechtsmittel also, soweit den Bestimmungen in § 554 Z.P.O. betreffs einzelner Ansprüche nicht genügt worden, als unzulässig zu erachten sei. Dieser Auffassung tritt der jetzt erkennende Senat bei. Ein Urteil der bezeichneten Art stellt sich der Sache nach als Zusammenfassung einer Mehrheit an sich selbständiger Entscheidungen dar, und es ist als Konsequenz des durch § 554 zur Einführung gelangten prozessualen Rechtssatzes anzusehen, daß bei einem solchen Urteil den Vorschriften in § 554 Abs. 3 Ziff. 2 für jede der darin enthaltenen Einzelentscheidungen entsprochen werden muß.

Nun sind allerdings im vorliegenden Falle die einzelnen streitigen Ansprüche nicht zum Gegenstande entsprechender einzelner selbständiger Parteianträge gemacht; der Prozeß ist vielmehr in der Weise geführt worden, daß die Parteien über die Höhe des unter ihnen zu teilenden Nachlasses gestritten haben, und von der Klägerin die Herauszahlung einer einheitlichen Summe gefordert worden ist, wobei sie nur sich bereit erklärt, bzw. verlangt hat, daß ihr ein Teilbetrag von 400 ℳ durch Überweisung einer zum Nachlasse gehörenden hypothekarischen Forderung gewährt werde; eine Erfüllungsart, gegen die der Beklagte an sich keine Einwendungen erhoben hat.

Immerhin handelt es sich bei den unter 1—5 aufgeführten streitigen Posten um einzelne, je auf einem besonderen Tatbestande beruhende Rechte, welche die Parteien gegeneinander geltend machen, und zum mindesten bei den Posten 1, 2, 3 und 5 auch um einzelne selbständige Forderungen. Denn das Verlangen der Klägerin geht zu 1, 2 und 3 dahin, daß der Beklagte drei auf Zahlung von Geld gerichtete Verpflichtungen, die er gegenüber dem Nachlasse habe, erfülle, und daß diese von der bisherigen Erbauseinandersetzung nicht umfaßten Summen in der Weise geteilt werden, daß der Beklagte die auf die Klägerin entfallende Hälfte der von ihm geschuldeten Einzelbeträge an sie bezahle (B.G.B. § 2039 Satz 2, § 2042 Abs. 2 und § 752). Auf der anderen Seite macht der Beklagte eine ihm angeblich als Nachlaßgläubiger zustehende Forderung (Nr. 5) zur Befriedigung aus dem Nachlasse gegenüber der sie bestreitenden Miterbin geltend.

Bei dieser Sachlage hätte die Revision, soweit sie die Ansprüche zu 2, 3 und 5 betrifft, zumal da über diese in dem Berufungsurteil je eine besondere selbständige Entscheidung getroffen ist, nach Maßgabe von § 554 Z.P.O. begründet werden müssen, und sie ist in diesem Umfange unzulässig, weil diesem formalen Erfordernis nicht genügt worden ist. In Betracht kommt daher bloß der Anspruch zu 1 und höchstens noch der zu 4; bei ihnen beschränkt sich aber das Interesse, das der Beklagte an der von ihm begehrten Änderung, bzw. Aufhebung des Berufungsurteils hat, auf einen die Summe von 2500 *M* nicht erreichenden Betrag (1175 + 650); sie ist insoweit also nach § 546 Z.P.O. ebenfalls unzulässig." ...

---

45. 1. Ist der Konkursverwalter zur Aufnahme des Prozeßverfahrens befugt, wenn der Gemeinschuldner den Klaganspruch nach der Rechtshängigkeit, aber vor der Eröffnung des Konkursverfahrens abgetreten hat?

Z.P.O. § 265.

K.O. § 10.

2. Sind gegen den von einer Aktiengesellschaft erhobenen Anspruch auf Brandentschädigung Einwendungen des Versicherers, dahingehend, der Vorstand der Gesellschaft habe den Brand vorsätzlich angelegt, Rettung böswillig unterlassen, wissentlich falsche Angaben über den Schaden gemacht, zuzulassen?

VII. Zivilsenat. Urt. v. 4. Juni 1907 i. S. V. Feuerversicherungsgesellschaft u. Gen. (Bekl.) w. Sch. Konkursverw. (Kl.). Rep. VII. 379/06.

I. Landgericht Stuttgart.
II. Oberlandesgericht daselbst.

Die Aktiengesellschaft B. war bei verschiedenen Versicherungsgesellschaften gegen Brandschaden versichert. In ihren Fabrikräumen brach Feuer aus, und sie erhob Klage auf Zahlung der Brandentschädigung. Nach der Zustellung der Klage trat sie den Anspruch aus den Versicherungsverträgen an die W. Vereinsbank ab; demnächst wurde der Konkurs über das Vermögen der Aktiengesellschaft eröffnet, und der Konkursverwalter nahm das Verfahren auf. Die verklagten Versicherungsgesellschaften bestritten die Befugnis des Konkursverwalters hierzu und wendeten weiter ein, daß der Anspruch auf die Versicherungssumme verwirkt sei, da der die versicherte Aktiengesellschaft zur Zeit des Brandes vertretende Direktor den Brand vorsätzlich angelegt, Rettung böswillig unterlassen und wissentlich falsche Angaben über den Schaden gemacht habe. Beide Instanzen haben die Aufnahme des Verfahrens durch den Konkursverwalter zugelassen, vom Oberlandesgericht ist dies durch Zwischenurteil ausgesprochen.

Über den Anspruch selbst erkannte das Landgericht unter Zulassung des Einwandes falscher Schadensliquidation auf einen Eid für den Konkursverwalter. Das Oberlandesgericht wies die erwähnten Einwendungen der Beklagten aus Rechtsgründen zurück und verurteilte durch Teilurteil zur Zahlung der festgestellten Entschädigungssumme an die W. Vereinsbank.

Auf die Revision der Beklagten wurde dieses Urteil aufgehoben.

Aus den Gründen:

„I. Der erste Angriff der Revision ist gegen die im Zwischenurteile vom 6. Oktober 1905 getroffene, nach § 548 Z.P.O. der Beurteilung des Revisionsgerichts mitunterliegende Entscheidung gerichtet. Die Revision erachtet die Zurückweisung der Einrede der Beklagten, der Konkursverwalter sei, da die Ansprüche auf die Versicherungssumme bereits vor der Konkurseröffnung abgetreten seien, zur Geltendmachung dieser Ansprüche nicht befugt, für rechtsirrtümlich.

Dieser Angriff ist nicht gerechtfertigt. Die Zulassung des Konkursverwalters als Kläger findet vielmehr, ohne daß es des Eingehens auf die weiteren Entscheidungsgründe des Berufungsgerichts bedarf, schon ihre Rechtfertigung in der, auch im Zwischenurteile in erster Reihe angezogenen, Bestimmung des § 265 Z.P.O.

Unstreitig sind die Abtretungen nach Erhebung der Klage seitens der Aktiengesellschaft B., also nach Rechtshängigkeit (§ 263 Z.P.O.) der Streitsache erfolgt. Solche nach § 265 Abs. 1 Z.P.O. zulässigen Abtretungen haben nach der Vorschrift des Abs. 2 Satz 1 a. a. O. auf den Prozeß keinen Einfluß. Danach bleiben, ungeachtet der Abtretung der im Streit befangenen Forderung und ohne Rücksicht auf die materielle Wirkung der Zession, die Parteien hinsichtlich der formellen Prozeßführung dieselben und sind ebenso berechtigt wie verpflichtet, die zur Fortführung und Erledigung des Rechtsstreits nach der Prozeßordnung erforderlichen Handlungen vorzunehmen.

Vgl. Entsch. des R.G.'s in Zivils. Bd. 40 S. 340.

Die Aktiengesellschaft B. hätte somit, falls der Konkurs nicht eröffnet wäre, den Prozeß fortzuführen gehabt; sie blieb für das Prozeßverfahren die den Versicherungsanspruch verfolgende Klägerin.

Durch die Konkurseröffnung trat in dieser Beziehung eine Änderung nicht ein; der Prozeß blieb auch nach der Eröffnung des Konkurses als ein solcher der Aktiengesellschaft anhängig. Die Konkurseröffnung hatte nur zur Folge, daß das einen vermögensrechtlichen Anspruch betreffende Verfahren gemäß § 240 Z.P.O. unterbrochen wurde, und daß der Rechtsstreit nun nicht mehr durch die Gemeinschuldnerin, sondern nach erfolgter Aufnahme des Verfahrens durch den Konkursverwalter fortzuführen war. Daß letzterer, wenn die Abtretungen nicht erfolgt wären, nach § 10 K.O. zur Aufnahme des Rechtsstreits befugt war, ist nicht zweifelhaft. Die Abtretungen können diese Befugnis nicht aufheben; denn sie haben, wie ausgeführt ist, auf die prozessuale Lage des Rechtsstreits keinen Einfluß. Zu entscheiden bleibt über einen von der Gemeinschuldnerin erhobenen vermögensrechtlichen Anspruch, über den die Verfügung jetzt dem Konkursverwalter zugefallen ist. Erachtet er die Weiterverfolgung dieses Anspruchs, obwohl das materielle Gläubigerrecht auf andere übergegangen ist, dennoch im Interesse der Konkursmasse für dienlich, so sind die Beklagten nicht berechtigt, der Aufnahme des Verfahrens zu widersprechen. Ihre prozessuale Lage ist dadurch in keiner Weise verschlechtert; der materiellen Bedeutung der Abtretungen trägt der vom Kläger gestellte Eventualantrag, nach dem in den Vorinstanzen auch erkannt ist, Rechnung.

II. Weiter greift die Revision die Beurteilung des Berufungsgerichts, daß das von den Beklagten behauptete Verhalten des Direktors G. den erhobenen Ansprüchen auf die Versicherungssumme nicht entgegenstehe, als rechtsirrtümlich an. Diesen Angriffen war der Erfolg nicht zu versagen. Die Ausführungen, mit denen das Berufungsgericht die von den Beklagten in der erwähnten Richtung erhobenen Einwendungen zurückweist, sind nicht aufrecht zu erhalten. Sie lassen, indem sie aus allgemeinen Rechtsgrundsätzen die Verantwortlichkeit der versicherten Gesellschaft für die ihrem Vorstande zur Last gelegten Verschuldungen verneinen, der vorliegend durch die Versicherungsverträge begründeten besonderen Rechtslage nicht ausreichende Würdigung zuteil werden.

Auszugehen ist davon, daß es sich hier um Ansprüche handelt, welche für die versicherte Aktiengesellschaft aus mit ihr abgeschlossenen Verträgen geltend gemacht werden, daß deshalb die in den Versicherungsbedingungen niedergelegten Satzungen für die Berechtigung ihrer Forderung maßgebend sind, und nicht allgemeine Rechtsgrundsätze ihr Verhältnis zu den verklagten Versicherungsgesellschaften regeln. Der Versicherungsvertrag ist ein gegenseitiger, und zu den Pflichten des Versicherten gehört neben der Zahlung der Prämie auch noch ein solches Verhalten, wie es die Versicherungsbedingungen von ihm fordern; aus der Verletzung der vertragsmäßigen Verhaltungspflichten kann vom Versicherer der Verlust des Versicherungsanspruchs hergeleitet werden.

Versichert ist hier eine Aktiengesellschaft; sie kann als solche nur durch ihre Organe in das Rechtsleben eingreifen, nur durch sie Rechte erwerben, Verpflichtungen erfüllen. Das zu ihrer Vertretung berufene Organ ist ihr Vorstand (§ 231 H.G.B.). Durch ihn erwirbt die Gesellschaft den Versicherungsanspruch; durch ihn erfüllt sie ihre Vertragspflichten, und folgerecht wirkt deshalb auch Nichterfüllung oder Zuwiderhandeln gegen die Vertragspflichten seitens des Vertretungsorgans unmittelbar gegen die Gesellschaft selbst. Verletzung solcher Vertragspflichten, die nach den Versicherungsbedingungen den Verlust des Anspruchs auf die Versicherungssumme nach sich ziehen, halten die Beklagten aber der Klageforderung entgegen.

Zuerst kommt hierbei in Betracht die Behauptung, daß der damals allein den Vorstand der Aktiengesellschaft bildende Direktor G. den Brand der Fabrik vorsätzlich herbeigeführt habe. Wenn es sich darum handelte, ob aus dieser ihrem Vorstande vorgeworfenen unerlaubten Handlung die Aktiengesellschaft schadensersatzpflichtig geworden sei, würde allerdings in Frage kommen, ob die Handlung, wie dies nach § 31 B.G.B. und, sofern gemeines Recht anzuwenden ist, auch nach dessen Grundsätzen zur Begründung der Ersatzpflicht der vertretenen Gesellschaft erforderlich ist, in Ausführung der ihm zustehenden Verrichtungen begangen wurde. Das ist aber nicht entscheidend, wenn, wie dies nach dem Tatbestand des Berufungsurteils geschehen ist, und wie die Revision ausdrücklich wiederum hervorgehoben hat, aus der Brandstiftung Verwirkung des Anspruchs wegen Verletzung der Vertragspflichten hergeleitet wird. Es kommt dann auch nicht darauf an, ob die Tat aus von den Vorstandsbefugnissen unabhängigen Beweggründen verübt worden ist. Zur Begründung des Einwands der Verwirkung des Anspruchs reicht vielmehr aus, daß behauptet ist, entgegen dem Vertragszwecke der Sicherung gegen die durch einen zufälligen Brand herbeigeführte wirtschaftliche Schädigung sei der Schaden vorsätzlich verursacht. Ist dies — wie die Beklagten behaupten — durch dasjenige Organ geschehen, welches die Versicherungsbedingungen für die versicherte Gesellschaft zu erfüllen hatte, so ist damit eine Vertragsverletzung begangen, als deren Folge § 10 der Versicherungsbedingungen Verlust des Anspruchs auf Entschädigung vorsieht. Diese Folge aber trifft die versicherte Aktiengesellschaft als Vertragsgegnerin, ohne daß dies noch besonders in den Bedingungen ausgesprochen zu werden brauchte.

Dieselbe rechtliche Beurteilung greift Platz hinsichtlich der weiteren Behauptung der Beklagten, der Anspruch sei nach § 6 Abs. 2, § 8 Abs. 1 in Verbindung mit § 10 der Versicherungsbedingungen dadurch verwirkt, daß G. böswillig Rettung unterlassen, Beläge, Beweise und Verzeichnisse, welche die Versicherer zu fordern berechtigt seien, nicht beigebracht habe. Auch hier sind Handlungen und Unterlassungen desjenigen Organs, welches die versicherte Gesellschaft in der Vertragserfüllung zu vertreten hat, identisch mit Handlungen und Unterlassungen der Vertragskontrahentin selbst. Durch das Vertretungsorgan begangene Vertragsverletzungen haben die Verwirkung des Anspruchs auch hier zur Folge, soweit die Vertragsbedingungen Verwirkung an solche Verletzungen knüpfen.

Angaben im Schadensermittelungsverfahren endlich können für eine versicherte Aktiengesellschaft gar nicht anders als durch das sie vertretende Organ gemacht werden. Der Vorstand spricht für die Gesellschaft; seine Erklärungen sind diejenigen der Versicherten selbst, und, sofern von ihm dabei betrügerisch gehandelt wird, müssen notwendigerweise die Folgen einer dadurch begangenen Vertragsverletzung die versicherte Gesellschaft treffen. Sind Verwirkungsfolgen schon an wissentlich falsche Angaben über den Umfang des Schadens geknüpft, so ist auch nicht entscheidend, daß diese Angaben, weil der Versicherer ihnen nicht geglaubt hat, tatsächlich zu einer ungerechtfertigten Schadensfestsetzung nicht geführt haben. Auch der Betrugsversuch kann nach den Versicherungsbedingungen schon die Verwirkung zur Folge haben.

Aus diesen rechtlichen Gesichtspunkten ist die Einwendung der Beklagten, der Anspruch auf die Versicherungssumme sei infolge von Vertragsverletzungen durch den Direktor G. verwirkt, vom Berufungsgericht einer erneuten tatsächlichen Prüfung zu unterziehen." . . .

---

46. 1. Ist der Käufer einer Ware beim Vorliegen der Voraussetzungen des Notverkaufs gemäß § 379 Abss. 1 und 2 H.G.B. verpflichtet, bei Vermeidung des Verlustes der Berechtigung hierzu diesen Notverkauf alsbald vorzunehmen?

2. Ist ein mittels öffentlicher Versteigerung vorgenommener Notverkauf, bei welchem der ursprüngliche Käufer die Ware angesteigert hat, als ein gültiges, neues Kaufgeschäft anzusehen? Wer hat in bezug auf das letztere als Verkäufer zu gelten?

3. Kann der ursprüngliche Käufer, welcher bei einem gemäß §§ 379 Abs. 2, 373 Abs. 4 H.G.B. auf sein Betreiben mittels öffentlicher Versteigerung erfolgten Notverkauf die beanstandete Ware gekauft hat, wegen eines nachträglich entdeckten weiteren Mangels derselben einen nochmaligen Notverkauf auf Grund des ursprünglichen Kaufes vornehmen?

4. Ist die Befugnis des Käufers, gemäß § 379 Abs. 2 H.G.B. einen Notverkauf der beanstandeten Ware vorzunehmen, an die in Abs. 1 daselbst bestimmte Voraussetzung geknüpft, daß ihm die Ware auf Grund des in Frage stehenden Kaufvertrags von einem anderen Orte übersendet ist?

5. Können einem Notverkaufe, welcher trotz des Mangels einer oder mehrerer der in § 379 Abs. 1 H.G.B. bestimmten Voraussetzungen von dem Käufer vorgenommen ist, dennoch dann, wenn diesem ein Wandelungsrecht zugestanden hat, nach den Grundsätzen der Geschäftsführung ohne Auftrag (§§ 677 flg. B.G.B.) Rechtswirkungen dem Verkäufer gegenüber beigelegt werden?

6. Kann ein auf einen zivilrechtlichen Grund gestützter Anspruch auf Ersatz der Kosten des Beweissicherungsverfahrens (§§ 485 flg. Z.P.O.) mittels Klage als selbständige Forderung zusammen mit dem Hauptanspruch geltend gemacht werden, wegen dessen das Beweissicherungsverfahren stattgehabt hat?

II. Zivilsenat. Urt. v. 7. Juni 1907 i. S. v. R. & S. (Kl.) w. K. (Bekl.). Rep. II. 39/07.

I. Landgericht Köln.
II. Oberlandesgericht daselbst.

Der Kaufmann S. in Berlin kaufte am 9. Dezember 1900 von dem in Köln wohnenden Beklagten 100 Kisten Kühlhauseier zum Preise von 60 *M* für das Tausend. Die Eier wurden am 24. Dezember von Köln abgesandt und am 29. Dezember dem S. nach Einzahlung des bedungenen Vorschusses von 8000 *M* ausgehändigt. Dieser stellte sie durch Telegramm vom 31. Dezember wegen Minderwertigkeit dem Beklagten zur Verfügung. Da der Beklagte aber keine Verfügung darüber traf, und durch die am 2. Januar 1901 vorgenommene Untersuchung der Ware modriger Geschmack derselben festgestellt wurde, ließ S. am 4. Januar 1901 an der Berliner Börse durch einen Kursmakler 74 Kisten Eier versteigern, und zwar ohne Ausschluß der Gewährleistung den Berliner Börsenusancen gemäß. Er selbst steigerte dieselben, die Kiste zu 3,40 *M*, unter Verlust von zwei Schock an. Eine erneute Untersuchung vom 7. Januar 1901 ergab, daß die Ware zur menschlichen Nahrung unbrauchbar und nur zu gewerblichen Zwecken verwendbar sei. Auf Grund einer Untersuchung vom 10. Januar wurde am 14. Januar 1901 nochmals begutachtet, daß die Eier als Nahrungsmittel untauglich seien. S. teilte darauf dem Beklagten am 15. Januar mit, er werde die angesteigerten 74 und weitere 7 Kisten Eier versteigern lassen. Diese Versteigerung erfolgte am 19. Januar 1901 unter der Bezeichnung „Eier für gewerbliche Zwecke". Hierbei wurden nur 1317,90 *M* erlöst. Am 26. Januar 1901 veranlaßte S. die gerichtliche Vernehmung von Sachverständigen zur Sicherung des Beweises, wodurch 214,30 *M* Kosten entstanden. Die verauslagten Kosten für Fracht, Begutachtung und Versteigerung betrugen zusammen 626,92 *M*. Den Preis der von ihm angenommenen 19 Kisten Eier berechnete S. nach Abzug des durch die Sachverständigen begutachteten Verlustes auf 1596,92 *M*. Derselbe trat am 24. Mai 1901 sämtliche ihm aus diesem Geschäfte gegen den Beklagten zustehenden Rechte an die Klägerin ab.

Diese erhob Klage mit dem Antrage, den Beklagten zu verurteilen, an Klägerin 5926,40 M nebst 5 Prozent Zinsen von 5712,10 M seit dem 29. Dezember 1900 und von 214,30 M nebst 4 Prozent Zinsen seit dem Tage der Klagezustellung zu zahlen. Diese Klage war auf die erwähnten Tatsachen und auf folgende weitere Behauptungen gestützt: der Beklagte sei verpflichtet, ihr die gezahlten 8000 M, sowie alle infolge der schlechten Qualität der Eier entstandenen Unkosten im Gesamtbetrage von 626,92 M zu ersetzen, von welchen Beträgen mit zusammen 8626,92 M der Kaufpreis der von S. angenommenen 19 Kisten Eier mit 1596,92 M, sowie der bei der zweiten Versteigerung vom 19. Januar 1901 für die damals verkauften 81 Kisten Eier erzielte Reinerlös im Betrage von 1317,90 M, zusammen also 2914,82 M, in Abzug gebracht würden, so daß S. noch zu fordern gehabt habe 5712,10 M. Hierzu kämen noch die Kosten des Verfahrens zur Sicherung des Beweises mit 214,30 M, was die Klagesumme ergebe.

Der Beklagte bestritt diese Forderung, da S. die etwaige schlechte Beschaffenheit der Eier, die sich in Berlin herausgestellt haben sollte, selbst verschuldet habe, die Eier übrigens auch bei ihrer Ankunft in Berlin zum größten Teile noch brauchbar gewesen seien.

Die Klägerin bestritt diese Behauptungen.

Die Klage wurde in erster Instanz vollständig und in zweiter Instanz bis auf einen der Klägerin zugesprochenen Teilbetrag von 731,20 M nebst Zinsen abgewiesen. Auf die von der Klägerin wegen dieser Klagabweisung eingelegte Revision wurde das Berufungsurteil insoweit aufgehoben, und die Sache in diesem Umfange zur anderweiten Verhandlung und Entscheidung an das Berufungsgericht zurückverwiesen aus folgenden

Gründen:

... „Das Berufungsgericht hat zunächst angenommen, daß die Klägerin weder einen Wandelungs- noch einen Preisminderungsanspruch, noch einen Anspruch auf mangelfreie Lieferung erhoben habe, sondern daß sie die Rückgabe des von dem Käufer S. auf die gekaufte Ware geleisteten Vorschusses auf Grund des Kaufvertrages verlange. In dieser Hinsicht hat das Berufungsgericht es als der Vertragsabsicht der Parteien entsprechend erachtet, daß, wenn Mangelhaftigkeit der Ware vorliegen sollte, an die Stelle des Anspruchs auf Erfüllung derjenige auf Rückgewähr des Kaufpreises trete. Ferner hat dasselbe den Beklagten als beweispflichtig für die von ihm behauptete ordnungsmäßige Erfüllung des Kaufvertrages angesehen, aber den Beweis, daß von ihm die Ware in mangelfreiem Zustande geliefert worden sei, nicht für geführt erachtet. Demgemäß hat das Berufungsgericht die Klägerin für berechtigt gehalten, den Vorschuß abzüglich des Betrages, der, soweit die Ware angenommen sei oder als angenommen zu gelten habe, dem Beklagten zustehe, zurückzufordern, und es hat den Beklagten für verpflichtet erklärt, die von dem Käufer gemachten Auslagen, vorbehaltlich der näheren Prüfung derselben, sich anrechnen zu lassen.

I. Das Berufungsgericht hat daher zunächst von dem durch den Käufer gezahlten Vorschuß von 8000 ℳ folgende Summen in Abzug gebracht:

A für die von dem Käufer angenommenen 19 Kisten Eier deren vertragsmäßigen Kaufpreis mit 1596,92 ℳ;

B den — abzüglich eines Betrages für Verlust — auf 588,35 ℳ berechneten *gesamten* ursprünglichen Kaufpreis derjenigen 7 Kisten Eier, welche der Käufer bei der Versteigerung der übrigen 74 Kisten vom 19. Januar 1901 hatte mitversteigern lassen, was folgendermaßen begründet ist: die Mitversteigerung der 7 Kisten am 19. Januar 1901 sei unzulässig gewesen; wenn S. dieselben nicht hätte annehmen wollen, so hätte er sie *sogleich* versteigern lassen müssen; diese 7 Kisten gälten daher als genehmigt;

C den bei der *ersten* Versteigerung vom 4. Januar 1901 für die übrigen 74 Kisten erzielten Erlös von 5535,20 ℳ, zu welchem Punkte in dem Berufungsurteile folgendes ausgeführt ist: da die Ware dem Verderben ausgesetzt gewesen, sei der Käufer berechtigt gewesen, sie unter Beobachtung der Vorschrift des § 373 H.G.B. verkaufen zu lassen. Dagegen habe ihm nicht das Recht zugestanden, die angesteigerten Kisten *nochmals* versteigern zu lassen. Möge auch nach Ortsgebrauch eine Versteigerung ohne Ausschluß der Gewährleistung zulässig sein, so habe doch S. von den hieraus abzuleitenden Rechten nicht Gebrauch machen können. Er habe die Mangelhaftigkeit der Ware genau kennen müssen und sei jedenfalls verpflichtet gewesen, die erste Untersuchung so gründlich vornehmen zu lassen, daß die Mängel würden festgestellt worden sein.

II. Als Auslagen des Käufers, welche der Beklagte sich anrechnen zu lassen habe, sind in dem Berufungsurteile im ganzen 451,67 *M* festgesetzt, während die von der Klägerin weiter beanspruchten Kosten von zusammen 175,25 *M* für die nach der Versteigerung vom 4. Januar 1901 erfolgte Lagerung der Ware, für die zweite Untersuchung und die zweite Versteigerung derselben der Klägerin nicht zugebilligt worden sind.

Endlich hat das Berufungsgericht auch den Anspruch der Klägerin auf Ersatz der Kosten des Verfahrens zur Sicherung des Beweises im Betrage von 214,30 *M* für nicht gerechtfertigt erachtet, indem es erwog, dieser Anspruch sei im Prozesse nicht geltend zu machen; die betreffenden Kosten bildeten einen Teil der Kosten des Hauptprozesses; ihre Zubilligung sei Gegenstand des Kostenfestsetzungsverfahrens, und daher seien sie im Urteil nicht zu berücksichtigen.

Demgemäß hat das Berufungsgericht den Beklagten für verpflichtet gehalten, der Klägerin 731,25 *M* nebst Zinsen seit dem 29. Dezember 1900 zurückzuerstatten.

Zunächst kann dahingestellt bleiben, ob der von dem Revisionsbeklagten bestrittene Ausgangspunkt des Berufungsgerichts, daß Klägerin keinen auf das gesetzliche Wandelungsrecht des Käufers gestützten Anspruch geltend gemacht habe, der Klaganspruch vielmehr als auf Grund einer (stillschweigenden) vertraglichen Vereinbarung der Parteien erhoben anzusehen sei, richtig ist; denn die Revisionsklägerin hat diese Annahme des Berufungsgerichts nicht angefochten, wie dieselbe auch hierdurch nicht beschwert ist; der Revisionsbeklagte aber hat keine Anschlußrevision eingelegt. Auch wenn man im übrigen mit dem Revisionsbeklagten annimmt, daß das Berufungsgericht mit Unrecht das Vorliegen eines Wandelungsanspruchs und demgemäß auch mit Unrecht die Beweispflicht der Klägerin hinsichtlich der vertragswidrigen Beschaffenheit der Ware (vgl. Entsch. des R.G.'s in Zivils. Bd. 57 S. 399) verneint habe, würde dies doch nicht zu einer Aufrechterhaltung des angefochtenen Teiles des Berufungsurteils führen können, falls die von der Revisionsklägerin erhobenen Angriffe begründet sein sollten. Die Entscheidung über die letzteren hängt aber ebenfalls nicht von der Beurteilung der von der Revisionsbeklagten angeregten Fragen ab.

Die Revisionsklägerin hat zunächst bezüglich des oben zu I, B angeführten Postens von 588,35 *M* gerügt, daß das Berufungsgericht hierbei mit Unrecht für die am 19. Januar 1901 versteigerten 7 Kisten Eier den in dem ursprünglichen Kaufvertrage vom 9. Dezember 1900 vereinbarten Kaufpreis statt des weit geringeren Betrages, der bei der Versteigerung vom 19. Januar 1901 für diese Waren erlöst worden ist, als für die anzurechnende Forderung des Beklagten maßgebend erachtet habe; denn S. sei nach § 379 H.G.B. zur Versteigerung dieser 7 Kisten Eier zwar berechtigt, aber nicht verpflichtet gewesen. Diese Beschwerde erscheint als begründet. Das Berufungsgericht hat nämlich anscheinend bezüglich aller auf Veranlassung des S. versteigerten 81 Kisten Eier, also auch bezüglich der hier in Rede stehenden 7 Kisten, angenommen, daß S. berechtigt gewesen sei, dieselben sofort nach ihrer Ankunft in Berlin (29. Dezember 1900) unter Beobachtung der Vorschriften des § 373 H.G.B. verkaufen zu lassen; denn es hat dies bezüglich der zum erstenmal am 4. Januar 1901 versteigerten 74 Kisten dieser Ware unter Hinweis darauf, daß die Ware dem Verderben ausgesetzt gewesen sei, ausdrücklich ausgesprochen. Wenn auch hierbei das weitere Erfordernis des § 379 Abs. 2 H.G.B., daß Gefahr im Verzuge sei, nicht besonders erwähnt ist, so läßt doch der gesamte dieser Vorschrift im übrigen entsprechende Inhalt dieses Satzes des Urteils darauf schließen, daß das Berufungsgericht damit feststellen wollte, daß bezüglich dieser 74 Kisten die Voraussetzungen eines Notverkaufs im Sinne der bezogenen Bestimmungen für die angegebene Zeit, insbesondere auch noch am 4. Januar 1901, vorgelegen hätten. In Verbindung mit dieser Feststellung rechtfertigt aber die angefochtene, auf die 7 Kisten Eier sich beziehende Erwägung die Annahme, daß das Berufungsgericht den S. zum Verkauf dieser 7 Kisten Eier gemäß § 379 Abss. 1 und 2 H.G.B. zwar für die Zeit bis zum 4. Januar 1901, nicht aber auch für die spätere Zeit, insbesondere nicht mehr am 19. Januar 1901, für berechtigt erachtet hat. Der angefochtenen Erwägung scheint daher die Rechtsansicht des Berufungsgerichts zugrunde zu liegen, daß der Käufer beim Vorliegen der Voraussetzungen des Notverkaufs gemäß § 379 Abss. 1 und 2 a. a. O. verpflichtet sei, denselben bei Vermeidung des Verlustes der betreffenden Berechtigung alsbald vorzunehmen. Diese Rechtsansicht ist jedenfalls in dieser

Allgemeinheit nicht zu billigen. Vor allem ist dem Käufer weder durch § 379 — (der Käufer „kann“ . . . die Ware verkaufen lassen) — noch durch eine andere gesetzliche Vorschrift eine Verpflichtung auferlegt, beim Vorliegen der hierfür bestimmten Voraussetzungen den Notverkauf vorzunehmen. (Vgl. auch die Motive zum preußischen Entwurf des Allgemeinen Handelsgesetzbuchs Art. 264). Das hiernach lediglich vorliegende Recht des Käufers zur Vornahme eines Notverkaufs ist aber weder durch eine besondere gesetzliche Vorschrift, noch nach allgemeinen Rechtsgrundsätzen an eine bestimmte Zeit geknüpft. Aus § 379 Abs. 2 a. a. O. ist bezüglich der Dauer desselben nur so viel zu entnehmen, daß ein Notverkaufsrecht dann nicht mehr ausgeübt werden kann, wenn die gesetzlich bestimmten Voraussetzungen, daß die Ware dem Verderben ausgesetzt, und Gefahr im Verzuge sei, weggefallen sind. Solange aber diese Voraussetzungen noch vorliegen, erheischt in der Regel das Interesse des auswärtigen Verkäufers die Vornahme des Notverkaufs, was auch eine entsprechende Berechtigung des Käufers hierzu bedingt. Daß aber die fraglichen Voraussetzungen am 19. Januar 1901 bezüglich der hier in Rede stehenden 7 Kisten Eier weggefallen gewesen seien, hat das Berufungsgericht nicht festgestellt.

Es könnte sich daher höchstens noch fragen, ob die Verpflichtung des Käufers zur alsbaldigen Vornahme des Notverkaufs sich etwa aus den nach § 379 Abs. 2 für den Notverkauf maßgebenden Vorschriften des § 373 H.G.B., oder aus den für den Selbsthilfeverkauf anerkannten Rechtsgrundsätzen herleiten läßt. Doch ist auch dies zu verneinen. Zunächst enthält § 373 selbst keine Vorschrift über die Zeit, in der der Selbsthilfeverkauf vorzunehmen ist. Wenn aber ferner in analoger Anwendung der Rechtsgrundsätze, welche von der Rechtsprechung für den Selbsthilfeverkauf anerkannt sind, anzunehmen ist, daß auch der Notverkauf von dem Käufer nicht absichtlich verzögert werden darf, um den Verkäufer zu schädigen,

vgl. Entsch. des R.O.H.G.'s Bd. 20 S. 334, Bd. 21 S. 158; Entsch. des R.G.'s in Zivils. Bd. 41 S. 64,

und daß auch grobe Fahrlässigkeit des Käufers bezüglich der verzögerten Vornahme des Notverkaufs in gleicher Weise zu beurteilen ist,

vgl. Entsch. des R.G.'s in Zivils. Bd. 36 S. 89; Bolze, Praxis Bd. 14 Nr. 441; Jurist. Wochenschr. 1892 S. 241 Nr. 18, 1901 S. 407 Nr. 27, so hat doch das Berufungsgericht bezüglich des hier in Rede stehenden Verhaltens des S. weder selbst das Vorliegen einer dieser Voraussetzungen angenommen, noch auch solche tatsächlichen Feststellungen getroffen, auf Grund deren etwa eine absichtliche oder grob fahrlässige Verzögerung des in Rede stehenden Notverkaufs dieser 7 Kisten Eier angenommen werden könnte. Namentlich schließt die einstweilige Aufbewahrung der Ware, für die zu sorgen der Käufer sogar nach § 379 Abs. 1 H.G.B. verpflichtet ist, nicht eine Verfügung über dieselbe in sich, welche der späteren Ausübung des fraglichen Notverkaufrechts entgegenstände; es kann daher auch hierin nicht eine Genehmigung der einstweilen aufbewahrten Ware gefunden werden. Inwiefern aber diese im gegebenen Falle etwa aus einem anderen Grunde als genehmigt zu gelten hätte, hat das Berufungsgericht nicht dargelegt, namentlich nicht in irgend einer Weise das Vorhandensein eines Genehmigungswillens des S. festgestellt.

Hiernach erscheint die Annahme des Berufungsgerichts, daß die Mitversteigerung dieser 7 Kisten am 19. Januar 1901 unzulässig gewesen, und das Ergebnis dieser Versteigerung daher für die fragliche Forderung des Beklagten nicht maßgebend sei, als nicht gerechtfertigt.

Ferner hat die Revisionsklägerin den Ansatz der oben zu I. C aufgeführten Forderung des Beklagten wegen Verletzung des § 460 B.G.B. und der §§ 286, 313 Nr. 4, 551 Nr. 7 Z.P.O. beanstandet, weil das Berufungsgericht den Anspruch des Beklagten auf den Erlös der zuerst am 4. und dann nochmals am 19. Januar versteigerten 74 Kisten Eier nach dem Ergebnisse der ersten Versteigerung, statt nach dem geringeren Ergebnisse der zweiten Versteigerung, berechnet habe. In dieser Hinsicht hat die Revisionsklägerin hauptsächlich gerügt, daß die Annahme des Berufungsgerichts, S. habe die Mangelhaftigkeit der Ware — daß sie nämlich für den menschlichen Genuß unbrauchbar sei — bei der Versteigerung vom 4. Januar 1901 genau kennen müssen, mit dem Tatbestande im Widerspruch stehe und jedenfalls tatsächlich nicht begründet sei, und daß das Berufungsgericht auch das nach § 460 Satz 2 B.G.B. für den Ausschluß eines Gewährleistungsanspruchs des Käufers erforderliche Vorliegen einer groben Fahrlässigkeit desselben in bezug auf seine Unkenntnis des fraglichen Mangels zur Zeit der ersten Versteigerung nicht festgestellt habe.

Diese Beschwerde erscheint nach beiden Richtungen hin als gerechtfertigt.

Wenn, was oben bereits erörtert ist, die Versteigerung vom 4. Januar 1901 als ein für Rechnung des Beklagten erfolgter Notverkauf im Sinne des § 379 Abss. 1 und 2 H.G.B. aufzufassen ist, so ist derselbe als ein neuer, selbständiger Kaufvertrag anzusehen, der zwischen dem durch S. als gesetzlichen Bevollmächtigten vertretenen Beklagten als Verkäufer und S. eignen Namens als Käufer zu den von letzterem bei dieser Versteigerung gebotenen Preisen gültig zustande gekommen ist. Die Gültigkeit dieses Rechtsgeschäfts unterliegt namentlich im Hinblick auf die Vorschriften des § 373 Abs. 4 H.G.B. und des § 181 B.G.B. keinem Bedenken. Insbesondere ist aus § 379 Abs. 2 und § 373 Abs. 4 a. a. O. das Vorliegen eines der in § 181 B.G.B. vorgesehenen Ausnahmefälle herzuleiten, in denen dem Vertreter die Vornahme eines Rechtsgeschäfts im Namen des Vertretenen mit sich selbst im eigenen Namen gestattet ist; denn die sich aus den ersteren Vorschriften ergebende Befugnis des Käufers, bei einem mittels öffentlicher Versteigerung erfolgenden Notverkauf mitzubieten, schließt nach der dargelegten Natur dieses Rechtsgeschäfts zugleich die Befugnis in sich, den mittels dieser Versteigerung zustande kommenden neuen Kauf als Vertreter des ursprünglichen Verkäufers im Namen und für Rechnung desselben mit sich als Käufer im eignen Namen abzuschließen. Auf Grund der Versteigerung vom 4. Januar 1901 standen daher dem S. als Käufer für den Fall der Mangelhaftigkeit der Ware dieselben Rechte zu wie einem dritten Käufer, also insbesondere nach §§ 459 und 462 B.G.B. ein Wandelungsrecht. Ob nun die Ware in bezug auf den mittels der Versteigerung vom 4. Januar 1901 zustande gekommenen Kauf als mangelhaft im Sinne des § 459 B.G.B. zu gelten hat, ist lediglich nach dem Inhalt *dieses* Kaufes zu bestimmen. In dieser Hinsicht kommt aber in Betracht, daß nach dem Tatbestand diese Versteigerung ohne Ausschluß der Gewährleistung den Berliner Börsenusancen gemäß erfolgt, und daß durch die nachher am 7. und 10. Januar 1901 vorgenommenen Untersuchungen der versteigerten Ware festgestellt worden ist, daß diese zur menschlichen Nahrung unbrauchbar sei. Aus den bezüglichen Ausführungen des Berufungsgerichts ergibt sich auch dessen Annahme, daß wegen des letzteren Mangels der am 4. Januar 1901 versteigerten Ware ein dem S. bezüglich des letzteren Kaufes zustehendes Wandelungsrecht anzuerkennen sein würde, wenn nicht die Bestimmung des § 460 Satz 2 B.G.B. deshalb dem entgegenstände, weil S. den letzteren Mangel der Ware (zur Zeit der Versteigerung vom 4. Januar 1901) genau habe kennen müssen, indem er verpflichtet gewesen sei, die erste Untersuchung so gründlich vorzunehmen, daß der hier in Rede stehende Mangel schon vor der Versteigerung vom 4. Januar 1901 würde festgestellt worden sein. Mit Recht hat die Revisionsklägerin diese die Anwendbarkeit des § 460 Satz 2 a. a. O. im gegebenen Falle betreffenden Ausführungen als ungenügend beanstandet; denn vor allem erhellt aus denselben nicht, ob das Berufungsgericht sich dabei des nach § 460 Satz 2 bestehenden Erfordernisses bewußt gewesen ist, daß die Nichtkenntnis des Mangels seitens des Käufers auf grober Fahrlässigkeit desselben beruhen muß, und ob es auch eine grobe Fahrlässigkeit des S. bezüglich der fraglichen Unkenntnis desselben als vorliegend erachtet hat." ... (Wird näher ausgeführt.) ...

„Hiernach beruht die Verneinung eines dem S. bezüglich des Verkaufs vom 4. Januar 1901 zustehenden Wandelungsrechts auf Verletzung des § 460 Satz 2 B.G.B. und der §§ 286, 313 Nr. 4, 551 Nr. 7 Z.P.O. Daher wird auch die nur durch die Verneinung dieses Wandelungsrechts begründete Annahme des Berufungsgerichts, daß dem S. nicht das Recht zugestanden habe, die am 4. Januar 1901 von ihm angesteigerten Eier nochmals (für Rechnung des Beklagten) versteigern zu lassen, durch den seither erörterten Inhalt des angefochtenen Urteils nicht gerechtfertigt.

Andererseits ergibt sich aus den vorstehenden Ausführungen, auch bei der Unterstellung eines dem S. bezüglich des Kaufes vom 4. Januar 1901 zustehenden Wandelungsrechts, noch nicht, daß die zweite Versteigerung vom 19. Januar 1901 als ein gemäß § 379 Abs. 1 und 2 H.G.B. berechtigter Notverkauf erfolgt anzusehen sei. Es kommt in dieser Hinsicht nicht nur die von dem Revisionsbeklagten aufgeworfene, aber in den Vorinstanzen noch nicht erörterte und in Ermangelung der erforderlichen tatsächlichen Feststellungen auch gegenwärtig noch nicht zur Entscheidung reife Frage, ob S. bezüglich dieses zweiten Kaufes dem Beklagten die nach § 377 H.G.B. notwendige Anzeige des Mangels der Unbrauchbarkeit der Eier zur menschlichen Nahrung rechtzeitig erstattet habe, sondern auch der weitere Umstand in Betracht, daß die aus dem Wortlaut des Abs. 1 des § 379 und dem Zusammenhange dieser Bestimmung mit derjenigen des Abs. 2 daselbst auch für den Notverkauf sich ergebende Voraussetzung, daß die Ware dem Käufer von einem anderen Orte übersendet sei, bezüglich der von S. am 4. Januar 1901 ersteigerten Ware nicht zutrifft; denn da letztere sich bereits vor dieser Versteigerung am Versteigerungsort Berlin im Besitz des sie ansteigernden ursprünglichen Käufers S. befand, und dieser sie daselbst bis zu der am 19. Januar 1901 erfolgten nochmaligen Versteigerung im Besitz behielt, so hatte eine Übersendung der Ware auf Grund des hier in Rede stehenden Kaufes vom 4. Januar 1901 nicht stattzufinden und hat auch nicht stattgefunden. Letzterer Kauf ist daher nicht als ein Übersendungskauf im Sinne des § 379 Abss. 1 und 2 (vgl. Entsch. des R.G.'s in Zivils. Bd. 33 S. 25) anzusehen. Namentlich kommt hierbei der Umstand, daß dieselbe Ware Gegenstand eines früheren, zwischen denselben Personen geschlossenen Übersendungskaufs gewesen war, für den Verkauf vom 19. Januar 1901 nicht weiter in Betracht, da S. das ihm auf Grund des ersten Kaufes gemäß § 379 a. a. O. zustehende Notverkaufsrecht bereits mittels der Versteigerung vom 4. Januar 1901 ausgeübt hatte, und dasselbe somit zur Zeit der Versteigerung vom 19. Januar 1901 erloschen war. Da aber jedenfalls die hier allein unmittelbar in Betracht kommende Vorschrift des § 379 Abs. 2 wegen der darin liegenden Beschränkung des dem Verkäufer im Falle der Wandelung nach §§ 467, 346 B.G.B. zustehenden Rechtes auf Zurücknahme der Ware als eine handelsrechtliche Ausnahmebestimmung aufzufassen ist, so erscheint eine analoge Anwendung derselben in solchen Fällen als ausgeschlossen, in denen zwar die Voraussetzung des § 379 Abs. 1 H.G.B. nicht vorliegt, im übrigen aber der alsbaldige Verkauf einer vom Käufer beanstandeten Ware durch diesen im Interesse des Verkäufers liegen mag.

Wenn aber auch hiernach die zweite Versteigerung vom 19. Januar 1901 nicht als ein Notverkauf im Sinne des § 379 Abss. 1 und 2 H.G.B. anzusehen, und dieselbe daher von diesem rechtlichen Gesichtspunkte aus nicht zu rechtfertigen ist, so ist hieraus doch nicht ohne weiteres zu folgern, daß die Klägerin sich in keiner Weise dem Beklagten gegenüber auf das Ergebnis der durch S. veranlaßten nochmaligen Versteigerung der Ware vom 19. Januar 1901 berufen dürfe, vielmehr das Ergebnis der ersten Versteigerung vom 4. Januar 1901 schlechthin für den betreffenden Anspruch des Beklagten maßgebend sei; denn es ist trotz der Nichtanwendbarkeit des § 379 a. a. O. dann, wenn bezüglich des Kaufes vom 4. Januar 1901 ein Wandelungsrecht des S. begründet gewesen sein sollte, bei der gegebenen Sachlage die Möglichkeit nicht ausgeschlossen, daß der nochmaligen Versteigerung der fraglichen Ware vom 19. Januar 1901 nach den Grundsätzen der Geschäftsführung ohne Auftrag (§§ 677 flg. B.G.B.) gegenüber dem Beklagten als Geschäftsherrn Rechtswirkungen beigelegt werden könnten, welche geeignet wären, den Anspruch der Klägerin auf Berücksichtigung des Ergebnisses dieser Versteigerung bei Bemessung der bezüglichen Forderung des Beklagten ganz oder teilweise zu rechtfertigen. Wenn nämlich auf Grund des dem Käufer S. gemäß dem Kaufe vom 4. Januar 1901 etwa zustehenden Wandelungsanspruchs der Beklagte als Verkäufer, für dessen Rechnung dieses Rechtsgeschäft als abgeschlossen zu gelten hat, zur Zurücknahme der am 4. Januar 1901 versteigerten Ware verpflichtet gewesen sein sollte, so könnte vielleicht wegen des zu befürchtenden weiteren Verderbs der Ware oder aus anderen Gründen auch die nochmalige Versteigerung derselben in Berlin als dem Interesse und dem wirklichen oder dem mutmaßlichen Willen des Beklagten entsprechend erachtet werden.

Vgl. Entsch. des R.O.H.G.'s Bd. 12 S. 132, Bd. 16 S. 326.

Hiernach ist die erörterte Begründung des Berufungsurteils nicht genügend, um die Festsetzung des hier in Rede stehenden Anspruchs des Beklagten nach dem Ergebnis der Versteigerung vom 4. Januar 1901 zu rechtfertigen. Vielmehr besteht die rechtliche Möglichkeit, daß es in dieser Hinsicht auch auf das Ergebnis der Versteigerung vom 19. Januar 1901 ankommen könnte. Zur Entscheidung dieser Frage bedarf es aber weiterer tatsächlicher Feststellungen auf Grund der oben dargelegten rechtlichen Gesichtspunkte.

Dasselbe gilt auch von dem seitens der Klägerin erhobenen, aber vom Berufungsgericht aberkannten Anspruch auf Ersatz derjenigen Kosten, welche durch die nach der Versteigerung vom 4. Januar 1901 stattgehabte Lagerung der Ware, die zweite Untersuchung und die zweite Versteigerung derselben entstanden sind, in welcher Hinsicht eine weitere Revisionsbeschwerde erhoben ist; denn die Entscheidung über diesen Anspruch der Klägerin hängt hauptsächlich von der Beantwortung der oben erörterten Fragen ab, ob dem S. auf Grund der Versteigerung vom 4. Januar 1901 ein Wandelungsanspruch und bejahendenfalls ein Anspruch aus nützlicher Geschäftsführung entstanden ist.

Endlich erscheint auch die letzte Revisionsbeschwerde als begründet, welche wegen der Abweisung des klägerischen Anspruchs auf Ersatz der Kosten des Beweissicherungsverfahrens erhoben ist. Zwar sind dann, wenn es wegen der Angelegenheit, die ein solches Verfahren veranlaßt hat, zu einem Prozesse kommt, die durch ersteres Verfahren entstandenen Kosten als zu den Kosten des Rechtsstreits gehörig anzusehen, so daß die in letzterem ergehende Kostenentscheidung ohne weiteres auch auf die durch das Beweissicherungsverfahren entstandenen Kosten zu beziehen ist (vgl. Entsch. des R.G.'s in Zivils. Bd. 13 S. 325). Im übrigen hängt aber, sofern in dem Urteile nichts anderes bestimmt ist, die Erstattungsfähigkeit der letzteren Kosten davon ab, ob dieselben von dem Gerichte bei der Kostenfestsetzung als zur zweckentsprechenden Rechtsverfolgung oder Rechtsverteidigung notwendig erachtet werden (§§ 91, 104 Z.P.O.). Andererseits besteht aber allseitige Übereinstimmung darüber, daß, wenn es nicht zum Prozesse kommt, der Anspruch auf Ersatz dieser Kosten auf Grund einer etwa nach bürgerlichem Rechte begründeten Verpflichtung des Gegners hierzu durch *besondere Klage* geltend gemacht werden kann, indem in den das Beweissicherungsverfahren betreffenden Vorschriften eine Entscheidung über die Kosten dieses Verfahrens nicht vorgesehen ist (vgl. Entsch. des R.G.'s in Zivils. Bd. 13 S. 325). Im gegebenen Falle hat aber die Klägerin die von ihr geltend gemachte Verpflichtung des Beklagten zum Ersatz dieser Kosten auf einen *zivilrechtlichen* Grund, nämlich auf die vertragswidrige Beschaffenheit der von dem Beklagten gelieferten Ware gestützt, diesen Anspruch aber nicht mittels einer *besonderen*, *ausschließlich* diese Forderung betreffenden Klage, sondern zugleich mit *anderen* aus der vertragswidrigen Lieferung des Beklagten hergeleiteten Ansprüchen in der nämlichen Klage geltend gemacht und sich zur Begründung der letzteren Ansprüche auch auf das Ergebnis des Beweissicherungsverfahrens berufen. Es fragt sich daher, ob diese Umstände sowie die für die Klägerin gegebene Möglichkeit, im Falle der ausschließlichen gerichtlichen Geltendmachung der erwähnten Hauptansprüche auch zu einer gerichtlichen Anerkennung und Festsetzung des Anspruchs auf Ersatz der Kosten des Beweissicherungsverfahrens gemäß § 91 Z.P.O. zu gelangen, der auf einen besonderen zivilrechtlichen Verpflichtungsgrund des Beklagten gestützten Einklagung dieser Kosten als eines besonderen, selbständigen Klagepostens und dem Erlasse einer ausdrücklichen sachlichen Entscheidung in dem Urteile darüber entgegensteht, ob dieser Anspruch zivilrechtlich begründet sei. Diese Frage ist zu verneinen. Zwar geht bezüglich der Prozeßkosten als solcher die herrschende Meinung dahin, daß dieselben nicht mittels besonderer Klage gefordert werden können, sondern daß über die Verpflichtung zur Tragung derselben zunächst im Urteile des betreffenden Rechtsstreits im allgemeinen zu entscheiden ist, und daß auf Grund einer solchen Entscheidung in dem Kostenfestsetzungsverfahren die einzelnen zu erstattenden Kostenbeträge festzusetzen sind (vgl. §§ 308 Abs. 2, 104, 105 Z.P.O.). Dies wird damit begründet, daß die Prozeßkosten ihren Entstehungsgrund in dem Rechtsstreite haben, nach Existenz und Umfang von demselben abhängig sind und jeder eigenen Selbständigkeit entbehren (vgl. Entsch. des R.G.'s in Zivils. Bd. 22 S. 423). Diese Gründe treffen zwar bezüglich der in dem Prozesse selbst, d. h. mit und nach Erhebung der Klage, entstandenen Kosten, für deren Tragung ja auch in der Regel kein anderer Verpflichtungsgrund als das Unterliegen der Partei in dem Prozesse besteht, nicht aber bezüglich der schon vor der Klagerhebung entstandenen Kosten zu, für welche der Gegner schon vor Einleitung des Prozesses aus einem zivilrechtlichen Grunde haftbar war. Denn wenn ein solcher zivilrechtlicher Anspruch, wie jeder andere derartige Anspruch, vom Zeitpunkte seiner Entstehung an von dem Gläubiger durch eine selbständige Klage geltend gemacht werden kann, so ist nicht einzusehen, weshalb eine Geltendmachung desselben dann, wenn diese mittels der zugleich wegen des damit zusammenhängenden Hauptanspruchs erhobenen Klage erfolgt, aus dem Grunde nicht zulässig sein sollte, weil im Falle der Erhebung der letzteren Klage und der Durchführung des Prozesses der Gläubiger in der Entscheidung über die Kosten des Prozesses vielleicht eine anderweite gerichtliche Festsetzung des ersteren Anspruchs als eines prozessualen

Kostenanspruchs würde erlangen können. Es kommt hierbei in Betracht, daß sich auf dem letzteren Wege nur eine Entscheidung über die prozeßrechtliche, nicht aber auch über die zivilrechtliche Verpflichtung des Gegners zur Tragung der fraglichen Kosten erzielen läßt, eine Verpflichtung der letzteren Art aber auch dann begründet sein kann, wenn eine solche prozeßrechtliche Verpflichtung des Gegners deshalb nicht besteht, weil diese Kosten nicht gemäß § 91 Abs. 1 Z.P.O. als zur zweckentsprechenden Rechtsverfolgung oder Rechtsverteidigung notwendig zu erachten sind. Wollte man daher die ausdrückliche klageweise Geltendmachung eines solchen materiellrechtlichen Kostenanspruchs in dem wegen der Hauptforderung einzuleitenden Prozesse für ausgeschlossen halten, oder eine Verpflichtung des erkennenden Gerichts, in diesem Prozesse über einen solchen Kostenanspruch mittels Urteils materiell zu entscheiden, verneinen, so würde dies dem sich aus § 260 Z.P.O. ergebenden Grundsatze widersprechen, wonach mehrere Ansprüche eines Klägers gegen denselben Beklagten in einer Klage verbunden werden können, wenn für sämtliche Ansprüche das Prozeßgericht zuständig, und dieselbe Prozeßart zulässig ist. Eine Abweichung von diesem Grundsatze läßt sich namentlich bezüglich des hier in Rede stehenden, auf einem zivilrechtlichen Grunde beruhenden Kostenanspruchs jedenfalls deshalb nicht rechtfertigen, weil vielleicht die rechtliche Möglichkeit gegeben ist, auf dem oben dargelegten anderen Wege zu einer anderweiten gerichtlichen Festsetzung dieses Anspruchs gemäß §§ 91 Abs. 1, 308 Abs. 2, 104 und 105 Z.P.O. zu gelangen. In demselben Sinne hat auch der erkennende Senat in seinem Urteile vom 21. April 1896 (Entsch. in Zivils. Bd. 37 S. 49) bezüglich derartiger, vor Einleitung des Prozesses wegen der Hauptforderung gemäß Art. 348 H.G.B. a. F. entstandener Kosten entschieden.

Das Berufungsgericht hätte daher nicht aus den erwähnten, als rechtsirrtümlich zu erachtenden prozeßrechtlichen Gründen von der Entscheidung über den hier in Rede stehenden Anspruch der Klägerin absehen dürfen, sondern es hätte darüber entscheiden sollen, ob derselbe materiellrechtlich begründet ist." ...

47. Wen trifft die Beweislast für den Zeitpunkt der Veränderung des ursprünglichen Wechselinhalts, wenn diese Veränderung offensichtlich, und der Zeitpunkt ihrer Vornahme für die Verpflichtung des aus dem Wechsel in Anspruch Genommenen entscheidend ist?

I. Zivilsenat. Urt. v. 8. Juni 1907 i. S. N. (Bekl.) w. M. (Kl.). Rep. I. 46/07.

I. Landgericht Neu-Ruppin.
II. Kammergericht Berlin.

Aus den Gründen:

„Der Kläger ist, ebenso wie sein Girant Sch. nachprotestlicher Indossatar. An Sch. hatte G. St. den Wechsel erst giriert, nachdem er ihn am 17. Januar 1906 hatte protestieren lassen. Der Kläger hat daher nach Art. 16 Abs. 2 W.O. nur die Rechte des G. St. gegen den Beklagten. Zur Zeit der Protesterhebung befand sich ausweislich der Protesturkunde die Unterschrift des G. St. zweimal auf der Rückseite des Wechsels, einmal unmittelbar vor der Unterschrift des Beklagten, sodann unmittelbar nach der Unterschrift des G. v. B., eines Nachmannes des Beklagten; beide Unterschriften des G. St. waren jedoch durchstrichen.

Der Beklagte hat eingewendet, daß zu der Zeit, als er den Wechsel indossierte, die erste Unterschrift des G. St. noch nicht durchstrichen gewesen sei, und daß er seine Unterschrift überhaupt nur deshalb hergegeben habe, weil die des G. St. bereits auf dem Wechsel gestanden habe.

Durch die Durchstreichung der Unterschriften des G. St. ist augenscheinlich eine Veränderung der wechselrechtlichen Erklärungen vorgenommen worden. Das Kammergericht meint, daß diese Veränderung für die Legitimation des Klägers unerheblich sei, da die Wechselordnung selbst unter Umständen zur Durchstreichung von Indossamenten ermächtige (Art. 36, 55 W.O.), ohne dem Wechsel dadurch seine Beweiskraft zu nehmen. Das Kammergericht übersieht dabei, daß die in Frage stehenden Durchstreichungen gerade die wechselmäßige Verpflichtung des Beklagten gegenüber dem Zessionar des G. St. berühren. Unter diesen Umständen ist die Durchstreichung keine „unverdächtige". Sie ist vielmehr eine solche Veränderung der

Wechselerklärungen, welche für die Verpflichtung des Beklagten gerade entscheidend ist. War die Durchstreichung der Unterschrift des G. St. schon erfolgt, als der Beklagte sein Giro auf den Wechsel setzte, so haftet er dem G. St. und den Personen, die Rechtsnachfolger des G. St. geworden sind. Befand sich aber zur Zeit der Unterzeichnung des Beklagten die Unterschrift des G. St. undurchstrichen auf dem Wechsel, so können die Rechtsnachfolger des G. St. keine Wechselrechte gegen den Beklagten geltend machen, weil dieser selbst in der Lage ist, auf G. St. zu regredieren. Der Kläger, der Ansprüche aus dem Wechsel geltend macht, muß daher beweisen, daß die erste Unterschrift des G. St. auf dem Wechsel, die sich als eine nachträglich durchstrichene darstellt, tatsächlich schon in dem Zeitpunkte durchstrichen war, als sich der Beklagte durch seine Unterschrift wechselmäßig obligierte.

Vgl. Staub-Stranz, Wechselordnung Art. 76 Anm. 19 und Rehbein, Wechselordnung Art. 76 Bem. 4.

„Ist die Veränderung offensichtlich, so hat der Inhaber den entscheidenden Zeitpunkt zu beweisen, anderenfalls der Verpflichtete.“ (Rehbein a. a. O.) Das Kammergericht hat daher, wie die Revision mit Recht geltend macht, rechtlich geirrt, wenn es dem Beklagten die Beweislast für seinen Einwand aufbürdete, daß die erste Unterschrift des G. St. zu der Zeit, als der Beklagte den Wechsel girierte, noch undurchstrichen gewesen sei. Vielmehr muß der Kläger die durch die Durchstreichung geschaffene Unklarheit beseitigen, sei es daß er den, wie oben bemerkt, ihm obliegenden Beweis führt, sei es, daß er die Zustimmung des Beklagten zur Durchstreichung nachweist, sei es daß er dartut, G. St. sei, weil er einen seiner Nachmänner befriedigte, zur Durchstreichung berechtigt gewesen. Da der Kläger einen Beweis in dieser Richtung mit den im Wechselprozesse zulässigen Beweismitteln nicht angetreten hat, so war die Klage als in der gewählten Prozeßart unstatthaft abzuweisen (§ 597 Abs. 2 Z.P.O.).“

---

48. 1. Besteht Anwaltszwang für den Antrag auf Änderung einer Entscheidung des Gerichtsschreibers durch das Prozeßgericht, wenn dieses nicht ein Amtsgericht ist?

2. Voraussetzungen der Erteilung eines Notfristzeugnisses; Inhalt eines solchen gegenüber Berufungsurteilen der Oberlandesgerichte seit der Zivilprozeßnovelle vom 5. Juni 1905.

3. Ist durch diese Novelle an den Voraussetzungen der Erteilung eines Notfrist- oder eines Rechtskraftzeugnisses durch den Gerichtsschreiber des Revisionsgerichts etwas geändert?

4. Umfang des Revisionsbegründungszwanges beim Vorliegen mehrerer selbständiger Ansprüche des Revisionsklägers.

Z.P.O. §§ 78, 706, 554, 560.

VI. Zivilsenat. Beschl. v. 10. Juni 1907 i. S. G. Ehel. (Bekl.) w. M. Wwe. (Kl.). Rep. VI. 250/07.

Ein durch den erstinstanzlichen Anwalt der Klägerin gestellter Antrag auf Änderung einer Entscheidung des Gerichtsschreibers des Reichsgerichts wurde zurückgewiesen. Das Nähere ergibt sich aus den folgenden

Gründen:

„Eine Vorfrage ist, ob ein Antrag wie der vorliegende zulässigerweise durch einen bei dem Prozeßgerichte nicht zugelassenen Anwalt gestellt werden kann, wenn dieses Gericht nicht ein Amtsgericht ist. Es ist hier in Form einer „Beschwerde" um die Abänderung einer Entscheidung nachgesucht, durch welche der Gerichtsschreiber des Senats die Erteilung des Notfristattestes in Ansehung der im Urteil erster Instanz unter I und III aufgeführten Beträge von je 6000 *M* abgelehnt hat. Was die Form eines solchen, gegen eine Entscheidung des beauftragten oder ersuchten Richters oder des Gerichtsschreibers gerichteten Antrages betrifft, so enthält die Zivilprozeßordnung zwar für diejenigen Fälle, in denen die Entscheidung des Prozeßgerichts der sofortigen Beschwerde unterliegen würde, in § 577 Abs. 4 die Vorschrift, daß die letztere Entscheidung binnen zweiwöchiger Notfrist auf dem für die Einlegung der Beschwerde vorgeschriebenen Wege nachgesucht werden müsse; im übrigen aber findet sich im Gesetz überhaupt keine hierher gehörige Formvorschrift. Mit Recht wird daher gewöhnlich angenommen, daß in allen nicht der sofortigen Beschwerde unterliegenden Fällen jener Antrag im allgemeinen in beliebiger Form gestellt werden kann, u. a. auch im Verfahren vor dem beauftragten oder ersuchten Richter, also gegebenenfalls doch wohl auch vor dem Gerichtsschreiber selbst. Nur wird daneben vielfach behauptet, daß der Antrag, wenn er direkt beim Prozeßgerichte selbst gestellt werde, und dieses nicht etwa ein Amtsgericht sei, dem Anwaltszwange nach § 78 Z.P.O. unterliege.

Vgl. Gaupp-Stein, Z.P.O. (6. und 7. Aufl.) Bd. 2 Bem. II zu § 576 S. 129; Petersen-Remelé-Anger, Z.P.O. (5. Aufl.) Bd. 2 Bem. 1 zu § 576 S. 108; Skonietzki und Gelpcke, Z.P.O. Bem. 7, b zu § 78 S. 206.

Dieser Ansicht kann jedenfalls für diejenigen Fälle, wo es sich, wie hier, um eine Entscheidung des Gerichtsschreibers handelt, nicht beigestimmt werden. Denn auch die formell an das Gericht selbst adressierten Anträge gehen durch die Hand des Gerichtsschreibers, und vernünftigerweise darf es keinen Unterschied begründen, ob die Partei ihre Erklärung, sie begehre eine Entscheidung des Prozeßgerichts, an den Gerichtsschreiber adressiert, oder ob sie, wie hier geschehen, „an das Reichsgericht" oder dgl. darauf schreibt. Ebensowenig kann es in Betracht kommen, wenn die Partei, wie im vorliegenden Falle, ihren Schriftsatz ungenauerweise als „Beschwerde" bezeichnet. Da hier eben zweifellos ein Fall der sofortigen Beschwerde nicht gegeben ist, — ganz abgesehen davon, daß gegen Entscheidungen des Reichsgerichts überhaupt keine Beschwerde stattfindet —, so ist der Antrag, obgleich nicht von einem beim Reichsgericht zugelassenen Anwalt gestellt, zulässig.

Dagegen kann der Antrag keinen Erfolg haben; am wenigsten, wenn man sich lediglich an die Wortfassung desselben hält. Danach soll der Gerichtsschreiber des Reichsgerichts bezeugen, daß gegen gewisse Teile des Urteils des Landgerichts innerhalb der Notfrist kein Schriftsatz zum Zwecke der Terminsbestimmung eingereicht sei. Hierzu könnte höchstens der Gerichtsschreiber des Oberlandesgerichts, als des für die Berufung zuständigen Gerichts, nach § 706 Abs. 2 Z.P.O. berufen sein. Indessen als gemeint darf man wohl mindestens das unterstellen, daß ein Zeugnis darüber gewünscht wird, daß gegen das Urteil des Oberlandesgerichts, soweit es die Berufung der Beklagten wegen jener zweimal 6000 ℳ zurückgewiesen habe, innerhalb der Notfrist eine Revisionsschrift nicht eingereicht sei; denn so muß man jetzt, seit der Prozeßnovelle vom 5. Juni 1905, den in

§ 706 Abs. 2 Z.P.O. bezeichneten Inhalt des Notfristzeugnisses für die Berufungsurteile (der Oberlandesgerichte) umformulieren. Es ist aber nicht verständlich, zu welchem Zwecke ein solches Zeugnis hier gewünscht werden könnte; denn das Notfristzeugnis dient doch überhaupt nur als Hilfsmittel zur Erlangung des Rechtskraftzeugnisses von dem Gerichtsschreiber der unteren Instanz, wenn dieser für die Erteilung des letzteren zuständig ist, und, da die Sache jetzt beim Reichsgericht anhängig ist, und die Prozeßakten sich bei diesem befinden, so ist eben für die Erteilung des Rechtskraftzeugnisses nach § 706 Abs. 1 Z.P.O. auch wieder nur der Gerichtsschreiber des Reichsgerichts selbst zuständig (vgl. Entsch. des R.G.'s in Zivils. Bd. 9 S. 387 und Bd. 18 S. 424 flg.). Man möchte daher wohl annehmen, daß die Klägerin eigentlich ein Rechtskraftzeugnis begehrt und sich nur verkehrt ausgedrückt hat.

Dies mag übrigens dahingestellt bleiben. Denn alles, was jetzt in Ansehung des Rechtskraftzeugnisses zu sagen sein wird, würde entsprechend auch für das Notfristzeugnis gelten, ganz abgesehen davon, daß der Gerichtsschreiber zur Erteilung des letzteren schon aus den vom Reichsgericht a. a. O. Bd. 9 S. 387 dargelegten Gründen hier nicht verpflichtet sein würde.

Das Reichsgericht hat laut der Entsch. in Zivils. Bd. 54 S. 226 flg. früher dargelegt, weshalb der beschränkte Inhalt der zurzeit vorliegenden Rechtsmittelanträge nicht zur Erteilung eines partiellen Rechtskraftzeugnisses führen könne. Im vorliegenden Falle ist von seiten der Klägerin ferner mit Unrecht angedeutet worden, daß in der Beschränkung des in der Revisionsschrift formulierten Antrags auf das Verlangen der Aufhebung der vorigen Entscheidung über den einen Posten von 25000 *M* ein Verzicht der Beklagten auf die Anfechtung des übrigen Inhalts des Berufungsurteils liege; denn es liegt eben kein solcher darin, und es konnten daher die Beklagten rechtswirksam noch in der rechtzeitig eingereichten Revisionsbegründung, wie sie es getan haben, den uneingeschränkten Antrag auf Aufhebung des ganzen Berufungsurteils, soweit es ihnen ungünstig ausgefallen sei, stellen.... Allerdings kommt nun aber noch in Betracht, daß in der Revisionsbegründungsschrift die Begründung selbst nur die Entscheidung über den einen Posten von 25000 *M* angreift. Seit der Novelle von 1905 ist die gesetzliche Grundlage für die Entscheidung dieser Frage eben insofern eine andere, als für die Revision in § 554 Z.P.O. ein formeller Begründungszwang eingeführt worden ist, und als nach richtiger Ansicht zu jedem von mehreren selbständigen Ansprüchen irgend eine besondere Begründung in dem Schriftsatze enthalten sein muß, wenn die Revision insoweit zulässig sein soll (vgl. Entsch. des R.G.'s in Zivils. Bd. 62 S. 17).[1] Insofern könnte auf den ersten Blick der a. a. O. Bd. 54 S. 226 flg. vertretene Satz für die Revisionsinstanz jetzt einer Modifikation unterliegen zu müssen scheinen. Legislativ möchte dies in der Tat manches für sich haben; aber das geltende Gesetz von 1905 hat doch diese Konsequenz aus seinen sonstigen Neuerungen zu ziehen unterlassen, vielmehr eine mit ihr unvereinbare Bestimmung beibehalten. Denn noch immer schreibt § 560 Z.P.O. für die Revisionsinstanz, wie § 534 Abs. 1 das. für die Berufungsinstanz, schlechthin vor, daß ein nicht oder nicht unbedingt für vorläufig vollstreckbar erklärtes Urteil der vorigen Instanz, soweit es durch die Rechtsmittelanträge nicht angefochten wird, auf im Laufe der mündlichen Verhandlung gestellten Antrag für vorläufig vollstreckbar zu erklären sei. Das hätte keinen Sinn bei einem Urteile, das insoweit schon für rechtskräftig gälte; denn ein solches müßte in diesem Umfange schon endgültig vollstreckbar sein.

Aus diesen Gründen mußte der Antrag der Klägerin zurückgewiesen ... werden."

---

49. Was ist zur Rechtswirksamkeit der Vereinbarung erforderlich, daß der Zessionar berechtigt sein soll, sich den Hypothekenbrief von dem Grundbuchamte aushändigen zu lassen?

B.G.B. §§ 1154, 1117.

V. Zivilsenat. Urt. v. 12. Juni 1907 i. S. S. (Bekl.) w. Aktiengesellschaft B. (Kl.). Rep. V. 492/06.

I. Landgericht II Berlin.
II. Kammergericht daselbst.

---

[1] Vgl. Nr. 44 S. 178 dieses Bandes. D. R.

Auf dem vormals W.'schen Grundstück St. Bd. 40 Bl. 1249 standen früher zunächst an den ersten Rangstellen Hypotheken von zusammen 22500 *M*, die aber zufolge der nun bestrittenen Abmachungen vom November 1902 von der Klägerin bezahlt und dann gelöscht wurden. Auf diese Hypotheken folgte eine am 21. Juli 1902 der Firma G. & G. bestellte Baugelderhypothek zu 93000 *M*. Nach verschiedenen Verfügungen darüber standen diese 93000 *M* zur Zeit der im November 1903 geschehenen Zwangsversteigerung des Grundstücks geteilt eingetragen wie folgt:

1.	29000 *M*,	zunächst an S. & G. übertragen, am 1. August 1903 auf die Klägerin überschrieben.
2.	6000 *M*,	übertragen zunächst den Kaufleuten S. & G., dann an den Beklagten S.
3.	12000 *M*,	am 15. November 1903 an den Beklagten S. überschrieben.
4.	46000 *M*	Restbetrag der ursprünglichen Gläubigerin G. & G.
Sa.	93000 *M*	

In der Zwangsversteigerungsteilung vom 9. Januar 1904 wies der Verteilungsrichter aus dem Gesamterlöse von 57272,33 *M* nach Befriedigung der vorweg gehenden Kosten und Steuern obigen Teilhabern an der Hypothek zu 93000 *M* entsprechende Beträge nach obiger Rangordnung zu.

Wegen verschiedener Widersprüche der Klägerin und anderer Beteiligter wurde die Hinterlegung eines Barbetrages von 36599,22 *M* angeordnet. Innerhalb Monatsfrist erhob sodann die Klägerin gegen S. und drei andere Beteiligte Klage 1. auf Berechtigung ihres Widerspruchs, 2. auf Anerkennung des Vorrechts ihrer angemeldeten 45000 *M* nebst Zinsen und Kosten, soweit sie nicht zur Zahlung gekommen sind, vor den Beklagten. Die allein noch in Betracht kommende Klage gegen S. wurde im wesentlichen darauf gestützt, daß Klägerin sowohl die 22500 *M* Vorhypotheken, als die Inhaber der Hypothek zu 93000 *M* soweit möglich, aus einem von ihr bewilligten Baudarlehn nach und nach, entsprechend dem Fortschreiten des Neubaues, habe bezahlen wollen, daß ihr deswegen am 11. November 1902 die ganzen 93000 *M* mit Bewilligung unmittelbarer Briefaushändigung abgetreten worden seien, daß sie auch 45000 *M* auf genannte Zwecke gezahlt habe, aber wegen Stockens des Neubaues weitere Zahlungen habe einstellen müssen. Der Beklagte S. beantragte Klagabweisung und verteidigte sich hauptsächlich damit, daß die Hypothekübertragungen vom 11. November 1902 wegen Nichtaushändigung der Hypothekenbriefe und wegen Nichteintritts der zur Bedingung gemachten Valutazahlung rechtsunwirksam seien. Deshalb sei Firma G. & G. auch befugt gewesen, ihm die 12000 ℳ trotz der vorgängigen Zession an Klägerin nachträglich abzutreten, und jedenfalls sei er selbst bei dieser Abtretung in gutem Glauben gewesen.

Der erste Richter hat dem Klagantrag vollständig stattgegeben, und die Berufung des Beklagten ist, unter dessen Verurteilung zur Bewilligung der Auszahlung von 16521,73 ℳ nebst Hinterlegungszinsen, zurückgewiesen worden. Auch seine Revision blieb erfolglos.

Gründe:

„Im wesentlichen ist das Urteil des Kammergerichts wie folgt begründet: die Urkunde vom 11. November 1902, wodurch S. & G. ihre 29000 ℳ, Beklagter seine 6000 ℳ, und die Firma G. & G. ihre 58000 ℳ unter notarieller Unterschriftsbeglaubigung an die Klägerin abgetreten hätten, enthalte nichts von der beklagterseits behaupteten Bedingung der Valutazahlung. Es ergebe aber auch die — eingehende — Würdigung der im Nebenprozeß C. w. S. u. Gen. erhobenen Beweise nichts für die Vereinbarung einer solchen Bedingung, dagegen das Einverständnis der Beteiligten darüber, daß die Klägerin, soweit sie Vorhypotheken, namentlich die 22500 ℳ der ursprünglichen Gläubiger und die 29000 ℳ von S. & G., ablöse, in deren Rang eintreten sollte. Schon auf Grund dieser, wenn auch nur obligatorischen, so doch auch für das Verteilungsverfahren bindenden, Abmachungen könne die Klägerin den Vorrang vor den 6000 ℳ des Beklagten und vor den 58000 ℳ von G. & G., wovon die weiteren 12000 ℳ des Beklagten nachträglich abgezweigt worden seien, beanspruchen. Aber es sei auch die ganze Hypothek zu 93000 ℳ durch die Abtretung vom 11. November 1902 rechtswirksam auf die Klägerin übergegangen, weil die Urkunde den Schlußsatz enthalte:

„Wir bewilligen und beantragen auch ... die Umschreibung ... auf die neue Gläubigerin im Grundbuche und die direkte Aushändigung der drei überreichten Hypothekendokumente an die Zessionarin ...“.

Wenn auch darin irrtümlich von einer „Überreichung" der drei Hypothekenbriefe gesprochen werde, da damals noch nicht einmal der Stammhypothekenbrief zu 93000 ℳ gebildet gewesen sei, so sei doch das Grundbuchamt zwischen dem 11. und dem 15. November 1902 — letztbezeichneter Tag der Tag des Eingehens der Zession vom 11. November 1902 bei ihm — in der Lage gewesen, der Anweisung zufolge die drei Teilhypothekenbriefe der Klägerin auszuhändigen. Daß dies aus hier nicht in Betracht kommenden Gründen unterlassen worden sei, schade der Klägerin nicht. Sonach habe sich der Hypothekübergang auf sie gemäß §§ 1153, 1154, 1117 B.G.B. rechtsgültig vollzogen. Die Firma G. & G. habe nachträglich nicht mehr über die 58000 ℳ verfügen, 12000 ℳ davon dem Beklagten nicht rechtsgültig abtreten können, und der Beklagte habe dies, wie sich aus vorstehendem schon ergebe, gewußt, sei aber — wie eingehend begründet wird — überhaupt bei Erwerb der 12000 ℳ nicht in gutem Glauben gewesen.

Diese Entscheidung verstößt weder gegen § 286 Z.P.O., noch gegen Vorschriften des Bürgerlichen Gesetzbuchs; vergeblich wird sie von der Revision bekämpft. Schon der auf die dingliche Berechtigung des Klägers gestützte Entscheidungsgrund des Vorderrichters trägt, obwohl auch er vom Revisionskläger bekämpft wird, das Berufungsurteil allein.

Nach § 1154 mit § 1117 B.G.B. kann bei Übertragung von Briefhypotheken die Briefübergabe durch die Vereinbarung ersetzt werden, daß sich der Gläubiger den Brief unmittelbar vom Grundbuchamt aushändigen läßt. Die Meinung — vgl. Turnau und Förster 2. Aufl. Bd. 1 S. 888 Nr. 6 —, daß die nachträgliche Aushändigung des Hypothekenbriefes an den Zessionar zur Vervollständigung hinzukommen müsse, kann nicht gebilligt werden, da dann die wahlweise Gestattung der Besitzanweisung statt der körperlichen Übergabe zwecklos und irreführend wäre. Allerdings sollen die betreffenden Vorschriften es verhüten, daß aus dem Verbleiben des Hypothekenbriefes in den Händen des abtretenden Gläubigers Schwierigkeiten und Gefahren entstehen, daß die abgetretene Hypothek von ihm verpfändet, weiter abgetreten wird u. dergl. Aber auch im Falle der Besitzanweisung ist bei richtigem Verfahren des Grundbuchamtes und des Zessionars, das allerdings in vorliegender Sache nicht eingehalten wurde, jenen Schwierigkeiten und Gefahren vorgebeugt, sofern nur das Grundbuchamt selbst die Verfügungsmacht über den Hypothekenbrief erlangt. Dies war nach den Feststellungen des Vorderrichters schon am 11. November 1902, jedenfalls aber zur Zeit der Vorlegung der bestrittenen Zession bei Gericht der Fall. Das Grundbuchamt durfte den von ihm erst neu gebildeten Stammhypothekenbrief zu 93000 ℳ und die daraus gebildeten Zweighypothekenbriefe über 29000 ℳ, 6000 ℳ und 58000 ℳ unter keinen Umständen ohne Wissen und Willen der Klägerin an die Zedenten aushändigen; es konnte sie dem Zessionar hinausgeben, und dieser war in der Lage und hatte Anlaß genug, diese Aushändigung der Briefe an ihn selbst nachdrücklich zu betreiben. Damit waren alle Gefahren obiger Art für ihn beseitigt.

Das Reichsgericht hat sich über diese Frage, ob schon die Erlangung der Verfügungsmacht über den Brief seitens des Grundbuchamtes zur Besitzanweisung nach §§ 1154, 1117 B.G.B. genügt, noch nicht bestimmt ausgesprochen; doch geht schon aus der Entscheidung des erkennenden Senats V. 117/06 vom 22. November 1906 (Entsch. in Zivils. Bd. 64 S. 308) hervor, daß es sich zur Bejahung dieser Frage hinneigt, und diese Bejahung wird hiermit aus vorstehenden Gründen ausdrücklich erklärt. Namentlich spricht dafür auch der in § 1117 und damit auch in § 1154 B.G.B. zu findende Hinweis auf § 931 daselbst, wonach, wenn ein Dritter im Besitz der Sache ist, die Übergabe dadurch ersetzt werden kann, daß der Eigentümer dem Erwerber den Anspruch auf Herausgabe der Sache abtritt. Hier ist weder von der Notwendigkeit, daß wirkliche Aushändigung der Sache hinzukommen müsse, noch von dem Erfordernis der Benachrichtigung des Dritten die Rede. Hiernach kann es auch keinem Zweifel unterliegen, daß, wenn auch zur Zeit der Hypothekübertragung vom 11. November 1902 weder der Stammhypothekenbrief noch die Zweighypothekenbriefe fertig vorlagen, trotzdem schon auch die Anweisung auf den Besitz der erst künftig, aber sicher zu bildenden Briefe genügte, wofür auch die vorerwähnte Entscheidung vom 22. November 1906 spricht. Laut des Tatbestandes des Berufungsurteils war die Stammhypothek zu 93000 ℳ schon am 16. September 1902 im Grundbuche eingetragen worden; die Herstellung des Stammhypothekenbriefs und der Zweighypothekenbriefe konnte und mußte daher alsbald erfolgen.

Seine in der schriftlichen Revisionsbegründung enthaltenen Bemängelungen des Ausspruchs des Kammergerichts, daß die Abtretungsurkunde vom 11. November 1902 tatsächlich die von den §§ 1154, 1117 geforderte, die körperliche Briefübergabe ersetzende Vereinbarung und Ermächtigung enthalte, hat der Revisionskläger in der mündlichen Revisionsverhandlung nicht wiederholt; sie wäre auch angesichts des oben angegebenen Urkundeninhalts und der ihm vom Berufungsgericht ohne Rechtsirrtum gegebenen Auslegung erfolglos gewesen.

Schlägt nach alledem schon das dingliche Recht der Klägerin auf die ihr übertragenen Hypothekenbeträge durch, so bedarf es eines Eingehens auf die Frage, ob nicht auch ihr persönlicher Anspruch auf Hypothekübertragung und Vorrang im Verteilungsstreit vorgebracht werden könnte und siegen müßte, nicht mehr. Zwar spricht der Revisionskläger von Hinfälligkeit der ganzen Vereinbarung wegen Unmöglichkeit ihrer Erfüllung und wegen Nichteintritts der angeblich zur Bedingung gemachten Zahlung des Gegenwerts; aber als Kondiktion gegen die nach vorstehendem gültigen und vollkommenen Hypothekübertragungen hat er jene Gründe nicht geltend gemacht, müßte auch damit an den einwandfreien tatsächlichen Feststellungen des Vorderrichters und daran scheitern, daß in den Vorinstanzen die tatsächlichen Grundlagen für etwaige Anwendung der §§ 323 flg. B.G.B. vom Beklagten niemals dargelegt worden sind." ...

---

50. 1. Ist die Zusammenfassung mehrerer Tatsachen, über die der Eid zugeschoben worden ist, in einer Eidesnorm zulässig?
2. Auferlegung eines Parteieides durch Beweisbeschluß.
3. Unter welchen Voraussetzungen wird die Wirkung einer in erster Instanz erklärten Eidesweigerung in der Berufungsinstanz nach Maßgabe des § 533 Abs. 2 Z.P.O. beseitigt?

Z.P.O. §§ 461, 469, 533 Abs. 2.

VI. Zivilsenat. Urt. v. 13. Juni 1907 i. S. gesch. Ehefr. H. (Kl.) w. H. (Bekl.). Rep. VI. 466/06.

I. Landgericht Neustrelitz.
II. Oberlandesgericht Rostock.

Aus den Gründen:

„Der Beklagte hatte in der ersten Instanz — infolge Mißverständnisses der erhaltenen Information durch den Anwalt der Instanz, wie er in der Berufungsinstanz vorgetragen hat — nicht nur das Verzinsungsversprechen, sondern auch den Darlehnscharakter der Forderung von 159827,40 *M* bestritten. Über beides hatte die Klägerin dem Beklagten den Eid zugeschoben, den dieser angenommen hatte; das Landgericht verband beide Tatsachen in einer Eidesnorm dahin, daß der Beklagte „die 159827,40 *M* . . . nicht als ein Darlehn empfangen und nicht versprochen habe, sie der Klägerin mit 4 Prozent zu verzinsen", und ordnete die Leistung dieses Eides durch den Beklagten durch einen Beweisbeschluß . . . an. Der Beklagte verweigerte die Leistung des Eides, was zu seiner Verurteilung zu Kapital und Zinsen im Urteil des Landgerichts führte.

In der Berufungsinstanz gab der Beklagte den darlehnsweisen Empfang des Geldes zu und bestritt nur noch das Zinsversprechen. Seine Verweigerung des Eides in erster Instanz beruhe darauf, daß er nur das Zinsversprechen, nicht den Darlehnsempfang eidlich habe in Abrede nehmen können; da beide Tatsachen in einen Eid gefaßt worden seien, habe er den ganzen Eid verweigert, in Unkenntnis davon, daß er sich zur Leistung eines nur das Zinsversprechen betreffenden Eides habe erbieten können. Er hat verlangt, in der Berufungsinstanz zu einem Eide verstattet zu werden, der nur die jetzt noch bestrittene Tatsache enthalte.

Das Berufungsgericht hat in der mit der Revision angefochtenen Entscheidung . . . diesem Verlangen entsprochen. Soweit es sich darum handle, führt es aus, daß der in erster Instanz vom Beklagten erforderte Eid unzulässigerweise durch Beweisbeschluß, anstatt durch bedingtes Endurteil, angeordnet worden, sei der Mangel nach § 295 Z.P.O. allerdings geheilt, da der Beklagte ihn in der nächsten mündlichen Verhandlung nicht gerügt habe. Dagegen behalte gemäß § 533 Z.P.O. die Eidesverweigerung für die Berufungsinstanz nur dann ihre Wirksamkeit, wenn die Entscheidung, welche die Eidesleistung anordne, von dem Berufungsgericht gebilligt werde, wobei die Erheblichkeit wie die Norm des Eides zu prüfen sei. Der dem Beklagten auferlegte Eid sei nun nach der damaligen Prozeßlage in der Tat unrichtig gewesen, indem er von dem Beklagten verlangt habe, die Unwahrheit des Darlehnsempfanges und des Zinsversprechens zu beschwören; beide Tatsachen waren bestritten; die Abschwörung einer von ihnen machte aber den Zinsenanspruch hinfällig; der Eid hätte somit für das Zinsversprechen nur im Falle der Verweigerung des Eides über den Darlehnsempfang erfordert werden dürfen. Aus diesem Grunde sei für den Beklagten auch in der Berufungsinstanz noch Raum, das Zinsversprechen zu bestreiten, und die Folgen der Eidesweigerung seien beseitigt. Der Eid über das Zinsversprechen sei nunmehr zum Urteil zu stellen.

Die Revision rügt Verletzung der §§ 533, 530, 295, 461, 464 Abs. 2, 469 Z.P.O. Die Erheblichkeit des Eidessatzes in beiden Teilen sei in erster Instanz außer Streit gewesen; seine Formulierung habe dem damaligen Vorbringen des Beklagten entsprochen und den Streitstoff für alle Fälle erschöpft. Der § 469 Z.P.O. habe dem Beklagten den gesetzlichen Weg gewiesen, bei Leistung des Eides seinem Gewissen zu folgen; da er diesen nicht beschritten, müsse er die Folgen der Weigerung für alle Instanzen tragen. Eine ungerechtfertigte Eidesauflage nach § 533 Z.P.O. sei nicht anzunehmen.

Der Revision war stattzugeben.

Die Anordnung des durch den Beweisbeschluß vom 31. Januar 1905 vom Kläger erforderten zugeschobenen Eides in erster Instanz ist ohne Frage auf Grund des § 461 Abs. 2 Z.P.O. erfolgt; ein Einverständnis der Parteien über Norm und Erheblichkeit des Eides ist nicht erklärt, auch in dem Beweisbeschlusse nicht als Voraussetzung erwähnt, und um einen Zwischenstreit handelt es sich nicht; ebensowenig aber um ein selbständiges Angriffsmittel nach § 461 Abs. 2 (vgl. Entsch. des R.G.'s in Zivils. Bd. 60 S. 366), da der Eid den ganzen Klaganspruch erledigt. Der Eid konnte danach durch Beweisbeschluß nicht angeordnet werden. Dieser Mangel ist aber nach § 295 Z.P.O. heilbar; der Mangel, der lediglich in der Wahl der Beschlußform anstatt der Urteilsform besteht, konnte, da er nicht in der nächsten mündlichen Verhandlung der ersten Instanz gerügt worden ist, in der Berufungsinstanz nicht mehr gerügt werden. Das hat auch das Berufungsgericht mit Recht angenommen.

Vgl. Gaupp-Stein, Z.P.O. 8. und 9. Aufl. Bem. II zu § 461, und die dort zitierten Entscheidungen.

Davon verschieden ist die Frage, ob die Eidesweigerung, die der Beklagte in erster Instanz erklärt hat, etwa nach § 533 Abs. 2 Z.P.O.

ihre Wirksamkeit verliert, weil das Berufungsgericht den Beschluß, durch den die Leistung des Eides angeordnet war, nicht für gerechtfertigt erachtet hat. Zu den Punkten, die das Berufungsgericht hier nachzuprüfen hat, gehören alle Voraussetzungen der Anordnung des Eides: die Erheblichkeit des Eides, die Beweislast, die Zulässigkeit der Eideszuschiebung, die Richtigkeit und Sachgemäßheit der Eidesnorm, an und für sich auch die Zulässigkeit der Auflage durch Beschluß nach dem vorher Ausgeführten, diese aber nur, wenn der Mangel gerügt war.

Das Berufungsgericht erachtet nun einen Fall, daß die Verweigerung der Eidesleistung ihre Wirksamkeit verloren habe, für gegeben, da die Eidesnorm für sachwidrig zu erachten sei; die Tatsachen des Darlehnsempfanges und des Zinsversprechens hätten nicht in einen Eid zusammengefaßt werden dürfen, sondern es hätten zwei getrennte Eide normiert werden müssen, von denen der über das Zinsversprechen nur zu leisten war, wenn derjenige über den Darlehnsempfang verweigert wurde, weil die Leistung des letzteren den ganzen Anspruch, Kapital und Zinsen, erledigte. Dem war nicht zuzustimmen. Gewiß hätte das Gericht erster Instanz in dieser Weise die Eidesnorm festsetzen und den einen von ihm erforderten Eid in zwei selbständige Eide zerlegen können. Es ist aber nicht anzuerkennen, daß es durch die Zusammenfassung des Eides einen Verstoß gegen prozessuale Normen begangen hat. Es handelt sich um einen einheitlichen Vorgang; bei der Hingabe des Darlehns soll nach der Behauptung der Klägerin der Beklagte dessen Verzinsung versprochen haben. Die darlehnsweise Hingabe des Geldes sowohl wie das Zinsversprechen war vom Beklagten bestritten. Die Einheit des äußeren Vorganges und die innere Zusammengehörigkeit beider unter Eidesbeweis gestellten Tatsachen rechtfertigte nach dem Parteivortrage, wie er bei der Normierung des Eides dem Gerichte vorlag, die vom Landgerichte festgesetzte Eidesnorm um so mehr, als die Eidesnorm die beiden abzuschwörenden Tatsachen nur äußerlich aneinanderreiht, so daß ihre Trennbarkeit für die Eidesleistung ersichtlich ist, und eine Wiederholung der Formelworte des § 459 vor jeder einzelnen Tatsache eine überflüssige Formalität wäre. Wenn der Beklagte der Sachlage gemäß erklärt hätte, daß er den Darlehnsempfang nicht weiter bestreiten wolle, sondern nur bei der Bestreitung des Zinsversprechens beharre, würde das Prozeßgericht nach § 469 Z.P.O. demgemäß die Norm des Eides abgeändert haben. Der Beklagte hat aber die Erklärung abgegeben, daß er die Leistung des ihm auferlegten Eides überhaupt verweigere, und diese Erklärung, die sich auf alle Tatsachen des Eides bezieht, hat nach § 464 Z.P.O. zur Folge, daß das Gegenteil der zu beschwörenden Tatsache, hier also die Wahrheit der von der Klägerin behaupteten und unter Eidesbeweis gestellten Tatsachen des Darlehnsempfanges und des Zinsversprechens, für voll erwiesen gilt. Der Beklagte muß sich gemäß § 533 Z.P.O. diese Wirkung auch in der Berufungsinstanz entgegensetzen lassen. Sie würde nach dieser Bestimmung nur entfallen, wenn nach Lage des Sachvortrages der Parteien zur Zeit der Anordnung der Eidesleistung diese als ungerechtfertigt erscheinen mußte. Die Anordnung der Eidesleistung erscheint aber nur deshalb für die Berufungsinstanz nicht mehr sachgemäß, weil der Beklagte in dieser Instanz seine Erklärung über die vom Gegner behaupteten Tatsachen, die zur Normierung des Eides geführt hatte, geändert hat. Für diese Änderung war nach der Verweigerung des Eides kein Raum mehr. Der Umstand, daß der Zinsenanspruch der Klägerin hinfällig würde, wenn der Beklagte auch nur die Unwahrheit einer der beiden vom Landgericht zum Eide gestellten Tatsachen beschwor, reicht nicht hin, die Eidesnorm, wie sie von diesem festgestellt worden ist, als ungerechtfertigt im Sinne des § 533 Abs. 2 Z.P.O. erscheinen zu lassen; denn der Beklagte hatte es durchaus in der Hand, noch nach der Normierung des Eides seine sachliche Erklärung zu den Behauptungen der Klägerin zu ändern, und nur hinsichtlich der streitig verbleibenden Tatsache den von ihm erforderten Eid abzuleisten; für die Zeit der Anordnung der Eidesnorm war diese dagegen rechtlich nicht zu beanstanden.

Daß die Bestimmung des § 533 Abs. 2 Z.P.O., indem sie die Wirkungen der Leistung oder Verweigerung eines Eides entkräftet, wenn die die Leistung des Eides anordnende Entscheidung von ihm nicht „für gerechtfertigt erachtet wird", nicht einem freien Ermessen des Berufungsgerichts hat Raum geben wollen, die rechtliche Begründung der nach Maßgabe dieser gesetzlichen Bestimmung vom Berufungsgericht getroffenen Entscheidung vielmehr der Nachprüfung des Revisionsgerichts gemäß §§ 550, 554 Z.P.O. unterliegt, bedarf keiner weiteren Erörterung." ...

51. 1. Ist § 567 B.G.B. eine zwingende Vorschrift?
2. Hat diese Gesetzesvorschrift rückwirkende Kraft?

III. Zivilsenat. Urt. v. 14. Juni 1907 i. S. K.-C.'er Eisenbahngesellschaft (Kl.) w. Reichsmilitärfiskus (Bekl.). Rep. III. 12/07.

I. Landgericht Königsberg.
II. Oberlandesgericht daselbst.

Die erste Frage ist bejaht, die zweite Frage ist verneint worden aus folgenden

Gründen:

„Die Streitteile haben am $\frac{2.\ \text{April}}{4.\ \text{Mai}}$ 1886 mit Wirkung vom 1. Oktober 1885 ab einen schriftlichen Vertrag geschlossen, durch welchen der Beklagte der Klägerin für einen jährlichen „Mietzins" ein vor dem Steindammer Tor östlich der Fuchsberger Chaussee zu Königsberg belegenes militärfiskalisches Terrainstück „verpachtet" hat. § 3 dieses Vertrages lautet: „Eine Kündigung des Mietverhältnisses seitens der Militärbehörde findet nur statt im Falle einer Armierung der Festung, oder wenn die in diesem Vertrage stipulierten Bedingungen seitens der Bahngesellschaft nicht inne gehalten werden. Beim eventuellen Eingehen der Bahnhofsanlage hört das Pachtverhältnis auf, sobald die Beseitigung der Bahnhofsanlagen nach den Angaben der Militärbehörde erfolgt ist."

Der Beklagte hat am 19. Mai 1905 der Klägerin schriftlich mitgeteilt, daß nach Auflassung der Stadtumwallung der Pachtvertrag zum 1. Januar 1916 gekündigt werden wird. Die Klägerin hat daraufhin im April 1906 Klage erhoben mit dem Antrag, „den Beklagten kostenpflichtig zu verurteilen, anzuerkennen, daß ihm ein Recht, den mit der Klägerin geschlossenen Pachtvertrag vom $\frac{2.\ \text{April}}{4.\ \text{Mai}}$ 1886 zum 1. Januar 1916 oder überhaupt in anderen als in den durch § 3 dieses Vertrages vorgesehenen Fällen zu kündigen, nicht zustehe", indem sie davon ausgeht, daß der Vertrag nach früherem Recht gültig sei, und § 567 B.G.B. rückwirkende Kraft nicht habe. Der Beklagte hat Klagabweisung beantragt und Widerklage erhoben mit dem Antrag: „die Klägerin zu verurteilen, anzuerkennen, in erster Linie: daß ihm das Recht zustehe, den mit der Klägerin geschlossenen Pachtvertrag vom $\frac{2.\ \text{April}}{4.\ \text{Mai}}$ 1886 zum 1. Januar 1916 zu kündigen, in zweiter Linie: daß ihm das Recht zustehe, den Vertrag zum 1. Januar 1930 zu kündigen", ausführend, daß § 567 B.G.B. rückwirkende Kraft, eventuell in dem Sinne, daß die 30 Jahre vom 1. Januar 1900 an gerechnet würden, habe.

Die Klägerin hat Abweisung der Widerklage beantragt. Das Gericht erster Instanz hat die Klage und den prinzipalen Widerklagantrag abgewiesen, den eventuellen Widerklagantrag aber zugesprochen, indem es davon ausgeht, daß dem § 567 B.G.B. rückwirkende Kraft in der Beschränkung der Fristberechnung vom 1. Januar 1900 an zukomme. Beide Teile haben Berufung eingelegt, die Klägerin mit dem Antrag, „unter gänzlicher Abweisung der Widerklage der Klage stattzugeben", der Beklagte mit dem Antrag, „die Berufung der Klägerin kostenpflichtig zurückzuweisen und ganz nach dem Widerklagantrage zu erkennen". Das Berufungsgericht hat beide Berufungen zurückgewiesen, indem es sich betreffs der Auslegung des § 567 B.G.B. den Entscheidungsgründen der ersten Instanz angeschlossen hat.

Die gegen dieses Urteil seitens der Klägerin unter Wiederholung ihres Berufungsantrages eingelegte Revision ist für begründet zu erachten, woraus von selbst die Zurückweisung der Anschlußrevision des Beklagten, die dessen Berufungsantrag entspricht, sich ergibt.

Die Vorinstanzen gehen stillschweigend mit Recht von der Gültigkeit des Vertrages nach dem Allgemeinen Landrecht aus, denn nach diesem erscheint ein Ausschluß der Kündigung auf seiten des Vermieters zulässig (Entsch. des Obertribunals Bd. 51 S. 214). Es kann hierbei dahingestellt bleiben, ob der Vertrag vom $\frac{2.\ \text{April}}{4.\ \text{Mai}}$ 1886 als Miet- oder als Pachtvertrag im Sinne von §§ 258—261 A.L.R. I. 21 anzusehen ist, da § 567 in Verbindung mit § 581 B.G.B. in beiden Fällen zu demselben Ergebnisse führt. Hinsichtlich der Frage, ob § 567 B.G.B. rückwirkende Kraft hat, stellt Art. 170 Einf.-Ges. zum B.G.B. den Grundsatz der Nichtrückwirkung bei dem Recht der Schuldverhältnisse auf. Ebensowenig kann es einem Zweifel unterliegen, daß sonstige Vorschriften, insbesondere Art. 171 Einf.-Ges. zum B.G.B. (Entsch. des R.G.'s in Zivils. Bd. 53 Nr. 42), den vorliegenden Fall den Bestimmungen des Bürgerlichen Gesetzbuchs nicht unterwerfen. Es ist nun allerdings durch die Vorschrift des Art. 170 Einf.-Ges. zum B.G.B. nicht ausgeschlossen, daß, wenn einzelne Normen des Bürgerlichen Gesetzbuchs einen reformatorischen oder prohibitiven Charakter dergestalt haben, daß sie auch die zur Zeit des Inkrafttretens bestehenden Schuldverhältnisse zu ergreifen beabsichtigen, dieser rückwirkenden Tendenz Folge zu geben ist, und die betreffenden Normen auf die bestehenden Schuldverhältnisse zur Anwendung zu bringen sind (Motive zu Art. 103 des Entwurfs eines Einf.-Ges. zum B.G.B. — Art. 170 Einf.-Ges. zum B.G.B. — S. 257). In dieser Hinsicht ist zunächst mit dem Berufungsgerichte davon auszugehen, daß § 567 B.G.B. an sich einen prohibitiven Charakter hat. Es ergibt sich dies sowohl aus dessen Wortlaut, nachdem eine Bestimmung gerade für den Fall des Abschlusses eines Mietvertrages über eine bestimmte Zeit hinaus getroffen wird, als auch aus den Motiven zu § 523 des ersten Entwurfs (§ 567 B.G.B.) Bd. 2 S. 413, wonach, wenngleich die zeitliche Begrenzung der Gebrauchsüberlassung schon begriffsmäßig für die Miete wesentlich ist, doch die Bestimmung des § 567 B.G.B. eine positive ist. Allein hieraus allein folgt noch nicht, wie auch das Berufungsgericht anerkennt, daß dem § 567 B.G.B. auch eine Rückwirkung auf bestehende Rechtsverhältnisse beizulegen ist (Entsch. des R.G.'s in Zivils. Bd. 42 Nr. 24 S. 102); es muß vielmehr noch der erkennbare Wille des Gesetzgebers hinzukommen, daß er nicht allein der Vertragsfreiheit für die Zukunft Schranken setzen, sondern in wohlerworbene Vertragsrechte eingreifen will.

Diese Absicht muß nun aber im Gegensatz zu den Entscheidungen der Vorinstanzen hinsichtlich des § 567 B.G.B. auf das entschiedenste verneint werden. Gegen eine derartige Absicht der Gesetzgebung spricht zunächst der Inhalt des § 567 B.G.B. Denn danach kann nicht nur, wenn ein Mietvertrag für eine längere Zeit als 30 Jahre geschlossen wird, nach 30 Jahren jeder Teil das Mietverhältnis unter Einhaltung der gesetzlichen Frist kündigen; sondern es ist auch die Kündigung unzulässig, wenn der Vertrag für die Lebenszeit des Vermieters oder des Mieters geschlossen ist. Hieraus ergibt sich, daß unter Umständen (allerdings nur bei natürlichen Personen) ein Mietvertrag auch über eine bedeutend längere Zeit als 30 Jahre ohne Kündigungsbefugnis geschlossen werden kann. Danach aber hat der Zeitraum von 30 Jahren eine absolute Bedeutung nicht, und ist es daher mit dieser Bestimmung nicht vereinbar, dem § 567 B.G.B. eine Bedeutung auch in bezug auf vor dem Inkrafttreten des Bürgerlichen Gesetzbuchs begründete Rechtsverhältnisse beizumessen. Ebenso spricht die Entstehungsgeschichte des

Gesetzes gegen eine derartige Tragweite desselben. Denn in Anknüpfung an die oben mitgeteilten Motive des ersten Entwurfs ist auch in der zweiten Kommission (Protokolle von Achilles ꝛc Bd. 6 S. 498) die Frage erörtert worden, daß die Normen des neuen Rechtes darauf zu prüfen seien, ob nicht einzelne derselben einen reformatorischen oder prohibitiven Charakter hätten, welcher zu der Auslegung führe, daß das an sich maßgebende alte Recht von dem neuen Rechte verdrängt werde, und es wurden in dieser Beziehung insbesondere die §§ 241, 615, 710, 2276 der Bundesratsvorlage (§§ 247, 248, 624, 723, 2302 B.G.B.) erwähnt.

Während nun in dieser Beziehung die §§ 247, 248, 2302 B.G.B., welche die Zinsen und die Bindung bezüglich der Testamente betreffen, nicht weiter in Betracht kommen, sind die §§ 624, 723 B.G.B., welche die Kündigungsbefugnis bei einem Dienstvertrage und einem Gesellschaftsvertrage betreffen, um so wesentlicher. Denn die Erwähnung dieser Bestimmungen und die Nichterwähnung des (sachlich von der zweiten Kommission nicht beanstandeten: vgl. Protokolle von Achilles ꝛc Bd. 2 S. 217) § 567 B.G.B. lassen darauf schließen, daß nach der Ansicht der zweiten Kommission die letztere Bestimmung nicht eine in dem Sinne reformatorische oder prohibitive sein sollte, um auch bereits bestehende Vertragsverhältnisse zu ergreifen; dies um so mehr, als die zweite Kommission die Einfügung des Art. 171 Einf.-Ges. zum B.G.B. beschlossen hat, und daher auch gewiß Veranlassung vorgelegen hätte, die mindestens sehr zweifelhafte Frage der Rückwirkung des § 567 B.G.B. durch eine positive Vorschrift zu entscheiden. Hierzu hätte um so mehr Veranlassung vorgelegen, als das Berufungsgericht feststellt, daß derartige unter der Herrschaft des Allgemeinen Landrechts geschlossene Verträge wie der vorliegende in erheblicher Anzahl (insbesondere auf seiten des Fiskus) laufen, eine Feststellung, welche durch Förster-Eccius, Preußisches Privatrecht, 6. Aufl. Bd. 2 § 189 Anm. 117, Bestätigung findet. Nun ist es allerdings prinzipiell nicht ausgeschlossen, daß auch Gesetzesbestimmungen, welche in der zweiten Kommission spezielle Erwähnung nicht gefunden haben, eine rückwirkende Kraft zukommt (vgl. z. B. betreffs § 138 Abs. 2 B.G.B., Entsch. des R.G.'s in Zivils. Bd. 48 Nr. 23); allein die erwähnten Verhandlungen der zweiten Kommission stehen, abgesehen von der inneren Bedeutung des § 567 B.G.B., dieser Meinung in Beziehung auf diese Gesetzesstelle entgegen. Die Motive zu § 567 B.G.B. (§ 523 des 1. Entwurfs) Bd. 2 S. 413 können, entgegen der Meinung des Berufungsgerichts, zugunsten der rückwirkenden Kraft nicht verwertet werden. Danach ist die Bestimmung aus volkswirtschaftlichen Gründen für erforderlich erachtet worden, um die Erbmiete oder dieser ähnliche Verhältnisse auszuschließen.

Diese Motive sind vorliegend ganz gleichgültig. Denn volkswirtschaftliche Gründe liegen überhaupt, wie dem Recht der Schuldverhältnisse so auch den Vermögensrechten im allgemeinen zugrunde, und es folgt daraus, daß eine derartige Ordnung volkswirtschaftlich für die Zukunft als erforderlich erachtet wird, noch nicht, daß solche auch in der Vergangenheit begründete Rechte ergreifen soll. Dieser Gesichtspunkt wird hinsichtlich der Bestimmung, daß für ein Schuldverhältnis, das vor dem Inkrafttreten des Bürgerlichen Gesetzbuchs entstanden ist, die bisherigen Gesetze maßgebend bleiben, gerade in den Motiven zu Art. 103 des Entwurfs eines Einf.-Ges. zum B.G.B. — Art. 170 des Einf.-Ges. — hervorgehoben, unter Betonung des wirtschaftlichen Erfolgs zugunsten der Nichtrückwirkung. So heißt es in diesen Motiven S. 255/56: „Dem neuen Rechte insoweit Geltung einzuräumen, als es sich um die Ergänzung des Parteiwillens durch Dispositivnormen handelt, ist weder nötig noch ratsam. Allerdings läßt die maßgebende Bedeutung des bisherigen Rechtes in dieser Hinsicht sich nicht darauf gründen, daß die Parteien bei Abschluß des Vertrages den Inhalt der Dispositivnormen stillschweigend genehmigt und zum Bestandteile des Vertrages gemacht haben. Dispositivnormen greifen nicht infolge, sondern in Ermangelung einer Vereinbarung ein; auch entspricht die Annahme einer derartigen Vereinbarung den tatsächlichen Verhältnissen nur selten. Wohl aber ist zu berücksichtigen, daß die Parteien, indem sie ein Schuldverhältnis eingehen, dies im Hinblick auf den *wirtschaftlichen Erfolg* tun, welchen das zur Zeit der Vornahme des Rechtsgeschäfts geltende Recht mit dem Rechtsgeschäft verbindet. Die Erzielung *dieses Erfolges* ist der Grund ihres Handelns. Wenn es dabei an einer Verabredung bezüglich gewisser Punkte gebricht, so mag nicht ausgeschlossen sein, daß die Parteien an die betreffenden Eventualitäten überhaupt nicht gedacht haben, oder daß es ihnen gleichgültig gewesen, ob das Fehlende aus einem zur Zeit geltenden, oder aus einem späteren Gesetze ergänzt werde. Regel bleibt immerhin, daß die Parteien das zur Zeit der Vornahme des Rechtsgeschäfts in Geltung stehende Recht vor Augen gehabt haben, und diese Regel hat in Ermangelung jedes Anhaltspunktes für eine Bestimmung von Ausnahmen zu entscheiden."

Wenn sodann das Berufungsgericht erwägt, daß als Wille des Gesetzgebers nicht anzunehmen sei, Verträge wie den vorliegenden noch Jahrhunderte hindurch fortbestehen zu lassen, weil dadurch der Zweck des Gesetzgebers, einen ihm unhaltbar erscheinenden Rechtszustand zu beseitigen, im wesentlichen illusorisch gemacht werde, so verstößt diese Begründung direkt gegen Art. 170 Einf.-Ges. zum B.G.B. Denn daraus folgt noch nicht in Ermangelung innerer Gründe für eine positive Gesetzesbestimmung eine Ausnahme von Art. 170 Einf.-Ges. zum B.G.B. infolge prohibitiven oder reformatorischen Charakters einer Vorschrift des Bürgerlichen Gesetzbuchs. Es kann dies um so weniger angenommen werden, als es nach dem Bürgerlichen Gesetzbuch möglich ist, ein Rechtsverhältnis wie das vorliegende zwar nicht nach dem Recht der Schuldverhältnisse, aber doch nach dem Sachenrecht zu begründen (bei diesem gilt übrigens nach Art. 184 Einf.-Ges. zum B.G.B. hinsichtlich des Inhalts und des Ranges der Rechte, mit denen eine Sache oder ein Recht zur Zeit des Inkrafttretens des Bürgerlichen Gesetzbuchs belastet ist, ebenfalls der Grundsatz der Nichtrückwirkung). Denn es würde nichts entgegenstehen, die Zwecke, welche der vorliegende Vertrag verwirklichen soll, in Gemäßheit der Bestimmungen des Sachenrechts (sei es als Nießbrauch oder beschränkte persönliche Dienstbarkeit, welche beide, falls sie einer juristischen Person zustehen, erst mit dieser erlöschen, §§ 1061, 1090 B.G.B., sei es als Erbbaurecht, § 1012 B.G.B.) zu erreichen.

Hieraus folgt, daß viel weniger volkswirtschaftliche Gründe als solche der juristischen Konstruktion zu der Bestimmung des § 567 B.G.B. geführt haben. Überhaupt hat zudem das Einf.-Ges. zum B.G.B. der Landesgesetzgebung hinsichtlich des Sachenrechts einen erheblichen Spielraum (sei es hinsichtlich Ausdehnung, Artt. 59, 63, 197, sei es hinsichtlich Einschränkung, Artt. 113, 115) gelassen. Es kann daher dem § 567 B.G.B. auch von diesem Gesichtspunkte aus ein prohibitiver oder reformatorischer Charakter für die Vergangenheit nicht beigemessen werden, wenn es möglich ist, ihm entgegenstehende Bestimmungen wie solche des vorliegenden Vertrages in lediglich anderer juristischer Gestaltung nach dem Bürgerlichen Gesetzbuch zu erreichen. Überhaupt ist zu beachten, daß die früheren Gesetzgebungen bezüglich der Abgrenzung des Gebiets des Obligationenrechts und des Sachenrechts nicht übereinstimmten, daß vielmehr vor 1900 nach manchen Gesetzgebungen (z. B. der französischen) sachenrechtliche Beschränkungen bestanden, welche dem Bürgerlichen Gesetzbuch unbekannt sind, und andererseits Beschränkungen des Bürgerlichen Gesetzbuchs im Gebiete des Rechtes der Schuldverhältnisse, wie z. B. die des § 567, jenen Gesetzgebungen fremd waren. Es würde aber ein eigentümliches Ergebnis sein, wenn unter jenen früheren Gesetzgebungen eben wegen jener sachenrechtlichen Beschränkungen begründete obligatorische Rechte durch die in letzterer Hinsicht eingeführten Beschränkungen des Bürgerlichen Gesetzbuchs, welchem andererseits jene sachenrechtlichen Beschränkungen fremd sind, seit Inkrafttreten des Bürgerlichen Gesetzbuchs, welches dieselben Rechtsverhältnisse nur in anderer — sachenrechtlicher statt obligationenrechtlicher — Form gestattet, ungültig würden.

Vgl. z. B. Habicht, Die Einwirkung des Bürgerlichen Gesetzbuchs auf zuvor entstandene Rechtsverhältnisse 3. Aufl. § 31 Anm. 2 S. 268.

Ein derartiges unbilliges Ergebnis kann in Ermangelung einer positiven Gesetzesvorschrift nicht gewollt sein, und zwar um so weniger, als Miete und Pacht nach dem Inhalte des § 571 B.G.B. den sachenrechtlichen Bestimmungen sich tatsächlich annähern. Es war daher wie geschehen zu erkennen." ...

---

52. Wird nach § 162 Abs. 1 B.G.B. ein Kausalzusammenhang zwischen Vertragsverletzungen des bedingt Verpflichteten und dem Ausfalle der Bedingung fingiert? Erfordernisse für den Nachweis eines solchen Zusammenhangs.

I. Zivilsenat. Urt. v. 17. Juni 1907 i. S. Br. & Sohn (Kl.) w. Schm. & Fr. (Bekl.). Rep. I. 495/06.

I. Landgericht Hamburg.
II. Oberlandesgericht daselbst.

Im Frühjahr 1905 schrieb die Hamburger Baudeputation für die Zeit vom 1. Januar 1906 bis zum 31. Dezember 1910 eine Submission auf die Lieferung von Grand aus, worauf außer anderen Unternehmern beide Parteien, ferner die Kiesbrüche K. und der Fuhrwerksbesitzer F. S. Offerten einreichten. Am 18. Juni 1905 vereinbarten die Parteien, daß die Klägerin, falls sie selbst den Zuschlag erhalte, der Beklagten für jedes der 5 Jahre 1000 *M* zahlen solle; erhielten die Kiesbrüche K. den Zuschlag, so sollte die gleiche Zahlung von der Beklagten an die Klägerin geleistet werden; würde der Zuschlag der Beklagten erteilt, so sollte sie für jeden Kubikmeter Grand 10 *Pf* an die Klägerin vergüten.

Obgleich die Bewerber 12 Wochen nach dem Ausschreibungstermine an ihre Angebote gebunden waren, richteten innerhalb dieser Frist am 6. und 7. Juli sowohl die Beklagte, wie die Kiesbrüche K. an die Baudeputation Schreiben, worin sie um Entbindung von den Offerten baten. Nach Behauptung der Klägerin wären die Kiesbrüche K. hierzu von der Beklagten bestimmt worden. Die Beklagte bestritt dies. Zur Rücknahme ihrer eignen Offerte wollte sie durch die Mitteilung eines Beamten der Baudeputation veranlaßt sein, wonach die Behörde auf Lieferung ausschließlich aus einer einzigen der Gruben der Beklagten bestehen und für den Transport des Grands an die Verwendungsstelle einen anderen Fuhrwerksbesitzer als den, mit dem die Beklagte kontrahiert hatte, verlangen werde.

Am 6. Juli 1905 traf die Beklagte mit dem Fuhrwerksbesitzer F. S. ein Abkommen, wodurch sie sich für den Fall seiner Berücksichtigung den Absatz ihres Grands in gewissem Maße sicherte. F. S. verpflichtete sich, den dritten Teil des von ihm zu liefernden Grands zum Preise von 3,30 *M* für den Kubikmeter von der Beklagten zu beziehen. Bei der Vergebung der Lieferungen, die dann erfolgte, wurden weder die Parteien noch die Kiesbrüche K. berücksichtigt. F. S. erhielt die Lieferung übertragen, und zwar zum Teil auf Grund seiner Offerte im Submissionsverfahren, zum Teil auf ein freihändiges Angebot, das er mit Bezug auf bestimmte Lose nachträglich billiger gestellt hatte.

Die Klage ging davon aus, daß die Beklagte durch die Rücknahme ihrer Offerte, durch Bestimmung der Kiesbrüche K. zu dem gleichen Schritte und durch das Abkommen mit F. S. wider Treu und Glauben verstoßen habe. Daher sei sie so zu behandeln, wie wenn an Stelle F. S.'s sie selbst die Lieferungen übertragen erhalten hätte. Demgemäß wurde beantragt festzustellen, daß die Beklagte verpflichtet sei, der Klägerin für jeden von F. S. in den Jahren 1906 bis einschließlich 1910 zu liefernden, ursprünglich in der Submission ausgeschriebenen Kubikmeter Grand den Betrag von 10 ₰ zu vergüten.

Die Klage wurde abgewiesen, Berufung und Revision zurückgewiesen, letztere aus folgenden

Gründen:

„In dem Vertrage vom 18. Juni 1905 hat die Beklagte der Klägerin eine Abgabe von 10 ₰ auf den Kubikmeter Grand für den Fall versprochen, daß ihr für die ausgeschriebenen Lieferungen der Zuschlag erteilt würde. Der Zuschlag ist dritten Personen, darunter dem Fuhrwerksbesitzer F. S., erteilt. Die Ansicht der Revision, daß trotzdem die Bedingung des Zahlungsversprechens schon deshalb als eingetreten gelte, weil die Beklagte in bestimmten Beziehungen wider Treu und Glauben gehandelt habe, verkennt die Bedeutung des § 162 Abs. 1 B.G.B. Treffen die Vorwürfe der Klägerin zu, verletzte die Beklagte mithin die ihr obliegenden Vertragspflichten (vgl. § 242 B.G.B.), so ergibt sich daraus nach § 276 B.G.B. zunächst nur so viel, daß sie den der Klägerin entstandenen Schaden ersetzen muß. Damit die Bedingung als eingetreten, der Zuschlag als der Beklagten erteilt gelte, ist mehr erforderlich: die wirkliche Erteilung des Zuschlags an sie muß durch ihr vertragswidriges Handeln verhindert, die Nichterteilung dadurch verursacht sein. Diesen Kausalzusammenhang nachzuweisen, liegt der Klägerin als der bedingt Berechtigten ob, ebenso wie im umgekehrten Falle des § 162 Abs. 2 die in Wirklichkeit eingetretene Bedingung nur dann als ausgefallen angesehen wird, wenn der bedingt Verpflichtete dartut, daß ihr Eintritt wider Treu und Glauben vom Gegner herbeigeführt wurde. Schon der Wortlaut des Gesetzes schließt den Gedanken aus, als ob ein Kausalzusammenhang zwischen der Entscheidung der Bedingung und zwischen Vertragsverletzungen, die während ihrer Schwebe begangen wurden, hätte fingiert werden sollen. Eine solche Fiktion würde darauf hinauslaufen, den obligatorischen Nexus bei bedingten Schuldverhältnissen stärker wirken zu lassen als bei unbedingten. Wie hierfür ein verständlicher Grund nicht aufzufinden wäre, so liegt der Gedanke auch der Entstehungsgeschichte des Gesetzes fern. Der § 162 Abs. 1, der mit dem 1. Entwurfe (§ 136) übereinstimmt, ist altes Recht und gibt, wie die früheren Landesgesetze,

vgl. preuß. A.L.R. I. 4 §§ 104 flg., Code civil Art. 1178, sächs. B.G.B. § 111,

den Satz der l. 161 Dig. de reg. jur. 50, 17 wieder: in jure civili receptum est, quoties per eum, cujus interest, condicionem non impleri, fiat, quominus impleatur, perinde haberi ac si impleta condicio fuisset. Hiernach ist klar, daß die Verhinderung der Bedingung durch den bedingt Verpflichteten nicht fingiert wird, sondern vom Kläger nachgewiesen werden muß. Erst wenn das geschehen ist, wird fingiert, daß die Bedingung eingetreten sei.

Für den hier in Rede stehenden Ursachenzusammenhang kommt dem Vertragsschlusse der Beklagten mit F. S., und der von der Klägerin behaupteten Bestimmung der Kiesbrüche K. zum Widerrufe der Offerte keine Bedeutung zu. Diese Tatsachen können die Behörde schlechterdings nicht bewogen haben, der Beklagten den Zuschlag zu versagen. Es fragt sich nur, ob die Versagung darauf zurückzuführen ist, daß die Beklagte ihre eigene Offerte widerrief. Wäre das der Fall, und hätte der Widerruf eine Vertragsverletzung gegenüber der Klägerin enthalten, so würde der Zuschlag als der Beklagten erteilt gelten. Es ist das aber nicht der Fall, weshalb die soeben bezeichnete zweite Voraussetzung nicht untersucht zu werden braucht. Der Berufungsrichter nimmt an, es sei weder nachgewiesen noch nachweisbar, daß die Beklagte ohne die Zurückziehung ihrer Offerte den Zuschlag erhalten haben würde. Ein Verstoß gegen Rechtsnormen fällt ihm bei dieser Annahme nicht zur Last. Daß sich häufig nicht mit Sicherheit ermessen läßt, was geschehen wäre, wenn ein bestimmtes Ereignis nicht stattgefunden hätte, ist vom Berufungsrichter nicht verkannt. Er begnügt sich nicht mit Konstatierung der abstrakten Möglichkeit einer Übergehung der Beklagten, sondern führt als Gründe an, die positiv für die Übergehung sprachen: die größere Billigkeit der Offerte der Klägerin, den Umstand, daß die Behörde das Material einer der von der Beklagten aufgegebenen Kiesgruben beanstandete, und den ferneren Umstand, daß ihr der Fuhrunternehmer, mit dem die Beklagte abgeschlossen hatte, nicht genehm war. Diese Tatsachen reichen für sich allein schon aus, um die Schlußfolgerung des Berufungsrichters zu rechtfertigen.

Es kommt aber noch folgendes in Betracht. Soll ein bestimmtes Handeln als Ursache des Ausfalls einer Bedingung gedacht werden, und steht nur fest, daß ohne das Handeln die Bedingung hätte eintreten können, nicht daß sie dann eingetreten wäre, so muß zum mindesten die Sache so liegen, daß infolge des Handelns die Bedingung nicht mehr eintreten konnte. Davon ist hier ebenfalls nicht die Rede. Trotz der Zurückziehung der Offerte war die Erteilung des Zuschlags an die Beklagte möglich; denn die Zurückziehung war eine bloße Bitte und rechtlich unwirksam. Allerdings wird der Staat, worauf das Landgericht hingewiesen hat, oft Bedenken tragen, den Zuschlag einem Unternehmer zu erteilen, der sich seinen Pflichten nur widerwillig unterwirft. Aber diese Erwägung vermag an dem Tatbestande nichts zu ändern. Es ist völlig unsicher, ob die Beklagte ohne die Zurücknahme ihrer Offerte den Zuschlag erhalten hätte, und die rechtliche und tatsächliche Möglichkeit, daß sie ihn erhielt, blieb trotz der Zurücknahme bestehen. Bei dieser Sachlage hätte — was aber nicht einmal geschehen ist — höchstens festgestellt werden können, daß die Zurücknahme die Erteilung des Zuschlags an die Beklagte noch ungewisser gemacht habe, als sie bis dahin war. Auch damit wären die Erfordernisse des § 162 Abs. 1 nicht erfüllt. Der Eintritt der Bedingung muß verhindert sein; es genügt nicht, wenn er erschwert wurde. Hat der bedingt Verpflichtete nichts weiter getan, als daß er in einer für den Gegner ungünstigen Richtung auf die Chancen der Bedingung einwirkte, so greift die Fiktion des Eintritts der Bedingung nicht Platz.

In zweiter Linie meint die Revision, daß die Beklagte, wenn nicht von den gesamten Grandlieferungen F. S.'s an den Staat, doch von dem Drittel dieser Lieferungen abgabepflichtig sei, das F. S. auf Grund des Abkommens vom 6. Juli 1905 von der Beklagten beziehe; denn nach §§ 133, 157 B.G.B. müsse der Vertrag der Parteien vom 18. Juni dahin ausgelegt werden, daß die 10 ₰ von jedem Kubikmeter Grand berechnet würden, der aus den Gruben der Beklagten, sei es auch durch Vermittelung anderer Unternehmer, an den Staat geliefert würde. Dieser Gesichtspunkt ist in den Vorinstanzen nicht erörtert. Mit Unrecht glaubt die Beklagte, daß er deshalb vom Revisionsgericht nicht nachgeprüft werden könne. Es handelt sich nur um eine Beschränkung des Antrags; auch mit der Fiktion der Erteilung des Zuschlags an die Beklagte wurde der Anspruch aus dem Vertrage geltend gemacht (vgl. l. 50 Dig. de contr. empt. 18, 1: ex vendito agi posse puto quasi impleta condicione, cum per emptorem stetit, quominus impleatur). Allein die Auslegung der Klägerin muß abgelehnt werden. Die Bedingung des Zahlungsversprechens ist wortdeutlich dahin zum Ausdruck gelangt, daß die Beklagte den Zuschlag erhalten haben muß. Eine Ausdehnung der Zahlungspflicht auf den Fall, wenn zwar ein Dritter den Zuschlag erhielt, die Beklagte aber diesem Dritten lieferte, wäre höchstens dann zu verteidigen, wenn die Lieferung an den Dritten der Klägerin gegenüber eine Rechtsverletzung bedeutete. Denn dem Willen der Beklagten zur Zeit des Vertragsschlusses vom 18. Juni 1905 entsprach die Ausdehnung sicherlich nicht, was sich schon daraus ergibt, daß der Inhalt künftiger Abmachungen mit Dritten damals noch gar nicht zu übersehen war. In der Annahme aber, daß solche Abmachungen, insbesondere auch das Abkommen mit F. S., die Vertragsrechte der Klägerin verletzten, läßt sich den Vorinstanzen nicht beitreten. Da die Abmachungen auf den Ausgang des Submissionsverfahrens notwendig ohne Einfluß blieben, fehlt es an jedem Grunde, der die Klägerin hätte berechtigen können, sie zu verbieten."

---

53. 1. **Was ist unter einem Schriftwerk im Sinne des § 1 Nr. 1 des Urheberrechtsgesetzes vom 19. Juni 1901 zu verstehen? Sind gewöhnliche Theaterzettel (Theaterprogramme) Schriftwerke?**

2. **Liegt eine unerlaubte Handlung vor, wenn eine Theaterzeitung die objektiven Angaben aus Theaterzetteln wiedergibt, die von der Theaterleitung öffentlich angeschlagen sind?**

3. **Kann die Zuständigkeit eines Sondergerichts durch Vereinbarung begründet werden?**

I. Zivilsenat. Urt. v. 19. Juni 1907 i. S. S. Majestät des Königs Wilhelm II. von Preußen (Bekl.) w. K. & H. (Kl.). Rep. I. 403/06.

I. Geheimer Justizrat I. Instanz zu Berlin.
II. Geheimer Justizrat II. Instanz daselbst.

Die Klägerin, eine Berliner Verlagsfirma, hatte Klage erhoben mit dem Antrage, festzustellen, daß der Herr Beklagte nicht berechtigt sei, ihr den Abdruck der Programme der Königlichen Schauspiele in ihrer Zeitung „Berliner Theater-Welt und Konzert-Zeitung“ auf Grund des Urheberrechtsgesetzes vom 19. Juni 1901 zu untersagen. Fürsorglich hatte sie beantragt, festzustellen, daß der Herr Beklagte nicht berechtigt sei, ihr zu untersagen, aus den Programmen der Königlichen Schauspiele die Angaben über die Titel der an dem betreffenden und dem nächsten Abend zur Aufführung kommenden Stücke, über die Namen der Verfasser und Übersetzer, über Ort und Zeit der Handlung, über die Personen des Stückes und die darstellenden Schauspieler, über das Theater, wo die Aufführung stattfindet, über Beginn und Schluß der Aufführung, über die neuen Dekorationen und deren Verfertiger in der erwähnten Zeitung abzudrucken. Der Herr Beklagte hatte Abweisung der Klage beantragt und Widerklage dahin erhoben:

a) der Klägerin bei Vermeidung einer fiskalischen Strafe den Abdruck der Programme der Königlichen Schauspiele in ihrer Zeitung zu untersagen;
b) die Klägerin zum Ersatze des der Königlichen Generalintendanz durch den Vertrieb der gedachten Zeitung zugefügten Schadens zu verurteilen.

Die erste Instanz erkannte unter Zurückweisung des prinzipalen Klagantrages im wesentlichen nach dem Eventualantrage der Klägerin und wies die Widerklage ab. Die Berufung des Herrn Beklagten wurde zurückgewiesen. Ebenso auch die Revision.

Aus den Gründen:

„I. Die Revision greift zunächst die Auffassung des Berufungsgerichts an, daß die in den Theaterzetteln (Theaterprogrammen) enthaltenen objektiven Angaben — über den Titel des aufzuführenden Stückes, über den Namen des Verfassers oder Übersetzers, über Ort und Zeit der Handlung, über die Personen des Stückes und die darstellenden Schauspieler, über die Dekorationen und deren Verfertiger, über Beginn und Schluß der Vorstellung — nicht als Schriftwerke im Sinne des § 1 des Gesetzes, betr. das Urheberrecht an Werken der Literatur und der Tonkunst, vom 19. Juni 1901 aufgefaßt werden könnten. Der Vertreter des Herrn Revisionsklägers hat zur Begründung seines Rechtsstandpunktes, wonach Theaterzettel allerdings auch insoweit „Schriftwerke“ im Sinne des Gesetzes seien, auf die historische Entwicklung des Urheberrechts hingewiesen, das seinen Ursprung in dem mit der Einführung des Buchdrucks notwendig gewordenen Schutze gegen Nachdruck habe. In den älteren landesherrlichen Privilegien werde das einzelne Druckwerk dem Drucker und Verleger gegen Nachdruck geschützt. Die heutige Gesetzgebung spreche zwar grundsätzlich dem Urheber des Schriftwerkes den Rechtsschutz zu, also regelmäßig dem Verfasser. Allein dieser Gedanke sei keineswegs folgerichtig durchgeführt, da das Gesetz wiederholt bestimme, wer als Urheber „gelte" oder „anzusehen sei" (§§ 1—4). Es komme weniger auf den Schutz der individuellen geistigen Tätigkeit des Verfassers, als vielmehr darauf an, daß die materiellen und idealen Interessen des Urhebers gegenüber einem Nachdruck geschützt würden. Auch die Theaterzettel seien das Resultat geistiger Arbeit. Aber was sie als schutzfähige Schriftwerke erscheinen lasse, das sei nicht die größere oder geringere geistige Arbeit, die zu ihrer Herstellung aufgewendet werden müsse, das sei vielmehr das rechtsschutzfähige ideale und materielle Interesse, das ihr Urheber daran habe, sie nicht von unbefugten Dritten nachgedruckt zu sehen. Dieses Interesse sei auch im vorliegenden Falle sowohl als ideales, wie auch als materielles vorhanden: als ideales, insofern die Intendanz Wert darauf legen müsse, das Publikum, soweit dies im Theaterzettel geschehe, über das aufzuführende Stück zuverlässig zu unterrichten; als materielles, insofern der aus dem Verkaufe der Theaterzettel zu erzielende Gewinn einen bedeutenden Faktor in dem Budget des Theaterunternehmers bilde. Deshalb sei es verfehlt, den Theaterzettel mit geschäftlichen Annoncen, Preislisten ꝛc in dieselbe Kategorie zu stellen; der Vertrieb solcher Drucksachen bilde niemals eine Einnahmequelle für den Geschäftsmann, der sie ausgebe; er habe nur ein Interesse an ihrer tunlichsten Verbreitung, nicht aber daran, sie ausschließlich selbst zu verbreiten.

Diese Darlegungen, die sich, soweit sie rechtshistorisch sind, mehrfach mit den Ausführungen von Gierke, Deutsches Privatrecht Bd. 1 § 85; Wildhagen, Gutachten des XXV. deutschen Juristentages Bd. 1 S. 118 flg., berühren, bieten zweifellos an sich interessante und beachtliche Gesichtspunkte, können jedoch gegenüber dem im Urheberrechtsgesetze und dessen Motiven klar zum Ausdruck gekommenen Standpunkte des Gesetzgebers eine von dem Berufungsgerichte abweichende Beurteilung nicht rechtfertigen. Während in dem Privilegienwesen der älteren Zeit die Person des Autors als solche völlig in den Hintergrund trat, hat die Rechtsentwicklung dahin geführt, die geistige Urheberschaft als Ausgangspunkt für den hier in Frage stehenden Rechtsschutz zu gewinnen. Indem das Bundesgesetz vom 11. Juni 1870, betr. das Urheberrecht an Schriftwerken rc, grundsätzlich den „Urheber eines Schriftwerkes" als den Schutzberechtigten bezeichnete, bildete es den Abschluß dieser Entwicklung (vgl. Gierke, a. a. O.). An dem hierdurch gewonnenen Fundamente kann auch durch historische Reminiszenzen nicht gerüttelt werden. Von einer geistigen Urheberschaft kann aber der Natur der Sache nach nur gesprochen werden, wo eine selbständige Geistestätigkeit sich in bestimmter Form individualisiert. Deshalb ist schon in den Motiven zu dem Gesetze von 1870 hervorgehoben, daß das Gesetz nicht jede Schrift schützen solle, sondern „nur solche Werke, welche sich als Ausfluß einer individuellen geistigen Tätigkeit darstellen". Das neue Urheberrechtsgesetz vom 19. Juni 1901 steht auf dem gleichen prinzipiellen Standpunkte. Die rein objektive Ankündigung bestimmter Daten, ohne jedes individuelle Gepräge, wie sie die Theaterzettel in der Regel darstellen, kann hiernach als ein zu schützendes „Schriftwerk" im Sinne des Urheberrechtsgesetzes nicht erscheinen. Dementsprechend hat auch der II. Strafsenat des Reichsgerichts in seinem Urteil vom 27. November 1906 (Entsch. des R.G.'s in Strafs. Bd. 39 S. 282) ausgesprochen, daß Ankündigungen, die lediglich eine sachliche, geschäftsmäßige Benachrichtigung des Publikums über aufzuführende Stücke enthalten, als Erzeugnisse individueller Geistestätigkeit nicht aufzufassen seien. Der Umstand, daß ein Theaterunternehmer sich durch den Vertrieb solcher Ankündigungen eine Einnahmequelle verschafft, ist nicht geeignet, sie zu individuellen Geistesprodukten zu stempeln.

II. . . .

III. Der Rechtsstandpunkt des Herrn Beklagten ist, außer auf das Urheberrecht, auch auf § 826 B.G.B. gestützt. Es wird geltend gemacht, daß die Klägerin durch Abdruck der Theaterzettel in ein Individualrecht der Theaterleitung eingreife. Das Berufungsgericht hat diese Auffassung mit zutreffender Begründung zurückgewiesen. In das Recht der Intendanz, die Aufführung der Stücke bekannt zu geben, greift die Klägerin in keiner Weise ein. Sie gibt lediglich den objektiven Inhalt der zum Zwecke der öffentlichen Bekanntmachung an den Litfaßsäulen angeschlagenen Theaterzettel wieder. Von seiten des Herrn Beklagten wird ferner darauf hingewiesen, daß der Inhalt der an den Anschlagsäulen bekannt gegebenen Theaterzettel häufig deshalb ein unrichtiger sei, weil nachträglich Änderungen in der Rollenbesetzung oder in anderer Hinsicht notwendig würden. Die Generalintendanz trage Vorsorge, daß diese Änderungen dem Publikum bekannt gegeben würden; der Druck der von ihr vertriebenen Theaterzettel finde regelmäßig erst nach 1 Uhr nachmittags statt, und der Verkauf beginne regelmäßig erst eine Stunde vor der Vorstellung. Die Klägerin verbreite aber ihre Theaterzeitung mit den Theaterprogrammen, die sie den Anschlägen an den Litfaßsäulen entnommen habe, auf die Gefahr hin, daß die darin enthaltenen Angaben unrichtig geworden seien. Sie verbreite in solchen Fällen unwahre Angaben und tue dies, obwohl sie wisse, daß durch solche unwahren Angaben das Publikum getäuscht, und das Theater geschädigt werden könne; sie füge damit in einer gegen die guten Sitten verstoßenden Weise dem Herrn Beklagten vorsätzlich Schaden zu.

Auch diese Darlegung hat das Berufungsgericht mit Recht für unzutreffend erachtet. Von einer vorsätzlichen Verbreitung unwahrer Tatsachen und von einer vorsätzlichen Schädigung des Herrn Beklagten kann nach Lage des Falles keine Rede sein. Der § 826 scheidet daher ohne weiteres aus. Aber auch § 824 B.G.B. kann auf das Verhalten der Klägerin keine Anwendung finden. Zwar kann die Erwägung des Berufungsgerichts, daß eine fahrlässige Verbreitung unrichtiger Nachrichten keine unerlaubte Handlung darstelle, in dieser Allgemeinheit nicht gebilligt werden. Es muß aber gegenüber den Ausführungen des Herrn Beklagten betont werden, daß ein Behaupten oder Verbreiten unwahrer Tatsachen der Klägerin überhaupt nicht zur Last fällt. Die in deren Zeitung aufgenommenen Angaben über den Inhalt der Ankündigungen der Aufführungen sind zur Zeit der Aufnahme wahr und richtig gewesen. Sie haben in den hier in Frage stehenden Fällen erst infolge nachträglicher Änderungen ihre Richtigkeit verloren; sie sind veraltet, aber nicht unwahr geworden. Denn so, wie in der Zeitung der Klägerin angegeben, war die Aufführung tatsächlich angekündigt gewesen. Die Klägerin tut nichts weiteres, als daß sie dem Publikum durch ihre Zeitung die Kenntnis dessen vermittelt, was an den Litfaßsäulen zu lesen war. So wenig die Generalintendanz selbst mit ihren dort angeschlagenen Theaterzetteln im Falle einer späteren Änderung unwahre Tatsachen verbreitet, so wenig tut es die Klägerin. Das Berufungsgericht hat überdies tatsächlich festgestellt, daß eine Schädigung des Erwerbs der Theater aus der Verbreitung solcher veralteten Angaben nicht zu besorgen ist, weil die Generalintendanz in der Lage sei, das Publikum in üblicher und genügender Weise (durch Anschläge im Theater selbst in auffälliger Farbe) über etwaige Änderungen aufzuklären. Hierzu ist sie nicht etwa nur durch die in der Zeitung der Klägerin enthaltenen Angaben veranlaßt; hierzu ist sie vielmehr schon dadurch genötigt, daß ihre eigenen Ankündigungen an den Litfaßsäulen infolge der eingetretenen Änderungen veraltet und teilweise unrichtig geworden sind. Durch Angaben in der Zeitung der Klägerin, die infolge späterer Änderungen unrichtig geworden sind, könnte höchstens das Publikum, das diese Zeitung kauft, geschädigt werden. Auch hiergegen bietet sich als übliches Schutzmittel die Befugnis der Generalintendanz, in geeigneter Weise das Publikum darauf aufmerksam zu machen, daß nur die von ihr selbst verkauften Theaterzettel Anspruch auf Zuverlässigkeit der Angaben nach dem neuesten Stande der Dinge erheben können.

IV. Hinsichtlich der Widerklage sind die Vorinstanzen nicht in eine sachliche Prüfung eingetreten, da sie diese für prozessual unzulässig erachten. Der hiergegen erhobene Revisionsangriff ist nicht begründet. Der Geheime Justizrat ist ein Sondergericht, dessen Zuständigkeit wegen des Gegenanspruchs auch durch Vereinbarung nicht würde begründet werden können (§ 33 Abs. 2 Z.P.O., Art. III des Preuß. Gesetzes vom 26. April 1851, G.S. S. 181). In bürgerlichen Rechtsstreitigkeiten kann, von dem Falle des Schiedsvertrages abgesehen, die Entscheidung dem ordentlichen Gerichte nicht durch eine Privatvereinbarung entzogen werden.

Struckmann u. Koch, Kommentar 7. Aufl. S. 1176 Bem. 10 zu § 13 G.V.G.

Deshalb kann auch auf ein Sondergericht nicht prorogiert werden. Die Zulassung der Widerklage würde dem Grundsatze des § 16 Satz 2 G.V.G. widerstreiten." ...

54. 1. Kann dem Gläubiger, der auf Grund erfolgter Pfändung und Überweisung eine auf Vertrag beruhende Rentenforderung des Schuldners einklagt, von dem Drittschuldner in diesem Prozesse die Einwendung entgegengesetzt werden, daß die Rente nach dem Vertragswillen an die Person des Schuldners geknüpft sein sollte, und daß deshalb die Pfändung unwirksam sei; oder muß der Drittschuldner diese Einwendung auf dem Wege des § 766 Z.P.O. geltend machen?

2. Zur Frage der Verrechnung der Verzugszinsen einer gepfändeten und dem Gläubiger überwiesenen Rentenforderung.

Z.P.O. §§ 766, 850, 851.

B.G.B. §§ 288, 399.

VII. Zivilsenat. Urt. v. 21. Juni 1907 i. S. Pf. B. (Kl.) w. P. u. Gen. (Bekl.). Rep. VII. 410/06.

I. Landgericht Frankfurt a. M.
II. Oberlandesgericht daselbst.

Der Klägerin stand gegen den Beklagten zu 1 eine ihr durch rechtskräftiges Urteil zugesprochene Forderung zu. Die Beklagte zu 2 war als Bürgin des Beklagten zu 1 durch rechtskräftiges Urteil zur Zahlung an die Klägerin verurteilt worden. Durch einen mit den Beklagten zu 1 und 2, deren Ehe damals noch bestand, am 8. Januar 1900 geschlossenen schriftlichen Vertrag hatte sich der Beklagte zu 3, Vater der Beklagten zu 2, verpflichtet, dieser „weiterhin als elterliche Beihilfe und als Alimente eine Rente zu bewilligen. . . .“ Durch Beschluß des Amtsgerichts ist diese Rentenforderung, insoweit sie den Betrag von 1500 ℳ jährlich übersteigt, für die Klägerin gepfändet und dieser zur Einziehung überwiesen worden. Durch das Berufungsurteil ist P. (der Beklagte zu 3) verurteilt worden, von der Rente einen Betrag von monatlich 75 ℳ an die Klägerin bis zu deren Befriedigung zu zahlen.

Der Revision des Beklagten P. wurde stattgegeben.

Aus den Gründen:

. . . „Der Beklagte P. hatte geltend gemacht, daß der Pfändungs- und Überweisungsbeschluß, auf den sich die Klägerin berufe, unwirksam sei, weil die Rentenforderung der Pfändung nicht unterliege, da sie nichts anderes sei als der durch Vertrag geregelte, auf gesetzlicher

Vorschrift beruhende Unterhaltsanspruch der Tochter gegen ihren Vater (§ 850 Abs. 1 Ziff. 2 Z.P.O.). Das Berufungsgericht hat diese Einrede für sachlich unbegründet erklärt, weil nach seiner Feststellung die Rente als Ausstattung versprochen, der Anspruch auf die einzelnen Rentenbeträge also nicht Unterhaltsanspruch sei. Abgesehen hiervon hat das Berufungsgericht aber auch ausgeführt, daß dem Beklagten P., wenn er als Drittschuldner die Einwendung aus § 850 a. a. O. überhaupt erheben könne, hierzu nur derselbe Weg offen stehe, den die Schuldnerin selbst dafür haben würde, nämlich der durch § 766 Z.P.O. geordnete Weg der Vorstellung bei dem Vollstreckungsgerichte, und gegen dessen Entscheidung der Weg der Beschwerde. Diese Ausführung ist bezüglich der in § 850 vorgeschriebenen prozessualen Beschränkungen der Pfändbarkeit nicht zu beanstanden. Sie steht mit der Rechtsprechung des Reichsgerichts in Einklang; es genügt der Hinweis insbesondere auf die Urteile vom 29. Oktober 1894, Entsch. in Zivils. Bd. 34 S. 380, vom 22. Oktober 1897, Entsch. in Zivils. Bd. 40 S. 366, vom 29. Oktober 1900, Jur. Wochenschr. 1900 S. 839 Nr. 3.

Der Beklagte P. hatte aber die Unpfändbarkeit nicht allein auf die prozessuale Bestimmung des § 850 a. a. O. begründet, sondern auch aus seiner eigenen materiellen Rechtsstellung hergeleitet, indem er, wie aus seinem in den Tatbeständen der Urteile der Vorinstanzen wiedergegebenen Vorbringen zu entnehmen ist, geltend machte, daß er durch den Vertrag vom 8. Januar 1900 seiner Tochter nur eine an ihre Person geknüpfte, höchstpersönliche Forderung eingeräumt habe, zu Leistungen daraus also nur an sie, nicht an Dritte, verpflichtet sein könne. Damit machte der Beklagte nicht das geltend, was in § 766 Z.P.O. als „Anträge, Einwendungen und Erinnerungen, welche die Art und Weise der Zwangsvollstreckung ... betreffen," bezeichnet und auf den dort geordneten Weg gewiesen ist, sondern er erhob eine Einwendung gegen das Forderungsrecht selbst, wie es die Klägerin auf Grund der Pfändung und Überweisung nunmehr in ihrer Person glaubt geltend machen zu können. Auf eine Einwendung dieser Art bezieht sich die vorhin erwähnte Rechtsprechung des Reichsgerichts nicht. Es ist kein gesetzlicher Grund vorhanden, aus dem diese Einwendung nicht im Prozesse sollte erhoben werden können. Sie bedurfte deshalb sachlicher Prüfung und Entscheidung, die das Berufungsurteil vermissen läßt.

Soll diese Prüfung etwa in dem in den Entscheidungsgründen enthaltenen Satze: „Eine analoge Anwendung der Grundsätze über den Baugeldvertrag ist schon wegen der Besonderheiten, die sich aus der Natur dieses Vertrages ergeben, ausgeschlossen," erblickt werden, so wird damit jedenfalls nicht das getroffen, worauf es ankommt. Nicht lediglich aus dem Gesichtspunkt einer entsprechenden Anwendbarkeit der Grundsätze vom Baugeldvertrage, sondern vor allem nach der eigenen Natur des von dem Beklagten P. geltend gemachten Rechtes war die Einrede zu prüfen. Zur Nachholung dieser Prüfung auf Grund erneuter mündlicher Verhandlung mußte hiernach, unter entsprechender Aufhebung des angefochtenen Urteils, die Sache an das Berufungsgericht zurückverwiesen werden. Dieses wird im Zusammenhange mit dem behaupteten höchst persönlichen Charakter der Rentenforderung auch zu untersuchen haben, ob nicht die Voraussetzung des § 399 B.G.B. zutrifft, und welche Beurteilung sich bejahendenfalls daraus für die Einrede des Beklagten P. ergibt, wobei freilich auch die Bestimmung des § 851 Abs. 2 Z.P.O. zu berücksichtigen sein wird.

Nicht zu beanstanden ist, wie schließlich noch bemerkt werden muß, die Ausführung des Berufungsgerichts, daß die Verzugszinsen, die der Beklagte P. von den einzelnen Rentenbeträgen entrichten müßte, falls er diese an die Klägerin zu zahlen hätte, aber bei Fälligkeit nicht zahlte, nicht auf die Forderung der Klägerin anzurechnen wären. Der Anspruch auf diese Verzugszinsen würde erst in der Person der Klägerin entstehen, seinen Grund lediglich in dem Verzuge des Beklagten P. ihr gegenüber haben. Diese Zinsen würden die Vergütung für den Schaden bilden, den der Gläubiger, wie das Gesetz (§ 288 B.G.B.) ohne weiteres annimmt, durch das in dem Verzug enthaltene Verschulden erleidet. Es fehlt an jeder gesetzlichen Grundlage für die Annahme des Landgerichts, daß die Klägerin sich auch das, was sie an Vergütung solcher Art erhielte, auf ihre zur Vollstreckung stehende Forderung anrechnen zu lassen hätte. Der in dieser Hinsicht gegen das Berufungsurteil erhobene Revisionsangriff ist unbegründet. Nur bezüglich derjenigen Verzugszinsen, die etwa der Beklagte P. von rückständigen Rentenbeträgen bereits seiner Tochter schuldig geworden wäre, und die mit diesen Beträgen durch den Pfändungs- und Überweisungsbeschluß mit ergriffen wären, müßte eine andere Beurteilung eintreten."

55. Unter welchen Voraussetzungen kann die Löschung einer auf Grund des Warenzeichengesetzes vom 12. Mai 1894 erlangten Eintragung eines Warenzeichens wegen Verstoßes gegen die guten Sitten nach § 826 B.G.B. ausgesprochen werden?

II. Zivilsenat. Urt. v. 21. Juni 1907 i. S. Sch. (Kl. u. Widerbekl.) w. W. & S. (Bekl. u. Widerkl.). Rep. II. 79/07.

I. Landgericht Frankenthal.
II. Oberlandesgericht Zweibrücken.

Die Beklagte verwendet beim Vertrieb der von ihr hergestellten Waren (Zigarren u. dgl.) eine aus Etikett, Verklebstreifen und Banderole bestehende Ausstattung. Das Etikett hat die Form eines Dreiecks, stellt eine Tabakspflanzung dar und wird auf die obere vordere Seite der Zigarrenkistchen geklebt; die Verschlußstreifen dienen zum Verkleben der Kanten der Zigarrenkisten. Mit den Banderolen sind die Zigarren in den Kisten gebündelt. Verschlußstreifen und Banderolen haben eine eigentümliche Zeichnung. Diese ganze Ausstattung wird von der Beklagten als Sansibar-Ausstattung bezeichnet, weil das Etikett das Wort „Sansibar" an auffälliger Stelle trägt. Dieses Etikett ist für die Beklagte am 28. Juni 1895 unter der Nummer 7729 in die Zeichenrolle des Patentamtes eingetragen worden.

Die Klägerin versuchte für diese ganze Ausstattung der Beklagten Eintragung in die Zeichenrolle zu erlangen, beschränkte aber infolge Widerspruchs der Beklagten ihre Anmeldung auf Verklebestreifen und Banderole, die für die Beklagte nicht geschützt waren, und erwirkte am 27. Dezember 1904 auch die Eintragung unter den Nummern 75321 und 75322. Diese Verklebe- oder Verschlußstreifen und Banderolen der Klägerin sind denjenigen der Beklagten zum Verwechseln ähnlich.

Die Klägerin hat auf Grund der §§ 12, 14 W.Z.G. beim Landgericht Frankenthal Klage mit dem Antrag erhoben, der Beklagten bei Vermeiden einer Strafe von 100 ℳ für jeden Fall der Zuwiderhandlung zu untersagen, bei der Verpackung oder Umhüllung ihrer Waren die für die Klägerin geschützten Verschlußstreifen und Banderolen zu benutzen.

Die Beklagte erhob Widerklage mit dem Antrag, die Klägerin zu verurteilen, es zu unterlassen, die unter den Nummern 75321 und 75322 eingetragenen Banderole und Beklebestreifen für Ausstattung von Zigarren, Zigarillos und Zigaretten zu verwenden.

Die Beklagte behauptet, sie habe sich ihrer aus den erwähnten drei Teilen bestehenden Ausstattung schon seit 18 Jahren ununterbrochen im Verkehr bedient; es ergebe sich aus dem eigenen Vortrag der Klägerin, daß dieselbe zum Zwecke der Täuschung für ihre Waren sich eines Bestandteils der Gesamtausstattung bediene, welche innerhalb der beteiligten Verkehrskreise als Kennzeichen der gleichartigen Waren der Beklagten gelte. Die Gesamtausstattung der Beklagten genieße den Schutz des § 15 W.Z.G. mit der Wirkung, daß die Klägerin sich keines Teiles dieser Gesamtausstattung bedienen dürfe. Gegenüber diesem Schutz aus § 15 W.Z.G. trete der aus der Eintragung nach § 12 W.Z.G. herzuleitende Schutz zurück. Daher dürfe sich die Beklagte ihrer Sansibar-Ausstattung auch weiterhin bedienen und, wie geschehen, widerklagend der Klägerin den Eingriff verbieten.

Die Beklagte ruft außerdem noch die §§ 226 und 826 B.G.B. an. Aus dem ganzen Verhalten der Klägerin, die sich nach der Klagerhebung am 16. November 1905 ein Dreiecketikett als Warenzeichen habe eintragen lassen, gehe hervor, daß dieselbe die Beklagte nur deshalb in der Benutzung der Verschlußstreifen und Banderolen behindern wolle, damit die Klägerin von der Beklagten die Erlaubnis zur Benutzung ihres Etiketts erlange. Das Verhalten der Klägerin beruhe deshalb auf Schikane und verstoße gegen die guten Sitten.

Das Landgericht hat Klage und Widerklage abgewiesen.

Gegen dieses Urteil hat die Klägerin Berufung mit der Begründung eingelegt, daß die Bedeutung des § 12 W.Z.G. verkannt sei. Die Beklagte hat sich der Berufung angeschlossen, weil die Merkmale ihrer Sansibar-Ausstattung als Beschaffenheitsangaben für ihre Sansibar-Zigarre im Publikum bekannt seien, ihr Löschungsbegehren daher durch § 9 Abs. 1 Nr. 3 W.Z.G. gerechtfertigt werde.

Das Oberlandesgericht hat die Berufung der Klägerin zurückgewiesen und dem Widerklagantrag entsprochen. Die Revision der Klägerin wurde zurückgewiesen aus folgenden

Gründen:

„Der Berufungsrichter stellt fest, daß nach dem insoweit übereinstimmenden Standpunkt der Parteien die von beiden Teilen zur Ausstattung ihrer gleichartigen Waren benutzten Verschlußstreifen und Banderolen einander gleich, oder doch zum Verwechseln ähnlich sind. Aus den Aussagen der als Fachmänner bezeichneten Zeugen entnimmt der Berufungsrichter, daß die von der Beklagten seit längeren Jahren bei ihren Ausstattungen benutzten Verschlußstreifen und Banderolen als Kennzeichen ihrer Waren innerhalb beteiligter Verkehrskreise gelten.

Von dieser tatsächlichen Grundlage aus erwägt der Berufungsrichter, daß dieser Ausstattungsbesitz im Sinne des § 15 W.Z.G. die Klägerin nicht daran habe hindern können, sich die gleichen Merkmale als Warenzeichen, wie geschehen, eintragen zu lassen und nun auf Grund des in § 12 W.Z.G. erlangten Schutzes der erfolgten Eintragung der Beklagten die Führung ihrer Verschlußstreifen und Banderolen zu verbieten. Diese Rechtsansicht befindet sich in Übereinstimmung mit der Rechtsprechung des Reichsgerichts, wonach der Eintragung gegenüber der Schutz des bloßen Ausstattungsbesitzes versagt (vgl. Entsch. des R.G.'s in Zivils. Bd. 18 S. 99, Bd. 44 S. 14 flg.) und sich die Sachlage dadurch nicht ändert, daß diese Aneignung erfolgt, um dem seitherigen Inhaber Konkurrenz zu machen und ihn so zu schädigen (vgl. Entsch. des R.G.'s in Zivils. Bd. 20 S. 71, Bd. 25 S. 120). Der Berufungsrichter hat auch ferner erwogen, daß die Beklagte für sich nicht den § 9 Abs. 1 Ziff. 3 W.Z.G. etwa mit der Begründung anrufen könne, daß sie die Zeichen früher als die Klägerin benutzt hat, und daß diese Zeichen als Ausstattung ihrer Ware gegolten hatten, ehe die Klägerin die Eintragung erwirkte (vgl. Entsch. des R.G.'s in Zivils. Bd. 44 S. 13, auch Bd. 40 S. 91, Bd. 55 S. 35).

Wenn man nun auch — so führt der Berufungsrichter weiter aus — davon auszugehen habe, daß die Anmeldung eines Warenzeichens, das ein anderer bereits in Benutzung genommen hat, erlaubt ist, und der durch § 12 W.Z.G. gewährleistete Schutz in solchem Falle nicht durch Anrufung des § 826 B.G.B. illusorisch gemacht werden dürfe, so könne es doch Fälle besonderer Art geben, in denen durch die Eintragung nach der Art und Weise der Erlangung und nach deren Endzweck gegen die guten Sitten verstoßen werde. Alsdann müsse dem auf diese Weise vorsätzlich Geschädigten ein Anspruch auf Unterlassung des Gebrauchs des eingetragenen Zeichens und auf Löschung zugestanden werden.

Ein solcher Fall der Anwendung des § 826 B.G.B. sei hier gegeben.

Die Klägerin habe nämlich, dies wird näher dargelegt, in der offenkundigen Absicht die Anmeldung der Zeichen vorgenommen, ihren Waren das Aussehen der Waren der Beklagten zu geben, so daß das Publikum die seit lange eingeführte Ware der Beklagten vor sich zu haben glaube. Die Klägerin habe so die Ware der Beklagten vom Markt zu verdrängen versucht. Die eingetragenen Zeichen trügen nichts an sich, was etwa auf eine Beliebtheit beim Publikum rechnen lasse. Der Klägerin sei es weniger um die Zeichen an sich, als darum zu tun gewesen, ihre Ware als die der Beklagten auszugeben. Diese Absicht habe sie auch erreicht. Zunächst habe sie versucht, diese Verwechselung noch vollkommener zu machen, indem sie die ganze Ausstattung der Beklagten, also einschließlich des Etiketts, angemeldet habe; erst als dieser Versuch infolge des Widerspruchs der Beklagten scheiterte, habe sich die Klägerin mit dem geringeren Grad der Verwechselung begnügt, den sie durch Eintragung der Verschlußstreifen und der Banderolen hergestellt habe. Die Klägerin suche aber nicht allein durch diese Verwechselung der beiderseitigen Produkte auf Kosten der Beklagten Vorteil zu ziehen; sondern sie habe auch, wie ihr an die Beklagte gerichteter Brief vom 24. Juni 1905 ergebe, die Beklagte durch die Eintragung des Verschlußstreifens und der Banderole zu zwingen versucht, angesichts der ihr durch das Verfahren der Klägerin entstandenen und noch entstehenden Schädigung der Klägerin die Mitbenutzung des für die Beklagte eingetragenen Dreiecketiketts zu gestatten. Dadurch habe die Klägerin eine noch ähnlichere Ausstattung ihrer Ware erstrebt, ein Ziel, dessen Vorteile von der Klägerin selbst nicht geleugnet werden könne. Wäre dieser Vorteil, den die Klägerin bereits erreicht habe und noch erreichen wolle, nicht so offenbar, so könne man sogar an die Anwendung des Schikaneverbotes (§ 226 B.G.B.) denken. Jedenfalls liege aber in der Art und Weise des soeben erörterten Vorgehens der Klägerin mit Rücksicht auf den von ihr verfolgten Zweck ein Überschreiten der Grenzen, die im Geschäftsverkehr für die Anforderungen an Redlichkeit und Anstand in § 826 B.G.B. gezogen seien.

Gegen diese Ausführungen ist nichts zu erinnern; sie ergeben den Tatbestand des § 826 B.G.B., der sowohl einen Anspruch auf Unterlassung der schädigenden Handlung als auch folgeweise auf Löschung der zuwider dem § 826 B.G.B. erlangten Eintragung gibt (§ 249 B.G.B.). Die Klägerin bezweifelt zwar, daß hier der § 826 zur Anwendung gebracht werden könne, weil sie nur von einem ihr nach § 12 W.Z.G. zustehenden Recht Gebrauch mache, und ihr auch die Befugnis zu beliebiger Anmeldung eines Warenzeichens zustehe. Allein das Warenzeichengesetz ist, wenn es auch das ihm zugewiesene Gebiet ausschließlich regelt, immerhin ein Sondergesetz und will den Grundsätzen des Bürgerlichen Gesetzbuchs, welche Schutz gegen illoyale Handlungen im Verkehrsleben bezwecken, den Eingang nicht verschließen (vgl. Entsch. des R.G.'s in Zivils. Bd. 48 S. 119). Ebensowenig vermöchte das Warenzeichengesetz an dem Schikaneverbot des § 226 B.G.B. etwas zu ändern. Muß danach die Klägerin die Führung ihrer eingetragenen Zeichen unterlassen und die Eintragung wieder löschen lassen, so war ihre Klage abzuweisen, und der Widerklage stattzugeben.

Die Klägerin hat schließlich gerügt, es sei von der Beklagten die Schadenszufügung im Sinne des § 826 B.G.B. tatsächlich nicht genau genug dargelegt. Der Berufungsrichter bemerkt hierüber nach dem Sinne seiner Ausführungen, die von der Klägerin vorsätzlich herbeigeführte Verwechselung ihrer Fabrikate mit denen der Beklagten habe nach dem gewöhnlichen Verlauf der Dinge (der übrigens auch geschildert wird) durch Abziehen der Kunden der Beklagten und Hinlenken zur Klägerin die Beklagte geflissentlich geschädigt. Diese Begründung genügt dem § 287 Z.P.O. Aus diesen Gründen war die Revision unter Kostenfolge zurückzuweisen."

---

56. Kann zwischen einem Kläger, der zugleich der (einzige) gesetzliche Vertreter des prozeßunfähigen Beklagten ist, und diesem Beklagten ein materiell wirksames Prozeßverhältnis bestehen? Wird der Mangel dadurch geheilt, daß sich der Beklagte durch seine Prokuristen auf den Prozeß einläßt?

I. Zivilsenat. Urt. v. 22. Juni 1907 i. S. S. (Kl.) w. Vermögensverwaltungsstelle für Offiziere u. Beamte (Bekl.). Rep. I. 40/07.

I. Landgericht I Berlin.
II. Kammergericht daselbst.

Der Kläger war der einzige persönlich haftende Gesellschafter der verklagten Aktienkommanditgesellschaft. Das Statut der Beklagten bestimmte, für den Fall nur ein persönlich haftender Gesellschafter vorhanden sei, daß dieser in Gemeinschaft mit einem Prokuristen, oder zwei Prokuristen gemeinschaftlich zur Vertretung ermächtigt seien.

Mit der gegen die Aktienkommanditgesellschaft gerichteten Klage hatte der Kläger im Urkundenprozesse die Auszahlung seines Gehalts gefordert. Zugestellt war die Klage, da der Postbote im Geschäftslokale der Beklagten kein Mitglied des Vorstandes antraf, an den dort anwesenden Kassenboten. In der ersten Instanz war für die Beklagte ein durch Vollmacht von zwei Prokuristen bestellter Prozeßvertreter tätig geworden und hatte um Abweisung der Klage gebeten. Das Landgericht hatte die Beklagte, unter Vorbehalt der Ausführung ihrer Rechte, zur Zahlung eines Teiles des eingeklagten Betrages verurteilt, im übrigen die Klage aus sachlichen Gründen abgewiesen. Den Urteilsbetrag hatte der Kläger im Wege der Zwangsvollstreckung beigetrieben. Die Frage nach der gesetzlichen Vertretung der Beklagten war in der ersten Instanz nicht berührt worden. Gegen die Entscheidung des Landgerichts hatte die Beklagte Berufung eingelegt, wieder nur durch einen mit Vollmacht von zwei Prokuristen versehenen Prozeßvertreter. Der Berufungsantrag ging auf Abweisung der Klage in der gewählten Prozeßart, event. auf vollständige Klageabweisung und Verurteilung des Klägers zur Rückzahlung des beigetriebenen Betrages. Zur Begründung der Berufung hatte die Beklagte in erster Linie geltend gemacht, daß es auf ihrer Seite an der für die gültige Klagerhebung erforderlichen gesetzlichen Vertretung fehle. Diesen Einwand hatte der Kläger als verfehlt bezeichnet, da es genügen müsse, daß sich der Aufsichtsrat und die Prokuristen der Beklagten auf den Prozeß eingelassen hätten. Event. hatte er erklärt, daß die Klage als gegen die Gesamtheit der Kommanditisten, vertreten durch den Aufsichtsrat, gerichtet zu gelten habe. Das Kammergericht hatte die Klage abgewiesen und den Kläger zur Zurückzahlung des beigetriebenen Betrages verurteilt. Die Revision des Klägers wurde zurückgewiesen aus folgenden

Gründen:

„Das Kammergericht gelangt zur Abweisung der Klage aus der Erwägung, daß der Kläger, als der einzige gesetzliche Vertreter der verklagten Aktienkommanditgesellschaft, gegen diese die Klage nicht wirksam habe erheben können, daß auch diesem Mangel durch die Einlassung der Prokuristen der Beklagten auf den Prozeß nicht abgeholfen sei, vielmehr es der Klage trotzdem an den erforderlichen Prozeßvoraussetzungen fehle. Seine Entscheidung ist, mit Ausnahme eines nachher zu besprechenden Punktes, nur als eine prozessuale (absolutio ab instantia) aufzufassen.

Die Revision bekämpft diese Begründung als rechtsirrtümlich. Sie meint, die gesetzliche Vertretung der verklagten Gesellschaft sei ebensowenig zu beanstanden, wie die Klagerhebung gegen diese. Allein darin kann ihr nicht Recht gegeben werden; vielmehr ist der Auffassung des Kammergerichts durchaus beizutreten.

Aus dem Wesen des Zivilprozesses ergibt sich mit Notwendigkeit das Erfordernis zweier, sich unabhängig gegenüberstehender Parteien. Diesem Erfordernis ist hier genügt. Die besondere Bedeutung aber, die nach der Zivilprozeßordnung dem gesetzlichen Vertreter der prozeßunfähigen Partei, im Gegensatze zu jedem anderen Vertreter oder Bevollmächtigten, zukommt, führt mit gleicher Notwendigkeit zu dem Satze, daß zwischen den gesetzlichen Vertretern der beiden Parteien, oder zwischen der einen Partei und dem gesetzlichen Vertreter der anderen keine Personeneinheit bestehen darf. „Der gesetzliche Vertreter ist zwar nicht selbst Partei, hat aber nach außen, d. h. dem Prozeßgegner und dem Gerichte gegenüber, die Befugnisse und Pflichten einer Partei, soweit nicht das Gesetz etwas anderes bestimmt" (Gaupp-Stein, Z.P.O. 8./9. Aufl. zu § 51 unter IV). Für die Möglichkeit eines materiell gültigen Prozeßverhältnisses ist, bei Prozeßunfähigkeit der Partei, das Vorhandensein eines gesetzlichen Vertreters ebenso unerläßlich, wie das Vorhandensein der Partei selbst, und kann durch kein anderes Vertretungsverhältnis ersetzt werden, wie schon daraus klar wird, daß Eideszuschiebungen und Zurückschiebungen zwar an den gesetzlichen Vertreter und von diesem, nicht aber an und von anderen Vertretern erfolgen können. Es ergibt sich hieraus, daß gegen eine prozeßunfähige Partei, die keinen gesetzlichen Vertreter hat, — vorbehaltlich der provisorischen Zulassung nach § 57 Z.P.O. — eine Klage gar nicht gültig erhoben werden kann, und weiter auch, vermöge der Unzulässigkeit einer Verbindung der beiden Parteirollen in einer Person und der Übertragung dieses Satzes auf das Verhältnis des gesetzlichen Vertreters zur anderen Partei oder zum gesetzlichen Vertreter der anderen Partei, daß ein materiell wirksamer Prozeß zwischen einem Kläger, der zugleich der (einzige) gesetzliche Vertreter des prozeßunfähigen Beklagten ist, und diesem Beklagten nicht möglich ist.

Vgl. Wach, Handbuch § 51 S. 587 flg.; Weismann, Lehrbuch Bd. 1 § 24 unter III (S. 78).

Zweifellos nun ist die verklagte Aktienkommanditgesellschaft als solche prozeßunfähig. Ihr einziger gesetzlicher Vertreter aber ist, als einziger Komplementar, der Kläger (§§ 320 Abs. 2, 161 Abs. 2, 125, 170 H.G.B.). Der Aufsichtsrat (§§ 320 Abs. 3, 243 flg.) ist nur gesetzlicher Vertreter der Gemeinschaft der Kommanditisten (§ 328), aber nicht der Aktienkommanditgesellschaft selbst. Ausnahmsweise kann er zwar auch diese vertreten (vgl. § 247); aber ein Rechtssatz, daß ihm bei Verhinderung des oder der Komplementare die gesetzliche Vertretung der Gesellschaft zukomme, ist dem Gesetze unbekannt. Da der Kläger rechtlich verhindert ist, in dem von ihm selbst gegen die Beklagte erhobenen Prozesse zugleich als deren gesetzlicher Vertreter zu handeln, so war und ist die verklagte Aktienkommanditgesellschaft insoweit ohne jede gesetzliche Vertretung. Der Kläger konnte daher gegen sie die Klage erst dann rechtswirksam anstellen, wenn dafür gesorgt war, daß die Beklagte einen anderen gesetzlichen Vertreter erhielt, was zweifellos nicht geschehen ist.

Verfehlt ist es, wenn die Revision sich diesem Tatbestande gegenüber darauf beruft, daß die Gesellschaft statutenmäßig durch zwei Prokuristen vertreten werde, daß diese auch zur Prozeßführung befugt seien und durch Bestellung der Sachwalter den Prozeß tatsächlich für die Beklagte geführt hätten. Allerdings läßt sich aus § 49 H.G.B. die Ermächtigung des Prokuristen zur Prozeßführung in einem Umfange ableiten, der an sich auch die vorliegende Klage mit umfassen würde. Mit Recht aber hat das Kammergericht angenommen, daß hiermit dem festgestellten Mangel in den Prozeßvoraussetzungen nicht

16*

abgeholfen sei. Denn wie weit auch die Vertretungsbefugnisse des Prokuristen reichen, so ist er doch nicht ein gesetzlicher Vertreter des Prinzipals. Das Charakteristische für den gesetzlichen Vertreter ist, daß seine „Vertretungsmacht nicht auf dem Willen des Vertretenen, sondern entweder unmittelbar auf dem Gesetz, oder doch nach Maßgabe des letzteren auf der Anordnung der Staatsgewalt beruht".

Vgl. Gaupp-Stein, a. a. O.; Wach, a. a. O.; Schmidt, Lehrbuch der Z.P.O. § 57 S. 365 flg.; vgl. auch Reichsgerichtsurteil Rep. I. 413/01 vom 2. April 1902.

Die Vertretungsmacht des Prokuristen aber ist, wenn sie auch in ihrem Umfange durch das Gesetz bestimmt wird, doch ihrem Bestande nach auf den Willen des Geschäftsherrn zurückzuführen, der sie nach Belieben verleihen oder entziehen kann. Die Rechtsprechung des Reichsgerichts hat denn auch stets daran festgehalten, daß der Prokurist kein gesetzlicher Vertreter des Prinzipals sei. Man darf nicht einwenden, daß dadurch die in § 49 H.G.B. ausgesprochene Ermächtigung zur Prozeßführung ihre Bedeutung verliere. Es bleibt noch ein weites Anwendungsgebiet in den Fällen übrig, wo der Prinzipal selbst prozeßfähig ist, oder bei Prozeßunfähigkeit einen (rechtlich nicht verhinderten) gesetzlichen Vertreter hat; nur der Mangel in der gesetzlichen Vertretung läßt sich auf diesem Wege nicht heben.

Der Mangel des Verfahrens hätte durch spätere Genehmigung geheilt werden können. Aber dazu wäre vor allem erforderlich gewesen, daß die Beklagte im Laufe des Prozesses einen vom Kläger verschiedenen gesetzlichen Vertreter erhalten hätte. Da dies nicht geschehen ist, vielmehr dieser Mangel noch besteht, so kann darauf nichts ankommen, ob an sich das Verhalten der zur gesetzlichen Vertretung nicht befugten Organe der Beklagten als eine Genehmigung aufzufassen wäre, oder nicht. Mit der hier allein erheblichen Frage hat es auch nichts zu tun und ist deshalb mit Recht vom Kammergericht nicht näher geprüft worden, ob die Zustellung der Klage zu Händen des Kassenboten dem Gesetze entsprach, oder ob ein etwaiger Mangel der Zustellung in dieser Hinsicht nach § 187 Z.P.O. geheilt wäre.

Hiernach ist die Abweisung der Klage, soweit sie gegen die Aktienkommanditgesellschaft selbst gerichtet ist, zu Recht erfolgt. Die Revision rügt aber weiter, daß das Kammergericht nicht auf die in der Anlage zum Protokolle vom 11. Oktober 1906 beantragte Berichtigung des Klagrubrums eingegangen sei. Diese Anlage enthält die Erklärung des klägerischen Prozeßbevollmächtigten der zweiten Instanz, das Klagrubrum werde dahin berichtigt, daß die Klage gegen die Kommanditistengesamtheit, vertreten durch den Aufsichtsrat, gerichtet werde. Der wesentliche Inhalt dieser Erklärung ist übrigens in den Berufungstatbestand, hier als eventuelles Vorbringen, aufgenommen. Übersehen hat das Kammergericht diese „Berichtigung" nicht. Darauf bezieht sich seine Ausführung im Eingange der Entscheidungsgründe, daß der Klaganspruch nur gegen die Aktienkommanditgesellschaft, nicht gegen die Kommanditistengesamtheit könne geltend gemacht werden. Sachlich ist hiergegen nichts einzuwenden. Es ergibt sich aber aus dieser Begründung, daß insoweit die abweisende Entscheidung des Kammergerichts nicht bloß prozessuale, sondern materielle Bedeutung hat, obgleich die Zulässigkeit der Klagumstellung gar nicht geprüft worden ist. Man muß aber schon die Zulässigkeit verneinen. Allerdings ist es nicht ausgeschlossen, daß im Laufe eines Prozesses andere Parteien, die nicht Gesamtrechtsnachfolger sind, an die Stelle des Klägers oder des Beklagten treten. In der Rechtsprechung des Reichsgerichts ist dieser Parteiwechsel unter dem Gesichtspunkte der Klagänderung behandelt worden (vgl. Urteil Rep. I. 162/01 vom 26. Juni 1902, Entsch. in Zivils. Bd. 49 S. 376). Demgemäß kann er in der Berufungsinstanz nur mit Einwilligung des Gegners stattfinden (§ 527 Z.P.O.). Man könnte aber fragen, ob der Eventualantrag, gegen den nach dem Tatbestande ein Widerspruch nicht erhoben worden ist, nicht auf Grund der §§ 523, 269 Z.P.O. zuzulassen wäre. Allein diese Folge hätte das Stillschweigen doch nur haben können, wenn es von der neu bezeichneten Beklagten, der Kommanditistengesamtheit, ausgegangen oder sonst von ihr zu vertreten wäre; denn selbstverständlich kann ein am Verfahren bisher nicht Beteiligter nicht dadurch in den Prozeß hineingezwungen werden, daß der Kläger ihn als neuen Beklagten bezeichnet, und der bisherige Beklagte dagegen keinen Widerspruch erhebt. Daß aber der Widerspruch in dem fremden Prozeß unter Umständen unterlassen worden wäre, die das Stillschweigen als verpflichtend für die Kommanditistengesamtheit könnten erscheinen lassen, dafür fehlt es in dem Vorbringen des Klägers an jedem Anhalt. Auch die Behauptung in der bereits erwähnten Protokollanlage, daß drei benannte Mitglieder des Aufsichtsrats und der Aufsichtsrat in seiner Gesamtheit von der Zustellung der Klage Kenntnis erhalten, die Prokuristen zur Führung und Betreibung bevollmächtigt und die ganze Prozeßführung genehmigt hätten, kann sich schon nach dem Zeitpunkt ihrer Aufstellung nur auf den Prozeß, wie er bis dahin betrieben war, nämlich ausschließlich gegen die Aktienkommanditgesellschaft selbst, beziehen. Daher muß es auch für die geänderte eventuelle Klage bei der Abweisung verbleiben, mit der Abweichung jedoch gegenüber der Begründung im angefochtenen Urteile, daß auch hierfür die Abweisung nur die Bedeutung einer prozessualen, keiner Sachentscheidung hat. Da der Tenor des Berufungsurteils keinen Unterschied macht, so bedarf es auch nicht einer Abänderung seines Wortlauts.

Unbegründet ist endlich auch der letzte Revisionsangriff. Mit der Abweisung der Klage hat das Kammergericht, entsprechend dem Antrage der Beklagten, die Verurteilung des Klägers zur Rückzahlung des beigetriebenen Betrages nebst Zinsen verbunden. Die Revision meint, daß dies im Widerspruche mit der Annahme des Berufungsrichters stehe, die Beklagte sei in dem Prozesse nicht ordnungsmäßig vertreten gewesen. Dem kann nicht beigestimmt werden. Es handelt sich bei der Rückforderung nicht um die Begründung eines besonderen neuen Prozeßverhältnisses zwischen der Beklagten als Antragstellerin und dem Kläger, wie es der Fall wäre, wenn die Beklagte die Erhebung einer Widerklage versucht hätte, sondern nur um die Beseitigung der Folgen des vom Kläger eingeleiteten, materiell unwirksamen Prozesses. Hierzu genügt das Vorhandensein eines formellen Prozeßverhältnisses und die vom Prozeßvertreter der Beklagten nachgewiesene Bevollmächtigung."

---

57. Zum Begriffe der qualifizierten Fahrlässigkeit im Sinne des § 136 Abs. 1 Satz 2 Gew.U.V.G.

VI. Zivilsenat. Urt. v. 24. Juni 1907 i. S. Papiermacher-Berufsgenossenschaft (Kl.) w. W. (Bekl.). Rep. VI. 444/06.

I. Landgericht Mainz.
II. Oberlandesgericht Darmstadt.

Das Fabrikgrundstück des Beklagten wurde durch eine vom Eisenbahnfiskus betriebene Eisenbahn in zwei Teile zerschnitten, die gegen den Eisenbahnkörper durch mit Türen versehene Zäune abgegrenzt waren. In dem einen Teil befand sich die eigentliche Fabrik, in dem anderen die Gasanstalt und der Lagerraum. Als der Arbeiter P. am 30. Januar 1901 kurz nach 6 Uhr morgens nach beendigter Nachtschicht sich aus der Fabrik über die Eisenbahngeleise nach dem Lagerraum begeben wollte, wurde er von einem Eisenbahnzug erfaßt und verletzt. Die Klägerin leistete ihm in Gemäßheit der Bestimmungen des Unfallversicherungsgesetzes Entschädigung und forderte diese von der Beklagten auf Grund von § 136 Abs. 1 Satz 2 dieses Gesetzes erstattet. Das Oberlandesgericht wies die Klage ab. Auf die Revision der Klägerin wurde das Urteil aufgehoben, und die Sache zur weiteren Verhandlung an das Berufungsgericht zurückverwiesen, aus folgenden

Gründen:

... „Die Beklagte haftet nach § 136 Abs. 1 Satz 2 Gew.U.V.G. der Klägerin für alle Aufwendungen, die diese infolge des Unfalls auf Grund des angezogenen Gesetzes gemacht hat, wenn sie den Unfall vorsätzlich oder durch Fahrlässigkeit mit Außerachtlassung derjenigen Aufmerksamkeit herbeigeführt hat, zu der sie vermöge ihres Gewerbes besonders verpflichtet ist. Das Berufungsgericht hat verneint, daß diese Voraussetzung hier gegeben sei; es hat dabei die Behauptungen der Klägerin als wahr unterstellt, daß die Beklagte, obwohl sie bei dem starken Verkehr auf der eingleisigen, ihr Fabrikgrundstück durchschneidenden Bahnstrecke die außerordentliche Gefährlichkeit des Verkehrs über den Bahnübergang erkannt hätte, diesen Verkehr ihres Personals geduldet, eine Bewachung nicht angeordnet, den ständigen Verschluß der Durchgangstür nicht veranlaßt und es unterlassen hätte, den Fiskus auf dem Rechts- und Verwaltungswege zur Erfüllung weiterer, als von ihm anerkannter Verpflichtungen anzuhalten. Zur Rechtfertigung jenes Standpunktes hat es angeführt, in dem Dulden des Verkehrs ihrer Arbeiter über den Bahnkörper durch das nicht ständige Verschlossenhalten der Durchgangspforte bei den zahlreichen Zügen und Lokomotiven möge immerhin eine Fahrlässigkeit der Beklagten gefunden werden; sie müsse sich wohl sagen, daß zur Winterszeit in frühen Morgen- und Abendstunden, bei Sturm und

Schneegestöber die an jener Stelle verkehrenden Fabrikarbeiter, insbesondere bei der Unübersichtlichkeit des Bahnkörpers wegen der nahen Kurve, und bei dem Unterbleiben der Signale von seiten der vorbeifahrenden Züge und Lokomotiven, von einem Eisenbahnfahrzeug erfaßt und beschädigt werden könnten; allein indem sie es unterlassen habe, wirksame Schutzmaßregeln dagegen zu ergreifen, habe sie nur die einem jeden, der einen Privatweg unterhalte, obliegende Sorge für einen gefahrlosen Weg außer Augen gesetzt; nicht nur der Fabrikant, sondern auch der Gutsbesitzer, der Villenbesitzer habe die Pflicht, den dem Publikum oder ihren Leuten geöffneten Weg gefahrlos herzustellen oder zu unterhalten; hierauf erstrecke sich das Maß der besonderen Aufmerksamkeit, zu der einer der Genannten kraft seines Gewerbes verpflichtet sein könne, nicht. Die Sicherheit des Weges habe mit dem Gewerbebetriebe der Beklagten als einer Papierfabrikantin nicht das Geringste zu tun; die ihr als solcher obliegende besondere Aufmerksamkeit müsse in einer viel engeren Beziehung mit ihrem Gewerbe- oder Fabrikationsbetriebe stehen.

Die Revision macht hiergegen geltend, der Gewerbebetrieb erfordere die ordnungsmäßige Instandhaltung aller ihm dienenden Anlagen und eine solche Regelung ihrer Benutzung, daß Gefahren für die Angestellten und Arbeiter möglichst vermieden werden; lasse sich der Gewerbtreibende in diesen Beziehungen eine Fahrlässigkeit zuschulden kommen, so setze er damit die ihm vermöge seines Gewerbebetriebes obliegende Aufmerksamkeit außer acht.

Diesem Angriff kann der Erfolg nicht versagt werden. Richtig ist allerdings, daß nicht jede unter § 276 B.G.B. fallende Fahrlässigkeit den im § 136 Gew.U.V.G. gegebenen Ersatzanspruch begründet, daß vielmehr eine Fahrlässigkeit mit Außerachtlassung derjenigen Aufmerksamkeit vorliegen muß, zu der der Betriebsunternehmer wegen seines Gewerbes im Sinne der §§ 222, 230 St.G.B. besonders verpflichtet ist. Ob eine solche Aufmerksamkeit außer acht gelassen worden, kann nicht nach allgemeinen Grundsätzen, sondern nur nach den Verhältnissen des Einzelfalls beurteilt werden, und es werden in dieser Beziehung besonders die Vorschriften in den §§ 120a flg. Gew.O. zur Richtschnur dienen können. Der Umstand, daß jeder Grundstücksbesitzer verpflichtet ist, den seinen Leuten oder dem Publikum überhaupt eröffneten Weg gefahrlos herzustellen und zu unterhalten, steht nicht grundsätzlich der Annahme entgegen, daß ein Betriebsunternehmer, wenn ihn in dieser Beziehung ein Verschulden trifft, diejenige Aufmerksamkeit außer acht läßt, zu der er vermöge seines Gewerbes besonders verpflichtet ist. In dieser Beziehung kommt es bei der Beurteilung des vorliegenden Falles wesentlich darauf an, ob der Fabrikbetrieb der Beklagten es mit sich brachte, daß ein häufiger Verkehr ihrer Arbeiter zwischen den beiden Grundstücken unter Benutzung des Eisenbahnübergangs für die Zwecke des Betriebes stattfand; war dies der Fall, so war die Beklagte vermöge ihres Gewerbes besonders verpflichtet, ihre Aufmerksamkeit auf die Sicherheit dieses Überganges zu richten, besondere Einrichtungen zu treffen, Anordnungen zu erlassen xc; es stand mithin diese Verpflichtung im engsten Zusammenhang mit dem Betrieb ihres Gewerbes; ließ sie also diese Aufmerksamkeit außer acht, und wurde hierdurch der Unfall herbeigeführt, so haftet sie auch der Klägerin gemäß § 136 Gew.U.V.G." ...

---

58. Ist der § 1594 B.G.B. anwendbar auf Kinder, die vor dem 1. Januar 1900 geboren sind?

III. Zivilsenat. Urt. v. 28. Juni 1907 i. S. Sch. (Kl.) w. Sch. (Bekl.). Rep. III. 476/06.

I. Landgericht Greifswald.
II. Oberlandesgericht Stettin.

Der Kläger, dessen Ehe mit der Mutter des Beklagten im Juni 1892 geschieden ist, hat die Ehelichkeit des von dieser während bestehender Ehe am 14. September 1891 geborenen Beklagten mittels Klage angefochten. Von beiden Instanzgerichten wurde die Klage unter Anwendung des § 1594 B.G.B. abgewiesen. Auf die vom Kläger eingelegte Revision wurde das Berufungsurteil aufgehoben, und die Sache zur Verhandlung und Entscheidung zurückverwiesen, aus folgenden

Gründen:

„Mit zutreffender Begründung nimmt das Berufungsgericht an, daß der Kläger am 14. September 1891, als seine damalige Ehefrau von dem Beklagten entbunden ward, im Gebiet des gemeinen Rechtes seinen Wohnsitz gehabt hat, nach dessen Vorschriften die Vermutung, daß das Kind als eheliches geboren ist, durch den Beweis der Unmöglichkeit widerlegt werden kann, ohne daß eine solche Anfechtung der Ehelichkeit an eine besondere Frist gebunden ist. Es weist jedoch, und zwar in Übereinstimmung mit dem Landgericht, unter Anwendung des § 1594 B.G.B. die im Jahre 1905 erhobene Anfechtungsklage mit der Ausführung ab, daß der Kläger von der Geburt des Beklagten lange vor dem 1. Januar 1900 Kenntnis gehabt habe. Der Anwendung der genannten Gesetzesvorschrift auf den vorliegenden Fall kann indes nicht beigetreten werden.

Das Behaftetsein eines Rechtsverhältnisses mit einer Ausschlußfrist kennzeichnet sich, wie bereits in der Entscheidung des Reichsgerichts vom 9. Mai 1901 — Entsch. des R.G.'s in Zivils. Bd. 48 S. 162 — ausgeführt worden, als eine demselben innewohnende Eigenschaft. Gemäß der vom Bürgerlichen Gesetzbuch wie vom Einführungsgesetz zum Bürgerlichen Gesetzbuch anerkannten und festgehaltenen Regel von der Nichtrückwirkung der Gesetze findet daher der § 1594 B.G.B. auf das zwischen Parteien durch die Geburt des Beklagten begründete Rechtsverhältnis nur dann Anwendung, wenn ausnahmsweise dieser Vorschrift rückwirkende Kraft auf die unter der Herrschaft des älteren Rechtes entstandenen Rechtsverhältnisse, sei es ausdrücklich, sei es stillschweigend, vom Gesetzgeber in deutlich erkennbarer Weise beigelegt worden ist. Diese Voraussetzung ist nicht gegeben. Allerdings gehört die Vorschrift des § 1594 B.G.B. zu den zwingenden Sätzen des neuen Rechtes; allein hieraus folgt an sich nur, daß sie für die Zukunft durch Parteibelieben nicht abgeändert werden kann, nicht auch, daß sie die Rechtswirkungen des unter der Herrschaft des älteren Rechtes eingetretenen Tatumstandes zu regeln bestimmt ist (vgl. Entsch. des R.G.'s in Zivils. Bd. 42 S. 102). Nach den Motiven ist die Ausübung des dem Ehemann zustehenden Anfechtungsrechts, in Übereinstimmung mit sämtlichen neueren Gesetzgebungen, auf eine kurze Zeit beschränkt aus dem Grunde, weil es im allseitigen Interesse liegt, daß die Frage, ob das Kind ein eheliches ist oder nicht, bald zur definitiven Entscheidung gelangt. Gegenüber der Erwägung, daß der zum Schirmer der Rechtsordnung berufene Staat mit sich selbst in Widerspruch tritt, wenn er den nach Maßgabe staatlicher Gesetze begründeten Rechten und Rechtsverhältnissen ihren Bestand in willkürlicher Weise ohne dringlichen Anlaß entzieht, hat jener Grund nicht das Gewicht, daß aus ihm auf den Willen des Gesetzgebers, die Vorschrift des § 1594 B.G.B. auf vor dessen Inkrafttreten begründete Rechtsverhältnisse zu erstrecken, geschlossen werden kann, dies um so weniger, wenn berücksichtigt wird, daß nach den älteren Rechten teilweise die Anfechtungsfrist kürzer bemessen war. Die eheliche Abstammung ist Gegenstand der im 4. Abschn. Einf.-Ges. zum B.G.B. getroffenen Übergangsvorschriften nicht geworden, und ebensowenig finden sich in diesem Abschnitt Vorschriften, die in ihrer folgerichtigen Fortführung oder im Wege der Analogie die Frage entscheiden, ob die im § 1594 B.G.B. gesetzte Anfechtungsfrist auf das Rechtsverhältnis des Ehemanns der Mutter zum Kinde, das während bestehender Ehe vor dem 1. Januar 1900 von ihr geboren ist, sich erstreckt. Insonderheit ist eine Ausdehnung der für die Verjährung im Art. 169 Einf.-Ges. zum B.G.B. gegebenen Bestimmungen auf die Ausschlußfristen des Bürgerlichen Gesetzbuchs ausgeschlossen (vgl. Entsch. des R.G.'s in Zivils. Bd. 48 S. 164). Die Erstreckung der in § 1339 B.G.B. getroffenen Vorschrift auf Ehen, die vor dem 1. Januar 1900 geschlossen sind, ist Folge der im Art. 198 Abs. 2 Einf.-Ges. erlassenen Bestimmung und daher für rückwirkende Kraft des § 1594 B.G.B. nicht zu verwerten. Vertreten wird die gleiche Auffassung von der Nichtrückwirkung dieser Gesetzesvorschrift von Habicht, 3. Aufl. S. 620flg., und von v. Staudinger, 2. Aufl. Bd. 4 S. 609, nebst den dort Angeführten.

Der Revision war daher in geschehener Weise stattzugeben."

---

59. Ist zum Begriffe der Tötung im Sinne des § 844 B.G.B. erforderlich, daß der Ersatzpflichtige den tödlichen Erfolg der Körperverletzung voraussehen konnte?

VI. Zivilsenat. Urt. v. 1. Juli 1907 i. S. G. Wwe. u. Gen. (Kl.) w. K. (Bekl.). Rep. VI. 488/06.

I. Landgericht Karlsruhe.
II. Oberlandesgericht daselbst.

Der Ehemann und Vater der Kläger, der Maurer Wilhelm G., wurde am 15. April 1905 auf der Straße zu Bruchsal von dem Beklagten, als er dessen Sohn, der mit anderen Knaben gerauft hatte, fassen wollte, durch einen Schlag mit der Hand ins Gesicht mißhandelt. G. fiel infolgedessen zur Erde und starb an demselben Tage.

Das Oberlandesgericht nahm an, daß der Beklagte sich durch den dem G. versetzten Schlag einer vorsätzlichen rechtswidrigen Körperverletzung gemäß § 223 St.G.B. schuldig gemacht habe. Es wies aber die auf § 844 B.G.B. gestützte Schadensersatzklage der Hinterbliebenen ab, weil der Beklagte den tödlichen Erfolg seines Tuns auch bei pflichtmäßiger Aufmerksamkeit und Überlegung nicht habe voraussehen können.

Das Reichsgericht hat auf die Revision der Kläger das Berufungsurteil aufgehoben.

Aus den Gründen:

... „Der rechtlichen Auffassung des Berufungsgerichts, § 844 B.G.B. sei nur dann anwendbar, wenn der tödliche Erfolg für den Ersatzpflichtigen voraussehbar war, konnte nicht beigetreten werden.

Tötung ist die Zerstörung des menschlichen Lebens, also jede Handlung, durch die der Tod eines Menschen verursacht wurde. Die Tötung im Sinne des § 844 B.G.B. erfordert nach der Stellung der Vorschrift im Gesetzbuch weiter, daß die Handlung eine unerlaubte war. Die Bedeutung des § 844 (wie des § 845) liegt darin, daß unter Durchbrechung der Regel, wonach nur dem durch eine unerlaubte Handlung unmittelbar Verletzten ein Ersatzanspruch zusteht, den mittelbar geschädigten Personen, denen durch die Tötung des Unterhaltspflichtigen das Recht auf den Unterhalt entzogen wurde, ein Schadensersatzanspruch gewährt wird. Hierfür ist es gleichgültig, ob der Unterhaltspflichtige durch eine vorsätzliche oder fahrlässige Tötung in dem engeren strafrechtlichen Sinne ums Leben gekommen ist, oder ob sein Tod die tatsächliche Folge einer schuldhaften Verletzung seines Körpers oder seiner Gesundheit war. Wollte das Gesetz dem Begriff der Tötung jenen engeren Sinn geben, so hätte es dies deutlich zum Ausdruck bringen müssen, zumal gegenüber dem in der hier erheblichen Beziehung gleichlautenden § 3 des Reichshaftpflichtgesetzes, der für eine solche Einschränkung keinen Raum läßt. Die Rechtsprechung hat denn auch den § 844 unterschiedslos stets dann angewendet, wenn der Tod durch ein als unerlaubte Handlung sich darstellendes Tun oder Unterlassen herbeigeführt war, namentlich in den Fällen der §§ 831, 832, 833 B.G.B., wo von einer zurechenbaren Tötung, falls nicht auch § 823 einschlug, keine Rede sein konnte.

Kommt aber der Tod des Verletzten nur als Folge einer unerlaubten Handlung in Betracht, so greift der allgemeine Rechtssatz Platz, daß das Verschulden, d. i. das Kennen oder Kennenmüssen des rechtsverletzenden Tatbestandes (Vorsatz oder Fahrlässigkeit), sich nur auf die unerlaubte Handlung, also hier auf die Körperverletzung, aber nicht auf ihre weitere Schadenswirkung zu erstrecken braucht.

Vgl. Dernburg, Bürgerl. Recht Bd. 2 §§ 27, 63; Crome, Deutsches bürgerl. Recht Bd. 1 § 109; Oertmann, Schuldverhältnisse S. 87, 90.

Es ist nicht einzusehen, warum die Ersatzpflicht vor dem Tode des Verletzten, weil er nicht voraussehbar war, Halt machen, dagegen andere, ebensowenig voraussehbare Folgen, wie Lähmung, Geisteskrankheit, Verlust eines wichtigen Gliedes, schwere Neurose ꝛc, mitumfassen soll, Folgen, deren Ausgleichung, wie die gerichtliche Erfahrung lehrt, sehr häufig den Ersatzpflichtigen weit drückender belastet, als die Schadloshaltung der Hinterbliebenen. Die Anschauung des Berufungsgerichts müßte auch zu dem unannehmbaren Ergebnis führen, daß der nicht voraussehbare tödliche Erfolg einer Körperverletzung den Täter günstiger stellen würde, als der nicht voraussehbare Eintritt einer minder schweren Gesundheitsschädigung.[1]

Das Berufungsgericht hat sich für seine Ansicht auf die Verhandlungen der zweiten Kommission zu § 844 (Prot. Bd. 2 S. 614, 615) berufen. Allein die Wiedergabe der Verhandlungen scheint ungenau zu sein; denn sie ist widerspruchsvoll und unklar. Es war

[1] Die hier vertretene Ansicht ist die herrschende; ebenso Cosack, Deutsches bürgerl. Recht Bd. 1 § 165; Crome, Deutsches bürgerl. Recht Bd. 1 § 109 Anm. 7, Bd. 2 § 339 Anm. 64; Dernburg, Bürgerl. Recht Bd. 2 § 391 Anm. 4; Endemann, Bürgerl. Recht Bd. 1 § 129 Anm. 21, § 201 Anm. 10; Enneccerus u. Lehmann, Bürgerl. Recht (2. Aufl.) Bd. 1 S. 860 Anm 1; Goldmann u. Lilienthal, B.G.B. (2. Aufl.) Bd. 1 § 238, I; Planck, B.G.B. Bd. 2 § 844 Bem. 1; Oertmann, Schuldverhältnisse § 844 Bem. 5; Rümelin, im Arch. f. d. zivilist. Praxis Bd. 90 S. 240 flg. A. M. v. Liszt, Deliktsobligationen S. 29; v. Staudinger, Kommentar zum B.G.B. Bd. 2 § 844 Bem. IV; Neumann, Handausg. d. B.G.B. § 844 Bem. I. D. E.

der Antrag gestellt, in § 722 des Entwurfs (844) neben der Tötung die Körperverletzung, die den Tod eines Menschen zur Folge gehabt hat, aufzunehmen. Die Mehrheit lehnte diesen Zusatz ab, wie es nun heißt: weil sie ihn teils für entbehrlich, teils für unzutreffend hielt. Unter „Tötung" im Sinne des Entwurfs sei jede Handlung zu verstehen, durch die der Tod eines Menschen verursacht worden sei. Soweit bei einer sich als Tötung in diesem Sinne darstellenden Handlung auch die sonstigen Erfordernisse der Schadensersatzpflicht (Widerrechtlichkeit, Verschulden 2c) erfüllt seien, griffen die Vorschriften über die Ersatzpflicht wegen Tötung Platz. Die Unterscheidungen des Strafgesetzbuchs dürften nicht ins Bürgerliche Gesetzbuch hineingetragen werden. Hiernach werde der Richter bei einer Handlung, die unter § 226 St.G.B. falle, zu prüfen haben, ob eine Tötung in jenem Sinne vorliege, ob insbesondere die Herbeiführung des Todes dem Täter als Fahrlässigkeit zuzurechnen sei.

Aus diesen Anführungen ist die Meinung der Mehrheit der Kommission nicht zu erkennen. Wenn jede — unerlaubte — Handlung, die den Tod eines Menschen verursacht hat, als Tötung anzusehen ist, und die Unterscheidungen des Strafgesetzbuchs — also wohl die strafrechtlichen Begriffe der vorsätzlichen und fahrlässigen Tötung und der Körperverletzung nach § 226 St.G.B. — nicht auf das Bürgerliche Gesetzbuch übertragen werden dürfen, so ist nicht verständlich, wie die Tötung im Sinne der beratenen Vorschrift dennoch die zurechenbare Herbeiführung des Todes zur Voraussetzung haben sollte. Wäre die Körperverletzung nach § 226 St.G.B. nur dann als Tötung anzusehen, wenn der Täter den tödlichen Erfolg voraussehen konnte, also im Falle der (Gesetzes-)Konkurrenz mit fahrlässiger Tötung, und würde dasselbe für jede fahrlässige Körperverletzung mit Todesfolge gelten, so wäre eben unter „Tötung" nicht jede Handlung, durch die der Tod eines Menschen verursacht wurde, zu verstehen, sondern gerade nur die vorsätzliche oder fahrlässige Tötung nach Maßgabe der Unterscheidungen des Strafgesetzbuchs, die die Mehrheit der Kommission ausschließen wollte.

Die Kommissionsverhandlungen sind daher so, wie sie veröffentlicht sind, für die gegenwärtige Streitfrage nicht verwertbar. (Vgl. auch Rümelin, im Archiv f. d. zivilist. Praxis Bd. 90 S. 241 flg.) Jedenfalls würde ihnen dem Wortlaute des Gesetzes gegenüber, das eine Voraussehbarkeit des tödlichen Erfolges nicht fordert, kein durchschlagendes Gewicht zukommen.

Hier vollends handelt es sich nach der Feststellung des Berufungsgerichts um eine vorsätzliche rechtswidrige Körperverletzung, mithin um den schuldhaften Verstoß gegen ein Schutzgesetz im Sinne des § 823 Abs. 2 B.G.B. Für diesen Fall hat der erkennende Senat bereits in dem Urteil vom 19. November 1901 (Jurist. Wochenschr. 1902 S. 11) im Einklang mit der Rechtslehre ausgesprochen, daß es nicht darauf ankomme, ob der das Schutzgesetz Verletzende bestimmte Folgen seines Verhaltens voraussehen mußte, sondern nur darauf, ob er schuldhafter Weise das Gesetz übertreten hat." ...

---

60. Ist die Befreiungsvorschrift Nr. 3 der Tarifst. 32 des preußischen Stempelsteuergesetzes vom 31. Juli 1895 auf einen Kaufvertrag über Mauersteine anwendbar, die vom Erwerber in ein von ihm zu errichtendes, und demnächst von ihm zu veräußerndes Gebäude hineingebaut werden sollen?

VII. Zivilsenat. Urt. v. 2. Juli 1907 i. S. B. (Kl.) w. preuß. Fiskus (Bekl.). Rep. VII. 458/06.

I. Landgericht I Berlin.
II. Kammergericht daselbst.

Der Kläger hatte an den Bauunternehmer F. 300000 Mauersteine zum Gesamtpreise von 9000 *M* verkauft. Über den Kaufabschluß händigten sich die Vertragschließenden gegenseitig Bestätigungsschreiben ein. In dem einen der Schreiben bestätigte F. dem Kläger, die Steine gekauft zu haben, im anderen der Kläger dem F., die Steine verkauft zu haben. Im übrigen enthielten die beiden Schreiben sämtliche Vertragsbedingungen vorgedruckt und waren miteinander gleichlautend. Der Beklagte forderte für den nach seiner Meinung durch diese Schreiben beurkundeten Kaufvertrag nach der Tarifst. 31 zu c des preußischen Stempelsteuergesetzes vom 31. Juli 1895 den Kaufstempel von $1/3$ v. H. mit 30 *M*. Die auf Rückforderung dieses Betrages gerichtete Klage wurde in beiden Instanzen abgewiesen. Die Revision des Klägers wurde zurückgewiesen aus folgenden

Gründen:

„Nach der Befreiungsvorschrift Nr. 3 der Tarifst. 32 sind vom Stempel befreit „Kauf- und Lieferungsverträge über Mengen von Sachen oder Waren, sofern dieselben entweder zum unmittelbaren Verbrauch in einem Gewerbe, oder zur Wiederveräußerung in derselben Beschaffenheit oder nach vorgängiger Bearbeitung oder Verarbeitung dienen sollen, oder im Inlande in dem Betriebe eines der Vertragschließenden erzeugt oder hergestellt sind". Der Berufungsrichter versteht diese Vorschrift dahin, daß das im Eingange stehende Wort „dieselben" sich auf das vorhergehende Wort „Mengen" beziehe, und er hält deshalb die Befreiungsvorschrift hier für unanwendbar, da das Haus, in das die gekauften Steine hineingearbeitet werden sollten, und das als Gegenstand der beabsichtigten Wiederveräußerung anzusehen sei, als eine Menge von Sachen oder Waren (Steinen) nicht bezeichnet werden könne. Diese Auslegung ist jedoch unvereinbar mit dem Wortlaut der Befreiungsvorschrift. Wenn diese auf die „Wiederveräußerung in derselben Beschaffenheit oder nach vorgängiger Bearbeitung oder Verarbeitung" Gewicht legt, so können die Worte: Beschaffenheit, Bearbeitung und Verarbeitung sinngemäß nicht auf den abstrakten Begriff „Mengen", sondern nur auf die unmittelbar vorangegangenen Worte „Sachen oder Waren" bezogen werden. Ist hiernach der Entscheidungsgrund des Berufungsrichters nicht zu billigen, so war doch die Entscheidung selbst aufrecht zu erhalten. Der Bauunternehmer F. hat die den Gegenstand des Kaufvertrages vom 10. Oktober 1904 bildenden Mauersteine unstreitig nicht gekauft, um sie als solche wieder zu veräußern, sondern um sie durch Einbauen in ein von ihm zu errichtendes Gebäude zu dessen Bestandteilen zu machen und dann das Gebäude zu veräußern. In einem solchen Falle kann von einer Absicht, die Steine wieder zu veräußern, nicht gesprochen werden; denn diese haben durch den Einbau nicht nur wirtschaftlich, sondern nach § 94 B.G.B. auch rechtlich ihre Sonderexistenz verloren. Es handelt sich bei dem Einbau der Steine nicht um eine bloße Bearbeitung oder Verarbeitung; denn nach erfolgtem Einbau sind nicht bearbeitete oder verarbeitete Mauersteine, sondern es ist nur ein neues Gebäude vorhanden, das Gegenstand der Veräußerung, nicht aber der Wiederveräußerung sein kann, da es noch niemals veräußert war. Ob die Befreiungsvorschrift Anwendung findet, wenn die als Menge erworbenen, also beweglichen Sachen oder Waren zu Bestandteilen einer zu veräußernden beweglichen Sache gemacht werden sollen, kann hier dahingestellt bleiben. Jedenfalls ist die Anwendung dann ausgeschlossen, wenn sie Bestandteile einer unbeweglichen Sache werden sollen. Im letzteren Falle trifft der gesetzgeberische Grund der Befreiungsvorschrift nicht zu, der inhalts der Begründung zum Entwurf des Stempelsteuergesetzes (S. 45) in der Erwägung beruht, daß der Umsatz einer Ware, die gekauft wird, um sie weiter zu verkaufen, und die durch die verschiedensten Hände geht, ehe sie bis zum Verbraucher gelangt, nicht dieselbe Steuer tragen kann wie der Umsatz einer Ware, die im dauernden Besitz des Erwerbers verbleibt, weil im ersteren Falle nicht die Ware selbst, sondern der beabsichtigte Gewinn aus weiterem Umsatz den Gegenstand des Geschäfts bildet. Als „Verbraucher" im Sinne dieser Begründung ist hier der Erwerber F. anzusehen, da er zwar nicht die physische Erscheinung der Steine als Stoffgebilde, wohl aber ihre wirtschaftliche und rechtliche Sonderexistenz durch das Einbauen vernichtete. Nicht durch weiteren Umsatz der Steine wollte F. Gewinn erzielen, sondern dadurch, daß er aus ihnen und anderem Material eine neue, wertvolle Sache herstellte. Das Wort „Wiederveräußerung" in der Befreiungsvorschrift hat hiernach denselben Sinn, wie ihn dasselbe Wort in § 1 Nr. 1 H.G.B. und in Art. 271 Nr. 1 des früheren A.D.H.G.B. hat, wonach als Handelsgewerbe jeder Gewerbebetrieb gilt, der die Anschaffung und Wiederveräußerung von beweglichen Sachen zum Gegenstand hat, ohne Unterschied, ob die Waren unverändert oder nach einer Bearbeitung oder Verarbeitung wiederveräußert werden. Damit stimmt auch die Entstehungsgeschichte der Befreiungsvorschrift (Begr. S. 45) überein. Danach sollte die im Entwurf bestimmte Stempelermäßigung von $^1/_{20}$ v. H. an die Stelle der durch das Reichsstempelgesetz vom 29. Mai 1885 beseitigten Vorschriften der Tarifst. 4a und des § 2 zu c des Reichsstempelgesetzes vom 1. Juli 1881 treten, wonach die Beurkundung von Kaufverträgen über Mengen von Sachen oder Waren, die zur „Wiederveräußerung" bestimmt waren, mit einem geringen Reichsstempel belegt war. Da dieses Reichsstempelgesetz, ebenso wie das Allgemeine Handelsgesetzbuch, für das Gebiet des gesamten Deutschen Reiches Geltung haben sollte, ist anzunehmen, daß das Wort „Wiederveräußerung" in beiden Gesetzen dieselbe Bedeutung haben sollte. Für das Gebiet des Handelsgesetzbuchs ist es aber nicht zweifelhaft, daß eine „Wiederveräußerung“ nur dann als vorliegend anzusehen ist, wenn die Sache so veräußert wird, wie sie angeschafft ist, das heißt, wenn sie auch in der Hand des Erwerbers noch eine bewegliche Sache ist und Gegenstand des Handelsverkehrs sein kann.

Auch von einem „unmittelbaren Verbrauch in einem Gewerbe“ im Sinne der Befreiungsvorschrift kann hier nicht die Rede sein. Nach der ständigen Rechtsprechung des erkennenden Senats liegt ein solcher Verbrauch nur vor, wenn die einzelnen Stoffgebilde durch die bestimmungsmäßige Benutzung physisch vernichtet werden, wie z. B. Brennmaterialien. Im vorliegenden Falle aber sollen die Steine gerade durch das Weiterbestehen ihrer physischen Substanz, wenn auch nicht mehr als selbständige Sachen, dem dauernden Gebrauch dienen. Hiernach, und da auch die Steine nicht im Betriebe eines der Vertragschließenden hergestellt sind, greift die gesamte Befreiungsvorschrift Nr. 3 der Tarifst. 32 hier nicht Platz. Der Stempel der Tarifst. 32c ist daher vom Beklagten mit Recht erhoben worden. Daß die beiden Bestätigungsschreiben vom 10. Oktober 1904 zusammen als die Beurkundung eines Kaufvertrags über bewegliche Gegenstände unter diese Stempelvorschrift fallen, ist von der Revision nicht bestritten und auch nicht zu bezweifeln. In dieser Beziehung kann hier lediglich auf die Ausführungen des einen im wesentlichen gleichliegenden Fall behandelnden Urteils des Reichsgerichts (Entsch. in Zivils. Bd. 42 S. 187 bis 190) verwiesen werden.“

---

61. 1. Muß zur Wirksamkeit des Fahrnispfandrechts (§ 1205 B.G.B.) das Besitzverhältnis des Pfandgläubigers so geartet sein, daß es für jeden Dritten erkennbar ist?

2. Hindert im Falle des § 1205 B.G.B. der Umstand, daß der Verpfänder zu den Räumen, in denen sich die verpfändeten Gegenstände befinden, beliebig freien Zutritt nehmen und sich in den Besitz der Pfandsachen setzen kann, die Entstehung eines wirksamen Pfandrechts?

3. **Welche Bedeutung hat es für den Besitz des Auftraggebers, wenn der beauftragte Besitzdiener den ihm bezüglich der Ausübung des Besitzes erteilten Weisungen nicht folgt?**

VII. Zivilsenat. Urt. v. 2. Januar 1907 i. S. A. D. K. A.-G. (Kl.) w. W. Schuhfabriken Konk. (Bekl.). Rep. VII. 112/06.

I. Landgericht Leipzig.
II. Oberlandesgericht Dresden.

Die Klägerin schloß zur Sicherstellung eines von ihr der Aktiengesellschaft Vereinigte Schuhfabriken in W. gewährten Kredits mit dieser einen schriftlichen Pfandvertrag ab, in welchem erklärt wurde, daß die Schuhfabriken der Klägerin zur Sicherstellung die in einer Anlage aufgeführten Waren verpfändeten, daß die Übergabe der Waren in den Pfandbesitz der Klägerin dadurch erfolgt sei, daß sie in die aus einer anderen Anlage des Vertrages ersichtlichen, im Fabrikgebäude der Schuhfabriken gelegenen und der Klägerin von diesen zur ausschließlichen Verfügung überlassenen Räume eingelagert worden seien, sowie daß die Schlüssel zu diesen Lagerräumen der Klägerin übergeben worden seien, endlich daß die Schuhfabriken der Klägerin alle weiteren Waren, die künftig in die bezeichneten Pfandlager eingeliefert würden, ebenfalls verpfändeten, und daß die Übergabe dieser Waren in den Pfandbesitz der Klägerin an einen zu diesem Zwecke bestellten Pfandhalter erfolgen solle. Unmittelbar vor Vollziehung der Vertragsurkunde hatten sich der Rechtsanwalt P. im Auftrage und in Vollmacht der Klägerin, sowie der Direktor der Schuhfabriken in die zur Verpackung und Verwahrung der Erzeugnisse der Schuhfabriken benutzten, in deren Fabrikgebäude befindlichen Räumlichkeiten begeben. Die zu verpfändenden Waren waren in zwei Räumen gelagert. Der eine war klein und nur durch eine Tür zugänglich, deren Schlüssel der Rechtsanwalt P. erhielt. Der andere große Raum hatte drei Zugänge, und zwar erstens durch die regelmäßig nicht benutzte Tür B, deren beide Schlüssel dem Rechtsanwalt P. übergeben wurden, zweitens durch die gewöhnlich benutzte Tür A, zu der zwei Schlüssel vorhanden waren, von denen der eine dem Rechtsanwalt P. überliefert wurde, während der andere, der Hauptschlüssel, in den Händen des Direktors der Schuhfabriken verblieb, endlich drittens durch eine nicht abschließbare, nach dem über diesem

17*

Raume belegenen Dachgeschoß führende Treppe. Den Schlüssel zu der das Dachgeschoß abschließenden Tür empfing der Rechtsanwalt P. nicht. Der Direktor der Schuhfabriken erklärte bei dieser Verhandlung, er übergebe die vorbezeichneten Lagerräume der Klägerin zur ausschließlichen, unentgeltlichen Verfügung, übergebe auch die sämtlichen in diesen Räumen befindlichen Waren unter Überlieferung der Schlüssel der Klägerin in Pfandbesitz. Der Rechtsanwalt P. nahm diese Erklärung an und erklärte seinerseits, daß er den Pfandbesitz übernehme. Hierauf wurden die Lagerräume verschlossen. Zugleich mit den vorstehenden Erklärungen wurde den Schuhfabriken von dem Rechtsanwalt P. im Namen der Klägerin zugestanden, daß sie die Pfandräume weiter als Pack- und Expeditionsräume für ihre Zwecke benutzen dürften. Es wurde sodann von der Klägerin mit Einverständnis der Schuhfabriken der Buchhalter der letzteren, K., zum Pfandhalter bestellt, und es wurden ihm die dem Rechtsanwalt P. übergebenen Schlüssel ausgehändigt. Er verfuhr mit ihnen so, daß er sie wieder in den Schlüsselkasten der Schuhfabriken legte, in dem sie sich bisher befunden hatten. Dieser Schlüsselkasten erhielt, wie bisher, seinen Platz in dem im zweiten Obergeschoß befindlichen Lagerkontor, während K. sich während der Geschäftsstunden in dem im ersten Obergeschoß belegenen Hauptkontor aufhielt. Aus dem Schlüsselkasten entnahmen die Angestellten der Schuhfabriken die Schlüssel wie bisher und arbeiteten in den Pfandräumen weiter. Während der Mittagszeit wurde der Schlüsselkasten mit jenen Schlüsseln, wie bisher, in der Wohnung des Direktors der Schuhfabriken verwahrt, und, wie auch bisher, abends nach Schluß der Fabrik dorthin gebracht und von dort des Morgens durch die Angestellten der Schuhfabriken zurückgeholt, und zwar bevor K. seinen Dienst in den Fabrikräumen begann. Als über das Vermögen der Schuhfabriken der Konkurs eröffnet worden war, nahm die Klägerin auf Grund der obigen Verpfändungshandlungen ein Absonderungsrecht an dem in den oben bezeichneten Räumen befindlichen Warenlager in Anspruch. Der Konkursverwalter bestritt, daß eine wirksame Verpfändung zustande gekommen sei. Die erste Instanz erkannte das Absonderungsrecht der Klägerin an; das Berufungsgericht sowie das Revisionsgericht wiesen dagegen die Klage ab, weil ein wirksames Pfandrecht nicht zur Existenz gelangt sei.

Aus den Gründen:

„Der Gedanke, den die Klägerin und die Aktiengesellschaft Vereinigte Schuhfabriken bei den Verpfändungsverhandlungen verfolgten, war ersichtlich der, daß die Klägerin in den alleinigen Besitz der im Dachgeschoß des älteren Teiles und im zweiten Obergeschoß des Fabrikgebäudes der Schuhfabriken belegenen Räume treten sollte. Mit diesem Besitz würden dann — so war der Gedanke weiter gedacht — die den Gegenstand der Verpfändung bildenden, dort bereits eingelagerten und später noch einzulagernden Waren in den Besitz der Klägerin, das heißt also in deren Pfandbesitz, gelangen. In der Verhandlung vom 13. November 1903 und in dem Pfandvertrage vom selbigen Tage ist dies dahin ausgedrückt, daß die Verpfänderin die bezeichneten Räume der Klägerin zur ausschließlichen „Verfügung" überlasse. Der Rechtsanwalt P. hat bei seiner Vernehmung dies dahin erläutert, daß die „Benutzung" der Räume gemeint gewesen sei. Es war also nicht die Anwendung des § 1206 B.G.B. — Mitbesitz und Mitverschluß des Verpfänders und des Pfandgläubigers —, sondern lediglich diejenige des § 1205 B.G.B. — Alleinbesitz des Pfandgläubigers — gewollt und beabsichtigt. Daß in der bezeichneten Weise die zu verpfändenden Waren rechtswirksam in den Pfandbesitz der Klägerin übergehen konnten, unterliegt keinem Zweifel. Die Entscheidung des Rechtsstreits hängt daher allein von der Beantwortung der Frage ab, ob die Klägerin wirklich den Besitz der betreffenden Räume und damit den Pfandbesitz der zu verpfändenden Waren erlangt hat, und, falls sie ihn erlangt hat, ob sie ihn auch fortgesetzt hat. Der Berufungsrichter ist an erster Stelle der Ansicht, daß eine rechtswirksame Besitzüberlassung jener Räume, und damit eine rechtswirksame Pfandbesitzeinräumung an die Klägerin nicht stattgefunden habe. Nur für den Fall, daß diese Auffassung nicht zutreffend sein sollte, nimmt der Berufungsrichter weiter an, daß der Besitz von dem „Pfandhalter" der Klägerin, K., wieder aufgegeben worden sei. Es bedarf keines Eingehens auf diesen zweiten Entscheidungsgrund, wenn der erste für richtig und durchgreifend zu erachten sein sollte, und dies ist der Fall. Den nachfolgenden Erörterungen ist vorauszuschicken, daß K. kein Pfandhalter oder Treuhänder (Drittbesitzer) im Sinne des § 1206 B.G.B. war, das heißt, daß er nicht als Dritter die zu verpfändenden Waren mit der Verpflichtung in Besitz erhielt, sie nur gemeinschaftlich an den Verpfänder und den Pfandgläubiger herauszugeben.

Planck, Sachenrecht 3. Aufl. S. 753 Bem. 16 zu § 1206; Kober, Sachenrecht 2. Aufl. S. 552 1b.

Besitzerin sollte hier vielmehr nach dem Willen der Parteien die Klägerin sein, und K. sollte nicht eigenen Besitz haben, sondern nur den Besitz der Klägerin für diese ausüben; er war also, mit anderen Worten, nur deren beauftragter Besitzdiener (§ 855 B.G.B.).

Was die entscheidende Frage anlangt, so ist von dem Zweckgedanken des § 1205 B.G.B. auszugehen. Dieser bestimmt, daß zur rechtsgeschäftlichen Bestellung des Fahrnispfandrechts bei unmittelbarem Besitz des Verpfänders — wie er hier vorlag — neben der Einigung der Parteien über die Entstehung des Pfandrechts die Übergabe der Sache an den Pfandgläubiger erforderlich ist. Es soll also, in Festhaltung der geschichtlichen, deutschrechtlichen Auffassung (Gierke, Sachenrecht S. 965), das rechtsgeschäftliche Fahrnispfandrecht durch den Besitz und in dem Besitz des Gläubigers äußerlich kundbar in die Erscheinung treten. Die Inbesitznahme und das Inbesitzbehalten der Pfandsache durch den Gläubiger sind das Zeichen des Pfandrechts, seiner Erkennbarkeit nach außen. Freilich ist dies nicht in dem Sinne zu verstehen, daß die Wirksamkeit des Pfandrechts davon abhinge, ob Dritte bei dem Akte der Besitzüberlassung zugegen gewesen sind. Auch wenn ohne Beisein solcher die Sache dem Pfandnehmer übergeben wird, entsteht das Pfandrecht, und ebenso ist die Fortdauer des entstandenen Pfandrechts nicht dadurch bedingt, daß Dritte von dem Vorhandensein der Pfandsache in dem Besitz des Pfandgläubigers Kenntnis haben. Wohl aber muß, wenn Dritte von dem Vorhandensein der Pfandsache Kenntnis nehmen, seien es rechtlich Beteiligte oder Unbeteiligte, das Verhältnis des Pfandnehmers zur Pfandsache tatsächlich so gestaltet sein, daß es für jeden Dritten als ein Besitzverhältnis des Pfandgläubigers erkennbar ist. Es darf das Verhältnis nicht so geartet sein, daß es jedem unbeteiligten Dritten noch als ein Besitzverhältnis des Verpfänders erscheint. Mit Recht sagt Endemann, Sachenrecht 8. u. 9. Aufl. S. 909: „Die verpfändete Fahrnis muß erkennbar aus dem Machtbereiche des Schuldners abgeschichtet sein. Denn nur so tritt, wie es zur Sicherung des Vertrauens im Verkehr erforderlich ist, Dritten gegenüber und darum mit dinglicher Wirkung kundbar hervor, daß eine Belastung der Fahrnis und eine Absonderung ihres Wertes aus dem Vermögen des Schuldners vorliegt. Wer seine fahrende Habe verpfändet hat, soll sich nicht mit dieser noch umgeben und damit den trügerischen Schein eines kreditwürdigen Mannes erregen dürfen."

Wendet man diese Grundsätze auf den vorliegenden Fall an — wobei darauf hingewiesen wird, daß es sich hier, wie bereits oben bemerkt, zunächst um den Besitz der Pfandräume, und erst durch diesen vermittelt um den Besitz der Pfandsachen selbst handelt —, so ergibt sich bei Betrachtung der gesamten Umstände, daß ein Verhältnis, wonach die Klägerin erkennbar für Dritte in den Besitz der Pfandräume getreten ist, nicht geschaffen worden ist. In dieser Beziehung soll allerdings kein Gewicht auf den Umstand gelegt werden, daß die Verpfänderin durch Behalten des Schlüssels zum Dachgeschoß des neuen Teiles ihres Fabrikgebäudes auch die Möglichkeit behielt, durch die von dem Dachgeschoß zu den Pfandräumen führende Treppe jederzeit freien Zutritt zu diesen zu nehmen. Alleinbesitz ist ausschließlicher Besitz in dem Sinne, daß er begrifflich den Mitbesitz anderer ausschließt; dagegen ist die Ausschließlichkeit des Alleinbesitzes keineswegs in dem Sinne zu verstehen, daß die Möglichkeit des beliebigen freien Zutritts anderer zu dem im Alleinbesitz befindlichen Raume oder Gegenstand ausgeschlossen sein muß. Wäre dies wirklich als ein Erfordernis des Alleinbesitzes anzunehmen, so würde ein solcher z. B. bei uneingefriedigten Grundstücken, zu denen jedermann freien Zutritt nehmen kann, oder bei vermieteten einzelnen Zimmern, zu denen sehr häufig, wenigstens in Abwesenheit des Mieters, der Vermieter freien Zutritt hat, nicht möglich sein. Nur wenn die Möglichkeit des freien Zutritts tatsächlich benutzt und derart ausgeübt wird, daß ein Besitzverhältnis desjenigen, der den Zutritt hat, an dem betreffenden Raume oder dem betreffenden Gegenstande entsteht, kann in Frage kommen, ob entweder der Besitz des anderen dadurch ganz aufgehoben ist, oder ob er wenigstens aufgehört hat, Alleinbesitz zu sein, ob also Mitbesitz eingetreten ist. Im gegenwärtigen Falle hat die Verpfänderin die gedachte Möglichkeit nicht in dieser Weise ausgenutzt. Der Besitz der Klägerin an den Pfandräumen würde also, wenn er bestanden hätte, von dem erwähnten Umstande nicht berührt sein. Aus dem gleichen Grunde kann im gegenwärtigen Falle auch der Tatsache, daß die Verpfänderin in der Person ihres Direktors einen zweiten, bestimmungsmäßigen Schlüssel (den Hauptschlüssel) zur Eingangstür A der Pfandräume in Händen behielt, eine ausschlaggebende Bedeutung nicht beigemessen werden. Die besonders bei dem § 1206 B.G.B. (Mitbesitz und Mitverschluß des Pfandnehmers und Verpfänders) viel erörterte Frage, welchen Einfluß das mit oder ohne Wissen des Pfandnehmers erfolgte Behalten eines zweiten Schlüssels durch den Verpfänder hat, ist hier, wo es sich um den § 1205 B.G.B. handelt, im obigen Sinne zu entscheiden. Die Verpfänderin behielt freilich mit dem Behalten des zweiten Schlüssels die Möglichkeit des freien Zutritts zu den Pfandräumen. Sie hat aber von dieser Möglichkeit keinen Gebrauch gemacht; sie hat auf Grund des Besitzes des zweiten Schlüssels und in seiner Anwendung keine Besitzhandlungen an und in den Pfandräumen vorgenommen. Wäre die Klägerin im Besitz dieser Räume gewesen, so würde dieser Besitz, und zwar ihr Alleinbesitz, daher lediglich durch die nackte Tatsache des Vorhandenseins eines in den Händen der Verpfänderin verbliebenen zweiten Schlüssels nicht aufgehoben oder gar in seiner Entstehung gehindert sein.

Ausschlaggebend für die Entscheidung sind allein die folgenden Erwägungen. Die Verpfänderin erklärte allerdings in der Verhandlung und dem Pfandvertrage vom 13. November 1903, daß sie der Klägerin die Pfandräume zur „ausschließlichen Verfügung“ überlasse, womit nach der Bekundung des Rechtsanwalts P., der diese Verhandlung aufgenommen oder wenigstens vollzogen hat, die ausschließliche „Benutzung“ gemeint gewesen ist. Allein gleichzeitig hat die Klägerin durch den Rechtsanwalt P. eben dieselben Räume der Verpfänderin wieder zur weiteren Benutzung als Pack- und Expeditionsräume für ihre Zwecke überlassen. Der Gedanke der Klägerin, bzw. ihres Vertreters ist, wie von Anfang an aus allen ihren Erklärungen hervorleuchtet, zweifellos der folgende gewesen. Da ihr das Recht zur ausschließlichen Verfügung über die Räume übertragen, und die Schlüssel übergeben worden seien, so sei sie in den Besitz der Räume und damit der Pfandwaren getreten; diesen ihren Besitz werde sie durch K. ausüben; die weitere Benutzung der Räume durch die Verpfänderin sei keine Besitzausübung durch diese, zumal da sie jeden Augenblick diese Benutzung untersagen könne. ... Diese Auffassung der Klägerin war und ist indessen unhaltbar. Sie konnte und durfte sich nicht verhehlen, daß, wenn sie der Verpfänderin deren eigene, in ihrer eigenen Fabrik belegene Räume zur genau in der bisherigen Weise erfolgenden Weiterbenutzung sofort wieder überlasse, sie damit einen Zustand schaffe, der für Dritte dem vor der Verpfändung vorhandenen völlig gleiche, und der äußerlich nicht erkennen lasse, daß in dem Besitzverhältnis eine Änderung eingetreten sei. Auf ihr Recht zur Verfügung und zum Besitz kam es nicht an: entscheidend war allein der tatsächliche Zustand, der sich als fortdauernder Besitz der Verpfänderin darstellte. Wollte die Klägerin mit ihrem angenommenen Besitz wirklich Ernst machen, so mußte sie ihn auch äußerlich hervortreten lassen. Sie mußte dann Fürsorge treffen, daß ihr Pfandbesitz den Angestellten bekannt wurde, und nähere Anordnungen dahin erlassen, daß ihr Besitzdiener K. auch äußerlich als solcher hervortrat, daß er wirklich die Schlüssel verwahrte, daß sie ihm gebracht und von ihm geholt wurden &c. Von dem allem ist nicht nur nichts geschehen, sondern es ist alles getan worden, um die Verpfändung, das heißt also das angenommene Besitzverhältnis der Klägerin, nach außen zu verheimlichen. K. hat sich um die Schlüssel nicht gekümmert; sie sind wieder in den Schlüsselkasten gelegt, der, wie bisher, in dem Lagerkontor stand, in welchem K. sich nicht aufhielt, und in welchem er keine Anordnungen zu treffen hatte; sie sind mittags und abends wieder, wie bisher, in die Wohnung des Direktors L. gebracht und bei Beginn der Geschäftszeit morgens und nach der Mittagszeit von dort wieder geholt worden. Den sämtlichen Angestellten, insbesondere den in den betreffenden Räumen Arbeitenden, ja selbst dem Lagerchef, ist von der Verpfändung keine Kenntnis gegeben worden, so daß sie nach wie vor die Verpfänderin für die Besitzerin der Pfandräume und Pfandwaren ansehen mußten und angesehen haben. K. scheute sich sogar nicht, durch eine Unwahrheit die Verpfändung zu verdecken, indem er auf Befragen nach dem Zweck des Lagerbuchs und dem Verbleib der Abzüge erklärte, dies habe der Aufsichtsrat angeordnet. K. hat daher auch selbst bekunden müssen, „äußerlich erkennbar sei die Verpfändung nicht geworden“. Daß dies alles nicht etwa auf eine selbständige, von ihm ausgegangene Entschließung des K. zurückzuführen ist, ist zweifellos. Die Verpfänderin, das heißt die Vertretung der Vereinigten Schuhfabriken, wollte die Verpfändung als ein Geheimnis bewahrt wissen, und der Klägerin ist dies wohl kaum unbekannt geblieben; denn Rechtsanwalt P. erklärt selbst, bei den Verpfändungsverhandlungen sei niemand als er, K., der Direktor L. und der Lagerchef in den Pfandräumen anwesend gewesen, wahrscheinlich habe L. dafür Sorge getragen, daß die Arbeiterschaft sich entfernt habe, um die Verpfändung nicht bekannt werden zu lassen. Übrigens müssen auch die Verhandlungen so geführt sein, daß der damals in jenen Räumen anwesende Lagerchef ihre Bedeutung nicht erkannt hat, da K. ausgesagt hat, daß auch der Lagerchef von der Verpfändung nichts erfahren habe. Die Tatsache, daß die Klägerin die Pfandräume und damit tatsächlich auch die Pfandwaren der Verpfänderin sofort wieder zur früheren Benutzung überlassen hat, rechtfertigt hiernach zusammen mit dem Verhalten des K. die Annahme des Berufungsrichters, daß die Klägerin an den Pfandräumen und damit an den verpfändeten Waren einen Besitz überhaupt nicht erlangt hat. Sie sucht ihre Stellung nun damit zu retten, daß sie geltend macht, sie habe von dem Verhalten des K. keine Kenntnis gehabt. Allein die Berufung hierauf ist erfolglos. Es kam nicht auf ihre Erklärungen und Aufträge an ihren Beauftragten, als welcher K. sich darstellt, sondern darauf an, ob diese Aufträge auch ausgeführt wurden. Darüber hatte sie zu wachen. Sie hat sich aber in Wahrheit um nichts gekümmert und blindlings angenommen, daß K. seine Obliegenheiten erfüllen werde, ohne sich zu vergewissern, ob und wie dies geschah. Sie muß sich daher das Tun und Lassen ihres Beauftragten zurechnen lassen." ...

---

62. Kann nach dem Bürgerlichen Gesetzbuche der Kläger, der nur einen Teil seiner Forderung einklagt, den eine Gegenforderung zur Aufrechnung stellenden Beklagten hiermit auf den nicht eingeklagten Teil seiner Forderung verweisen?

VII. Zivilsenat. Urt. v. 25. Januar 1907 i. S. B. (Bekl.) w. W. u. Gen. (Kl.). Rep. VII. 99/06.

I. Landgericht Altona.
II. Oberlandesgericht Kiel.

Der Bauunternehmer S. hatte von dem Beklagten die Ausführung eines Baues übernommen. Von der ihm seiner Ansicht nach hieraus entstandenen Forderung trat S. einen Teil an die Firma J. & H. G. ab und erhob dann mit dieser zusammen gegen den Beklagten eine gemeinsame Klage, in der die Zessionarin den ihr zedierten Teil, und S. von seiner Restforderung einen **Teilbetrag** einklagte. Nach der Klagerhebung trat S. den eingeklagten Teilbetrag ebenfalls ab und richtete nunmehr seinen Klagantrag dahin, daß der Beklagte verurteilt werde, diesen Betrag an den Zessionar K. zu zahlen. Als im Laufe des Rechtsstreites über das Vermögen des S. das Konkursverfahren eröffnet wurde, nahm der Konkursverwalter den Rechtsstreit auf. Der Beklagte bemängelte, abgesehen von einem anerkannten Teile, die Klageforderungen, machte aber in erster Instanz nur geringfügige Gegenforderungen geltend. In der Berufungsinstanz stellte er dagegen sehr erhebliche Gegenforderungen zur Aufrechnung. Die Kläger verlangten, daß diese Gegenforderungen auf den nicht eingeklagten Teil der Klagforderung zur Aufrechnung gebracht würden, und drangen hiermit bei dem Berufungsgericht durch. Das Reichsgericht erachtete dagegen die Aufrechnung gegen die eingeklagte Teilforderung für zulässig aus folgenden

Gründen:

„Der Berufungsrichter weist die von dem Beklagten geltend gemachte Aufrechnung mit der Gegenforderung von 4002,38 *M* in Höhe von 3168,08 *M* deshalb zurück, weil die Gegenforderung zu diesem Betrage gemäß dem Verlangen der Kläger auf den in dieser Höhe nicht eingeklagten Rest der Forderung des S. zu verrechnen sei. Der Berufungsrichter begründet diese Entscheidung, unter Hinweis auf das in den Entsch. des R.G.'s in Zivils. Bd. 57 S. 97 flg. veröffentlichte Urteil des V. Zivilsenats des Reichsgerichts, mit der Ausführung, daß S., der offenbar darüber unterrichtet gewesen sei, daß der Beklagte Gegenforderungen aus der Bauausführung gegen ihn geltend machen werde, von Anfang an nur einen Teil seiner Forderung geltend gemacht habe, und durch diese zulässige Art der Klagestellung der eventuellen Aufrechnung des Beklagten zuvorgekommen sei. Mit Recht macht die Revision hiergegen geltend, daß der in der erwähnten

Entscheidung des Reichsgerichts behandelte Fall hier nicht vorliege. In jenem Falle hatte der Kläger den eingeklagten Teil einer größeren Forderung in der Klage ausdrücklich als einen Betrag, der ihm „jedenfalls" zustehe, bezeichnet und in der Berufungsinstanz erklärt, er verlange ohne Erweiterung des Klagantrages den Teil seines Anspruchs, der durch die zur Aufrechnung gestellte Gegenforderung nicht getilgt sei. Das Reichsgericht faßte diese Erklärungen dahin auf, daß der Kläger von Anfang an nur auf den durch Aufrechnung keinesfalls getilgten Teil seiner Forderung geklagt, d. h. schon in der Klage vorsorglich eventuell mit der bestrittenen Gegenforderung des Beklagten aufgerechnet habe, der Aufrechnung des Beklagten also zuvorgekommen sei. Derartige Erklärungen der Kläger, insbesondere des Klägers S., sind hier nicht abgegeben worden." (Wird näher ausgeführt.) ... „Erst in der Berufungsinstanz ist der Beklagte mit seinen großen Gegenforderungen hervorgetreten und hat hiermit aufgerechnet, und erst jetzt haben die Kläger den Beklagten auf den nicht eingeklagten Teil der S.'schen Forderung verwiesen. Im gegenwärtigen Falle ist hiernach der Beklagte mit seiner Aufrechnung den Klägern bzw. dem S. zuvorgekommen, nicht umgekehrt. Der auf das erwähnte Reichsgerichtsurteil gestützte Entscheidungsgrund des Berufungsrichters versagt also. Die Revision hat nun weiter geltend gemacht, daß, wenn hiervon abzusehen sei, die Zulassung der Replik der Aufrechnung die Grundsätze des Bürgerlichen Gesetzbuchs über die Aufrechnung verletze. Ob und inwieweit dieser Satz begründet ist, ergibt sich aus dem Nachstehenden.

Was zunächst den Ausdruck „Replik der Aufrechnung" angeht, so ist er jedenfalls insofern, als damit in dem hier gegebenen Falle der Einklagung einer Teilforderung die Verweisung des Beklagten mit einer zur Aufrechnung gestellten Gegenforderung auf den nicht eingeklagten Teil der Forderung bezeichnet wird, kein recht geeigneter. Gleichwohl hat er sich auch für diesen Fall eingebürgert; es wird allgemein verstanden, was darunter zu begreifen ist, und deshalb ist er der Einfachheit und Kürze halber auch in den nachfolgenden Erörterungen beibehalten.

Die Zulässigkeit dieser Replik war bereits im bisherigen Recht streitig. Im Bereich des gemeinen Rechts hatte sich allerdings der Satz „replica compensationis non datur" für den Fall, daß der Kläger den Beklagten mit seiner Aufrechnung auf eine andere, dem Kläger ihm gegenüber zustehende, nicht eingeklagte selbständige Forderung verweisen wollte, in der höchstrichterlichen Rechtsprechung, wie zahlreiche in Seuffert's Archiv veröffentlichte Entscheidungen ergeben, fest ausgebildet.

Dasselbe gilt dagegen nicht für den vorliegenden Fall. Vor dem 1. Oktober 1879 scheint die höchstrichterliche Rechtsprechung im Gebiet des gemeinen Rechts ihn nicht behandelt zu haben. Die Senate des Reichsgerichts aber haben über ihn für den Bereich des gemeinen Rechts verschieden geurteilt: der III. Zivilsenat ließ in zwei Entscheidungen vom 18. Juni 1880 (Fenner u. Mecke, Archiv für zivilr. Entsch. des R.G.'s in Zivils. Bd. 2 S. 83) und vom 6. Februar 1885 (Entsch. des R.G.'s in Zivils. Bd. 13 S. 175) die Replik in solchem Falle zu. Der I. Zivilsenat dagegen wies sie in einer Entscheidung vom 26. Januar 1885 (Jurist. Wochenschr. 1885 S. 131) zurück. Für das preußische Recht erachtete das frühere Obertribunal (Entsch. Bd. 77 S. 228) die Replik der Kompensation bei eingeklagter Teilforderung für statthaft, welcher Ansicht sich Förster-Eccius, Preußisches Privatrecht Bd. 1 Bem. 74 zu § 94 7. Aufl. S. 604 und Oppenheim, in Gruchot's Beiträgen Bd. 28 S. 305, angeschlossen haben, wogegen das Reichsoberhandelsgericht (Entsch. Bd. 15 S. 107) und der I. Hilfssenat des Reichsgerichts (Entsch. in Zivils. Bd. 7 S. 243) sie in preußischrechtlichen Sachen für unzulässig erklärten.

Auch darüber, ob nach dem Bürgerlichem Gesetzbuch im Falle der Einklagung einer Teilforderung der Kläger den aufrechnenden Beklagten auf den nicht eingeklagten Teil verweisen kann, sind die Ansichten geteilt. Die Motive zum ersten Entwurfe sprechen sich über diesen Fall nicht ausdrücklich aus; ihre Äußerung (Bd. 2 S. 110), daß die Replik der Aufrechnung unzulässig sei, sofern damit nicht geltend gemacht werde, daß der Kläger zuvor aufgerechnet habe, oder daß ein entgegenstehender Kompensationsvertrag geschlossen sei, bezieht sich ihrem Wortlaute nach nur auf den Fall, daß dem Kläger mehrere selbständige Forderungen, von denen nur eine eingeklagt ist, dem Beklagten gegenüber zustehen. Allein in der Anmerkung, die in dieser Ausführung in Bezug genommen ist, finden sich auch die oben erwähnten beiden Entscheidungen Bd. 7 S. 243 und Bd. 13 S. 175, die die gegenwärtig vorliegende Frage betreffen, angeführt. Danach hat es den Anschein, als ob die Motive auch diesen Fall bei ihrer Äußerung mit im Auge gehabt haben. Die Kommentatoren des Bürgerlichen Gesetzbuchs, die sich über diese Frage ausgelassen haben, sind fast einhellig oder doch in ganz überwiegender Zahl der Ansicht, daß der Kläger, der nur einen Teil seiner Forderung einklagt, den Beklagten mit einer zur Aufrechnung gestellten Gegenforderung nicht auf den nicht eingeklagten Teil verweisen könne, so

Planck, Bd. 2 Bem. 1 zu § 389 (3. Aufl. S. 255); Rehbein, Bd. 2 S. 356 Bem. 29; Kuhlenbeck, bei v. Staudinger (2. Aufl.) Bem. II zu § 389 S. 259; Schollmeyer, S. 340; Goldmann u. Lilienthal, Bd. 1 S. 429 Anm. 10. Ebenso spricht sich Endemann (Lehrbuch des Bürgerlichen Rechts 8. Aufl. Bd. 1 S. 829 Note 10) aus.

Auch Dernburg, Bürgerliches Recht, Bd. 2 1. Abt. S. 285 Bem. 9, erklärt die die Kompensationsreplik zurückweisende Entscheidung des I. Hilfssenats des Reichsgerichts an sich für richtig. Wenn er im Ergebnis den Kläger dennoch mit ihr durchdringen läßt, so geschieht dies auf Grund der Erwägung, daß der Kläger, der den Klagantrag auf die volle Schuldsumme erweitern könne, eine solche Erweiterung des Klagantrages auch ohne besondere Erklärung schon mit jener Replik vornehme, eine Ansicht, die für das gemeine Recht auch von dem Oberlandesgericht in Hamburg (Seuffert's Archiv Bd. 48 Nr. 253), und für das preußische Recht von dem Oberlandesgericht in Posen (Juristische Monatsschrift für Posen 1899 S. 27) vertreten wurde. Abweichend von den übrigen Kommentatoren, erklärt nur Oertmann (Schuldverhältnisse [2. Aufl.] Bem. 4 zu § 389 B.G.B. S. 254) die Verweisung der Aufrechnung auf den nicht eingeklagten Teil für statthaft. Diese Ansicht scheint auch Goldschmidt (Archiv für Bürgerl. Recht Bd. 15 S. 208 Anm. 11) zu teilen. Zu der getroffenen Entscheidung ist der erkennende Senat durch folgende Erwägungen geführt.

1. Der Ansicht von Dernburg, daß in der Verweisung auf den nicht eingeklagten Teil der Forderung ohne weiteres eine diesen Teil mit in den Prozeß hineinziehende Klagerweiterung liege, kann der Senat nicht beipflichten. Es kann daher die Frage dieser Klagerweiterung im übrigen dahingestellt bleiben.

2. Für die Entscheidung des Streites spielt eine wesentliche, wenn auch nicht allein ausschlaggebende, Rolle die Frage, ob die eingeklagte Teilforderung durch die Einklagung gegenüber dem nicht eingeklagten Teile zu einer selbständigen, von jener unabhängigen Forderung geworden ist. Das frühere Obertribunal leugnete dies (Entsch. Bd. 77 S. 229), indem es den Satz aussprach, dadurch, daß der Kläger nur einen Teil seiner Forderung zum Gegenstand des Klagantrages mache, entständen nicht verschiedene, auch nicht mehrere individuell getrennte Forderungen. Der I. Hilfssenat des Reichsgerichts trat dieser Auffassung entgegen (Entsch. Bd. 7 S. 246) und führte aus, daß durch die Einklagung der eingeklagte und der nicht eingeklagte Teil sich zwar nicht von dem gemeinsamen Rechtsgrunde loslösten, daß sie aber doch durch die Einklagung eine für die verschiedene Gestaltung ihrer ferneren Schicksale bedeutsame Selbständigkeit gegeneinander erlangten. Dieser Ansicht muß trotz der Verteidigung, die dem Standpunkte des Obertribunals (Oppenheim, bei Gruchot, Beiträge Bd. 28 S. 305) zuteil geworden ist, zugestimmt werden. Die Unabhängigkeit und Selbständigkeit, die die beiden Teilforderungen durch die Einklagung gegeneinander erworben haben, zeigt sich in den folgenden Punkten. 1. Wird der eingeklagte Teil rechtskräftig dem Kläger aberkannt, so bleibt der andere trotzdem bestehen. 2. Wird die eingeklagte Teilforderung dem Kläger rechtskräftig zuerkannt, so verjährt sie nunmehr in 30 Jahren (§ 218 B.G.B.), während der andere Teil, sofern die ursprüngliche Forderung einer kürzeren Verjährung unterlag, auch fernerhin dieser unterworfen bleibt. 3. War die ganze Forderung zinslos, so wird der eingeklagte Teil mit der Einklagung zu einer verzinslichen (§ 291 B.G.B.), während der andere Teil hiervon nicht berührt wird. 4. Vornehmlich zeigt sich die durch die Einklagung entstandene Selbständigkeit des eingeklagten Teiles darin, daß der Kläger dessen Bezahlung durch den Beklagten annehmen muß, während er doch zur Annahme von Teilzahlungen nicht verbunden ist (§ 266 B.G.B.). Wäre die eingeklagte Teilforderung nach wie vor weiter nichts als lediglich ein Teil der ganzen Forderung, so müßte der Kläger die Annahme ihrer Bezahlung ohne gleichzeitige Bezahlung des anderen Teiles verweigern dürfen. Wollte man dem gegenüber etwa Gewicht darauf legen, daß nur bezüglich dieses Teiles eine Mahnung durch

die Einklagung erfolgt sei, so verliert dieser Gedanke sofort jede Bedeutung, wenn man den Fall setzt, daß gleichzeitig mit der Einklagung auch eine Mahnung bezüglich des anderen Teiles erfolgt ist, oder daß der Beklagte schon vor der Einklagung wegen der ganzen Forderung gemahnt worden war.

3. Mit dem vorstehenden Ergebnis ist die Streitfrage indessen noch nicht entschieden; es ist nur eine Grundlage für ihre Lösung, die in letzter Hand von dem Wesen der Aufrechnung abhängt, geschaffen. Bekanntlich war bis in die ersten Jahrzehnte des 19. Jahrhunderts im gemeinen Recht die Auffassung herrschend, daß schon durch das Gegenüberstehen zweier kompensablen Forderungen diese sich gegenseitig zum entsprechenden Betrage aufhöben, und daß der Kompensationseinwand nichts anderes sei, als nur ein Berufen auf die in der Vergangenheit liegende Tatsache der Tilgung, eine Auffassung, die für das französische Recht in den Artt. 1289, 1290 Code civil ihren gesetzlichen Ausdruck gefunden hat. Diese Anschauung hat später manche Abschwächungen erfahren. Man hat angenommen, die beiden Forderungen würden durch das Gegenübertreten beiderseits nur mit einer Einrede behaftet, oder ihr Gegenübertreten habe beiderseits vernichtende Wirkung nur unter der Bedingung, daß es von der einen oder anderen Partei geltend gemacht werde rc. Stellt man sich auf den Boden dieser Konstruktion einer gegenseitigen objektiven Beeinflussung der beiden einander gegenüberstehenden Forderungen, wobei es keinen erheblichen Unterschied macht, ob man mehr die objektive, oder die subjektive Seite, d. h. den Willen der Forderungsberechtigten, betont, so erscheint die Aufrechnungsreplik als berechtigt. Denn sie bedeutet alsdann nichts anderes, als die folgerichtige Geltendmachung der Wirkungen der von dem Beklagten erklärten Aufrechnung. Durch diese ist — wenn man jene Auffassung durchführt —, die klägerische Forderung in dem Zeitpunkt, in welchem die Gegenforderung des Beklagten ihr aufrechenbar gegenübertrat, also in einem Zeitpunkt, der vor ihrer durch die Einklagung erfolgten Teilung lag, zum Betrage der Gegenforderung des Beklagten getilgt worden, so daß einerseits auch diese untergegangen, und andererseits der eingeklagte Teil der klägerischen Forderung ungetilgt übrig geblieben ist. Die Aufrechnung wirkt also genau so, wie eine vor der Einklagung der Teilforderung geleistete Zahlung, die der

Beklagte selbstverständlich dieser eingeklagten Restforderung nicht entgegenhalten kann. Die Anschauung, daß mit dem Gegenübertreten der beiden Forderungen sich objektiv eine gegenseitige Einwirkung vollziehe, entspricht indessen nicht der Wirklichkeit. Die beiden Forderungen stehen sich objektiv völlig fremd, gleichgültig und wirkungslos gegenüber. Nur der Wille der Forderungsberechtigten setzt sie zueinander in Beziehung und Wirkung. Dieser Wille kann aber erst mit dem Zeitpunkte seiner Erklärung und von diesem Zeitpunkte ab Wirkung üben. Auf einen früheren Zeitpunkt zurückwirken kann er nicht, da die Rückwirkung überhaupt etwas Begriffswidriges und Unmögliches, weil dem Wesen der Ursächlichkeit Widerstreitendes, ist. Möglich ist nur, daß das Gesetz durch positive Satzung anordnet, es solle die Rechtslage so angesehen und so behandelt werden, als ob die Wirkung der Aufrechnungserklärung schon in einem vor ihr liegenden Zeitpunkt, nämlich in dem Zeitpunkt, wo die beiden Forderungen einander aufrechnungsfähig gegenüberstanden, eingetreten sei. Das ist keine objektive Rückwirkung, sondern lediglich subjektive Rückbeziehung. Es wird fingiert, daß das, was in Wirklichkeit erst in einem späteren Zeitpunkte geschehen ist, sich bereits in einem früheren Zeitpunkte ereignet habe. Auf diesem Standpunkte stehen die Motive zum ersten Entwurfe des Bürgerlichen Gesetzbuchs (Bd. 2 S. 109), deren Auffassung ersichtlich von der zweiten Kommission (Protokolle I S. 366) gebilligt worden ist. Es wird an jener Stelle der Motive ausgeführt: dem Entwurfe liege die Auffassung zugrunde, daß sich beide Forderungen bis zur Aufrechnungserklärung des einen oder anderen Teiles unabhängig und unbeeinflußt voneinander gegenüberständen. Bei Festhaltung dieser Auffassung sei die Verlegung der Tilgung in die Vergangenheit, nämlich in den Zeitpunkt, wo die Forderungen sich aufrechnungsfähig gegenübergetreten seien, nur im Wege positiver Satzung durch eine juristische Fiktion möglich. Wenn der Entwurf sich zur Aufstellung dieser Fiktion verstanden habe, so sei hierfür maßgebend gewesen, daß durch die Bindung der Wirkung der Aufrechnung an die Aufrechnungserklärung der praktische Wert der Aufrechnung verkümmert werde, indem eine solche Regelung namentlich zur Folge habe, daß sowohl die Verzinslichkeit, als der Verzug sowie das Verfallen einer Strafe sich ausschließlich nach der Zeit der Aufrechnungserklärung beurteile. Außerdem würden zu jener Regelung die Vorschriften der Konkursordnung über die Aufrechnung im Konkurse nicht passen. Die Annahme des Grundsatzes, daß die vollzogene Aufrechnung erst von der Aufrechnungserklärung an wirke, nötige, um den Anforderungen des praktischen Lebens und des Verkehrs zu genügen, und mit dem geltenden Recht in Einklang zu bleiben, unabweislich, den gedachten Übelständen durch eine größere oder geringere Zahl von positiven Bestimmungen zu begegnen. Um dies zu vermeiden, bleibe nur die Aufstellung der erwähnten Fiktion übrig.

Also nur gewisse praktische Gründe haben zur Aufstellung dieser Fiktion geführt, die als solche auch im Gesetz selbst Ausdruck gefunden hat. Denn § 389 B.G.B. lautet: „Die Aufrechnung bewirkt, daß die Forderungen, soweit sie sich decken, als in dem Zeitpunkte erloschen gelten, in welchem sie zur Aufrechnung geeignet einander gegenübergetreten sind.“ Damit ist wortdeutlich durch das Bürgerliche Gesetzbuch selbst anerkannt, daß die beiden Forderungen in Wirklichkeit in diesem Zeitpunkte nicht erloschen sind, sondern daß es kraft der gegebenen Bestimmung nur so angesehen werden soll, als ob sie schon damals erloschen seien. Das Gesetz selbst hat mithin den Standpunkt einer objektiven Rückwirkung verworfen und nur den Grundsatz einer subjektiven Rückbeziehung aufgestellt. Dieser Grundsatz darf aber nicht überspannt, und dem im Gesetz selbst mittelbar zum Ausdruck gelangten Grundgedanken, daß die Aufrechnung nur von ihrer Erklärung an wirken könne, nicht jede rechtliche Bedeutung versagt werden. Dies gilt insonderheit für den vorliegenden Fall. Durch die Einklagung eines Teiles der ganzen Forderung sind, wie oben dargelegt, jedenfalls in gewissen Grenzen zwei voneinander unabhängige, selbständige Teilforderungen entstanden. Gegen die eingeklagte ist die in der Gegenwart sich vollziehende Aufrechnung gerichtet. Dieser Aufrechnung die ihr hiernach objektiv zukommende gegenwärtige Wirkung abzusprechen, nötigen weder der Sinn der im § 389 B.G.B. aufgestellten Fiktion, noch die mit ihr vom Gesetzgeber verfolgten praktischen Zwecke.

4. Ist hiernach auf Grund der von dem Bürgerlichen Gesetzbuch anerkannten Auffassung der Aufrechnung davon abzusehen, die Wirkung der einer eingeklagten Teilforderung gegenüber erklärten Aufrechnung in die Zeit vor der Verselbständigung dieser Forderung, also in die Zeit, wo die ganze Forderung noch ungeteilt bestand,

zurückzuverlegen, so muß dann aber auch mit der selbständigen Natur der eingeklagten Teilforderung Ernst gemacht werden. Entweder ist, was oben verneint wurde, die eingeklagte Teilforderung lediglich ein Teil der ganzen Forderung geblieben: dann ist die Zulassung der Aufrechnungsreplik aus den oben angeführten Gründen unabweisbar; oder die eingeklagte Teilforderung ist in bezug auf die Aufrechnung eine selbständige Forderung: dann müssen hieraus auch die notwendigen Folgerungen gezogen werden. Dies ist bereits für das preußische Recht von Eccius (Förster-Eccius, Preußisches Privatrecht a. a. O. dargelegt worden und wird jetzt von Goldmann u. Lilienthal, Bürgerliches Gesetzbuch, I S. 429 Note 10, für das Bürgerliche Gesetzbuch zutreffend geltend gemacht. Demgemäß muß die Bestimmung des § 396 B.G.B. über die Aufrechnung bei Vorhandensein mehrerer Forderungen zur Anwendung gebracht werden. Da der Kläger der Aufrechnung gegen die eingeklagte Forderung unverzüglich widersprochen hat, greift nach § 396 die Vorschrift des § 366 Abs. 2 B.G.B. Platz. Die hier an erster und zweiter Stelle aufgeführten Bestimmungen kommen nicht in Betracht; dagegen ist in Einklang mit Goldmann u. Lilienthal anzunehmen, daß die eingeklagte Forderung eben deswegen, weil sie eingeklagt ist, für den Beklagten die lästigere ist. Aus diesem Grunde ... war dem Verlangen des Beklagten zu entsprechen, die Gegenforderung von 3168,08 *M* gegen die Klagforderung zur Aufrechnung zu bringen, und, da die Sache insoweit spruchreif war, in diesem Umfang in dieser Instanz endgültig zu erkennen." ...

---

63. Stellung der Versicherungsagenten, gegenüber einem Versicherungsnehmer, der nicht lesen kann.

VII. Zivilsenat. Urt. v. 26. Februar 1907 i. S. W. (Kl.) w. Vaterländische Feuerversicherungs-Aktiengesellschaft (Bekl.). Rep. VII. 253/06.

I. Landgericht Münster.
II. Oberlandesgericht Hamm.

Aus den Gründen:

... „Es handelt sich hier, wenn auch nicht allein, so doch zu einem wesentlichen Teile, um die Stellung der Versicherungsagenten, wenn sie einem Versicherungsnehmer gegenüberstehen, der nicht lesen kann. Während im übrigen das Berufungsgericht und das Revisionsgericht bezüglich der Stellung der Versicherungsagenten ersichtlich die gleichen Anschauungen teilen, kann bei diesem Punkte das Revisionsgericht der Auffassung des Berufungsgerichts sich nicht anschließen. Auf der einen Seite ist anzuerkennen, daß in solchen Fällen die Folgen der von dem Agenten bewirkten unrichtigen Beantwortung der gestellten Fragen nicht schlechthin von den Versicherungsgesellschaften zu tragen sind; denn es würde dies im Ergebnis darauf hinauslaufen, daß die Agenten als Vertreter der Versicherungsgesellschaften behandelt würden, was sie in Wirklichkeit nicht sind. Auf der anderen Seite darf aber ebensowenig verkannt werden, daß in solchen Fällen die Stellung, welche der Agent als Vertrauensmann der Gesellschaft einnimmt, mit besonderer Bedeutsamkeit hervortritt. Die Agenten sind die von den Versicherungsgesellschaften auserwählten, bestellten und besoldeten Organe, durch welche sie in Ansehung des Abschlusses von Versicherungsverträgen mit dem Publikum verkehren. In ihrer Eigenschaft als Organe der Gesellschaften vermitteln die Agenten den Abschluß der Versicherungsverträge. Die Versicherungsnehmer dürfen daher nach Treu und Glauben darauf vertrauen, daß die Agenten alles dasjenige tun und erklären werden, was im Interesse der Gesellschaften zum wirksamen Abschluß des Versicherungsvertrages erforderlich ist. Daneben besteht allerdings für alle diejenigen, welche lesen können, der Grundsatz, daß sie den Versicherungsantrag, dessen Inhalt für den Vertrag von maßgeblicher Bedeutung ist, abgesehen von gewissen Ausnahmen, nicht eher unterschrieben aus der Hand geben sollen, als bis sie durch eigenes Lesen sich von dessen Inhalt Kenntnis verschafft haben. Die Sicherheit des Verkehrs erfordert es unbedingt, daß solche Personen in der Regel mit dem Einwande, daß sie von den durch die Agenten bewirkten unrichtigen Eintragungen in den Versicherungsantrag nichts gewußt hätten nicht gehört werden können. Erheblich anders ist indessen die Sachlage in den Fällen der vorliegenden Art zu beurteilen. Hier fehlt den Versicherungsnehmern die Möglichkeit der eigenen Kenntnisnahme; sie sind daher auf die Agenten als die von den Versicherungsgesellschaften selbst auserwählten Vertrauenspersonen derselben hier ganz besonders angewiesen. Sie sind demgemäß auch berechtigt, anzunehmen, daß diese nach Inhalt des Versicherungsantrages sie über alles befragen werden, was im Interesse der Versicherungsgesellschaften zum Abschluß des Versicherungsvertrages erforderlich ist. Mißtrauen in der Richtung zu hegen, daß die Agenten ihre Pflicht nicht vollständig erfüllen werden, haben sie keinen Anlaß. Es kann nicht als allgemein zutreffend anerkannt werden, daß die des Lesens unkundigen Versicherungsnehmer den Agenten ein „unverantwortliches", „blindes" und „sorgloses" Vertrauen schenken, wenn sie sich den Inhalt des Versicherungsantrages von diesen nicht zur Kontrolle vorlesen lassen, sondern annehmen, daß mit deren Fragen sich der in Betracht kommende Inhalt des Versicherungsantrages erschöpft. Dasselbe muß als Regel gelten, soweit es sich um die Niederschrift der Urkunde handelt. Die entgegenstehende Anschauung des Berufungsrichters berücksichtigt zu wenig den Vertrauenscharakter der Agenten. Zuzugeben ist nur, daß nach Lage des einzelnen Falles die Sache anders, d. h. ungünstiger für den Versicherungsnehmer, liegen kann." ...

---

64. Kann ein in erster Instanz vernommener Sachverständiger von einer Partei in der Berufungsinstanz nur dann abgelehnt werden, wenn sie glaubhaft macht, daß sie den Ablehnungsgrund nicht schon in erster Instanz habe geltend machen können?

Z.P.O. § 406 Abs. 2.

VII. Zivilsenat. Beschl. v. 26. Februar 1907 i. S. B. (Kl.) w. Stadtgemeinde Kottbus (Bekl.). Beschw.-Rep. VII. 23/07.

I. Kammergericht Berlin.

Gründe:

„Der Berufungskläger hatte in der Berufungsinstanz gegen den Landesbauinspektor F., der als Sachverständiger vernommen werden sollte, ein Ablehnungsgesuch angebracht, welches er darauf stützte, daß der Sachverständige Mitglied der Stadtverordnetenversammlung der verklagten Stadtgemeinde sei. Das Kammergericht hat, ohne auf die sachliche Frage einzugehen, das Gesuch aus einem formellen Grunde abgewiesen, nämlich deshalb, weil der Sachverständige schon in erster Instanz über den Wert der enteigneten Fläche, über den er auch jetzt wieder vernommen werden solle, ein Gutachten erstattet habe, und vom Berufungskläger nicht glaubhaft gemacht sei, daß er den Ablehnungsgrund nicht schon in erster Instanz hätte geltend machen können; das Kammergericht erklärt deshalb das Ablehnungsgesuch nach § 406 Abs. 2 Z.P.O. für unbegründet. Dieser Auslegung und Anwendung des § 406 Abs. 2 Z.P.O. vermag der erkennende Senat nicht zuzustimmen. Erhebliche praktische Gründe mögen allerdings dafür sprechen; allein auf der anderen Seite ist das Gewicht der Erwägung, daß es sich in der Berufungsinstanz um ein novum judicium handelt, so bedeutend, daß es für ausschlaggebend erachtet werden muß. Der § 406 Abs. 2 steht im zweiten Buche der Zivilprozeßordnung, das von dem Verfahren in erster Instanz handelt, und in den auf die Berufung bezüglichen Bestimmungen des dritten Buches findet sich keine, die, ebenso wie in den in den §§ 532, 533 bezeichneten Fällen, auch für den Fall des § 406 Abs. 2 die Folgen der in erster Instanz unterlassenen rechtzeitigen Ablehnung eines Sachverständigen auf die Berufungsinstanz erstreckte. Daß der § 523 Z.P.O. hier nicht in Betracht kommen kann, bedarf kaum der Erwähnung. In der Sache selbst zu erkennen, hielt der Senat mit Rücksicht auf § 406 Abs. 5, wonach die ein Ablehnungsgesuch für begründet erklärende Entscheidung unanfechtbar ist, für bedenklich. Der Zweck dieser Bestimmung ist ersichtlich der, dem Richter nicht einen Sachverständigen, den er selbst für befangen erachtet, durch die höhere Instanz aufzuzwingen. Da das Kammergericht sachlich über den angebrachten Ablehnungsgrund nicht befunden hat, und es immerhin denkbar wäre, daß es ihn für durchgreifend erachten könnte, so erschien es angezeigt, unter Anwendung des § 575 Z.P.O. dem Kammergericht die weitere, sachliche Entscheidung zu übertragen."

65. 1. Trifft beim Kauf einer individuell bestimmten Sache mit Zusicherung einer Eigenschaft den Verkäufer oder den Käufer die Beweislast, wenn der Käufer gegen die Kaufpreisklage einwendet, die von ihm noch nicht als Erfüllung angenommene Kaufsache habe die zugesicherte Eigenschaft nicht?

2. Voraussetzungen der „Annahme als Erfüllung" nach § 363 B.G.B.

II. Zivilsenat. Urt. v. 2. Juli 1907 i. S. L. (Bekl. u. Widerkl.) w. W. (Kl. u. Widerbekl.). Rep. II. 126/07.

I. Landgericht Hagen i. W.
II. Oberlandesgericht Hamm.

Die Klägerin verkaufte im November 1900 der Beklagten einen gebrauchten Gasmotor, Dessauer Fabrikat von 1893 oder 1894, zum Preise von 2600 *M*; sie leistete die Garantie für den Gasverbrauch, die von der Deutzer Fabrik für gleichartige Fabrikate in den Jahren 1893 und 1894 geleistet worden war. Der Kaufpreis war zur Hälfte zahlbar bei Empfang, zur anderen Hälfte nach Inbetriebsetzung. Die Beklagte, welche die erste Hälfte gezahlt hatte, weigerte Zahlung der zweiten Hälfte und beantragte, die Klage auf deren Zahlung abzuweisen, da der Motor mehr Gas verbrauche, als zugesichert sei. Mit der Widerklage verlangte sie wegen Fehlens der zugesicherten Eigenschaft Schadensersatz wegen Nichterfüllung nach § 463 B.G.B.; als Teil dieses Schadens wurde Rückerstattung der bezahlten Kaufpreishälfte begehrt. Die Klägerin machte unter anderem geltend: an sich schon sei die Beklagte zur Klage und zur Widerklage dafür, daß der Motor die zugesicherte Eigenschaft nicht habe, beweispflichtig. Überdies treffe die Beklagte die Beweislast, da sie den Motor als Erfüllung angenommen habe (§ 363 B.G.B.).

Aus den Gründen:

... „Zur streitigen Frage, ob der verkaufte Motor mehr Gas verbrauche als die Deutzer Motoren aus 1893 und 1894 erwägt das Berufungsgericht, die hieraus abgeleitete Einwendung der Beklagten zur Klage sei als Einrede des nicht erfüllten Vertrages nicht haltbar. „Der Motor sei als Spezies gekauft, überliefert und angenommen." Daher treffe nicht die Klägerin die Beweislast für Vertragsmäßigkeit des Motors, sondern der Beklagten liege die Beweislast ob sowohl für die Zusicherung, soweit deren Umfang streitig war, als dafür, daß der Motor der Zusicherung nicht entsprechen soll. Die Beklagte habe aber den Beweis für zu hohen Gasverbrauch nicht erbracht und könne ihn auch nicht mehr erbringen.

Gegen die Ausführungen über die Beweislast richtet sich der Hauptangriff der Revision. Sie macht geltend: grundsätzlich sei davon auszugehen, daß auch beim Spezieskauf der Verkäufer vertragsmäßige Erfüllung darzutun habe. Nur wenn der Käufer die gekaufte Sache als vertragsmäßig angenommen habe, ändere sich nach § 363 B.G.B. die Beweislast. Im Hinblick auf die Zusicherung für den Gasverbrauch könne nach der Sachlage eine Annahme der Maschine als vertragsmäßige Erfüllung erst dann überhaupt in Frage kommen, wenn die Beklagte in die Möglichkeit versetzt war, den garantierten Gasverbrauch zu prüfen, oder wenn sie sich durch ihr eigenes Verhalten der Möglichkeit unverzüglicher Prüfung begeben hatte. Beides sei im gegebenen Falle ausgeschlossen.

Der Angriff ist verschieden zu beurteilen, soweit er die Klage, und soweit er die Widerklage betrifft. Zur Klage ist er gerechtfertigt. Durch die Klage ist verlangt Zahlung des noch ausstehenden Kaufgelderrestes, also Erfüllung des Kaufvertrages. Nach Sachlage sind wegen der Beweislast zur Klage zwei rechtliche Gesichtspunkte auseinanderzuhalten. Zunächst ist zu prüfen, ob beim Spezieskauf der Verkäufer, der Erfüllung des Vertrages durch Zahlung des Kaufpreises verlangt, wenn der Käufer entgegenhält, es sei beim Kaufabschlusse eine Eigenschaft zugesichert, und er brauche nicht zu erfüllen, weil die Kaufsache nicht die zugesicherte Eigenschaft besitze, — wenn der Käufer, mit anderen Worten, die Einrede des nicht gehörig erfüllten Vertrages aus dem Fehlen jener zugesicherten Eigenschaft ableitet —, überhaupt zu beweisen hat, einmal daß der Vertrag nicht mit jener Zusicherung geschlossen sei, oder doch, wenn letzteres feststeht, daß die Kaufsache die zugesicherte Eigenschaft hat, oder ob den Käufer nach beiden Richtungen die Beweislast trifft.

In zweiter Reihe ist dann zu erörtern, ob nicht den Käufer im gegebenen Falle die Beweislast um deswillen trifft, weil er die übergebene Kaufsache im Sinne des § 363 B.G.B. als Erfüllung angenommen hat.

Das Berufungsgericht beschäftigt sich mit der ersten Frage nicht ausdrücklich, da es jedenfalls eine „Annahme als Erfüllung" im Sinne des § 363 als vorliegend erachtet. Soweit es sich um deren Vorfrage handelt, ob den Käufer die Beweislast dafür trifft, daß die von ihm behauptete Zusicherung vereinbart wurde, ist es auch nicht nötig, zu ihr Stellung zu nehmen, da das Berufungsgericht den Inhalt der hier in Frage stehenden Zusicherung für den Gasverbrauch festgestellt hat.

Zu dem in der Rechtslehre vielerörterten zweiten Teil jener Frage, ob der Käufer, wenn feststeht, daß der Vertrag mit einer Zusicherung abgeschlossen ist, beweisen müsse, daß die gekaufte Sache die zugesicherte Eigenschaft nicht hat, oder ob dem Verkäufer der Beweis obliege, daß die verkaufte Sache die zugesicherte Eigenschaft besitzt, hat beim Spezieskauf, um den es sich hier handelt, die Rechtsprechung des Reichsoberhandelsgerichts und des Reichsgerichts für das gemeine Recht und für das preuß. Allgemeine Landrecht in Verbindung mit dem Handelsgesetzbuche die Beweislast des Käufers angenommen. Für das Recht des Bürgerlichen Gesetzbuchs ist die letztere Frage lebhaft umstritten. Nach der einen Ansicht genügt beim Spezieskauf der Verkäufer, auch falls eine Eigenschaft zugesichert wurde, seiner Erfüllungspflicht, wenn er die verkaufte Spezies ohne die zusicherte Eigenschaft liefert. Nach dieser Ansicht liegt in der Zusicherung nicht das Versprechen, die Eigenschaft verschaffen zu wollen, sondern lediglich die Übernahme der Garantie für ihr Vorhandensein zur Zeit des Gefahrüberganges; deshalb hat der Käufer nicht die Einrede des nicht erfüllten Vertrages, und trifft ihn gegen den Anspruch auf Zahlung des Kaufpreises die Beweislast, daß die gekaufte Speziessache nicht die zugesicherte Eigenschaft hat. Nach einer anderen Ansicht ist es ein Teil der Erfüllungspflicht, daß der Verkäufer die gekaufte Speziessache mit der zugesicherten Eigenschaft liefert. Nach dieser Auffassung hat der Käufer die Einrede des nicht erfüllten Vertrages gegen den Anspruch auf Zahlung des Kaufpreises, wenn die gekaufte Speziessache nicht die zugesicherte Eigenschaft hat, und den Verkäufer trifft, auch wenn er die Kaufsache bereits übergeben, dieser Einrede gegenüber die Beweislast dafür, daß die von ihm übergebene Kaufsache die zugesicherte Eigenschaft hat, es sei denn, daß der Käufer die gekaufte Speziessache als Erfüllung im Sinne des § 363 B.G.B. angenommen, und ihn auf Grund letzterer Gesetzesvorschrift die Beweislast trifft. Der erkennende Senat muß in folgerichtigem Ausbau der seinem Urteil vom 24. Oktober 1902, Rep. II. 192/02, — Entsch. in Zivils. Bd. 52 S. 352 — zugrunde liegenden Auffassung der letzteren Ansicht beitreten und danach annehmen, daß im gegebenen Falle zur Klage auf Zahlung des Kaufpreises den Verkäufer die Beweislast dafür trifft, daß der von ihm übergebene Motor die zugesicherte Eigenschaft — hier in bezug auf den Dampfverbrauch — hatte, es sei denn, daß der Käufer den Motor als Erfüllung im Sinne des § 363 angenommen hat.

Wie in dem Urteile des erkennenden Senats vom 7. Juni 1907, Rep. II. 63/07, ausgeführt ist, kann der rechtliche Begriff der „Annahme als Erfüllung" im Sinne des § 363 negativ dahin abgegrenzt werden, er verlange keine so weit gehende Willensrichtung bei der Annahme auf seiten des Gläubigers, daß er das der Leistung zugrunde liegende Schuldverhältnis zufolge der ihm als Erfüllung angebotenen und von ihm als solche angenommenen Leistung als durch Erfüllung erloschen erachte; denn § 363 ändert nichts an den materiellen Rechten und Pflichten des Gläubigers und des Schuldners; insbesondere folgt aus der Annahme der Leistung als Erfüllung im Sinne des § 363 keinerlei Aufgeben irgendwelcher Rechte und keinerlei Verzicht auf solche; es ändert sich nur die Beweislast. Der erkennende Senat hat weiter in dem gedachten Urteil den rechtlichen Begriff der „Annahme als Erfüllung" im Sinne des § 363 positiv dahin näher zu bestimmen versucht, der Wille des Gläubigers müsse im Falle des § 363 nur darauf gerichtet sein, die Leistung, also vorliegend den gekauften Motor, als die gekaufte Sache anzunehmen, um sie zu behalten, falls sich nicht etwa die Berechtigung zur Wandelung ergeben sollte. Dort ist noch ausgeführt: „Tut er dies", das ist, hat er die Leistung als Erfüllung in dem dargelegten Sinne angenommen, „so hat er nachher die von ihm behaupteten Mängel der Ware" — es handelte sich damals um einen Gattungskauf — „zu beweisen, und dies alles selbst dann, wenn er bei der Annahme der Ware als Erfüllung ausdrücklich Vorbehalte gemacht und ausdrücklich erklärt hat, die Fehlerlosigkeit und Vertragsmäßigkeit der Ware nicht anzuerkennen." Im übrigen geht das gedachte Urteil gleichfalls davon aus, es sei aus den Umständen des Falles zu entscheiden, ob eine Annahme als Erfüllung in dem dort dargelegten Sinne stattgehabt habe.

Im gegebenen Falle könnten nach dem Tatbestande des Berufungsurteils außer den bereits erörterten Ausführungen darüber, daß ein Spezieskauf und ein daneben hergehender Werkvertrag abgeschlossen war, als Umstände des Falles noch in Betracht kommen: der Motor wurde am 19. November 1900 der Beklagten übersendet; er kam bei ihr am 26. November an. An diesem Tage zahlte sie die Hälfte des Kaufpreises, indem sie sich wegen vier abgebrochener Schrauben am Zylinder und etwaiger sonstiger Beschädigungen ihre Ansprüche vorbehielt. Durch Postkarte vom 30. November zeigte sie der Klägerin an, die Fundamente seien fertiggestellt, und ersuchte um Zusendung eines Monteurs auf den 3. Dezember. Die Klägerin schickte den Monteur H., der den Motor in den Tagen vom 4. bis zum 7. oder 8. Dezember aufstellte. Die Gaszuleitung, die zu den der Beklagten obliegenden Montierungsarbeiten gehörte, und die Ausblaseleitung wurden noch nicht montiert. Am 23. Dezember bat die Beklagte, den Monteur am Tage nach Weihnachten wieder zu senden, um den Motor in Tätigkeit zu setzen, da sie mit den Arbeiten bis dahin soweit fertig sein werde. Am 4./5. Januar 1901 setzte der von der Klägerin gesendete Monteur den Motor in Betrieb; nach seiner Abreise ergaben sich, wie Beklagte behauptet, alsbald Stockungen und Schwierigkeiten. Auf Ersuchen der Beklagten vom 10. Januar um nochmalige Zusendung eines Monteurs sandte die Klägerin einen solchen. Nach seinem Weggange traten indes nach den Schreiben der Beklagten wiederum Schwierigkeiten im Betriebe ein. Am 14. Januar schrieb sie der Klägerin, sie werde den Motor nicht eher abnehmen, bis sie die Überzeugung von seiner Gebrauchsfähigkeit habe. Nach weiterem Briefwechsel schrieb am 28. Januar der Geschäftsführer der Beklagten an die Klägerin, sie könnten den Motor nicht behalten, da er doppelt soviel Gas verbrauche als die Deutzer Motoren.

Das Berufungsgericht hat das gedachte Tatsachenmaterial in seinen Urteilsgründen nicht im einzelnen geprüft; es beschränkt sich auf die

Ausführung, „der Motor ist als Spezies gekauft, überliefert und angenommen". Seine Urteilsgründe lassen daher ausdrücklich nicht erkennen, welche Umstände aus jenem Tatsachenmaterial für die Auffassung, daß hier eine Annahme als Erfüllung vorliege, maßgebend waren. Nun handelt es sich im gegebenen Falle um Zusicherung einer Eigenschaft — Menge des Gasverbrauchs —, deren Vorhandensein erst nach dem Ingebrauchsetzen des Motors in den Händen des Käufers erkannt werden kann. Bei solcher Sachlage wird aber nach Auffassung des erkennenden Senats eine Annahme behufs Prüfung und Untersuchung in der Regel noch nicht „Annahme als Erfüllung" im Sinne des § 363 sein, es sei denn, daß weitere besondere Umstände den Schluß rechtfertigen, es habe auch in einem solchen Falle schon vor der Prüfung und Untersuchung eine Annahme als Erfüllung stattgehabt. Mit diesen Darlegungen verläßt der Senat nicht etwa die in seinem Urteil vom 7. Juni 1907 ausgesprochene rechtsgrundsätzliche Auffassung; er gibt ihr nur die für einen Fall, wie er hier zu entscheiden ist, gebotene nähere Begrenzung.

Danach würde daraus, daß die Beklagte den übersendeten Motor nicht sofort zurückgewiesen, daß sie ihn ferner im Rahmen des mit der Klägerin weiter geschlossenen Werkvertrages hat aufstellen lassen, mit rechtlicher Notwendigkeit noch nicht eine „Annahme als Erfüllung" abzuleiten sein, vielmehr nur unter besonderen weiteren Umständen angenommen werden können, daß eine solche stattgehabt hat. Aus dem vorliegenden Material über das Verhalten der Beklagten nach der Montierung ergibt sich gleichfalls nicht mit absoluter Notwendigkeit eine „Annahme als Erfüllung". Das Fehlen jeder Begründung darüber, aus welchen Umständen des gegebenen Falles eine „Annahme als Erfüllung" abgeleitet wurde, macht aber jede Nachprüfung unmöglich, ob das Berufungsgericht von einer richtigen Auffassung des rechtlichen Begriffes der „Annahme als Erfüllung" ausgegangen ist. Die Art seiner Begründung legt zum mindesten nahe, daß es von der Auffassung ausging, aus einer Annahme zur Prüfung und Untersuchung ergebe sich mit rechtlicher Notwendigkeit eine Annahme als Erfüllung im Sinne des § 363. Eine solche rechtliche Auffassung wäre aber im gegebenen Falle rechtsirrtümlich. Fällt wegen dieser rechtlichen Bedenken der Ausgang des Berufungsgerichts, daß eine Annahme als Erfüllung im Sinne des § 363 vorliege, und daß deshalb die Beklagte beweispflichtig sei, so fällt auch seine Entscheidung zur Klage, soweit darin Zahlung des Kaufgelderrestes mit 1300 ℳ verlangt ist. Die Sache war indes in diesem Umfange nicht zur Entscheidung reif....

Der bezeichnete Angriff einer Verletzung der Beweislast ist dagegen nicht gerechtfertigt zur Widerklage. Durch diese verlangt die Beklagte, indem sie sich auf den Standpunkt stellt, die Klägerin habe durch Lieferung des Motors, dem die zugesicherte Eigenschaft fehlte, überhaupt nicht erfüllt, aus § 463 B.G.B. unter Zurückweisung des Motors den Schadensersatz, der aus der hierdurch bewirkten vollständigen Nichterfüllung des Vertrages sich ergebe, — Entsch. des R.G.'s in Zivils. Bd. 52 S. 355 — und beansprucht als Teil dieses Schadensersatzes wegen Nichterfüllung die Erstattung eines dem bezahlten Kaufpreise entsprechenden Betrages, der auch vom ersten Richter zuerkannt wurde. Zur Rechtfertigung eines solchen Anspruchs trifft aber den klagenden Käufer die Beweislast dafür, daß die Kaufsache die zugesicherte Eigenschaft nicht hatte. Dies hat die Beklagte in der mündlichen Verhandlung über ihre Revision nicht verkannt. Die von ihr hervorgehobenen allgemeinen Erwägungen sind nicht geeignet, aus der Aufhebung des Urteils zur Klage auf Zahlung des Kaufpreises auch die Aufhebung des Urteils zur Widerklage zu rechtfertigen." ...

---

66. **Ist bei einer Eigentümergrundschuld die Aufhebungserklärung (Löschungsbewilligung) des Eigentümers, nachdem sie dem Grundbuchamt eingereicht ist, derart unwiderruflich, daß sich gegenüber einer späteren Verfügung des Eigentümers jeder nachstehende Hypothekengläubiger darauf berufen kann?**

B.G.B. §§ 1183, 873, 875.

V. Zivilsenat. Urt. v. 3. Juli 1907 i. S. Sim. (Bekl.) w. Viktoria u. Gen. (Kl.). Rep. V. 494/06.

I. Landgericht II Berlin.
II. Kammergericht daselbst.

Auf dem Grundstück St. Bd. 23 Bl. 720, den Zimmermeistern Wilhelm L. Vater und Sohn gehörig, hafteten in Abt. III unter Nr. 21a, 21b, 22, 25 zusammen 22800 M Hypotheken und Grundschulden für verschiedene Personen, und sodann unter Nr. 27 ein Baugelddarlehn der Firma G. & G. von 93000 M. Hiervon waren am 3. September 1902 35000 M mit Vorrang den Kaufleuten S. und Gr. abgetreten, und diese wiederum hatten am 13. Oktober 1902 einen Teilbetrag davon in Höhe von 6000 M unter Vorbehalt des Vorrangs für den Rest dem Kaufmann Sim. übertragen. Wegen Übernahme des Baudarlehns von 93000 M waren inzwischen die Grundeigentümer und die Firma G. & G. mit der Aktiengesellschaft Viktoria in Verbindung getreten. Diese erklärte sich bei einem am 11. November 1902 in ihrem Bureau getroffenen Abkommen bereit, die 93000 M zu übernehmen, mit der Valuta die voreingetragenen Hypotheken und Grundschulden (22800 M) sowie die abgezweigten 29000 und 6000 M auszuzahlen und den Rest von 35200 M an G. & G. zu zahlen. Die voreingetragenen Gläubiger wurden von der Viktoria befriedigt und bewilligten die Löschung, während die Grundeigentümer den Löschungsantrag stellten. Die Urkunden erhielt die Viktoria. Die Kaufleute S. und Gr., Sim. sowie G. & G. traten ihre Anteile an der Post Abt. III Nr. 27 der Viktoria ab, und der Notar Sch. überreichte in deren Namen am 15. November 1902 die Löschungs- und Abtretungsurkunden dem Grundbuchamt mit dem Ersuchen um Löschung und Umschreibung. Dem Antrag wurde jedoch nicht stattgegeben, weil die Hypothekenbriefe zu Abt. III Nr. 27 nicht vollständig vorlagen; nur die Teilhypothek der Kaufleute S. und Gr. wurde später, am 30. Juli 1903, auf einen erneuten Antrag für die Viktoria umgeschrieben.

Als Gläubigerin dieser Teilpost beantragte die Viktoria am 28. August 1903 die Zwangsversteigerung des Grundstücks, die am 9. September 1903 eingeleitet wurde und am 28. November 1903 zum Zuschlag an einen Rentner W. für das Meistgebot von 60000 M führte.

Inzwischen hatte durch Pfändungsbeschluß vom 29. August 1903 der Kaufmann Sim. wegen eines vollstreckbaren Anspruchs von 12000 M die Teilbeträge pfänden und sich überweisen lassen, die infolge Nichtvalidierens der Posten Abt. III Nr. 21, 22, 25 als

Eigentümergrundschulden den Schuldnern zuständen. Eine weitere, gleichlautende Pfändung und Überweisung erfolgte dann noch auf Antrag Sim.'s durch Beschluß vom 11. Dezember 1903 wegen einer weiteren vollstreckbaren Forderung von 6750 *M*. Die Schuldner hatten in einer notariell beglaubigten Erklärung vom 19. November 1903 ihre Löschungsanträge in betreff der in Rede stehenden Posten zurückgezogen und traten in einer weiteren notariell beglaubigten Erklärung vom 29. Januar 1904 alle Rechte, die ihnen an den mehrfach erwähnten Posten, bzw. den darauf zur Hebung gelangten Beträgen zuständen, an Sim. in Höhe von 18750 *M* ab.

Im Kaufgelderbelegungstermin vom 9. Januar 1904 wurden für die Posten Abt. III Nr. 21a, b, 22, 25 von Amts wegen insgesamt 23611,79 *M* angesetzt und infolge des über die Verteilung zwischen Sim. und den Interessenten der Post Abt. III Nr. 27 entstandenen Streites hinterlegt. In dem Rechtsstreit, den die Viktoria und andere Beteiligte gegen Sim. erhoben, ist die an die Spitze gestellte Frage vom Reichsgericht verneint worden aus folgenden

Gründen:

... „Das Berufungsgericht läßt es dahingestellt, ob — wie das Landgericht angenommen hatte — an den Posten Abt. III Nr. 21a, b, 22, 25 mit Rücksicht darauf, daß alle Beteiligten über deren Löschung einverstanden waren, Eigentümergrundschulden überhaupt nicht entstehen konnten, oder ob die Auszahlung durch die Viktoria Eigentümergrundschulden hat entstehen lassen. Auch im letzteren Falle hält es die Eigentümer und deren Rechtsnachfolger nicht für befugt, die Eigentümergrundschulden im Zwangsversteigerungsverfahren zu liquidieren, weil in dem Löschungsantrag der Eigentümer deren Zustimmung zur Aufhebung der Hypothek nach § 1183 B.G.B. zu finden, und diese Zustimmung, nachdem sie dem Grundbuchamt eingereicht worden, unwiderruflich geworden sei. Diese Unwiderruflichkeit müsse sich auch der Pfändungsgläubiger und Zessionar Sim. entgegensetzen lassen. Da andererseits auch die Viktoria an den Posten keine Rechte erlangt habe, weil sie bei der Auszahlung weder eine Abtretung habe erklären lassen, noch die Voraussetzungen eines gesetzlichen Übergangs (§§ 268, 1150 B.G.B.) vorlägen, so sei es zutreffend, wenn das Landgericht angenommen habe, daß bei der Kaufgelderverteilung für die in Rede stehenden Posten überhaupt nichts anzusetzen gewesen, der fragliche Teil des Erlöses vielmehr für die nachfolgenden Hypothekengläubiger frei geworden sei.

Diese Ausführungen werden von dem Revisionskläger Sim. mit Recht insoweit angefochten, als sie der Unwiderruflichkeit des Löschungsantrags des Eigentümers unter Bezugnahme auf § 1183 B.G.B. absolute Wirkung beimessen. Es unterliegt, da infolge der Zahlung der Viktoria die Voraussetzungen des § 1163 Abs. 1 Satz 2 B.G.B. eingetreten sind, an sich keinem Bedenken, daß die Posten Abt. III Nr. 21, 22, 25 nach Befriedigung der eingetragenen Gläubiger in Eigentümergrundschulden sich verwandelt haben. Findet man nun auch in dem Löschungsantrag der Eigentümer eine bindende Erklärung materiellen Rechtes, so ist doch nicht zu übersehen, daß bei Eigentümergrundschulden der Eigentümer vor allem die Stellung eines Gläubigers einnimmt, und daß daher, wenn die Eigentümergrundschuld aufgegeben werden soll, eine Aufhebungserklärung nach § 875 B.G.B. erforderlich ist. Es reicht, wie die Protokolle Bd. 3 S. 616 hervorheben, zur Aufhebung einer dem Eigentümer zustehenden Hypothek die Erklärung des Eigentümers, sein Recht aufgeben zu wollen, aus; daraus folgt aber nicht, daß diese Erklärung nach § 1183 B.G.B. zu beurteilen ist. Sie untersteht vielmehr dem § 875 B.G.B., und der § 1183 B.G.B. kommt, da die eigene Erklärung des Eigentümers seiner Zustimmung nicht mehr bedarf, überhaupt nicht zur Anwendung. Es kann daher dahingestellt bleiben, ob der Unwiderruflichkeit der Zustimmungserklärung des § 1183 B.G.B. absolute Wirkung beizumessen ist; bei der Beurteilung der Aufhebungserklärung nach § 875 B.G.B. ist dies jedenfalls ausgeschlossen. Auch diese Aufhebungserklärung bewirkt beim Vorliegen der im Abs. 2 a. a. O. aufgeführten Voraussetzungen die Bindung des Erklärenden und ist insofern unwiderruflich; die Unwiderruflichkeit wirkt aber, wie im Falle des § 873 B.G.B., nur unter den Parteien und hat nicht die Bedeutung einer Verfügungsbeschränkung, auf die sich auch dritte Personen zu berufen in der Lage wären.

Vgl. Protokolle Bd. 3 S. 72; Entsch. des R.G.'s in Zivils. Bd. 55 S. 340; **Biermann**, Anm. 3 Abs. 2 zu § 873; **Planck**, Bem. II, III 4 das., Bem. 2 zu § 875; **Turnau u. Förster**, Bem. III B 6 zu § 873, Bem. 4 vorl. Abs. zu § 875 B.G.B.

Die Pfändung und Abtretung der Eigentümergrundschulden und

der im Laufe des Zwangsversteigerungsverfahrens an ihre Stelle getretenen Rechte war daher, beim Mangel der Löschung im Grundbuche, an sich nicht ausgeschlossen. ...

Sim. wäre daher an sich berechtigt, diese 18750 M aus dem Erlös der Posten Abt. III Nr. 21, 22, 25 zu beanspruchen, wenn nicht die Viktoria ihm den Erlös auf Grund der am 17./19. November 1903 bei den Posten eingetragenen Vormerkungen und des diesen Eintragungen zugrunde liegenden Abkommens vom 11. November 1902 streitig machte." (Folgt die Erörterung dieses Abkommens.)

---

67. Wen trifft, wenn der Käufer einer nur der Gattung nach bestimmten, nach seiner Behauptung seitens des Verkäufers schuldhaft mangelhaft gelieferten Ware Ersatz des ihm infolge des Mangels entstandenen Schadens verlangt, bezüglich der Frage des Verschuldens die Beweislast?

II. Zivilsenat. Urt. v. 9. Juli 1907 i. S. W. (Bekl.). w. St. (Kl.) Rep. II. 115/07.

I. Landgericht I Berlin.
II. Kammergericht daselbst.

Der Kläger hatte von der Beklagten Pferdefutter — indischen Mais — gekauft, das er weiter an K. und M. verkaufte. Die Abkäufer haben demnächst gegen den Kläger Klage erhoben mit der Behauptung, daß ihre Pferde infolge des Genusses dieses Futters verendet seien, und Ersatz des ihnen dadurch erwachsenen Schadens begehrt. Infolge dieser Prozesse, in denen festgestellt wurde, daß in dem Mais sich giftige Rizinussamenkörner befunden haben, deren Genuß das Verenden der Pferde zur Folge hatte, bezahlte Kläger an K. im ganzen 3472,33 M und an M. 136,71 M. Die vom Kläger auf Erstattung dieser Beträge gegen die Beklagte als Verkäuferin erhobene Klage wurde vom Landgericht abgewiesen, da der Schaden vorwiegend durch ein grobes Verschulden der Leute des

Klägers entstanden sei, das dieser zu vertreten habe. Dagegen hat das Kammergericht auf die von dem Kläger eingelegte Berufung die Beklagte zur Zahlung von 3609,04 *M* nebst 4 Prozent Zinsen seit dem 1. April 1906 verurteilt.

Letzteres Urteil wurde aufgehoben, und die Sache an das Berufungsgericht zurückverwiesen.

Aus den Gründen:

„Das Berufungsgericht geht rechtlich zutreffend davon aus, daß der Verkäufer einer nur der Gattung nach bestimmten Sache bei schuldhafter Lieferung einer mangelhaften Sache dem Käufer zum Ersatze des demselben durch den Mangel verursachten Schadens aus diesem Verschulden verpflichtet ist. Daß dem Kläger durch die Lieferung von indischem Mais, in welchem sich giftige Rizinuskörner befanden, seitens der Beklagten der eingeklagte Schaden entstanden ist, indem mehrere Pferde der Abnehmer desselben infolge der Fütterung mit diesem Mais verendeten, und er diesen den dadurch entstandenen Verlust nach Durchführung des Vorprozesses mit K. hat bezahlen müssen, ist nicht streitig. Auch über die objektive Mangelhaftigkeit der zu Futterzwecken bestimmten Ware gemäß § 243 B.G.B. kann ein Zweifel nicht bestehen. Die Beklagte hat dagegen bestritten, daß ihr bei Lieferung der einen Teil einer größeren Sendung bildenden Ware ein Verschulden zur Last falle. Das Berufungsgericht hat demgegenüber angenommen, die Beklagte hätte hinsichtlich der in Frage stehenden Lieferung die Beobachtung der im Verkehr erforderlichen Sorgfalt eines ordentlichen Kaufmanns zu vertreten gehabt; angesichts der Vertragswidrigkeit der Lieferung treffe sie hierfür die Beweislast; dieser Beweispflicht hätte sie, wie näher dargelegt wird, nicht genügt; daher sei der Klaganspruch begründet.

Dieser rechtlichen Annahme kann indessen für das Recht des Bürgerlichen Gesetzbuchs nicht beigepflichtet werden. Richtig ist, daß von der früheren Rechtsprechung sowohl des preußischen Obertribunals, als des Reichsoberhandelsgerichts und des Reichsgerichts angenommen wurde, daß bei mangelhafter Vertragserfüllung, insbesondere der vertragswidrigen Lieferung von Waren, der Verkäufer, um sich von der Verpflichtung zur Leistung des Erfüllungsinteresses frei zu machen, sich zu entlasten habe, daß er nachzuweisen habe, er sei ungeachtet gehöriger Sorgfalt nicht in der Lage gewesen, vertragsmäßig zu erfüllen.

Vgl. Entsch. des Obertribunals Bd. 74 S. 153; Entsch. des R.O.H.G.'s Bd. 14 S. 15, Bd. 15 S. 293; Entsch. des R.G.'s in Zivils. Bd. 21 S. 205, Bd. 22 S. 172, Bd. 25 S. 113, 114; Bolze, Bd. 1 Nr. 477; Staub, 6./7. Aufl. zu § 347 Anm. 16.

Diese Rechtsprechung, die auf der dem Standpunkte des preußischen Allgemeinen Landrechts entnommenen Auffassung beruhte, daß schon die vertragswidrige und mangelhafte Erfüllung an sich der Regel nach als eine von dem Verpflichteten verschuldete anzusehen sei, kann für das Bürgerliche Gesetzbuch als rechtlich zutreffend nicht erachtet werden. Dasselbe hat die Gewährleistungsfolgen wegen Mängel der Sache in den §§ 459 flg. lediglich an die Tatsache der objektiven Mangelhaftigkeit ohne Rücksicht auf die Frage der subjektiven Verschuldung geknüpft. Die bereits oben erwähnte Rechtsprechung, welche neben den Gewährleistungsansprüchen im Falle der schuldhaften Lieferung einer nur der Gattung nach bestimmten mangelhaften Sache dem Käufer auch einen Anspruch auf Ersatz des ihm infolge der Mangelhaftigkeit entstandenen Schadens zuerkennt, gründet sich im wesentlichen auf den im § 276 B.G.B. ausgesprochenen Grundsatz, daß der Schuldner mangels anderweiter Bestimmung Vorsatz und Fahrlässigkeit zu vertreten habe, indem angenommen wird, daß diese Vertretungspflicht „nicht anders verwirklicht werden könne, als daß der Schuldner dem anderen Teile den Schaden ersetze, der demselben durch sein vorsätzliches oder fahrlässiges Handeln entstanden sei".

Vgl. Entsch. des R.G.'s in Zivils. Bd. 52 S. 19, Bd. 53 S. 202.

Nach dieser rechtlichen Konstruktion bildet aber dieses vorsätzliche oder fahrlässige Handeln einen besonderen und selbständigen Grund den Schadensersatzanspruchs, den derjenige, der ihn erhebt, zu beweises hat (vgl. Staub-Könige, 8. Aufl. zu § 377 Anm. 130). Daß in vielen Fällen das Verschulden schon in der bei der Lieferung selbst nicht beobachteten Sorgfalt tatsächlich gefunden werden mag, kann an dieser nach dem Bürgerlichen Gesetzbuch sich ergebenden rechtlichen Sachlage bezüglich der Frage der Beweislast nichts ändern.

Das Berufungsgericht ist daher bei der Beurteilung der für den Klaganspruch auf Schadensersatz entscheidenden Schuldfrage von einer rechtlich nicht zutreffenden Verteilung der Beweislast ausgegangen, und auch soweit die Ausführungen desselben für die positive Annahme eines Verschuldens der Beklagten bei Lieferung des mit giftigen Rizinuskörnern durchsetzten Maises an den Kläger zu sprechen scheinen, bleibt es zweifelhaft, ob diese Annahme nicht durch jene rechtlich unzutreffende Auffassung beeinflußt wurde. Das angefochtene Urteil mußte daher aufgehoben, die Sache selbst aber zur erneuten Verhandlung und Entscheidung über diesen Punkt, wobei davon auszugehen sein wird, daß die Beweislast für das Verschulden der Beklagten den Kläger trifft, an das Berufungsgericht zurückverwiesen werden." . . .

---

68. Kann das Schlachten eines Viehstücks und die besondere Zubereitung des Tierkörpers zu verbrauchsfähigem Schlachtfleisch als ein „Herstellen" einer Sachmenge im Sinne der Befreiungsvorschrift 3 der Tarifst. 32 des preußischen Stempelsteuergesetzes vom 31. Juli 1895 angesehen werden, und zwar auch dann, wenn das Schlachten und die Zubereitung im Betriebe des Erwerbers erfolgt?

VII. Zivilsenat. Urt. v. 9. Juli 1907 i. S. preuß. Fiskus (Bekl.) w. J. (Kl.). Rep. VII. 480/06.

I. Landgericht I Berlin.
II. Kammergericht daselbst.

Die Klägerin hatte mit der Königlichen Verwaltung der Armee-Konservenfabrik in H. die beiden Lieferungsverträge vom 12. September 1904 und vom 6. Dezember 1905 geschlossen. Nach dem ersteren Vertrage übernahm die Klägerin die Lieferung des in der Friedensbetriebsperiode der Konservenfabrik erforderlichen Fleischbedarfs in lebenden Ochsen zum Preise von 1 ℳ $26^1/_2$ ₰ für das Kilogramm Schlachtgewicht, sowie des in derselben Betriebsperiode etwa erforderlichen Bedarfs an rohem Nierenfett zum Preise von 1 ℳ für das Kilogramm. Durch den zweiten Vertrag übernahm die Klägerin die Lieferung von „ungefähr 20 Tonnen Schweinefleisch bei Einbringung der Schweine in lebendem Zustande zum Preise von 1,70 ℳ für das Kilogramm". Nach den getroffenen

Vereinbarungen sollte die Einlieferung der lebenden Tiere in die Fabrik bis spätestens 1 Uhr mittags erfolgen, damit die Tiere, deren Schlachtung erst am nächsten Tage in der Fabrik durch deren Angestellte erfolgen sollte, im Stalle der Fabrik beobachtet werden könnten. An Sonn- und Feiertagen hatte die Klägerin bis zur Schlachtung der eingestellten Tiere für deren Fütterung selbst zu sorgen. Die Abnahme der ausgeschlachteten Tiere seitens der Fabrikverwaltung hatte erst am Tage nach der Schlachtung, und die Bezahlung des unter Zuziehung der Klägerin von der Fabrik ermittelten Schlachtgewichts am Schlusse einer jeden Woche zu erfolgen. Zum Schlachtgewicht sollte bei den Ochsen nur das Fleisch der sogenannten vier Viertel ausschließlich des Nierenfetts gerechnet werden, und bei den Schweinen nur die Hinterschinken ohne Schwanz, das Rippenspeer, der Kamm, die Vorderschinken sowie der Rückenspeck. Die übrigen Teile des Schweins, sowie bei den Ochsen das Nierenfett und Eingeweidefett, die Haut mit Hörnern, der Schwanz, Lunge, Leber, Milz, Herz, Gedärme, Kaldaunen, die Füße, der Kopf ohne Zunge, sowie das brauchbare Blut sollten Eigentum des Verkäufers „bleiben". Als Stempel für die beiden Verträge berechnete der Beklagte den Lieferungsstempel nach der Tarifst. 32 zu c des preußischen Stempelsteuergesetzes vom 31. Juli 1895 mit $^1/_3$ vom Hundert des Kaufpreises. Die Klägerin hat den hiernach sich ergebenden Stempel bezahlt. Unter Geltendmachung der Befreiungsvorschrift zu 3 der genannten Tarifstelle forderte sie mit der Klage von dem für den ersteren Vertrag entrichteten Stempel den von der Verjährung noch nicht betroffenen Restteilbetrag von 197 *M*, sowie den für den zweiten Vertrag gezahlten gesamten Stempelbetrag von 113,50 *M* zurück. Das Landgericht hat den Beklagten entsprechend dem Klagantrag verurteilt, und das Kammergericht die Berufung des Beklagten zurückgewiesen. Die Revision des Beklagten wurde zurückgewiesen aus folgenden

Gründen:

„Die Annahme des Berufungsrichters, Gegenstand der beiden Kaufverträge sei nicht das lebende Vieh, sondern das aus diesem gewonnene Schlachtfleisch gewesen, beruht auf der vom Revisionsgericht in tatsächlicher Beziehung nicht nachzuprüfenden Auslegung der Verträge, ist rechtlich möglich und von der Revision nicht angefochten, also hier nicht zu beanstanden. Sie entspricht übrigens völlig der Sachlage. Auch der von der Revision nicht angegriffenen Ausführung des Berufungsrichters ist beizutreten, daß in dem Schlachten des Viehs und der besonderen Zubereitung der Tierkörper zu gebrauchsfähigem Schlachtfleisch die Hervorbringung eines neuen Verkehrsgutes, also ein „Herstellen von Mengen von Sachen oder Waren", zu finden ist. Die Revision hält aber, im Gegensatz zu der Auffassung der beiden Vorinstanzen, die Befreiungsvorschrift 3 der Tarifst. 32 des preuß. Stempelsteuergesetzes hier für nicht anwendbar, weil die Herstellung nicht im Betriebe des Veräußerers, sondern in dem des Erwerbers erfolgt sei. Die letztere Tatsache ist zuzugeben; denn die Schlachtung des Viehs und die Herrichtung des Fleisches ist unstreitig durch die Verwaltung der Armee-Konservenfabrik bewirkt worden. Zwar handelte die letztere hierbei, wenn auch nicht rechtlich, so doch wirtschaftlich, als Vertreterin des Veräußerers und auf dessen Gefahr; und sie überließ offenbar diesem das Schlachten und die Herrichtung nur deshalb nicht, um eine bessere Kontrolle über die Qualität des vom Veräußerer zu liefernden und in der Fabrik zu verarbeitenden Fleisches ausüben zu können. Man kann aber dennoch das Fleisch nicht als in dem Betriebe des Veräußerers hergestellt ansehen; denn die Herstellung ist nicht nur örtlich in der der Erwerberin gehörigen Betriebsstätte, sondern auch unter Benutzung ihrer Betriebseinrichtungen und durch ihre Angestellten erfolgt (vgl. das Urteil des erkennenden Senats vom 12. Juni 1903, Entsch. des R.G.'s in Zivils. Bd. 55 S. 195, 198). Die Revision irrt jedoch, wenn sie annimmt, daß die Befreiung nur dann Platz greife, wenn die Herstellung im Betriebe des Veräußerers erfolgt ist. Regelmäßig zwar wird der Veräußerer diejenige Person sein, in deren Betriebe die Herstellung erfolgt. Die Befreiungsvorschrift 3 ist aber ganz allgemein dahin gefaßt, daß Kauf- und Lieferungsverträge über Mengen von Sachen oder Waren befreit sind, „sofern dieselben ... im Inland in dem Betriebe eines der Vertragschließenden erzeugt oder hergestellt sind". Diese Fassung des Gesetzes wäre unerklärlich, wenn der Gesetzgeber die Befreiung von der Herstellung im Betrieb gerade des Veräußerers hätte abhängig machen wollen, und sie zeigt, daß weniger der Betrieb des Veräußerers, als vielmehr objektiv die Herstellung selbst, also die Schaffung neuer Verkehrsgüter, hat steuerlich begünstigt werden sollen. Damit stimmt auch die Begründung des Entwurfs zum Stempelsteuergesetz (S. 45, 46) überein, inhalts deren die Vorschrift, die im Entwurf sich auf eine bloße Ermäßigung des Stempels auf $^1/_{20}$ vom Hundert beschränkte, ganz allgemein den Interessen der Landwirtschaft, des Handels, des Gewerbes und der Industrie dienen sollte. Auch in der Literatur ist, entgegen der Behauptung der Revision, soweit ersichtlich, nirgends die Meinung vertreten, daß die Befreiungsvorschrift versage, wenn die Herstellung im Betriebe des Erwerbers erfolgt ist. Endlich ist zwar mit Rücksicht auf die Schlußworte der Vorschrift: „hergestellt sind" der Revision zuzugeben, daß die Befreiung nur Anwendung findet, wenn zur Zeit der Erfüllung des Kaufvertrages die Herstellung bereits erfolgt ist. Diese Voraussetzung trifft aber hier zu; denn nach den Vereinbarungen der Parteien sollte die Abnahme des zu liefernden Schlachtfleisches seitens der Fabrikverwaltung erst am Tage nach der Schlachtung, und die Bezahlung des Kaufpreises erst am Schlusse jeder Woche erfolgen."

---

69. Bezieht sich die Ausnahmevorschrift des Art. 91 Satz 2 W.O., wonach die in Satz 1 bezeichneten Akte, insbesondere auch die Protesterhebung, an einem anderen als dem in Satz 1 bestimmten Orte mit beiderseitigem Einverständnisse vorgenommen werden können, auch auf solche Fälle, in denen die Handlung, insbesondere die Protesterhebung, in Abwesenheit des davon Betroffenen vorgenommen wird?

III. Zivilsenat. Urt. v. 12. Juli 1907 i. S. B. (Kl.) w. D. (Bekl.). Rep. III. 45/07.

I. Landgericht Stuttgart.
II. Oberlandesgericht daselbst.

Am 10. August 1905 zog der Kommissionär E. H. in Stuttgart einen an eigene Order lautenden, am 5. November 1905 zahlbaren Wechsel über 1500 *M* auf den damals in Stuttgart, jetzt in Straßburg wohnhaften Bäckermeister M. F., und dieser akzeptierte den Wechsel. Von H. gelangte der Wechsel nacheinander durch Blankoindossamente an Z., an L., an Sch., an den Kläger und schließlich an den Bankier W. G. Dieser gab ihn durch Vollindossament an die Firma M. B. jr., diese an die M.'sche Kreditbank, und diese an die Reichsbankhauptstelle in Stuttgart. Vor Weiterbegebung des Wechsels setzte G. im Einverständnisse mit F. unter die auf diesen in Stuttgart, Mönchstraße 12, lautende Adresse den Vermerk: „zahlbar bei dem Zentralbureau in Stuttgart, Eberhardstraße 43."

Bei Verfall löste der Kläger den Wechsel, nachdem er die Mitteilung erhalten hatte, daß dieser von dem Akzeptanten F. nicht bezahlt würde, ohne Protest ein. Am 7. November 1905 begab er sich dann in die Geschäftsräume des Beklagten, um diesen mit der Protesterhebung zu beauftragen. Den Auftrag nahm aber nicht der Beklagte persönlich, sondern dessen Assistent S., ein Gehilfe im Sinne des Art. 96 württemb. Ausf.-Ges. zum B.G.B., entgegen und S. führte ihn auch aus. Er erhob aber den Protest nur an der nachträglich beigefügten Zahlstelle, dem „Zentralbureau" in Stuttgart, Eberhardstraße 43.

Auf Grund dieses Protestes erhob der Kläger, nachdem er auf dem Wechsel sein und seiner Nachmänner Indossamente hatte durchstreichen lassen, gegen F., H., Z., L. und Sch. Klage. F., H. und Z. wurden durch rechtskräftig gewordene Versäumnisurteile als Gesamtschuldner verurteilt, und zwar H. und Z. zur Zahlung von 1505 *M* nebst 6 vom Hundert Zinsen von 1500 *M* seit dem 5. November 1905, F. zur Zahlung von 1500 *M* nebst 6 vom Hundert Zinsen seit dem 6. Dezember 1905. Sch. und L. machten gegen den Rückgriffsanspruch geltend, der im Geschäftslokale des Zentralbureaus erhobene Protest sei ihnen gegenüber ungültig, weil der Vermerk „zahlbar bei dem Zentralbureau" erst nachträglich ohne ihr Wissen und Willen beigefügt worden sei; der Protest sei aber überhaupt ungültig, weil bei der Protestaufnahme die Nachindossamente nicht durchstrichen gewesen seien, und der Kläger deshalb zur Protesterhebung nicht wechselmäßig legitimiert gewesen sei. Aus dem zuletzt angeführten Grunde ist die Klage gegen L. und Sch. rechtskräftig abgewiesen worden.

Die Verurteilten F., H. und Z. besitzen weder jetzt Vermögen, noch haben sie solches zur Zeit der Fälligkeit des Wechsels oder ihrer Verurteilung besessen, während Sch. und L. nach der Behauptung des Klägers zur Zahlung der Wechselsumme und der Kosten des Rechtsstreits imstande sein würden. Der Kläger verlangt deshalb von dem Beklagten Erstattung des ihm dadurch, daß er nicht in die Lage gekommen sei, diese beiden Indossanten mit Erfolg im Wege des Rückgriffs auf Zahlung der Wechselsumme nebst Zinsen und Protestkosten in Anspruch zu nehmen, von dem Beklagten Ersatz des Schadens in Höhe dieser Beträge und der Kosten des verlorenen Rechtsstreits. Er machte geltend: der Protestbeamte sei auf Grund des zwischen ihm, Kläger, und dem Beklagten abgeschlossenen Dienstvertrages verpflichtet gewesen, vor der Protesterhebung den wechselmäßigen Ausweis seiner, des Klägers, Berechtigung zur Erteilung des Auftrages zur Protestaufnahme zu prüfen und die Durchstreichung der diesem Ausweise entgegenstehenden Indossamente zu veranlassen. Da der Assistent des Beklagten dieser Verpflichtung nicht nachgekommen sei, so liege eine Fahrlässigkeit vor, die den eingetretenen Schaden verursacht habe, und für die der Beklagte nach § 278 B.G.B. hafte. Die nachträgliche Beifügung der Zahlstelle sei mit Wissen und Willen sämtlicher Wechselverpflichteten erfolgt; keinesfalls aber hätten Sch. und L. hieraus einen Einwand gegen den Rückgriffsanspruch entnehmen können, weil jedenfalls der Akzeptant F. damit einverstanden gewesen sei.

Der Kläger hat die Verurteilung des Beklagten zur Zahlung von 1968,78 *M* nebst Zinsen beantragt.

Der Beklagte hat bestritten, daß den Assistenten S. ein Verschulden treffe, da dieser nicht verpflichtet gewesen sei, auf einen Mangel der wechselmäßigen Berechtigung des Klägers zur Erteilung des Auftrages zur Protesterhebung hinzuweisen, oder für dessen Beseitigung Sorge zu tragen. Jedenfalls sei aber dem Kläger durch ein etwaiges Verschulden seines Assistenten kein Schaden erwachsen weil die Durchführung des Rückgriffsanspruchs gegen Sch. und L. auch daran gescheitert sein würde, daß der Domizilvermerk nachträglich ohne deren Wissen und Willen auf den Wechsel gesetzt, und der Protest nur an dieser Zahlstelle aufgenommen worden sei.

Das Landgericht wies die Klage ab.

Das Oberlandesgericht hat den Beklagten verurteilt, dem Kläger 1505 ℳ nebst 6 vom Hundert Zinsen von 1500 ℳ seit dem 5. November 1905 zu zahlen, und den Kläger mit seiner Mehrforderung abgewiesen.

Auf die Revision des Beklagten ist das Berufungsurteil, soweit dadurch der Beklagte verurteilt worden ist, aufgehoben, und die Berufung des Klägers gegen das Urteil des Landgerichts gänzlich zurückgewiesen worden.

Aus den Gründen:

... „Das Berufungsgericht ist davon ausgegangen, ein rechtsgültiger Wechselprotest habe zur Voraussetzung, daß derjenige, in dessen Auftrage er erhoben werde, nach dem Inhalte des Wechsels als dessen Eigentümer ausgewiesen werde, daß dies aber in bezug auf den Kläger nicht der Fall gewesen sei, als dieser den von dem Bäckermeister F. akzeptierten Wechsel über 1500 ℳ am 7. November 1905 dem Assistenten des Beklagten, S., einem Gehilfen im Sinne des Art. 96 württemb. Ausf.=Ges. zum B.G.B., mit dem Auftrage zur Erhebung des Protestes mangels Zahlung übergeben habe, weil damals weder das Indossament des Klägers noch diejenigen seiner Nachmänner durchstrichen gewesen seien. Es hat ferner angenommen, daß jedenfalls nach württembergischem Rechte den mit der Erhebung eines Wechselprotestes beauftragten Notaren die Amtspflicht auferlegt sei, vor der Ausführung des Auftrages zu prüfen, ob der Inhaber des Wechsels durch dessen Inhalt als Wechselgläubiger ausgewiesen werde, und ob insoweit keine Bedenken gegen die Gültigkeit des zu erhebenden Protestes beständen. Ebenso hat es aber den Notar auch durch den von ihm mit dem Inhaber des Wechsels geschlossenen Dienstvertrag, selbst ohne besondere Vereinbarung, für verpflichtet erachtet, vor Ausführung der Protesthandlung sich darüber zu vergewissern, daß die Gültigkeit und Wirksamkeit des zu erhebenden Protestes nicht zu beanstanden sei. Wenn aber eine solche Prüfungspflicht für den Notar bestehe, so müsse sie ohne weiteres auch in bezug auf seinen Stellvertreter als bestehend angesehen werden. Auf dieser Grundlage hat das Gericht dann geprüft, ob den Assistenten S. in der Tat der Vorwurf der Fahrlässigkeit bei Erfüllung seiner Amts- und seiner Dienstpflicht treffe, den der Kläger darin findet, daß er den Mangel der Legitimation dieser Partei zur Erteilung des Auftrages zur Protesterhebung nicht entdeckt und für dessen rechtzeitige Abstellung, die noch möglich gewesen sei, Sorge getragen habe. Es hat diese Frage schon deshalb bejaht, weil S. dadurch, daß der Kläger bei der Übergabe des Wechsels an ihn erklärt habe, er habe ihn an die Reichsbank bezahlt, und dadurch, daß S. selbst diese Bemerkung in den Wechselprotest aufgenommen habe, zu erkennen gegeben habe, daß der Fall besonders geartet gewesen sei. Er hätte sich deshalb wenigstens bei dem Beklagten selbst oder in anderer Weise darüber Rats erholen sollen — so führt das Gericht aus —, ob nicht der Aufnahme eines rechtswirksamen Protestes Hindernisse entgegenständen.

Insoweit läßt die Begründung des angefochtenen Urteils keinen Rechtsirrtum erkennen; sie steht auch im Einklange mit dem von ihr angezogenen Urteile des erkennenden Senats vom 29. Mai 1906 in der Jurist. Wochenschr. von 1906 S. 467 (inzwischen vollständig abgedruckt in Gruchot's Beiträgen Bd. 51 S. 637 flg.).

Das Berufungsurteil geht dann aber zur Erörterung des von dem Beklagten erhobenen Einwandes über, daß der ursächliche Zusammenhang zwischen der Unwirksamkeit des erhobenen Protestes und dem dem Kläger erwachsenen Schaden dadurch ausgeschlossen gewesen sei, daß diesem überhaupt kein Rückgriffsrecht gegen seine allein zahlungsfähigen Vormänner Sch. und L. deshalb zugestanden habe, weil die Bezeichnung der Zahlstelle auf dem Wechsel „zahlbar bei dem Zentralbureau in Stuttgart, Eberhardstraße 43" erst nachträglich ohne Genehmigung oder Zustimmung jener beiden Vormänner eingetragen worden sei, und der Wechsel nur an dieser Stelle, nicht aber im Geschäftslokale des Akzeptanten F. in Stuttgart, Mönchstraße 12, das sich aus der Wechseladresse ergeben habe, protestiert worden sei. Es hat diesen Einwand, den das Landgericht für durchgreifend erachtet hatte, aus folgenden Gründen verworfen: bei nachträglichen einseitigen Veränderungen des Wechselinhalts hafte jeder Unterzeichner einer Wechselerklärung nur nach Maßgabe desjenigen Inhaltes, den der Wechsel zur Zeit der Abgabe seiner Unterschrift gehabt, oder nachträglich mit seiner Zustimmung erhalten habe. Die Beifügung einer bloßen Zahlstelle, im Gegensatze zur Beifügung eines wirklichen Domizilvermerks, habe nun die Wirkung, daß der Wechsel an der Zahlstelle, aber nicht deren Inhaber, sondern dem Bezogenen selbst zur Zahlung vorzulegen, und, wenn sie nicht erfolge, zu protestieren sei. Der Grund zur nachträglichen Beifügung der Zahlstelle habe nun darin gelegen, daß der Bezogene F. vor Verfall des Wechsels seine Wohnung in Stuttgart aufgegeben habe und nach Straßburg verzogen sei, und daß deshalb zwischen dem Kläger, dem Akzeptanten F. und einer Reihe weiterer an dem Wechsel beteiligter Personen die Bewerkstelligung der Zahlung in Stuttgart dergestalt vereinbart worden sei, daß F. versprochen habe, das Geld zur Einlösung des Wechsels dem Zentralbureau zu übersenden. Die Beifügung sei nach dem Ergebnisse der Beweisaufnahme ohne Wissen und Willen L.'s erfolgt, nud dafür, daß Sch. damit einverstanden gewesen sei, oder sie nachträglich genehmigt habe, sei kein Beweis erbracht. Hiernach könne zunächst kein Zweifel darüber sein, daß F. sich damit einverstanden erklärt habe, es solle der Wechsel mit Wirkung für und gegen ihn auf dem Zentralbureau zur Zahlung vorgezeigt werden. Da er aber auch wohl gewußt habe, daß der Wechsel, wenn auf Vorzeigen keine Zahlung erfolgen würde, werde protestiert werden, so müsse in seiner Zustimmung zur Beifügung der Zahlstelle zugleich eine Erklärung seines Einverständnisses damit gefunden werden, daß der Wechsel für den Fall, daß er nicht eingelöst werde, an dieser Zahlstelle protestiert werde. Nach Art. 91 Satz 2 W.O. könne aber die Präsentation eines Wechsels und die Protesterhebung dann in einem anderen Lokale als dem Geschäftslokale oder der Wohnung des Bezogenen erfolgen, wenn der Protestat damit einverstanden sei. Da nun nach dem Ausgeführten die Protestaufnahme in den Räumen des Zentralbureaus im Einverständnisse mit dem Protestaten F. habe erfolgen sollen, und da diesem Einverständnisse Rechtswirksamkeit gegen alle Wechselverpflichteten zukomme, so hätte der aufgenommene Protest genügt, als Grundlage der gegen Sch. und L. erhobenen Rückgriffsansprüche zu dienen, wenn er nicht wegen des Mangels des Ausweises des Klägers als Eigentümers des Wechsels rechtsunwirksam gewesen wäre.

Gegen diesen Teil der Begründung des Berufungsurteils erhebt die Revision mit Recht die Rüge der Verletzung des Art. 91 W.O. Daß die nach dem Wechselrecht bei einer bestimmten Person vorzunehmenden Handlungen an einem anderen Orte als in deren Geschäftslokal, oder in Ermangelung eines solchen in deren Wohnung vorgenommen werden, setzt nach Satz 2 dieses Artikels das „beiderseitige Einverständnis" voraus. Darüber, daß die beiden Seiten, einerseits die Person, bei der die Handlung vorzunehmen ist, sofern es sich um die Protesterhebung handelt, also der Protestat, andererseits die Person ist, welche die Handlung ihm gegenüber vorzunehmen hat, bei der Protesterhebung also der Protestant, der durch den Protestbeamten vertreten wird, herrscht in Wissenschaft und Rechtsprechung Einverständnis (vgl. hierüber Staub, W.O. § 16 zu Art. 91; Bernstein, W.O. § 2 Nr. 1 zu Art. 91). Diese Vereinbarung, die, wie mit Recht angenommen wird, an keine Form gebunden ist, insbesondere auch stillschweigend erfolgen kann, stellt sich dar als eine vom Gesetze zugelassene Übereinkunft über die Änderung eines an sich wesentlichen Erfordernisses der vorzunehmenden Handlung, insbesondere des aufzunehmenden Protestes, desjenigen nämlich, daß sie an dem richtigen Orte vorgenommen werde. Eine solche Vereinbarung ist also verschieden von derjenigen, die einer Veränderung der Ortschaft, in der der Wechsel zu präsentieren ꝛc ist, oder der Lokalität, in der dies zu geschehen hat, auf dem Wechsel selbst, also einer Domizilierung, echten oder unechten, des Wechsels zugrunde liegt. Nun steht aber die Person desjenigen, der eine der im Art. 91 W.O. bezeichneten Handlungen vorzunehmen, insbesondere einen Protest erheben zu lassen haben wird, regelmäßig im voraus noch gar nicht fest, wenn eine Vereinbarung über die Örtlichkeit, wo die Handlung, abweichend von derjenigen, die sich aus dem maßgebenden Wechselinhalte ergibt, vorzunehmen sei, getroffen wird; denn der Wechsel kann nachher noch immer weiter begeben werden. Jeder spätere Erwerber des Wechsels ist dann zwar gemäß dem in der Entsch. des R.G.'s in Zivils. Bd. 32 S. 36 ausgesprochenen Grundsatze an eine Übereinkunft gebunden, vermöge deren der Zahlungsort, oder die Zahlstelle gegenüber dem ursprünglichen Inhalte des Wechsels nach dessen neuerem Inhalt geändert worden ist, eben weil diese Änderung sich für ihn aus dem Wechsel selbst ergibt. Dagegen hat, sofern in einer solchen Übereinkunft zugleich, wie das Berufungsgericht annimmt, eine dem Satze 2 des Art. 91 W.O. entsprechende Vereinbarung der bei der Präsentation, der Protestierung ꝛc in Betracht kommenden Parteien darüber enthalten ein soll, daß diese

Handlungen an einer anderen Stelle vorzunehmen seien, als an der sie sonst vorzunehmen sein würden, ein solches Abkommen für den späteren Erwerber des Wechsels, der an seiner Schließung nicht beteiligt gewesen ist, an sich keine Bedeutung, weil diese Vereinbarung auch aus dem neueren Inhalte des Wechsels nicht ersichtlich ist, und nach dem Art. 91 W.O. nur das Einverständnis desjenigen, der eine der dort bezeichneten Handlungen wirklich vornehmen läßt, mit der Vornahme der Handlung an einem anderen als dem aus dem Wechselinhalte sich ergebenden Orte bindende Wirkung für alle Wechselbeteiligten hat. Dies übersieht Bernstein, der in seiner Erläuterung zur W.O., § 2 Nr. 2 zu Art. 91, ausführt, daß, weil die Protestparteien willkürlich mit Wirksamkeit für alle Wechselbeteiligten eine Proteststelle vereinbaren könnten, es auch zulässig sein müsse, daß eine Proteststelle von vornherein im Wechsel festgestellt werde. Denn diejenigen, die eine solche Festsetzung im voraus treffen, sind nicht notwendig und nicht einmal regelmäßig identisch mit den künftigen Protestparteien, wenigstens soweit die Person des Wechseleigentümers in Frage kommt.

Es ist deshalb grundsätzlich abzulehnen, daß in einer Vereinbarung, die an sich nur bezweckt, an die Stelle des aus dem ursprünglichen Wechselinhalte sich ergebenden Geschäftslokals, oder der Wohnung des Bezogenen, als des gesetzlichen Ortes für die Vornahme der im Art. 91 bezeichneten Handlungen, einen anderen Ort, insbesondere eine andere Zahlstelle, durch Änderung des Wechselinhalts zu setzen, zugleich eine Übereinkunft zwischen demjenigen, der in Zukunft eine jener Handlungen vorzunehmen oder vornehmen zu lassen, insbesondere einen Protest erheben zu lassen, haben wird, und demjenigen, bei dem die Handlung vorzunehmen, insbesondere der Protest zu erheben ist, dahin gefunden werde, daß insoweit der Ort für die Vornahme der Handlung gemäß Satz 2 des Art. 91 W.O. im Wege der Vereinbarung zwischen den an der Handlung Beteiligten, beim Proteste also zwischen dem Protestanten und dem Protestaten, geändert werde. Nur bei der Protesthandlung selbst und eben dadurch, daß der Protestat sich auch wirklich auf die Präsentation zur Annahme oder Zahlung und das bei der Protestierung an ihn gestellte Begehren eingelassen hat, kann die Vereinbarung über die Änderung des gesetzlichen Ortes für die Vornahme dieser Handlungen getroffen werden.

Daß das Gesetz auf Fälle der hier vorliegenden Art die Bestimmung des zweiten Satzes des Artikels nicht bezogen wissen will, ist auch aus seinem sonstigen Inhalte zu entnehmen. Der als Beispiel eines „anderen Ortes" beigefügte Satzteil: „z. B. an der Börse" läßt klar erkennen, daß es bei dem „beiderseitigen Einverständnisse" nur solche Fälle im Auge hat, in denen der die Handlung Vornehmende, insbesondere der mit der Protesterhebung betraute Beamte, mit dem anderen Teile wirklich verhandelt, und zwar nicht über eine erst in Zukunft einmal, sondern über eine eben jetzt vorzunehmende Handlung. Es denkt dabei ersichtlich an den Fall, daß beispielsweise der Wechseleigentümer den Bezogenen an der Börse trifft und ihm dort den Wechsel zum Akzepte oder zur Zahlung vorlegt, und daß dieser sich dadurch, daß er die verlangte Erklärung abgibt, oder die verlangte Zahlung leistet, mit der Vornahme der Handlung an dieser Stelle einverstanden erklärt. Von dieser Auffassung aus entsprechen Handlungen, die in Abwesenheit des davon Betroffenen vorgenommen werden, insbesondere sog. Windproteste, bei denen weder der Protestat noch ein Vertreter seiner in der bestimmten Räumlichkeit angetroffen wird (vgl. Lehmann, Lehrbuch des deutschen Wechselrechts § 128 Nr. 3 a. E. S. 509), überhaupt nicht den Voraussetzungen des Art. 91 Satz 2 W.O.

Dies wird auch durch die Entstehungsgeschichte dieser Vorschrift bestätigt. Der preußische Entwurf einer Wechselordnung enthielt in seinem dem Art. 91 des Ges. entsprechenden § 83 noch keine dem jetzigen Satze 2 entsprechende Bestimmung. In der Leipziger Konferenz beantragte nun ein Mitglied, „daß auch die Börse in denjenigen Städten, wo eine solche existiere, als ein Ort bezeichnet werde, wo die Präsentation und die anderen in diesem Paragraphen" (§ 83 des Entwurfs) „erwähnten Geschäfte und Handlungen vorgenommen werden könnten, da dies durch das Bedürfnis des Geschäftsverkehrs schon längst in allen größeren Städten eingeführt sei". Die Versammlung sprach jedoch ihre Ansicht dahin aus, daß die Präsentation und die sonstigen erwähnten Geschäfte „an jedem anderen Orte, namentlich auch an der Börse, vorgenommen werden könnten, sobald", wie es in den Protokollen wörtlich heißt, „die Beteiligten darüber einverstanden seien, daß jedoch, wenn dies nicht der Fall, der Protestat das Recht habe, zu verlangen, daß er in seinem

Geschäftslokale, oder in Ermangelung eines solchen in seiner Wohnung aufgesucht werde". Daraufhin wurde jener Antrag zurückgenommen und der Redaktionskommission überlassen, die Willensmeinung der Versammlung durch die zu wählende Fassung anzudeuten (vgl. Protok. der Leipziger Konferenz S. 152, 153). Hieraus erhellt, daß auch jene Versammlung das „beiderseitige Einverständnis", von dem jetzt der Satz 2 des Art. 91 spricht, nur dahin aufgefaßt hat, daß es eben bei der und durch die Vornahme der Handlung selbst an einem anderen als dem wechselmäßig bestimmten Orte zwischen den Beteiligten persönlich erklärt werde. Denn gerade die Ausdrucksweise, die den Fall betrifft, daß derjenige, dem gegenüber die Handlung vorzunehmen sei, mit der Abweichung von der im Gesetze vorgeschriebenen Örtlichkeit nicht einverstanden sei: er habe das Recht, zu verlangen, daß er in seinem Geschäftslokale oder seiner Wohnung aufgesucht werde, läßt darauf schließen, daß vorausgesetzt wird, daß die Beteiligten persönlich miteinander verhandeln, wobei eben derjenige, dem gegenüber die Handlung vorzunehmen ist, wenn er mit der Abweichung nicht einverstanden ist, das „Verlangen, in seinem Geschäftslokale oder der Wohnung von dem anderen aufgesucht zu werden", auszusprechen in die Lage kommt.

In der Wissenschaft ist die vorliegende Rechtsfrage nur von Renaud, Lehrbuch des Allgemeinen Deutschen Wechselrechts, insofern behandelt worden, als er in § 28 S. 112 ausführt, ein Einverständnis im Sinne des Art. 91 Satz 2 W.O. sei „dann anzunehmen, wenn derjenige, gegen welchen die Protesterhebung statthaben sollte, persönlich angetroffen werde, und der Protest eine Einwendung desselben gegen die Lokalität, in welcher der Akt vorgenommen, nicht ergebe".

Der Kläger hätte demnach, auch wenn sein Ausweis als Eigentümer des Wechsels und somit als zur Erhebung des Protestes mangels Zahlung Berechtigter nicht zu beanstanden gewesen wäre, doch mit seiner gegen Sch. und L. gerichteten Rückgriffsklage abgewiesen werden müssen, weil der Wechsel nicht nach Maßgabe desjenigen Inhalts des Wechsels, der für deren Haftung nach den Grundsätzen, die das Reichsgericht in der Entsch. in Zivils. Bd. 32 S. 36 festgelegt hat, entscheidend war, d. h. auch in dem früheren Geschäftslokale des Bezogenen F. oder in dessen Ermangelung in seiner früheren Wohnung in Stuttgart, protestiert worden ist, den Beklagten oder seinen Assistenten, die von der beschränkten Geltung des nachträglich beigefügten Zahlstellenvermerks keine Kenntnis hatten, auch keine Schuld daran beizumessen ist, daß dies unterblieben ist, wie dies denn der Kläger selbst auch gar nicht behauptet hat.

Das angefochtene Urteil ist deshalb, soweit dadurch der Beklagte verurteilt worden ist, aufzuheben. Die Sache ist zugleich, wie sich aus dem Dargelegten ergibt, zur Endentscheidung reif, und zwar dahin, daß die Berufung gegen das die Klage abweisende Urteil des Landgerichts zurückzuweisen ist." ...

---

70. Kann, wenn ein Urteil gegen „Sicherheitsleistung in Höhe des jedesmal beizutreibenden Betrags" für vorläufig vollstreckbar erklärt ist, die Abänderung dieser Entscheidung in der höheren Instanz nur durch Urteil, oder auch durch Beschluß erfolgen?

Z.P.O. §§ 707, 718, 719.

VII. Zivilsenat. Beschl. v. 12. Juli 1907 i. S. B.'er Hypothekenbank (Kl.) w. M. u. Gen. (Bekl.). Rep. VII. 91/07.

I. Kammergericht Berlin.

Die Beschwerde der Beklagten wurde zurückgewiesen aus folgenden

Gründen:

„Das landgerichtliche Urteil ist gegen Sicherheitsleistung „in Höhe des jedesmal beizutreibenden Betrags" für vorläufig vollstreckbar erklärt. Ob eine derartig unbestimmte Festsetzung des Betrags der Sicherheit mit den Bestimmungen der Zivilprozeßordnung verträglich ist, kann zweifelhaft sein. Der Schuldner, der die Unzulässigkeit geltend machen will, hat, da es sich um einen Ausspruch im Urteil handelt, dieses Urteil mittels Berufung anzufechten. Auf Antrag ist in der Berufungsinstanz über die vorläufige Vollstreckbarkeit vorab zu verhandeln und zu entscheiden. Daß dies aber nur gemäß § 718 Z.P.O. nach mündlicher Verhandlung und nur mittels Urteils geschehen kann, ist unzweifelhaft. Ist die erhobene Beanstandung des Urteils begründet, so muß das Berufungsgericht den die vorläufige

Vollstreckbarkeit betreffenden Ausspruch des angefochtenen Urteils dem Gesetze gemäß abändern. Anders verhält es sich mit den Anträgen nach §§ 707, 719 Z.P.O. Sie lassen den die vorläufige Vollstreckbarkeit betreffenden Ausspruch des Urteils unberührt. Sie bezwecken nicht dessen Beseitigung oder Abänderung, sondern die Verhinderung oder Hemmung oder Erschwerung der Vollstreckung des Urteils. Das Gericht kann, muß aber nicht eine der im § 707 Z.P.O. verzeichneten Anordnungen treffen. Eine Anordnung dahin, daß die Vollstreckung eines gegen Hinterlegung einer bestimmten Sicherheit für vorläufig vollstreckbar erklärten Urteils nur gegen Leistung einer höheren Sicherheit stattfinden dürfe, ist im § 707 nicht vorgesehen. Wohl aber kann angeordnet werden, daß ein unbedingt, ohne Sicherheit für vollstreckbar erklärtes Urteil nur gegen Sicherheit vollstreckt werden dürfe, und daraus mag die Folgerung zu ziehen sein, daß auch die zuerst erwähnte Anordnung zulässig ist. Daraus würde sich ergeben, daß der von den Beklagten erstrebte Endzweck, daß das landgerichtliche Urteil nur nach Hinterlegung von 20000 *M* vollstreckt werden dürfe, auch auf dem Wege der §§ 707, 719 Z.P.O. erreicht werden kann. Allein das Berufungsgericht hat mit Recht angenommen, daß die Beklagten diesen Weg nicht beschritten haben. Sie sagen in ihrem Schriftsatz vom 18. Juni 1907, es brauche wohl kaum darauf hingewiesen zu werden, daß der die vorläufige Vollstreckung betreffende Tenor des Urteils erster Instanz unzulässig sei, und sie beantragen ausdrücklich, die Entscheidung über die vorläufige Vollstreckbarkeit abzuändern. Dieser Antrag fällt unter den § 718 Z.P.O. Es kann auch nicht angenommen werden, daß die Beklagten etwa ihren Standpunkt geändert haben und nunmehr eine Anordnung nach § 707 erwirken wollen; sie halten vielmehr ausdrücklich ihren Antrag vom 18. Juni 1907 aufrecht. Dieser Antrag aber kann nicht im Beschlußverfahren ohne mündliche Verhandlung erledigt werden. Die Beschwerde ist deshalb als unbegründet zurückzuweisen."

---

71. 1. Wird durch die Einwilligung des Verletzten, insbesondere des Getöteten, in die an sich unerlaubte Handlung die Widerrechtlichkeit ausgeschlossen?

2. Gehören die Kosten der Überführung der Leiche nach einem entfernteren Orte zu den nach § 844 Abs. 1 B.G.B. zu ersetzenden Beerdigungskosten?

VI. Zivilsenat. Urt. v. 16. September 1907 i. S. Z. Erben u. Gen. (Bekl.) w. R. Wwe. (Kl.). Rep. VI. 20/07.

I. Landgericht II Berlin.
II. Kammergericht daselbst.

Julius Z. hatte die unverehelichte Elise R., die, wie er, in Berlin wohnte, und mit welcher er ein Liebesverhältnis unterhielt, veranlaßt, mit ihm an den Rhein zu reisen, und dann in einem Gasthofe zu Düsseldorf sie und sich selbst getötet. Die Mutter der Elise R. klagte gegen die Erben des Z. auf Schadensersatz gemäß §§ 844, 845 B.G.B. Die Ansprüche wurden vom Berufungsgerichte teils dem Grunde nach für berechtigt erklärt, teils abgewiesen. Auf die Revision der Beklagten ist dieses Urteil, unter Zurückweisung der Anschließung der Klägerin, insoweit aufgehoben worden, als zum Nachteile der Beklagten erkannt war, und die Sache insoweit in die Berufungsinstanz zurückverwiesen worden. Nachdem die Gründe für die Aufhebung — die hier nicht interessieren — dargelegt sind, heißt es über die obigen beiden Fragen in den

Gründen:

... „Nicht zum Gegenstand eines Angriffes haben die Beklagten die Entscheidung des Berufungsgerichtes gemacht, daß, abgesehen von der Einwirkung der §§ 254, 846 B.G.B., durch die, allerdings anzunehmende, Einwilligung der Elise R. in ihre Tötung die Haftung des Z., bzw. seiner Erben nach § 823 B.G.B. nicht ausgeschlossen werde. Diese Entscheidung ist auch rechtlich bedenkenfrei. Es handelt sich hier um die Frage, ob durch die Einwilligung des Verletzten in die an sich unerlaubte Handlung die Widerrechtlichkeit als beseitigt erscheint. Die Meinung, wonach der Einwilligung des Beschädigten diese Wirkung beizumessen sein soll, würde hier keinenfalls in Betracht kommen, weil als die durch die Tötung Beschädigten nach §§ 844, 845 B.G.B. andere Personen als der Verletzte zu gelten haben, hier eben die Klägerin, und deren Einwilligung nicht in Frage steht.

Vgl. Motive zu dem Entwurfe eines Bürgerlichen Gesetzbuchs Bd. 2 S. 730, 770 flg., und Zitelmann, im Archiv f. d. zivilist. Praxis Bd. 99 S. 54 Anm. 41.

Was aber die Einwilligung des Verletzten anlangt, so ist zwar die Frage, ob diese der Annahme einer Widerrechtlichkeit der Verletzung entgegensteht, nach Verschiedenheit der Fälle verschieden zu beantworten;

vgl. Zitelmann, a. a. O. S. 47 flg.; Planck, B.G.B. (3. Aufl.) Bd. 2 Bem. 3 zu § 823 S. 977 flg.; Oertmann, Schuldverhältnisse (2. Aufl.) Bem. 7, d zu § 823 S. 950; v. Staudinger (Engelmann), Kommentar zum B.G.B. (2. Aufl.) Bd. 2 Bem. 5 zu § 823 S. 462 flg.;

aber entschieden zu verneinen ist sie, und zwar, ungeachtet der abweichenden Ansicht Planck's, schon auf Grund des § 216 Str.G.B., für den Fall der Verletzung des Lebens eines anderen. Mit Recht leitet übrigens Zitelmann (a. a. O. S. 77) dieses Ergebnis auch noch daraus ab, daß die Einwilligung in die eigne Tötung gegen die guten Sitten verstoße (vgl. § 138 Abs. 1 B.G.B.).

Während danach aus den anderen, vorher dargelegten, Gründen die Revision der Beklagten Erfolg haben mußte, war der Anschließung der Klägerin ein solcher zu versagen. Sie betrifft zwei Punkte. Einmal handelt es sich um 700 ℳ, welche die Klägerin als Kosten des Transportes der Leiche ihrer getöteten Tochter von Düsseldorf nach Berlin von den Beklagten verlangt. Dieser Anspruch ist mit Recht verworfen worden. Zwar hat nach § 844 Abs. 1 B.G.B. im Falle der Tötung der Ersatzpflichtige die Beerdigungskosten demjenigen zu ersetzen, dem zunächst die Verpflichtung zu ihrer Tragung obliegt, und es können je nach Umständen zu diesen Kosten auch die Kosten des Transportes der Leiche nach einem entfernteren Orte gehören;

vgl. Planck, a. a. O. Bd. 5 Bem. 2 zu § 1968 S. 99; v. Staudinger (Herzfelder), Kommentar zum B.G.B. (2. Aufl.) Bd. 5 Bem. 3 zu § 1968 S. 130; v. Wilmowski-Kurlbaum, Deutsche Reichs-Konkursordnung (6. Aufl.) Bem. 3 zu § 224 S. 584; Eger, Reichs-Haftpflichtgesetz (5. Aufl.) Bem. 40 zu § 3 S. 350;

aber, wie Eger mit Recht hervorhebt, gehören sie doch an und für sich eigentlich nicht dazu, so daß es für die entgegengesetzte Annahme im einzelnen Falle immer besonderer Gründe bedarf. Solche liegen hier, wo die Elise R. mit dem Z. freiwillig von ihrem Wohnorte

Berlin nach Düsseldorf gereist ist, sich dort von ihm hat töten lassen und daselbst auf Kosten der Beklagten beerdigt worden ist, in keiner Weise vor. Wenn die Klägerin sich darauf beruft, daß sie es sich nicht gefallen zu lassen brauche, daß ihre Tochter auf dem katholischen Friedhofe in der Selbstmörderecke begraben liege, so mag das vielleicht richtig sein; hier ist das jedoch nicht zu entscheiden, da daraus nicht folgen würde, daß die Leiche nach Berlin transportiert werden müsse, und da andere Kosten, als diejenigen dieses Transportes, in diesem Prozesse nicht gefordert worden sind." ... (Es folgt dann die Erörterung des zweiten klägerischen Beschwerdepunktes, die hier nicht interessiert.)

---

72. Berechnung der Revisionssumme, wenn eine Gesellschaft mit beschränkter Haftung neben der rückständigen Stammeinlage eine im Gesellschaftsvertrage für den Zahlungsverzug vorgesehene Vertragsstrafe einklagt.

I. Zivilsenat. Urt. v. 18. September 1907 i. S. D. (Bekl.) w. Kartoffelstärkefabrik F., Ges. m. b. H. (Kl.). Rep. I. 567/06.

I. Landgericht Neustrelitz.
II. Oberlandesgericht Rostock.

Die klagende Gesellschaft war mit einem Stammkapitale von 600000 ℳ errichtet worden, wobei der Beklagte eine Stammeinlage von 9000 ℳ übernommen hatte. 25 Prozent der Stammeinlagen wurden bei der Gründung eingezahlt. Der Rest sollte nach § 3 des Gesellschaftsvertrages auf Aufforderung des Aufsichtsrates in Raten von je 25 Prozent bar bezahlt werden. Säumnis in der Zahlung sollte die Säumigen zur Zahlung von 5 Prozent Verzugszinsen und zu einer Konventionalstrafe von 5 Prozent der Stammeinlage verpflichten. Am 15. Juli 1905 beschloß der Aufsichtsrat, weitere 25 Prozent der Stammeinlagen zur sofortigen Einzahlung einzufordern, was die Geschäftsführer dem Beklagten noch an demselben Tage mit der Aufforderung mitteilten, bis zum 30. Juli die auf seine Stammeinlage entfallenden 2250 ℳ bei der Kasse der Gesellschaft ein=

zuzahlen. Da Zahlung nicht erfolgte, erhob die Gesellschaft Klage mit dem Antrage, den Beklagten zu verurteilen, ihr 2250 *M* nebst 5 Prozent Zinsen seit dem 30. Juli 1905 und ferner eine Vertragsstrafe von 450 *M* zu zahlen.

Beide Instanzen erkannten nach den Anträgen der Klägerin. Die Revision des Beklagten wurde als unzulässig verworfen.

Gründe:

„Daß die mit der rückständigen Stammeinlage von 2250 *M* eingeklagte Konventionalstrafe von 450 *M*, ebenso wie der Anspruch auf Verzugszinsen, lediglich als Nebenforderung, d. h. als eine von dem Hauptanspruche abhängige, aber doch verschiedene, besondere Forderung, geltend gemacht ist, kann einem Zweifel nicht unterliegen.

Der Vertreter des Revisionsklägers hat dies zwar deswegen bestritten, weil die Strafe nach dem Gesellschaftsvertrage von der ganzen Stammeinlage berechnet werde, der Hauptanspruch aber nur einen Teil der Stammeinlage zum Gegenstande habe, nämlich die eingeforderte Rate von 25 Prozent. Die Ansicht, daß deswegen nur der vierte Teil der Strafe als Nebenforderung, die übrigen drei Viertel als selbständige Hauptforderung anzusehen seien, ist indes unrichtig. Berechnet wird die Strafe nach dem Gesellschaftsvertrage allerdings nach der ganzen Stammeinlage; aber sie verfällt mit der Säumnis in der Zahlung auch nur einer der vorgesehenen Raten von je 25 Prozent und bildet damit eine vertragsmäßige Nebenforderung zu dieser Rate der Stammeinlage.

Nach § 4 Z.P.O. sollen nicht schlechtweg alle Nebenforderungen für die Berechnung des Wertes des Streitgegenstandes unberücksichtigt bleiben, sondern nur „Früchte, Nutzungen, Zinsen, Schäden und Kosten". Hier kann nur der Begriff der Schäden in Frage kommen. Dieser aber trifft auch zu. Verspricht der Schuldner eine Strafe für den Fall, daß er seine Verbindlichkeit nicht zur bestimmten Zeit erfüllt (§ 341 Abs. 1 B.G.B.), so muß im Zweifel davon ausgegangen werden, daß damit im voraus der Schade vertragsmäßig festgesetzt werden soll, der dem Gläubiger durch den Verzug des Schuldners entsteht, und dessen Ersatz dem Schuldner nach § 286 Abs. 1 B.G.B. obliegt. Daß dies auch der Standpunkt des Bürgerlichen Gesetzbuchs ist, ergibt sich aus § 341 Abs. 2, wonach der Gläubiger die verwirkte Strafe als Mindestbetrag seines Schadens verlangen kann.

Hier handelt es sich darum, daß der Gesellschaftsvertrag einer Gesellschaft mit beschränkter Haftung bei nicht rechtzeitiger Einzahlung der Stammeinlagen Geldstrafen vorsieht. Für diesen Fall grundsätzlich der Strafe eine andere Bedeutung als die des vertragsmäßig geregelten Schadensersatzes zu geben, liegt keine Veranlassung vor. Besondere Umstände aber, die dies im vorliegenden Falle angezeigt erscheinen lassen könnten, sind nicht erkennbar.

Da demnach nur der eingeklagte Betrag der Stammeinlage selbst als Streit- und Beschwerdewert in Betracht kommt, war die Revision nach §§ 546, 554a Z.P.O. als unzulässig zu verwerfen."

---

73. Kann der Verkaufswert von Häusern zum Zwecke der Festsetzung der Enteignungsentschädigung in der Weise ermittelt werden, daß der Grund-, Gebäude- und kapitalisierte Ertragswert zusammengerechnet, von dieser Summe der Durchschnitt gezogen, und hiervon der Betrag der Abgaben und Lasten abgerechnet wird?

VII. Zivilsenat. Urt. v. 20. September 1907 i. S. N. (Kl.) w. preuß. Fiskus (Bekl.). Rep. VII. 540/06.

I. Landgericht Beuthen.
II. Oberlandesgericht Breslau.

Aus den Gründen:

... „Begründet ist die Beschwerde der Revisionskläger über die von dem Sachverständigen A. angewendete Art der Wertsberechnung, der der Berufungsrichter folgt. Der Sachverständige hat sowohl den „Verkaufswert" des klägerischen Grundstücks vor der Enteignung als auch denjenigen des Restgrundstücks in der Weise ermittelt, daß er den Grund-, Gebäude- und kapitalisierten Ertragswert zusammengerechnet, von dieser Summe den Durchschnitt gezogen und von letzterem den auf $12^1/_2$ Prozent des kapitalisierten Ertragswertes angenommenen Betrag der Abgaben und Lasten abgerechnet hat. Diese Methode bietet nicht ohne weiteres die Gewähr, daß der Eigentümer des von der Enteignung betroffenen Grundstücks durch eine nach Maßgabe einer solchen Wertsberechnung festgesetzte Entschädigung richtig entschädigt wird. Es mag vielleicht die Annahme sich rechtfertigen lassen, daß die Summe des Grund- und Gebäudewertes in der Regel die untere Grenze des Verkaufswertes bildet, wobei allerdings Voraussetzung ist, daß bei der Bestimmung und Berechnung des Gebäudewertes von sachgemäßen Gesichtspunkten ausgegangen wird. Es mag ferner zutreffend sein, daß in der Regel der kapitalisierte Betrag des nach Abzug der Abgaben und Lasten verbleibenden Ertrages die obere Grenze des Verkaufswertes darstellt. Es mag endlich ein mit Rücksicht auf die betreffenden Verhältnisse ausreichend richtiges Resultat ergeben, wenn bei allgemeinen Durchschnittsberechnungen oder auch bei gewissen, besonderen Zwecken dienenden, Wertsbemessungen des einzelnen Grundstücks der Durchschnitt zwischen der Summe des Grund- und Gebäudewertes einerseits und dem kapitalisierten Ertragswerte andererseits als der Verkaufswert angesehen wird. Allein es kann nicht anerkannt werden, daß, wenn, wie bei der Enteignung, der wirkliche, durch die örtlichen und zeitlichen Verhältnisse bedingte Verkaufswert eines einzelnen, bestimmten Grundstücks ermittelt werden soll, alsdann ohne weiteres lediglich durch mechanische Halbteilung zwischen Grund- und Gebäudewert einerseits und Ertragswert andererseits mit irgend welcher Sicherheit der wirkliche Verkaufswert gefunden werden könnte. Es ist nicht einzusehen, welche allgemeinen theoretischen Erwägungen und Gründe die Richtigkeit dieses Ergebnisses für den einzelnen Fall verbürgen sollten. Ein allgemein gültiger Erfahrungssatz dieses Inhalts kann aber nicht bestehen, da die maßgebenden örtlichen und zeitlichen Verhältnisse zu verschieden sind. Die preuß. Allgemeine Gerichtsordnung hatte auch keineswegs eine solche schematische Durchschnittsberechnung angeordnet, sondern nur bestimmt (Tl. II Tit. 6), daß die Taxatoren bei Abschätzung städtischer Grundstücke aus dem Materialien- und Ertragswert, sowie aus dem Betrag der Abgaben die Taxe nach *vernünftigem und billigem Ermessen* festsetzen sollten. Wenn später im Jahre 1841 die preußische Justizverwaltung sich veranlaßt gesehen hat (Erlaß des Justizministers vom 17. August 1841, Justizministerialblatt S. 257), jene Methode bei Abschätzung städtischer Grundstücke zu billigen bzw. vorzuschreiben, so kann diese Tatsache der Anwendung jener Methode bei der *Enteignung* unter den *heutigen* Verhältnissen nicht zur Stütze gereichen. Denkbar mag es sein, daß auch heute noch jene

Art der Wertsermittlung in einzelnen Fällen zu einem zutreffenden Ergebnis führen kann. Dies ist aber in jedem einzelnen Falle nachzuweisen. Dazu genügt nicht die bloße Aufstellung, daß die Methode an dem betreffenden Orte sich bewährt habe; sondern es muß auch dargetan werden, wann und wie die Probe auf die Richtigkeit des Ergebnisses gemacht worden ist; denn es muß wiederholt betont werden, daß die Methode in sich selbst nicht den geringsten rechtfertigenden Grund für die Annahme birgt, daß gerade der Durchschnitt, und nicht ein Betrag über oder unter diesem Durchschnitt dem wirklichen Verkaufswerte entspricht. Im allgemeinen ist unter den heutigen Verhältnissen der Verkaufswert nach Maßgabe des Ertragswertes, jedoch unter Berücksichtigung etwaiger entsprechender Vergleichskäufe oder der sonst festzustellenden Preise der in der betreffenden Örtlichkeit belegenen gleichartigen Hausgrundstücke, zu ermitteln. Dabei ist in der Regel zu erfordern, daß die Feststellung des Ertragswertes in eingehender Weise erfolgt, daß insbesondere die Abgaben, Lasten und Unkosten nicht summarisch nach einer allgemeinen Schablone, sondern im einzelnen berechnet werden, und dabei auf Alter und Beschaffenheit des Gebäudes und die daraus für die Ertragsbemessung sich ergebenden Faktoren Rücksicht genommen wird." ...

---

74. Sind wesentliche Teile einer Maschine, die als Ganzes wegen ihrer Kompliziertheit nicht gebrauchsmusterschutzfähig sein würde, zum Gebrauchsmusterschutze geeignet?

I. Zivilsenat. Urt. v. 21. September 1907 i. S. G. (Kl.) w. F. H. (Bekl.). Rep. I. 574/06.

I. Landgericht Liegnitz.
II. Oberlandesgericht Breslau.

Für den Kläger war ein Gebrauchsmuster unter der Bezeichnung „Langstrohdreschmaschine, deren rotierende, den Dreschkorb ersetzende Walze mit radial genuteten Umfangsrippen versehen ist", eingetragen. Der Kläger behauptete, die Beklagte habe in Kenntnis der Eintragung wissentlich, mindestens aber grob fahrlässig sein Schutzrecht dadurch verletzt, daß sie seit Ende 1901 bis zum Ablaufe der Schutzfrist in mindestens 200 Fällen von ihr hergestellte Langstrohdreschmaschinen mit der geschützten Einrichtung versehen und ihm dadurch einen Schaden zugefügt habe.

Das Landgericht nahm an, daß der Gegenstand der Anmeldung nicht die ganze Dreschmaschine, sondern die eigenartige Walze sei, die als ein im Modelle darstellbares Arbeitsgerät auch unter Gebrauchsmusterschutz stehe, wies aber die Schadensklage ab, weil der Beklagten weder Wissentlichkeit noch grobe Fahrlässigkeit bei der Nachbildung zur Last gelegt werden könne. Die Berufung wurde vom Oberlandesgericht mit der Begründung zurückgewiesen, daß weder die verhältnismäßig komplizierte Maschine im ganzen, noch der Dreschkorb als Teil schutzfähig sei, weil ihm innerhalb des maschinellen Gefüges keine selbständige Funktion zukomme, er vielmehr lediglich als ein wesentlicher Bestandteil der ganzen Maschine erscheine. Dieses Urteil wurde aufgehoben.

Aus den Gründen:

(Es wird zunächst dargelegt, daß das Berufungsgericht ohne Rechtsirrtum und prozeßgerecht festgestellt habe, daß der sog. Dreschkorb ein wesentliches und unentbehrliches Organ der ganzen Maschine bilde.)

„Aber auch unter dieser Voraussetzung erscheint die Revision als begründet.

Es ist in der Literatur die Ansicht vertreten worden, daß auch kompliziertere Maschinen dann Gegenstand des Gebrauchsmusters sein könnten, wenn sie im großen und ganzen bekannt sind, und die Neuheit sich nur auf einen einzelnen, im Modelle darstellbaren und relativ einfachen Bestandteil bezieht.

Vgl. Schanz, im Sächs. Archiv Bd. 10 S. 81 flg.

Man könnte vielleicht eine gewisse Unterstützung für diese Ansicht auch in einigen Entscheidungen des gegenwärtig erkennenden Senats, z. B. der vom 8. Januar 1902 (Bl. f. P.=M.= u. Z.=W. 8, 132), betreffend eine Hobelmaschine für Holzsohlen, oder der vom 14. Oktober 1899, betreffend eine Registrierkasse, zu finden geneigt sein. Wäre ihr beizutreten, so würde schon die Annahme der Vorinstanz, daß die Dreschmaschine im ganzen wegen ihrer Kompliziertheit des Gebrauchs=

musterschutzes unfähig sei, Bedenken unterliegen. Der Senat will aber diese Frage hier unentschieden lassen. Denn im gegenwärtigen Falle kann es keinem Zweifel unterliegen, daß der Anmelder für die Dreschmaschine im ganzen einen Schutz nicht beansprucht, daß er vielmehr ausdrücklich nur die eigenartig geformte, den Dreschkorb ersetzende Walze unter Schutz gestellt hat." (Wird näher dargelegt.)

„Was nun aber die Schutzfähigkeit des eigenartig geformten Dreschkorbes für sich anlangt, so ist es rechtsirrig, wenn das Berufungsgericht meint, er müsse um deswillen des Schutzes entbehren, weil er ein *wesentlicher* Teil der als Ganzes wegen ihrer Kompliziertheit schutzunfähigen Dreschmaschine sei. Das Reichsgericht hat nirgends ausgesprochen, daß wesentliche Teile einer Gesamtkombination, der im ganzen wegen ihrer Kompliziertheit nur der Patentschutz offen stände, für sich nicht musterschutzfähig sein könnten. In der Entscheidung, betreffend den Bogenableger bei Schnellpressen, (*Gruchot's* Beitr. Jahrg. 47 S. 1032) ist allerdings Wert darauf gelegt, daß es sich um eine für sich einfache Vorrichtung an einer komplizierten Maschine handelt, die eine selbständige Funktion verrichtet. Diese Vorrichtung bestand nicht in einem einfachen Körper von bestimmter Form, sondern bildete gewissermaßen eine kleine Maschine für sich. Es war daher für die Entscheidung von Bedeutung, ihre Unabhängigkeit von dem Organismus der komplizierten Schnellpresse festzustellen, weil daraus hervorging, daß das komplizierte Arbeiten der Presse das relativ einfache Funktionieren des Bogenablegers nicht berührte. Andererseits ist in den Entsch. des R.G.'s in Zivils. Bd. 39 S. 115 bei Unterstellung, daß die Filterpresse als Ganzes sich wegen ihrer Kompliziertheit für den Musterschutz nicht eigne, angenommen, daß die eigentümlich geformten Filterplatten, die dort zweifellos einen notwendigen und unselbständigen Teil der Gesamtkombination bilden, des Musterschutzes wohl fähig seien. Ebenso ist in der oben erwähnten Entscheidung, betreffend die Hobelmaschine für Holzsohlen, angedeutet, daß dem Anmelder beizupflichten wäre, wenn er den Schutz nur für die in Form der Sohlen ausgeschnittenen Schieneneinsätze und die wagenförmige Einspannvorrichtung einer im übrigen bekannten Hobelmaschine beansprucht hätte — obwohl es sich auch hier zweifellos um wesentliche Bestandteile der Gesamtkombination handelte —, und wenn er nicht die ganze komplizierte Maschine, die nicht nur in den erwähnten beiden Einrichtungen, sondern auch in mehreren anderen Bestandteilen und in der Kombination ihrer verschiedenen Bestandteile neu sein sollte, hätte unter Schutz gestellt wissen wollen. Im vorliegenden Falle trifft alles, was in den Entsch. des R.G.'s in Zivils. Bd. 39 S. 115 über die Filterplatten gesagt ist, analog auf den hier in Rede stehenden Dreschkorb zu. Er ist als ein Arbeitsgerät anzusehen; er dient der Arbeit, die von der Dreschmaschine verrichtet wird. Der Erfindungsgedanke verkörpert sich in der Form, und die Funktion ist so allgemein verständlich und einfach, daß kein Grund vorliegt, ihn vom Musterschutze auszuschließen. Daß eine kurze Beschreibung erforderlich ist, um das Wesen der Erfindung klar zu machen, und daß die Beschreibung zeitlich aufeinander folgende Vorgänge begreift, steht nicht entgegen; denn es ist unrichtig, wenn Isay (Komment. zum Gebr.M.Sch.G. § 1 Bem. 21) meint, Erfindungen, deren Gegenstand nur räumlich und zeitlich definiert werden können, seien als Einrichtungen nicht musterschutzfähig. Es gibt zahllose Muster, kleine Haushaltsmaschinen und andere, deren Wesen nur mittels der damit zu verrichtenden Arbeit und ihrer Arbeitswirkung beschrieben werden kann. Diese Wirkung folgt aber regelmäßig der sie setzenden Ursache, d. h. der Arbeit, nach." ...

---

75. Hat die Bestimmung in einem Grundstückskaufvertrage, daß das Grundstück „mit allen Rechten und Lasten" verkauft werde, die Bedeutung, daß der Verkäufer von der Gewährleistung für etwaige Rechte Dritter am Grundstücke, z. B. Grunddienstbarkeiten, befreit sein soll? B.G.B. §§ 434, 446.

V. Zivilsenat. Urt. v. 21. September 1907 i. S. M. (Kl.) w. F. (Bekl.). Rep. V. 601/06.

I. Landgericht Chemnitz.
II. Oberlandesgericht Dresden.

Durch Vertrag vom 13. Januar 1901 verkaufte der Beklagte seine Gärtnereigrundstücke L. Bl. 84 und 429 „mit allen Rechten und

Lasten" an den Kläger für 35000 *M*. Über das Grundstück Bl. 429 führen in unterirdischen Röhren zwei Wasserleitungen nach den angrenzenden Grundstücken des P. und des T. Der Kläger erhob mit der Behauptung, den jeweiligen Eigentümern dieser Grundstücke stehe das Recht auf Fortbestand der betreffenden Leitung als Grunddienstbarkeit zu, Klage auf Verurteilung des Beklagten zur Beseitigung der beiden Grunddienstbarkeiten. Der Beklagte machte geltend, in der Vertragsbestimmung, daß die Grundstücke „mit allen Rechten und Lasten" verkauft würden, sei eine Vereinbarung dahin enthalten, daß dem Verkäufer die Gewährleistung wegen solcher Mängel im Rechte, wie der in Rede stehenden, erlassen sein solle. Der erste Richter verurteilte den Beklagten nach dem Klagantrage. Der zweite Richter wies die Klage ab.

Der Revision des Klägers wurde stattgegeben aus folgenden

Gründen:

... „Das Berufungsgericht erachtet den Wortsinn der fraglichen Vertragsbestimmung, daß die Grundstücke „mit allen Rechten und Lasten" verkauft würden, für klar und unzweideutig. Unter „Lasten" seien, wenn keine ausgenommen würden, alle Lasten zu verstehen, und, daß Grunddienstbarkeiten ein das Grundstück und dessen Eigentümer belastendes Recht, also eine Last, seien, könne nicht zweifelhaft sein. Es sei auch nach den Erfahrungen des erkennenden Gerichts als das Übliche anzusehen, daß der Käufer eines Grundstücks es so erwerben wolle, wie es der Verkäufer tatsächlich und rechtlich besessen habe, und daß der letztere es nur in dieser tatsächlichen und rechtlichen Beschaffenheit veräußern wolle, also auch mit den darauf ruhenden Lasten, die den Vertragschließenden beim Vertragsabschlusse nicht bekannt gewesen seien.

Diese Ausführungen des Berufungsgerichts beruhen auf Gesetzesverletzung. Nach § 434 B.G.B. ist der Verkäufer verpflichtet, dem Käufer den verkauften Gegenstand frei von Rechten zu verschaffen, die von Dritten gegen den Käufer geltend gemacht werden können. Ausnahmen hiervon gelten beim Grundstückskaufe nur bezüglich der auf dem Grundstücke ruhenden öffentlichen Lasten gemäß § 436 B.G.B., und bezüglich der dem Käufer bei dem Kaufabschlusse bekannten Mängel im Rechte gemäß § 439 B.G.B. Es hat also nach dem Gesetz, soweit nicht solche Ausnahmen Platz greifen, der Verkäufer dem Käufer dafür aufzukommen, daß das verkaufte Grundstück nicht mit Rechten Dritter, insbesondere mithin auch nicht mit Grunddienstbarkeiten, belastet ist. Das Berufungsgericht verletzt daher die Vorschrift des § 434 B.G.B., wenn es meint, der Wille der Vertragschließenden sei ohne weiteres als darauf gerichtet zu erachten, daß der Käufer sämtliche zur Besitzzeit des Verkäufers auf dem Grundstücke ruhenden Lasten auf sich nehme. Vielmehr hat, wenn im Vertrage hierüber nichts bestimmt ist, die Bestimmung des § 434 B.G.B. als Willensmeinung der Vertragschließenden zu gelten. Das Berufungsgericht findet nun allerdings ferner in der Vertragsbestimmung, daß die Grundstücke „mit allen Rechten und Lasten" verkauft würden, einen klaren und unzweideutigen Ausdruck des Willens der vertragschließenden Parteien, daß mit allen „Lasten" auch die darunter unzweifelhaft fallenden Grunddienstbarkeiten von dem kaufenden Kläger übernommen werden sollten. Diese Auslegung der Vertragsbestimmung widerstreitet aber der Bedeutung, die das Bürgerliche Gesetzbuch dem Worte „Lasten" beilegt, und sie steht in dieser Hinsicht auch im Widerspruche mit dem allgemeinen juristischen Sprachgebrauche. Das Bürgerliche Gesetzbuch enthält zwar nicht eine Begriffsbestimmung des Wortes „Lasten"; aber aus verschiedenen Vorschriften ergibt sich, daß es unter „Lasten" nur versteht Leistungen, die aus dem Grundstücke zu entrichten sind und insofern im Gegensatze zu den Nutzungen stehen, als der Nutzungswert des Grundstücks durch sie gemindert wird. Dies ist insbesondere zu entnehmen aus den Bestimmungen der §§ 101, 103 über Verteilung der Früchte einerseits, und der „Lasten" andererseits bei Aufhören eines Rechtes an der Sache, ferner aus § 748, betreffend die Tragung der „Lasten" seitens der Gemeinschafter nach dem Verhältnis ihrer Anteile, aus § 995, wonach die Aufwendungen des Besitzers zur Bestreitung von „Lasten" der Sache als notwendige Verwendungen anzusehen sind, weiter aus § 1047, wonach der Nießbraucher dem Eigentümer gegenüber die öffentlichen und die bereits auf der Sache ruhenden privatrechtlichen „Lasten", insbesondere Hypothekenzinsen und Rentenschuld-„Leistungen", zu tragen hat, vor allem aus § 446 Abs. 1 Satz 2, wonach von der Übergabe an dem Käufer die Nutzungen gebühren, er dagegen die „Lasten" der Sache trägt. Belastungen zugunsten Dritter, die nur das Eigentums- und Verfügungsrecht einschränken, nicht aber den

Eigentümer als solchen zu Leistungen aus dem Grundstücke verpflichten, wie Nießbrauch, Grunddienstbarkeiten, dingliches Vorkaufsrecht, werden nach dem Bürgerlichen Gesetzbuch von dem Ausdrucke „Lasten" nicht mitumfaßt. Ebenso wurden unter der Herrschaft des gemeinen Rechtes die „Lasten" (onera) mit den Nutzungen (commoda) in Parallele gestellt, und wurden Belastungen mit Rechten Dritter (jura in re aliena) davon geschieden. In gleicher Weise sind im § 869 B.G.B. für das Königreich Sachsen die „Lasten" der Sache, die den Erwerber von dem Zeitpunkte der Gefahrtragung ab treffen, den Vorteilen, insbesondere den Früchten, die ihm von diesem Zeitpunkte ab gebühren, gegenübergestellt. Es ist demnach fehlgehend, wenn das Berufungsgericht unter dem Worte „Lasten" in der fraglichen Vertragsbestimmung ohne weiteres Grunddienstbarkeiten mitversteht. Dies um so mehr, als im § 4 des Vertrages vom 13. Januar 1901 die Redewendung „alle Rechte und Lasten" wiederkehrt, dort aber offenbar die Bedeutung des vorerwähnten § 446 Abs. 1 Satz 2 B.G.B. hat, da bestimmt ist, daß an dem Tage der Übergabe auch „alle Rechte und Lasten" auf den Käufer übergehen sollen. Das Berufungsgericht hat hiernach bei der Auslegung der Vertragsbestimmung, daß die Grundstücke „mit allen Rechten und Lasten" verkauft würden, den § 133 B.G.B. verletzt. Nur dann würden in dieser Vertragsbestimmung unter „Lasten" auch Belastungen mit Rechten Dritter, insbesondere Grunddienstbarkeiten, mitzuverstehen sein, wenn die Parteien beim Vertragsschluß entsprechende Vereinbarungen hinsichtlich der Übernahme auch solcher Belastungen seitens des Käufers getroffen hätten. Dies ist aber, bisher wenigstens, nicht dargetan. Vielmehr hat der Verfasser des Vertrages, Rechtsanwalt D., als Zeuge bekundet, es sei ausgeschlossen, daß durch die bei Kaufverträgen übliche Redewendung „mit allen Rechten und Lasten" habe zum Ausdrucke gebracht werden sollen, daß der Beklagte für etwa auf dem Grundstücke haftende, ihm unbekannte Grunddienstbarkeiten haften sollte.

Hiernach trägt das Reichsgericht kein Bedenken, entgegen dem Berufungsgericht festzustellen, daß nach der Sachlage, wie sie zurzeit gegeben ist, der Kläger die etwaigen auf den gekauften Grundstücken ruhenden Grunddienstbarkeiten nicht übernommen hat. Es war daher der Revision stattzugeben." ...

76. 1. Können die Gesellschafter einer offenen Handelsgesellschaft das Recht zur Führung und Übertragung der Firma im Verhältnis zueinander rechtswirksam als Individualrecht eines einzelnen Gesellschafters behandeln?
2. Kann die sich hieraus ergebende Verbindlichkeit als eine Gesellschaftsschuld konstituiert werden?

I. Zivilsenat. Urt. v. 21. September 1907 i. S. 1. A. W., 2. G. H., 3. G. W. (Bekl.) w. Nikolaus M. u. Helene M. (Kl.). Rep. I. 502/06.

I. Landgericht Frankfurt a. M., Kammer für Handelssachen.
II. Oberlandesgericht daselbst.

Der Kläger Nikolaus M. war der Sohn und Erbe seines 1902 verstorbenen Vaters Alexander M., die Mitklägerin Helene M. dessen Witwe und Statutarerbin. Verklagt waren 1. A. W., 2. G. H., 3. G. W. Gegen G. H. und G. W. wurde der Antrag gestellt, sie zu verurteilen, die Führung der Firma M.-S. zu unterlassen, gegen A. W., ihn zu verurteilen, zu bewirken, daß G. H. und G. W. die Führung der Firma unterließen. Nach der Behauptung der Kläger sollte die Firma M.-S., unter der seit Jahrzehnten eine offene Handelsgesellschaft geführt worden war, ausschließliches Eigentum ihres Erblassers gewesen sein, wofür sie sich auf das Kodizill des Jakob M., eines Bruders ihres Erblassers, vom 1. Juli 1891 und auf die Gesellschaftsverträge vom 14. Oktober 1882 und vom 1. Mai 1892 beriefen. Auch stützten sie die Klage auf das ihnen nach § 12 B.G.B. an dem Namen M. zustehende Namensrecht.

Das Landgericht wies die Klage gegen G. H. und gegen G. W. ab, verurteilte aber A. W. nach dem gestellten Antrage. Das Oberlandesgericht aber erkannte auch gegen G. H. und G. W. nach den Anträgen der Kläger.

Die Revision der Beklagten wurde zurückgewiesen aus folgenden

Gründen:

... „II. Die Berechtigung des Klaganspruchs gegenüber dem Beklagten A. W. folgt unmittelbar aus § 6 des Gesellschaftsvertrages vom 1. Mai 1892 in Verbindung mit § 249 B.G.B. Es ist für die Beurteilung des vorliegenden Streitverhältnisses entscheidend, daß die beteiligten Gesellschafter das Recht zur Führung und Übertragung der Gesellschaftsfirma M.-S. im Verhältnis untereinander als ein Individualrecht behandelt und anerkannt haben. So wurde schon in dem Gesellschaftsvertrage vom 14. Oktober 1882, durch den die Brüder M. ihre Prokuristen A. W. und F. H. als Teilhaber aufnahmen, bestimmt, daß hinsichtlich der Fortführung der Firma Jakob M. Bestimmung treffen könne, und daß seine letztwilligen Verfügungen in dieser Hinsicht maßgebend sein sollten. In dem Kodizill des Jakob M. vom 1. Juli 1891 war dann erklärt, daß die Firma M.-S. sein „ausschließliches Eigentum" sei, und daß er die Firma seinem Bruder und Mitgesellschafter Alexander M. (dem Rechtsvorgänger der Kläger) mit der Befugnis vermache, sie mit den übrigen Gesellschaftern fortzusetzen, eventuell nach deren Ausscheiden allein zu führen. Diese letztwillige Verfügung haben die Kontrahenten des Vertrages vom 1. Mai 1892, darunter der Beklagte A. W., anerkannt, indem sie in § 6 erklärten, daß die Firma M.-S. als solche ausschließliches Eigentum des Alexander M. bleibe, und nach dessen Ableben oder Ausscheiden zunächst auf seine Frau (die Klägerin zu 2), und nach deren Ableben oder Verzicht auf Nikolaus M. (den Kläger zu 1) übergehe, in dessen Mannesstamm sie sich weiter vererbe. Für den — in der Folge tatsächlich eingetretenen — Fall, daß sowohl Frau M. als Nikolaus M. die Gesellschaft nicht fortsetzen wollten, wurde vereinbart, daß A. W. und F. H. die Firma übernehmen und gebrauchen könnten. Dabei verpflichteten sich aber sämtliche Kontrahenten weiter, die Firma nicht an dritte, nicht zur Deszendenz des Alexander M., des A. W. oder des F. H. gehörige, Personen zu überlassen, wenn die Genannten selbst der Gesellschaft nicht mehr angehören sollten.

Die Rechtsgültigkeit und Verbindlichkeit dieser Verpflichtung im internen Verhältnisse der Gesellschafter kann nicht bezweifelt werden. Insbesondere tritt sie nicht mit dem in § 23 H.G.B. aufgestellten Grundsatze, wonach eine Firma nicht ohne das Handelsgeschäft, für das sie geführt wird, veräußert werden kann, in Widerspruch, da eine Führung oder Übertragung der Firma ohne das Geschäft in den bezeichneten Verfügungen nicht vorgesehen ist. Indem der Beklagte A. W. bei seinem Ausscheiden aus der Gesellschaft das Geschäft samt der Firma M.-S. Personen überließ, die unbestrittenermaßen nicht zur Deszendenz von Alexander M. oder A. W. oder F. H. gehörten, verletzte er seine Pflichten aus dem Vertrage vom 1. Mai 1892 und ist den Rechtsnachfolgern des Alexander M. zum Schadensersatze, d. h. zur Wiederherstellung des Zustandes verpflichtet, der bestehen würde, wenn er seiner Vertragspflicht genügt hätte.

III. Die Bestimmung in § 6 des Vertrages vom 1. Mai 1892 lautet ganz allgemein:

„Eine Überlassung der Firma an dritte, nicht zur Deszendenz der Herren Alexander M. oder A. W. oder F. H. gehörige Personen ist unstatthaft."

Sie begründete nach der rechtlichen Auffassung des Oberlandesgerichts nicht nur eine Verbindlichkeit der einzelnen Kontrahenten für ihre Person, sondern sie hatte den Zweck, eine Gesellschaftsschuld zu statuieren, mit der Wirkung, daß sie gemäß § 130 H.G.B. auch für alle in der Folge in die Gesellschaft eintretenden Gesellschafter maßgebend blieb, daß also auch diese für ihre Erfüllung hafteten. Diese Beurteilung, die vom Oberlandesgerichte eingehend und unter Berücksichtigung der konkreten Verhältnisse motiviert wird, ist rechtlich nicht zu beanstanden. Insbesondere unterliegt es keinem Bedenken, daß Verbindlichkeiten, die sich auf die Führung der Gesellschaftsfirma beziehen, auch von der offenen Handelsgesellschaft als solcher übernommen werden; denn sie sind wesentlich vermögensrechtlicher Natur, und der Zweck der Bestimmung des § 6 konnte, wie das Oberlandesgericht zutreffend hervorhebt, nur dann erreicht werden, wenn für ihre Erfüllung die unter der Firma der offenen Handelsgesellschaft vereinigten Personen als Gesamtschuldner hafteten, und zwar sowohl die dermaligen als die künftig eintretenden. Offenbar hat dies auch den Kontrahenten des späteren Gesellschaftsvertrages vom 31. Januar/6. Februar 1903 vorgeschwebt; denn hier wurde bestimmt, daß, falls A. W. infolge Kündigung des F. H. das Geschäft übernehme, oder falls nach seinem Tode seine Erben als Kommanditisten beteiligt blieben, oder falls Nikolaus M. nach dem Tode des A. W. in das Geschäft eintrete, die bisherige Firma unverändert weiter geführt werden könne, daß aber in anderen Fällen nach dem Ausscheiden des A. W. die Fortführung der Firma nur mit einem das Nachfolgeverhältnis andeutenden Zusatze gestattet sei. Es kann hier dahingestellt bleiben, ob, wenn die Beklagten G. H. und G. W. die

Firma M.-S. mit einem solchen Zusatze führten, der in Frage stehenden Verbindlichkeit der Gesellschaft entsprochen wäre. Jedenfalls steht die unveränderte Fortführung der Firma M.-S. durch die Beklagten G. H. und G. W. mit der erwähnten Verbindlichkeit in Widerspruch. Sie sind daher zur Unterlassung dieser Firmenführung verpflichtet, wobei es unerheblich ist, ob sie bei ihrem Eintritte in die Gesellschaft jene Verbindlichkeiten kannten, oder nicht. Ein Schutz des guten Glaubens kommt hier nicht in Frage. Die Gesellschafter haften nach § 130 H.G.B. auch für Verbindlichkeiten der Gesellschaft, die sie bei ihrem Eintritte nicht gekannt haben.

Zutreffend hat das Oberlandesgericht den Klaganspruch auch aus den § 12 B.G.B. und § 37 H.G.B. begründet. Die Beklagten G. H. und G. W. gebrauchen den Namen M. in ihrer Firma; sie gebrauchen ihn unbefugt, weil die Vorschrift des § 24 H.G.B. durch die Bestimmungen des § 6 des Vertrages vom 1. Mai 1892 in einer auch für die neu eintretenden Gesellschafter bindenden Weise im internen Verhältnis der Gesellschafter und ihrer Rechtsnachfolger zueinander außer Kraft gesetzt ist. Sie verletzen sonach durch die unbefugte Firmenführung vertragliche Rechte der Kläger (§ 37 H.G.B.) und auch das Interesse (§ 12 B.G.B.), das diese daran haben, daß nicht andere als die in § 6 erwähnten Personen sich des im Geschäftsleben altrenommierten Namens M. bedienen." ...

---

77. Ist die Revisionssumme vorhanden, wenn in dem mit der Revision angefochtenen Urteile über eine sich aus mehreren einzelnen Forderungen zusammensetzende Gesamtforderung von über 2500 ℳ zuungunsten des Revisionsklägers erkannt, von diesem in der Revisionsbegründung und bei der mündlichen Verhandlung auch die Aufhebung des ganzen angefochtenen Urteils beantragt, aber die Revision nur bezüglich eines der mehreren Streitpunkte begründet worden ist, dessen Wert die Summe von 2500 ℳ nicht erreicht?[1]

Z.P.O. §§ 546, 554 Abs. 3 Nr. 2, 554a.

[1] Vgl. Nr. 44 S. 178 flg. dieses Bandes. D. R.

II. Zivilsenat. Urt. v. 24. September 1907 i. S. S. & M. (Bekl.) w. U. (Kl.). Rep. II. 166/07.

I. Landgericht Chemnitz.
II. Oberlandesgericht Dresden.

Die Frage ist vom Reichsgericht verneint worden aus folgenden, den Sachverhalt ergebenden

Gründen:

„Die Revision konnte nicht für zulässig erachtet werden.

Nach § 546 Z.P.O. ist in Rechtsstreitigkeiten über vermögensrechtliche Ansprüche die Zulässigkeit der Revision durch einen den Betrag von 2500 ℳ übersteigenden Wert des Beschwerdegegenstandes bedingt. Ferner muß nach § 554 Z.P.O. von dem Revisionskläger die Revision 1. durch die Erklärung, inwieweit das Urteil angefochten, und dessen Aufhebung beantragt werde (Abs. 3 Nr. 1 daselbst), 2. durch die Angabe der Revisionsgründe (Abs. 3 Nr. 2 daselbst) begründet werden. Im gegebenen Falle haben zwar die Beklagten, welche durch die Urteile der Vorinstanzen zur Zahlung der eingeklagten Summe von 2749,57 ℳ nebst Zinsen verurteilt worden sind, gegen das Berufungsurteil ohne Einschränkung Revision eingelegt und sowohl in ihrer rechtzeitig eingereichten Revisionsbegründung als auch bei der mündlichen Verhandlung über das Rechtsmittel beantragt, das angefochtene Urteil aufzuheben und nach ihrem (auf Klagabweisung gerichteten) Berufungsantrage zu erkennen. Der erwähnten formellen Vorschrift des § 554 Abs. 3 Nr. 1 a. a. O. ist daher genügt. Aus den sowohl in der schriftlichen Revisionsbegründung als auch bei der mündlichen Verhandlung vorgebrachten Revisionsgründen erhellt aber, daß die Revisionskläger sich nicht über ihre gesamte Verurteilung, sondern nur darüber beschweren, daß sie vom Berufungsgerichte auch zur Bezahlung der Kaufpreise der an den Bestimmungsorten in totem Zustande angekommenen Gänse verurteilt worden sind; denn die weitere den Revisionsklägern ungünstige und auch die Höhe der Urteilssumme bestimmende Entscheidung des Berufungsgerichts, wonach die von der Klägerin berechneten höheren, und nicht die von den Beklagten behaupteten niedrigeren Kaufpreise der gelieferten Gänse gerechtfertigt sind, sowie die Begründung dieser Entscheidung sind weder in der schriftlichen Revisionsbegründung, noch bei der mündlichen Verhandlung angefochten worden. Hiernach ist zwar bezüglich des ersteren, nicht aber auch bezüglich des letzteren Streitpunkts der Parteien und der bei diesem in Frage stehenden Mehrforderung der Klägerin den formellen Vorschriften des § 554 Abs. 3 Nr. 2 Z.P.O. genügt. Zugleich ist auch deshalb, weil die Revisionskläger bezüglich des letzteren, die Höhe der Kaufpreise betreffenden Streitpunkts, weder vor noch bei der mündlichen Verhandlung irgend einen Revisionsgrund geltend gemacht haben, der Wert des Beschwerdegegenstandes lediglich nach dem ersteren, die Verpflichtung zur Bezahlung der toten Gänse betreffenden Streitpunkte zu bestimmen; denn die Revisionskläger haben durch ihr erwähntes Verhalten zur Genüge zu erkennen gegeben, daß sie nur insoweit eine Anfechtung des Berufungsurteils beabsichtigen, und dies muß für den Umfang maßgebend sein, in welchem das Urteil überhaupt als angefochten zu gelten hat. Dieser Ansicht steht auch die Bestimmung des § 559 Satz 2 Z.P.O. nicht entgegen, wonach, soweit es sich nicht um eine das Verfahren betreffende Gesetzesverletzung handelt, das Revisionsgericht an die von den Parteien geltend gemachten Revisionsgründe nicht gebunden ist; denn diese Vorschrift kann insoweit nicht zur Anwendung kommen, als nach dem Inhalte der schriftlichen und mündlichen Begründung des Rechtsmittels die eingelegte Revision auf einen Teil des an sich teilbaren Streitgegenstandes überhaupt nicht zu beziehen, und somit hinsichtlich dieses Teils auch den Bestimmungen des § 554 Abs. 3 Nr. 2 Z.P.O. nicht genügt ist.

Vgl. den Beschluß des erkennenden Senats vom 7. November 1905 Entsch. des R.G.'s in Zivils. Bd. 62 S. 15 flg.

Die Anwendung der in diesem Beschlusse dargelegten Grundsätze auf den gegenwärtigen Fall wird insbesondere nicht dadurch ausgeschlossen, daß hier nicht — wie in dem früher entschiedenen Falle — mehrere getrennte Klaganträge vorliegen, sondern daß nur ein Klagantrag und eine einheitliche Verurteilung der Beklagten zu einer Summe in Frage steht; denn dieser Antrag und diese Verurteilung betreffen trotz ihrer formellen Einheit eine quantitativ teilbare Gesamtforderung, die aus mehreren, sich auf die einzelnen Kaufverträge und Lieferungen stützenden, ebenfalls teilbaren Kaufpreisrestforderungen zusammengesetzt ist. Daher ist die nach vorstehender Erörterung in Wirklichkeit nur wegen der den Beklagten ungünstigen Entscheidung des einen Streitpunkts erfolgte Anfechtnng des Berufungsurteils nicht notwendig auf die Gesamtheit der Urteilssumme, sondern nur auf denjenigen Teil derselben zu beziehen, welcher der Klägerin zufolge der ihr günstigen Entscheidung über die Bezahlung der tot angekommenen Gänse zugesprochen ist. Dieser Teil der Urteilssumme, um welchen sich diese im Falle des Obsiegens der Revisionskläger mit dem von ihnen allein erhobenen Angriffe vermindern würde, erreicht aber den Betrag von 2500 *M* nicht; denn die von der Klägerin geforderten Kaufpreise derjenigen tot angekommenen Gänse, bezüglich deren das Berufungsgericht keine rechtzeitige Mängelanzeige als vorliegend angesehen, und zu deren Bezahlung es daher die Beklagten der Klägerin gegenüber für verpflichtet erachtet hat, belaufen sich zusammen auf nur 1925,80 *M*."...

---

78. 1. Werden durch ein nach § 17 Abs. 2 K.O. vom Konkursverwalter erklärtes Erfüllungsverlangen auch solche noch unerfüllte Ansprüche des anderen Teiles Masseforderungen, die zwar nicht unmittelbar den Vertragsgegenstand, auf den sich das Erfüllungsverlangen bezieht, betreffen, jedoch demselben Rechtsverhältnis, wie dieser Vertragsgegenstand, angehören?

2. Kann ein Streit darüber, ob und in welchem Maße die Konkursmasse zur vollständigen Befriedigung aller Massegläubiger unzureichend ist, durch Prozesse zwischen den Massegläubigern und dem Konkursverwalter zum Austrage gebracht werden?

K.O. §§ 59 Nr. 2, 60.

V. Zivilsenat. Urt. v. 25. September 1907 i. S. Draschwitzer Braunkohlenwerke Konkurs (Bekl.) w. K. (Kl.). Rep. V. 636/06.

I. Landgericht Naumburg a. S.
II. Oberlandesgericht daselbst.

Mittels notariellen Vertrages vom 21. März 1903 veräußerte die Klägerin die Kohlenabbaugerechtigkeit unter ihrem Grundstück in D. für einen in sechs gleichen Jahresraten zahlbaren Kaufpreis von 15487,68 *M* an die Gemeinschuldnerin der verklagten Konkursmasse.

Zugleich wurde der Käuferin gegen einen Jahreszins von 50 *M* für den Morgen das Recht, die Oberfläche des Grundstücks zur Errichtung von Gebäuden, Anlegung von Schächten, Lagerplätzen, Wegen und Eisenbahnsträngen, sowie zu allen sonstigen durch die Kohlengewinnung gebotenen Zwecken benutzen zu dürfen, eingeräumt, auch von der Verkäuferin die Verpflichtung übernommen, der Käuferin auf Verlangen das Eigentum an dem Grundstück zum Preise von 1000 *M* für den Morgen zu überlassen. Zur Sicherung des letzteren Anspruchs wurde für die Gemeinschuldnerin eine Vormerkung, zur Sicherung des erwähnten Benutzungsrechts eine Grunddienstbarkeit im Grundbuch des klägerischen Grundstücks eingetragen. Nachdem die Gemeinschuldnerin bis zum Ausbruch des Konkurses auf den Kaufpreis für die Kohlenabbaugerechtigkeit zwei Jahresraten bezahlt und etwa ein Viertel der Grundstücksoberfläche in Benutzung genommen hatte, erklärte der zuerst bestellte Konkursverwalter B. auf die gemäß § 17 Abs. 2 K.O. an ihn gerichtete Aufforderung, er verlange Erfüllung des Vertrages vom 21. März 1903. Daraufhin klagte die Verkäuferin, von der Auffassung ausgehend, daß durch die erwähnte Erklärung des Konkursverwalters ihre noch unberichtigte Kaufpreisforderung Masseforderung geworden sei, zwei weitere Jahresraten des Kaufpreises (die vierte Jahresrate mittels Klagerweiterung in der Berufungsinstanz) gegen die Konkursmasse ein. Der erste Richter wies die Klage ab. Der zweite Richter erließ mit Rücksicht darauf, daß zwar im Laufe des Prozesses das Konkursgericht die verklagte Masse für unzureichend zur Deckung aller Masseschulden erklärt hatte, die Parteien jedoch darüber einig waren, daß zurzeit für 75 Prozent Deckung vorhanden sei, ein Teilurteil, durch das die Beklagte zur Bezahlung dieser 75prozentigen Rate der Klagesumme, d. h. zur Zahlung von 3871,92 *M* nebst Zinsen, verurteilt wurde. Auf die Revision der Beklagten ist dieses Urteil aufgehoben und die Sache an das Berufungsgericht zurückverwiesen worden aus folgenden

Gründen:

„Die von der Revision bemängelte Annahme des Berufungsrichters, daß der Vertrag vom 21. März 1903 in allen seinen Teilen ein einheitliches Ganzes bilde, beruht auf Vertragsauslegung und ist daher gemäß § 561 Z.P.O. für die gegenwärtige Instanz bindend. Nicht erübrigt wird dadurch freilich eine Nachprüfung der anderen

Frage, ob aus dem einheitlichen Vertrage nicht mehrere selbständige Rechtsverhältnisse erwachsen sind, die nach den Vorschriften der Konkursordnung (vgl. §§ 17—21 ebenda) einer verschiedenen Beurteilung unterliegen. Indessen ist auch diese Frage für den vorliegenden Fall zu verneinen. Denn es handelt sich hier jedenfalls insoweit, als die Veräußerung der Kohlenabbaugerechtigkeit und die Bestellung der Grunddienstbarkeit in Betracht kommt, mit Rücksicht auf den untrennbaren Zusammenhang dieser beiden Teile des Vertrages, um ein einheitliches Rechtsverhältnis, und es ist weiterhin dem Berufungsrichter unbedenklich darin beizutreten, daß die Vertragspflichten der Klägerin, die sich auf die Grunddienstbarkeit bezogen, nicht schon durch die Herbeiführung ihrer Eintragung im Grundbuche voll erfüllt sind, sondern daß noch die — zur Zeit der Konkurseröffnung unstreitig erst teilweise erfolgte — tatsächliche Besitzeinräumung hinzukommen muß. Hiernach hat der Berufungsrichter mit Recht angenommen, daß die Voraussetzung des § 17 Abs. 1 K.O. — teilweises Unerfülltsein des Vertrages auf seiten beider Vertragsteile — hinsichtlich des Vertrages vom 21. März 1903 vorliegt. Die von ihm daraus gezogene Folgerung, der Anspruch der Klägerin auf den eingeklagten Restkaufpreis habe unter diesen Umständen durch das gemäß § 17 Abs. 2 K.O. erklärte Erfüllungsverlangen des früheren Konkursverwalters den Charakter einer Masseforderung angenommen, ist unabweisbar und zutreffend.

Dagegen konnte der Revision insoweit der Erfolg nicht versagt werden, als sie Verletzung des § 60 K.O. durch das vom Berufungsrichter erlassene Teilurteil rügt. Wenn das Teilurteil der Klägerin 75 Prozent ihrer Forderung zuspricht, so ist dies offensichtlich in dem Sinne geschehen, daß die Klägerin auf diesen Teil der Forderung ein unentziehbares Recht erlangen soll; es soll insbesondere bei der demnächstigen Urteilsvollstreckung dem Verwalter der verklagten Masse nicht der Einwand zustehen, die Masse reiche zur Befriedigung der Klägerin in Höhe der zuerkannten Quote nicht aus, weil noch andere gleichberechtigte Massegläubiger vorhanden seien. Diese Auffassung ist rechtsirrtümlich. Zunächst erhellt nicht, daß der Konkursverwalter mit seiner im Tatbestande des Berufungsurteils wiedergegebenen Erklärung, „er bestreite nicht, daß der Massebestand jetzt zur Befriedigung der Massegläubiger mit 75 Prozent ihrer Forderungen ausreiche", überhaupt eine bindende Verpflichtung, die Klägerin wegen ihrer Forderung in der bezeichneten Höhe zu befriedigen, hat eingehen wollen. Die Tragweite der Erklärung ist, da es sich um die Beurteilung prozessualer Vorgänge in einem anhängigen Rechtsstreit handelt, auch in gegenwärtiger Instanz frei nachzuprüfen, und sie läßt sich nach dem Zusammenhange, in dem die Erklärung abgegeben ist, nicht wohl anders als dahin bestimmen, daß der Konkursverwalter lediglich bezweckt hat, durch Auskunfterteilung über die Sachlage die gegnerische Behauptung, es könnten alle Masseforderungen durch den vorhandenen Bestand gedeckt werden, richtig zu stellen. Hiervon abgesehen, geht aber die Entscheidung des Berufungsrichters auch über den Rahmen des im gegenwärtigen Prozeß den Streitgegenstand bildenden Verhandlungsstoffs hinaus. Darüber, wie im Falle des § 60 K.O. die Unzulänglichkeit der Masse festzustellen, und in welchen Formen die anteilsweise Befriedigung der einzelnen Massegläubiger durchzuführen ist, herrscht, da diese Fragen gesetzlich nicht geregelt sind, in der Literatur Streit; der Streit betrifft namentlich die Frage, ob Feststellung der Unzulänglichkeit durch den Konkursverwalter genügt, oder richterliche Feststellung erforderlich ist, sowie ob bei letzterer Annahme die Feststellung durch das Konkursgericht, oder im Prozeßwege zu erfolgen hat.

Vgl. die Kommentare von Jaeger, 2. Aufl. 1904 Bem. II 2, 3; v. Wilmowski-Kurlbaum, 6. Aufl. 1906, Bem. 2, 5; Petersen-Kleinfeller, 4. Aufl. 1900, Bem. 6; Wolff, Anm. 4, 5 zu § 60 K.O.; s. auch Entsch. des R.G.'s in Zivils. Bd. 61 S. 262, 263.

Für den vorliegenden Fall kann dies alles dahingestellt bleiben. Denn nimmt man selbst an, die Feststellung der bei Unzulänglichkeit der Masse auf die einzelnen Massegläubiger entfallenden Quote stehe dem Prozeßrichter zu, so kann doch ein solcher Verteilungsstreit jedenfalls nur im Prozeß zwischen den einzelnen Massegläubigern untereinander zum Austrage gebracht werden. Für seine Entscheidung in einem Rechtsstreit, in dem einem einzelnen Massegläubiger lediglich die Konkursmasse als Prozeßpartei gegenübersteht, ist um deswillen kein Raum, weil die Entscheidung mangels Vorliegens der Voraussetzungen des § 325 Z.P.O. den übrigen, am Prozeß nicht beteiligten Massegläubigern gegenüber ohne Rechtskraftwirkung sein, also jeder praktischen Bedeutung entbehren würde. Übrigens ist im vorliegenden Prozeß ein Antrag auf Quotenfestsetzung von keiner Seite gestellt; vielmehr dreht sich in ihm der Streit lediglich darum, ob der Anspruch der Klägerin überhaupt den Charakter einer Masseforderung hat, oder lediglich als Konkursforderung zu behandeln ist. Auch insoweit ist das angefochtene Teilurteil ohne prozessuale Unterlage.

Hiernach war gemäß § 565 Z.P.O., wie geschehen, zu erkennen. Ergeht auf Grund der erneuten Berufungsverhandlung anstatt des aufgehobenen Teilurteils ein die ganze Klageforderung umfassendes einheitliches Endurteil, so folgt aus dem oben Bemerkten, daß durch ein solches Urteil das Recht und die Pflicht des Konkursverwalters, auf Grund des § 60 K.O. die volle Befriedigung der Klägerin zu verweigern und erforderlichenfalls zur Durchführung einer der angeführten gesetzlichen Vorschrift entsprechenden Massenverteilung die geeigneten prozessualen Sicherungsmaßregeln herbeizuführen, unberührt bleibt. Ob es zu diesem Zwecke der Aufnahme eines entsprechenden Vorbehalts in das Urteil nach der Analogie der §§ 780 Abs. 1, 786 Z.P.O. bedarf, ist bei der gegenwärtigen Lage des Rechtsstreits nicht zu entscheiden."

---

79. Bestimmung des Streitwertes, wenn eine Klage dahin gerichtet ist, einen zwischen den Parteien geschlossenen Kaufvertrag für nichtig zu erklären.[1]

Z.P.O. §§ 3, 6.

II. Zivilsenat. Urt. v. 27. September 1907 i. S. M. u. Gen. (Bekl.) w. S. (Kl.). Rep. II. 159/07.

I. Landgericht Würzburg.
II. Oberlandesgericht Bamberg.

Aus den Gründen:

„Die Revision, deren Zulässigkeit gemäß den Bestimmungen der §§ 546, 547 Z.P.O. durch einen den Betrag von 2500 ℳ über-

---

[1] Vgl. Entsch. des R.G.'s in Zivils. Bd. 40 S. 407, Bd. 52 S. 429; Jurist. Wochenschr. 1891 S. 305 Nr. 2, 1894 S. 572 Nr. 1, 1898 S. 197 Nr. 1, 1899 S. 27 Nr. 2, 1900 S. 746 Nr. 2, 1903 S. 3 Nr. 1, 1904 S. 64 Nr. 26.
D. E.

steigenden Wert des Beschwerdegegenstandes bedingt ist, konnte für statthaft nicht erachtet werden (§ 554a Z.P.O.). Mit der Widerklage haben die Beklagten Nichtigkeitserklärung des von den Parteien am 27. April 1903 geschlossenen Vertrages beantragt. Dieses Begehren der Beklagten und Widerkläger, daß der Vertrag für nichtig erklärt werde, ist der Gegenstand des Streites auf die Widerklage. Gegenstand des gegenwärtigen Rechtsstreites sind danach nicht diejenigen Rechte und Forderungen, die den Beklagten und Widerklägern bei einer Nichtigkeit des Vertrages zustehen; nicht diejenigen Rechte und Forderungen, die sie, die Nichtigkeit des Vertrages vorausgesetzt, geltend machen könnten, aber gegenwärtig — sei es ganz, sei es zum Teil, was in ihrem Belieben stehen würde — noch nicht geltend gemacht haben. Demgemäß ist insbesondere nicht Gegenstand des gegenwärtigen Rechtsstreites der Besitz des dem Kläger von den Beklagten auf Grund des Vertrages bereits übergebenen Grundstückes, und es ist deshalb hier, wo es sich auch nicht um die Feststellung des Bestehens oder Nichtbestehens eines zahlen-(summen-)mäßig irgendwie feststehenden, unmittelbar zu realisierenden Leistungsanspruches, sondern lediglich um den Ausspruch der Nichtigkeit eines Vertrages handelt,

vgl. Entsch. des R.G.'s in Zivils. Bd. 57 S. 413,

nicht § 6 Z.P.O. anwendbar, wonach, wenn der Besitz einer Sache den Gegenstand des Streites bildet, der Streitwert nach dem Werte der Sache bestimmt wird. Anwendbar ist hier vielmehr für die Bestimmung des Wertes des Streitgegenstandes die allgemeine Regel des § 3 Z.P.O., nach der der Wert von dem Gericht nach freiem Ermessen und demgemäß nach dem Interesse zu bestimmen ist, das der auf die Nichtigkeitserklärung klagende Teil an der Nichtigkeit des Vertrages hat. Bei dieser Bestimmung kann aber, wie sich aus den obigen Darlegungen ergibt, und das Reichsgericht auch schon wiederholt ausgesprochen hat, nicht einseitig der Wert der der einen Seite nach dem Kaufvertrage obliegenden Leistungen oder der Wert der bei Nichtigkeit des Vertrages von der einen Seite zurückzugewährenden (bereits erfolgten) Leistungen von ohne weiteres maßgebender und rechtlich ausschlaggebender Bedeutung sein; maßgebend ist vielmehr derjenige Wert, den die von dem klagenden Teile begehrte Beseitigung des ganzen Vertrages für ihn hat." ... (Folgen Darlegungen, daß danach ein den Betrag von 2500 M übersteigender Wert des Beschwerdegegenstandes nicht vorliegt.)

---

80. Kann der Bürge für eine Kaufpreisschuld die Wandelungs- oder die Minderungseinrede erheben?

B.G.B. §§ 462, 478, 768, 770.

V. Zivilsenat. Urt. v. 28. September 1907 i. S. W. (Bekl.) w. F. u. Gen. (Kl.). Rep. V. 5/07.

I. Landgericht Duisburg.
II. Oberlandesgericht Hamm.

Am 12. Februar 1901 verkaufte der Konditor G. sein Haus mit Konditorei in D. an den Konditor Str. Für den Restkaufpreis zu 32500 M übernahm in derselben Urkunde der Beklagte die selbstschuldnerische Bürgschaft; hiervon trat G. 9500 M sofort an die beiden Kläger ab. Der Beklagte bestellte ihnen Hypothek dafür. Eine Wandelungsklage des Str. gegen G. wegen arglistiger Zusicherung eines Jahresumsatzes zu 40000 M, sowie ein desfallsiger Schadensersatzanspruch desselben in Höhe von 42000 M sind rechtskräftig abgewiesen worden.

Auf die jetzigen dinglichen und persönlichen Klagen hin wurde der Beklagte von beiden Vorderrichtern trotz seiner Einreden der Wandelung, der Minderung, des nichterfüllten Vertrages und des Betruges zur Zahlung der 9200 M verurteilt, und seine auf Löschung der Eintragung der von ihm bestellten Hypothek gerichtete Widerklage abgewiesen. Seine Revision hatte nur hinsichtlich der Minderungseinrede Erfolg.

Aus den Gründen:

... „Es muß mit dem Berufungsurteil von dem § 768 B.G.B., der dem Bürgen im allgemeinen alle dem Hauptschuldner zustehenden Einreden ohne Rücksicht auf Verzicht des Hauptschuldners und auf dessen Unterliegen in einem Vorprozeß gewährt, ausgegangen werden. Dergleichen Einreden hat der jetzige Beklagte folgende erhoben: 1. die

Wandelungseinrede, 2. die Minderungseinrede, 3. die Einrede des nichterfüllten Vertrages, 4. die allgemeine Betrugseinrede, die im Tatbestand des angefochtenen Urteils zwar nicht ausdrücklich benannt ist, sich aber aus dem Tatbestand des landgerichtlichen Urteils und aus dem vom Berufungsrichter in Bezug genommenen Schriftsatz des Beklagten vom 26. Juni 1906 unzweifelhaft ergibt, und die als Vertragsanfechtung und zugleich als Einrede der Aufrechnung mit einer Schadensersatzforderung erachtet werden kann.

Vor allem ist dem Vorderrichter darin beizutreten, es wird auch vom Revisionskläger nicht mehr bestritten, daß diesem die vorbezeichneten Einreden zu 3 und 4 nicht zustehen. Die Einrede des nichterfüllten Vertrages ist wegen Sachmängel nach geschehener Übergabe und Auflassung der Sache nicht mehr statthaft.

Vgl. §§ 320, 322, 433, 459flg. B.G.B.; Entsch. des RG.'s in Zivils. Bd. 61 S. 175; Seuff. Arch. Bd. 60 Nr. 29.

Will man die Betrugseinrede als Anfechtung nach § 123 B.G.B. auffassen, so ist sie nach §§ 770 Abs. 1, 124 B.G.B. deshalb ausgeschlossen, weil der Anfechtungsanspruch des Hauptschuldners längst durch Zeitablauf erloschen ist. Der Hauptschuldner kann sich aber wegen Abweisung seiner Schadensersatzklage auch nicht mehr durch Aufrechnung dieses Anspruchs gegen die fällige Forderung der Kläger befriedigen, und darum kann auch der Bürge aus diesem Grunde die Zahlung seiner Schuld nicht mehr verweigern (§ 770 Abs. 2 B.G.B.).

Im Endergebnisse muß sodann auch der Ausspruch des Oberlandesgerichts gebilligt werden, daß der jetzige Beklagte die Wandelungseinrede nicht vorschützen kann. Zwar soll nach § 768 B.G.B. der Bürge die dem Hauptschuldner zustehenden Einreden geltend machen können; Voraussetzung dafür ist aber im Einzelfalle, daß der rechtliche Inhalt der betreffenden Einrede gestattet, daß dieselbe nicht dem Hauptschuldner ausschließlich zusteht, daher nicht nur von ihm allein vorgebracht werden kann. Diese Voraussetzung trifft bei dem Wandelungsanspruch und der Wandelungseinrede nicht zu. Die Motive zum B.G.B. Bd. 2 S. 663 sprechen geradezu aus, daß der Bürge nicht befugt ist, Willensakte an Stelle des Hauptschuldners vorzunehmen, und solche Verfügungen über den Inhalt der Schuld zu treffen, die von einer einseitigen Erklärung des Schuldners abhängen, wie Wahl, Rücktritt vom Vertrage, Wandelung, Minderung.

Freilich genügt diese Äußerung der Gesetzesbegründung nur insoweit, als sie unzweifelhaften Ausdruck im Gesetze selbst gefunden hat, und dem scheint allerdings der § 768 B.G.B., der dem Bürgen ganz allgemein die Einreden des Hauptschuldners gibt, entgegenzustehen. Aber dennoch ist aus der Bestimmung des § 770 Abs. 1 zu entnehmen, daß das Gesetz selbst dem Bürgen, ebenso wie die Anfechtungseinrede, auch die ihr nahe verwandte Wandelungseinrede nicht als eine den Anspruch des Verkäufers dauernd ausschließende, sondern nur als eine aufschiebende höchstens so lange gewähren will, als sie noch dem Hauptschuldner zusteht. Die Denkschrift zum Bürgerlichen Gesetzbuch sagt S. 92 über die Anfechtungseinrede:

„Nur der Hauptschuldner selbst hat darüber zu befinden, ob er von diesem (Anfechtungs)-Rechte Gebrauch machen will. Andererseits kann, solange das Anfechtungsrecht besteht, dem Bürgen billigerweise nicht zugemutet werden, die Hauptverbindlichkeit zu erfüllen, da er im Falle nachträglicher Anfechtung berechtigt sein würde, das Geleistete nach den Vorschriften über die Herausgabe einer ungerechtfertigten Bereicherung zurückzufordern. Der Entwurf gibt ihm daher bis zum Erlöschen des Anfechtungsrechts die Befugnis, die Befriedigung des Gläubigers zu verweigern."

Es besteht kein Grund, diese Erwägungen und die mit ihr übereinstimmende Gesetzesvorschrift in § 770 Abs. 1 B.G.B. nicht auf die Wandelungseinrede entsprechend anzuwenden. Auch diese bezweckt wegen der auf Rückgewähr dem Verkäufer zustehenden Replik die Aufhebung des Vertrages, und auch über eine derartige Aufhebung kann nur der Hauptschuldner, der Käufer, allein befinden. Auch die Rechtswissenschaft versagt fast einstimmig dem Bürgen die Wandelungseinrede.

Vgl. Dernburg, Bürg. Recht Bd. 2 Abt. 2 S. 395 flg.; Crome, Bürg. Recht Bd. 2 S. 878; Nissen in Jurist. Wochenschr. 1902 S. 460.

Da nun, wie feststeht, in vorliegender Sache der Hauptschuldner den Wandelungsanspruch endgültig verloren hat, und da den vorstehenden zivilrechtlichen Gründen die prozeßrechtliche Erwägung, daß an sich das Urteil gegen den Hauptschuldner nicht Rechtskraft gegen den Bürgen schafft, nicht entgegenstehen kann, so kommt dem jetzigen Beklagten die Wandelungseinrede nicht zu.

Anders verhält es sich aber mit der **Minderungseinrede.** Zwar wollten, wie erwähnt, die Motive zum B.G.B. auch diese dem Bürgen verweigern; aber nirgends, auch nicht stillschweigend und mittelbar, wie hinsichtlich des Wandelungseinwands, hat dies im Gesetze selbst Ausdruck gefunden, und der Grundsatz des § 768 B.G.B., der § 425 daselbst, der mehrere Gesamtschuldner in der Regel gesondert behandelt, und namentlich auch der § 474 B.G.B., wonach bei Beteiligung mehrerer jeder die Minderung verlangen kann, steht dem geradezu entgegen, wie denn auch die Mehrzahl der Rechtslehrer die Minderungseinrede dem Bürgen allgemein gewähren will. Wenn hiergegen der Vorderrichter sich auf die Rechtsprechung des preußischen Obertribunals (Entsch. des Obertrib. Bd. 34 S. 73) berufen will, die nach abgewiesener Wandelungsklage auch dem Käufer selbst das Minderungsrecht abspricht, so kann dieser Rechtssatz keinesfalls nach dem B.G.B. und der Z.P.O. Anwendung finden. Nach diesen sind die beiden Ansprüche so voneinander unabhängig, daß die Abweisung des einen die Erhebung des andern nicht auszuschließen vermag. Der § 322 Z.P.O. verleiht nur der Entscheidung über den **erhobenen** Anspruch Rechtskraft, und jedenfalls gibt § 768 B.G.B. dem Bürgen die Einreden des Hauptschuldners als selbständige, soweit der § 770 nicht Ausnahmen begründet.

Weil das Berufungsurteil auch die Minderungseinrede dem Beklagten abgesprochen hat, muß es aufgehoben, und die Sache zur anderweiten Verhandlung und Entscheidung darüber an das Oberlandesgericht zurückverwiesen werden." ...

---

81. Kann der durch falsche Versicherungen des Verkäufers über Eigenschaften der Kaufsache arglistig getäuschte Käufer das Erfüllungsinteresse verlangen? Muß er sich mit entsprechender Herabsetzung des Kaufpreises begnügen, wenn dieser erst später fällig wird?

V. Zivilsenat. Urt. v. 2. Oktober 1907 i. S. K. (Bekl.) w. Sch. (Kl.). Rep. V. 8/07.

I. Landgericht II Berlin.
II. Kammergericht daselbst.

Durch Vertrag vom 7. August 1903 verkaufte der Beklagte sein Hausgrundstück in St. an den Kläger für den Kaufpreis von 122000 M. Der Kläger verlangt Schadensersatz, weil nach der ihm bei den Kaufverhandlungen vom Beklagten vorgelegten und als richtig bestätigten Aufstellung der Mietszinsen von zusammen 8408 M jährlich eine Wohnung an F. für 1812 M, und eine andere Wohnung an E. für 862 M vermietet sein sollten, diese Mietsverträge aber gar nicht bestanden hätten, sondern von dem Beklagten nur zum Zwecke des Verkaufs des Grundstücks fingiert worden seien. Der erste Richter verurteilte den Beklagten zur Zahlung von 13127,50 M und wies den Kläger mit der Mehrforderung ab. Der zweite Richter wies die Berufung des Beklagten zurück und verurteilte auf die Anschlußberufung des Klägers den Beklagten, unter Abrechnung eines Betrages, den der Kläger an Mietszinsen für die beiden genannten Räume tatsächlich gezahlt erhalten hatte, zur Zahlung von 16313 M.

Die Revision des Beklagten hatte keinen Erfolg.

Aus den Gründen:

„Nach der bedenkenfreien, von der Revision auch nicht angegriffenen tatsächlichen Feststellung des Berufungsrichters hat der Beklagte bei den Kaufverhandlungen auf Befragen des Klägers die Richtigkeit der diesem vorgelegten Aufstellung der Mietszinsen von zusammen 8408 M wiederholt versichert, ist diese Versicherung für den Kläger zum Kaufabschlusse und zur Bewilligung eines Kaufpreises von 122000 M bestimmend gewesen, und hat der Beklagte die Versicherung insofern wissentlich falsch abgegeben, als die nach der Aufstellung an F. und an E. zu den Mietszinsen von 1812, bzw. 862 M vermieteten Räumlichkeiten tatsächlich nicht vermietet waren, sondern der Beklagte zwecks besseren Verkaufs seines Hauses die betreffenden Mietsverträge nur fingiert hatte. Der hiernach durch arglistige Täuschung zum Abschluß des Kaufvertrages verleitete Kläger ficht nicht den Vertrag gemäß §§ 123, 142 B.G.B. als ihm gegenüber nichtig an, sondern will dabei stehen bleiben und verlangt den ihm durch die arglistige Täuschung zugefügten Schaden ersetzt. Hierzu ist er berechtigt. Der bei einem Vertragsschlusse Betrogene ist, wie das Reichsgericht wiederholt ausgesprochen hat,

Entsch. in Zivils. Bd. 59 S. 157, Bd. 63 S. 110, Jurist. Wochenschr. 1905 S. 76 Nr. 11, Urteil vom 22. März 1907, Rep. II. 466/06, nicht darauf beschränkt, Aufhebung des Vertrages und Rückgabe des in Erfüllung des Vertrages Geleisteten zu verlangen; er kann vielmehr unter Aufrechterhaltung des Vertrages wegen der gegen ihn verübten, gegen die guten Sitten verstoßenden arglistigen Täuschung Ersatz des ihm entstandenen Schadens gemäß § 826 B.G.B. verlangen. Handelt es sich, wie vorliegend, um eine Täuschung des Käufers durch wissentlich falsche Versicherungen des Verkäufers über Eigenschaften der Kaufsache, so kann der Käufer, wie das Reichsgericht ebenfalls wiederholt ausgesprochen hat,

Entsch. in Zivils. Bd. 59 S. 157, Bd. 63 S. 112, Jurist. Wochenschr. 1905 S. 77,

verlangen, daß er von dem die falschen Zusagen machenden Verkäufer so gestellt werde, wie er stehen würde, wenn die abgegebenen Zusicherungen auf Wahrheit beruht hätten, daß ihm also das positive Erfüllungsinteresse als Schadensersatz gewährt werde. Dies folgt allerdings nicht, wie in den angeführten Entscheidungen ausgeführt worden ist, aus der Bestimmung des § 249 B.G.B., wonach wer zum Schadensersatze verpflichtet ist, den Zustand herzustellen hat, der bestehen würde, wenn der zum Ersatze verpflichtende Umstand nicht eingetreten wäre. Im Falle der betrüglichen Verleitung zum Abschlusse eines Vertrages ist der zum Schadensersatze verpflichtende Umstand im Sinne dieser Vorschrift die erfolgte Täuschung. Der Käufer könnte mithin auf Grund des § 249 B.G.B. nur verlangen, daß er in die Lage versetzt werde, in der er sich befunden haben würde, wenn er nicht bei Abschließung des Vertrages vom Verkäufer betrüglich getäuscht wäre; sein Schadensersatzanspruch würde also auf das negative Vertragsinteresse beschränkt sein. Dieses Interesse würde, wenn der betrogene Käufer nicht den Vertrag anfechten, sondern dabei stehen bleiben will, danach zu bemessen sein, wieviel der Käufer an Kaufpreis weniger bewilligt hätte, wenn er den wahren Sachverhalt hinsichtlich des Zustandes der Kaufsache gekannt hätte; denn durch eine entsprechende Herabsetzung des Kaufpreises wäre der Zustand hergestellt, der bestanden hätte, wenn die Täuschung nicht erfolgt wäre.

Vgl. Mommsen, Die Haftung der Kontrahenten bei der Abschließung von Schuldverträgen S. 166 flg.

Jedoch ist aus der Bestimmung des § 463 B.G.B. zu entnehmen, daß nach dem Willen des Gesetzes der betrogene Käufer berechtigt ist, den Verkäufer an seinen falschen Versicherungen über die Eigenschaften der Kaufsache in der Weise festzuhalten, daß er ihn infolge Fehlens dieser Eigenschaften auf Schadensersatz wegen Nichterfüllung in Anspruch nimmt. Nachdem in § 462 B.G.B. bestimmt ist, daß wegen eines vom Verkäufer zu vertretenden Mangels der Käufer Wandelung oder Minderung des Kaufpreises verlangen könne, wird in § 463 B.G.B. der Käufer für den Fall, daß der verkauften Sache zur Zeit des Kaufes eine zugesicherte Eigenschaft fehlt, oder daß der Verkäufer einen Fehler arglistig verschwiegen hat, für berechtigt erklärt, statt der Wandelung oder Minderung Schadensersatz wegen Nichterfüllung zu verlangen. Steht dem Käufer aber ein solcher Schadensersatzanspruch wegen Fehlens einer zugesicherten Eigenschaft und wegen arglistigen Verschweigens eines Fehlers zu, so muß daraus wegen Gleichheit des Rechtsgrundes gefolgert werden, daß das Gesetz dem Käufer auch wegen Fehlens solcher Eigenschaften, deren Vorhandensein vom Verkäufer beim Vertragsschlusse betrüglich vorgespiegelt worden ist, einen Anspruch auf Schadensersatz wegen Nichterfüllung gewähren will, wenn auch eine ausdrückliche Gesetzesvorschrift in dieser Hinsicht nicht gegeben ist. Der betrogene Käufer ist also für berechtigt zu erachten, den die Eigenschaften vorspiegelnden Verkäufer auf Schadensersatz so in Anspruch zu nehmen, wie wenn dieser ihm die Eigenschaften vertragsmäßig zugesichert, demnächst aber nicht gewährt hätte.

Vgl. Entsch. des R.G.'s in Zivils. Bd. 63 S. 112, 113.

Vorliegend kann daher der Kläger das Interesse, das er an Gewährung des gekauften Hausgrundstücks mit den vorgespiegelten Mietserträgen hatte, dem Schadensersatzanspruche zugrunde legen. Nach der weiteren bedenkenfreien Feststellung des Berufungsrichters haben die angeblich für 1812, bzw. 862 ℳ an F. und an E. vermieteten Räumlichkeiten einen Mindermietswert von 862, bzw. 362 ℳ. Der Kläger kann demnach verlangen, daß er durch Geldentschädigung wirtschaftlich in die Lage gebracht werde, in der er sich infolge des Kaufes befinden würde, wenn das gekaufte Hausgrundstück die vom Beklagten fälschlich angegebenen Mietserträge gehabt hätte.

Vgl. Jurist. Wochenschr. 1905 S. 76 Nr. 11.

Diese Geldentschädigung fordert er mit Recht in Höhe des Betrages, um den das Hausgrundstück nach Maßgabe der in Wirklichkeit zu erzielenden Mietserträge weniger wert ist, als wenn es die vorgespiegelten Mietserträge hätte; denn bei Hinzurechnung dieses Betrages zu dem Ertragswerte des Grundstücks ergibt sich der Kaufobjektswert, den der Kläger auf Grund des Kaufvertrages für den Preis von 122000 *M* erlangen sollte. Hiervon geht auch der Berufungsrichter aus. Der demgemäß von ihm vorgenommenen Berechnung des Minderertragswertes legt er das Gutachten des Architekten F. in St. zugrunde. Nach diesem Gutachten ist es zur Zeit des Vertragsschlusses in St. allgemein, insbesondere auch bei der Veranlagung bebauter Grundstücke zur Grundwertsteuer seitens der Gemeinde St., üblich gewesen, den Ertragswert eines Grundstücks nach dem 15fachen der gesamten Mietserträge zu veranschlagen. Hiernach berechnet der Berufungsrichter den Minderertragswert in der Weise, daß er die Beträge von 862 und 362, zusammen 1224 *M*, mit 15 multipliziert. Eine Gesetzesverletzung kann darin nicht gefunden werden." . . . (Wird näher ausgeführt.)

. . . „In der Berufungsinstanz hat der Beklagte erklärt, daß er gegen die Schadensersatzforderung des Klägers eventuell mit der ihm zustehenden, auf dem Grundstücke des Klägers eingetragenen Restkaufgeldforderung von 54500 *M* aufrechne. Der Berufungsrichter hat diese Aufrechnungseinrede verworfen, weil nach dem Kaufvertrage die Kündigung der Restkaufgeldforderung für den Beklagten bei pünktlicher Zinszahlung bis zum 1. Oktober 1910 ausgeschlossen sei, der Beklagte nicht habe behaupten können, daß der Kläger die Zinsen nicht pünktlich gezahlt habe, also das Restkaufgeld fällig geworden sei, und danach die Voraussetzungen des § 387 B.G.B. für die Aufrechnung nicht gegeben seien. Die Revision macht geltend, es sei unrichtig, bei dem Gegenüberstehen von Forderung und Gegenforderung aus dem einheitlichen Kaufvertrage die Anforderungen der Aufrechnung zu stellen; der Kläger könne als Schadensersatz nur Löschung eines entsprechenden Betrages des zu 4 Prozent verzinslichen Restkaufgeldes verlangen; denn sein angeblicher Schaden bestehe darin, daß er ein Haus von geringerem Mietswerte und zu geringerem Mietsertrage dauernd besitzen und benutzen wolle, und dieser Nachteil werde durch Löschung eines entsprechenden Teilbetrages des Restkaufgeldes und Fortfall der Zinsen vollständig ausgeglichen. Diese Ausführungen gehen jedoch fehl. Der Kläger hatte nach dem Kaufvertrage ein Recht darauf, daß ihm vom Beklagten das gekaufte Grundstück sofort zum Eigentum und zur Nutzung überlassen wurde, während der Beklagte das Restkaufgeld im Falle pünktlicher Zinszahlung nicht vor dem 1. Oktober 1910 sollte fordern dürfen. Es war also vom Beklagten der Vertrag hinsichtlich der ihm obliegenden Leistung sofort vollständig zu erfüllen. Zu dieser Erfüllung gehörte, wie oben dargelegt worden ist, die Gewährung des gekauften Hausgrundstücks mit den in der Mietszinsaufstellung angegebenen Mietserträgen. Der Beklagte hat aber ein minderwertiges Grundstück gewährt und sonach noch nicht vollständig erfüllt. Erst wenn er die den Minderwert ausgleichende Geldentschädigung entrichtet, ist der Kläger bezüglich der Leistung, die er vertragsmäßig vom Beklagten beanspruchen kann, voll befriedigt. Deshalb muß der Beklagte diese Geldentschädigung sogleich zahlen, und der Kläger braucht sich mit einer entsprechenden Herabsetzung des erst später von ihm zu entrichtenden Kaufpreises nicht zu begnügen." . . .

---

82. Steht einem Anlieger, der nach Maßgabe der in einem Fluchtlinienplane vorgesehenen Tieferlegung einer städtischen Straße und zufolge einer entsprechenden Bedingung der baupolizeilichen Erlaubnis einen Neubau tiefer als die Straßenkrone errichtet hat, ein Entschädigungsanspruch gegen die Stadtgemeinde zu, wenn die Straße nicht in angemessener Zeit tiefer gelegt wird?

II. Zivilsenat. Urt. v. 4. Oktober 1907 i. S. E. (Kl.) w. Stadtgemeinde K. (Bekl.). Rep. II. 143/07.

I. Landgericht Köln.
II. Oberlandesgericht daselbst.

Die Frage wurde verneint aus folgenden

Gründen:

„Das Berufungsgericht hat ausgeführt, zwischen den Parteien sei ein Vertragsverhältnis nicht dadurch begründet worden, daß die Kläger ihren Neubau nach Maßgabe des Fluchtlinienplanes und der ihm entsprechenden, in dem Bauscheine enthaltenen Bedingung, 50 cm unter der Straßenkrone angelegt hätten. Der Oberbürgermeister habe in seiner Eigenschaft als Gemeindevorstand lediglich das Ersuchen an die Baupolizeiverwaltung gerichtet, den Klägern mitzuteilen, daß die Straßenkrone vor dem Neubau nach dem festgestellten Plane um 50 cm tiefer zu liegen komme. In dem Bauscheine sei schon ohnedies die Bedingung enthalten gewesen, daß die Straßenfront in der festgesetzten Baufluchtlinie und Höhenlage errichtet werden müsse, und Auskunft hierüber auf Anfrage das Tiefbauamt erteile. Wenn die Polizeibehörde auf Ersuchen des Gemeindevorstandes hierauf noch besonders in dem Bauschein hingewiesen und zur Bedingung gemacht habe, daß der Neubau hiernach anzulegen sei, so habe dies nur den Zweck gehabt, die von ihr ohnedies gesetzte Bedingung zu ergänzen oder ihre Erfüllung den Klägern zu erleichtern. Hierbei habe indessen die Baupolizeibehörde nur in Ausübung der ihr zustehenden, dem öffentlichen Rechte angehörigen Machtbefugnisse gehandelt, und es sei in ihrer Vorschrift nicht zugleich ein Vertragsangebot des Gemeindevorstandes zu erblicken; als solches habe der Bauschein auch von den Klägern nicht verstanden werden können. Es habe für die Beklagte keine Veranlassung vorgelegen, mit den Klägern wegen der Höhenlage ihres Neubaues in ein Vertragsverhältnis zu treten. Tatsächlich habe auch der Gemeindevorstand in dem Briefwechsel der Parteien niemals eine Erklärung abgegeben, die darauf schließen lasse, daß er sich den Klägern gegenüber zur Tieferlegung der Straße privatrechtlich gebunden erachte. Ebensowenig könnten die Kläger auf das durch den früheren Anbau an der „Burgmauer" zwischen ihnen und der Beklagten begründete privatrechtliche Anliegerverhältnis sich berufen. In der Rechtsprechung sei zwar anerkannt, daß zwischen dem an einer städtischen Straße gelegenen Hausgrundstück und der Straße ein auf einen stillschweigenden Vertrag zurückzuführendes Dienstbarkeitsverhältnis bestehe, und daß die Beeinträchtigung des dem Hausgrundstück zustehenden Rechtes durch eine Veränderung des Straßenkörpers eine Schadensersatzpflicht der Gemeinde begründe. Im vorliegenden Falle sei aber der Straßenkörper überhaupt nicht verändert worden. Vielmehr handele es sich lediglich um die Folge der durch die Gemeinde geschehenen anderweitigen Festsetzung der Fluchtlinien. Aber einen stillschweigenden Vertrag, nach welchem die Gemeinde den Anliegern gegenüber verpflichtet wäre, bei bestehenden Straßen keine neuen Fluchtlinien festzusetzen, deren Vorhandensein den Anliegern bei Neubauten oder Umbauten Schaden verursachen könnte, oder den Anliegern einen aus einer anderweitigen Festsetzung der Fluchtlinien entstehenden Schaden auch über die Bestimmungen des Fluchtliniengesetzes hinaus zu ersetzen, gebe es nicht. Ein Anspruch eines Anliegers gegen die Gemeinde auf Ausführung eines Fluchtlinienplanes, weil der Anlieger diesem bei einem Neu- oder Umbau sich gefügt habe, bestehe nicht und könne auch schon deshalb nicht bestehen, weil eine Ausführung neuer Fluchtlinienfestsetzungen in bebauten Straßen naturgemäß nur schrittweise geschehen könne. Auch ein Entschädigungsanspruch eines Anliegers, der bei Neubauten die Fluchtlinie habe einhalten müssen, bestehe wegen der ihm hierdurch auferlegten Beschränkung nicht, wie der § 13 des Fluchtliniengesetzes ergebe. Die Kläger könnten also dafür, daß bis jetzt der Fluchtlinienplan nicht ausgeführt worden sei, Entschädigung nicht beanspruchen. Daß die Beklagte die Absicht aufgegeben habe, die im Plane von 1887 vorgesehene Höhenlage herzustellen, sei nicht nachgewiesen. Wie gerichtsbekannt sei, stünden an der „Burgmauer" noch jetzt zum großen Teile alte Häuser. Es habe deshalb damit gerechnet werden müssen, daß die vorgesehene Höhenlage der Straße nicht so bald durchzuführen sein würde. Deshalb habe eine Einrichtung der Neubauten, welche sich der jetzigen und der vorgesehenen Höhenlage der Straße anpaßte oder leicht anpassen konnte, sehr nahe gelegen und sei auch unschwer zu erreichen gewesen. Mit allen diesen Verhältnissen hätten die Kläger bei genügender Vorsicht rechnen müssen; sie hätten ihren Neubau so einrichten können, daß er beiden Höhenlagen anzupassen gewesen wäre, und sie hätten auch hierüber eine Verständigung mit der Polizeibehörde erzielen können.

Die Ausführungen des Berufungsgerichts lassen einen Rechtsirrtum nicht erkennen und unterliegen in tatsächlicher Beziehung nicht der Nachprüfung des Revisionsgerichts. Wenn von den Revisionsklägern zunächst geltend gemacht wird, zu Unrecht schalte das Berufungsgericht das zwischen der Stadt und den Klägern als Anliegern der Straße bestehende vertragsmäßige, servitutähnliche Verhältnis vollständig aus, so kann diese Rüge als gerechtfertigt nicht anerkannt werden. Das nach feststehender Rechtsprechung durch stillschweigenden Vertrag begründete Grunddienstbarkeitsverhältnis zwischen dem Eigentümer und den Anliegern einer städtischen Straße beruht darauf, daß die Gemeinde mit der Anlegung einer öffentlichen städtischen Straße gemäß dem Wesen und der Zweckbestimmung einer solchen Straße zugleich die Aufforderung zur Bebauung der anliegenden Grundstücke unter gewissen, durch Gesetz oder polizeiliche Anordnungen bestimmten Bedingungen und Beschränkungen verbindet, und der Anlieger dieser Aufforderung durch Anbau an der Straße entspricht. Aus der Art seiner Begründung geht hervor, daß das Grunddienstbarkeitsverhältnis nur das Verhältnis des Eigentümers der Straße zu den hieran angebauten, also bereits vorhandenen Häusern zum Gegenstande hat. Der Inhalt der aus diesem Verhältnisse sich ergebenden Rechte und Pflichten des Straßeneigentümers gegenüber den Anliegern muß bei dem Mangel an gesetzlichen Bestimmungen mit Rücksicht auf die beiderseitigen wirtschaftlichen Beziehungen und Bedürfnisse von dem Gesichtspunkte aus bestimmt werden, daß nach dem allgemeinen Grundsatze von der Freiheit des Eigentums die Auslegung des stillschweigenden Willens sich im wesentlichen im Sinne der Einengung des grunddienstbarkeitähnlichen Rechtes des Anliegers zu bewegen hat. Demgemäß hat der Anlieger nur darauf ein Recht, daß ihm durch nachträgliche Änderungen der Straße der Zugang zu dieser, und der Verkehr mit dem an sie sich anschließenden Straßennetze nicht dauernd wesentlich erschwert wird, sowie darauf, daß ihm Luft und Licht durch Bauten vor seinem Grundstücke nicht dauernd entzogen werden.

Vgl. Entsch. des R.G.'s in Zivils. Bd. 62 S. 87.

Die Erwägung, daß die zukünftige Gestaltung der städtischen Verhältnisse im voraus sich mit Sicherheit nicht übersehen läßt, und daher eine Bindung in weiterem Umfange späterhin für die Stadt ernste Verlegenheiten und schwerwiegende Nachteile im Gefolge haben könnte, führt bei Feststellung des Inhalts, welchen die stillschweigende Willenserklärung der Stadtgemeinde haben kann, zur Abweisung des Gedankens, daß der Wille der Stadtgemeinde darauf gerichtet sein könnte, den Hauseigentümern mehr Rechte an der städtischen Straße einzuräumen, als was sich nach dem allgemeinen Wesen und Zwecke der Straße als deren notwendiges Maß darstellt. Im vorliegenden Falle handelt es sich nun aber nicht um einen Schaden, der durch eine nachträgliche Veränderung der Straße für ein vorhandenes Haus entstanden wäre, sondern vielmehr bloß um den Nachteil, der durch Beschränkung der Baufreiheit für einen Neubau dadurch entstanden sein soll, daß die Höhenlage der Straße durch den Fluchtlinienplan anderweit festgesetzt, bisher jedoch noch nicht zur Ausführung gelangt ist, den Klägern aber bei Errichtung ihres Neubaues als maßgebend vorgeschrieben war. Für Entschädigungsansprüche wegen solcher aus einer Beschränkung der Baufreiheit entstehender Nachteile kann das erwähnte Grunddienstbarkeitsverhältnis aus den angeführten Gründen keine Grundlage abgeben. Vielmehr sind für die Begrenzung der Schadensersatzansprüche wegen Nachteile, die aus der Beschränkung der Baufreiheit durch einen unter der Herrschaft des Gesetzes vom 2. Juli 1875 festgesetzten Fluchtlinienplan erwachsen, die Bestimmungen dieses Gesetzes, insbesondere des § 13, maßgebend.

Die Revisionskläger rügen nun ferner die Verletzung des § 13 Nr. 2 dieses Gesetzes. Jedoch mit Unrecht. Vorab ist festzustellen, daß nach dem klaren Wortlaute des Klagantrages lediglich ein Anspruch auf Ersatz des Schadens oder Minderwerts des Hauses zur Entscheidung steht, der den Klägern dadurch entstanden ist, daß sie den Neubau 50 cm unter der damaligen Straßenkrone haben anlegen müssen; es steht somit nicht ein Anspruch auf Ersatz des Schadens in Frage, der den Klägern etwa deshalb entstanden wäre, weil sie mit dem Neubau weiter von der Straßenfluchtlinie hätten zurückweichen müssen. Der § 13 Abs. 1 Nr. 2 gewährt eine Entschädigung nur dann, wenn die Straßen- oder Baufluchtlinie vorhandene Gebäude trifft, und das Grundstück bis zur neuen Fluchtlinie von Gebäuden freigelegt wird. Aus Abs. 2 des § 13 erhellt klar, daß Entschädigung für Beschränkung des Grundeigentums überhaupt nur in diesem einen Falle zu leisten ist, nämlich für die Beschränkung des bebaut gewesenen Teils, wenn eine von der Straßenfluchtlinie verschiedene Baufluchtlinie vorhandene Gebäude trifft, und das Grundstück bis zur Baufluchtlinie freigelegt wird. Auf diese tatsächliche Voraussetzung des Entschädigungsanspruchs ist jedoch die Klage nicht gestützt."

---

83. 1. **Kann beim Kaufe beweglicher Sachen mit Eigentumsvorbehalt der Käufer von dem Vertrag nach § 325 B.G.B. zurücktreten, wenn die ihm übergebenen Sachen vor der vollständigen Zahlung des Kaufpreises im Zwangswege gepfändet und versteigert worden sind aus Vollstreckungstiteln Dritter gegen den Verkäufer für**

Forderungen, zu deren Zahlung sich der Käufer dem Verkäufer verpflichtet hatte, oder aus Vollstreckungstiteln des Verkäufers gegen den Käufer?

2. Verliert der Verkäufer, der die von ihm unter Vorbehalt des Eigentums verkaufte und als solche dem Käufer übergebene Sache vor der vollständigen Zahlung des Kaufpreises aus einem Vollstreckungstitel gegen den Käufer im Zwangswege pfänden läßt, den Vorbehalt des Eigentums an der Sache?

B.G.B. §§ 455, 324, 325.

II. Zivilsenat. Urt. v. 4. Oktober 1907 i. S. S. (Kl.) w. M. (Bekl.). Rep. II. 138/07.

I. Landgericht Beuthen O./S.
II. Oberlandesgericht Breslau.

Durch Vertrag vom 10. Oktober 1902 verkaufte die Klägerin an den Beklagten ihre zu Breslau betriebene Druckerei mit Einrichtung zum Preise von 16000 ℳ. Auf den Kaufpreis wurden bei der Übernahme 3500 ℳ angezahlt. Von den weiteren 12500 ℳ waren am 15. März 1903 2000 ℳ zu zahlen; die verbleibenden 10500 ℳ sollten in halbjährlichen Raten von 1500 ℳ bezahlt werden. Die Verkäuferin behielt sich das Eigentum an der Einrichtung bis zur vollständigen Zahlung des Kaufpreises vor.

Gegen die Klage auf Zahlung fälliger Raten des Kaufpreises wendete der Beklagte in der Berufungsinstanz ein, die Druckereieinrichtung sei inzwischen aus Vollstreckungstiteln Dritter gegen die Klägerin, und aus solchen der Klägerin gegen ihn — den Beklagten — im Zwangswege gepfändet und versteigert worden; dadurch sei der Klägerin unmöglich geworden, ihm nach vollständiger Zahlung des Kaufpreises das Eigentum zu verschaffen; auf Grund des § 325 B.G.B. sei er daher mit Recht vom Vertrage zurückgetreten. Das Berufungsgericht hat aus diesem Grunde die Klage abgewiesen. Auf Revision der Klägerin wurde das Berufungsurteil aufgehoben, und die Sache an das Berufungsgericht zurückverwiesen, aus folgenden, zugleich die tatsächlichen Einzelheiten ergebenden

Gründen:

... „Die Klägerin hatte zur Zeit des Kaufabschlusses zum Betriebe der verkauften Druckerei Räume in dem Grundstücke Albrechtstraße 3 zu Breslau von dessen Eigentümer G. gemietet. Nach dem Mietvertrag war Untervermietung ausgeschlossen. Bei dem Kaufabschlusse scheinen die Parteien davon ausgegangen zu sein — eine Feststellung dieses Inhaltes fehlt in dem Urteile —, daß der Beklagte das Geschäft in diesen Räumen weiter betreibe; denn es ist vereinbart, daß der Beklagte der Klägerin den von ihr bis 1. Januar 1903 vorausbezahlten Mietzins von der Zeit der Übergabe des Geschäfts an erstatte. Zwar hat G. nicht den Beklagten an Stelle der Klägerin unter Entlassung letzterer aus dem Mietverhältnisse als Mieter angenommen; wohl aber soll er nach Darstellung der Klägerin damit einverstanden gewesen sein, daß der Beklagte die Mieträume benutze. In Wirklichkeit hat letzterer auch das Geschäft nach der Übergabe in diesen Räumen weiter betrieben; Mietzinsen aber hat er weder an G. noch an Klägerin bezahlt. Die Klägerin hatte in erster Reihe als Inhalt des zwischen ihr und dem Beklagten bestehenden Rechtsverhältnisses angegeben, der Beklagte habe sich verpflichtet, an ihrer Stelle die Mietzinsen an G. zu zahlen. Das Berufungsgericht hat indes über dieses bestrittene Vorbringen der Klägerin nicht entschieden. Es führt in einem anderen Zusammenhange — bei Ablehnung der Betrugsanfechtung wegen angeblicher Nichtmitteilung des Verbotes der Untervermietung — aus: „Selbst wenn der Beklagte sich nicht verpflichtet hätte, den Mietzins für Klägerin an G. zu zahlen, so habe er doch die Pflicht gehabt, aus dem Erlöse der Druckereiarbeiten den Mietzins an Klägerin auszuhändigen; denn er habe sich sagen müssen, daß er nicht unentgeltlich die Räume benutzen durfte.“ G. hielt sich wegen Zahlung der Mietzinsen an die Klägerin, erwirkte gegen den Beklagten ein Räumungsurteil, verlangte aber von ihm, daß er die Druckereieinrichtung wegen seines gesetzlichen Pfandrechtes zurücklasse, und hat, nachdem der Beklagte sich nach § 809 Z.P.O. damit einverstanden erklärt, auf Grund von Vollstreckungstiteln, die er für seine Mietzinsforderungen gegen Klägerin erwirkt hatte, Gegenstände der Druckereieinrichtung pfänden und im Zwangswege versteigern lassen.

Die Klägerin hatte ferner für Forderungen aus dem Kaufvertrage Vollstreckungstitel gegen den Beklagten erwirkt, auf Grund deren sie gleichfalls Gegenstände der Druckereieinrichtung pfänden und versteigern ließ.

In der Berufungsinstanz hat der Beklagte, der weiter geltend machte, es seien auch Gegenstände der Druckereieinrichtung aus Vollstreckungstiteln Dritter gegen die Klägerin gepfändet und versteigert worden, aus diesen Vorgängen ein Rücktrittsrecht nach § 325 B.G.B. abgeleitet, da die Klägerin, die ihr wegen Eigentumsvorbehaltes noch obliegende Verpflichtung zur Verschaffung des Eigentums infolge der Zwangsversteigerung an Dritte zu erfüllen, nicht mehr imstande sei, und diese durch die Zwangsvollstreckung geschaffene Unmöglichkeit zu vertreten habe. Das Berufungsgericht nahm auch an, daß der Beklagte berechtigt gewesen sei, nach § 325 B.G.B. vom Vertrage zurückzutreten.

Die Revision rügt Verletzung des § 325 B.G.B.; sie hat auch Erfolg.

Dem Ausgange des Berufungsgerichts in seinen rechtlichen Ausführungen ist beizutreten. Beim Verkauf unter Vorbehalt des Eigentums hat der Verkäufer durch die Übergabe der Kaufsache seine Verpflichtung aus § 433 Abs. 1 B.G.B., dem Käufer das Eigentum zu verschaffen, noch nicht vollständig erfüllt.

Vgl. Urteil des VII. Zivilsenats vom 12. Oktober 1906, Entsch. in Zivils. Bd. 64 S. 335, 336; auch Urteil des I. Zivilsenats vom 20. Oktober 1906, Entsch. in Zivils. Bd. 64 S. 204.

Soweit dem Verkäufer durch einen von ihm zu vertretenden Umstand unmöglich wird, das Eigentum zu verschaffen, tritt seine Haftung aus § 325 B.G.B. ein. Die Haftung des Käufers bleibt dagegen bestehen — § 324 B.G.B. —, wenn durch einen Umstand, den er zu vertreten hat, dem Verkäufer unmöglich gemacht wird, das Eigentum zu verschaffen. Das Berufungsgericht hat sodann ohne besondere Erörterung darin, daß die Gegenstände der Druckereieinrichtung im Zwangswege an Dritte versteigert worden sind, einen die Verschaffung des Eigentums unmöglich machenden Vorgang gefunden. Auch wenn ihm zu diesem Teile seiner Erwägungen, entgegen den Ausführungen der Revision, gefolgt wird, leidet sein Urteil an anderen Mängeln, die zu dessen Aufhebung führen.

1. Gepfändet und versteigert wurden Gegenstände der dem Beklagten übergebenen Druckereieinrichtung aus Vollstreckungstiteln, die der Vermieter G. gegen die Klägerin für Mietzinsen seit dem 1. Januar 1903 erwirkt hatte. Der Berufungsrichter hat, wie die

obige Sachdarstellung ergibt, die Frage unentschieden gelassen, ob der Beklagte sich der Klägerin gegenüber verpflichtet hatte, die Mietzinsen für diese an G. zu zahlen. Danach muß für die Revisionsinstanz davon ausgegangen werden, es habe eine solche Verpflichtung bestanden. Hat aber der Beklagte durch die Nichterfüllung einer Verpflichtung dieses Inhaltes die Vollstreckungen des G. gegen die Klägerin in Gegenstände der Druckereieinrichtung herbeigeführt, so muß er eine dadurch verursachte Unmöglichkeit der Klägerin, das Eigentum zu verschaffen, vertreten, und kann daher aus ihr — § 324 B.G.B. — nicht Einwendungen gegen die Ansprüche der Klägerin aus dem Kaufvertrage ableiten.

2. Die Klägerin hat sodann selbst aus Vollstreckungstiteln gegen den Beklagten Gegenstände der Druckereieinrichtung, die dem Beklagten übergeben waren, an denen sie sich jedoch das Eigentum bis zur vollständigen Zahlung des Kaufpreises vorbehalten hatte, bei dem Beklagten pfänden und versteigern lassen. Das Berufungsgericht hat angenommen, daß die Klägerin eine durch solche Zwangsvollstreckungen herbeigeführte Unmöglichkeit, das Eigentum zu verschaffen, vertreten müsse. Diese Ausführungen geben gleichfalls zu rechtlichen Bedenken Anlaß.

In der Rechtslehre wird die Ansicht vertreten, der Verkäufer, der die von ihm unter Vorbehalt des Eigentums verkaufte und als solche dem Käufer übergebene Sache vor der vollständigen Zahlung des Kaufpreises und danach während des Schwebens der aufschiebenden Bedingung aus einem Vollstreckungstitel gegen den Käufer selbst im Zwangswege pfänden lasse, verliere dadurch den Vorbehalt des Eigentums an der Sache (Dernburg, Das bürgerliche Recht Bd. 2 Abt. 2 § 171 Anm. 12). Er verzichte dadurch auf die durch jenen Vorbehalt zu seinen Gunsten begründete Rechtsstellung. Der erkennende Senat vermag zwar dieser Ansicht nicht beizutreten, soweit sie in einer solchen Pfändung der unter Vorbehalt des Eigentums verkauften und übergebenen Sachen durch den Verkäufer, oder doch wenigstens in deren Versteigerung im Zwangswege durch letztere schlechthin einen Verzicht auf den Eigentumsvorbehalt findet. Nach seiner Auffassung kann ein solcher Verzicht darin liegen, und hängt es von den Umständen des einzelnen Falles ab, ob ein solcher darin zu finden ist. Ist aber nach den Umständen des Falles ein solcher Verzicht des Verkäufers anzunehmen, so hat der Verkäufer mit der Kundgabe dieses Verzichts an den Käufer grundsätzlich auch die ihm obliegende Verpflichtung zur Verschaffung des Eigentums erfüllt; denn durch den mit einem solchen Verzicht verknüpften Wegfall der aufschiebenden Bedingung ist der Verkäufer von Rechts wegen Eigentümer der Sache geworden. Dann aber kann der Käufer, dem das Eigentum verschafft ist, überhaupt nicht mehr aus jener vom Verkäufer gegen ihn durchgeführten Zwangsvollstreckung eine vom Verkäufer zu vertretende Unmöglichkeit, das Eigentum zu verschaffen, ableiten.

Den gegen die dargelegte rechtliche Auffassung erhobenen Bedenken, ein solcher Verzicht bedürfe, um die gedachte Wirkung zu erzeugen, der Annahme von seiten des Käufers, oder es sei zur Eigentumsverschaffung eine auf die Übertragung des Eigentums gerichtete neue Willenseinigung nötig, kann nicht beigetreten werden. Grundsätzlich ist zunächst davon auszugehen, daß der Eigentumsvorbehalt lediglich zugunsten des Verkäufers vereinbart ist; der Käufer kann daher aus dem obligatorischen Rechtsverhältnisse von dem Verkäufer nicht verlangen, daß er an dem Eigentumsvorbehalte bis zur vollständigen Zahlung des Kaufpreises festhalte. Weiterhin bedingt ein solcher Vorbehalt nicht das obligatorische Rechtsgeschäft an und für sich, sondern bloß die Übereignung. Ferner ist der Wille der Übereignung bei solchem Vorbehalt grundsätzlich bereits bei dem Abschlusse oder doch bei der Übergabe bedingt erklärt; nach dem Rechte des Bürgerlichen Gesetzbuchs ist eine solche bedingte Willenserklärung im Falle der Übereignung beweglicher Sachen zulässig. Darum bedarf es im Falle des Eintritts der Bedingung keiner weiteren Willenseinigung. Mit Eintritt der aufschiebenden Bedingung durch vollständige Bezahlung des Kaufpreises wird der Käufer von Rechts wegen Eigentümer; darüber besteht auch kein Meinungsstreit. Das gleiche muß aber auch dann gelten, wenn die aufschiebende Bedingung infolge Verzichtes des Verkäufers eintritt.

Ein solcher Verzicht bedarf ferner zu seiner Wirksamkeit nur der Kundgabe an den Käufer, nicht der Annahme durch letzteren. Nach dem Rechte des Bürgerlichen Gesetzbuchs bedarf der Verzicht auf das Eigentum oder andere dingliche Rechte an beweglichen Sachen zu seiner Wirksamkeit nur der gehörigen Kundgabe, nicht der

Annahme von seiten des anderen Beteiligten. Das gleiche gilt auch für den Verzicht auf Bedingungen der dinglichen Übereignung von seiten des aus jenen Bedingungen Berechtigten; auch ein solcher Verzicht bedarf zu seiner Wirksamkeit nur der Kundgabe an den mit jener Bedingung Belasteten.

Das Berufungsgericht ist in eine Prüfung der entwickelten rechtlichen Fragen nicht eingetreten. Dieser Mangel seiner Urteilsgründe kann auch nicht mit den Erwägungen beseitigt werden, die Gegenstände der Druckereieinrichtung seien bei Vornahme der Pfändungen für die klagende Verkäuferin bereits aus Vollstreckungstiteln gegen die Verkäuferin gepfändet gewesen, und die Verkäuferin habe schon aus diesem Grunde ihre Verpflichtung, Eigentum zu verschaffen, nicht erfüllt. Denn soweit jene Vollstreckungen durch den Vermieter G. gegen die Verkäuferin betrieben waren, kommt dieser Gesichtspunkt dann nicht in Betracht, wenn der verklagte Käufer jene Vollstreckungen gegen die klagende Verkäuferin zu vertreten hat. Im übrigen steht aber nicht fest, ob andere Gläubiger der Verkäuferin bereits vor den Pfändungen letzterer gegen den Käufer Gegenstände der Druckereieinrichtung hatten pfänden lassen.

Die letztere Erwägung und der weitere Umstand, daß überhaupt nicht feststeht, in welchem Umfange andere Gläubiger der Verkäuferin Gegenstände der Druckereieinrichtung haben pfänden und versteigern lassen, machen auch die bloße Feststellung, daß solche Pfändungen vorgekommen seien, nicht geeignet, das Urteil zu tragen. Denn es kann nicht nachgeprüft werden, ob jene Pfändungen allein zureichen, den § 325 Abs. 1 Satz 2 B.G.B. anzuwenden und das daraus abgeleitete Rücktrittsrecht des Käufers vom ganzen Vertrage zu rechtfertigen." ...

---

84. Hat die in § 9 Abs. 3 des Gesetzes, betr. die Kaiserlichen Schutztruppen, vom 18. Juli 1896 vorgesehene Steigerung der Pensionserhöhung zur Voraussetzung, daß der Pensionsberechtigte länger als drei Jahre ununterbrochen in Afrika dienstlich verwendet worden ist?

III. Zivilsenat. Urt. v. 4. Oktober 1907 i. S. Landesfiskus von Deutsch-Südwestafrika (Bekl.) w. H. (Kl.). Rep. III. 103/07.

I. Landgericht I Berlin.
II. Kammergericht daselbst.

Der Kläger ist am 2. Mai 1900 aus dem Heere als Zahlmeisteraspirant mit dem Range eines Deckoffiziers in die Schutztruppe für Deutsch-Ostafrika eingetreten. Bis zum 9. September 1901 war er in Deutsch-Ostafrika garnisoniert, vom 10. September 1901 bis zum 30. April 1902 auf das Bureau des Oberkommandos der Schutztruppen in Berlin kommandiert, und hat sodann vom 1. Mai 1902 bis zum 30. November 1905 in der Schutztruppe für Deutsch-Südwestafrika Dienst getan. Am 30. November 1905 ist er wegen einer in Afrika erlittenen Dienstbeschädigung aus dem Militärdienste ausgeschieden, und durch Erlaß des Auswärtigen Amts, Kolonialabteilung, vom 20. Februar 1906 mit Wirkung vom 1. März 1906 ab pensioniert worden. Seine Pension wurde in diesem Erlasse auf 969 *M* jährlich festgesetzt. Mit der Klage verlangt der Kläger eine jährliche Pension von 2083 *M*. Der Beklagte hat im Laufe des Rechtsstreits anerkannt, daß er 1743 *M* Pension zu zahlen verpflichtet ist. Den Anspruch auf die weiteren 340 *M* jährlich, deren Zahlung der Beklagte verweigert, gründet der Kläger auf § 9 Abs. 3 des Gesetzes, betreffend die Kaiserlichen Schutztruppen in den afrikanischen Schutzgebieten und die Wehrpflicht daselbst, vom 7./18. Juli 1896, indem er die hier vorgesehene Steigerung der Pensionserhöhung für zwei Dienstjahre mit je 170 *M* in Anspruch nimmt.

Die erste und die zweite Instanz haben die vom Kläger verlangte Pension zugesprochen. Die Revision wurde zurückgewiesen aus folgenden

Gründen:

... „Der § 9 des Schutztruppengesetzes vom 18. Juli 1896 schreibt in den ersten beiden Absätzen vor, daß die Militärpersonen der Oberklassen und der Unterklassen an Stelle der in den §§ 12 und 71 des Reichsmilitärpensionsgesetzes vorgesehenen Pensionserhöhung, der sog. Kriegszulage, eine Erhöhung der Pension in bestimmt abgestuften Beträgen erhalten sollen, wenn sie durch den Dienst in der Schutztruppe invalide und zur Fortsetzung des aktiven Militär- oder Seedienstes unfähig geworden sind. Daran schließt Absatz 3 folgende Bestimmung:

„Für diejenigen, welche der Schutztruppe ohne Unterbrechung länger als drei Jahre angehört haben, findet für jedes weitere volle Dienstjahr eine Steigerung der Pensionserhöhung um ein Sechstel bis zur Erreichung des Doppelbetrags statt."

Der Beklagte ist der Meinung, daß im Sinne dieser Vorschrift nur derjenige der Schutztruppe ohne Unterbrechung länger als drei Jahre angehört habe, welcher während dieser Zeit ununterbrochen in Afrika dienstlich verwendet worden sei, wobei allerdings der bewilligte Heimatsurlaub nicht als Unterbrechung des Dienstes in Afrika gelte. Von diesem Standpunkte aus gelangt er dazu, die Dienstzeit des Klägers bei dem Oberkommando der Schutztruppen in Berlin als eine Unterbrechung seiner Schutztruppenzugehörigkeit im Sinne des § 9 Abs. 3 anzusehen, woraus dann nach den feststehenden Dienstzeiten des Klägers folgen würde, daß er auf die Steigerung der Pensionserhöhung keinen Anspruch hat.

Der Kläger dagegen steht auf dem Standpunkte, daß in § 9 Abs. 3 nichts weiter erfordert werde, als daß er ununterbrochen länger als drei Jahre dem Verbande der Schutztruppen organisch angehört habe.

Das Berufungsgericht hat die Auffassung des Klägers gebilligt und mit Recht.

Geht man von dem Wortsinne aus, so ergibt sich, mag man den allgemein gültigen, oder auch den besonderen militärischen Sprachgebrauch zugrunde legen, die Auslegung, daß derjenige „der Schutztruppe angehört", der ihr nach Maßgabe des § 2 lit. a „zugeteilt" worden ist, und daß er ihr so lange „angehört", bis er wieder aus ihr ausscheidet. Denn die Schutztruppen bilden nach dem Gesetze von 1896 einen selbständigen organisatorischen Verband. Die ihnen zugeteilten Militärpersonen scheiden nach § 3 aus dem Heere und der Marine, denen sie bisher „angehörten", aus; sie „gehören" fortan dem besonderen Verbande der Schutztruppen „an".

Daß das Gesetz einen anderen Sinn mit dem Begriffe „angehören" verbinde, und überall nur denjenigen als Angehörigen der Schutztruppe betrachte, der in Afrika dienstlich verwendet werde, ist aus seinen Einzelbestimmungen nicht zu entnehmen. Dagegen spricht schon deutlich § 11 des Gesetzes, der für „die Zeit der Verwendung in Afrika" eine besondere Vergünstigung aufstellt, sie bei der Pensionierung doppelt rechnen läßt. Die besondere Hervorhebung und Begünstigung dieser afrikanischen Dienstzeit setzt als notwendigen Gegensatz voraus, daß es auch einen außerafrikanischen Dienst von Schutztruppenangehörigen gibt. Von „Angehörigen der Schutztruppe" spricht das Gesetz auch in den §§ 10 und 15. Der § 15 dehnt die Bestimmung des Reichsbeamtengesetzes über das Gnadenquartal auf die Hinterbliebenen „einer der Schutztruppe angehörigen Person" aus (Begründung zum Entwurfe des Schutztruppengesetzes von 1891 § 15, Drucksachen des Reichstags 1890/91 Nr. 220). Daraus folgt, daß hier nur an die organische Zugehörigkeit zum Verbande der Schutztruppen gedacht ist. Dasselbe muß für § 10 gelten, worin nach dem Vorbilde des § 58 Abs. 2 des Reichsmilitärpensionsgesetzes den Personen, die „den Schutztruppen ununterbrochen zwölf volle Jahre angehört haben", der Nachweis der Dienstunfähigkeit als Vorbedingung des Anspruchs auf Pension erlassen wird (Begründung a. a. O. § 10). Auch hier kommt es nicht auf eine besondere Art dienstlicher Verwendung, sondern nur auf die organische Zugehörigkeit zu dem betreffenden militärischen Verbande an.

Wenn im § 6 Abs. 1 von der auf die klimatischen Verhältnisse „während der Zugehörigkeit zur Schutztruppe" zurückzuführenden bleibenden Störung der Gesundheit gesprochen wird, und dabei offensichtlich Schädigungen gemeint sind, die während der dienstlichen Verwendung in den Tropen eintreten, wenn also hier der Begriff „Zugehörigkeit zur Schutztruppe" in einem engeren Sinne gebraucht wird, so ergibt sich dieser Sinn aus dem Inhalte und dem Zwecke der Bestimmung, die eine den besonderen Verhältnissen des Schutztruppendienstes angepaßte Nachbildung des § 51 des Reichsmilitärpensionsgesetzes darstellt (Begründung a. a. O. § 6); ein Schluß aber darauf, daß das Gesetz auch an anderen Stellen diesen engeren Sinn mit den Worten verbinde, kann aus § 6 nicht gezogen werden. Eine solche vom allgemeinen Sprachgebrauche abweichende Bedeutung der fraglichen Worte kann nur dann festgestellt werden, wenn der Inhalt der einzelnen Norm, ihr Zusammenhang mit den übrigen Bestimmungen, ihr Sinn und Zweck eine solche Auslegung erheischt.

Der Beklagte hat nun für den dritten Absatz des § 9 eine solche engere Bedeutung aus dem Zusammenhange der drei Absätze des § 9 ableiten wollen, indem er ausführt, daß unter der Zugehörigkeit zur Schutztruppe in Abs. 3 dasselbe verstanden werden müsse, was Abs. 1 als „Dienst in der Schutztruppe" bezeichne, und daß in Abs. 1 unter dem Dienst in der Schutztruppe nur der Dienst in Afrika gemeint sei. Richtig ist, daß unter dem Dienst in der Schutztruppe, durch den die Invalidität eingetreten sein muß, wenn die Pensionserhöhung zuständig sein soll, der Dienst in Afrika verstanden wird. Das ergibt sich aus der im Gesetze ausgesprochenen Gleichstellung dieser Pensionserhöhung mit der Kriegszulage der §§ 12 und 71 des Reichsmilitärpensionsgesetzes. Nur der Tropendienst kann hinsichtlich der Gefährlichkeit für die Gesundheit mit dem Kriege im Verhältnis zum Heimats- (Friedens-) Dienste auf eine Linie gestellt werden, wie es schon zugunsten der Marine in § 52 des Reichsmilitärpensionsgesetzes hinsichtlich der außerordentlichen klimatischen Einflüsse des Tropendienstes geschehen war. Keineswegs aber ist nun der vom Beklagten gezogene Schluß notwendig, daß, wenn die Abss. 1 und 2 des § 9 den Tropendienst und seine Folgen im Auge hätten, auch Abs. 3 nur den Tropendienst gemeint haben könne. Denn dabei wird außer acht gelassen, daß § 9 Abs. 3 an die Bestimmungen über die sog. Tropenzulage, die für die durch den Tropendienst invalide gewordenen Militärpersonen in § 9 Abss. 1 und 2 festgesetzt wird, eine weitere, aber auf einem wesentlich anderen Gesichtspunkte beruhende Vergünstigung anreiht, mit der auch wesentlich andere Zwecke verfolgt werden als mit jener. Während nämlich die Pensionserhöhung der ersten beiden Absätze des § 9 eine Entschädigung für die durch den gesundheitsgefährlichen Tropendienst wirklich entstandenen Schädigungen gewährt, soll die Steigerung der Pensionserhöhung im Abs. 3 ein Mittel sein, die Schwierigkeiten des Ersatzes zu überwinden, und durch die in Aussicht gestellten Vorteile für längeres Dienen einen Anreiz zum Eintritt und zum Verbleib im Verbande der Schutztruppe geben. In der Begründung zu § 9 (Reichstagsdrucksachen 1890/91 Nr. 220) heißt es:

„Das mäßige Anwachsen der Pension, welches die Angehörigen der Schutztruppe bei ausnahmsweise längerer Dienstzeit vom 11. Dienstjahre ab erreichen können, erscheint zu gering gegenüber den Opfern an Gesundheit, welche die Betreffenden bei längerer

Dienstzeit in den Tropen darbringen. Auch fehlt es bei kürzerer als elfjähriger Dienstzeit an einem Unterschiede in der Höhe der Pension; es ist gleichgültig, ob der Pensionär zehn, oder nur drei Jahre gedient hat. Deshalb ist in dem Schlußsatze des § 9 ein allmähliches Steigen der Pensionserhöhung bereits nach dem dritten in der Schutztruppe gedienten Jahre als Anreiz und Belohnung für längeres Dienen in der Schutztruppe vorgesehen."

Wenn hier auch auf die Opfer hingewiesen wird, die bei längerer Dienstzeit in den Tropen an der Gesundheit gebracht werden, so soll doch die Steigerung der Pensionserhöhung allgemein „als Anreiz und Belohnung für längeres Dienen in der Schutztruppe" eingeführt werden, demnach als ein Mittel, auf den Abschluß und die Erneuerung von Kapitulationen hinzuwirken. Der auf dem freien Willensentschlusse beruhende Eintritt und längere Verbleib in der Schutztruppe soll belohnt werden, nicht eine bestimmte Art dienstlicher Verwendung, die ja im allgemeinen lediglich in der Hand des Kommandos liegt und vom Willen des Schutztruppenangehörigen unabhängig ist. Die Steigerung der Pensionserhöhung kann daher mit der Pensionszulage des § 74 des Reichsmilitärpensionsgesetzes verglichen werden, die „den Unteroffizieren vom Feldwebel abwärts vom zurückgelegten 18. Dienstjahre ab für jedes weitere Dienstjahr bei eintretender nachzuweisender Ganzinvalidität gewährt" wird. Auch hier kommt es nur auf die Dienstzeit im Verbande des Heeres, nicht auf eine besondere Art dienstlicher Verwendung an.

Hiernach hat es eine gute sachliche Berechtigung, die Worte „länger als 3 Jahre der Schutztruppe angehört haben" im Sinne der organisatorischen Zugehörigkeit zur Schutztruppe zu verstehen. Daß der Vorteil der Pensionssteigerung auch bei dieser Auslegung nur solchen Militärpersonen zukommen kann, die im Tropendienste invalide geworden sind, folgt aus § 9 Abss. 1 und 2; die Steigerung der Kriegszulage aber findet ihre innere Berechtigung darin, daß die betreffenden Invaliden sich durch freiwillig übernommene längere Dienstzeit der Kommandobehörde zur Verfügung gestellt haben, also die Gefahren, denen sie erliegen, für längere Zeit auf sich zu nehmen bereit gewesen sind.

Nach alledem ist man nicht berechtigt, bei der Auslegung des

§ 9 Abs. 3 von dem Wortsinn der Gesetzesnorm, der ein vernünftiges und gerechtes Ergebnis liefert, abzuweichen und den Gesetzesinhalt anders, als es der Sprachgebrauch ergibt, festzustellen.

In den Gesetzen über die Neuregelung des Militärpensionswesens vom 31. Mai 1906, die in den §§ 66—68, bzw. 67—69 die Tropenzulage und ihre Steigerung behandeln, ist allerdings die Gewährung der letzteren für Offiziere und Mannschaften an die Voraussetzung geknüpft, daß sie „länger als drei Jahre in den Schutzgebieten dienstlich verwendet worden sind". Aus welchen Gründen man eine veränderte Fassung des Gesetzes gewählt hat, und ob man mit ihr bewußtermaßen vom bisherigen Rechte abweichen wollte, darüber geben die Begründung zu den Entwürfen (Reichstagsdrucksachen 1905/06 Nr. 13 und 14 je zu § 69) und die parlamentarischen Verhandlungen keinen Aufschluß. Jedenfalls kann aus dieser veränderten Fassung der neuen Gesetze ein die Auslegung des früheren beeinflussender zwingender Schluß nicht gezogen werden.

Ist nach dem bisher Ausgeführten dem Berufungsgerichte in der Auslegung des § 9 Abs. 3 beizutreten, so folgt daraus von selbst, daß der Kläger nicht dadurch, daß er vom 10. September 1901 bis zum 30. April 1902 zur Dienstleistung auf das Bureau des Oberkommandos der Schutztruppen in Berlin kommandiert wurde, aufgehört hat, der Schutztruppe, in die er am 2. Mai 1900 eingetreten war, im Sinne von § 9 Abs. 3 „anzugehören". Beim Oberkommando können „Schutztruppenangehörige" ebenso wie „Angehörige des Heeres" beschäftigt werden (Organisatorische Bestimmungen für die Kaiserlichen Schutztruppen vom 25. Juli 1898 §§ 2, 18c und Militärische Ausführungsbestimmungen dazu § 2a Abs. 2 Ziff. 7 — abgedruckt bei Zimmermann, Deutsche Kolonialgesetzgebung Bd. 3 S. 49 flg. und 109)." ...

---

85. Gehört bei einer Fabrik die sog. Materialreserve zum Zubehör? B.G.B. §§ 97. 98.

V. Zivilsenat. Urt. v. 5. Oktober 1907 i. S. M.'sche Konkursmasse (Kl.) w. Saxonia, Ges. m. b. H. (Bekl.). Rep. V. 67/07.

I. Landgericht Freiberg.
II. Oberlandesgericht Dresden.

Eine dem Gemeinschuldner gehörige Glashütte wurde samt Zubehör vom Konkursverwalter an die Beklagte veräußert. Die Beklagte nahm dann, als angeblich zum Zubehör gehörend, die in ihren einzelnen Teilen näher bezeichnete sog. Materialreserve in Anspruch. Der Konkursverwalter bestritt die Zubehöreigenschaft. Es kam dann eine Einigung dahin zustande, daß der Konkursverwalter die Sachen der Beklagten überließ, diese dagegen sich verpflichtete, den näher festgestellten Wert zu zahlen, falls die Zubehöreigenschaft durch rechtskräftiges Urteil festgestellt werde. Mit der Klage beanspruchte nun der Konkursverwalter Zahlung der festgesetzten Summe nebst Zinsen. Unstreitig war, daß die Sachen zur Zeit des Kaufabschlusses auf dem zur Glashütte gehörigen Grundstücke gelagert waren, und dem Gemeinschuldner gehört hatten.

Das Landgericht und das Berufungsgericht bejahten die Zubehöreigenschaft. Die Revision des Konkursverwalters wurde zurückgewiesen.

Gründe:

„Die Materialreserve lagerte zu der Zeit, als die Beklagte die Hütte erwarb, auf dem zu dieser gehörigen Grund und Boden, und sie diente zur Ausbesserung der Herde, Öfen und Wannen, oder auch zum Ersatz alter abgenutzter Teile durch neue. Das Berufungsgericht hat hieraus gefolgert, daß jene Gegenstände bestimmungsgemäß dem wirtschaftlichen Zwecke der Hauptsache, nämlich der Hütte, gedient haben, und es hat weiter auch festgestellt, daß es eines solchen Vorrats in dem vorhandenen Umfange bedurfte, falls die Hütte überhaupt als betriebsfähig gelten sollte. Bei dieser Sachlage liegt die von der Revision gerügte Verletzung des § 97 B.G.B. nicht vor. Hiernach gelten als „Zubehör solche bewegliche Sachen, die, ohne Bestandteile der Hauptsache zu sein, dem wirtschaftlichen Zwecke der Hauptsache zu dienen bestimmt sind, und zu ihr in einem dieser Bestimmung entsprechenden räumlichen Verhältnisse stehen."

Bestandteile wurden jene Ersatzstücke erst, nachdem sie in das Grundstück oder Gebäude eingebaut waren; vorher waren sie selbständige bewegliche Sachen und unterlagen als solche auch der Vorschrift des § 97. Richtig ist nun, daß, wie die Revision geltend macht, die größere Anzahl der Schriftsteller,

vgl. bei Turnau u. Förster, 3. Aufl. Bd. 1 S. 36,

die Ansicht vertritt, daß eine Sache, um als Zubehör gelten zu können, dazu bestimmt sein müsse, als bewegliche Sache dem wirtschaftlichen Zwecke der Hauptsache zu dienen, und daß dies ausgeschlossen sei, wenn sie bestimmungsgemäß Bestandteil werden und damit ihre Selbständigkeit verlieren solle. Allein dieser Auffassung kann nicht zugestimmt werden. Sie findet keine Stütze in dem Wortlaute des § 97, und es steht ihr entgegen die Vorschrift des § 98 Nr. 2. An der letzten Stelle wird der auf einem Landgute gewonnene Dünger, obgleich er durch die Verbindung mit dem Grundstücke Bestandteil wird, dennoch zum Zubehör gerechnet. Die Revision hält freilich diese im wesentlichen einer Bestimmung schon des römischen Rechts (l. 17 § 2 Dig. de act. emti vend. 19, 1) entsprechende Vorschrift für die Auslegung des § 97 für bedeutungslos, einerseits weil das Gesetz im § 98 lediglich für bestimmte Gegenstände die Zubehöreigenschaft festlege, und sodann weil auf landwirtschaftliche Grundstücke berechnete Vorschriften nicht auf Industriegrundstücke anwendbar seien. Dem ist indessen nicht beizupflichten. Das Gesetz hat (Prot. Bd. 3 S. 20) für die Entscheidung darüber, was als Zubehör anzusehen ist, dem richterlichen Ermessen für den Einzelfall weiten Spielraum lassen wollen, und hat (Prot. Bd. 3 S. 22; Gruchot's Beitr., Bd. 41 S. 148) die Einzelvorschriften des jetzigen § 98 (früher § 791) gegeben, nicht um die Vorschrift des § 97 auf bestimmte Fälle zu „erweitern", sondern lediglich, um sie zu „erläutern und zu verdeutlichen". Es geschah dies in der ausgesprochenen Erwartung, damit der Praxis „gute Dienste zu leisten" und mithin ihr für die im Einzelfalle zu treffende Entscheidung eine Richtschnur zu bieten. Hiernach kann der von der Revision vertretenen einschränkenden Auslegung des § 97 nicht beigetreten, vielmehr muß angenommen werden, daß die Zubehöreigenschaft auch solchen Sachen zukommen kann, die dem wirtschaftlichen Zwecke der Hauptsache zu dienen bestimmt sind, wenn auch unter demnächstiger Aufhebung ihrer eigenen Selbständigkeit. Diese Ansicht wird unter Hinweis insbesondere auf die Vorschriften der §§ 88, 92 I. 2 A.L.R. geteilt von Dernburg, Bürgerl. Recht Bd. 3 S. 26 und Gierke, Bd. 2 S. 81.

Für den vorliegenden Fall kommt noch hinzu, daß es sich um Ersatzstücke für Herde, Öfen und Wannen handelt, die der gleichen rechtlichen Beurteilung unterliegen müssen, wie bei einer Fabrik die für den Betrieb bestimmten Maschinen und sonstigen Gerätschaften (§ 98 Abs. 1 B.G.B.). Dem Betriebe dienen auch jene Ersatzstücke, da ohne einen entsprechenden Vorrat an solchen die Hütte, wie festgestellt ist, überhaupt nicht betriebsfähig sein würde.

Die Zubehöreigenschaft ist daher mit Recht bejaht worden."...

---

86. Inwieweit ist der Anspruch aus einem Darléhnsvorvertrage im Hinblick auf § 399 B.G.B. abtretbar?

VI. Zivilsenat. Urt. v. 7. Oktober 1907 i. S. L. (Kl.) w. E. (Bekl.). Rep. VI. 12/07.

I. Landgericht Braunschweig.
II. Oberlandesgericht daselbst.

Der Kläger belangte als Zessionar des Gastwirts R. den Beklagten auf Bezahlung von 8000 ℳ mit der Behauptung, daß der Beklagte dem R. am 21. April 1905 ein Darlehn in mindestens dieser Höhe urkundlich zugesagt habe. In der fraglichen Urkunde erklärte der Beklagte, daß er, „wenn R. eine Hypothek, bzw. Anzahlung bei seiner Geschäftsübernahme gebrauche, demselben diese Summe zur Verfügung stelle". R., wurde weiter behauptet, habe das Grundstück des Klägers in B. gekauft, habe dafür eine Anzahlung von 8000 ℳ an den Kläger zu leisten und habe deshalb seinen Anspruch auf Auszahlung des Darlehns dem Kläger abgetreten. Unstreitig hatte R. auf dem erstandenen Grundstücke für den Beklagten eine Hypothek von 8000 ℳ eintragen lassen. Die beiden Vorinstanzen nahmen an, daß der Anspruch aus dem Darlehnsvorvertrage nach § 399 B.G.B. nicht abtretbar sei. Demgemäß wurde der Kläger mit der Klage abgewiesen, und seine Berufung zurückgewiesen. Auf dessen Revision wurde das Berufungsurteil aufgehoben, und die Sache in die Instanz zurückverwiesen.

Aus den Gründen:

„Im Berufungsurteil wird an der Hand des Wortlautes und der Entstehungsgeschichte des § 399 B.G.B. ausgeführt, daß nach dieser

Bestimmung, welche auf den bereits im gemeinen Rechte anerkannten Rechtssätzen fuße, der Anspruch aus einem pactum de mutuo dando der Zession nicht fähig sei, da hier durch Eintritt eines Zessionars die versprochene Leistung inhaltlich eine unstatthafte Veränderung erleiden würde. Daß Darlehnsversprechen in ganz besonderem Maße mit Rücksicht auf die Person des Versprechensempfängers und dessen Kreditwürdigkeit erteilt zu werden pflegen, liege auf der Hand und habe auch durch die Vorschrift des § 610 B.G.B. nach einer bestimmten Richtung hin einen deutlichen Ausdruck gefunden. Es könne dem Versprechenden regelmäßig nicht zugemutet werden, daß ohne seinen Willen an die Stelle des ursprünglichen Gläubigers durch Abtretung ein anderer trete. Dies widerspreche dem offenbaren Willen der Vertragsgegner und würde auch den Inhalt der Schuld im allgemeinen wesentlich verändern. Ob in besonders gearteten Fällen ausnahmsweise gleichwohl die Abtretbarkeit eines Darlehnsversprechens angenommen werden könnte, bedürfe hier keiner Prüfung; denn solche besonderen Umstände lägen hier nicht vor.

Die Revision rügt Verletzung des § 399 B.G.B., sowie des § 286 in Verbindung mit § 554 Abs. 3 Nr. 2b und c Z.P.O. Wenn auch der Anspruch aus einem Darlehnsversprechen nicht allgemein abtretbar sein sollte, so sei er doch jedenfalls unter den Umständen, wie sie hier vorliegen, abtretbar. Der bei der Vorschrift des § 399 B.G.B. maßgebende Gesichtspunkt einer Veränderung des Inhalts der geschuldeten Leistung treffe in diesem Falle nicht zu. Dem Zedenten R. sei das Darlehn von dem Beklagten zu dem Zwecke zugesagt worden, daß er mit dem Gelde die Anzahlung auf ein von ihm zu erwerbendes Grundstück leisten solle. Habe R. den Anspruch aus dem Darlehnsversprechen an den Kläger, den Verkäufer des Grundstückes, abgetreten, um auf diese Weise die vertragsmäßige Anzahlung zu decken, so habe er nicht gegen den Inhalt des Darlehnsvertrages verstoßen, sondern gerade den Erfolg herbeigeführt, welchen die Kontrahenten beabsichtigt hätten. Die rechtliche Lage des Beklagten werde durch die Zession nicht verändert; die hypothekarische Sicherheit, welche abredegemäß dem Beklagten bestellt werden sollte, sei ihm tatsächlich verschafft worden. Das Berufungsgericht habe diese Umstände nicht gewürdigt, und es habe auch ungeprüft gelassen, ob nicht im vorliegenden Falle eigentlicher Darlehnsempfänger der

Zedent bleibe, und der Kläger nur diejenige Person sei, zu deren Gunsten die Valuta des Darlehns behufs Tilgung einer Schuld des ersteren verwendet werden sollte.

Der Revisionsangriff erweist sich als begründet. Zwar ist dem Berufungsgericht grundsätzlich darin beizustimmen, daß der Anspruch aus einem Darlehnsvorvertrage (pactum de mutuo dando) in der Regel nach § 399 B.G.B. nicht abgetreten werden kann; denn hier wird die Einschiebung einer anderen Person als Kontrahenten für den künftigen Hauptvertrag gewöhnlich sowohl in rechtlicher als in wirtschaftlicher Beziehung eine unvorhersehbare Änderung des Inhaltes der Obligation begründen. Allein diese Bedeutung des Darlehnsvertrages mit der Wirkung der Unübertragbarkeit der Forderung ist eben nur die Regel, keine absolute Norm; es kann auch das Gegenteil ausgemacht sein.

Vgl. Oertmann, Schuldverhältnisse, 2. Aufl. § 610 Bem. 6 S. 587 und § 399 Bem. 1a S. 268.

Rechtlich möglich ist es, daß im konkreten Falle, nach dem ausgesprochenen oder zu vermutenden Willen der Vertragschließenden dem Versprechensempfänger auch eine andere, von diesem zu bestimmende Person als Empfangsberechtigter und künftiger Darlehnsschuldner substituiert werden darf. Die Sache liegt dann so, daß im Sinne des Vorvertrages die Leistung an einen andern als den ursprünglichen Gläubiger ohne Veränderung ihres Inhaltes erfolgen kann; denn für den Inhalt der Leistungspflicht ist in erster Linie der Vertragswille der Parteien maßgebend. Diesfalls handelt es sich bei der — von den Vertragschließenden zum voraus in Aussicht genommenen — Zession um eine vollständige Übertragung des Gläubigerrechts aus dem Vorvertrage, also des Anspruches auf Empfang des Geldes als Darlehns mit der Wirkung, daß hierdurch der Empfänger Darlehnsschuldner wird. Es ist aber auch denkbar, daß eine Übertragbarkeit des Anspruches in beschränkterem Umfange durch Vereinbarung der Vertragschließenden begründet wird, daß nämlich hiernach durch Auszahlung des Betrages, welchen der Darlehnsgeber an den „Zessionar" zahlen würde, der „Zedent" Schuldner des Darlehnsgebers werden, dem Dritten aber ein Recht auf die Auszahlung des Geldes an ihn verschafft werden soll. Unter diesem Gesichtspunkte ist in der früheren Rechtsprechung auch des Reichsgerichts namentlich bei Baugelddarlehn die Zession der einzelnen Baugeldraten für zulässig erklärt worden.

Vgl. Entsch. des R.G.'s in Zivils. Bd. 38 Nr. 83 S. 310 flg.; Jurist. Wochenschr. 1902 S. 143 Nr. 74.

Allerdings mag es zweifelhaft sein, ob der bloße Anspruch auf Auszahlung der Darlehnsvaluta als nacktes Recht auf die Summenzahlung, abgelöst von der Eigenschaft der Geldzahlung als Leistung credendi causa, von dem Versprechensempfänger auf den Dritten übertragen werden kann, und ob hierbei eine Forderungsübertragung im Rechtssinne, wodurch der neue Gläubiger an die Stelle des bisherigen Gläubigers tritt (§ 398 B.G.B.), überhaupt noch in Frage steht.

Vgl. Entsch. des R.G.'s in Zivils. Bd. 32 Nr. 90 S. 366; Oertmann, a. a. O. § 399 Bem. 1 a, γ S. 268; Rehbein, B.G.B. Bd. 2 zu §§ 388 flg. Bem. 10 S. 387.

Indes unbedenklich ist die rechtliche Wirksamkeit einer Parteivereinbarung anzuerkennen, wonach der Darlehnsgeber sich dem Versprechensempfänger zur Auszahlung der Darlehnsvaluta für Rechnung des letzteren an einen Dritten in dem Sinne verpflichtet, daß dieser Dritte mit der Bestimmung von seiten des Darlehnsnehmers unmittelbar das Recht erwirbt, die Auszahlung des Geldes zu fordern. Ein solcher Anspruch kann nicht bloß mittels Ausstellung und Annahme einer Anweisung (§ 784 B.G.B.), sondern auch durch eine von vornherein bei dem Vorvertrag zugunsten des Dritten getroffene Abrede (§ 328 B.G.B.) begründet werden.

Vgl. Oertmann, a. a. O. vor und zu § 328, Vorbemerk. Nr. 3 S. 175 Bem. 6 S. 177.

Und ein dahin gehender Vertragswille kann möglicherweise auch ohne ausdrückliche Festsetzung aus dem sonstigen Inhalte des Vertrages und den begleitenden Umständen ersichtlich sein.

Im vorliegenden Falle liegt die Sache nicht so, daß ohne alle weitere Prüfung die Abtretbarkeit der Forderung verneint werden durfte. Die Bemerkung, auf welche das Berufungsgericht sich beschränkt, daß besondere Umstände für Annahme einer Abtretbarkeit hier nicht vorlägen, kann als eine genügende Begründung (§ 286 Z.P.O.) nicht gelten. In der Tat hätten der Inhalt der Vertragsurkunde vom 21. April 1905, sowie die vom Kläger schon in erster Instanz aufgestellten Behauptungen über die Zweckbestimmung des Darlehns und die mit dem Grundstückskauf zusammenhangenden Verhältnisse wohl Veranlassung zu einem näheren Eingehen auf die Frage geboten, ob nicht hier aus dem einen oder dem anderen der vorstehend erörterten Gesichtspunkte die Abtretbarkeit des Anspruches, bzw. ein unmittelbarer Anspruch des Klägers zu entnehmen sei. Wenn der dem R. vom Beklagten zugesagte Geldbetrag gerade zum Ankauf eines Grundstückes, zur Bestreitung der Anzahlung dienen sollte, wenn der Beklagte jenem zum genannten Zwecke die fragliche Summe „zur Verfügung stellte", wenn dabei noch festgesetzt wurde, daß die Summe auf bestimmte Zeit verzinslich „stehen bleiben" solle, so scheint die Auffassung nicht fern zu liegen, daß der Beklagte verpflichtet sein sollte, die Auszahlung der Darlehnsvaluta entsprechend der von R. zu treffenden Verfügung, eventuell also auch einer von ihm vorgenommenen Zession, an den Grundstücksverkäufer unmittelbar zu bewirken. Und es ist wohl möglich, daß nach der Willensmeinung der Vertragschließenden durch die dem R. im Rahmen des Vertrages überlassene Bestimmung des Geldempfängers dieser letztere, der Grundstücksverkäufer, entweder selbst als Darlehnsschuldner eintreten, oder doch die Auszahlung des Betrages unmittelbar an ihn sollte verlangen dürfen. Von Bedeutung kann hierbei auch der Umstand sein, daß dem Beklagten auf dem von R. erworbenen Grundstück eine Hypothek bestellt worden ist, wie das anscheinend bei der Abmachung vom 21. April 1905 in Aussicht genommen war." ....

---

87. Finden die kurzen Verjährungsfristen für die Ersatzansprüche der Vermieter und Verleiher wegen Veränderungen oder Verschlechterungen der vermieteten, bzw. verliehenen Sachen (§§ 558, 606 B.G.B.) auch in dem Falle Anwendung, wenn die Ersatzansprüche auf unerlaubte Handlungen der Mieter oder Entleiher gestützt werden?

III. Zivilsenat. Urt. v. 8. Oktober 1907 i. S. M. (Kl.) w. H. u. B. (Bekl.). Rep. III. 86/07.

I. Landgericht Bochum.
II. Oberlandesgericht Hamm.

Der Kläger hat am 28. Oktober 1905 als Rechtsnachfolger der Firma Sch. & M. eine Schadensersatzklage gegen die Beklagten erhoben, weil diese einen von der genannten Firma ihnen geliehenen, nach der Behauptung der Beklagten ihnen vermieteten Gasmotor in beschädigtem Zustande zurückgeliefert hätten. Die Beschädigung sei von ihnen dadurch verursacht, daß die Maschine, statt unter der höchstzulässigen Belastung von 52 Pferdekräften, mit einer solchen von bis über 70 Pferdekräften verwendet sei.

Die Klage ist in beiden Vorinstanzen auf Grund der §§ 558, bzw. 606 B.G.B. abgewiesen, weil für erwiesen erachtet ist, daß die Firma Sch. & M. den Gasmotor vor dem 28. April 1905 zurückerhalten habe, die erhobene Klage daher verjährt gewesen sei.

Gegen diese Entscheidung erhob die Revision unter anderem den Angriff, es sei nicht geprüft, ob nicht der Anspruch auf eine unerlaubte Handlung der Beklagten gestützt werden könne; in solchem Falle könne nicht die Verjährung der §§ 558, 606 a. a. O. Platz greifen, sondern nur die nicht abgelaufene dreijährige des § 852 B.G.B. Unter den in den §§ 558, 606 gemeinten Ansprüchen könnten nach der Stellung dieser Bestimmungen im System immer nur Ersatzansprüche aus dem Miet- bzw. Leihverhältnisse selbst verstanden werden.

Der Angriff ist vom Reichsgericht zurückgewiesen aus folgenden

Gründen:

„Gegen ihn" (den erwähnten Angriff) „spricht schon der Wortlaut der genannten Paragraphen, welcher ganz allgemein alle Ersatzansprüche des Vermieters, bzw. Verleihers wegen Verschlechterung der vermieteten, bzw. verliehenen Sache umfaßt und sie nicht auf Ansprüche aus dem Miet- bzw. Leihvertrage beschränkt, vor allem aber die Erwägung, daß die ganze Bestimmung im wesentlichen bedeutungslos sein würde, wenn fahrlässige oder vorsätzliche Beschädigungen ausschieden, da für zufällige Verschlechterungen der Mieter, bzw. Entleiher überhaupt nicht haftet. Es hat aber auch die zweite Kommission zur Beratung des Bürgerlichen Gesetzbuchs (vgl. die Protokolle Bd. 2 S. 194, 275) ausdrücklich ausgesprochen, es müsse die Vorschrift für alle Ersatzansprüche wegen der durch vertragswidriges Verhalten des Mieters (bzw. Entleihers, vgl. S. 275 a. a. O.) entstandenen Veränderungen und Verschlechterungen gelten, also auch für die auf das Eigentum oder auf eine unerlaubte Handlung gegründeten Ansprüche dieser Art." ...

---

88. 1. Wird durch Einklagung eines Teiles eines Anspruches die Verjährung auch in Ansehung des Restanspruches dann unterbrochen, wenn zugleich der Anspruch in seinem ganzen Umfange begründet, und die Geltendmachung des Restes ausdrücklich vorbehalten wird, und wenn darauf diese Geltendmachung noch in demselben Prozesse mittels Klagerweiterung erfolgt?

2. Kann eine Teilklage der erwähnten Art deshalb zugleich als Feststellungsklage in Ansehung des Restanspruches angesehen werden, weil in die Klageschrift auch ein Antrag auf Beweisaufnahme zur Sicherung des Beweises wegen Ermittlung des Gesamtbetrages aufgenommen ist?

3. Wird die Verjährung auch durch Klagerhebung, bzw. in den Fällen des § 477 Abs. 2 und des § 639 Abs. 1 B.G.B. auch durch Stellung eines Antrages auf Beweissicherung bei einem unzuständigen Gericht unterbrochen?

4. Notwendige Form eines Antrages auf Beweisaufnahme zur Sicherung des Beweises.

5. Notwendige Form der Zurücknahme einer Klage, bzw. eines Antrages auf Beweisaufnahme zur Sicherung des Beweises. Kann eine solche Zurücknahme auch stillschweigend erklärt werden?

B.G.B. §§ 211, 212, 477 Abs. 2, 639 Abs. 1.
Z.P.O. §§ 486 Abs. 1, 271 Abs. 2.

VI. Zivilsenat. Urt. v. 10. Oktober 1907 i. S. H. Wwe. (Kl.) w. B. (Bekl.). Rep. VI. 16/07.

I. Landgericht Dortmund.
II. Oberlandesgericht Hamm.

Gründe:

„Es handelt sich um Schadensersatz wegen mangelhafter Erfüllung eines unter der Herrschaft des preußischen Landrechts abgeschlossenen Werkvertrages, nämlich eines Bauvertrages, und zwar wegen schlechter Beschaffenheit der Materialien des Bauwerkes. Von den jetzt im ganzen geforderten 7500 ℳ hat die Klägerin in diesem Prozeß anfänglich nur 400 ℳ nebst Prozeßzinsen eingeklagt, die ihr auch gleich in erster Instanz zugesprochen worden sind; erst am 22. Februar 1906 hat sie ihren Klagantrag auf 7500 ℳ nebst Zinsen erweitert. Die 7100 ℳ sind ihr auf Grund des Einwandes der Verjährung abgesprochen worden, weil seit dem 1. Januar 1900 nach Art. 169 Einf.-Ges. zum B.G.B. der ganze Anspruch der fünfjährigen Verjährung des § 638 Abs. 1 B.G.B. unterlegen habe, und die fünf Jahre mit dem 31. Dezember 1904 abgelaufen gewesen seien, folglich der Antrag vom 22. Februar 1906 in dieser Beziehung keine Wirkung mehr habe ausüben können. Diese Begründung ist jedenfalls an sich rechtlich zutreffend, da, wie der erkennende Senat laut der Entsch. in Zivils. Bd. 57 S. 373 flg. schon ausgeführt hat, nach dem Rechte des Bürgerlichen Gesetzbuchs durch die gerichtliche Geltendmachung eines Teiles eines Anspruches die Verjährung des übrigen Teiles mindestens in der Regel nicht unterbrochen wird.

Nun hat freilich die Klägerin sich darauf berufen, daß hier gerade der damals noch offen gelassene Fall vorliege, daß nämlich bei Gelegenheit der vor Ablauf der Verjährungsfrist vorgenommenen Klagebegründung schon der Anspruch in seinem ganzen Umfange dargelegt, und die Geltendmachung des Restes vorbehalten, und diese sodann noch in demselben Prozesse mittels Klagerweiterung nach § 268 Nr. 2 Z.P.O. erfolgt sei. Wenn indessen die Klägerin dafür, daß in einem solchen Falle die anfängliche Einklagung eines Teiles als Unterbrechung der Verjährung für den ganzen Anspruch wirke, auf die Ausführungen von Rehbein, B.G.B. Bd. 1, Bem. IV, 1, c zu §§ 194—225, S. 319, Bezug genommen hat, so trifft das insofern nicht einmal völlig zu, als Rehbein dort voraussetzt, daß bei dem Vorbehalte auch schon der Betrag des Gesamtanspruches beziffert worden wäre, was im vorliegenden Falle nicht geschehen war; aber überhaupt hat der Senat inzwischen im Urteil zur Sache Rep. VI. 276/06 (jetzt gedruckt in den Entsch. in Zivils. Bd. 65 S. 398 flg.), auf dessen Gründe hier verwiesen werden kann, sich bereits gegen die Rehbein'sche Ansicht ... ausgesprochen. Nach preußischem Landrecht ließ sich auf Grund der §§ 570, 571 I. 9 eine abweichende Meinung wohl rechtfertigen; aber das Bürgerliche Gesetzbuch enthält eben keine solchen Bestimmungen,

Ohne Erfolg hat sich die Klägerin in der Revisionsverhandlung bemüht, darzulegen, daß diese Klage auf 400 *M* zugleich als Feststellungsklage in betreff des ganzen Schadensersatzanspruches hätte aufgefaßt werden müssen, die nachher auch insoweit in eine Leistungsklage umgewandelt worden sei. Daß in die Klageschrift zugleich ein Antrag auf Beweisaufnahme zur Sicherung des Beweises wegen Ermittlung des Betrages aufgenommen war, ist hierfür, auch abgesehen davon, daß von dieser Tatsache laut der Tatbestände in der mündlichen Verhandlung erster Instanz nichts vorgetragen worden ist, durchaus unerheblich, und auch die Klägerin selbst hat bei Formulierung ihres neuen Klagantrages gar nicht daran gedacht, von der Umwandlung einer angestellten Feststellungsklage zu sprechen, sondern einfach von einer Klagerweiterung geredet.

Es bleibt aber noch die weitere Rechtsbehauptung der Klägerin zu erörtern, daß eben durch den Antrag auf Beweisaufnahme zur Sicherung des Beweises die Verjährung in Ansehung des ganzen Anspruches unterbrochen worden sei. Allerdings wird nach § 639 Abs. 1 vgl. mit § 477 Abs. 2 B.G.B. die fünfjährige Verjährung des § 638 Abs. 1 durch einen solchen Antrag unterbrochen. Das Oberlandesgericht läßt nun dahingestellt, ob die Klägerin hier einen solchen Antrag in rechtswirksamer Weise angebracht hatte, wendet aber den in § 477 Abs. 2 in Bezug genommenen § 212 Abs. 1 B.G.B. entsprechend an, nach welchem im Falle der Zurücknahme der Klage die Unterbrechung als nicht erfolgt gilt; es findet nämlich eine Zurücknahme des Antrages darin, daß die Klägerin, während das Gericht auf denselben nichts verfügt habe, nach ihrer Klagerhebung niemals auf ihn zurückgekommen sei. Dieser Entscheidungsgrund ist von der Revisionsklägerin mit Recht angegriffen worden, da er jeder gesetzlichen Grundlage entbehrt. Welche Folgen das Nichtbetreiben einer bei Gericht angebrachten Sache für die Verjährungsunterbrechung hat, ist in § 211 Abs. 2 B.G.B. bestimmt, der nach § 477 Abs. 2 hier ebenfalls entsprechend anzuwenden ist. Danach würde hier mit der Stellung jenes Antrages eine neue fünfjährige Verjährung zu laufen angefangen haben, die noch lange nicht vollendet sein würde. Unmöglich kann in einem solchen Falle neben § 211 Abs. 2 je nach Belieben auch § 212 Abs. 1 angewandt werden. Das hängt damit zusammen, daß es eine stillschweigende Zurücknahme des Antrages auf Beweisaufnahme zur Sicherung des Beweises so wenig gibt, wie eine stillschweigende Zurücknahme der Klage. Eine Klage wird nach § 271 Abs. 2 Z.P.O. zurückgenommen entweder bei der mündlichen Verhandlung, oder durch Zustellung eines Schriftsatzes. Dies ist entsprechend auf die Zurücknahme eines Antrages jener Art anzuwenden und ergibt dann, daß diese, wenn nicht eine mündliche Verhandlung über das Gesuch angeordnet ist (vgl. § 490 Abs. 1 Z.P.O.), und der Antragsteller bei dieser die Zurücknahme erklärt, dem Gericht entweder zu Protokoll des Gerichtsschreibers, oder in einem eingereichten Schriftsatz erklärt werden muß; denn die Zustellung eines Schriftsatzes an den Gegner paßt hier nicht als Form, da das Gesuch wegen Sicherung des Beweises ja auch nicht, wie die Klage, durch eine solche Zustellung, sondern nach § 485 Abs. 1 Z.P.O. entweder durch Erklärung zu Protokoll des Gerichtsschreibers, oder durch Einreichung eines Schriftsatzes *angebracht* wird.

Trotzdem muß die Entscheidung des Oberlandesgerichts auch in diesem Punkte aus einem anderen Grunde aufrecht erhalten werden, nämlich weil die Klägerin gar kein Gesuch wegen Sicherung des Beweises in rechtswirksamer Weise gestellt hat. Zwar kommt es hierfür nicht, wie das Oberlandesgericht zu meinen scheint, darauf an, ob nach § 486 Z.P.O. das Landgericht, bei dem die das Gesuch enthaltende Abschrift der Klageschrift eingereicht ist, oder das Amtsgericht zuständig gewesen wäre; denn aus § 212 B.G.B. geht hervor, daß auch durch Klagerhebung bei einem unzuständigen Gerichte die Verjährung mindestens so lange als unterbrochen gilt, als die Klage nicht wegen dieser Unzuständigkeit abgewiesen ist, und auch dies ist nach § 477 Abs. 2 B.G.B. bei dem Antrage wegen Sicherung des Beweises entsprechend anzuwenden. Aber die Niederlegung der Abschrift eines für den Gegner bestimmten Schriftsatzes auf der Gerichtsschreiberei ist überhaupt keine Einreichung eines Schriftsatzes an das Gericht. Daher kann ein außerhalb der mündlichen Verhandlung der Streitsache direkt beim Gerichte zu stellender Antrag gar nicht durch Aufnahme in einen direkt dem Gegner zuzustellenden Schriftsatz gestellt werden. Zweifeln könnte man vielleicht, ob, wenn dann der Verfasser des Schriftsatzes die an das Gericht adressierte Abschrift mit Hinzufügung einer neuen Originalunterschrift auf der Gerichtsschreiberei niederlegte — was freilich immer eine inkorrekte Vermischung zweier verschiedener Arten von Parteihandlungen sein würde —, die Form notdürftig gewahrt wäre; aber jedenfalls liegt dieser Fall hier nicht vor. Auch kommt nicht etwa in diesem Sinne die auf der Abschrift der Klageschrift in den Gerichtsakten sich findende Bemerkung: „Fürs Gericht! Antrag auf Sicherung des Beweises gestellt!" in Betracht, da nicht erkennbar ist, wann und von wem diese Bemerkung darauf gesetzt ist. Zwar reagieren in der Praxis häufig Gerichte auf Anträge, die in dieser ungehörigen Form an sie gelangt sind, wenn sie davon Kenntnis nehmen, und es mag das wohl auch ziemlich unbedenklich sein; aber ganz anders liegt die Sache, wenn es sich darum handelt, ob eine Verjährung rechtzeitig unterbrochen ist; für diese Frage hat man sich streng an die Form zu halten. Dahingestellt bleiben kann, ob, wenn das Landgericht auf den in der mangelhaften Form gestellten Antrag etwas Sachliches verfügt hätte, dann der Formmangel als geheilt behandelt werden dürfte; denn dieser Fall ist nicht gegeben.

Demnach mußte die Revision zurückgewiesen werden."

---

89. Ist ein Aufsichtsratsbeschluß gültig gefaßt, wenn nicht sämtlichen Aufsichtsratsmitgliedern Gelegenheit zur Mitwirkung gegeben war?

I. Zivilsenat. Urt. v. 12. Oktober 1907 i. S. Deutsch. Westafrikan. Handelsgesellsch. (Bekl.) w. M. (Kl.). Rep. I. 606/06.

I. Landgericht Hamburg, Kammer für Handelssachen.
II. Oberlandesgericht daselbst.

Der Kläger war Mitglied des Vorstandes der verklagten Gesellschaft, einer Kolonialgesellschaft, für die satzungsgemäß ein fünfgliedriger, den Vorschriften des Aktienrechts unterstellter Aufsichtsrat bestand. Nach Art. 21 Abs. 2 der Satzung kam dem Aufsichtsrate u. a. zu die Vertretung der Gesellschaft bei Vornahme von Rechtsgeschäften gegenüber den Mitgliedern des Vorstandes. Durch Schreiben vom 23. Dezember 1905, gerichtet an den Aufsichtsrat z. H. des Vorsitzenden P., kündigte der Kläger seine Stellung zum 1. Juli 1906 mit dem Beifügen, daß er dem offiziellen Entscheide des Aufsichtsrates entgegensehe. An demselben Tage fand eine Aufsichtsratssitzung statt, in der einstimmig beschlossen wurde, die Kündigung des Klägers anzunehmen, jedoch nur mit der für die Gesellschaft kürzest zulässigen gesetzlichen Kündigungsfrist. Zu dieser Sitzung war nicht geladen und hatte daran nicht teilgenommen das Aufsichtsratsmitglied Dr. Schr. in Berlin. Noch an demselben Tage teilte der Vorsitzende dem Kläger das Ergebnis der Aufsichtsratssitzung schriftlich mit. Darauf folgte die Erwiderung des Klägers vom 27. Dezember, daß er mit der Annahme seiner Kündigung auf den nächsten gesetzlichen Kündigungstermin sich nicht einverstanden erklären könne und seinen Kündigungsbrief bestätige, und die Antwort des Vorsitzenden P. vom 29. Dezember, der Aufsichtsrat beharre bei seiner Ansicht und sehe den weiteren Schritten des Klägers seinerzeit entgegen. Mit Schreiben vom 5. März 1906 an den Vorsitzenden P. erklärte das Aufsichtsratsmitglied Dr. Schr. nachträglich seine Zustimmung zu dem Beschlusse des Aufsichtsrats.

Die Klage auf Zahlung der auf das zweite Quartal 1906 entfallenden Gehaltsrate ist von der ersten Instanz abgewiesen, von der zweiten Instanz zugesprochen worden. Das Landgericht hatte die eigene Kündigung des Klägers so aufgefaßt, daß sie eventuell auch schon zum 1. April 1906 wirken sollte. Diesen Grund hat das Berufungsgericht mißbilligt. Seine eigene Entscheidung hat es damit begründet, daß an sich zwar in dem Beschlusse des Aufsichtsrats eine von diesem vorgenommene Kündigung zum 1. April zu finden wäre, daß aber diese Kündigung nicht wirksam gewesen sei, weil der Aufsichtsratsbeschluß keine Gültigkeit gehabt habe.

Die Revision ist zurückgewiesen worden. Über die Frage der Unwirksamkeit der vom Aufsichtsrat ausgegangenen Kündigung besagen die

Gründe:

... „An der Aufsichtsratssitzung vom 21. Dezember 1905, in welcher der Kündigungsbeschluß gefaßt worden ist, haben von den 5 Mitgliedern des Aufsichtsrats nur 3 teilgenommen. Der Vorsitzende hat sich nicht beteiligt, weil er sich in der Angelegenheit als Partei ansah. Das in der Sitzung nicht anwesende Aufsichtsratsmitglied Dr. Schr. in Berlin war gar nicht geladen. In der unterbliebenen Zuziehung dieses Aufsichtsratsmitgliedes erblickt das Berufungsgericht den entscheidenden Mangel des gefaßten Beschlusses. Es sieht in dem satzungsgemäß aus 5 Mitgliedern bestehenden Aufsichtsrate der Beklagten ein Kollegium und ist grundsätzlich der Meinung, für die Beschlußfassung gehöre es zum Wesen eines solchen Kollegiums, daß seinen sämtlichen Mitgliedern Gelegenheit zur Mitwirkung gegeben werde. Der Beschluß einer gleichgültig wie großen Anzahl von Mitgliedern einer Körperschaft, an dem mitzuwirken nicht sämtlichen Mitgliedern Gelegenheit gegeben worden, sei in Wirklichkeit kein Beschluß dieser Körperschaft, möge er sich auch so nennen, sondern nur ein Beschluß der Gesamtheit der dabei beteiligten Mitglieder.

Dieser Auffassung ... tritt der Senat bei. Für den Aufsichtsrat der Beklagten gelten nach Art. 21 der Satzung die einschlagenden Vorschriften des Aktienrechts. In der Literatur viel verhandelt und verschieden beantwortet ist die Frage, ob der Aufsichtsrat nur bei Mitwirkung aller Mitglieder beschlußfähig sei. Diese Frage erledigt sich hier dadurch, daß die Satzung selbst in Art. 18 Abs. 2 darüber Bestimmung getroffen hat: der Aufsichtsrat ist beschlußfähig, wenn mindestens 3 Mitglieder anwesend sind. Damit ist aber noch nichts über die hier allein erhebliche, ganz andere Frage entschieden, ob ein Aufsichtsratsbeschluß, bei genügender Präsenz und auch genügender Stimmenzahl, dann vorhanden ist, wenn nicht allen Mitgliedern wenigstens die Möglichkeit der Mitwirkung gegeben, also bei in Sitzungen gefaßten Beschlüssen, wenn ihnen nicht wenigstens die Sitzung mitgeteilt war.

Dem Berufungsgericht ist zuzugeben, daß sich die Verneinung dieser Frage mit Notwendigkeit aus dem Wesen des Aufsichtsrats, als eines Kollegiums, ergibt, da es sich dabei um die Bildung eines Kollegialwillens, nicht um die bloße Summierung der Einzelwillen der Mitglieder handelt. Deswegen kann es auch nicht darauf ankommen, ob man bereits aus der Summierung der Einzelwillenserklärungen mit Sicherheit entnehmen könnte, daß die Majorität des Kollegiums sich in einem bestimmten Sinne entscheiden würde, und es darf kein Gewicht darauf gelegt werden, daß sich die Übergehung nur auf ein Mitglied, oder auf eine so geringe Anzahl von Mitgliedern bezieht, daß die Übergangenen keinen bestimmenden Einfluß auf das Ergebnis der Beschlußfassung hätten haben können. Auch in diesem Falle ist ein Beschluß des Kollegiums nicht zustande gekommen. Daraus, daß es möglich gewesen wäre, einen ordnungsmäßigen Kollegialbeschluß gleichen Inhalts zu erreichen, folgt nicht, daß man den mangelhaften Beschluß dieses Inhalts als einen ordnungsmäßigen, auf dem Kollegialwillen beruhenden behandeln darf. Ob und inwieweit es zulässig wäre, die Schwierigkeiten und Gefahren, die mit diesem Formerfordernis in der praktischen Betätigung solcher gesellschaftlichen Kollegialorgane verbunden sind, durch Satzungsbestimmungen auszugleichen, braucht hier nicht untersucht zu werden. Denn jedenfalls enthält die Satzung der Beklagten keine derartigen Bestimmungen. Insbesondere hat die schon erwähnte Vorschrift in Art. 18 Abs. 2 keinen Bezug darauf. Es ist ausgeschlossen, in der Festsetzung einer Mindestzahl für die Beschlußfähigkeit des Aufsichtsrats auch die Bestimmung zu finden, daß bei Erfüllung dieses Erfordernisses stets und ohne Rücksicht auf die Mängel der Einberufung die gefaßten Beschlüsse als Aufsichtsratsbeschlüsse zu gelten hätten. Mit Recht hat daher das Berufungsgericht dem in der Sitzung vom 21. Dezember 1905 ergangenen Beschlusse die Eigenschaft eines Beschlusses des Aufsichtsrats abgesprochen.

Vgl. hierzu: Staub-Hachenburg, Gesellschaft mit beschränkter Haftung (2. Aufl.) zu § 52 Anm. 42; Makower, Handelsgesetzbuch (13. Aufl.) zu § 243 Bem. IIIa S. 634; Staub-Pinner, Handelsgesetzbuch (8. Aufl.) zu § 246 Anm. 14.

Der Vertreter der Revision hat die Ansicht aufgestellt, daß ein solcher Verstoß im Verfahren der Beschlußfassung nur eine innere Angelegenheit des Aufsichtsrats sei und daher wohl für die Aufsichtsratsmitglieder die Anfechtbarkeit des Beschlusses begründen könne, nach außen aber, Dritten gegenüber, die Gültigkeit des Beschlusses nicht berühre. Die Frage, ob der Beschluß dadurch wirksam geworden sei, daß ihn der Vorsitzende P. dem Kläger schriftlich mitgeteilt hat, wird später zu prüfen sein. An sich aber kann der Ansicht der Revision nicht beigetreten werden. Die Revision verkennt, daß der begangene Fehler dem tatsächlich gefaßten Beschlusse die Eigenschaft eines Aufsichtsratsbeschlusses entzogen hat, so daß ein Aufsichtsratsbeschluß überhaupt nicht zustande gekommen ist, sondern nur ein als solcher unwirksamer Beschluß einer Mehrzahl von Mitgliedern. Es ist nicht ersichtlich, warum sich auf diesen Mangel nicht auch ein Dritter sollte berufen können, warum insbesondere der Kläger nicht sollte geltend machen können, daß der Aufsichtsrat, der hierzu satzungsmäßig allein befugt war, die Kündigung gar nicht beschlossen habe.

Die Satzung der Beklagten setzt regelmäßig voraus, daß die

Beschlüsse des Aufsichtsrats in Sitzungen gefaßt werden. Für eilige Fälle aber kennt sie auch eine Beschlußfassung im Wege schriftlicher oder telegraphischer Abstimmung (Art. 18 Abs. 2 letzter Satz). Das Berufungsgericht hält auch eine Verbindung beider Verfahren für zulässig und bejaht das Vorhandensein eines Eilfalles. Es hält daher die briefliche Zustimmung des Dr. Schr. vom 5. März 1906 nicht für wirkungslos, will ihr aber eine Wirkung nur in dem Sinne zuerkennen, daß erst im Augenblicke des Beitritts dieses bisher nicht befragten Aufsichtsratsmitgliedes ein Aufsichtsratsbeschluß zustande gekommen sei. Es verneint eine Rückbeziehung auf den Zeitpunkt der früheren Beschlußfassung und lehnt insbesondere die Anwendung des § 184 B.G.B. ab, da es sich nicht um eine nachträgliche Zustimmung im Sinne dieses Paragraphen handele. Auch diese Ausführungen ... sind rechtlich nicht zu beanstanden. Daraus folgt ohne weiteres, daß der nachträgliche Beitritt des Dr. Schr. für die Frage, ob die Kündigung der Beklagten schon zum 1. April 1906 wirksam war, keine Bedeutung haben kann.

Das Berufungsgericht nimmt weiter an, daß die strenge Regel der Zuziehung sämtlicher Aufsichtsratsmitglieder zwar nicht eine Ausnahme erleide, aber eine besondere Anwendung dadurch finden könne, daß eine, sei es ausdrückliche, sei es stillschweigende Delegation der Rechte der einzelnen Aufsichtsratsmitglieder, eine von vornherein erteilte generelle Zustimmung zu dem, was die übrigen Mitglieder beschließen würden, unter Umständen für möglich und nicht unzulässig zu erachten sei. Insbesondere könne bei Beschlüssen von untergeordneter Bedeutung eine solche Delegation angenommen werden. Für den vorliegenden Fall will es aber diesem Gesichtspunkte keine Erheblichkeit beilegen, weil der Beschluß darüber, ob dem Kläger als Vorstandsmitglied, dessen Bedeutung für die Gesellschaft aus dem von ihm bezogenen erheblichen Gehalte von 12000 ℳ ohne weiteres erhelle, gekündigt werden solle, kein Beschluß von untergeordneter Bedeutung, sondern im Gegenteil ein außerordentlich wichtiger Beschluß gewesen sei. Es sei deshalb nicht anzunehmen, daß Dr. Schr. von vornherein auf seine Mitwirkung bei diesem Beschlusse sollte verzichtet haben. Ausdrücklicher Verzicht komme gar nicht in Frage, aber auch stillschweigender könne bei dieser großen Bedeutung der Angelegenheit nicht angenommen werden.

Die Revision erhebt hier den Angriff, daß mit Unrecht der Gegenstand des Beschlusses als wichtig angesehen worden sei, während doch, da der Kläger selbst schon gekündigt und seine Tätigkeit eingestellt gehabt, nicht die Lösung seines Dienstverhältnisses, sondern nur die untergeordnete Frage, ob der Austritt ein Vierteljahr früher oder später erfolgen, also in Wirklichkeit nur, ob ein Quartalsgehalt von 3000 ℳ gespart werden sollte, den Inhalt des Beschlusses gebildet habe. Dieser Angriff scheitert schon daran, daß, wenn es auch Fälle geben sollte, wo man mit dem Berufungsgerichte wegen der untergeordneten Bedeutung des Beschlußgegenstandes die Möglichkeit eines stillschweigenden Verzichts auf die Mitwirkung anzunehmen hätte — was hier dahingestellt bleiben soll —, darunter doch niemals solche Beschlüsse fallen könnten, die zum Inhalt eine zur Wirksamkeit nach außen bestimmte Willenserklärung des Aufsichtsrats haben. Solche Beschlüsse müssen schon an sich als Beschlüsse von größerer Wichtigkeit angesehen werden. Die Revision geht aber auch sonst fehl. Sie übersieht, daß die Bedeutung des Beschlusses vom 23. Dezember 1905 nicht nur von dessen eigenem Inhalte, sondern überhaupt von dem Gegenstande der Beratung abhängt, und für diesen kommt in Betracht, daß der Aufsichtsrat auch den Versuch machen konnte, den Kläger zur Rücknahme seiner Kündigung zu bewegen. Sachlich betraf daher der Beschluß allerdings die Frage, ob der Kläger Vorstandsmitglied bleiben solle oder nicht. Eventuell wäre daher der Revisionsangriff auch deswegen zu verwerfen, weil das Berufungsgericht aus diesem Grunde zutreffend die untergeordnete Bedeutung des Beschlusses verneint hat.

Der Hauptangriff der Revision ist gegen die Auffassung des Berufungsgerichts gerichtet, daß der Aufsichtsratsvorsitzende P. in seinen Schreiben vom 23. und 29. Dezember 1905 nur eine Botentätigkeit entwickelt habe, die der selbständigen Bedeutung entbehre. Auch dieser Angriff geht fehl.

Das Berufungsgericht prüft, aber verneint die Frage, ob die Kündigung trotz Ungültigkeit des Kündigungsbeschlusses dennoch wirksam gewesen sei, weil sie der Vorsitzende P. in diesen Schreiben als ein nach außen hin kraft seiner Vollmacht befugter Vertreter dem Kläger gegenüber ausgesprochen habe. Es läßt dahingestellt, ob die Vertretungsmacht des Aufsichtsratsvorsitzenden so weit gehen würde, weil es nach dem Inhalte der beiden Schreiben für festgestellt ansieht, „daß er (der Vorsitzende) nicht als solcher seinerseits dem Kläger gekündigt, sondern daß er sich darauf beschränkt hat, die vom Aufsichtsrat angeblich beschlossene Kündigung ohne eigenen rechtsgeschäftlichen Willen als Bote des Aufsichtsrats an den Kläger weiter zu geben.“

Die Revision stützt ihren Angriff auf die Vorschrift des Art. 19 der Satzung über die Unterzeichnung der schriftlichen Erklärungen des Aufsichtsrats. Dieser Bestimmung gibt die Revision die Auslegung, der Vorsitzende sei insoweit nach außen Repräsentant, Organ des Aufsichtsrats, er gebe namens desselben die entscheidenden Willenserklärungen ab. Sie meint, von einer bloß botenmäßigen Übermittelung könne bei dieser satzungsgemäßen Gestaltung des Verhältnisses des Vorsitzenden zum Aufsichtsrate keine Rede sein, um so weniger, als danach die Aufsichtsratsmitglieder nicht in der Lage seien, sogar ihren ordnungsmäßigen Beschlüssen durch Erklärung an Dritte rechtsgeschäftliche Wirksamkeit zu verschaffen. Eine solche Unmöglichkeit besteht jedenfalls nicht. Der Aufsichtsrat als solcher, d. h. die Gesamtheit seiner Mitglieder, kann nicht nur mündliche Erklärungen an Dritte wirksam vornehmen; sondern es steht auch, trotz Art. 19, nichts entgegen, daß sein Wille in einer von der Gesamtheit unterzeichneten Schrift ausgesprochen und damit zugleich materiell als sein Beschluß bestätigt werde. Aber auch sonst ist die Argumentation verfehlt. Aus Art. 19 der Satzung ist nicht abzuleiten, daß die Bestimmung in Art. 21 Abs. 2, wonach die Vertretung der Gesellschaft bei Vornahme von Rechtsgeschäften gegenüber den Mitgliedern des Vorstandes dem Aufsichtsrate zusteht, nur nach innen gelten solle, während nach außen und Dritten gegenüber, wozu die Mitglieder des Vorstandes allerdings auch gehören würden, diese Vertretung der Gesellschaft oder die Vertretung des Aufsichtsrats in seiner Vertretungstätigkeit durch den Vorsitzenden ausgeübt werde. Vielmehr folgt aus Art. 19 nichts mehr, als daß bei schriftlicher Erklärung der Vorsitzende oder dessen Stellvertreter zur Mitteilung der vom Aufsichtsrate gefaßten Beschlüsse befugt ist, eine Befugnis, die z. B. Staub-Hachenburg, Staub-Pinner a. a. O. auch ohne besondere Satzungsbestimmung für jede Art der Mitteilung behaupten. In dieser Mitteilung ist allerdings eine rechtsgeschäftliche Tätigkeit des Vorsitzenden enthalten, die er selbst, aber im Namen des Aufsichtsrats, vornimmt. Insoweit braucht er nicht bloßer Bote zu sein. Dafür aber, daß er bei der Mitteilung der Beschlüsse zugleich als Vertreter des Aufsichtsrates im Beschlußwillen tätig werde, bietet der Art. 19 keinen Anhalt, noch weniger dafür, daß seine Vertretung immer diesen weiteren Umfang haben müsse. Art. 19 steht daher nicht im Widerspruche zu der Auslegung, die das Berufungsgericht den Schreiben des Vorsitzenden vom 23. und 29. Dezember 1905 gegeben hat. Diese Auslegung aber wird dem Inhalte der Schreiben durchaus gerecht. . . .

Ist hiernach aber der Tatbestand nicht gegeben, daß in den beiden Schreiben eine vom Vorsitzenden selbst und unabhängig vom Aufsichtsratsbeschlusse als Vertreter des Aufsichtsrats gewollte Kündigung erklärt worden ist, so ist es nur folgerichtig, wenn das Berufungsgericht, ohne Rücksicht darauf, ob der Vorsitzende zu einer solchen Vertretung berechtigt gewesen wäre, oder nicht, verneint hat, daß der Mangel des Kündigungsbeschlusses durch die schriftliche Mitteilung an den Kläger geheilt worden sei." . . .

---

90. Zum Begriff des Betriebsunternehmers im Sinne des § 1 des Haftpflichtgesetzes.

VI. Zivilsenat. Urt. v. 14. Oktober 1907 i. S. Tiefbau-Berufsgenossenschaft zu W. (Kl.) w. Kleinbahngesellschaft V.-H. (Bekl.) und W. & Co. (Nebeninterv.). Rep. VI. 523/06.

I. Landgericht Münster.
II. Oberlandesgericht Hamm.

Ein bei der Klägerin versicherter Arbeiter der Eisenbahnbaugesellschaft W. & Co. wurde während der Bauarbeiten an der Kleinbahn Vörde-Haspe, die dieser Gesellschaft von der Beklagten übertragen waren, durch Entgleisung eines Bauzuges verletzt. Der Anspruch der Klägerin, daß die Beklagte ihr gemäß § 140 Gew.U.V.G. die Aufwendungen für den Verletzten ersetze, wurde von den Vorinstanzen abgewiesen, weil nicht die Beklagte, sondern die Eisenbahnbaugesellschaft W. & Co. die Unternehmerin des Eisenbahnbetriebes gewesen sei, bei dem der Unfall sich ereignet habe.

Auch die Revision wurde zurückgewiesen.

Aus den Gründen:

... „Das Berufungsgericht geht davon aus, daß Betriebsunternehmer im Sinne des § 1 des Haftpflichtgesetzes derjenige sei, der den Eisenbahnbetrieb auf eigene Rechnung und Gefahr und zum eigenen Vorteil ausübe. Dies treffe nur bei der Baugesellschaft W. & Co., nicht bei der Beklagten zu.

Die Begriffsbestimmung des Berufungsgerichts ist zwar herkömmlich; in Streitfällen wie in dem gegenwärtigen und vielen ähnlichen trägt sie aber, soweit sie darauf das entscheidende Gewicht legt, auf wessen Gefahr und zu wessen ökonomischem Vorteil der Eisenbahnbetrieb erfolgte, eher zur Erschwerung als zur Förderung der Prüfung bei, wer als Betriebsunternehmer zu erachten sei.

Unverwertbar ist zunächst das Merkmal, auf wessen Gefahr der Betrieb gegangen ist. Denn dies gerade ist hier streitig, und es soll erst entschieden werden, welcher von mehreren Unternehmern dem Beschädigten oder seinem Rechtsnachfolger gegenüber die Gefahr trage. Die vertragliche Regelung der Haftungsübernahme *zwischen den Unternehmern* ist für den Anspruch des Beschädigten belanglos.

Ebensowenig kann hier die Untersuchung, wer den ökonomischen, d. i. wirtschaftlichen oder geschäftlichen, Vorteil aus dem Betriebe gezogen habe, zu einem sicheren Ziele führen. Auf dieses Merkmal ist in verschiedenen Urteilen des Reichsoberhandelsgerichts und des Reichsgerichts Gewicht gelegt worden; und in manchen Fällen mag es sich als Hilfsmittel zur Erforschung, wer Betriebsunternehmer sei, dienlich zeigen. Zumeist wird aber die Entscheidung von diesem Standpunkt aus, welchem von mehreren streitenden Unternehmern der Betrieb zum wirtschaftlichen Vorteil gereiche, daran scheitern, daß bei der Vielgestaltigkeit dessen, was dem einzelnen je nach den Gesichtspunkten, die ihn leiten, als wirtschaftlicher Vorteil erscheint, *jeder* der Unternehmer mit Fug geltend machen kann, daß *er* den Zweck verfolgt und erreicht habe, wirtschaftlichen Gewinn aus dem Betriebe zu ziehen.

So wird gegenüber der Annahme des Berufungsgerichts, daß W. & Co. die Vorteile aus dem Betriebe der von der Beklagten gestellten Bauzüge gehabt haben, von der Revision die Ansicht verfochten, daß der Beklagten der Bauzugsbetrieb gleichfalls zugute gekommen sei, weil die Baugesellschaft, welche eigene Wagen nicht verwendet habe, wegen des in Aussicht stehenden Betriebes mit Zügen der Beklagten die Bauarbeiten zu niedrigeren Preisen übernommen habe. Als an ein Beispiel sei noch an den häufigen Streit erinnert, wer Eisenbahnbetriebsunternehmer auf einem Anschlußgleise sei, da auch hier der Unternehmer des angeschlossenen Werkes wie der Unternehmer der Hauptbahn sich den Vorteil aus dem Betriebe auf dem Anschlußgleise mit Recht zuschreiben können.

Zu einem verlässigen Ergebnis wird man nur gelangen, wenn man als den Unternehmer eines Eisenbahnbetriebes denjenigen bezeichnet, der die Eisenbahn für eigene Rechnung betreibt, und dem die Verfügung über den Betrieb zusteht (vgl. Urteil des erkennenden Senates vom 27. Juni 1907, Rep. VI. 526/06).

Ein Eisenbahnbetrieb geht auf Rechnung dessen, der die Ausgaben für den Betrieb bestreitet und die Einnahmen daraus bezieht. Unmittelbare Einnahmen wirft der Betrieb von Arbeitszügen nicht ab. Hier fragt sich daher, wer die Kosten für den Bauzugsbetrieb zu bezahlen hatte. Nach § 4 der Bedingungen hatten W. & Co., falls ihnen von der Beklagten Arbeitszüge gestellt wurden, die Kosten der Züge zu tragen. Die Revision faßt diesen Satz dahin auf, daß die Beklagte gegen Zahlung der Selbstkosten für W. & Co. Betriebsmittel nebst Personal gestellt und den Betrieb ausgeführt habe. Davon enthält die Vereinbarung nichts. Aus dem Wortlaut ergibt sich nichts anderes, als daß die Beklagte der Baugesellschaft Arbeitszüge, d. h. Lokomotive und Wagen, zur Verfügung stellte, und daß die Gesellschaft die Betriebskosten zu tragen hatte, gerade so, wie wenn sie ihre eigenen, in erster Linie zu benutzenden Wagen verwendet hätte. Das Berufungsgericht gibt denn auch einwandfrei der Bestimmung die Auslegung, daß W. & Co. alle Kosten des Bauzugsbetriebes zu tragen hatten. Darunter ist zu verstehen die Bezahlung des Personals, des Heiz- und Schmiermaterials, die Beleuchtung ꝛc. Insbesondere erhielt auch, wie das Berufungsgericht hervorhebt, der Lokomotivführer L., den die Beklagte ebenfalls der Baugesellschaft zur Verfügung gestellt, seine Löhnung von der letzteren. Für die Frage, wer die Betriebskosten bestritten hat, kommt es daher, entgegen der Meinung der Revision, nicht darauf an, daß die Anstellung des L. bei der Beklagten während seiner Dienstleistung bei W. & Co. nicht aufgehoben war.

Hatten W. & Co. vertragsmäßig mittels der Arbeitszüge die Oberbaumaterialien vom Lagerplatze zur Verwendungsstelle zu befördern, so ergibt sich aus der Natur der Sache, daß sie auch die verfügungsberechtigten Herren des Bauzugsbetriebes waren. Denn nur die Bauunternehmerin konnte beurteilen, wann, wo und welche Materialien gebraucht wurden, von welchem Lager sie abgeholt, in welcher Menge sie verwendet werden sollten. Der Betrieb der Bauzüge mußte daher notwendig ihrer Leitung und Weisung unterstehen.... Nach der Feststellung des Berufungsgerichts wirkte die Beklagte auf den Betrieb der Bauzüge nur insofern ein, als sie nach Maßgabe des § 4 der Bedingungen nähere Anordnungen über den Verkehr dieser Züge und die Fahrpläne traf. Diese Anordnungen sind nur als Ausfluß des der Bauleitung vorbehaltenen Rechtes zur Aufsicht über den Verkehr der Arbeitszüge zu betrachten, die im Interesse des sachgemäßen Fortschreitens der Bauarbeiten wie zur Sicherung des Verkehrs gegen Betriebsgefahren geboten war. Durch die Befugnis der Beklagten, solche Verkehrsvorschriften allgemeiner Natur zu erlassen, hat die selbständige Verfügungsmacht der Bauunternehmerin über die Ausführung des Betriebes der Arbeitszüge keinen Eintrag erlitten.

Hiernach sind von den Vorinstanzen mit Recht W. & Co. als die Eisenbahnbetriebsunternehmer angesehen worden." ...

---

91. Boykott. Wieweit ist bei wirtschaftlichen Kämpfen zur Durchführung der über ein wirtschaftliches Unternehmen verhängten Sperre die Erlassung von Aufrufen durch Tageszeitungen und Flugblätter als erlaubt anzusehen.

B.G.B. § 826.

VI. Zivilsenat. Urt. v. 14. Oktober 1907 i. S. L. u. Gen. (Bekl.) w. S. Ehefr. (Kl.). Rep. VI. 508/06.

I. Landgericht Hamburg.
II. Oberlandesgericht daselbst.

Die Klägerin, Inhaberin eines überwiegend von der Arbeiterbevölkerung Hamburgs besuchten Vergnügungsetablissements, hatte infolge eines von ihrem Manne im Mai 1905 für sie mit dem „Zentralverband der Zivilmusiker Deutschlands" getroffenen schriftlichen Abkommens bei den Tanzmusiken und Bällen, die sie regelmäßig an Sonn- und Festtagen veranstaltete, mehrere Monate hindurch ausschließlich Musiker beschäftigt, die ihr durch den Verband zugewiesen wurden. Im August 1905 löste sie das Verhältnis und trat mit einem anderen Musikerverbande in Geschäftsverbindung. Infolgedessen erschienen in der Zeitung „Das Hamburger Echo" wiederholt Bekanntmachungen mit der Unterschrift: „Zentralverband der Zivilmusiker Deutschlands, Ortsverwaltung Hamburg, die Kommission", in denen ausgesprochen war, daß infolge von Differenzen das Lokal der Klägerin für gesperrt erklärt werde, und die Musiker gebeten wurden, dort nicht eher in Tätigkeit zu treten, bis die Sache von dem Verbande als geregelt erklärt sei. Dem war der Satz beigefügt: „Gewerkschaften und sonstige Arbeitervereine ersuchen wir, auf obiges Bezug zu nehmen." Zu gleicher Zeit wurden öfter vor der Wirtschaft der Klägerin an das dort auf der Straße verkehrende Publikum Zettel verteilt, die die Aufschrift „Zentralverband der Zivilmusiker Deutschlands, Ortsverwaltung Hamburg" und die Unterschrift „Die Kommission" trugen und dahin lauteten:

„Achtung, Arbeitsbrüder!

Wegen Nichtanerkennung der Organisation haben wir uns genötigt gesehen, das Lokal „Zur Erholung", H.'straße 29 (Inh. L. S . . .) zu sperren.

Wir bitten die Arbeiter, uns dadurch zu unterstützen, daß dieselben während der Sperre das Lokal meiden."

Die Klägerin erwirkte im September 1905 gegen den Zentralverband, dessen Hamburger Ortsverwaltung die erwähnten Maßregeln beschlossen hatte, und gegen drei Personen, die sich an deren Ausführung beteiligt hatten, eine einstweilige Verfügung, durch die ihnen untersagt wurde, Bekanntmachungen des bezeichneten Inhalts in Zeitungen zu veröffentlichen und Zettel der angegebenen Art zu verbreiten. Außerdem erhob sie gegen den Verband und die drei Personen Klage auf Unterlassung der Maßnahmen und auf Schadensersatz. Das Landgericht hielt die einstweilige Verfügung, gegen die von den Beklagten Widerspruch erhoben war, aufrecht, verurteilte diese nach dem auf Unterlassung gerichteten Antrage und erklärte den Schadensersatzanspruch für dem Grunde nach berechtigt. Das Oberlandesgericht hob die einstweilige Verfügung und das landgerichtliche Urteil insoweit auf, als darin den Beklagten verboten war, Annoncen zu erlassen und Zettel zu verteilen, in denen Musiker aufgefordert würden, bei der Klägerin nicht in Tätigkeit zu treten; im übrigen wies es die Berufung der Beklagten zurück. Die Revision der Beklagten blieb erfolglos.

Aus den Gründen:

„Die von der Revision erhobenen Angriffe richten sich nur gegen die Annahme der Vorinstanz, daß diejenigen Handlungen der Beklagten, die ihnen auch in dem Berufungsurteil untersagt sind, und wegen deren ihre Schadensersatzpflicht dort für begründet erklärt ist, unrechtmäßig gewesen seien. Diesen Angriffen konnte indes keine Folge gegeben werden.

Nach den übereinstimmenden Angaben der Parteien in Verbindung mit den Feststellungen des Berufungsurteils ergibt sich in betreff des Streites, der zu dem Vorgehen der Beklagten gegen die Klägerin geführt hat, folgender Sachverhalt.

In dem zwischen dem Ehemanne der Klägerin und der Hamburger Ortsverwaltung des verklagten Musikerverbandes unterm 30. Mai 1905 schriftlich getroffenen Abkommen erkannte der erstere den Arbeitsnachweis der Ortsverwaltung an und versprach, den Bedarf an Musikern für die in dem Etablissement der Klägerin abzuhaltenden öffentlichen Tanzmusiken und für alle Bälle rc, bei denen ihm die Musikbesorgung unterstehe, ausschließlich durch die Arbeitsnachweisstelle der Ortsverwaltung zu decken. Bezüglich der Entlohnung der Musiker war für die an Sonn- und Festtagen stattfindenden Tanzvergnügungen als Regel bestimmt, daß von dem von seiten der Teilnehmer zu entrichtenden, in dem Vertrage festgesetzten Tanzgelde zunächst jeder Musiker 9 *M*, der Chorführer 13,50 *M* zu erhalten habe, und nur der dann und nach Abzug der Vergütung für den Tanzordner verbleibende Überschuß nach einem bestimmten Maßstabe zwischen den Musikern und dem Ehemanne der Klägerin geteilt werden solle; zugleich aber garantierte dieser dafür, daß jeder Musiker mindestens 9 *M*, der Chorführer 13,50 *M* erhalte.

Dieser Vereinbarung ist bis Anfang August 1905 nachgegangen worden. Zu dieser Zeit wünschte die Klägerin, daß bei den Tanzmusiken an die Stelle der bisherigen Blechinstrumente Streichinstrumente treten sollten. Der verklagte Verband machte die Erfüllung dieses Verlangens von einer Erhöhung des den Musikern garantierten Mindestbetrages abhängig, und zwar verlangte er zunächst statt 9 *M* nun 12 *M*. Darauf ist die Klägerin nicht eingegangen; sie hat vielmehr den erwähnten Vertrag in den darin vorgesehenen Formen gelöst, und dies hat der Ortsverwaltung des verklagten Verbandes, bzw. den übrigen Beklagten Anlaß zu den Annoncen im „Hamburger Echo" und zur Verteilung der Flugblätter gegeben.

Die erste Instanz hat angenommen, diese von den Beklagten ergriffenen Maßnahmen seien unrechtmäßig, weil durch sie der Besuch der Wirtschaft der Klägerin, und zwar keineswegs bloß an den Tagen, wo dort öffentliche Tanzmusiken oder Bälle stattfanden, in so hohem Grade beeinträchtigt worden sei, daß für die Klägerin die Gefahr vollständigen wirtschaftlichen Ruins begründet gewesen sei, und die Beklagten, wie als festgestellt anzusehen sei, diese Wirkung ihrer Maßregeln vorausgesehen, ja bezweckt hätten; ein solches Vorgehen sei auch in gewerblichen Kämpfen nicht erlaubt, stelle vielmehr eine unerlaubte Handlung im Sinne von § 826 B.G.B. dar.

Das Berufungsgericht hat sich dieser Auffassung nicht angeschlossen; es macht gegen sie geltend, die Frage, ob eine Handlung gegen die guten Sitten verstoße, könne nur nach der Handlung selbst und ihren Begleitumständen, nicht aber nach ihrem Erfolge beurteilt werden, und es könne nicht für erheblich erachtet werden, ob von den Beklagten eine größere oder geringere Schädigung der Klägerin beabsichtigt gewesen sei. Auf der anderen Seite führt die Vorinstanz aus: die in den verteilten Flugblättern an die Hamburger Arbeiterschaft gerichtete Aufforderung, bis auf weiteres die Wirtschaft der Klägerin zu meiden, die dem Sinne nach auch in der in den Zeitungsannoncen enthaltenen Bitte an die Gewerkschaften und sonstigen Arbeitervereine ausgesprochen sei, verstoße gegen § 823 Abs. 1 B.G.B., weil sie dazu bestimmt und geeignet gewesen sei, ein geschütztes Recht der Klägerin, nämlich ihren bereits eingerichteten und ausgeübten Gewerbebetrieb, zu schädigen, und weil sie auch sonst als widerrechtlich angesehen werden müsse; den Beklagten stehe das in § 152 Gew.O. den Arbeitnehmern gewährleistete Recht nicht zur Seite; denn es liege auf einem völlig anderen Gebiet als dem der Koalitionsfreiheit, wenn die Beklagten das Lokal der Klägerin für verfehmt erklärt und ihm vermöge des Einflusses, den sie auf die Arbeitermassen hätten, den Besuch der Gäste, auf welche es zu seiner Existenz angewiesen sei, abgeschnitten hätten. Eine solche vorsätzliche Störung des Gewerbebetriebs, um die Klägerin zum Abschluß eines Vertrages zu zwingen — und darum allein handele es sich hier —, verstoße gegen die guten Sitten und sei auch widerrechtlich im Sinne von § 823 Abs. 1 B.G.B. Hinzu komme noch, was die Flugblätter anlange, daß die darin aufgestellte Behauptung, das Lokal der Klägerin sei gesperrt, weil diese die Organisation des Musikerverbandes nicht anerkenne, unwahr gewesen sei. Diese Angabe habe nur dahin verstanden werden können, die Klägerin habe sich geweigert, die Einrichtungen anzuerkennen, welche die vereinigten Musiker zur Wahrung ihrer gemeinschaftlichen Interessen getroffen hätten, insbesondere sich zur Gewinnung der für ihren Gewerbebetrieb erforderlichen Musiker der Vermittelung der Arbeitsnachweisstelle des Verbandes zu bedienen. Das aber sei tatsächlich unrichtig gewesen, und die Beklagten seien sich auch bewußt gewesen, daß es der Wahrheit nicht entspreche, wenn in den Flugblättern angegeben werde, daß die Sperre wegen Nichtanerkennung der Organisation verhängt sei. Insoweit liege also auch ein Verstoß gegen § 824 B.G.B. vor.

Der hiernach von beiden Vorinstanzen, wenn auch mit verschiedener Begründung, vertretenen Auffassung, daß den Beklagten eine rechtswidrige Handlung im Sinne von § 826 B.G.B. zur Last falle, ist beizutreten.

Allerdings ist, wie der jetzt erkennende Senat bereits in dem Urteil Rep. VI. 497/05 vom 12. Juli 1906 (Entsch. in Zivils. Bd. 64 S. 53 flg.) ausgeführt hat, in dem Lohn- und Klassenkampf zwischen Arbeitnehmern und Arbeitgebern der Boykott nicht ein schlechthin gegen die guten Sitten verstoßendes, unerlaubtes Kampfmittel, und er wird dies auch nicht ohne weiteres dadurch, daß dabei von der einen oder anderen Seite, insbesondere von den Arbeitnehmern, durch die Presse oder sonst durch Druckschriften die Unterstützung weiterer, an dem Streite an sich unbeteiligter Kreise angerufen wird; wohl aber kann diese Maßnahme durch die Art, wie sie ins Werk gesetzt wird, den Charakter einer unerlaubten Handlung annehmen, und eine solche Sachgestaltung liegt hier vor.

Die in einem Kampfe der bezeichneten Art durch die Presse, oder durch Verbreitung von Flugblättern an die Bevölkerung eines Ortes oder Bezirks im allgemeinen oder doch an große Bevölkerungskreise gerichtete Aufforderung, für den einen Streitteil Partei zu ergreifen, und zu dessen Gunsten auf den Ausgang des Kampfes durch den Gegner schädigende Maßnahmen tätig einzuwirken, kann nämlich nur dann als sittlich erträglich und daher erlaubt angesehen werden, wenn bei denen, deren Beteiligung an dem Kampfe durch solche öffentliche Kundgebungen nachgesucht wird, eine ausreichende Kenntnis davon, um was es sich bei dem Streite handelt, und der Umstände, die zu diesem geführt haben, vorausgesetzt werden darf. Es muß daher in Fällen, wo es sich nicht um Streitfragen allgemeiner Natur, oder um sonst in dem in Betracht kommenden Bezirke bereits allgemein bekannte Verhältnisse handelt, von demjenigen, der auf dem bezeichneten Wege an sich unbeteiligte Kreise zu seinem Vorteil in den Kampf hineinzuziehen unternimmt, verlangt werden, daß er vor oder mit den hierauf abzielenden öffentlichen Kundgebungen den Sachverhalt wahrheitsgemäß so weit klarlegt, daß diejenigen Personen, an welche er sich wendet, in die Lage gesetzt werden, sich ein eigenes Urteil in der Sache zu bilden und danach ihr Verhalten einzurichten. Als gegen die guten Sitten verstoßend muß es daher betrachtet werden, wenn bei solchen Aufforderungen von seiten im Kampf stehender Arbeitnehmer unternommen wird, in öffentlichen Kundgebungen durch allgemeine, auf das Solidaritätsgefühl der Arbeiter berechnete Schlagworte diese wider den Gegner aufzureizen und zu einem diesem nachteiligen, insbesondere ihn an seinem Vermögen schädigenden, Verhalten zu veranlassen.

In dieser Weise aber sind die Beklagten vorgegangen. Sie haben nirgends behauptet, daß der zwischen der Klägerin und dem verklagten Verbande entstandene Streit bereits vor den hier in Frage stehenden öffentlichen Kundgebungen in den für die Arbeiterkreise Hamburgs in Betracht kommenden Blättern besprochen, und so der Streitstand allgemeiner bekannt geworden sei. Sowohl in den im „Hamburger Echo" abgedruckten Bekanntmachungen, als auch in den zur Verteilung gebrachten Flugblättern fehlt es aber an jeder positiven Angabe über die Verhältnisse, welche dem Streite zugrunde lagen; in den letzteren ist sogar zur Kennzeichnung des Streites eine Redewendung gebraucht, die durchaus geeignet war, in den Lesern eine falsche Meinung über die Ursachen und den Gegenstand des Streites hervorzurufen, und die Vorinstanz hat in einer jedenfalls hier nicht angreifbaren Weise festgestellt, daß die Beklagten sich dessen auch bewußt gewesen sind.

Mit Rücksicht auf die vorstehend dargelegten Erwägungen bedarf es keines Eingehens auf die von der Vorinstanz auf die §§ 823 Abs. 1 und 824 B.G.B. gestützten Ausführungen, auch nicht auf die Frage, ob nicht auch von dem Gesichtspunkte aus, von dem das Landgericht zur Verurteilung der Beklagten gelangt ist, die in dem angefochtenen Urteile ausgesprochene Entscheidung aufrechtzuerhalten wäre, insbesondere ob nicht zu diesem Ergebnisse dann zu gelangen sein würde, wenn auf der einen Seite die Schwere der für die Klägerin durch die öffentliche Verrufserklärung verursachten Nachteile, auf der anderen Seite die Bedeutung der Vorteile, welche durch die von den Beklagten ergriffenen Maßnahmen für die dem verklagten Verbande angehörenden Hamburger Musiker erreicht werden konnten, in Berücksichtigung gezogen wird.

Vgl. Oertmann, in Seuffert's Blätter für Rechtsanw. Bd. 72 S. 282." ...

---

92. 1. Kann der Irrtum über die Zahlungsfähigkeit des Käufers beim Vertragsschlusse als Irrtum über eine Eigenschaft der Person im Sinne des § 119 Abs. 2 B.G.B. aufgefaßt werden?

2. Unter welchen Voraussetzungen können auch beim Anfechtungsgrunde des Irrtums das Kausalgeschäft und das dingliche Übereignungsgeschäft gemeinsam anfechtbar sein?

II. Zivilsenat. Urt v. 18. Oktober 1907 i. S. L. (Bekl.) w. P. (Kl.). Rep. II. 194/07.

I. Landgericht Mülhausen, Kammer für Handelssachen.
II. Oberlandesgericht Colmar.

Ende September 1905 erhielt die Klägerin eine mit „L. Mülhausen" unterzeichnete Depesche, mit der ein Waggon Eier bestellt wurde. Sie glaubte, die Depesche sei von der Eierhandlung L. in Straßburg abgesandt und bestätigte durch Brief vom 30. September 1905 an diese das Geschäft. L. in Straßburg benachrichtigte die

Klägerin durch Brief vom 2. Oktober, es müsse ein Irrtum verliegen; er habe keine Eier bestellt, der Besteller werde jedenfalls L. in Mülhausen — der Beklagte — sein. Durch Brief vom 6. Oktober bestätigte die Klägerin das Geschäft dem L.-Mülhausen unter Mitteilung, daß sie die Eiersendung als Nachnahmesendung abgesendet habe, da sie ihn — den Besteller — nicht kenne. Durch Brief vom 7. Oktober drückte der Beklagte sein Erstaunen darüber aus, daß ihm die Ware gegen Nachnahme zugesendet sei; er hob hervor, daß er noch nie Eier gegen Nachnahme erhalten habe, und schrieb weiter: „Falls Sie nun die Nachnahme zurückziehen und einen Wechsel, zahlbar 20 Tage nach dem Abrolltag, ausstellen, wie ich das bei italienischen Eiern gewohnt bin, nehme ich die Ware an." Am 10. Oktober telegraphierte der Beklagte an die Klägerin: „Müsset sofort telegraphisch Nordbahnhof Nachnahme abrufen. Waggon gestern eingelaufen." Die Klägerin hob daraufhin die Nachnahme auf, und der Beklagte nahm die Eier in Empfang. Am 12. Oktober erhielt Klägerin ein Zirkular vom 11. Oktober, in dem der Beklagte durch einen Rechtsanwalt seinen Gläubigern mitteilte, er sehe sich zur Zahlungseinstellung genötigt, er erstrebe ein Arrangement zu 50 Prozent und ersuche die Klägerin um ihre Zustimmung. Nach jenem Zirkular bestanden die Aktiven aus 300 Kisten italienischer Eier und 30 Kisten Holzwolleier; in den 300 Kisten sind die 100 Kisten enthalten, die von der Klägerin in dem fraglichen Waggon zugesendet waren. Am 14. Oktober wurde über das Vermögen des Beklagten der Konkurs eröffnet. Noch am gleichen Tage hat ein Vertreter der Klägerin gegenüber dem Konkursverwalter die Anfechtung erklärt. Der Konkursverwalter hat die von der Klägerin gelieferten Eier am 18. Oktober versteigert und deren Erlös mit 8460 *M* hinterlegt. Während des vorliegenden Rechtsstreites kam ein Zwangsvergleich zustande, in dem die Konkursgläubiger 16 Prozent erhielten. Nach Aufhebung des Konkursverfahrens hat in der Berufungsinstanz der Beklagte an Stelle des Konkursverwalters den Rechtsstreit fortgesetzt.

Durch die Klage war beantragt, den zwischen der Klägerin und dem Gemeinschuldner anfangs Oktober 1905 über 100 Kisten Eier, gezeichnet V 3, abgeschlossenen Kauf als von Anfang an nichtig zu erklären und demgemäß den Beklagten zu verurteilen, 8460 *M* mit

4 Prozent Zinsen vom Tage der Klagezustellung an die Klägerin zu bezahlen. Die Vorderrichter haben diesem Antrage entsprechend erkannt. Die Revision des Beklagten wurde zurückgewiesen aus folgenden

Gründen:

... „1. Das Berufungsgericht hat mit dem ersten Richter angenommen, daß beim Kreditkauf im Handelsverkehre die Zahlungsfähigkeit des Käufers eine Eigenschaft der Person im Sinne des § 119 Abs. 2 B.G.B. sei, und danach, wegen Irrtums über die Zahlungsfähigkeit des Käufers bei dem Vertragsschlusse, die Anfechtung auf Grund dieser Gesetzesbestimmung zugelassen. Nach der gegebenen Sachlage hätte es weit näher gelegen, das Vorliegen einer arglistigen Täuschung anzunehmen. Die Klägerin und die Instanzgerichte haben indes die Anfechtung nur auf einen Irrtum über die Zahlungsfähigkeit des Beklagten beim Vertragsschlusse und auf § 119 Abs. 2 gestützt. Von dieser Grundlage aus muß das Berufungsurteil geprüft werden.

Die Frage, welcher Einfluß bei Kreditgeschäften, insbesondere beim Kreditkauf, einem Irrtume des Kreditgebers über die Zahlungsfähigkeit des Kreditnehmers beim Vertragsschlusse auf den Bestand des Kreditvertrages einzuräumen sei, wurde bereits unter der Herrschaft des alten Rechtes lebhaft erörtert. Nach gemeinem Rechte konnte der Gesichtspunkt eines Irrtums über eine Eigenschaft der Person für sich allein nicht erheblich sein. War die Zahlungsfähigkeit nicht ausdrücklich oder stillschweigend vereinbart, so konnte nur unter dem Gesichtspunkte der „Voraussetzung" ein solcher Irrtum rechtlich erheblich werden. Das preußische Allgemeine Landrecht enthielt in den §§ 77 und 81 I. 4 Vorschriften, die dem § 119 Abs. 2 B.G.B. ähnlich, allerdings nicht völlig gleich waren, und das preußische Obertribunal hatte — Striethorst, Arch. Bd. 80 S. 304 — verneint, daß beim Kreditkauf die Zahlungsfähigkeit des Käufers vorausgesetzte Eigenschaft sei. Die Rechtsprechung des Reichsgerichts hat indes, über die ältere preußische Rechtsprechung hinausgehend, einen erweiterten Begriff der Eigenschaft einer Person angenommen; sie hat den Begriff der Eigenschaft einer Person im Sinne der vorbezogenen §§ 77 und 81 I. 4 dahin ausgelegt, daß dazu auch solche tatsächliche und rechtliche Verhältnisse der Person gehören, die in ihren Beziehungen zu anderen Personen und Sachen wurzeln und nach den Anschauungen des Verkehrs einen Einfluß auf die Schätzung der Person zu üben pflegen. Hierher wurde auch der Besitz von Vermögen gerechnet, wenn es sich um Geschäfte handele, bei denen solcher Besitz ein für die Entschließung maßgebender Umstand zu sein pflege. Von dieser Auffassung aus hat sodann die Rechtsprechung im Gebiete des preußischen Allgemeinen Landrechts angenommen, daß beim Kreditkauf im Handelsverkehr der Irrtum über die Zahlungsfähigkeit des Käufers beim Vertragsschlusse grundsätzlich als Irrtum über eine Eigenschaft der Person aufgefaßt werden könne.

Die Literatur zum Bürgerlichen Gesetzbuch geht in ihrer überwiegenden Mehrheit davon aus, die dargelegten Ergebnisse der Rechtsprechung zum Allgemeinen Landrecht seien auf die Auslegung des rechtlichen Begriffes einer Eigenschaft der Person im Sinne des § 119 Abs. 2 anzuwenden, und leitet daraus ab, daß auch nach dem Rechte des Bürgerlichen Gesetzbuchs beim Kreditkaufe im Handelsverkehr der Irrtum über die Zahlungsfähigkeit des Käufers beim Vertragsschlusse grundsätzlich als Irrtum über eine Eigenschaft der Person im Sinne des § 119 Abs. 2 aufgefaßt werden könne und dann geeignet sei, eine Anfechtung des Kreditkaufes wegen Irrtums zu rechtfertigen. In gleichem Sinne haben sich bereits mehrere Oberlandesgerichte ausgesprochen, und der III. Strafsenat des Reichsgerichts hat in einem Urteile vom 2. Juni 1904 — Rep. 441/04; Goltdammer's Archiv Bd. 51 S. 397 — für das Darlehnsversprechen ausgeführt, der Irrtum über die Zahlungsfähigkeit sei beim Darlehnsversprechen als Irrtum über eine Eigenschaft der Person nach § 119 Abs. 2 B.G.B. zu beurteilen und rechtfertige dessen Anfechtbarkeit wegen Irrtums.

Nur wenige — allerdings sehr beachtenswerte — Stimmen[1] haben sich gegen eine solche ausdehnende Auffassung des rechtlichen Begriffs einer Eigenschaft der Person im Sinne des § 119 Abs. 2 ausgesprochen. Sie haben auf die Gefährdung der Rechts- und Verkehrssicherheit hingewiesen, wenn bei Sachen, und noch mehr bei Personen der Begriff der zur Anfechtbarkeit wegen Irrtums zureichenden Eigenschaften allzusehr verflacht, und dadurch der rechtliche Bestand des Geschäftes von der zufälligen Auffassung im Einzelfalle

[1] Lenel in den Jahrb. f. Dogmatik 44 S. 22; Planck zu § 119 Bem. 2a, D. E,

abhängig gemacht werde. Sie haben weiter darauf hingewiesen, daß die §§ 157 und 242 B.G.B., § 346 H.G.B. zureichen, um den Kreditgeber — hier den Kreditverkäufer —, der noch nicht erfüllt hat, von seiner Verpflichtung zu befreien.

Der erkennende Senat verkennt die Tragweite der Bedenken nicht, die im Gebiete der Anfechtbarkeit der Rechtsgeschäfte wegen Irrtums gegen eine ausdehnende Auffassung des Begriffes der „Eigenschaften" einer Person bestehen. Dennoch tritt er der letzteren Auffassung bei; sie ist mit dem Wortlaute und Zwecke des § 119 Abs. 2 vereinbar und wird auch sachlich gerechtfertigt durch die wohlerwogenen Gründe, von denen die Rechtsprechung des Reichsgerichts im Gebiete des Allgemeinen Landrechts geleitet war. Danach kann auch nach dem Rechte des Bürgerlichen Gesetzbuchs beim Kreditkauf im Handelsverkehr der Irrtum über die Zahlungsfähigkeit des Käufers beim Vertragsschlusse als Irrtum über eine Eigenschaft der Person im Sinne des § 119 Abs. 2 aufgefaßt werden und die Anfechtbarkeit des Kreditkaufes wegen Irrtums rechtfertigen. Das Berufungsgericht hat daher das Gesetz nicht verletzt, wenn es die Anfechtung des vorliegenden Kreditkaufs wegen Irrtums der Klägerin über die Zahlungsfähigkeit des Beklagten durch § 119 Abs. 2 als gerechtfertigt ansah.

2. Die rechtswirksame Anfechtung hat nach § 142 B.G.B. die Wirkung, daß das angefochtene Rechtsgeschäft als von Anfang an nichtig angesehen wird. Diese Wirkung tritt ohne weiteres ein; sie ist in diesem Sinne dinglich. Die Anfechtung begründet nicht, wie der Rücktritt im Rechte der Schuldverhältnisse, nur einen obligatorischen Anspruch auf Wiederherstellung des früheren Zustandes. Im gegebenen Falle liegen nun zwei Rechtsgeschäfte vor, das obligatorische Kausalgeschäft, der Kaufvertrag, und das dingliche — abstrakte — Übereignungsgeschäft. Es ist daher zu prüfen, ob der Anfechtungsgrund und folgeweise die Anfechtung beide Rechtsgeschäfte umfaßt hat, und danach auch das dingliche Übereignungsgeschäft als von Anfang an nichtig anzusehen ist. In letzterem Falle ist der erhobene Aussonderungsanspruch gegen die Konkursmasse begründet. Wäre dagegen die Anfechtung nur gegen das obligatorische Kausalgeschäft gerechtfertigt, nicht aber gegen das in dessen Erfüllung geschehene dingliche Übereignungsgeschäft, so würde

die rechtswirksame Anfechtung des ersteren nur einen obligatorischen Bereicherungsanspruch auf Herausgabe und Verschaffung des Eigentums an der Kaufsache — §§ 812 flg. B.G.B. — begründen. Ein solcher obligatorischer Bereicherungsanspruch gibt aber im Konkurse kein Aussonderungsrecht. Ein dahin gerichteter Antrag wurde bei Beratung der Änderung von § 36 K.O. a. F. abgelehnt (Prot. der II. Kommission Bd. 2 S. 721—724). Auch die vom Berufungsgericht in einer fürsorglichen Erwägung versuchte Anwendung des § 59 Nr. 3 K.O. greift bei solcher Sachlage nicht Platz. Um die Anwendung des § 59 Nr. 3 zu rechtfertigen, muß die Bereicherung der Masse unmittelbar zugeflossen sein. Das ist hier nicht der Fall. Der Beklagte hatte vor der Konkurseröffnung die Ware in Empfang genommen; die dingliche Übereignung war vor der Konkurseröffnung vollendet.

Nach richtiger Rechtsansicht können indes das Kausalgeschäft und das dingliche Übereignungsgeschäft auch beim Anfechtungsgrunde des Irrtums gemeinsam anfechtbar sein, wenn beide Geschäfte in einem einheitlichen Willensakte zusammenfallen, und dieser an dem Anfechtungsgrunde des Irrtums leidet. Eine solche Einheit liegt in dem vorliegenden Falle nach der festgestellten Sachlage vor. Durch den Brief der Klägerin vom 6. Oktober und durch Absendung der Ware war weder das Kausalgeschäft — der Kauf — noch die dingliche Übereignung vollendet. Jene beiden Vorgänge enthielten nur Angebote des Verkaufs und der Übereignung unter der Bedingung der Barzahlung bei der Übereignung. Durch seinen Brief vom 7. Oktober machte der Beklagte einen neuen Antrag dahin, daß ihm in dem Kaufvertrag der Kaufpreis kreditiert, und in dem dinglichen Übereignungsgeschäfte das Eigentum ohne die Bedingung vorheriger Zahlung des Kaufpreises übereignet werde. Durch jenen Brief wurde ferner, wie das Berufungsgericht ausdrücklich festgestellt hat, die Klägerin in den Irrtum versetzt, sie habe es mit einem zahlungsfähigen Kaufmann zu tun, und bestimmt, den Kauf als Kreditkauf abzuschließen und die Ware dem Beklagten unbedingt zu übereignen. Der Anfechtungsgrund des Irrtums erfaßt daher auch die dingliche Übereignung, und die rechtswirksame Anfechtung rechtfertigt den mit der Klage verfolgten Aussonderungsanspruch, auf den der Zwangsvergleich mit einer Quote von 16 Prozent keine Anwendung finden kann." ...

93. Sind unter dem in § 112 Abs. 3 Zw.V.G. erwähnten Einzelausgebot im Gegensatze zu einem Gesamtausgebot auch Ausgebote einzelner Grundstücksgruppen zu verstehen?

Zw.V.G. §§ 112 Abs. 3, 63 Abs. 2 Satz 2.

V. Zivilsenat. Urt. v. 19. Oktober 1907 i. S. G. u. Gen. (Bekl.) w. H. (Kl.). Rep. V. 44/07.

I. Landgericht Arnsberg.
II. Oberlandesgericht Hamm.

Der im Grundbuche von D. Bd. VI Bl. 4 und Bd. XII Bl. 5, auf jedem mit einer großen Anzahl einzelner Grundstücke, eingetragene Grundbesitz des Stefan W. kam im Jahre 1905 gleichzeitig zur Zwangsversteigerung. Im Versteigerungstermin am 20. Oktober 1905 wurden zunächst die Grundstücke jedes der beiden Grundbuchblätter für sich ausgeboten; es wurde ein Meistbargebot abgegeben auf Bd. VI Bl. 4 von 27700 *M*, auf Bd. XII Bl. 5 von 17400 *M*. Inzwischen hatten sämtliche Beteiligte sich damit einverstanden erklärt, daß das Ausgebot der einzelnen Grundstücke jedes Grundbuchblatts unterbleiben sollte. Darauf wurden die sämtlichen Grundstücke beider Grundbuchblätter zusammen ausgeboten; es erfolgte ein Meistgebot von 48950 *M*. Die erschienenen Beteiligten erklärten sich für den Zuschlag auf das Gesamtbargebot von 48950 *M*, und der Zuschlag wurde dann durch Beschluß vom 27. Oktober 1905 diesem Gesamtgebot erteilt; der Zuschlag ist rechtskräftig geworden.

Im Verteilungstermin am 11. Dezember 1905 wurde gemäß § 112 Zw.V.G. eine Verteilung des Gesamterlöses auf die Grundstücke je von Bd. VI Bl. 4 und Bd. XII Bd. 5 vorgenommen. Die Teilungsmasse wurde auf 58493,98 *M* festgestellt. Nachdem das Wertverhältnis der beiden Grundstücksgruppen in vorgeschriebener Weise, nach § 112 Abs. 2 Satz 1 Zw.V.G., § 11 Einf.-Ges. und Art. 8 preuß. Ausf.-Ges. zum Zw.V.G., auf 28836 *M* für Bd. VI Bl. 4 und 16257 *M* für Bd. XII Bl. 5 ermittelt war, wurde dementsprechend die Teilungsmasse mit 37399,24 *M* auf Bd. VI Bl. 4 und 21084,74 *M* auf Bd. XII Bl. 5, also der bare Erlös, unter Abrechnung der bestehen bleibenden Hypotheken, dort 150 *M*, hier 10000 *M*, je mit 37249,24 *M* und 11084,74 *M* auf die beiden Gruppen verteilt.

Auf Bd. XII Bl. 5 hatte der Kaufmann M., der hier auch der betreibende Gläubiger war, Hypothekenforderungen von zusammen 19670,05 *M* angemeldet, denen, abgesehen von dem Anteile an den vorweg zu berichtigenden Kosten- rc Forderungen, nur 820,67 *M* vorgingen. Er würde demnach zum größten Teil zur Hebung gekommen sein, wenn der Zuschlag auf das Einzelgebot von 17400 *M* erteilt worden wäre. Es kam daher in Frage, ob nicht die Verteilung des Gesamterlöses nach § 112 Abs. 3 vorzunehmen sei, nämlich so, daß der dort bezeichnete Fehlbetrag dem verhältnismäßigen Werte von Bd. XII Bl. 5 hinzu-, und vom Werte von Bd. VI Bl. 4 abgerechnet würde. Das Amtsgericht stellte auch eine solche Berechnung auf, wonach der Fehlbetrag sich auf 7220,44 *M* belief. M. hätte demnach bei solcher Verteilung einen um diesen Betrag geringeren Ausfall erlitten; dagegen würde dann ein Ausfall gleicher Höhe die bei Bd. VI Bl. 4 an letzter Stelle zum Zuge gelangenden Gläubiger getroffen haben. Das Amtsgericht wandte jedoch die in § 112 Abs. 3 vorgesehene Verteilung nicht an, sondern beschloß, nach Abs. 2 zu verteilen, wonach M. mit 9405,98 *M* ausfiel. Hiergegen erhob der Bäckermeister Joh. H., als Zessionar des M., Widerspruch. Infolgedessen wurde eine entsprechende Streitmasse zwischen H. und jenen Gläubigern aus dem Erlöse hinterlegt, um die dann auf Klage des H. im Prozeßwege gestritten wurde. Sie wurde in allen Instanzen dem Kläger zugesprochen.

Aus den Gründen des Revisionsurteils:

„Sowohl das Landgericht wie das Oberlandesgericht haben angenommen — abweichend von dem Vollstreckungsrichter —, daß die Verteilung des Erlöses aus dem Gesamtausgebot über die beiden versteigerten Grundstücksgruppen (auf Bd. XII Blatt 5 und Bd. VI Bl. 4 des Grundbuchs) nach Maßgabe des § 112 Abs. 3 Zw.V.G. zu geschehen habe. In den Vorinstanzen haben die Beklagten die Anwendbarkeit dieser Gesetzesbestimmung auf den vorliegenden Fall hauptsächlich mit der Begründung bestritten, daß ihrer Meinung nach ein Einzelausgebot in dem dort vorausgesetzten Sinne hier überhaupt nicht stattgefunden habe. Der § 112 beschäftigt sich mit dem Falle, daß bei der Versteigerung mehrerer Grundstücke der Zuschlag auf Grund eines Gesamtausgebots (vgl. § 63 Abs. 2) erteilt worden ist, und nun eine Verteilung des Erlöses auf die einzelnen Grundstücke notwendig wird. Dann soll der Überschuß, der sich nach Deckung der Kosten und sonstigen gemeinschaftlichen Belastungen ergibt (Abs. 1), der Regel nach auf die einzelnen Grundstücke nach dem Verhältnisse ihres Wertes verteilt werden (Abs. 2). Wenn jedoch der hiernach auf das einzelne Grundstück entfallende Erlösanteil nicht zur Befriedigung u. a. derjenigen Ansprüche ausreicht, die gedeckt sein würden, wenn dem auf das Einzelausgebot dieses Grundstücks abgegebenen Meistgebot der Zuschlag erteilt worden wäre, so soll sich der Anteil dieses Grundstücks an dem Überschuß um den Fehlbetrag erhöhen (Abs. 3). Die Beklagten sind nun der Ansicht, daß in § 112 das Gesamtausgebot und das Einzelausgebot einander in dem Sinne gegenübergestellt seien, daß unter Einzelausgebot nur das Ausgebot jedes einzelnen Grundstücks zu verstehen sei, das nach § 63 Abs. 1 allemal stattfinden muß, sofern nicht von den in Abs. 5 näher bezeichneten Beteiligten darauf verzichtet wird. Sie berufen sich darauf, daß demgegenüber in Abs. 2 des § 63 nicht bloß das Ausgebot aller, sondern auch das einiger Grundstücke als Gesamtausgebot bezeichnet wird, und wollen daraus schließen, daß auch unter dem in § 112 Abs. 2 gebrauchten Ausdruck „Einzelausgebot" nur ein Ausgebot der einzelnen Grundstücke verstanden werden dürfe, also nicht das hier neben dem Gesamtausgebot sämtlicher Grundstücke veranstaltete (auch Gesamt-) Ausgebot der beiden großen Grundstücksgruppen je von Bd. XII Bl. 5 und Bd. VI Bl. 4 des Grundbuchs.

Den Wortlaut der §§ 63 und 112 hat diese Auffassung in gewisser Weise für sich, aber auch nichts weiter; es kann vielmehr keinem Zweifel unterliegen, daß nach Absicht des Gesetzes der in § 112 Abs. 3 vorgeschriebene Verteilungsmaßstab jedesmal angewandt werden soll, sobald neben dem Gesamtausgebot, auf das der Zuschlag erteilt wird, weniger umfangreiche Ausgebote mit einem für bestimmte Gläubiger günstigeren Ergebnisse stattgefunden haben.

Die Zulassung eines Gesamtausgebots verfolgt den Zweck, einen möglichst hohen Erlös zu erzielen, weil (wie es in der Denkschrift heißt, Heymann'sche Ausg. S. 81) das Gesamtausgebot erfahrungsmäßig nicht selten ein besseres Versteigerungsergebnis liefert als das Einzelausgebot. Dabei konnte dem Gesetzgeber aber nicht entgehen, daß trotzdem das Einzelausgebot für diesen oder jenen Gläubiger ein günstigeres Ergebnis liefern kann, und diesen Widerstreit der Interessen hat er dahin gelöst, daß ein solcher Vorteil dem Gläubiger auch beim Zuschlag auf das Gesamtausgebot erhalten bleiben soll. Schon die Motive bemerkten zum § 63, um die Bestimmung zu rechtfertigen, daß neben dem Einzelausgebot auf Verlangen jedes Beteiligten ein Gesamtausgebot stattfinden muß, trotz Widerspruchs anderer Beteiligter: das weitere Verfahren sei so geregelt, daß der Zuschlag auf Grund des Gesamtausgebots nur erteilt werde, wenn auf diesem Wege die berechtigten Interessen in größerem Umfange Berücksichtigung fänden als durch die Einzelversteigerung. Zu der damit gemeinten Regelung gehört besonders die Bestimmung in Abs. 3 des § 112 (vgl. auch § 63 Abs. 4). Zu dieser Bestimmung wird in der Denkschrift (S. 100) ausgeführt:

> In dem hier vorausgesetzten Falle dürfe für die Verteilung des Gesamterlöses auf die einzelnen Grundstücke deren Wertverhältnis nicht schlechthin, sondern nur unter der Voraussetzung maßgebend sein, daß dadurch kein Berechtigter in seinen durch das Einzelausgebot erworbenen Aussichten auf Befriedigung beeinträchtigt werde. Habe also ein Einzelausgebot stattgefunden, so müßten diejenigen, welche aus dem für ein Grundstück erzielten Meistgebote Befriedigung erlangt haben würden, wenn dem Bieter der Zuschlag erteilt worden wäre, in Höhe dieses Gebots unter allen Umständen aus dem Gesamterlöse befriedigt werden. . . .

Wenn die hiernach klar vorliegende Absicht des Gesetzes sich auf Fälle wie den vorliegenden nicht beziehen sollte, wie die Beklagten meinen, so enthielte das Gesetz eine unerklärliche Lücke. Hier standen dem Gesamtausgebot zwar nicht Ausgebote der zahlreichen einzelnen Grundstücke, worauf von den Beteiligten nach § 63 Abs. 5 verzichtet worden war, wohl aber Ausgebote von zwei Grundstücksgruppen gegenüber, die dann auch noch zusammen ausgeboten wurden. Daß solchem Zusammenausgebot gegenüber die Ausgebote der beiden einzelnen Grundstücksgruppen Einzelausgebote sind und auch richtig als solche bezeichnet werden dürfen, ist nicht zu bestreiten; auch hat dieses Einzelausgebot der Gruppe Bd. XII Bl. 5 für den Zedenten des Klägers das günstigere Ergebnis geliefert, das in dem vom Gesetzgeber in § 112 Abs. 3 vorausgesetzten Falle bei dem Zuschlage auf das Gesamtausgebot erhalten bleiben soll. Müßte gleichwohl dieser Gläubiger auf den Vorteil aus dem erwähnten Einzelausgebot zugunsten anderer Gläubiger verzichten, so wäre dies schlechterdings nicht zu verstehen. Nachdem in Abs. 2 des § 63 auch das Ausgebot einiger Grundstücke — im Gegensatz zu dem Ausgebot der einzelnen und aller Grundstücke — zugelassen worden war, mußte der Gesetzgeber mit der Möglichkeit rechnen, daß daneben noch ein Gesamtausgebot aller Grundstücke stattfinden werde; denn nach § 63 Abs. 2 kann jeder Beteiligte ein solches Gesamtausgebot sogar verlangen. Daraus mußte sich dann aber die weitere Möglichkeit aufdrängen, daß die Gruppenausgebote und das Gesamtausgebot für die einzelnen Gläubiger ein verschiedenes Ergebnis liefern konnten. Dieser Interessenwiderstreit bedurfte aber gerade so gut einer Lösung, wie beim Zusammentreffen von Ausgeboten einzelner Grundstücke und einem Gesamtausgebot. Eine verschiedenartige Behandlung dieser beiden Fälle würde sich aber nicht erklären lassen. Sie unterscheiden sich zwar darin, daß das Ausgebot der einzelnen Grundstücke zwingend vorgeschrieben ist, sofern nicht darauf verzichtet wird (§ 63 Abss. 1 und 5), während Gruppenausgebote nur auf Antrag anzuordnen sind oder doch angeordnet werden können (Abs. 2); allein daraus ergeben sich weder rechtliche noch tatsächliche Anhaltspunkte für eine verschiedenartige Bewertung der Gläubigerinteressen, die dabei miteinander in Widerstreit kommen können. Auch mußte der Gesetzgeber, obgleich er für das Ausgebot einiger Grundstücke einen Antrag fordert, mit einem häufigen Vorkommen solcher Ausgebote rechnen, namentlich in Gegenden, wo, wie anscheinend in der hier in Frage stehenden, das Zusammenschreiben mehrerer Grundstücke auf einem gemeinschaftlichen Grundbuchblatt (§ 4 G.B.O.) üblich ist, und infolgedessen Gruppenausgebote gewisse praktische Vorzüge vor dem Ausgebot der einzelnen Grundstücke haben können. Um so weniger darf angenommen werden, daß der Gesetzgeber dies dadurch erschwert oder sogar verhindert habe, daß er dem günstigen Ausfall eines Gruppenausgebots für einzelne Gläubiger jede Berücksichtigung gegenüber einem Gesamtausgebot versagt hätte. Aus allen diesen Erwägungen erscheint es vielmehr als zweifellos, daß mit den Vorderrichtern die Vorschrift in § 112 Abs. 3 Zw.V.G. auch auf den vorliegenden Fall bezogen werden muß, daß die (Einzel-)Ausgebote einiger Grundstücke für bestimmte Gläubiger günstigeraus gefallen sind, als das Gesamtausgebot aller zur Versteigerung stehenden Grundstücke." . . .

94. Inwiefern ist ein Teilurteil über die Widerklage zulässig, wenn der Kläger einen Anspruch, der sich aus einer Reihe von Rechnungsposten zusammensetzt und von dem Beklagten zwar bis zu einem bestimmten Betrage anerkannt, aber bezüglich der einzelnen Posten bestritten ist, geltend gemacht, der Beklagte wegen einer unbestrittenen Gegenforderung Widerklage erhoben, und der Kläger gegen diese Gegenforderung einen Teil seiner Klageforderung zur Aufrechnung gestellt hat?

Z.P.O. § 301.

II. Zivilsenat. Urt. v. 22. Oktober 1907 i. S. H. (Bekl. u. Widerkl.) w. A. S. & Cie. (Kl. u. Widerbekl.). Rep. II. 200/07.

I. Landgericht Elberfeld, Kammer für Handelssachen zu Barmen.
II. Oberlandesgericht Düsseldorf.

Aus den Gründen:

... „Die Klägerin hat Klage auf Zahlung von 10498,32 *M* nebst Zinsen erhoben, mit der Behauptung, infolge eines durch Briefe vom 12. Dezember 1902 abgeschlossenen Vertrages hätten die Parteien Weine und Lebensmittel in Südafrika auf gemeinschaftliche Rechnung („en compte à demi") vertrieben. Der Geschäftsbetrieb habe einen erheblichen Verlust ergeben. Außerdem hätten die Parteien noch weitere gemeinschaftliche Geschäfte, insbesondere in Brasilien, gemacht. Der Gewinnanteil des Beklagten an dem Geschäfte in Brasilien betrage 3939,60 *M*. Nach Abzug dieses Betrages verbleibe der Verlustanteil des Beklagten an dem Afrikageschäft in Höhe des eingeklagten Betrages.

Der Beklagte hat Abweisung der Klage, und widerklagend Verurteilung der Klägerin zur Zahlung seines Gewinnanteils aus dem Geschäfte in Brasilien mit 3939,60 *M* nebst Zinsen beantragt. Er hat behauptet, an dem Afrikageschäft sei er vertragsmäßig nicht am Verlust, sondern nur am Gewinn beteiligt gewesen. Ferner hat er nach dem Tatbestande des landgerichtlichen Urteils die Richtigkeit der Berechnung der Klägerin bezüglich des Afrikageschäfts bestritten, und sodann heißt es in diesem Tatbestande weiter: „Der Beklagte hat im Laufe der Verhandlungen nicht bestritten, daß, wenn er die Hälfte des Verlustes des Südafrikageschäfts zu tragen habe, die Widerklage in Höhe von 2600 *M* unbegründet sei. Die Parteien haben daher beantragt, zunächst in Höhe dieses Betrages der Widerklage Teilurteil zu erlassen."

Durch Teilurteil der Kammer für Handelssachen vom 14. Dezember 1906 ist der Widerkläger mit seiner Widerklageforderung in Höhe von 2600 *M* nebst Zinsen abgewiesen. In der von ihm beschrittenen Berufungsinstanz bestritt derselbe vor allem die Zulässigkeit des Teilurteils, ferner auch seine Beteiligung an dem Verluste des Afrikageschäfts, sowie daß ein Verlust überhaupt eingetreten sei, und endlich eventuell die Höhe des von der Klägerin behaupteten Verlustes. Die Berufung ist zurückgewiesen; das Teilurteil wurde für zulässig, die Entscheidung bezüglich der Verpflichtung des Beklagten zur Tragung des halben Verlustes des Afrikageschäfts für begründet erklärt, und die Höhe dieses Verlustes (bis zu dem hier in Frage kommenden Betrage) auf Grund Geständnisses erster Instanz für nachgewiesen erachtet.

Mit der Revision ist in erster Linie der Erlaß des Teilurteils als prozessualisch unzulässig gerügt. Die Rüge erscheint begründet. Ein Teilurteil konnte — trotz des gemeinschaftlichen Antrages beider Parteien — gemäß § 301 Z.P.O. erst erlassen werden, wenn ein klagend oder widerklagend geltend gemachter Anspruch, oder ein bestimmter Teil eines solchen Anspruchs zur Endentscheidung reif war. Hier war die Klageforderung grundsätzlich und der Höhe nach bestritten. Die widerklagend geltend gemachte Forderung war an sich unbestritten; aber es war ihr ein Teil der Klageforderung aufrechnungsweise entgegengesetzt. Nun hätte ein Teilurteil erlassen werden können, wenn das Landgericht gegenüber der aus mehreren Posten bestehenden, grundsätzlich und der Höhe nach bestrittenen Klageforderung nicht nur die grundsätzliche Einwendung gegen die Klageforderung für unbegründet erklärt, sondern auch bestimmte Posten der Klageforderung der Höhe nach festgestellt hätte. Dann wäre eine nach allen Richtungen bestimmte Grundlage für die Entscheidung, für die Ausscheidung eines qualitativ bestimmten Teiles des Prozeßstoffs durch Teilurteil gegeben gewesen; die Widerklage hätte dann deshalb für den entsprechenden Betrag abgewiesen werden können. Anders aber liegt die Sache hier. Der Beklagte hatte die Klageforderung grundsätzlich und der Höhe nach bestritten, ohne daß über diese, die sich der Natur der Sache nach und gemäß den näheren Ausführungen in dem (von dem Berufungsrichter bezogenen) Schriftsatz vom 1. März 1907 aus einer Reihe Kontos zusammensetzt, eine genaue Rechnungsaufstellung vorlag, und ohne daß der Beklagte daher über die einzelnen, bezüglich ihrer Richtigkeit im allgemeinen bestrittenen Konten sich näher und im einzelnen ausgelassen hätte. Wenn man nun auch die Einlassung des Beklagten in erster Instanz in ihrem Zusammenhange dahin verstehen will, daß der Beklagte im Falle der Richtigkeit der klägerischen Vertragsauslegung jedenfalls eine Schuld aus dem Afrikageschäft in Höhe von 2600 *M* nicht bestritten hat, so reichte dieses Nichtbestreiten in seiner Allgemeinheit nicht aus, um die Sache zur Endentscheidung reif zu machen. Das Teilurteil setzt voraus, daß genau feststehen muß, über welchen Teil des Anspruchs entschieden worden ist; deshalb kann ein Teilurteil nicht in der Weise erlassen werden, daß bei einer Forderung, die sich aus einer Reihe von Einzelforderungen oder einzelnen Posten zusammensetzt, lediglich festgestellt wird, der Beklagte schulde einen bestimmten Betrag. Es muß vielmehr erkennbar gemacht werden, über welche Posten entschieden wird, und es gehört zur Spruchreife, daß eine Endentscheidung (über einen Teil) erlassen werden kann, für die die künftige Entscheidung über den anderen Teil ohne Belang ist. Dasselbe gilt von dem Teilurteile bezüglich der Widerklage, wenn der Kläger seine Forderung vorsorglich zur Aufrechnung benutzt hat. Das Landgericht hat nun aber lediglich entschieden, daß der Beklagte aus dem Afrikageschäft der Klägerin einen bestimmten Betrag schulde; auf welche Posten aber dieser Betrag sich bezieht, steht völlig dahin. In der Verhandlung über die Klageforderung kann der Beklagte noch jeden einzelnen Posten bestreiten, oder, wie er es in dem bezeichneten Schriftsatz vom 1. März 1907 getan, einwenden, daß eine Anzahl Posten in das Kredit einzustellen ist. Es fehlt deshalb die hinreichend bestimmte und sichere Grundlage für die Entscheidung durch Teilurteil. Deshalb ist das Berufungsurteil wegen Verletzung des § 301 Z.P.O. aufzuheben, und erschien es bei der Lage der Sache zugleich geboten, aus dem gleichen Grunde auch das landgerichtliche Teilurteil aufzuheben und die Sache an das Landgericht zurückzuverweisen (§ 539 Z.P.O.)." ...

95. 1. Ist eine Vereinbarung der Prozeßparteien darüber, daß die eine derselben ein gemäß § 246 Abs. 1 Z.P.O. ausgesetztes Verfahren aufzunehmen habe, oder eine in die Revisionsschrift aufgenommene, vor Einreichung derselben bei dem Revisionsgerichte (§ 553 Z.P.O. n. F.) nicht zugestellte Erklärung des Revisionsklägers, daß das ausgesetzte Verfahren von ihm aufgenommen werde, geeignet, die in § 250 Z.P.O. vorgeschriebene Parteizustellung einer Aufnahmeerklärung zu ersetzen?

2. Begründet der Umstand, daß in einem ausgesetzten Verfahren die Revision vor der Zustellung der Aufnahmeerklärung eingelegt worden ist, auch dann die Unzulässigkeit der Revision, wenn dieser Mangel nicht gemäß der Vorschrift des § 295 Abs. 1 Z.P.O. rechtzeitig gerügt worden ist?

II. Zivilsenat. Urt. v. 22. Oktober 1907 i. S. D. (Kl.) w. B. (Bekl.). Rep. II. 225/07.

I. Landgericht Mainz.
II. Oberlandesgericht Darmstadt.

Aus den Gründen:

„Was die zunächst gemäß § 554a Z.P.O. von Amts wegen zu prüfende Frage betrifft, ob die Einlegung der Revision, die unbedenklich als an sich statthaft und in der gesetzlichen Form eingelegt anzusehen ist, auch in der gesetzlichen Frist erfolgt sei, so kommt hierfür folgendes in Betracht.

Nachdem das am 25. Januar 1907 bei Lebzeiten des ursprünglichen Klägers D. verkündete Urteil des Oberlandesgerichts am 6. Februar 1907 zugestellt worden war, ist am 14. Februar 1907 der genannte D. gestorben. Auf den Antrag seines Prozeßbevollmächtigten zweiter Instanz ist durch Beschluß des erkennenden Senats vom 1. März 1907, zugestellt am folgenden Tage, die Aussetzung des Verfahrens angeordnet worden. Dieses hatte nach § 249 Z.P.O. die Wirkung, 1. daß der Lauf der begonnenen, aber noch nicht beendigten Revisionsfrist aufhörte, 2. daß die während der Aussetzung von einer Partei in Ansehung der Hauptsache vorgenommenen Prozeßhandlungen der andern Partei gegenüber ohne rechtliche Wirkung waren. Als eine in Ansehung der Hauptsache vorgenommene

Prozeßhandlung ist aber die Einlegung der Revision gegen das oberlandesgerichtliche Urteil seitens der Erben des ursprünglichen Klägers D. anzusehen, welche Einlegung gemäß § 553 Z.P.O. n. F. durch die am 18. Mai 1907 stattgehabte Einreichung der Revisionsschrift bei dem Reichsgerichte erfolgt ist.

Es fragt sich daher zunächst, ob diese Einlegung im Hinblick auf den erwähnten Aussetzungsbeschluß als an sich den gesetzlichen Vorschriften entsprechend zu erachten ist. Dies ist zu verneinen, da zur Zeit der Einlegung der Revision die Aussetzung des Verfahrens in Wirklichkeit noch nicht beendigt war, sondern fortdauerte. Zwar haben die Revisionskläger sich auf eine (formlose) Vereinbarung berufen, die vor der Einreichung ihrer Revisionsschrift zwischen ihnen und dem Beklagten über die Aufnahme des ausgesetzten Verfahrens ihrerseits dahin getroffen worden sei, daß sie gegen Zurückziehung des von dem Beklagten gestellten Antrags auf Aufnahme des Verfahrens als Erben des ursprünglichen Klägers durch Einlegung der Revision in den Prozeß eintreten würden. Eine solche Vereinbarung würde aber, selbst wenn sie bewiesen wäre, nicht für geeignet zu erachten sein, eine Aufnahme des Verfahrens und somit die Beendigung der Aussetzung unmittelbar zu bewirken; denn nach § 250 Z.P.O. hat die Aufnahme eines ausgesetzten Verfahrens dadurch zu erfolgen, daß die aufnehmende Partei der andern einen Schriftsatz zustellen läßt. An diesem formellen Erfordernisse ist in Übereinstimmung mit der seitherigen Rechtsprechung des Reichsgerichts,

vgl. Entsch. des R.G.'s in Zivils. Bd. 13 S. 316, Bd. 14 S. 334, Bd. 30 S. 409, Bd. 38 S. 416, Bd. 41 S. 405,

aus den in dem letzten Urteil dargelegten Gründen festzuhalten. Von den Revisionsklägern wird aber nicht behauptet, daß ihrerseits dem Beklagten eine Aufnahmeerklärung zugestellt worden sei. Nun ist zwar in der Revisionsschrift von den Revisionsklägern erklärt worden, daß sie das ausgesetzte Verfahren aufnähmen. Diese Erklärung in der bei dem Reichsgerichte eingereichten Revisionsschrift genügte aber nach der hervorgehobenen Bedeutung des § 250 Z.P.O. nicht, um die nach dieser Vorschrift erforderliche Parteizustellung einer solchen Erklärung an den Beklagten zu ersetzen. Durch die erstere Erklärung ist daher die Aufnahme des ausgesetzten Verfahrens nicht herbeigeführt worden. Die Einreichung des sowohl die Aufnahme- als auch die Revisionserklärung enthaltenden Schriftsatzes bei dem Reichsgerichte hat aber nach § 553 Z.P.O. n. F. die **Einlegung der Revision** bewirkt. Diese ist also zu einer Zeit erfolgt, in der mangels der Zustellung einer Aufnahmeerklärung die Aufnahme des Verfahrens noch nicht in gültiger Weise stattgefunden hatte. Die unter der Herrschaft der alten Zivilprozeßordnung vorhandene Möglichkeit, durch die Einfügung der Aufnahmeerklärung in die Revisionsschrift und durch die auf diese Weise erfolgende **gleichzeitige** Zustellung der Aufnahme- und der Revisionserklärung zu bewirken, daß die Aufnahme als gleichzeitig mit der Einlegung der Revision und somit rechtzeitig erklärt gelten könnte (vgl. Entsch. des R.G.'s in Zivils. Bd. 30 S. 410), besteht seit dem Inkrafttreten der Novelle zur Zivilprozeßordnung vom 5. Juni 1905 nicht mehr, da nach § 553 Z.P.O. n. F. die Einlegung der Revision **durch Einreichung der Revisionsschrift bei dem Revisionsgerichte**, somit in wesentlich anderer Weise erfolgt als die nach § 250 Z.P.O. mittels Parteizustellung zu bewirkende Erklärung der Aufnahme des Verfahrens.

Der Umstand, daß hiernach die in der Revisionsschrift enthaltene Aufnahmeerklärung nicht in der gesetzlichen Form des § 250 Z.P.O. erfolgt ist, erscheint aber als Verletzung einer das Verfahren und insbesondere die Form einer Prozeßhandlung betreffenden Vorschrift im Sinne des § 295 Abs. 1 Z.P.O.

Vgl. Entsch. des R.G.'s in Zivils. Bd. 10 S. 69, Bd. 14 S. 334.

Diese Gesetzesverletzung kann daher nach dieser Bestimmung nicht mehr gerügt werden, wenn die Partei bei der nächsten mündlichen Verhandlung, welche auf Grund des betreffenden Verfahrens stattgefunden hat, den Mangel nicht gerügt hat, obgleich sie erschienen war, und ihr der Mangel bekannt sein mußte. Diese Voraussetzungen liegen aber im gegebenen Falle bezüglich des hier in Rede stehenden Mangels vor; denn bei der nächsten mündlichen Verhandlung, welche auf Grund des mangelhaften Aufnahmeverfahrens stattgefunden hat, ist der Mangel der Zustellung der Aufnahmeerklärung seitens des Revisionsbeklagten nicht rechtzeitig gerügt worden, obgleich diesem der Mangel einer an ihn erfolgten Zustellung dieser Erklärung hätte bekannt sein müssen. Insbesondere ist auch der zu Beginn der mündlichen Verhandlung seitens des Revisionsbeklagten abgegebenen Erklärung, bezüglich der Formalien der Revision sei alles in Ordnung, zu entnehmen, daß damals seinerseits eine Rüge des fraglichen Mangels, der ja auch die Formalien der Revision betraf, nicht beabsichtigt war. Durch diese Unterlassung einer rechtzeitigen Rüge ist aber gemäß § 295 Z.P.O. für ihn ein Verlust des bezüglichen Rügerechts eingetreten, der durch die spätere Beanstandung der Aufnahmeerklärung und der Zulässigkeit der Revision nicht wieder rückgängig gemacht werden konnte.

Hierbei handelt es sich auch in Wirklichkeit nicht um einen Verzicht auf die Förmlichkeiten der Revision als solcher, der nach §§ 554a und 295 Abs. 2 Z.P.O. ohne Bedeutung sein würde, sondern um einen Verzicht auf eine nur zur Sicherung der Interessen der beteiligten Partei bestimmte und daher dem Verzicht derselben unterliegende Wirkung der Aussetzung des Verfahrens.

Vgl. Entsch. des R.G.'s in Zivils. Bd. 14 S. 134, Bd. 51 S. 98.

Daher kann der Umstand, daß die Revision zu einer Zeit eingelegt worden ist, in der die Aufnahme des ausgesetzten Verfahrens noch nicht in einer der Vorschrift des § 250 Z.P.O. entsprechenden Form erklärt war, gegenwärtig nicht mehr dazu führen, die Revision als unzulässig zu verwerfen." ...

---

96. Haftet, wer Frachtgut in einen ihm von der Bahnverwaltung gestellten Bahnwagen durch einen Spediteur einladen läßt, gegenüber dem Bahnunternehmer für eine dem Spediteur oder seinen Leuten zur Last fallende Unvorsichtigkeit bei der Verladung?

B.G.B. § 278.

Preuß. Gesetz über die Eisenbahnunternehmungen vom 3. November 1838 § 25

VI. Zivilsenat. Urt. v. 24. Oktober 1907 i. S. J. Söhne (Kl.) w. preuß. Eisenbahnfiskus (Bekl.). Rep. VI. 531/06.

I. Landgericht Stettin.
II. Oberlandesgericht daselbst.

Das Berufungsurteil wurde aufgehoben, und die Sache an die Berufungsinstanz zurückverwiesen, aus folgenden

Gründen:

„Am Morgen des 29. März 1904 wurden auf dem Güterbahnhof in B. Ballen von Heede und Flachs, die die Klägerin nach einer sächsischen Bahnstation versenden wollte, durch Bedienstete des Spediteurs P. in B. in einen ihnen von den zuständigen Bahnbeamten angewiesenen offenen Bahnwagen verladen. Während der Verladung gerieten zu einer Zeit, wo sich gerade keiner der dabei beschäftigten Männer bei dem Wagen befand, die Ballen in Brand, und zwar, wie das Berufungsgericht festgestellt hat, durch Funken, die von einer vorüberfahrenden Lokomotive ausgestoßen und von dem Winde zu den unverdeckt auf dem Wagen liegenden Ballen geführt worden waren.

Der von der Klägerin gegen den Eisenbahnfiskus erhobene Schadensersatzanspruch, den dieser nach Grund und Betrag bestreitet, ist von der ersten Instanz für dem Grunde nach berechtigt erklärt worden; dagegen hat das Berufungsgericht, dem Antrage des Beklagten entsprechend, auf Klagabweisung erkannt, indem es annimmt, daß der Schade durch Verschulden der Klägerin entstanden sei; bei der Feuersgefährlichkeit der Ware, namentlich der Heede, hätte, da die einzelnen Ballen nicht vollständig umhüllt gewesen seien, für die Zeit, wo keiner der mit der Verladung betrauten Arbeiter bei dem Bahnwagen anwesend gewesen sei, eine Bedeckung der auf dem Wagen liegenden Ballen stattfinden müssen, und das sei nicht geschehen, obschon die erforderlichen, von der Bahnverwaltung gelieferten Planen zur Verfügung bereit gelegen hätten.

Die Vorinstanz geht bei dieser Annahme im Anschluß an die Darlegungen in dem reichsgerichtlichen Urteil vom 3. Mai 1906, Rep. VI. 295/05 (Entsch. in Zivils. Bd. 63 S. 270 flg.) davon aus, daß bei den unter die Bestimmungen in § 25 des preußischen Gesetzes über die Eisenbahnunternehmungen vom 3. November 1838 fallenden Schäden der Anspruch des Beschädigten, sofern nicht ein unabwendbarer äußerer Zufall vorliegt, nur dann ausgeschlossen sei, wenn der Schade nachweislich durch ein dem Beschädigten selbst zur Last fallendes Verschulden verursacht worden sei. Ein solches eigenes Verschulden der Klägerin nimmt die Vorinstanz an, weil die Klägerin, obwohl sie nach ihren eigenen Erklärungen damit gerechnet habe, daß die Ballen in den Verladungspausen nicht mit Planen bedeckt werden würden, diese Bedeckung nicht angeordnet habe, dies aber geboten gewesen sei, da an dem Morgen, an dem die Verladung stattfand, stürmisches Wetter geherrscht, und, wie nicht zu bezweifeln sei, die Klägerin dies gewußt habe, sie sich auch, da das Anfahren der Ware zum Bahnhofe nur durch einen Wagen erfolgt sei, bei Anwendung gehöriger Sorgfalt habe sagen müssen, daß Pausen in der Verladung eintreten würden, in denen der mit den bereits angefahrenen Ballen beladene Wagen unbewacht sein werde.

Die Revision greift in erster Linie die Annahme der Vorinstanz an, daß bei der Beladung des Bahnwagens in der Zeit, wo eine Unterbrechung der Arbeit eintrat, eine vorläufige Bedeckung der bereits eingeladenen Ballen hätte stattfinden müssen, sofern nicht für eine stete Überwachung des Wagens gesorgt war; sie beruft sich hierbei darauf, daß von den vier vernommenen Sachverständigen sich drei zugunsten der Klägerin ausgesprochen hätten. Das Revisionsgericht findet indes keinen Anlaß, der Auffassung des Berufungsgerichts entgegenzutreten. Von diesem ist wesentliches Gewicht darauf gelegt worden, daß im gegebenen Falle die Flachs- und Heedeballen zwar stark gepreßt, aber nur zum Teil mit einer Umhüllung versehen waren, und die Verladung an einem stürmischen Tage stattfand. Es kann nicht als rechtsirrtümlich angesehen werden, wenn die Vorinstanz angenommen hat, daß unter diesen Umständen in der Zeit, wo der zum Teil beladene Wagen aufsichtslos war, die Gefahr, daß die Ballen durch Funken aus einer der auf dem Bahnhof umherfahrenden Lokomotiven in Brand gesetzt werden könnten, nicht fernlag, und es daher bei Anwendung der im Verkehr erforderlichen Sorgfalt geboten gewesen wäre, hiergegen Schutzmaßregeln zu ergreifen, durch welche diese Gefahr, wenn nicht ausgeschlossen, so doch wesentlich gemindert wurde.

Der Ausspruch des Berufungsgerichts, daß die Zerstörung der auf den Bahnwagen gebrachten Waren durch ein der Klägerin selbst zur Last fallendes Verschulden verursacht worden sei, ist aber aus prozessualen Gründen zu beanstanden." (Wird dargelegt.)

„Erscheint hiernach die Annahme, daß der Klaganspruch durch ein der Klägerin selbst zur Last fallendes Verschulden ausgeschlossen sei, nicht einwandfrei begründet, so entsteht die weitere Frage, ob der Schade durch schuldhaftes Verhalten anderer Personen entstanden sei, und die Klägerin dies gegenüber dem Beklagten vertreten müsse. Die Vorinstanz hat das, wie bereits erwähnt ist, verneint, weil sie im Anschluß an das reichsgerichtliche Urteil vom 3. Mai 1906 davon ausgeht, daß bei der Beurteilung von Schadensersatzansprüchen, die auf § 25 des preußischen Gesetzes vom 3. November 1838 gestützt sind, die Bestimmung in § 254 B.G.B. überhaupt keine Anwendung finde, und dabei lediglich das eigene Verschulden des Beschädigten in Betracht komme, ein Verschulden seines Beauftragten also seinen Schadensersatzanspruch gegenüber dem Eisenbahnunternehmer nicht berühre. Dem erkennenden Senate sind indes gegen diese von ihm bisher vertretene Auffassung Bedenken entstanden, die es zweifelhaft erscheinen lassen, ob an ihr festzuhalten sein werde. Einer Entscheidung hierüber bedarf es aber jetzt nicht, da nach dem hier vorliegenden Sachverhalt, ganz abgesehen von der im § 254 Abs. 2 enthaltenen Verweisung auf § 278, der in diesem ausgesprochene Rechtsgrundsatz gegen die Klägerin zur Anwendung zu kommen hat.

Dadurch, daß die Klägerin vor dem 29. März 1904 bei der Bahnverwaltung in B. die Stellung eines offenen Bahnwagens behufs der Versendung von Flachs und Heede beantragt, und die Bahnverwaltung diesem Verlangen entsprochen hat, ist zwischen den Parteien ein Vertragsverhältnis begründet worden. Mag das Abkommen über die Stellung des Bahnwagens als Teil des Vertrages über die Beförderung des Frachtgutes anzusehen sein, oder als eine neben dem Frachtvertrage bestehende, ihn vorbereitende Vereinbarung; in jedem Falle erwuchs daraus für die Klägerin die Vertragspflicht, die Verladung unter Beobachtung der im Verkehr erforderlichen Sorgfalt so auszuführen, daß dabei eine Beschädigung des Eigentums des Beklagten, insbesondere des gestellten Bahnwagens, vermieden, also auch der Entzündung des leicht Feuer fangenden Frachtgutes soweit möglich vorgebeugt wurde. Ist bei der Verladung hiergegen verstoßen worden, so hat die Bestimmung in § 278 Anwendung zu finden, auch dann, wenn anzunehmen wäre, daß durch die von der Klägerin bewirkte Bestellung des Bahnwagens für sie noch keine bindende Verpflichtung zur Anlieferung des Frachtgutes entstanden sei; denn jedenfalls war, sofern die Klägerin die Anlieferung bewirkte, dies eine zur Erfüllung des getroffenen Abkommens vorgenommene Handlung, die, wenn sie in vertragswidriger Weise ausgeführt wurde, nach dem in § 278 ausgesprochenen Grundsatze beurteilt werden muß.

An der hieraus sich ergebenden Folgerung, daß die Klägerin für ein etwaiges Verschulden der Personen, deren sie sich zur Verladung der Ware in den ihr vom Beklagten gestellten Wagen bediente, einzustehen hat, ändert sich auch nichts, wenn an der vorerwähnten Auffassung, daß bei Ansprüchen aus § 25 des Gesetzes von 1838 der Beschädigte nur ihm selbst zur Last fallendes Verschulden zu vertreten habe, grundsätzlich festzuhalten wäre. Denn da der Schade, dessen Ersatz die Klägerin fordert, bei der Vornahme von Handlungen eingetreten ist, die zur Ausführung eines zwischen den Parteien geschlossenen Vertrages stattfanden, so ist auch die Frage, ob und inwieweit die Klägerin für fremdes Verschulden einzustehen hat, nach den für Vertragsverhältnisse geltenden allgemeinen Vorschriften zu beantworten.

Von der Revision ist angeregt worden, ob nicht eine Haftung der Klägerin für ein etwaiges Verschulden des Spediteurs P. und seiner Leute deshalb ausgeschlossen erscheine, weil dieser Bahnspediteur sei. In den Vorinstanzen ist indessen niemals behauptet worden, daß P. zu der Bahnverwaltung in dem in § 68 Abs. 3 der Eisenbahn-Verkehrsordnung vom 26. Oktober 1899 vorgesehenen Verhältnis gestanden und deshalb zu den in § 9 der Verkehrsordnung bezeichneten Personen gehört habe; der Umstand allein, daß er in den Parteivorträgen als Bahnspediteur bezeichnet ist, läßt das nicht erkennen, und nach dem erstinstanzlichen Tatbestande hat Einverständnis darüber bestanden, daß P. die Zufuhr und Verladung des Frachtgutes im Auftrage der Klägerin vorgenommen hat.

Für die Entscheidung der Sache ist daher von wesentlicher Bedeutung, ob dem Spediteur, dessen sich die Klägerin bedient hat, eine Außerachtlassung der im Verkehr erforderlichen Sorgfalt zur Last zu legen ist. Das Berufungsgericht ist hierauf, wie nach dem von ihm eingenommenen Rechtsstandpunkte natürlich ist, nicht eingegangen; die Erwägungen, auf Grund deren es ein Verschulden der Klägerin selbst angenommen hat, können für die Bejahung der vorstehend bezeichneten Frage schon deshalb nicht als ausreichend angesehen werden, weil sie mit auf einer aus prozessualem Grunde unhaltbaren Unterstellung beruhen. ... In Betracht zu ziehen ist aber noch folgendes. Von der Klägerin ist behauptet und unter Beweis gestellt worden, es sei in B. und überhaupt auf den Güterbahnhöfen der preußischen Staatseisenbahnen allgemein üblich, Flachs und Heede so, wie es am 29. März 1904 von seiten des Spediteurs P. geschehen sei, zu verladen. Gemeint ist damit offenbar, es bestehe keine Vorschrift, durch die allgemein oder wenigstens für Tage, wo ein starker Wind weht, angeordnet sei, daß Frachtgüter der bezeichneten Art, wenn sie in offene Wagen verladen werden, in den Ladepausen vorläufig überdeckt oder einer dauernden Bewachung unterworfen werden müßten, und es werde auch von den Bahnverwaltungen allgemein widerspruchslos geduldet, daß bei Verladungen der bezeichneten Art von solchen Vorsichtsmaßregeln, die eine erhebliche Erschwerung des Verkehrs mit sich bringen würden, Abstand genommen werde. Es muß geprüft werden, ob, wenn dies auf Wahrheit beruhen sollte, in der Unterlassung solcher Vorsichtsmaßregeln ein Verschulden, auf das der Beklagte sich berufen dürfte, zu finden sei. Auch insoweit kommt der oben erwähnte Gesichtspunkt in Betracht, daß hier die durch das zwischen den Parteien begründete Vertragsverhältnis gegebenen Rechte und Pflichten maßgebend sind; es müssen also bei der Bestimmung, inwieweit die Pflichten der Klägerin sich erstreckten, auch die Verkehrssitten berücksichtigt werden (§ 157 B.G.B.)." ...

---

97. **Zur Frage des Kausalzusammenhangs zwischen dem Tod eines gegen Unfall Versicherten und einem Unfall, wenn der Tod bei Ausführung der zur Beseitigung der Unfallsfolgen vorgenommenen Operation in der Narkose eingetreten ist, und die Versicherungsgesellschaft nach ihren Bedingungen nur für den Fall haften will, daß der Unfall die unmittelbare und alleinige Ursache des Todes gewesen ist.**

VII. Zivilsenat. Urt. v. 25. Oktober 1907 i. S. Schweizerische Unfallvers.-Aktiengesellschaft zu W. (Bekl.) w. M.'sche Erben (Kl.). Rep. VII. 26/07.

I. Landgericht Magdeburg.
II. Oberlandesgericht Naumburg a. S.

Der Erblasser der Klägerinnen war bei der Beklagten gegen Unfall mit einer Summe von 7000 ℳ bei eintretendem Tode versichert. Unfall ist nach § 2 der allgemeinen Versicherungsbedingungen jede Körperverletzung, welche der Versicherte durch eine unabhängig von seinem Willen eintretende, plötzliche und gewaltsame äußere mechanische Einwirkung erleidet, und welche sofort oder binnen Jahresfrist unmittelbar und allein ohne Mitwirkung anderer Ursachen (z. B. von hinzutretenden oder schon bestehenden Krankheiten) den Tod des Versicherten herbeiführt, oder seine Arbeitsfähigkeit bleibend oder vorübergehend aufhebt oder einschränkt. Im März 1905 erlitt der Versicherte, als er mit seinem Gespann, das er zum Transport von Steinen benutzt hatte, leer zurückfuhr, einen Unfall; er fiel vom Wagen und renkte sich den linken Oberschenkel im Hüftgelenk aus. Die Einrenkung sollte in der Narkose vorgenommen werden; während der Narkose starb indessen der Verletzte. Die Klägerinnen forderten als seine Erben von der Beklagten, indem sie den Tod als eine Folge des Unfalls bezeichneten, die Versicherungssumme. Die Beklagte machte u. a. geltend, daß der Tod nicht Folge des Unfalls, sondern der Narkose gewesen sei. Die Vorinstanzen haben diesen Einwand verworfen, und das Reichsgericht ist ihnen darin beigetreten aus folgenden

Gründen:

... „Es ist unangefochten und unanfechtbar festgestellt, daß der Sturz vom Wagen die Vornahme einer Operation, nämlich die Reposition des Hüftgelenks, in der Narkose bedingte. Die Narkose war durchaus erforderlich, um die Folgen des Unfalls zu beseitigen. Daß bei Anwendung des Chloroforms irgend ein Kunstfehler von den behandelnden Ärzten begangen worden wäre, ist nicht ersichtlich und auch von der Beklagten selbst nicht behauptet. Auch dafür liegt nichts vor, daß die tödliche Wirkung der Narkose auf eine regelwidrige Körperbeschaffenheit des Verletzten zurückzuführen sei. Man kann nur sagen, daß er nicht mehr die genügende Widerstandsfähigkeit besessen habe, um den Einfluß des Betäubungsmittels zu überwinden. Unter diesen Umständen läßt sich nicht mit der Revision annehmen, daß der Tod durch die Narkose als eine selbständig wirkende Ursache herbeigeführt worden sei, daß also mit ihr eine neue Kausalitätsreihe begonnen habe. Die Narkose war das durch den Unfall unabweisbar gewordene Mittel, ohne welches die Verletzung nicht behoben werden konnte. Sie bildete die notwendige Vorbereitung für die sich aus dem Unfall ergebenden operativen Maßnahmen und kann für die hier zu beantwortende Frage des Kausalzusammenhangs nicht anders beurteilt werden, als diese Maßnahmen selbst. Verlaufen sie einschließlich der vorangegangenen Narkose ungünstig, ohne daß besondere Ursachen für einen solchen Verlauf zu ermitteln wären, so ist es allein der Unfall, der als Ursache des Ablebens des Verletzten in Betracht kommt. Daß dies dem Sinne der Versicherungsbedingungen entspricht, ergibt sich aus dem Hinweise auf hinzutretende oder schon bestehende Krankheiten (der § 3 spricht von der Komplikation mit anderen Ursachen), die eine Ersatzpflicht ausschließen oder beschränken sollen. Nur ungewöhnliche, außer der Berechnung liegende Vorkommnisse, welche die durch den Unfall in Bewegung gesetzte Kette der Ereignisse ungünstig beeinflussen, sollen als mitwirkende Ursachen gelten. Eine lediglich mißglückte Operation gibt der Beklagten nicht das Recht, die Zahlung der Versicherungssumme zu verweigern." ...

---

98. 1. Findet die Vorschrift des § 247 B.G.B. nach dem 1. Januar 1900 auf Schuldverhältnisse Anwendung, die vor dieser Zeit entstanden sind?

2. Werden Voraussetzungen und Wirkungen des nach dem 1. Januar 1900 eintretenden Annahmeverzuges in bezug auf ein vor dieser Zeit entstandenes Schuldverhältnis nach dem bisherigen Recht, oder nach dem Bürgerlichen Gesetzbuch bestimmt?

V. Zivilsenat. Urt. v. 26. Oktober 1907 i. S. G. (Kl.) w. B. (Bekl.). Rep. V. 56/07.

I. Landgericht Duisburg.
II. Oberlandesgericht Hamm.

In einem notariellen Vertrage vom 14. April 1899 versprach der Kläger, Apotheker G., dem Beklagten, Apotheker B., ein Darlehn von 90000 M und ein ferneres Darlehn von 10000 M. Mit dem erhaltenen Gelde sollte der Beklagte einige seine Besitzung belastende Hypotheken abtragen und die bezahlten Hypotheken zur Sicherung des Klägers auf diesen übertragen. Der Kläger verpflichtete sich, diese Hypotheken später gegen Eintragung einer Hypothek zweiter Stelle löschen zu lassen. Dabei hatte er zu bestimmen, in welcher Weise die drei Parzellen des Beklagten belastet werden sollten. Der Beklagte versprach, das bei pünktlicher Zinszahlung bis zum 1. Januar 1912 unkündbare Darlehn von 100000 M mit 8 Prozent, und zwar vierteljährlich mit Anfang des Kalendervierteljahres, zu verzinsen. Er erhielt die 100000 M vom Kläger im Jahre 1899. In einer notariell beglaubigten Erklärung bestimmte der Kläger, daß von dem fraglichen Kapital 50000 M, 35000 M und 15000 M auf je eine näher bezeichnete Parzelle eingetragen werden sollten. Die Eintragungen sind im Mai 1903 erfolgt. Dann verkaufte der Beklagte seine Apotheke an den Apotheker Br., der die Hypothek von 50000 M unter Anrechnung auf den Kaufpreis übernahm. Für die Forderung blieb der Beklagte persönlich haftbar. Die 50000 M hat Br. zum 1. Oktober 1904 oder zum 1. Januar 1905, der Beklagte zum 1. Juli 1904 dem Kläger gekündigt. Der Kläger verweigerte die Annahme des Kapitals. Br. hinterlegte dasselbe deshalb am 20. Januar 1905 bei der Regierung in D. und verzichtete durch Schreiben vom 25. Juni 1906 auf die Rücknahme.

Auf die am 1. Juli, 1. Oktober 1905 und 1. Januar 1906 fällig gewordenen Zinsen sind nur je 1000 M gezahlt worden. Der Kläger, im Urkundenprozeß klagend, verlangte die Zahlung der weiteren angeblich am 1. Juli, 1. Oktober 1905 und 1. Januar 1906 fällig gewordenen Zinsen der 50000 M mit 3000 M. Der Beklagte beantragte Abweisung der Klage, weil das Kapital von 50000 M gemäß § 247 B.G.B. gekündigt und nach Weigerung der Annahme seitens des Klägers hinterlegt sei. Der Kläger hielt die Kündigung und Hinterlegung für unwirksam.

In zweiter Instanz wurde die Klage abgewiesen; diese Entscheidung wurde jedoch in der Revisionsinstanz aufgehoben.

Aus den Gründen:

„1. ... Der Beklagte meint, er sei zur Zahlung der Zinsen auf den Betrag von 50000 M, für den die von dem Apotheker Br. in

Anrechnung auf den Kaufpreis übernommene Hypothek errichtet ist, deshalb nicht verpflichtet, weil er in Anwendung des § 247 B.G.B. das Kapital von 50000 ℳ dem Kläger zum 1. Juli 1904 gekündigt, und Br. die 50000 ℳ bei der Regierung zu D. am 20. Januar 1905 hinterlegt habe. Der Kläger hält die Anwendung des § 247 B.G.B. und damit die Kündigung wie die Hinterlegung für unzulässig. Mit Recht hat aber der Berufungsrichter angenommen, daß § 247 B.G.B. Anwendung findet, obgleich die Darlehnshingabe bereits vor dem Inkrafttreten des Bürgerlichen Gesetzbuchs stattgefunden hat.

Allerdings bleiben für ein Schuldverhältnis, das vor dem Inkrafttreten des Bürgerlichen Gesetzbuchs entstanden ist, nach Art. 170 Einf.-Ges. zum B.G.B. die bisherigen Gesetze maßgebend. Danach war die Kündigung nicht rechtswirksam, weil beide Teile als Apotheker Kaufleute sind. Der Art. 170 Einf.-Ges. zum B.G.B. findet jedoch nicht Anwendung, wenn sich aus einer Vorschrift ergibt, daß sie auch auf ein schon vor dem Inkrafttreten des Bürgerlichen Gesetzbuchs entstandenes Schuldverhältnis Anwendung finden soll. Das ist der Fall beim § 247. Er ist, wie sich auch aus seinem Satz 2: „Das Kündigungsrecht kann nicht durch Vertrag ausgeschlossen oder beschränkt werden," ergibt, im öffentlichen Interesse zum Schutze des wirtschaftlich Schwächeren gegeben. Durch ihn sollen also auch diejenigen geschützt werden, die schon **vor** dem Inkrafttreten des Bürgerlichen Gesetzbuchs Schuldner geworden sind.

Vgl. **Planck**, Art. 170 Einf.-Ges. zum B.G.B. Bem. 10; **Rehbein**, B.G.B. Bd. 2 S. 41 Bem. 33.

Gegen diese Annahme sprechen nicht die von **Habicht** (Die Einwirkung ꝛc 2. Aufl. S. 239) angeführten Gründe, daß sich seit dem Bundesgesetz vom 14. November 1867 die wirtschaftlichen Verhältnisse nicht sehr verändert hätten, und daß erst die Reichstagskommission die Bestimmung des Entwurfs des neuen Handelsgesetzbuchs beseitigt habe, welche die Vorschrift des § 247 B.G.B. bei Schuldverhältnissen unter Kaufleuten ausschloß. Der erste Grund hätte dazu führen müssen, daß an dem früheren Rechtszustande überhaupt keine Änderung vorgenommen würde. Gegen den zweiten Grund spricht die Erwägung, daß es für den Inhalt einer Gesetzesbestimmung ohne Bedeutung ist, wer sie in Vorschlag gebracht hat. . . .

2. Die Hinterlegung hat die in den §§ 378, 379 bezeichnete Wirkung nur dann, wenn sie rechtmäßig ist, wenn die Voraussetzungen des § 372 B.G.B. vorliegen (Entsch. des R.G.'s in Zivils. Bd. 59 S. 17 flg.). Nach § 372 Satz 1 — die Voraussetzungen des § 372 Satz 2 liegen jedenfalls nicht vor — ist die Hinterlegung nur zulässig, wenn der Gläubiger im Verzuge der Annahme ist. Die Voraussetzungen und Wirkungen des Annahmeverzugs sind, da der ursprüngliche Vertrag schon im Jahre 1899 geschlossen ist, nach den Vorschriften des Allgemeinen Landrechts, und nicht nach denen des Bürgerlichen Gesetzbuchs zu beurteilen. Nach Art. 170 Einf.-Ges. zum B.G.B. bleiben für ein Schuldverhältnis, das vor dem Inkrafttreten des Bürgerlichen Gesetzbuchs entstanden ist, die bisherigen Gesetze maßgebend. Nach diesen bestimmen sich Inhalt, Umfang und Wirkungen des Schuldverhältnisses. Dadurch, daß der Gläubiger die ihm nach dem Wesen des Schuldverhältnisses obliegende Mitwirkung zu dessen Erfüllung unterläßt, erfährt das ursprüngliche Schuldverhältnis eine weitere Entwickelung in bezug auf seinen Inhalt und Umfang (Urteil des Reichsgerichts, Rep. V. 113/03, abgedruckt in Seuffert's Archiv Bd. 58 Nr. 163). Allerdings sind die Erfüllungsgeschäfte, die das Erlöschen einer unter dem bisherigen Recht entstandenen Forderung herbeiführen, nach dem zur Zeit ihrer Vornahme geltenden Rechte zu beurteilen. Aber daraus ist nicht der Schluß zu ziehen, daß sich auch die Voraussetzungen und Wirkungen des nach dem 1. Januar 1900 eintretenden Annahmeverzuges in bezug auf ein vor diesem Zeitpunkte entstandenes Schuldverhältnis nach den Vorschriften des Bürgerlichen Gesetzbuchs bestimmen. Denn im Falle des Annahmeverzuges liegt nicht ein Erfüllungsgeschäft vor, sondern es handelt sich um die weitere Entwickelung des ursprünglichen Schuldverhältnisses infolge der durch den Gläubiger vereitelten Erfüllung." . . .

---

99. Ist ein Beweissicherungsantrag geeignet, die Verjährung der Gewährleistungsansprüche zu unterbrechen, wenn er nur zu diesem Zwecke mit der Bitte eingereicht wird, ihm zunächst keine Folge zu geben, sondern weitere Anträge abzuwarten?

B.G.B. §§ 477 Abs. 2, 211 Abs. 2, 212.

V. Zivilsenat. Urt. v. 26. Oktober 1907 i. S. H. (Kl.) w. Sch. (Bekl.) u. L. (Nebeninterv.). Rep. V. 58/07.

I. Landgericht Breslau.
II. Oberlandesgericht daselbst.

Durch notariellen Vertrag vom 23. Januar 1904 verkaufte der Beklagte dem Kläger das Hausgrundstück Matthiasstraße Nr. 115 in Br. Die Übergabe und die Auflassung erfolgten am 8. Februar 1904. Nach der Behauptung des Klägers soll jedoch das Haus an Mängeln, insbesondere an Trockenfäule, leiden, und der Kläger will darüber bei den Verkaufsverhandlungen von dem Beklagten arglistig getäuscht worden sein.

In einem am 3. Februar 1905 beim Amtsgericht in Br. eingegangenen Schriftstück vom 2. dess. Mts. beantragte der Kläger zur Sicherung des Beweises Beweiserhebungen über das Vorhandensein von Schwamm und Trockenfäule; in einem gleichzeitig eingereichten Antrage bat er jedoch, auf jenen Antrag zurzeit noch nicht zu verfügen, sondern weitere Mitteilung abzuwarten, da der Antrag zunächst nur zur Unterbrechung der Verjährung eingereicht sei. Erst infolge eines neuen Antrages vom 11. Juli 1905 wurde demgemäß am 14. dess. Mts. die Beweiserhebung angeordnet und durchgeführt.

Mit der am 20. Juni 1905 zugestellten Klage, welche die Anfechtung und Wandelung des Kaufvertrages, eventuell Preisminderung zum Gegenstande hatte, klagte dann der Kläger auf Aufhebung des Kaufvertrages, eventuell auf Ersatz des durch gerichtliche Sachverständige festzustellenden Minderwertes.

Das Landgericht wies diese Klage ab. Es nahm an, daß die Gewährleistungsansprüche verjährt seien, weil nach dem Zeugnis des Geschäftsvermittlers H. beim Kaufabschlusse verabredet worden sei, daß die Übergabe des Grundstücks, die tatsächlich erst am Auflassungstage erfolgte, als am 23. Januar 1904 dem Tage des Kaufabschlusses bewirkt gelten solle, so daß zur Zeit des Beweissicherungsantrags die Verjährung schon vollendet gewesen sei. Einen Betrug erachtete das Landgericht nicht für dargetan.

Das Oberlandesgericht erkannte zunächst durch Zwischenurteil vom 19. Mai 1906 über die Einrede der Verjährung. Es ließ den Entscheidungsgrund des Landgerichts dahingestellt, hielt aber ebenfalls die Einrede für begründet, indem es feststellte, daß der Beweissicherungsantrag vom 2./3. Februar 1905 nicht geeignet gewesen sei, die am 8. Februar 1905 ablaufende Verjährung zu unterbrechen, weil der gleichzeitige Antrag auf Richterledigung des Antrags ihm diese Wirkung genommen habe. Durch Endurteil vom 1. Dezember 1906 erkannte sodann das Oberlandesgericht in der Sache selbst. Die von dem Kläger dagegen eingelegte Revision ist nicht für begründet erachtet worden, und zwar, soweit das Zwischenurteil in Betracht kommt, aus folgenden

Gründen:

„Was zunächst die Verjährung der Gewährleistungsansprüche anlangt, so würde an sich die Möglichkeit, den Beginn der Verjährungsfrist durch Parteivereinbarung auf einen früheren Zeitpunkt zu verlegen, nach § 225 B.G.B. vorliegen. Unterstellt man aber auch mit dem Berufungsrichter, daß die Verjährungsfrist erst am 8. Februar 1905 ablief, so ist doch die Rüge, daß der Berufungsrichter zu Unrecht keine Unterbrechung der Verjährung angenommen habe, nicht begründet. Nach § 477 Abs. 2 B.G.B. soll allerdings der Antrag auf Beweisaufnahme zur Sicherung des Beweises die Verjährung unterbrechen, und nach den dort angezogenen §§ 211 Abs. 2 und 212 B.G.B. soll diese Unterbrechung auch im Falle des Stillstandes (Nichtbetriebs) des Verfahrens und im Falle der Rücknahme des Antrags, im letzten Falle dann ihre Wirkung behalten, wenn innerhalb 6 Monaten das Verfahren fortgesetzt wird. Dies setzt aber voraus, daß in der Tat ein ernstlich gemeinter Antrag auf Beweissicherung vorliegt. Ein solcher Antrag enthält eine gerichtliche Geltendmachung des Anspruchs, und der Gegner wird bei normalem Verlauf der Dinge in die Lage versetzt, gegenüber der durch die Unterbrechung der Verjährung eintretenden Hinausschiebung des Verjährungsablaufs seine Maßregeln zu ergreifen, insbesondere seinerseits die Sicherung des Beweises zu betreiben.

Vgl. Planck, Bem. 2 zu § 209, Bem. 3 zu § 478 B.G.B.; Denkschrift zur Reichstagsvorlage des B.G.B. § 472 S. 97.

Erklärt aber der Antragsteller von vornherein, daß er eine richterliche Verfügung nicht wolle, den Antrag vielmehr nur zur Unterbrechung der Verjährung einreiche, so nimmt er dem Antrage seine Bedeutung als Beweissicherungsantrag; die Eingabe sinkt zu einer bloßen

Anmeldung des Anspruchs herab und bleibt in den Akten liegen. Die bloße gerichtliche Anmeldung des Anspruchs und selbst die Zustellung der Erklärung durch den Gerichtsvollzieher aber reicht nach dem Bürgerlichen Gesetzbuch zur Unterbrechung der Verjährung nicht aus (Motive zu § 170 des 1. Entw. Bd. 1 S. 330). So ist auch in der früheren preuß. Praxis zwischen einer nachträglichen, der Unterbrechungshandlung nachfolgenden Lässigkeit (Negligenz) des Antragstellers, die die Unterbrechungshandlung als solche bestehen ließ, und der Aufhebung (Paralysierung) dieser Handlung durch die gleichzeitige Erklärung, daß ihr keine gerichtliche Folge gegeben werden solle, unterschieden worden. Erklärte der Kläger bei der Klaganmeldung, daß er nur zur Unterbrechung der Verjährung anmelde, und daß im übrigen die Sache auf sich beruhen solle, so sollte nach der Verfügung des Justizministers vom 22. Januar 1841 (Just. Min.-Bl. S. 65, 67) ihm keine Bescheinigung erteilt, sondern eröffnet werden, daß die Anmeldung zur Unterbrechung der Verjährung nicht genüge.

Vgl. auch Entsch. des Obertrib. Bd. 35 S. 31; Koch, Anm. 10 Abs. 5 zu § 551 A.L.R. I. 9; Förster-Eccius, Preuß. Privatrecht 1 § 57 Anm. 55." ...

---

100. Wer ist Gläubiger aus Geschäften, die unter dem Namen einer Handelsfirma geschlossen sind, wenn die Firma zufolge Eintragung im Handelsregister übertragen worden, der Übertragungsvertrag aber nichtig ist?

I. Zivilsenat. Urt. v. 30. Oktober 1907 i. S. N. (Bekl.) w. Rob. M. & Co., jetzt Rob. M. (Kl.). Rep. I. 604/06.

I. Landgericht Rostock.
II. Oberlandesgericht daselbst.

Der Beklagte war Hauptkollekteur der Mecklenburg-Schwerinschen Landeslotterie und hatte als solcher im Jahre 1903 einem gewissen Gl. in Berlin eine Anzahl Lose zur 6. Klasse der 255. Lotterie verkauft. Gl. hatte die Lose an die Firma Rob. M. & Co. in Berlin weiter verkauft, und diese hatte sie nach der Ziehung dem Beklagten übersandt mit dem Ersuchen, ihr die darauf entfallenden Gewinne zukommen zu lassen. Diese Gewinne betrugen unstreitig 2844 *M*. Der Beklagte hatte die Lose bei der Lotterieverwaltung eingereicht, und es waren ihm von dieser daraufhin die Gewinne in seiner Rechnung gut gebracht worden. Er weigerte sich aber, Rob. M. & Co. den Betrag zu vergüten, weil er mit der Forderung auf den Kaufpreis der Lose aufrechnen wollte, die ihm gegen Gl. zustände.

Der von seiten der Firma Rob. M. & Co. erhobenen Klage auf Verurteilung des Beklagten zur Zahlung von 2844 *M* nebst Zinsen gab das Landgericht statt. Das Oberlandesgericht wies die Berufung des Beklagten zurück. In seinem Urteile wurde die Bezeichnung der klagenden Partei geändert und als Kläger aufgeführt: „Rob. M. & Co. zu Berlin, jetzt Kaufmann Rob. M. daselbst".

Auf die Revision des Beklagten hat das Reichsgericht die Klage abgewiesen.

Gründe:

„Die Klage ist erhoben auf den Namen der Firma Rob. M. & Co. Das Gesetz gestattet, daß der Kaufmann unter seiner Firma klagen und verklagt werden kann (§ 17 Abs. 2 H.G.B.). Da die Firma kein Rechtssubjekt, sondern nur der Name ist, unter dem der Kaufmann im Handel seine Geschäfte betreibt und die Unterschrift abgibt (§ 17 Abs. 1), folgt hieraus, daß bei einer unter dem Namen einer Firma erhobenen Klage die Person Kläger ist, die unter dieser Firma ihre Geschäfte betreibt und die Unterschrift abgibt (Entsch. des R.G.'s in Zivils. Bd. 54 S. 16).

Im vorliegenden Falle ist durch den beglaubigten Auszug aus dem Handelsregister dargetan, daß Inhaber der Firma Rob. M. & Co. bis zum 11. Oktober 1901 der Kaufmann Rob. M., und von da an — insbesondere also zu der Zeit, als der Prozeß anhängig wurde, und auch schon zu der Zeit, als das der Klage zugrunde liegende Rechtsgeschäft vorgenommen wurde — der Kaufmann Fr. H. war. Auszugehen ist demnach davon, daß die Klage als für Fr. H. erhoben angesehen werden muß, wie dies auch in den Gründen des landgerichtlichen Urteils ausgesprochen ist.

Das Oberlandesgericht hat jedoch festgestellt, daß die Klage „tatsächlich von Rob. M. erhoben" sei, d. h. daß dieser den Anwalt bestellt und den Auftrag zur Klagerhebung erteilt habe, und daß er den Anspruch für sich verfolge. Das Oberlandesgericht sieht deswegen Rob. M. als den Kläger an und hat diesem auch unter Änderung der Urteilsüberschrift den eingeklagten Anspruch zuerkannt.

Die Frage nach der prozessualen Zulässigkeit dieses Verfahrens deckt sich mit der Frage, ob eine unzulässige Klagänderung vorliegt, wenn in der Berufungsinstanz unter Widerspruch des Beklagten an die Stelle des ursprünglichen Klägers ein neuer Kläger tritt. Das Oberlandesgericht hat das ausdrücklich verneint, und da die Anfechtung dieser Entscheidung nach § 270 Z.P.O. ausgeschlossen ist, sind die dafür angegebenen Gründe insoweit nicht nachzuprüfen.

Nachzuprüfen aber bleiben diese Gründe, insoweit sie im Sinne des Oberlandesgerichts zugleich dartun sollen, daß der Kaufmann Rob. M. aktiv legitimiert sei, die Klage zu erheben.

Auf Grund des schriftlichen Vertrages zwischen M. und H. vom 26. September 1901 nimmt das Oberlandesgericht an, daß die Übertragung der Firma von Rob. M. auf Fr. H. nur zum Scheine und ohne gleichzeitige Übertragung des Handelsgeschäfts selbst erfolgt sei. Die Übertragung der Firma sei daher nach § 117 Abs. 1 B.G.B. und nach § 134 B.G.B. in Verbindung mit § 23 H.G.B. nichtig. In Wahrheit sei Rob. M. nach wie vor Inhaber der Firma und also auch Subjekt des eingeklagten, für die Firma entstandenen Anspruchs.

Diese Ansicht ist nicht haltbar. Sie verkennt die selbständige rechtliche Bedeutung der Tatsache, daß der Übergang der Firma von Rob. M. auf Fr. H. und die Inhaberschaft Fr. H.'s auf Grund der vor dem Registerrichter abgegebenen Erklärungen beider eingetragen und öffentlich bekannt gemacht worden ist. Nach §§ 29, 31 H.G.B. ist es eine der Eintragung bedürfende Tatsache, wer Inhaber des Handelsgeschäfts ist, und nach § 15 kann eine einzutragende Tatsache, solange sie nicht eingetragen und bekannt gemacht ist, von dem, in dessen Angelegenheiten sie einzutragen war, einem Dritten nicht entgegengesetzt werden, es sei denn, daß sie diesem bekannt war (Abs. 1), während, wenn sie eingetragen und bekannt gemacht ist, ein Dritter die Tatsache gegen sich gelten lassen muß, es sei denn, daß er sie weder kannte, noch kennen mußte (Abs. 2). Aus Abs. 1 folgt, daß Rob. M. dem Beklagten die Tatsache, daß in Wahrheit er Inhaber der Firma geblieben sei, nicht entgegensetzen kann. Denn daß dem Beklagten das Verhältnis zwischen Rob. M. und Fr. H. untereinander und die Nichtigkeit des Übertragungsvertrages bekannt gewesen sei, ist weder festgestellt, noch behauptet, noch durch die Sachlage irgendwie angezeigt. Und aus Abs. 2 folgt, daß Rob. M. die Tatsache, daß Fr. H. Inhaber der Firma war, gegen sich gelten lassen muß, weil ohne weiteres klar ist, daß Rob. M. die von ihm selbst mitveranlaßte Eintragung und Veröffentlichung kannte. Angesichts dieser vom Gesetze bestimmten Wirkungen der Eintragung und Veröffentlichung kann die Nichtigkeit des der Firmenübertragung zugrunde liegenden Kausalgeschäfts nur Wirkungen zwischen den Kontrahenten erzeugen. Rob. M. mag einen Anspruch gegen Fr. H. haben, daß dieser zu seiner Wiedereintragung als Inhaber der Firma mitwirke, und daß die Geschäftsergebnisse als für seine Rechnung gehend anerkannt werden. Dritte Personen, die mit der Firma kontrahiert haben, berühren diese inneren Beziehungen des eingetragenen Inhabers mit einem anderen ebensowenig, wie in dem Falle, wo der Firmeninhaber das Geschäft für Rechnung eines anderen betreibt.

Vgl. Entsch. des R.G.'s in Zivils. Bd. 37 S. 60.

Der Dritte ist nicht verpflichtet, aus den mit der Firma geschlossenen Verträgen sich einen anderen Gläubiger oder Schuldner unterschieben zu lassen, als den eingetragenen Inhaber. Mag Rob. M. auch auf Grund des Vertrages vom 26. September 1901 gegen Fr. H. einen Anspruch auf Abtretung der aus dem Geschäftsbetriebe entstandenen Forderungen, und auch der eingeklagten Forderungen haben, so kann er die Forderung im eigenen Namen doch erst geltend machen, wenn sie ihm abgetreten ist. Daß dies geschehen sei, hat das Oberlandesgericht nicht festgestellt. Seine Annahme aber, daß Rob. M. der ursprünglich Berechtigte sei, erweist sich nach dem Ausgeführten als unrichtig.

Es ergibt sich, daß das Oberlandesgericht mit Unrecht angenommen hat, daß Rob. M. zur Erhebung des eingeklagten Anspruchs aktiv legitimiert sei. Er kann ihn nicht im eigenen Namen geltend machen, weil er ihm nicht zusteht, und nicht im Namen der Firma, weil er nicht befugt ist, namens einer Firma, deren Inhaber er nicht ist, zu prozessieren.

Die Klage ist damit auch zur Abweisung reif. Zwar hat Rob. M. nach dem Tatbestande des Berufungsurteils unter Vorlage einer Zessionsurkunde vom 7. März 1906 auch noch die Behauptung aufgestellt, Fr. H. habe ihm die eingeklagte Forderung abgetreten. Hierauf kann indes nicht eingegangen werden, weil der Beklagte diesem Vorbringen als einer unzulässigen Klagänderung widersprochen hat (§ 527 Z.P.O.). Eine solche liegt vor, wenn die Klage aus eigenem Rechte erhoben ist, demnächst aber auf das abgetretene Recht eines anderen gestützt wird.

Vgl. Entsch. des R.G.'s in Zivils. Bd. 42 S. 248.

Dies ist hier der Fall. Auch fällt die behauptete Abtretung erst in die Zeit, als der Prozeß bereits in der Berufungsinstanz anhängig war. Das Oberlandesgericht hat sich mit diesem nachträglichen Vorbringen überhaupt nicht beschäftigt und in bezug hierauf auch nicht ausgesprochen, daß keine Klagänderung vorliege, oder daß die Änderung zuzulassen sei. Insoweit ist daher für die Anwendung des § 270 Z.P.O. kein Raum. Vielmehr war die Frage nach § 565 Abs. 3 Nr. 1 vom Revisionsgerichte selbständig zu entscheiden."

---

101. Unter welchen Umständen ist bei einem gegenseitigen Vertrage der erklärten Erfüllungsweigerung des einen Teiles die Tragweite beizulegen, daß sie den anderen Teil berechtigt, ohne Bestimmung einer Frist zur Bewirkung der Leistung, die Rechte aus § 326 Abs. 1 Satz 2 B.G.B. auszuüben, insbesondere Schadensersatz wegen Nichterfüllung zu verlangen?

II. Zivilsenat. Urt. v. 1. November 1907 i. S. F. (Bekl. u. Widerkl.) w. C. (Kl. u. Widerbekl.). Rep. II. 173/07.

I. Landgericht Magdeburg.
II. Oberlandesgericht Naumburg a. S.

Aus den Gründen:

„Beide Parteien haben — der Kläger mit der Klage, die Beklagten mit der Widerklage — von dem anderen Teil Schadensersatz wegen Nichterfüllung des Vertrages vom $\frac{\text{28. November}}{\text{1. Dezember}}$ 1904 beansprucht. Der Vertrag war zum großen Teil durch Lieferung und Bezahlung der verkauften Bretter erledigt. Bezüglich eines Restes schmaler Bretter entstanden Differenzen zwischen den Parteien, indem die Beklagte behauptete, zur Abnahme dieser Bretter nach dem Vertrage nur verpflichtet zu sein, wenn sie parallel, nicht auch wenn sie konisch geschnitten seien, was der Kläger bestritt. Zur Lieferung dieser Bretter ist es nicht gekommen, und auf sie bezieht sich der Anspruch sowohl der Klage als der Widerklage.

Das Oberlandesgericht hat den Klaganspruch für begründet, dagegen den Widerklaganspruch für nicht begründet erachtet. Dasselbe geht davon aus, die Beklagte sei infolge einer Mahnung, die in einer gelegentlichen Unterredung des als Zeugen vernommenen Reisenden des Klägers mit dem Mitinhaber der Beklagten M. gefunden wird, und welche die Beklagte gemäß §§ 54 und 55 H.G.B. gegen sich gelten lassen müsse, in Verzug sowohl der Abnahme der rückständigen Bretter als der Zahlung des Kaufpreises für dieselben gekommen; der Setzung einer Nachfrist gemäß § 326 B.G.B., die unbestritten nicht erfolgt ist, habe es nicht bedurft, da nach einem Schreiben der Beklagten vom 14. August 1905 in Verbindung mit der vorerwähnten Unterredung anzunehmen sei, daß die Beklagte sich bestimmt und endgültig geweigert habe, den Vertrag, soweit er noch ausstand, durch Annahme des Restes und Zahlung des bezüglichen Kaufpreises zu erfüllen. Der Kläger sei daher, da auch das Verlangen der Beklagten, parallel geschnittene Schmalbretter geliefert zu erhalten, sich als unberechtigt ergeben habe, gemäß § 326 Abs. 1 a. a. O., wie dieses schon durch dessen Brief vom 11. August 1905 beansprucht wurde, berechtigt, anstatt der Leistung Schadensersatz wegen Nichterfüllung zu verlangen.

Die Beklagte hat zur Begründung der Revision bezüglich der Klage und der Widerklage sowohl die Feststellung des Verzuges ihrerseits, als auch die Annahme, daß es bei der gegebenen Sachlage der Setzung einer Nachfrist nach § 326 a. a. O. nicht bedurft habe, als rechtlich unzutreffend angegriffen. Dieser Angriff erscheint jedenfalls in letzterer Hinsicht begründet. Es ist richtig, daß insbesondere der erkennende Senat wiederholt ausgesprochen hat, daß es zum Eintritt der in § 326 Abs. 1 Satz 2 B.G.B. bestimmten Rechtsfolgen der daselbst vorgeschriebenen Fristbestimmung nicht bedürfe, wenn der in Verzug befindliche Teil die Vertragserfüllung ernstlich verweigere.

Vgl. Entsch. des R.G.'s in Zivils. Bd. 51 S. 349, Bd. 52 S. 152, Bd. 53 S. 166, Bd. 56 S. 233, Bd. 57 S. 113.

Es ist das aber nur unter der Voraussetzung geschehen und damit begründet worden, daß dieser Vertragsteil durch die Weigerung deutlich zu erkennen gegeben habe, daß er weder eine Frist zur Erfüllung begehre, noch von einer ihm gesetzten Frist Gebrauch machen werde; er wolle nicht erfüllen; seine Weigerung enthalte daher einen Verzicht auf das Erfordernis der Fristbestimmung; diese würde unter den gegebenen Umständen zwecklos und überflüssig sein, und es könne nicht angenommen werden, daß im Rechtsverkehr zwecklose und überflüssige Handlungen gewollt seien.

Vgl. Entsch. a. a. O. Bd. 51 S. 350.

Aus dieser Begründung ergibt sich aber, daß bei Beurteilung der Frage, ob eine solche Erfüllungsweigerung vorliegt, welche den Eintritt der Folgen des § 326 a. a. O. ohne Setzung einer Nachfrist rechtfertigt, ein strenger Maßstab anzulegen ist; daß nicht schon die einfache Ablehnung, insbesondere wegen Differenzen über den Vertragsinhalt, hierzu genügt, vielmehr eine solche nur dann angenommen werden darf, wenn gewichtige tatsächliche Momente vorliegen, welche es als nach Lage der Sache ausgeschlossen erscheinen lassen, daß der in Verzug befindliche Vertragsteil, wenn er durch Setzung einer Nachfrist vor die Frage gestellt wird, ob er die Folgen des § 326 Abs. 1 auf sich nehmen, oder durch nachträgliche Erfüllung diese Folgen von sich abwenden soll, sich zu der letzteren Alternative entschließen werde. Das hat das Oberlandesgericht verkannt, indem es in dem Schreiben der Beklagten vom 14. August 1905 in Verbindung mit der mündlichen Erklärung des Mitinhabers der Beklagten M. gegenüber dem Reisenden St. eine ernste und endgültige Erfüllungsweigerung finden zu müssen glaubt. Zunächst kommt in dieser Hinsicht die fragliche mündliche Erklärung, die nach den stattgehabten Feststellungen nur eine gesprächsweise und gelegentliche war und sich darauf beschränkte, daß M. nur die breiten Hölzer abnehmen werde, nicht aber die schmalen, weil dieselben konisch seien, in Betracht. Denn schon auf diese Erklärung hin schrieb der Kläger, ohne der Beklagten eine Nachfrist zur Erfüllung zu setzen, am 11. August 1905, daß er sie infolge der dem Reisenden erklärten Ablehnung der Abnahme der restierenden Materialien für den ihm durch die Nichtabnahme entstandenen und noch entstehenden Schaden verantwortlich mache, und ihr in den nächsten Tagen seine Schadensrechnung einsenden werde. Schon damit machte der Kläger also von dem Wahlrecht des § 326 Abs. 1 Gebrauch. Aber auch das Antwortschreiben der Beklagten vom 14. August 1905, das vom Oberlandesgericht für die Beurteilung der Tragweite der Erfüllungsweigerung der Beklagten angezogen wurde, konnte selbst in Verbindung mit der erwähnten mündlichen Erklärung die Annahme einer endgültigen Erfüllungsweigerung im erörterten Sinne nicht rechtfertigen; denn in diesem ist lediglich referiert, wegen der schmalen Bretter seien die Parteien in Differenzen wegen parallel und konisch, und brauche sie (die Beklagte) diese Ware, was im Schlußschein ausdrücklich vereinbart sei, nicht abzunehmen. Auch darin lag eine bloße Ablehnung und keine endgültige Erfüllungsweigerung.

Der Kläger war daher nicht berechtigt, selbst wenn die Beklagte in Verzug war, ohne Bestimmung einer Nachfrist zur Bewirkung der Leistung und vor fruchtlosem Ablauf dieser Frist in Ausübung des Wahlrechts des § 326 Abs. 1 a. a. O. von der Beklagten anstatt der Vertragserfüllung Schadensersatz wegen Nichterfüllung zu verlangen. Die Geltendmachung dieses Anspruchs war ohne rechtliche Wirkung." ...

---

102. Welche Grundsätze gelten für die Festsetzung des Wertes des Streit- oder Beschwerdegegenstandes von Feststellungsklagen?

Z.P.O. §§ 3, 546 Abs. 1.

II. Zivilsenat. Beschl. v. 4. November 1907 i. S. K. (Bekl.) w. E. (Kl.). Rep. II. 398/07.

I. Landgericht Gießen.
II. Oberlandesgericht Darmstadt.

Aus den Gründen:

„Die Klägerin, die eine Molkerei betreibt, behauptet, mit dem Beklagten, einem kleinen Landwirte, der nach Annahme in den Instanzen durchschnittlich täglich 10 Liter Milch abgeben kann, einen Milchlieferungsvertrag abgeschlossen zu haben, wonach er bis zum 1. September 1910 sämtliche von seinen Kühen ermolkene Milch, mit Ausnahme der für seinen Haushalt notwendigen, unter den in einer

Urkunde vom 24. Juli 1903 näher festgelegten Bestimmungen an die Klägerin oder deren Rechtsnachfolger zu liefern habe, und ihm für die Zeit vom 1. September 1910 bis zum 1. September 1916 verboten sei, die von seinen Kühen ermolkene Milch an eine andere Molkerei zu liefern oder anderweitig abzugeben. Der Beklagte hat das Zustandekommen des Vertrages bestritten. Durch die Klage beantragt die Klägerin, festzustellen, daß der Beklagte verpflichtet sei, bis zum 1. September 1910 sämtliche von seinen Kühen ermolkene Milch unter den in der Urkunde vom 24. Juli 1903 näher festgelegten Bestimmungen an Klägerin oder deren Rechtsnachfolger zu liefern, und weiterhin festzustellen, daß ihm für weitere 6 Jahre verboten sei, die Milch an eine andere Molkerei zu liefern oder anderweitig abzugeben. Das Landgericht zu Gießen hat durch Urteil vom 15. November 1905 gegen den Beklagten antraggemäß erkannt. Die gegen das ganze Urteil gerichtete Berufung des Beklagten hatte nur insoweit Erfolg, als die Entscheidung über die Feststellung des Verbotes für 6 weitere Jahre von einem Eide des Beklagten abhängig gemacht wurde. Mit der Revision des Beklagten ist beantragt, das Berufungsurteil aufzuheben und unter Abänderung des ersten Urteils die Klage abzuweisen.

Nach § 546 Abs. 1 Z.P.O. ist in Rechtsstreitigkeiten über vermögensrechtliche Ansprüche — und um eine solche handelt es sich hier — die Zulässigkeit der Revision durch einen 2500 *M* übersteigenden Wert des Beschwerdegegenstandes bedingt. Darum ist zu prüfen, ob für die Revision des Beklagten ein solcher Wert des Beschwerdegegenstandes glaubhaft gemacht ist. Der Revisionskläger hat zu deren Glaubhaftmachung geltend gemacht, der Wert seiner Leistungen bis zum 1. September 1910 würde 2628 *M* betragen; dazu komme noch der Wert der Unterlassungspflicht für weitere 6 Jahre, die mit dem Oberlandesgericht auf 500 *M* zu bemessen sei. Danach sei ein 2500 *M* übersteigender Wert des Beschwerdegegenstands gegeben. Seinen Ausführungen konnte indes nicht beigetreten werden. Zugunsten des Revisionsklägers kann angenommen werden, verlangt sei im gegebenen Falle Feststellung des Bestehens der aus dem gegenseitigen Vertrage abgeleiteten Ansprüche der Klägerin, nicht etwa Feststellung des von der Klägerin behaupteten, von dem Beklagten bestrittenen Bestehens jenes gegenseitigen Vertrages. Bei Feststellungsklagen deckt sich indes der Wert des Streitgegenstandes überhaupt nicht grundsätzlich und nicht immer mit dem Wert, der für die Leistungsklage in Betracht käme. Bei ihnen ist der Wert des Streitgegenstandes grundsätzlich nach § 3 Z.P.O. zu bemessen. In der Regel hat der Antrag auf Feststellung eines ziffermäßig bestimmten Anspruchs die gleiche Wirkung wie der Antrag auf die Verurteilung zur Leistung dieses Anspruchs, und um deswillen wird in solchen Fällen der Wert des Streitgegenstandes für die Feststellungsklage sich in der Regel mit dem Werte decken, der für die Leistungsklage in Betracht kommt. Handelt es sich dagegen um Feststellung eines ziffermäßig nicht bestimmten Anspruchs mit Teilleistungen, die sich in die Zukunft auf längere Zeit erstrecken und in ihrem Umfange von der wechselnden Gestaltung des Ertrages, von den wechselnden Bedürfnissen des Schuldners oder seines Betriebes abhängig sind, so kann im Rahmen des grundsätzlich allein anzuwendenden § 3 dem Umstande, daß es sich auch hier im einzelnen Falle um Feststellung des Anspruchs „behufs seiner unmittelbaren Realisierung" handelt, nicht etwa die Bedeutung zukommen, daß der Wert des Streitgegenstandes für die Feststellungsklage nach dem Werte aller künftigen voraussichtlich zu machenden Leistungen bemessen werden muß. Der erkennende Senat hat zwar in seinem Beschlusse vom 22. April 1904, Rep. II. 66/04 (Entsch. in Zivils. Bd. 57 S. 411) sich für die hier zurückgewiesene Auffassung ausgesprochen. Nach wiederholter Prüfung muß er sie aufgeben. Der Wert der künftigen Leistungen ist zwar auch in diesen Fällen einer der Faktoren, die im Rahmen des § 3 bei Festsetzung des Streitwertes solcher Feststellungsklagen zu berücksichtigen sind; er ist indes für dessen Festsetzung nicht ausschließlich maßgebend. Was bei Feststellungsklagen für den Wert des Streitgegenstandes gilt, ist in gleicher Weise bei ihnen für den Wert ihres Beschwerdegegenstandes maßgebend. In Anwendung der dargelegten Grundsätze war nach § 3 Z.P.O. der Wert des Beschwerdegegenstandes zur Feststellung der Leistungspflicht bis zum 1. September 1910 auf 1200 *M* und zur Feststellung der weiteren Unterlassungspflicht bis zum 1. September 1916 auf 500 *M* zu bemessen. Der gesamte Wert des Beschwerdegegenstandes beträgt somit nur 1700 *M*. Danach fehlt die Revisionssumme." ...

103. 1. Bürgschaftsübernahme als Bestandteil eines gegenseitigen Vertrages.
2. Verhältnis von Vorleistung und Gegenleistung bei einem gegenseitigen Vertrage.

VI. Zivilsenat. Urt. v. 28. Oktober 1907 i. S. Schm. (Kl.) w. J. Ehefr. (Bekl.). Rep. VI. 80/07.

I. Landgericht Köln.
II. Oberlandesgericht daselbst.

In einer „Bürgschaftsvertrag und Schuldschein" überschriebenen Urkunde vom 31. Januar 1902 hatte die Beklagte die Bürgschaft für eine Warenkaufschuld ihres in Konkurs verfallenen Ehemannes in Höhe von über 3500 M der Klägerin gegenüber übernommen und sich verpflichtet, die ersten 1000 M im Laufe des Jahres 1902, den Rest je zur Hälfte in zwei weiteren Jahresterminen zu zahlen; die Klägerin hatte dagegen versprochen, der Beklagten für ihr Handelsgeschäft Waren auf Kredit zu liefern (ohne nähere Bestimmung); die Urkunde war von der Beklagten und von einem Vertreter der Klägerin unterschrieben. Während des Jahres 1902 lieferte die Klägerin der Beklagten die von dieser bestellten Waren auf Kredit. Als aber die Beklagte, die bis zum 1. Januar 1903 noch nichts von jenen 1000 M gezahlt hatte, auch da noch unter Berufung auf Gründe, die nachher im Prozesse von den Gerichten mißbilligt wurden, jede Zahlung aus der Bürgschaft verweigerte, stellte die Klägerin ihre Lieferungen ein und belangte die Beklagte zunächst auf Zahlung jener 1000 M. Das Landgericht erkannte nach dem Klagantrage, und die Berufung der Beklagten wurde zurückgewiesen; ebenso aber auch die Anschließungsanträge der Klägerin, mittels welcher diese ihre Klage erweitert und Verurteilung der Beklagten auch wegen der inzwischen fällig gewordenen weiteren 2500 bis 2600 M verlangt hatte. Auf Revision der Klägerin ist das Berufungsurteil in der letzteren Beziehung aufgehoben, und die Beklagte auch zur Zahlung des übrigen Betrags verurteilt worden, nur unter Ausscheidung einer kleinen Summe aus besonderen Gründen, was hier nicht weiter interessiert.

Aus den Gründen:

... „Das Oberlandesgericht hat die Klage auf die beiden

weiteren Terminzahlungen hauptsächlich deshalb abgewiesen, weil die Klägerin die ihr nach jener Urkunde obliegende Verpflichtung zu der Vorleistung, der Beklagten Waren auf Kredit zu liefern, vom 1. Januar 1903 an nicht mehr erfüllt habe. Dieser Entscheidungsgrund ist rechtlich unhaltbar. Zwar hat ihn die Beklagte mit Unrecht deswegen angegriffen, weil es sich bei ihrer Verpflichtung, die von ihrem Ehemanne geschuldeten 3574,20 ℳ zu zahlen, einerseits, und der Verpflichtung der Klägerin zur Lieferung von Waren auf Kredit andererseits, überhaupt nicht um einen gegenseitigen Vertrag im Sinne der §§ 320 flg. B.G.B. gehandelt habe; denn auch die Übernahme einer Bürgschaft, die an sich freilich ein einseitiger Vertrag und auch als solcher bindend ist, kann allerdings Bestandteil eines gegenseitigen Vertrages sein. In einer mit der gegenwärtigen in mancher Beziehung ähnlich liegenden Sache ist freilich der erkennende Senat einer solchen Auffassung entgegengetreten (vgl. Entsch. in Zivils. Bd. 65 S. 47 flg.); jedoch der wesentliche Unterschied ist, daß dort die Gegenleistung in einer gegen einen Dritten übernommenen Verbindlichkeit zu finden war. Die Absicht der Parteien, einen einheitlichen Vertrag zu schließen, ist aber nach der Fassung der Urkunde unverkennbar. Nun ist auch darin dem Oberlandesgerichte an sich Recht zu geben, daß in diesem Falle die Klägerin nach dem Sinne des Vertrages zunächst zur Vorleistung verpflichtet war; denn die Beklagte sollte natürlich sofort Waren geliefert erhalten, um zum Gelderwerb durch den Betrieb eines Handelsgeschäfts in den Stand gesetzt zu werden, damit sie dann in den Terminen zahlen könne. Soweit die Klägerin ihrer Verpflichtung zur Vorleistung nicht nachgekommen sein sollte, würde ihre Klage nach § 320 Abs. 1 vgl. mit § 322 Abss. 1, 2 B.G.B. mit Recht abgewiesen sein.

Vgl. Rehbein, B.G.B. Bd. 2 Bem. 6 zu §§ 320—327 S. 176 flg.

Aber das Berufungsgericht verkennt, daß der Vertrag, vernünftig ausgelegt, doch nicht den Sinn haben konnte, die Klägerin ohne zeitliche Grenze und ohne jede Rücksicht auf begleitende Umstände zur fortwährenden Weiterlieferung von Waren auf Kredit zu verpflichten, und daß es darauf ankam, in dieser Beziehung seinen Inhalt näher abzugrenzen. Wie es nun unzweifelhaft ist, daß die Klägerin zu solchen Lieferungen doch höchstens auf eine nach billigem Ermessen zu bestimmende Reihe von Jahren, vielleicht sogar nur bis zur Beendigung des Konkurses des Ehemannes der Beklagten verpflichtet sein sollte, so bringen Treu und Glauben (vgl. § 157 B.G.B.) es auch mit sich, daß die Beklagte, nachdem die Klägerin während des Jahres 1902 ihrer Verpflichtung zur Vorleistung durchaus nachgekommen war, so lange keine weiteren Lieferungen auf Kredit verlangen konnte, als sie selbst die Zahlung der mit dem 1. Januar 1903 fällig gewordenen 1000 *M* verweigerte. Man könnte auch sagen, daß diese Zahlung nun wieder die von ihr geschuldete Vorleistung für die an sich der Klägerin obliegenden weiteren Warenlieferungen auf Kredit war, so daß aus diesem Grunde die letztere diese Lieferungen nun bis auf weiteres nach § 320 Abs. 1 B.G.B. doch nicht zu leisten brauchte." ...

---

104. Welche Rechtsfolge tritt ein, wenn die Annahme des mit einem Schreibfehler behafteten Antrages auf Schließung eines Vertrages von demjenigen, welchem der Antrag gestellt ist, in Erkennung des wirklichen Willens des Antragenden ohne Erwähnung des Schreibfehlers erklärt wird? Liegt hier ein Fall des § 119 B.G.B. vor?

III. Zivilsenat. Urt. v. 29. Oktober 1907 i. S. Gebr. B. & Co. (Kl.) w. L. (Bekl.). Rep. III. 151/07.

I. Landgericht I Berlin.
II. Kammergericht daselbst.

Der Kaufmann M. hatte die Errichtung dreier Neubauten auf seinen in W., Tübingerstr. 3, 4, 4a, belegenen Grundstücken dem Beklagten übertragen. Mit der Behauptung, daß für die Erwirkung dieser Bauübertragung Beklagter ihr eine Provision von 1,75 *M* pro Quadratfuß bebauter Fläche, zahlbar je mit einem Dritteil nach Fertigstellung des Rohbaues, des Neubaues, und der Erfüllung der Verpflichtungen M.'s gegen Beklagten, zugesichert habe, und daß auf dem Grundstück Tübingerstr. 3 der Neubau mit bebauter Fläche von

4270 Quadratfuß fertiggestellt sei, erhob die Klägerin Klage auf Zahlung von 4981,66 M. Der Beklagte bestritt die Vereinbarung der Provision in der angegebenen Höhe. Das Berufungsgericht wies nach Erlaß eines rechtskräftig gewordenen Teilurteils, durch welches Beklagter zur Zahlung von 1000 M verurteilt wurde, die Klägerin mit der Mehrforderung durch Endurteil vom 27. Februar 1907 ab. Der Revision der Klägerin wurde stattgegeben aus folgenden

Gründen:

„Der Klagantrag ist rechtlich wie tatsächlich begründet. Klagegrund ist nach dem Vorbringen der Klägerin in der Berufungsinstanz die Annahme der klägerischen, in dem Schreiben des Rechtsanwalts F. vom 4. März 1904 verzeichneten Offerte seitens des Beklagten, in Verbindung mit der unbestritten durch die Klägerin bewirkten Vermittlung des Auftrags an den Beklagten zur Ausführung des Neubaues auf dem dem Kaufmann M. gehörenden, in W., Tübingerstr. Nr. 3, belegenen Grundstück. Das vom Rechtsanwalt F. in Vollmacht der Klägerin verfaßte, an den Beklagten gerichtete Schreiben, welches die für die Vermittlung des Auftrags zur Ausführung der Neubauten auf den dem Kaufmann M. gehörenden drei Grundstücken der Klägerin vom Beklagten zu zahlende Provisionsgebühr zum Gegenstand hat, enthält den Vermerk: „Die Provision wird einheitlich auf 1,75 M pro Quadratrute bebauter Fläche festgesetzt." Die in dem der Klägerin direkt zugesandten Briefe des Beklagten enthaltene Antwort des Beklagten lautet: „Ihre Vorschläge für Provisionsansprüche habe ich erhalten und teile Ihnen hierdurch mit, daß ich mit denselben einverstanden bin."

Wie Klägerin behauptet, ist nicht nur die in dem Schreiben vom 4. März 1904 gebrauchte Bezeichnung „Quadratrute" ein Schreibfehler, und in Wirklichkeit der Ausdruck „Quadratfuß" beabsichtigt gewesen, sondern hat auch der Beklagte in voller Erkenntnis des Schreibfehlers und des wirklichen Willens der Klägerin, die Offerte auf Zahlung von 1,75 M pro Quadratfuß zum Ausdruck zu bringen, sein vorgedachtes Antwortschreiben an sie abgesandt. Die Richtigkeit dieser Behauptung vorausgesetzt, liegt eine rechtswirksame, verbindliche Einigung der Parteien über die Zahlung der Provision mit 1,75 M pro Quadratfuß bebauter Fläche unverkennbar vor. Hatte Beklagter den wirklichen Willen der Klägerin, den sie mit dem fehlgegriffenen Wort zur Erklärung bringen wollte, trotz des Fehlgriffs dem Schreiben richtig entnommen, als er das vorgenannte Antwortschreiben erteilte, so sprach er, wie er sich nicht verhehlen konnte, mit der Erklärung des Einverständnisses der Klägerin seine Zustimmung zur Zahlung der Provision mit 1,75 ℳ pro Quadratfuß bebauter Fläche aus, und war es gemäß § 116 B.G.B. ohne Belang, ob er sich insgeheim vorbehielt, solche Zustimmung nicht zu wollen. Die in § 119 B.G.B. getroffene Vorschrift steht dem Klaganspruch nicht entgegen. Der wirkliche Wille hat, es sei denn, daß eine besondere Form für die Erklärung vorgeschrieben ist, seine erforderliche Erklärung gefunden, wenn der Erklärende, um ihm Ausdruck zu verleihen, das Wort gebraucht, und der Empfänger der Willenserklärung trotz des Fehlgriffs im Wort aus demselben den Sinn entnommen hat, den der Erklärende zur Kundgebung seines Willens mit dem versehentlich gebrauchten Wort verbunden hatte. Der Fall des Widerspruchs zwischen Wille und Erklärung, d. h. zwischen vorhandenem und kundgegebenem Willen, den die letztgenannte Gesetzesvorschrift behandelt, liegt bei dieser Sachlage nicht vor.

Dem Bestreiten des Beklagten gegenüber hat Klägerin das Verschreiben in dem Brief vom 4. März 1904 sowohl als die Erkenntnis des Schreibfehlers und ihres wirklichen Willens von seiten des Beklagten unter Beweis gestellt. In erster Richtung hat das Berufungsgericht das Beweisangebot durch Nichtwürdigung der Aussage des Zeugen F., soweit dieselbe den Schreibfehler betrifft, nicht berücksichtigt; in letzter Richtung hat dasselbe die Beweisaufnahme abgelehnt mit dem Hinweis, daß Beklagter sich mit dem auf 1,75 ℳ pro Quadratrute von Klägerin gemachten Vorschlag vom 4. März 1904 einverstanden erklärt und der letzteren am 11. selb. Mts. bestätigt habe, daß es bei der Provision für die Quadratrute sein Bewenden behalte, und er einen Schreibfehler nicht anerkenne. Den vorstehenden Ausführungen zufolge beruht die Nichtberücksichtigung wie die Ablehnung auf Rechtsirrtum. Das angefochtene Urteil ist daher aufzuheben, und die Sache zur anderweiten Verhandlung und Entscheidung an das Berufungsgericht zurückzuverweisen."

105. 1. Kann die Erklärung, nicht zahlen zu können, der Erfüllungsweigerung rechtlich gleichgesetzt werden?

2. Wie kann die von einem Nichtbevollmächtigten vorgenommene Nachfristsetzung geheilt werden?

3. Ist der nachträgliche Verzicht auf Rücktritt von einem Grundstücksverkaufe wirksam?

B.G.B. §§ 326, 174, 180, 177, 184, 313, 327, 346, 349.

V. Zivilsenat. Urt. v. 2. November 1907 i. S. A. Eheleute (Kl.) w. K. Eheleute (Bekl.). Rep. V. 6/07.

I. Landgericht Braunsberg.
II. Oberlandesgericht Königsberg.

Durch notarielle Vollmacht vom 27. März 1905 hatten die Kläger den Kaufmann G. zu O. ermächtigt, ihr Grundstück P. Nr. 45 zu veräußern, das Kaufgeld in Empfang zu nehmen usw. G. hatte dann durch notariellen Vertrag vom 28. April 1905 das Grundstück für 9000 ℳ an die Beklagten gegen 500 ℳ Anzahlung verkauft. 1500 ℳ sollten am 1. Juni 1905 bezahlt werden. Im Vertrage war anerkannt, daß die Übergabe am 1. April 1905 erfolgt sei, aber von der Auflassung war darin nichts gesagt.

In G.'s Auftrage richtete Rechtsanwalt A. zu B. unterm 19. Juni 1905 an die Beklagten die Aufforderung „binnen einer Frist von zwei Wochen an einem mit Herrn G. zu vereinbarenden Tage vor dem Amtsgericht zu M. Zug um Zug die Auflassung des Grundstücks P. Nr. 45 entgegenzunehmen und an Herrn G. den Betrag von 1500 ℳ nebst 5 Proz. Zinsen seit dem 1. April 1905 zu zahlen, widrigenfalls nach fruchtlosem Ablaufe der Frist die Annahme der Leistung von Herrn G. und dessen Vollmachtgebern abgelehnt wird". Am 1. Juli 1905 erwiderte der verklagte Ehemann brieflich, daß er die 1500 ℳ nicht beschaffen könne. Hierauf ließ G. namens der Kläger den Beklagten am 14. Juli 1905 die Klage zustellen, worin der Rücktritt vom Vertrage erklärt, und beantragt war, die Beklagten zu verurteilen, das Grundstück P. Nr. 45 sofort zu räumen. Die Beklagten bestritten die Ordnungsmäßigkeit der Nachfristsetzung wegen Nichtberechtigung des G. hierzu, wegen fehlender Bestimmung eines Auflassungstages rc und behaupteten, daß der klagende Ehemann am 23. August 1905 erklärt habe, er denke nicht an Vertragsrücktritt.

Beide Vorderrichter wiesen die Klage ab. Auf Revision der Kläger wurde aber das ursprüngliche, der Klage stattgebende Versäumnisurteil des Landgerichts mit einem Zusatze wieder hergestellt.

Gründe:

„Wegen Verzugs der Beklagten konnten die Kläger nur dann vom Vertrage zurücktreten, wenn die Beklagten entweder geradezu die Erfüllung verweigert, oder eine ihnen gültig gesetzte Nachfrist nicht eingehalten hatten. Daß das erstere nicht der Fall war, hat der Berufungsrichter einwandfrei festgestellt, der Revisionsangriff hiergegen ist hinfällig. Die Erklärung, augenblicklich keine Zahlungsmittel zu haben und deswegen um Stundung zu bitten, welche Erklärung der Beklagten vom Oberlandesgericht für bewiesen erachtet wird, ist keineswegs einer Erfüllungsweigerung gleichzusetzen; sie konnte den Klägern die Nachfristsetzung nicht ersparen. Denn die von der Rechtsprechung für den Fall bestimmter Erfüllungsweigerung anerkannte Ausnahme zu § 326 B.G.B. darf nicht auf eine Schuldnererklärung ausgedehnt werden, wonach die Bereitwilligkeit zu späterer Erfüllung nicht ausgeschlossen ist.[1] Die hierdurch geschaffene Ungewißheit kann nur auf dem in § 326 vorgeschriebenen Wege beseitigt werden. Der Vertreter der Kläger hat diesen Weg auch tatsächlich eingeschlagen. Zwar läßt das Berufungsgericht dahin gestellt, ob seine Nachfristsetzung den Bestimmungen des § 326 B.G.B. entsprochen hat; aber daran kann nicht gezweifelt werden, weil die Erfordernisse des Verzugs auf seiten des Beklagten und des Nichtverzugs auf seiten der Kläger gegeben waren, auch der Wortlaut des A.'schen Schreibens vom 19. Juni 1905 dem Gesetze entsprach. Insbesondere bedurfte es nicht der Ladung zu einem ganz bestimmten Auflassungstage, sondern genügte der Vorschlag einer erst noch zu vereinbarenden Auflassungszeit.

Vgl. § 284 B.G.B.; Urteil des Reichsgerichts, Rep. V. 358/05, vom 8. November 1905.

Der Vorderrichter hat die Nachfristsetzung wegen fehlender Bevollmächtigung G.'s hierzu für unwirksam erklärt; mit Recht wird aber dieser Ausspruch vom Revisionskläger angegriffen. Hatte G. keine Vollmacht zur Nachfristsetzung, so kann hier zwar der § 174

[1] Vgl. die Entsch. des II. Senats unter Nr. 101 S. 419 dieses Bandes. D. R.

B.G.B. nicht angewendet werden. Aber auch wenn man unterstellt, daß die Vollmacht fehlte, so ist die Nachfristsetzung doch aus anderen Gründen geheilt und rechtswirksam.

Nach dem ersten Satze des § 180 B.G.B. ist bei einem einseitigen Rechtsgeschäft, wie es hier in Rede steht, Vertretung ohne Vertretungsmacht zwar unzulässig; aber nach Satz 2 daselbst sollen dann, wenn der Gegner die von dem Vertreter behauptete Vertretungsmacht nicht beanstandet, die Vorschriften über Verträge entsprechend Anwendung finden. Gemäß § 177 daselbst hängt die Wirksamkeit eines ohne Vertretungsmacht geschlossenen Vertrages für und gegen den Vertretenen von dessen Genehmigung ab. Da nun einerseits die Beklagten G.'s Ermächtigung zur Nachfristsetzung zuerst nicht beanstandet, andererseits die Kläger diese Handlung G.'s zwar nicht schon zweifellos durch die wieder nur von G. veranlaßte Erhebung der jetzigen Klage, so doch jedenfalls durch die dem Genannten am 3. August 1905, also vor Beanstandung und Klagebekämpfung seitens der Beklagten, erteilte Vollmacht in nach § 184 B.G.B. rückwirkender Weise genehmigt haben, so mußte die Nachfristsetzung vom 19. Juni 1905 als vollwirksam gegen die Beklagten gelten.

Die den Beklagten gesetzte Zahlungsfrist war, da das Schreiben A.'s ihnen unbestritten am 20. Juni 1905 zugestellt worden war, mit dem 4. Juli 1905 fruchtlos abgelaufen. Von da an konnten sich die Kläger erklären, ob sie Schadensersatz verlangen, oder vom Vertrage zurücktreten. In der Klageschrift haben sie in ausdrücklicher und genügender Weise den Rücktritt vom Vertrage erklärt, und am 14. Juli 1905 ist die Klage dem Beklagten zugestellt worden. Damit war der Kaufvertrag endgültig aufgehoben. Die späteren einseitigen und bestrittenen, um die Zeit des 23. August 1905 nach Behauptung der Beklagten abgegebenen Erklärungen des klagenden Ehemanns, er denke nicht an Rücktritt vom Vertrage, sind unerheblich. Der einmal aufgehobene Vertrag über das Grundstück konnte nur nach Vorschrift des § 313 B.G.B. wieder neu ins Leben gerufen werden (§§ 327, 346, 349 daselbst).

Nach allem Vorstehenden ist die Räumungsklage wohl berechtigt. Der Umstand, daß sich die Kläger nun freiwillig zur Rückzahlung von 500 ℳ erboten haben, hindert nicht, sie zuzusprechen. Das Versäumnisurteil vom 15. Januar 1906 ist zu Recht ergangen und brauchte diese Rückzahlungspflicht nicht zu enthalten, da die Beklagten bis dahin einen Zurückbehaltungseinwand nicht erhoben hatten. Auch die weitere Tatsache, daß die Beklagten inzwischen des Besitzes längst entsetzt sind, steht der Aufrechterhaltung des auf Räumung lautenden Versäumnisurteils nicht im Wege; jedoch ist dieses nach dem eigenen Antrage der Kläger durch Aufnahme der ihnen obliegenden Rückzahlung von 500 ℳ samt Zinsen entsprechend zu ergänzen. Im Kostenpunkte kann diese nebensächliche Veränderung keinen Ausschlag geben."

---

106. Zum Begriff des Betriebsunfalles im Sinne der Unfallversicherungs- und Fürsorgegesetze.

V. Zivilsenat. Urt. v. 6. November 1907 i. S. Allgemeiner Knappschaftsverein Bochum (Bekl.) w. St. (Kl.). Rep. V. 86/06.

I. Landgericht Bochum.
II. Oberlandesgericht Hamm.

Der Kläger hatte bis zum 21. Mai 1902 auf der der Bergwerksaktiengesellschaft Hibernia gehörigen Zeche Shamrok als Bergmann gearbeitet; an diesem Tage wurde er, „als mit der Wurmkrankheit behaftet", in das katholische Krankenhaus in Bochum aufgenommen und dort an dieser Krankheit ärztlich und mit dem einzigen dafür bekannten und gebräuchlichen Heilmittel — extractum filicis — behandelt, infolgedessen er (unheilbar) erblindete. Nach seiner Behauptung hat Kläger sich die Infektion mit der Wurmkrankheit bei der Bergarbeit zugezogen. Er nahm den verklagten Knappschaftsverein, dessen ständiges Mitglied er war, auf Zahlung der statutenmäßigen Invalidenrente und auf Schadensersatz wegen des von ihm zu vertretenden Verschuldens in Anspruch. Die Satzungen des verklagten Vereins gewähren den ständigen Mitgliedern, die — wie Kläger — noch nicht 250 Wochen lang Beiträge gezahlt haben, eine Invaliden rente von 180 ℳ jährlich nur „im Falle der Verunglückung bei der Arbeit".

Der erste Richter wies die Klage ab, da die Wurmkrankheit nicht als eine Verunglückung bei der Bergarbeit, vielmehr als eine allmählich entstehende bergmännische **Berufskrankheit** anzusehen, ein Verschulden des Beklagten aber nicht dargetan sei.

Das Berufungsgericht verurteilte durch **Teilurteil** den Beklagten zur Zahlung der statutenmäßigen Invalidenrente. Es nahm im Gegensatz zum ersten Richter an, daß die in der Grube bei der Bergarbeit stattgefundene Infektion des Klägers mit den Erzeugern der Wurmkrankheit (Wurmlarven) als ein Betriebsunfall im Sinne des Unfallversicherungs- und des Unfallfürsorgegesetzes und folglich als eine Verunglückung bei der Bergarbeit im Sinne des § 25 des Knappschaftsstatuts anzusehen, daher der Beklagte dem Kläger das statutenmäßige Invalidengeld zu gewähren verpflichtet sei. Der weitergehende, auf ein vom Beklagten zu vertretendes Verschulden der Zeche Shamrok und des behandelnden Arztes gegründete Schadensanspruch blieb in der Berufungsinstanz anhängig.

Die Revision ist zurückgewiesen worden.

Aus den **Gründen:**

... „Was nun die Rechtsanwendung betrifft, so beruht die Entscheidung unmittelbar auf § 25 der Satzungen des verklagten Knappschaftsvereins, einer nicht revisiblen Rechtsnorm. Der Berufungsrichter identifiziert aber ausdrücklich den Begriff der Verunglückung im Sinne des Statuts mit dem Begriff des Betriebsunfalles im Sinne des Unfallversicherungs- und des Unfallfürsorgegesetzes und öffnet dadurch seine Entscheidung der freien rechtlichen Prüfung des Revisionsrichters. Die Revision wirft denn auch dem Berufungsrichter vor, daß er den Begriff des Betriebsunfalls im Sinne der gedachten Gesetze verkannt und rechtsirrtümlich eine Betriebs- oder Berufskrankheit zu einem Unfalle gemacht habe. Der Angriff erweist sich als nicht begründet.

Der Begriff des Unfalls im Sinne der Versicherungs- und Fürsorgegesetze ist durch Judikatur und Wissenschaft positiv und negativ dahin festgelegt, daß darunter ein körperlich schädigendes, **zeitlich begrenztes**, mit dem Betriebe in innerem Zusammenhange stehendes Ereignis, nicht aber eine Summe fortwirkender schädlicher Einflüsse des Betriebes zu verstehen ist, die allmählich zu einer Erkrankung der davon Betroffenen geführt haben, sog. Berufs- oder Betriebskrankheit.

Vgl. Entsch. des R.G.'s in Zivils. Bd. 21 S. 77, Bd. 44 S. 254; v. Woedtke, Bem. 17 zu § 1 des Unf.-Versich.-Ges. 4. Aufl. S. 89. Der Berufungsrichter ist sich auch dieser Unterscheidung wohl bewußt und gelangt von diesem Standpunkt aus an der Hand des erhobenen Sachverständigenbeweises zu dem Ergebnis, daß das Eindringen von einer oder mehreren Wurmlarven in den menschlichen Körper plötzlich, also durch ein einmaliges Ereignis, vor sich geht, und daß der so mit dem Krankheitsträger Behaftete von der Bergarbeit so lange auszuschließen ist, bis er sich der vorgeschriebenen Kur mit Erfolg unterzogen hat. Er erachtet deshalb die durch ein einmaliges Ereignis entstandene Wurmbehaftung (die er von der eigentlichen Wurmkrankheit unterscheidet) als einen Unfall im Sinne des Versicherungsgesetzes und demgemäß als Verunglückung im Sinne des Statuts.

Das Reichsgericht hat sich dieser Auffassung nicht anzuschließen vermocht. Es fehlt zunächst die Feststellung und auch die Feststellbarkeit desjenigen Zeitpunkts, in welchem sich das Eindringen der Wurmlarven vollzogen hat, und damit die zeitliche Begrenzung und Individualisierung des Ereignisses, wie sie zum Begriff des Betriebsunfalles gehört. Außerdem stellt der Eintritt einer oder einiger Wurmlarven in den Körper an sich noch keine körperliche Schädigung dar, sondern bewirkt zunächst nur eine Gefahr der Erkrankung, und zwar, wie sich aus dem Gutachten des Medizinalkollegiums und des Medizinalrats Dr. T. ergibt, nur eine entfernte Gefahr, da nur bei einem verhältnismäßig geringen Teil der Wurmbehafteten (etwa 10 Prozent) die sogenannte Wurmkrankheit (Anämie) zur Entwicklung kommt.

Hat sonach der Berufungsrichter den Rechtsbegriff des Betriebsunfalls verkannt, so konnte das doch nicht zur Aufhebung des Berufungsurteils führen, weil der Tatbestand eines Betriebsunfalles in dem oben angegebenen Sinne aus den festgestellten Tatsachen ohne weiteres sich ergibt. Als das den Unfall darstellende Ereignis ist im vorliegenden Falle die Behandlung des Klägers mit extractum filicis in Verbindung mit der dadurch wider Erwarten herbeigeführten Erblindung des Behandelten anzusehen. Es bleibt zu prüfen, ob dieser Unfall mit dem Betriebe des Bergwerks, in welchem der Kläger als Arbeiter beschäftigt war, in Verbindung steht. Das ist unbedingt zu bejahen. Die Verbindung braucht keine unmittelbare zu sein; es bedarf auch keiner Einheit von Ort und Zeit zwischen dem Betriebe selbst und dem den Unfall darstellenden Ereignis. Es genügt, daß der Arbeiter bei Eintritt des Unfalles in einer mit dem Betriebe im Zusammenhang stehenden, dem Betriebe dienstbaren Tätigkeit oder Situation, gewissermaßen — nach dem treffenden Ausdruck des Reichsversicherungsamts — „im Banne des Betriebes" sich befunden hat (vgl. v. Woedtke a. a. O. S. 86).

So liegt aber die Sache hier. Denn, wie der Berufungsrichter bedenkenfrei feststellt, ist der Wurmbehaftete von der Bergarbeit so lange ausgeschlossen, bis er sich der vorgeschriebenen Kur mit Erfolg unterzogen hat; dadurch aber war der Kläger, nachdem er bei der Bergarbeit die Wurmbehaftung sich zugezogen, genötigt, sich der Behandlung, wie sie stattgefunden hat, zu unterwerfen, einer Behandlung, die nicht bloß im Interesse des von der Wurmkrankheit Befallenen, sondern auch zur Sicherheit des noch intakten Teils der Belegschaft und also im Interesse des Betriebes geboten und vorgeschrieben war. Es läßt sich also auch hier sagen, daß der Kläger während dieser Behandlung, der er sich nicht entziehen konnte, „im Banne des Betriebes" stand, woraus dann folgt, daß die in diesem Falle unheilvolle Wirkung des dem Kläger als Heil- oder Vorbeugungsmittel verabreichten extractum filicis als ein bei, d. h. in Verbindung, mit dem Betriebe erlittener Unfall anzusehen ist."

Register.

Die beigesetzten Zahlen beziehen sich auf die Seiten.

A. Sachregister.

A

S

W

Z

B. Gesetzesregister.

1. Reichsgesetze.

a. Bürgerliches Gesetzbuch.

b. Einführungsgesetz zum Bürgerlichen Gesetzbuch.

c. Allgemeines Deutsches Handelsgesetzbuch.

d. Handelsgesetzbuch von 1897.

e. Wechselordnung.

f. Zivilprozeßordnung.

2. Gemeines Recht.

3. Französisches Recht.

Code civil.

4. Landesrecht.

Preußen.

a. Allgemeines Landrecht.

b. Einzelne Gesetze und Verordnungen.

Königreich Sachsen.

Mecklenburg.

C. Chronologische Zusammenstellung der Entscheidungen.

Zusammenstellung

der

im sechsundsechzigsten Bande, der neuen Folge sechzehnten Bande

mitgeteilten Entscheidungen

nach

Oberlandesgerichtsbezirken.

Berichtigungen.

Sechsundsechzigster Band.

S. 37 Z. 5 v. u. lies „424“ statt „434“.

FSC
www.fsc.org
MIX
Papier | Fördert gute Waldnutzung
FSC® C083411

Kolibri 360 GmbH
Ferdinand-Jühlke-Straße 7
99095 Erfurt, Deutschland
produktsicherheit@kolibri360.de